현대 국제관계이론과 한국

현대 국제관계이론과 한국

2004년 2월 28일 초판 1쇄 펴냄
2023년 1월 27일 초판 13쇄 펴냄

지은이 우철구·박건영 편
편집 김천희
마케팅 정하연·김현주

펴낸이 고하영·권현준
펴낸곳 (주)사회평론아카데미
등록번호 2013-000247(2013년 8월 23일)
전화 02-326-1545 팩스 02-326-1626
주소 03993 서울특별시 마포구 월드컵북로6길 56
이메일 academy@sapyoung.com
홈페이지 www.sapyoung.com

ISBN 979-11-85617-33-6 03340

현대 국제관계이론과 한국

우철구 · 박건영 편

사회평론아카데미

| 차례 |

| 2부 | 자유주의 국제관계이론

|3부| 대안적 국제관계이론

국제관계학의 한국적 정체성 모색

우 철 구

(2002년 한국국제정치학회 회장)

19세기 후반 이래 한반도를 둘러싸고 전개된 국제관계의 지배적 양상은 해양세력(영국, 미국, 일본)과 대륙세력(중국, 러시아)간의 대립과 갈등이었다. 이러한 현상은 1842년 중국이 영국과 난징조약(南京條約)을 체결한 이후 중화주의에 입각한 기존의 동북아 국제질서가 붕괴되고 서구의 근대국제법체계에 따른 새로운 국제질서에 편입되는 과정에서 나타나게 된다. 한·청 관계 또한 1866년 병인양요와 1871년 신미양요를 겪으면서 전통적인 '한·청 종속' 관계가 변화하는 양상을 보이기 시작한다. 중국은 프랑스, 미국 등 서양세력의 한반도 진출에 대해 외형적으로 '종주국'을 자처하면서 실제로는 "조선은 내치(內治)·외교(外交)를 자주적으로 해왔다"는 논리를 전개했고, 결국 중화중심의 국제질서를 유지하지 못하는 현실을 인정하지 않을 수 없게 되었다. 그 후, 1875년 일본에 의해 야기된 강화도 사건을 겪으면서 조선은 외형적으로 '자주지방(自主之邦)'이 되었다. 이를 계기로 조선의 정치지도자 및 일부 지식인들은 주권국가에 대한 의식을 가지게 되었고 이러한 의식은 개화(開化)·반청(反淸)·자주(自主)로 연결되면서 실패한 쿠데타인 갑신정변으로 이어졌으며, 이때부터 한반도는 본격적으로 해양세력과 대륙세력간의 갈등지역이 되었다.

한반도는 19세기 후반 이후 국제전의 성격을 띤 전쟁을 60년도 안 되는 기간에 세 번이나 겪게 된다. 즉 1894년의 청·일 전쟁, 1904년의 러·일 전쟁, 그리고 1950년의 한국전쟁이 그것들이다. 한반도에서 이러한 국제전쟁은 왜 일어났으며, 이 세 전쟁이 갖는 일관된 의미는 무엇인가? 한국은 왜 자신이 전쟁의 직접당사자가 아니면서도 전쟁장소를 제공하지 않을 수 없었고, 고귀한 생명과 재산을 잃어야만 했는가? 우리는 오직 나라의 자주와 독립을 원했고, 민족자결을 소망했으며, 그리고 통일과 평화를 갈망할 따름이었다. 이러한 우리의 소망에 대해 국제정치학은 무엇이었으며 앞으로 어떤 기능과 역할을 할 수 있을 것인가? 현실주의, 자유주의, 그리고 세계화와 신자유주의는 한국과 한국인에게 무엇인가? 국제관계학은 과학인가? 아니면 지배이론인가? 아니면 추상적 사변인가?

국제정치의 성격

국제정치의 행위주체는 '국가'이지만, 국제사회가 다양화, 복잡화하면서 오늘날에는 국가 이외에도 다양한 국제적 실체(international entities)가 행위주체로 등장하게 되었다. 국제정치란 국가와 국가, 또는 국가와 기타 국제적 실체간의 관계 속에서 빚어지는 다양한 현상이지만, 전통적으로 국제정치란 주권국가들간에 전개된 '힘을 획득하기 위한 투쟁(struggles for power)'이었다. 그리고 국가간의 투쟁은 무정부적 상태 속에서의 투쟁이었다.

국제정치학이 학문분야로서 객관성, 합리성, 논리성을 추구하려고 노력하는 것은 당연하지만 국제사회의 행위자인 국가는 단순한 가치중립적 개념만은 아니다. 국가는 역사, 언어, 혈통, 문화 등 공동가치와 공동이익에 바탕을 둔 조직체이며, 따라서 '나'와 '남'의 관계가 핵심인 국제정치에서는 내 나라와 다른 나라, 또는 내 나라의 이익과 다른 나라의 이익간의 대립과 갈등이 본연적 현상일 수밖에 없다.[1] '내 나라'의 입장에서 본 국제정치는 어디까지나 '내 나라'의 목적달성을 최고의 가치로 삼을 수밖에 없고 그것을 달성하기 위한 수단으로서 힘의 증대를 최고의 미덕으로 여겨온 것이 지금까지의 역사가 보여준 경험적 사실이다.

따라서 국제정치는 강대국의 정치였다. 국제정치의 현실적 경험은 대체로 국제질서 또는 평화가 약자의 희생 위에 구축된 질서였고 평화였다. 국제연맹(League of Nations)의 창설은 사실상 영국, 미국, 프랑스 등 전승국을 중심으로 한 현상유지정책의 결과였으며, 국제연합(United Nations) 역시 5대 상임이사국을 중심으로 한 강대국의 힘의 정치무대였다. 국제사회에서 법과 도덕은 제한된 역할과 기능을 담당할 따름이었던 것이다.

국제관계학의 개념

국제정치학 또는 국제관계론에 관한 개념규정은 다양하다. 국제정치학이 국가와 국가 또는 정부와 정부간의 관계를 연구대상으로 삼는 반면, 국제관계론은 국가간 또는 정부간의 관계는 물론이고 민간차원(개인, 다국적 기업 등)의 관계까지 분석 대상으로 포괄하고 있다.[2] 하지만 대체로 국제정치학과 국제관계론은 엄밀한 구분 없이 동일한 개념으로 이해되는 것이 일반적이다.

국제정치학은 그 학문의 배경이 유럽과 미국의 역사와 경험에 바탕을 두고 있다. 국제정치학을 나라와 나라간의 권력투쟁으로 정의하든 또는 지배 또는 생존을 위한 전략으로 정의하든, 국제정치학 연구의 기저는 유럽의 역사적 사건과 경험에 있기 때문에 유럽과 미국적 시각으로부터 벗어나기가 어려울 수밖에 없다.[3] 국제정치의 전개(展開)는 아시아나 아프리카 국가들에 의해서가 아니라 미국과 유럽에 의해 주도되어 왔기 때문이다.

국제정치학은 학문(과학)으로서 보편성을 가질 수 있도록 이론화 · 체계화하는 과정에서 두 가지 서로 다른 연구경향을 볼 수 있다. 그 하나는 역사적 · 전통적 접근방법에 대한 과학적 보완수단으로서 자연과학의 모델을 국제정치 연구에 적용하는 연구경향이다. 이러한 경향을 옹호하는 입장에서는 사회과학도 하나의 과학만큼 객관성, 합리성, 보편성을 가지기 위해서는 생물학, 수학, 물리학 등과 같은 자연과학의 방법 또는 모델을 적용할 필요가 있다고 본다. 다른 하나는 국제관계이론은 사건(events 또는 l' événement)과 경험(empiricism 또는 le stade empirique)에 중점을 두어야 한다고 보는 역사적 접근방법이다. 뒤로셀(Jean-Baptiste Duroselle)과 아롱(Raymond Aron)이 이 접근방법을 채용하는 대표적 논자들이다. 특히 뒤로셀은 "국제관계 연구의 과학적 토대는 역사가 제공하는 소재(素材)에 바탕을 두어야 한다"고 강조하면서 "국제관계 연구가 구체적인 사건에 더 가까이 접근하면 할수록 그 성과는 더욱 생산적이다"라고 주장한다.[4] 이러한 시각은 군사적으로 강한 나라와 상대적으로 약한 나라, 경제적으로 부유한 나라와 그렇지 못한 나라가 공존하는 국제정치현실을 감안할 때, 강대국 중심의 이론이 아닌 지구상의 모든 국가들에게 보편적으로 적용될 수 있는 이론의 모색 가능성을 열어주고 있다.

한국에서의 국제관계학 연구

국제관계학이 한국에서 본격적으로 연구되기 시작한 것은 1950년대부터이다. 해방 후 대학에서 외교사와 국제법이 국제관계와 관련된 강의의 주류였으나 1950년대부터는 국제정치 또는 국제관계에 관한 본격적 관심이 환기되고 진지한 연구가 이루어지게 된다.[5] 1950년대의 국제관계연구는 주로 미국국제정치학 및 그 이론의 소개가 주류를 이루었다. 1960년대에 들어서 현실주의 이론의 소개 및 연구가 활발하게 이루어졌으며, 이 이론을 바탕으로 1960년대의 한국의 안보논의는 '힘'을 바탕으로 해야 한다는 주장이 주류를 이루기도 했다. 한편 1970년대에는 행태주의 이론의 연구가 꽃을 피웠다. 행태주의 이론은 정치학 또는 국제정치학의 과학화를 위해 기여가 컸음에도 불구하고 '학문의 자각적 기초의 결여'라는 비판을 받기도 했다.[6] 1980년대에는 국제정치경제학이 많은 연구자들의 관심의 대상이었으며, 1990년대에는 신자유주의적 세계화의 경향과 탈냉전에 따른 국제질서의 재편 등이 연구자들의 주목을 받았다. 21세기에 진입한 지금 시점에서는 문명 충돌의 현상으로 인식되기도 하는 테러와의 전쟁에서 나타나고 있는 독특한 분쟁양상과 마약, 국제범죄, 환경 등의 '포괄적 안보(comprehensive security)'의 문제가 초미의 관심을 끌고 있다.

과거 50년간 한국에서 국제관계연구는 미국을 비롯한 서유럽 국가들에서 발전된 이론의 소개와 수용이 주류를 이루면서, 한반도를 둘러싼 국제정치현상에 대한 분석과 이해에 크게 공헌한 것으로 평가된다. 그러나 비판의 목소리도 또한 준엄했다. 비판의 주요내용은 다음과 같다. 첫째, 한국국제관계학 연구는 거의 미국 국제정치의 복사판이라는 점이다. 둘째, 1945년 이후 서구문화의 일방적인 영향, 특히 미국적 관점의 무차별적 도입에 따른 역사적 이해의 중요성에 대한 인식의 부족이 두드러졌다는 점이다. 셋째, 한국에서의 국제관계연구는 국제정치현실 문제에서 미국·소련·영국·중국이라는 4강과 관련된 문제에 집중되었고, 그 중에서도 특히 미국의 영향권 속에 일방적으로 속해 있음으로 인해 국제관계현상에 대한 균형적 시각을 결여했다는 점이다.[7]

1990년대 후반부터 한국국제관계학계의 연구범위와 내용은 더욱 다양해졌다. 지역적으로는 주변 4강을 넘어 EU, 동남아시아, 중동 등에 관한 연구가 활발하게 이루어지고 있다. 내용면에서도 주권국가가 중심행위자(actor)였던 시기의 국가, 안보, 군사력 위주의 연구경향으로부터 주권제한, 상호의존, 지역협력, 문명갈등, 테러, 마약, 인권 등과 같은 문제로 연구의 대상이 변하고 있다.

맺는말

국제관계학도 과학인 이상 객관성, 합리성과 보편성을 가져야 한다는 것은 필수적이다. 그러기 위해서 어떤 연구자들은 자연과학의 모델의 원용을 시도하고 또 어떤 연구자들은 역사적 사건과 경험에 바탕을 둔 분석이야말로 객관성, 합리성, 보편성을 보장한다고 주장한다.

그러나 역사적, 경험적 사실들은 국제정치현상 또는 국제관계현상이 '내 나라'와 '남의 나라' 간의 대립적, 경쟁적 현상이 주류를 이루었고 설사 협조나 동맹관계를 구축한다고 하더라도 그것은 '내 나라'의 이익, 힘을 획득하기 위한 투쟁, 지배, 생존을 위한 것임을 보여주고 있다. 그리고 전쟁을 방지하고 평화를 달성하기 위해 설립된 국제기구인 국제연맹과 국제연합도 궁극적으로는 강대국 중심 또는 전승국 중심의 현상유지를 위한 장치로서의 기능을 담당했다는 점을 부인하기 어렵다. 결국 국제정치는 힘의 논리에 의해 움직여지고 있다는 것이다. 그런데 문제는 지금의 국제관계학이 바로 힘을 가진 자의 시각을 반영하고 있다는 점이다. 국제관계학의 추상적 논리의 이면에는 강대국의 우월적 지위를 옹호하고 정당화하는 지배담론이 내재되어 있다는 비판이 바로 그러한 점을 지적하고 있다. 어떻게 보면 선진 유럽과 미국에서 발전된 국제관계이론이 그 국가들의 입장과 시각을 반영하는 것은 불가피한 일일지 모른다. 다만 문제는 국제관계이론에 의해 현실 국제관계가 끊임없이 재생산되고 있다는 사실이다. 힘을 가진 자의 주관적 잣대에 따른 해석과 자기중심적 처방이 오늘날 국제관계의 아젠다를 설정하고 문제해결의 방식을 결정하고 있기 때문이다. 국제관계현상의 본질에 대한 정확하고 객관적인 이해를 위해 학문적 다원주의가 요청되는 이유가 여기에 있다. 여러 가지 비판과 모순 속에서도 국제관계학은 가장 매력 있는 학문 가운데 하나임은 틀림없으며, 국제관계학자들은 끊임없이 이러한 비판과 모순을 극복해 나가는 노력을 지속하고 있다. 국제관계학의 한국적 정체성 모색은 바로 이러한 노력의 일환이다.

한국적 국제관계학의 정체성 모색은 앞에 지적된 모순과 비판을 감안할 때 국제관계학의 합리성과 보편성을 위해서도 필수적인 과제이다. 이것은 또한 국제관계학이 강대국적 시각을 탈피하게 하고 균형 잡힌 보편적 시각을 갖게 하는 길이기도 하다. 국제관계학의 한국적 정체성 모색을 위해서는 무엇보다 한국이 경험한 역사적 사건을 설명할 수 있는 객관화, 보편화된 이론체계의 구축이 필요하다. 30년전쟁(Thirty Years' War, 1618~1648)과 웨스트팔리아 조약(Peace of Westphalia, 1648), 스페인 왕위계승전쟁(War of the Spanish Succession, 1701~1714)과 위트레흐트 조약(Treaty of Utrecht, 1714), 나폴레옹전쟁(Napoleonic Wars, 1799~1814), 베로나회의(Congress of Verona, 1822)와 미국의 먼로독트린(Monroe Doctrine, 1823), 제1·2차 세계대전 등에 대한 연구를 통해 구미의 국제관계학은 체계화·이론화될 수 있었다. 그렇다면 갑신정변, 동학운동, 청일전쟁, 러일전쟁, 제1·2차 세계대전, 한국전쟁, 한반도 분단 등과 같이 한국이 겪어야 했던 구체적인 역사적 사건을 통해 한반도에서의 국제관계현상을 체계화·논리화시킬 수 있는 이론과 방법론의 개발은 불가능한 것일까?

이 책은 한국적 정체성을 지닌 국제관계이론을 지향하는 과정에서 한국 국제관계학계가 산출한 결과물 중 하나로서 현대국제관계이론 각각에 대한 조리 있는 내용 요약뿐 아니라, 역사사회학적 관점에서 이론들의 부침(浮沈)의 역사적 배경을 깊이 있게 서술하여 각 이론에 대한 입체적 분석을 가능케 하고 있고, 한반도 및 동북아에 대한 함의, 지향해야 할 구체적 방향 등을 담고 있어 정체성 있는 국제관계이론 개발을 위한 지적 토대를 마련하고 최종목표와의 거리를 줄이는 진지한 노력으로 인정될 수 있을 것이다.

이 연구는 2002년 국제정치이론사상분과위원들이 집필하였지만 일관성, 통일성, 지향의식의 공유 등을 볼 때 단순한 논문의 집합이 아님을 알 수 있다. 사실 분과위원들은 두 차례의 기획 및 연례 학술회의 발표 및 토론, 2년여 동안의 여러 차례의 워크샵과 개인적 토론, 그리고 필자간 논평과 피드백 과정에 성실하고 진지하게 임하였다. 특히 이 과정이 성공적으로 진행되도록 봉사하고, 또한 이 책을 한 사람이 쓴 것 같은 느낌이 들도록 편집에 정성을 기울여준 박건영 위원장과 강윤희, 구갑우 두 분 간사 선생님들에게 감사의 정을 표하고자 한다. 아울러 이 책의 각 장에 대해 도덕적 지지와 성원, 그리고 건설적이고 유익한 논평을 해주신 김상준(서강대), 안청시(서울대), 오기평(세종연구소), 이호재(고려대), 구춘권(서강대), 김상배(서울대), 김수암(통일연구원), 김재한(한림대), 김재철(가톨릭대), 민병원(산업대), 박수헌(경희대), 박재민(연세대), 배종윤(연세대), 양준희(경희대), 오영달(고려대), 우승지(외교안보연구원), 유현석(중앙대), 이재승(외교안보연구원), 이혜정(중앙대), 정항석(전북대), 조윤영(숙명여대), 황영주(부산외대) 교수와, 이현수, 안상은 조교에게도 사의를 표한다. 전재성·박건영 교수의 논문, 그리고 백창재 교수의 논문을 이 책에 실을 수 있도록 허락해 준 한국국제정치학회와 세종연구소에게도 감사한다. 이 책의 출판을 흔쾌히 맡아주신 사회평론의 윤철호 사장, 그리고 훌륭하게 교정·편집해주신 박윤선 팀장, 고하영 씨께 깊은 사의를 표한다.

1) 이용희, 『일반국제정치학(상)』(서울: 박영사, 1962), pp. 83-94.

2) Keith R. Legg, and Games F. Morrison, *Politics and the International System* (New York: Harper & Row, 1971).

3) 이용희, 앞의 책, p. 25.

4) Jean-Baptiste Duroselle, *Tout empire péira* (Paris: Armand Colin, 1972), pp. 18-22. Duroselle은 과거(의 사건)에 대한 역사가와 정치인(homme d'action)의 인식의 차이를 다음과 같이 설명함으로써 사건의 중요성을 강조했다. 즉, "신뢰할 수 있는 역사가는 과거를 순수한 과학적 목적을 위해 재구성하고, 정치인은 실제적인 목적을 위해 과거를 재구성한다. 우리 연구의 목적은 인간이며 이성(la raison)이 만들어낸 인위적인 과학으로 인위적인 인간을 연구하는 것은 아무런 도움이 되지 않는다. 또 그는 인간은 그들 생애의 많은 부분을 비합리적인 활동을 하는 데 소비하여 왔다. 과학적 진실은 그 대상이 무엇이던간에 합리적이며 따라서 우리는 인간을 합리적으로 연구해야 하지만 인간이란 합리적인 면과 불합리한 면으로 뒤섞여 있다. 따라서 인간을 연구하는 과학은 자연과학의 모델을 따라서는 안 되며 적절한 방법론을 모색해야 한다"고 주장했다.

5) 한국에서의 국제정치학 연구사에 관한 논문은 박상섭, "한국국제정치학 40년 ― 현황, 방향 및 가능성," 『한국정치학회보』 제21집 2호 (1987); 김용구, "국제정치학사," 『한국정치학회 50년사, 1953-2003』(한국정치학회, 2003).

6) 노재봉, "한국국제정치학의 지성사적 고찰," 『국제정치논총』 제28집 1호 (1988), p.38. 노재봉 교수는 "그것이 (현실주의적 국제정치학) 기초하고 있는 실증주의는 차치하고라도, 모든 것이 문제이므로 아무것도 문제가 아닌 그런 내용이 행태주의 국제정치학이었다고 한다면 반드시 과도한 표현이라고만은 할 수 없을 것이다"라고 논평했다.

7) 이상우, "한국국제정치학의 방향정립," 『한국정치학회보』 제12집 (1978); 박치영, "한국에서의 국제정치학 연구 ― 평가와 제의," 위의 책; 이호재, "발전을 위한 방향 제시"와 5부 토론, 『국제정치논총』 제28집 1호 (1988); 박상섭, "한국국제정치학과 외래이론 수용의 문제점"과 제1부 토론, 위의 책.

| 참고문헌 |

▪ 김용구. "국제정치학사."『한국정치학회 50년사, 1953-2003』. (한국정치학회, 2003).

▪ 노재봉. "한국국제정치학의 지성사적 고찰."『국제정치논총』제 28집 1호, 1988.

▪ 박상섭. "한국국제정치학과 외래이론수용의 문제점"과 제1부 토론.『국제정치논총』제28집 1호, 1988.

▪ 박상섭. "한국정치학 40년 ― 현황, 방향 및 가능성."『한국정치학회보』제 21집 2호, 1987.

▪ 박치영. "한국에서의 국제정치학 ― 연구 평가와 제의."『국제정치논총』제28집 1호, 1988.

▪ 이상우. "한국국제정치학의 방향 정립."『한국정치학회보』제12집, 1978.

▪ 이용희.『일반국제정치학(상)』. (서울: 박영사, 1962).

▪ 이호재. "한국국제정치학의 발전을 위한 방향제시"와 제5부 토론.『국제정치논총』제28집 1호, 1988.

▪ Duroselle, Jean-Baptiste. *Tout empire péira*. (Paris: Armond Colin, 1972).

▪ Legg, Keith R., and James F. Morrison. *Politics and the International System*. (New York: Harper & Row, 1971).

| 총론 |

국제관계이론의 역사와 계보

박 건 영

I. 서론

인간은 지각능력의 한계로 인간사회에 대한 직접적이고 완전한 지식을 가질 수 없다. 따라서 우리는 수많은 변수들이 다양한 방식으로 연관되어 혼돈스러운 현실을 단순화하고 중요한 부분만을 부각시킴으로써 행위자들의 기본 속성과 지배적 행동양식, 그리고 그들간 관계의 반복성 등을 쉽게 발견할 수 있다. 이러한 단순화는 어떤 것이 실제로 존재하지만 존재하지 않는 것처럼 가정한다는 의미에서 전제(assumption)라 부를 수도 있다. "국제관계에서 유일한 행위자는 국가이다"라는 언명은 실제를 정확하게 표현한 진술은 아니지만(초국적기업이나 테러집단과 같은 국가 이외의 행위자가 존재하므로), 현실을 단순화함으로써 국가간 관계를 인간의 지각능력 범위 내에 진입시켜주는 전제이다. 우리는 이러한 전제들의 유기적인 집합을 관점(perspectives)이라 부른다.

이론(models, conceptual frameworks)은 관점의 바탕 위에서 변수들간의 관계를 규정하고 그 이유를 제시하는 진술 또는 그의 집합이라 할 수 있다. 예를 들어, "국제관계에서 유일한 행위자로서 합리적이고 단일체적으로 행동하는 국가들은 힘으로 정의되는 이익을 끊임없이 추구한다"라는 '관점'에 입각해 각국의 군비증강률은 자신의 적대국의 군비 및 그것이 제기하는 위협에 대한 자신의 인식과 양의 관계, 그리고 자신의 군비 및 그것을 증강하는 데 따르는 부담과 음의 관계, 그리고 적대국에 대한 적개심과 양의 관계에 있다는 '이론'이 있을 수 있는 것이다. 좀더 간단하게는, 같은 관점에서, 국제체계에서 힘이 집중되면 세계차원의 경제적 안정 또는 개방성이, 그리고 그 반대의 경우에는 불안정 또는 폐쇄성이 증가한다는 이론도 가능하다. 요컨대 국제관계이론(또는 이론가)은 관점이라는 렌즈를 통해 클로즈업된 세상을 들여다보면서 반복적으로 발생하는 국제적 사건에 주목하여 그것이 왜 발생하는지 이유를 밝히고, 그렇게 함으로써 이론의 소비자들이 행위자들의 관계가 빚는 다양한 동학(動學)을 설명·이해하거나 예측할 수 있게 하며, 그에 기초하여 현상을 유지하거나 변경하는 데 유효한 수단들을 고안해낼 수 있도록 도와준다.

우리는 국제관계를 설명·이해하고자 할 때, 그리고 문제해결을 위한 대안을 모색할 때, 본인이 알든 모르든 그리고 그것이 얼마나 정교하든 아니든 국제관계이론을 사용한다. 이때 우리는 세계가 어떻게 움직이는지, 중요한 국제적 결과를 산출하는 근본 동력이 무엇인지에 관한 우리 자신의 철학과 판단, 즉 이론에 의존하기 때문이다. 예를 들어, 어떤 사람은 북한과 미국이 빚고 있는 갈등의 원인은 북한이 대량파괴무기를 수단으로 자신의 군사 이익을 극대화하려 하고, 미국은 이를 자신의 안전을 침해하는 행동으로 보고 무력을 동원해서라도 제거하려 하는 데에 있다고 판단한다. 미국의 관점에서 내려질 수 있는 효과적인 처방은 힘의 우위에 기초한 대북제재나 무력응징이 될 것이다. 이와는 달리, 어떤 사람은 북미간의 갈등이 양국간 가치관이나 정치제도의 차이, 그리고 오랜 의사소통의 부재에 따른 심한 오해와 불신 때문에 발생했다고 간주한다. 이러한 관점에서 보면, 양국은 좀더 많은 접촉과 대화를 통해 이해의 수준을 높임으로써 갈등의 소지를 완화 · 제거할 수 있을 것이다.

다른 하나의 예로, 미국내 어떤 이들은 강대해진 중국이 미국 중심의 기존 세계질서에 불만족하여 파열음을 내면서 자기 중심의 새로운 질서를 구축하려 할 것이라 예측하며, 중국의 성장을 억지하거나 중국 팽창주의를 봉쇄하는 동맹 망을 구축하거나 강화해야 한다고 주장한다. 그러나 다른 이들은 중국의 경제성장 및 국제사회와의 접촉은 중국내 다원주의와 민주화를 촉진하여 중국이 세계질서에 평화적으로 편입되어 책임있는 지도국으로 행동할 것이라 예측하며, 대중국 "인게이지먼트" 정책을 제시한다. 일단의 또 다른 사람들은 중국과 국제사회간의 관계가 예단하기 어려우며 궁극적으로는 문화와 정체성의 문제가 핵심적 결정요인이 될 것이라 본다. 그들은 중국이 자신을 국제사회의 정상적인 구성원으로 볼 것인지 (그리고 국제사회가 중국을 그렇게 볼 것인지), 아니면 자신을 특별한 지위나 대접을 받아야 하는 비범한 존재로 볼 것인지의 여부가 중요하다고 생각한다.[1]

위의 예들에서 암시되었듯이, 우리는 무의식 중에도 세계정치의 과정과 결과에 중요한 영향을 미치는 변수들이 무엇인지, 그리고 그것들은 서로 어떻게 연결되어 있는지에 대해 이미 철학과 판단을 가지고 있고, 그에 입각하여 문제해결 방안을 제시한다. 달리 말해, 우리는 국제관계에 대해 생각하고 말하고 있을 때 이미 우리가 만들어낸 또는 우리 마음에 각인되어 있는 특정 국제관계이론과 관점을 소비하는 것이다.

이와 같이 우리에게 국제관계의 어떤 부분이 큰 의미가 있는지 (또는 그렇지 않은지), 그리고 사건들과 결정들간에는 어떤 관계들이 존재하는지를 알려주는 국제관계이론은 또 다른 차원에서 보면 이론의 소비자들에게 권력을 행사하고 있는 셈이다. 그들의 사고와 행동에 크게 영향을 미치기 때문이다. 마치 고도근시자가 세상을 보기 위해 렌즈나 안경에 의존할 수밖에 없는 것처럼, 우리도 현실을 보기 위해서는 그것을 단순화하고 그것에 의미를 부여하는 이론에 의존할 수밖에 없는 것이다. 따라서, 이론의 소비자들은 일상생활사를 포함한 모든 판단에 있어 이론가에 의해 지대한 영향을 받게 될 개연성이 높고, 이런 의미에서 이론가는 의도적이든 그렇지 않든 권력을 행사하는 것이다.

국제관계이론의 소비자들은 이러한 이론의 권력행사에 대해 무지하거나 무관심한 경향을 가지고 있다. 자아를 실현하고 삶의 조건을 개선하기 위해서는 이론의 소비자들이 권력기제인 이론에 숨겨져 있는 바를 간파하고, 비판적 시각에서 평가하고 사용할 수 있어야 한다. 그러기 위해서 우리는 이론의 얼굴 뿐 아니라 그것의 이면을 드러내는, 즉 이론의 부침(浮沈)에 관한 역사적 배경과 맥락에 주목해야 한다. 특히 이론은 역사적 산물로서 이론가의 사회적 존재와 주관적 가치 및 의도를 반영하며, 시대적 사건들이나 관념들, 그리고 그가 속한 사회나 그 자신의 이해관계 등에 상당 부분 의존한다는 사실에 유념해야 한다. 이러한 방법론에 기초할 때 비로소 우리는 우리가 추구하는 가치를 조명해주는 대안적 이론을 효과적으로 모색할 수 있고 삶의 조건을 개선할 수 있을 것이다.

필자는 이 글에서 각 이론의 부침의 역사적 배경을 서술하고 이론의 뿌리와 이면을 드러내려 한다. 물론 우리는 이론의 부침과 내외적 조건간의 상관관계에 대해 자의적으로 의미를 부여하는 "맥락주의(contextualism)"의 위험성을 경계해야 한다. 따라서 필자는 가능한 한 객관적으로 검증된 자료에 충실하는 한편 양자간의 관계에 대해 확정적 인과관계를 설정하기보다는 이론 부침에 대한 하나의 배경설명으로서 내외적 조건을 제시하려 한다. 아울러, 우리는 현재의 입장에서 과거의 이론적 부침이나 논쟁을 회고적으로 역조명하여(writing history backward) 사실을 왜곡하는 "기능주의적 현재주의(functionalist presentism)"의 우를 범하지 않도록 주의를 기울일 것이다. 필자는 국제관계이론사의 실제와 가장 가까운 재구성을 지향하기 위해 다양한 수준의 사서적(史書的 historiographic) 지도와 안내

를 구할 것이다.[2]

II. 국제관계이론의 부침

1. 이상주의(Utopianism)[3]의 태동

30년간의 종교전쟁을 종식하면서 체결된 1648년의 웨스트팔리아 조약은 일정 경계로 구획된 지역 내에서의 종교를 그 영토의 지배자가 결정하도록 함으로써 이슬람 세계나 중국과는 달리 유럽에서의 국가주권 개념과 그에 기반한 근대국제체계를 출범시킨 중대한 계기가 되었다. 근대국제체계의 부상에 따라 국가들은 대사를 교환하고 다양한 교류를 증대시키면서 외교관계의 성장, 조약의 교섭, 그리고 동맹 활동 등을 활성화했고, 그에 따라 국제현상은 주로 외교사, 국제법, 국제기구 등의 영역에서 연구되었다. 20세기 초에 이르러 영국과 미국의 대학들은 국제이해 증진을 목적으로 시사과목이나 국제법 및 국제기구에 관한 강의를 개설했다. 연구는 주로 실천적 문제와 관련한 단편적 저술이 중심이 되어 이루어졌다.

1차대전은 전례없는 참혹함과 함께 최초의 세계 전쟁이었다는 점에서 국제정치에 대한 각국의 인식을 근본적으로 바꾸었다. 국제관계 연구가 초보적이지만 비로소 포괄적이고 체계적인 학문의 모습을 갖춰가기 시작한 것이다. 전무한 참화를 경험한 많은 정치인들과 학자들은 1차대전이 누구도 원하지 않았던 전쟁이었으며, 전쟁의 주요 원인을 동맹과 비밀외교에 기초한 세력균형정책이 지닌 불안정성, 그리고 국가 지도자들간의 오해와 민주적 의사결정의 결핍에서 찾았다. 이성, 교육, 시민사회에 대한 믿음에 바탕을 둔 "이상주의자들"은 전쟁을 불완전한 정치제도에서 비롯된 하나의 질병으로 보았고, 새로운 제도를 구축함으로써 문제를 해결할 수 있다고 믿었다. 구체적으로, 그들은 국제적 차원에서는 공개적인 국가간 의사소통의 장으로서 국제제도와 기구를 마련하고, 강대국간 세력균형정책을 집단안보체제로 대체하며, 국내적 차원에서는 국제규범을 준수하는 지각 있는 국민과 지도자들을 창조해내는 일에 관심을 기울였다. 특히 그들은 만일 국가가 국제규범이나 평화의 원칙을 지키지 않는다면 그것은 국민의 의지를 거부하는 국가지도부 때문이라고 보았다. 국민이 정부의 형태를 자유롭게 선택할 수 있다면 그들은 스스로 통치하는 대의정치를 선택할 것이고, 대의정치에 기초한 국가간 관계는 필연적으로 평화로울 것이었다. 이러한 연유로 이상주의 이론의 핵심에는 민족자결주의가 자리하고 있었다. 미국 우드로우 윌슨(Woodrow Wilson) 대통령의 14개조 연설문(1918년 1월)은 이러한 이상주의자들의 소망을 담은 전형적 문건이다.

그러나 당시 국제관계는 이상주의자들의 바람대로 전개되지는 않았다. 특히 전후 초강대국으로 부상한 미국은 이상주의적 충동과 고립주의적 경향을 동시에 노정하면서 국제적 혼돈을 정리하려는 의지를 보여주지 못했다. 미국이 주도한 켈로그-브리앙 조약(the Kellogg-Briand Pact, 1928)은 전쟁을 '금지' 했지만 집행수단을 결여한 것으로서 미국의 이중적 정책의 전형적 예이다. 비판자들은 특히 집단안보 개념이 국가의 박애주의적 행동에 의존하고 있기 때문에 비현실적이라 지적했다. 즉 집단안보 개념은 국가들이 자신의 이익이 위협받지 않는 경우에도 피침국을 자동적으로 지원하리라 가정한 순진한 발상이라는 것이었다. 나아가, 그들은 이상주의자들이 도발을 예방·통제하기 위해 유토피안적인 조치에 의존함으로써 실제로 평화를 위협하고 있다고 비판했다. 그러나 이상주의자들은 평화는 "불가분"의 것이라 주장하며 언제 어디서든 어떤 국가에 대한 도발도 모든 국가에 대한 위협이 된다고 반박했으며, 전쟁방지라는 지고의 목적을 달성하는 데 도움이 되는 대안을 제시할 것을 비판자들에게 권고했다.

많은 논쟁이 그렇듯 갈등은 주장의 설득력보다는 일련의 사건에 의해 결정되었다. 전간기 민족자결주의는 대의정부를 형성하기도 했지만, 중국의 5 · 4운동, 한국의 3 · 1 운동 등의 실패에서 보듯, 1차대전 패전국의 식민지에만 선별적으로 적용되었고, 러시아의 경우와 같이 전체주의로 이어진 경우도 있었다. 뿐만 아니라, 이탈리아의 에티오피아 점령(1936. 5), 독 · 이 · 일의 반소동맹 성립(1937. 11), 독일의 오스트리아 병합(1938. 4) 및 체코의 주데텐(Sudeten) 지역 탈취(1939. 3), 그리고 폴란드 영토 할양(割讓)과 발틱 3국의 소련 편입 등을 약속한 몰로토프-리벤트로프 비밀협약(Molotov-Ribbentrop Pact, 1939. 8) 등 당시 국제정치의 현실은 이상주의의 이론적 중핵을 부인하는 요소로 작용했다.

2. 에드워드 카(Edward Hallett Carr)의 이상주의 비판과 현실주의

긴박하게 돌아가던 당시 유럽의 국제정치를 직시하면서 "이상주의"의 "비현실적 천진성"과 "목적론적 낭만성"을 통박한 이는 영국 역사학자 카였다. 현실주의의 선구적 저작으로 꼽히는 『20년간의 위기(*The Twenty Years' Crisis 1919-1939: An Introduction to the Study of International Relations*)』에서 카는 19세기의 서구 질서는 로크 등의 자유주의에 기초했고, 이는 영국의 패권(Pax Britanicana)에 의존했는데, 1차대전 후 영국 패권이 붕괴되었음에도 자유주의는 전후 질서를 수립하는 과정에서 지배적 역할을 했다고 주장했다. 그에 따르면 점차 현실은 영국 패권 시기와는 다른 새로운 열강관계가 형성되고 있었는데, "이상주의적" 목적론은 이러한 현실을 직시하지 못하도록 만들었으며 결국 위기를 초래했던 것이다.

카는 국제 위기를 해소하려면 문제의 근원에 대한 냉정한(dispassionate) 접근이 필요하며 이는 목적론적, 규범적 요소의 제거를 의미한다고 말했다. "무엇을 해야 하는가를 생각하느라 무엇을 하는가를 보지 못하는 사람은 곧 패망의 길을 걷게 될 것"이었다. 구체적으로, 그는 국제정치 "현실"에 대한 정확한 인식을 도모하기 위해서는 "권력" 또는 "권력투쟁"이라는 개념을 도입해야 한다고 주장했다. 그에 따르면, 1938년 영국과 프랑스는 자신들이 불만족국가들을 비난하기 위해 만들었던 슬로건인 "평화"의 노예가 되었고, 독일은 평화에 대한 희망을 역이용하여 자국의 이익을 챙길 위치를 차지할 만큼 강대해졌다. 히틀러는 독일이야말로 전쟁광 민주국가들의 위협에서 평화를 지킬 수 있는 보루라고 말하고 있었다. 이는 전후 현상유지국들의 힘의 독점상황이 종료되었음을 반영하는 현실이었지만 권력개념이 도입되었을 때만 볼 수 있는 현실이었다.

카는 이전 시기 지배적인 국제적 관념이었던 윤리 법 등을 권력으로 대체할 것을 주장하면서 자신이 명명한 "현실주의(Realism)"라는 대안을 제시했다. 즉 그는 마키아벨리를 인용하면서, 역사란 인과관계의 연속으로서 이는 지적(知的) 노력에 의해 이해될 뿐 상상에 이끌려서는 안 되며, 이론이 실천을 창조하는 것이 아니라 실천이 이론을 창조하며, 정치는 윤리의 함수가 아니라 그 반대이고, 도덕은 권력의 산물이라고 지적했다. 국제정치와 관련한 구체적 언명들은 권력이라는 핵심개념으로 대체되었다. 카가 자신의 접근법을 현실주의라 명명한 이유는, 그것이 이상을 추구하는 바람직한 인간성이 아니라 권력을 추구하는 "있는 그대로"의 인간성을 다루며 역사적 사건들도 같은 자세로 연구한다는 의미를 강조하려 함에 있다고 제시했다.

그러나 카는 현실주의가 이상주의를 극복하거나 대체한다고 생각하지는 않았다. 오히려 양자는 적절히 공존하면서 상보적인 역할을 해야 한다고 믿었다. 이상주의가 특정세력의 기득권을 대변하는 겉치레가 되면, 현실주의는 그 가면을 벗기는 일을 할 수 있을 것이다. 그러나 순수한 형태의 현실주의는 적나라한 권력투쟁 외에 대안적 모습을 보여주지 못하기 때문에 "국제 사회"란 불가능해진다. 따라서 현실주의의 무기로 유토피아를 파괴하고 나면, 우리는 또 다른 이상주의로 새로운 유토피아를 건설하지 않을 수 없고, 이 또한 언젠가는 현실주의라는 무기의 표적이 될 것이며, 이러한 과정은 계속될 것이다.

카는 납으로 금을 만들려는 연금술사적 이상주의자들을 비판하면서, 국제관계 연구가 사실과 인과관계 분석에 기반한 과학을 추구해야 한다고 주장하는 한편, 권력이라는 정치적 개념을 국제관계 분석의 핵심기제로 도입함으로써 국제정치 연구가 여타 다른 학문과 차별성을 확보하고 독자적인 학문체계로 발전할 수 있는 계기를 마련했다. 특히 그의 권력정치에 대한 새로운 인식과 해석은 2차대전 이후 지금까지 국제관계 연구의 지배적 위상을 확보하고 있는 미국식 "정치적 현실주의"의 지적 기원을 부분적으로 구성하고 있다는 점에서 이론사적 의미뿐 아니라 정책적 함의도 크다 할 것이다.

3. 한스 모겐소(Hans Joachim Morgenthau)의 정치적 현실주의(Political Realism) : 미국적 현실주의의 등장

2차대전의 승리를 눈앞에 두고 있던 미국에는 전후질서 수립과정에서 전간기 이상주의를 다시 한 번 시도하려는 세력이 존재하고 있었다. 국무장관 코델 헐(Cordell Hull)을 비롯한 이 세력은 독일·일본 등을 무력화시키고 세계적 강대국으로 부상한 미국의 능력을 확인하면서, 그리고 영국, 프랑스, 소련 등을 동맹국으로 하는 얄타체제의 영속성을 기대하면서, "인류의 가장 높은 소망을 달성시켜줄 열쇠"인 국제연합 창설에 큰 의미를 부여하고 있었다. 그리고 이러한 이상주의는 집단안보체제를 통해 전후 세계 안보질서를 관리하고 미국의 직접 개입은 삼가자는 고립주의 외교노선에 의해 지지되고 있었다.

당시 미국의 이러한 낙관주의에 경종을 울리고자 한 일단의 학자들은 주로 유럽에서 나치 정권의 핍박을 피해 망명한 사람들이었고, 그 중 하나가 1937년 미국으로 이주한 모겐소였다. 유럽의 현실주의자 카뿐 아니라, "국제관계에서 국가는 도덕적 제약을 받지 않기 때문에 개인의 권력의지가 더욱 증폭되어 나타난다"고 주장한 기독교적 현실주의자 라인홀트 니

이버(Reinhold Niebuhr), 그리고 "서반구는 유라시아 대륙의 자원에 맞설 수 있는 경제적, 군사적, 기술적 자원을 가지고 있지 않기 때문에, 유럽과 아시아에서의 세력균형의 유지는 미국에게는 사활적 이익이 된다"고 설파한 지정학자 니콜라스 스파이크먼(Nicholas J. Spykman) 등의 지적 영향을 받은 모겐소는 유럽의 위기 및 전쟁과 관련한 자신의 개인적 체험을 결합하여 미국의 당시 외교정책을 비판하면서 권력과 이익 개념을 중심으로 국제정치 현상에 대한 설명을 제공하고자 했다.

구체적으로, 그는 『국가이익의 옹호(*In Defense of the National Interest*)』라는 저서에서 이상주의(utopianism), 법리주의(legalism), 감상주의(sentimentalism), 신고립주의(neoisolationism) 등 미국외교정책을 "황폐화"시킨 일반적이고 지속적인 네 가지 결점을 지적했다. 그는 미국의 이상주의자들은 연합국들간의 대동맹체제가 전후에도 계속될 것이고, 권력정치를 초월하여 영구적 평화를 누릴 수 있을 것이라 믿었지만, 국제관계에서 평화란 늘 잠정적인 것이라는 진리에 대해 무지했기 때문에 소련이 장차 독일 · 일본을 뒤이어 자신의 안보를 위협할 수 있다는 점을 간과하고 테헤란과 얄타에서 소련에 바보같이 많은 양보를 했다고 비판했다.[4] 미국의 감상주의와 관련해서는, 1947년의 트루먼 독트린을 예를 들어 비판했다. 그에 따르면 당시 미국은 그리스 · 터키 사태에 대한 대응을 보편주의적이고 과장된 언어로 표현함으로써 자신의 국익을 효과적으로 제고하지 못했다. 또한 미국은 트루먼 독트린에서 바람직한 것과 가능한 것을 구별하지 못하고 미국의 이익 차원을 넘어 도덕적 원칙을 천명했기 때문에 추후 전혀 다른 성격의 베트남전에 연루될 수밖에 없었다. 그는 남한을 미국의 방위선에서 제외한 1950년 애치슨의 성명은 트루먼 독트린을 미국 국익의 규모에 맞게 하향조정한 것으로 긍정적으로 평가했다.[5]

모겐소는 미국의 외교정책을 비판하는 데 머무르지 않았다. 당시 초강대국으로 부상한 미국은 세계 전역에 걸쳐 이익과 공약을 지키려 하고 있었고, 정치인들은 대소 봉쇄를 정당화하기 위한 논리를 확보하기 위해 학계에 기대고 있었다. 다른 한편, 미국은 자신의 경제성장을 추동한 과학의 힘을 빌어 국제관계를 관리·통제할 수 있을 것이라는 분위기에 젖어 있었다. 모겐소는 이러한 환경 속에서 과거 현실주의 국제정치학자들의 성과를 종합·정교화하고 풍부한 외교사적 사례들을 결합하여 "정치적 현실주의"라는 체계적 이론을 제시하는 한편, 권력·이익 개념에 기초한 국제정치학이라는 독자적 학문영역을 구축하고자 했다. 1948년 발표된 그의 『국제정치(Poitics among Nations)』에서 제시된 여섯 개의 정치적 현실주의 원칙은 그러한 모겐소의 취지를 잘 담고 있다.

모겐소는 권력정치의 현실적 중요성을 강조했기 때문에 비타협론자로 보일 수 있으나, 명백히 외교론자였다. 외교적 타협이 성공하기 위해서는 단지 권력정치의 논리와 동학을 정확히 이해해야 한다는 점을 지적하고자 했던 것이다. 그는 정치력을 최대화하는 길은 일방적 힘의 강화가 아니라 자국 목표의 자제에 있다고 주장했고, 타협을 가능케 하는 역지사지(易地思之)의 원리를 강조했으며, 권력투쟁이 이익추구라는 사실을 망각한 채 절대진리를 위한 선악의 투쟁이라고 생각하는 십자군적 정신의 위험성을 엄중히 경계했던 것이다. 특히 분별력을 국가지도자의 핵심적인 정치적 덕목으로 규정하고, 그에 따라 그들이 자제하면서 국가이익 추구에 필수적인 제한적 행동만을 취하도록 권고하고, 다른 국가의 이익도 존중해야 한다고 제시한 점은 그의 관점이 힘의 우위에 기초한 일방주의보다는 외교와 타협에 기초해 있었다는 것을 잘 말해준다. 과거 한국 사회는 모겐소의 현실주의를 힘의 우위에 기초한 안보전략쯤으로 간주하고 북미관계에 여과없이 대입하려는 시도들을 목도해 왔다. 모겐소의 실용주의·역지사지론은 십자군적·일방주의적 전력투사론자들에게 경종을 울리고 있는 셈이다.

한편 1948년 2월 체코에서의 공산쿠데타, 그해 6월 베를린 봉쇄, 49년 8월 소련 핵실험, 10월 공산 중국 선언, 50년 6월 한국전쟁 발발, 10월 중국 참전 등 일련의 정치군사적 위협과 대규모 무력투쟁은 미국의 낙관적 이상주의를 소멸시켰고, 권력이론의 타당성을 증명해보였다. 모겐소의 정치적 현실주의는 그 영향력이 전세계로 확대되었고, 1960년대 행태주의 혁명에 의한 방법론적 도전, 그리고 1970년대 자유주의에 의한 관점상의 문제제기가 이루어지기 전까지 명실상부한 이론적 패권을 누리게 된다.

4. 자유주의(Liberalism)라는 이름의 이상주의 재등장과 전개 : 지역통합론과 상호의존론

1) 지역통합론(regional integration)

양차대전은 이상주의가 발붙일 공간을 축소하고 카와 모겐소의 현실주의가 위세를 떨치게 했지만, 반면에 어떻게든 파멸적인 두 번의 전쟁을 몰고 온 근대국가체계라는 현실을 변혁해야 한다는 새로운 사고를 자극하기도 했다. 유럽석탄철강공동체(ECSC)를 시작으로 1950년대 초부터 탄력을 받은 이러한 사고는 유럽의 지역통합론으로 모습을 갖추며 소위 이상주의가 자유주의의 이름으로 세련화되어 재등장하는 셈이었다. 이들 자유주의자를 대표하는 인물로는 언스트 하아스(Ernst B. Haas)와 칼 도이취(Karl W. Deutsch)를 꼽을 수 있으나, 전간기에 다양한 저술 활동과 강연으로 기능주의(functionalism)를 설파하던 데이비드 미트라니(David Mitrany)의 영향을 간과할 수 없다.

미트라니는 다뉴브 강 수상교통 통제를 관리하기 위한 다뉴브 위원회의 성공에 착안하여 세계와 유럽의 평화를 위협하는 요소 중 하나로 민족주의를 지적하면서, 국가들은 지역적 세계적 긴장을 완화하기 위해 국제관계를 재구축해야 한다고 주장했다. 그는 예민한 정치·군사 부문이 아닌 기술·비정치 부문에서 국제 교류의 망을 쉽게 발견할 수 있었다. 특히 당시 정치체제의 복합성과 복잡성이 증대하여 개별국가 수준에서 접근하기 어려운 문제들이 생겨나고 있다는 점에 주목했다. 이에 따라 기술전문인력의 중요성이 증대되고, 이들 전문인력에 의한 하나의 기술영역에서의 협력은 "분기 효과(ramification effect)"로 다른 영역에서의 협력으로 이어지게 될 것이었다. 시민들은 협력으로 인한 복지의 향상 때문에 충성의 대상을 국민국가에서 기능적 기구들로 전환할 것이며, 나아가 국가간 상호의존의 증가는 그로부터의 이탈이 가져올 비용의 증가로 인해 국가간 정치적 갈등이 비화할 가능성이 제어될 것으로 예상했다.

정치성이 배제된 단순한 논리에 대한 비판도 많았으나 "파급 효과(spill-over effect)" 논리는 유럽 엘리트들의 사고에 남아 전후 50년대에 일종의 목적론적, 실천론적 이데올로기로서 상당한 영향을 끼치게 된다. 1952년 ECSC가 프랑스인 장 모네(Jean Monnet)의 활동에 의해 설립되었고, 잇달아 유럽경제공동체(EEC)와 유럽원자력공동체(Euratom)가 57년에 설립되었다.

이런 활발한 통합운동을 배경으로 미트라니의 기능주의를 실증적으로 이론화하고 통합의 정치적 측면을 지적·보완한 인물은 미국의 하아스였다. 그는 기능주의의 착안에 의미를 부여하면서도 몇 가지 수정을 제시했다. 즉 그는 파급효과와 이익이라는 개념의 중요성을 부각시키고자 했다. 그에 따르면, 집단이나 행위자들은 목표극대화를 지향하며, 그들의 이익을 제고하는 것으로 판단되면 국가주권의 일부를 양도할 의지를 갖는데, 일정한 정도 주권이 양도되면 기능적 파급효과가 발생한다. 이러한 파급효과는 특정 부문에서의 통합으로부터 어떤 집단이 이익을 보면 다른 집단들은 자신들의 부문에서 통합을 통해 이익을 보고자 할 것이며, 이는 잠재적인 "눈덩이 효과(snowball effect)"를 창조할 것이다. 하아스는 미트라니와 유사한 결과를 상정하고 있었지만 통합의 유인이 세계평화를 위한 선의라기보다는 사적 이익의 경제적 동기에서 비롯된다고 주장했다는 점에서 차이를 보인다. 나아가, 하아스는 미트라니와는 달리, 정치권력과 기능적·

기술적 업무를 분리하기 어렵다고 주장하면서 통합의 효과적 전개를 위해서는 각국의 정치 엘리트의 의식적인 통합 노력이 중요하며, 그 일환으로서 통합추진 기구의 구축 등이 이루어져야 한다고 제시했다. 파급효과가 어느 지역에서는 진전되고 어느 지역에서는 미진한 이유는 통합에 대한 정치적 의지의 유무에 달려 있다는 것이다. 나아가, 하아스가 미트라니와는 달리 세계 차원이 아니라 지역 차원의 통합을 연구대상으로 하고, 각국의 정치사회적 동질성과 정치적 의지 등을 강조한 이면에는 당시 격화되고 있던 냉전이 존재하고 있었다는 해석이 가능하다.

하아스의 신기능주의(Neofunctionalism)는 1960년대 중반에 이르러 중대한 도전에 직면하게 된다. 65년 재선에 성공한 프랑스의 드골 대통령은 얄타·포츠담협정에 기초해 미소 양 세력권으로 분할된 세계구도를 타파하기 위해 "위대한 프랑스"를 기치로 내걸고 NATO에서 탈퇴하는 등 미국이 주도하는 유럽 정치와 경제통합 과정에서 이탈했다. 당시 유럽은 "흘러내림(spill-over)이 아니라 흘러들어가고 있다(spill-back)"는 비판이 제기될 정도로, ECSC를 포함하여 각 기구가 명맥을 유지하는 것 이상으로 통합 정책을 추진해 나갈 수가 없었다. 유럽뿐 아니라 라틴 아메리카의 경제통합도 각국의 경제 불황으로 난항을 겪게 되었고, 이후 미국의 베트남 전쟁, 서독과 일본의 경제적 부상, 1·2차 오일쇼크로 세계의 모습은 점차 통합과 거리가 멀어졌고, 하아스는 1975년 『지역통합이론의 쇠퇴(*The Obsolescence of Regional Integration Theory*)』라는 저서에서 자신의 신기능주의 통합이론이 현실과 부합하지 않음을 시인하기에 이른다.[6]

(신)기능주의자들은 특정 기능 영역의 확장과 심화를 통해 정치공동체의 통합을 예견했지만, 동시대의 도이취는 통합의 동인으로 사람들간의 관계적 요인인 거래의 증가와 국경을 넘는 커뮤니케이션에 주목했다. 거래(transactions)와 커뮤니케이션이 각국간 무역, 이민, 여행, 교육의 교환 등으로 좀더 용이해지면, 사람들에게 자신이 서로에게 속한 일원이라는 집

합적 정체성을 고양시키고 공동체 의식을 북돋게 될 것이라 생각했던 것이다. 도이취의 이론은 이런 맥락에서 기능주의 이론의 한 흐름으로도 볼 수 있는데 국가간 양적 거래의 증가는 질적 변화인 통합의식을 자극하여 결국 지역통합을 이룬다고 주장한 것이다. 남한의 대북화해협력정책·평화번영정책이나 미국 클린턴 정부의 대북 인게이지먼트정책은 신기능주의가 우리 주변에 적용된 주요 사례라는 점에서 이론의 실천적 함의를 음미해볼 필요가 있다. 특히 남한의 통일정책 중 남북연합이라는 단계는 통합과정에서 정치적 의지가 가지는 중요성을 강조하는 신기능주의의 기본 주장과 잘 부합한다고 하겠다.

구체적으로, 도이취는 『정치공동체와 북대서양지역(*Political Community and the North Atlantic Area*)』이라는 저작에서 북대서양지역에서 형성되는 안보공동체를 "통합적(amalgamated)" 안보공동체와 "다원적(pluralistic)" 안보공동체의 두 가지로 분류하면서 핵심가치의 상호호환성 등을 포함하는 각각의 형성조건을 제시했다.[7] 그는 북대서양지역 통합의 핵심 조건으로서 거래와 커뮤니케이션 특히 그것들이 보상과 이익에 대한 기대와 연결된 양의 증대를, 대안으로서는 북대서양지역 내 새로운 기능적 기구들의 구축 작업을 제시했고, 또한 NATO의 "경제적 사회적 잠재력들"을 발전시킴으로써 이를 군사동맹 이상으로 확대해야 한다고 주장했다.

도이취가 설명하듯, 영국·에이레, 노르웨이·스웨덴, 미국·캐나다 등 안보공동체들에서 국가간 관계가 부전원칙(不戰原則)에 입각하여 유지된다면, 적어도 이러한 사례만큼은 전쟁이 국가간 관계에서 최종적 중재자라고 보는 국가중심적 현실주의 관점이 중요한 도전에 직면했음을 보여주는 실례가 된다. 나아가 이는 현실주의자들이 전통적으로 제시해온 상위정치의 개념이 국제관계의 명백한 특징이 아니라는 결론으로 이어질 수 있다는 점에서 자유주의의 새로운 이론적 돌파구로 간주될 수 있었다.

현실주의에 대한 중대한 도전을 제기한 도이취는 국가간 상호의존이라는 개념에 대한 연구를 강조하기 시작했으며, 하아스도 상호의존의 증가가 비용이 적게 드는 쌍무협정체제를 가능케 하여 서구통합을 실질적으로 저해했다고 주장하는 등 당시 국제관계의 자유주의적 접근은 바야흐로 상호의존론으로 수렴되고 있었다. 물론 이는 당시 세계의 정치 경제가 현실주의의 전제를 이탈하는 방향으로 큰 탈바꿈을 하고 있었다는 점을 반영하고 있었다.

2) 상호의존론(Interdependence)

1960년대 말부터 세계는 데탕트와 경제 불안정을 동시에 경험하게 되면서 소위 하위정치의 의제를 국제관계의 중심부로 등장시켰다. 그간 군비경쟁에 의한 피로를 느끼고 있었던 미국과 소련은 72년 5월, SALT I, ABM 협정 등을 통해 긴장완화를 도모하기 시작했고, 다른 한편 베트남전 등으로 쌍둥이 적자를 겪고 있던 미국은 71년 금태환 정지를 선언함으로써 전후 국제금융을 관리하던 브레튼 우즈 체제(Bretton Woods Monetary System)를 붕괴시켰다. 그후 석유수출국들이 초유의 담합결정으로 석유 위기가 두 차례에 걸쳐 발생하면서 특히 석유를 이들에 의존하던 국가들은 국가비상사태에 준하는 위기에 직면하고 있었다. 이외에도 경기침체기 이윤극대화의 새로운 출구로서 다국적 기업화의 확산, 그리고 제3세계 성장과 그들의 73년 신국제경제질서(NIEO) 선언은 그동안 안보문제에 가려져 하위정치로 간주되었던 경제 문제의 중요성을 크게 부각시켰다.

이런 현실을 바라보고 있던 일련의 국제관계학자들은 "국가들이 국제교류를 통해 상호의존적으로 얽혀 있기 때문에 어느 국가도 서로 상대방을 무시하고는 대외정책은 물론 국내정책조차 수행하기 어려운 상황"에 주목하여 상호의존론을 개진하기 시작했다. 69년 독일에서 처음 칼 카이저(Karl Kaiser)가 초국가적 정치를 이론화하기 시작했고,[8] 71년 커해인과 나이(Joseph Nye) 등은 *International Organization*의 특집호에서 국가 중심의 국제관계 시각에 대해 비판하고, 다국적기업, 국제기구, 가톨릭 교회 등 초국가적 행위자들이 펼치는 초국가적 관계와 행위자 각자의 행위 결과가 모두에게 영향을 미치는 상호의존의 세계정치경제라는 그림을 그리기 시작했다.

커해인과 나이는 1977년『권력과 상호의존(*Power and Interdependence: World Politics in Transition*)』에서 "복합적 상호의존(complex interdependence)"이라는 이상형(ideal type)을 제시하면서 그들의 상호의존론을 체계화했다. 상호의존이라는 개념과는 달리 복합적 상호의존은 하나의 관점으로 제시된 것이었다. 특히 이들은 현실주의와의 비교·대조를 통해 국가가 지배적 행위자도 단일체적 행위자도 아닐 수 있으며, 군사력이 정책수행을 위한 효과적 수단이 아닐 수 있고, 안보 문제가 사회 경제 문제보다 우위에 있다는 "이슈의 위계" 개념이 시대착오적일 수 있다고 주장함으로써 복합적 상호의존이 현실주의에 대해 경쟁적 관점임을 분명히 했다. 새로운 국제현실은 사회들간의 다층적 접촉채널의 확장, 위계의 부재, 군사력의 유용성 감소 등을 보여주고 있다는 것이다.

커해인과 나이는 현실주의가 그리는 단순한 그림이 이미 현실과 크게 유리되어가고 있으며, 세계정치경제 과정은 더욱 불확정적이고 훨씬 복합적인 성격을 띠게 되었다고 지적·설명하면서 권력정치적 관점에 이론(異論)을 제기하고 대안을 제시함으로써 국제관계에 대한 자유주의적 다원주의적 해석의 장을 넓혔다는 평가를 받았다. 그러나 그들이 자인하듯, 복합적 상호의존론은 현실주의를 대체한다는 주장을 하지 않고 있으며, 단지 그와 경쟁하는 관점으로서의 역할만을 수용함으로써 일정한 이론적 한계를 노정하고 있다.

5. 행태주의 혁명(The Behavioral Revolution)

1950년대 중반부터 미국을 중심으로 일군의 학자들은 당시 지배적 관점이었던 현실주의의 연구방법론에 불만족하여 자연과학적 방법론을 차용한 소위 "행태주의"를 국제관계 연구에 도입하고자 했다. 찰스 미리엄(Charles E. Merriam), 데이비드 트루먼(David B. Truman), 해롤드 라스웰(Harold Lasswell), 게이브리얼 아몬드(Gabriel Almond) 등의 영향을 받은 국제관계학자 루돌프 러멜(Rudolph J. Rummel), 도이취, 모튼 캐플런(Morton A. Kaplan), 리처드 스나이더(Richard Snyder) 등은 당시 역사학자, 법학자, 철학자, 전략가들의 "전통적" 방법론에 문제를 제기하고 관찰 및 검증 가능한 개념과 관계들에 대한 가치중립적 접근으로 국제관계를 좀더 객관적으로 설명할 수 있고, 한층 더 신뢰할 수 있는 지식과 이론의 생산이 가능하다고 주장했다.

　　미국내 행태주의의 부상은 시대적 상황과 긴밀히 연결되어 있었다. 50년대 중반부터 미국은 명실공히 정치 경제 군사적으로 세계패권을 쥐게 되는 데 성장의 배경이 되었던 과학 기술의 기법을 국제관계를 관리하는 데도 활용하고자 했다. 정부가 탈법적으로 개입하기도 했지만, 주로 연구재단들이 이러한 연구에 재정 지원을 제공했다. 특히 50년대 초에 설립된 포드 재단은 "개인행동 및 인간관계(후에는 행태주의 프로그램으로 전환)" 프로그램을 통해 행태주의의 발전을 지원했다. 연구재단의 지원을 받은 행태주의자들은 기존 방법론을 비판하고, 당시 개발되고 있던 여론조사 방법, 인터뷰 기술, 통계 및 측정 기법 등을 받아들여 국제관계의 과학화를 지향하는 데 앞장을 서게 되었다.

　　미국내 행태주의의 발전은 당시 미국의 정치문화에 의해서도 크게 영향을 받았다. 2차대전 후 중국의 공산화 및 핵실험성공, 한국전쟁 등의 여파로 미국의 정치문화는 매카시즘에서 보이듯 극단적 보수주의로 흐르고 있었다. 1952년 재단에 대한 면세 문제를 조사하던 하원 특위(Cox 위원회)는 당시 미국의 사회과학이 미국의 가치에 반한다고 규정하면서 "사회주의 과학"으로 부르기도 했다. 적지 않은 학자들은 보수주의 정치인들의 무차별 공격이나 용공의혹을 피하기 위해 가치중립을 방법론상의 본질적 요소로 하고 있고, 제한된 청중에게 기술적 전문용어를 사용하는 행태주의로 피난했던 것이다.[9]

캐플런 등 행태주의 국제관계학자들은 현실주의의 방법론을 비판했다. 그들은 권력투쟁은 인간본성에 내재된 생물학적 욕망에 기인한다는 선험적 주장과 역사적 사례들에 의존하는 전통적 방법론은 국제관계학이 관찰, 검증, 일반화에 기반한 과학의 위상을 획득하는 데 결정적 장애로 작용한다고 주장했다. 유사한 맥락에서, 이들은 기존 이론들이 설명력과 예측력이 제한적이어서 현실을 평가하고 미래를 예측하지 못한다고 비판하며, 구체적 현안에 대한 실용적 해법을 제공하는 대안이 제시되어야 한다고 주장했다. 이런 맥락에서 미국의 정부와 연구재단들이 행태주의를 지원한 이유는 자명하다 할 것이다. 아울러 이들은 기존의 현실주의자들이 갈등, 권력, 세력균형 등 핵심개념을 때에 따라 다양하게 (어느 경우는 상호모순되는 방식으로) 사용하고 있으며, 이는 이론적 복잡성을 증가시키고 국제관계학 내에서의 의사소통을 방해한다고 비판했다.

전통주의자들은 행태주의의 비판에 반론을 제기했다. 가장 중요한 인물로서 호주 출신 영국 학자 헤들리 불(Hedley Bull)은 1966년 행태주의를 비판하는 논문을 *World Politics*에 게재함으로써 소위 국제관계학의 "제2차 논쟁"을 촉발했다. 그와 호프만 등 일단의 학자들은 자신들의 전통적 접근은 철학, 역사, 법에서 이론의 근거를 찾고, 무엇보다도 학자 자신의 이성적 판단에 의존한다고 제시하면서, 행태주의가 계량화와 검증을 고집할 경우 국제관계에 대해 우리가 말할 수 있는 것이란 거의 무의미한 것들에 불과하게 될 것이라고 비판했다.[10] 나아가 그는 전통주의자들은 증거를 수집하고 비중을 평가하는 데 사회과학자만큼 신중하며, 단지 결론에 도달함에 있어 기계적 산술적 평가가 아닌 판단, 해석, 직관, 통찰력을 발휘하고자 하는 것이라고 강조했다.

행태주의 대 전통주의 논쟁의 의미는 이것이 그간 간과되어 왔던 국제관계 분석방법론의 중요성을 재인식하도록 만들었다는 데서 찾을 수 있을 것이다. 다른 한편 이론사적 의미로는 행태주의의 부상으로 정치이론·규범이론이 국제관계이론에서 분리되기 시작했다는 점이 지적될 수 있다. 물론 데이비드 이스튼(David Easton)이 미국사회의 요동의 시기였던 1969년, "정치학에서의 새로운 혁명" 선언을 통해 "행태주의가 지니고 있는 경험주의적 보수주의"를 공격하며 가치와 정치적 적실성을 가진 문제에 대한 연구를 주장했던 덕에 미국 내 성찰이 일정 부분 이루어졌으나, 역시 미국 학계의 주류는 행태주의 방법론에서 크게 벗어나지 않았다. 그에 반대하여 철학, 역사, 문화, 종교, 정치사상을 국제관계이론의 주요 요소로 간주하고 판단, 해석, 직관, 통찰력, 그리고 이론의 규범적 측면을 강조하던 학자들은 영국학파를 중심으로 다른 하나의 조류를 형성해 나가게 되었다.

6. 영국학파(English School, 국제사회학파)

50~60년대 미국을 지배하던 실증주의와 행태주의에 대한 대안을 찾던 일련의 학자들은 런던경제대학, 옥스퍼드, 케임브리지 대학 등 학계와 미국 록펠러(Rockefeller) 재단의 지원 하에 성립된 영국위원회(British Committee)[11]를 중심으로 그로티우스, 칸트 등의 지적 전통을 계승하여 국제관계를 탈과학주의적인 관점에서 바라보고자 했다. 이들을 "영국학파"로 최초 규정한 로이 존스(Roy E. Jones)[12]에 따르면, 매닝(C. A. W. Manning)과 와이트(Martin Wight)가 창립자의 역할을 했고 불, 앨런 제임스(Alan James), 알 제이 빈슨트(R. J. Vincent), 제임스 메이얼(James Mayall) 등이 후에 참여했다.

이들을 하나의 구분되는 학파로 부르는 이유는 크게 두 가지로 볼 수 있다. 첫째, 이들은 국제관계를 분석하는 데 인과적 설명(explanation)을 지향하는 실증주의와 행태주의보다는 역사 속의 인간행위를 감정이입적 이해(understanding)의 방법에 기초한 해석학적 접근법이 좀더 적절하다고 보았다. 이들은 전통적인 철학적, 역사적 방법론이 비과학적이라고 여기는 실증주의를 거부하며, 인간 역사의 특수성과 인간 행위의 독특성에 기반하여 인간의 가치, 동기에 대한 이해를 중시하고, 이를 이해하기 위해 역사적, 해석학적 방법의 의미와 중요성을 강조했다.

둘째, 영국학파 학자들은 무정부상태, 안보딜레마 등 현실주의의 추상적 개념과 대비되는 국제 규범 및 규칙에 기초한 초보적인 "국제사회(international society)"의 존재를 확인하고, 물질적 힘이 효과적으로 미치지 못하는 영역에 대해 집중적으로 조명했다.[13] 즉 이들은 국가행위가 국제사회를 구성하는 관행, 가치, 규범, 규칙, 제도들과 분리되어 설명될 수 없다고 주장하면서, 이러한 국제사회의 성격을 규명하고, 탈집중·절편화된 국가간 체계에 질서와 자유를 가져다줄 수 있는 국제사회의 일면을 천착(穿鑿)하고자 했던 것이다. 국제사회 개념에 대한 이들의 수렴된 관심은 이들이 국제사회학파로 불리게 된 이유이기도 하다.

피상적으로 보면 영국학파는 국가중심주의를 수용하고 국제체계 재구축을 위한 이상주의의 인식틀을 배격한다는 점에서 현실주의와 유사하다. 그러나 이들이 상정하는 국제사회라는 개념은 무정부적 상태에서 이익극대화를 추구하는 자율적이고 이기적인 국가들의 집합과는 질적으로 다른 차원의 것이다. 영국학파의 가장 잘 알려진 학자 중의 한 명인 불은 국제관계가 비록 중앙정부를 결하고 있지만 국가간 공유된 이해와 규범 및 절차에 기초하여 질서에 준하는 속성을 보유하고 있다고 주장하면서, 이를 표현하기 위해 "무정부적 사회(Anarchical Society)"라는 개념을 제시한 바 있다.

영국학파는 형성시부터 현실주의자들과 실증주의자들의 집요한 공격을 받아왔다. 관념과 규범의 중요성이 과장되었고, 이론과 방법론이 모호하며 경험적 검증이 어렵다는 주장이 대종을 이루었다. 최근에는 영국학파가 과연 전통적 현실주의를 넘어 무슨 진전을 이루었나 하는 문제제기도 이루어졌다.[14] 그러나 영국학파의 역사적 관점은, 월러스타인의 세계체제론이 그렇듯이, 미국 국제관계이론의 실험실적 몰역사성의 위험성을 지적하고 현실의 문제를 좀더 큰 그림 속에서 더 정확하게 파악할 수 있다는 대안적 시각을 제공했다는 데서 의미를 찾을 수 있다. 나아가 영국학파는 근대유럽체계 이후 "국제체계=무정부 상태"라는 불변론적 등식에 근본적 문제를 제기함으로써, 그리고 관념과 규범이 국제정치에 의미 있는 역할을 수행하며, 이것들과 이익이 서로 "구성"하는 관계에 있음을 지적함으로써, 냉전종식 후 유력한 국제관계이론으로 부상하고 있는 구성주의적 접근에 그 지적 기원을 부분적으로 제공했다는 점에서도 평가받을 수 있다.

7. 외교정책결정과정론(Foreign policy decision-making process)

앞서 말했듯이, 현실주의는 1960년대에 들어서면서 위와 아래로부터 자유주의의 도전에 직면했다. 국제체계의 무정부적 구조를 이론적 출발점으로 삼는 현실주의는 유럽에서 지역통합의 진전과 경제적 상호의존의 증대라는 도전을 받게 되었고, 국가를 합리적 단일체적 행위자로 보는 입장 또한 국내적 의사결정 과정에 대한 연구가 진전됨에 따라 그 타당성에 의문이 제기되기 시작했다. 특히 의사결정과정의 합리성에 대한 도전은 당시 미국의 베트남전 개입과 전개에 대한 논란이 증폭되는 맥락에서 이루어졌다. 단일체적이고 합리적인 행위자로서의 국가를 외교정책결정자로 상정하는 현실주의에 도전한 이들 자유주의자들은 왜 미국의 외교정책이 실패를 거듭하는가라는 문제를 제기하고, 그 이유를 찾아내기 위해서는 국가라는 블랙박스를 열고 그 내부에서 실제로 정책을 결정하는 개인들의 역할에 주목해야 한다고 생각했다. 그렇게 해야만 비로소 문제의 소재를 발견할 수 있고, 아울러 처방도 가능하다는 문제의식이었다.

외교정책결정과정이론의 선구적 저작은 역사를 조금 거슬러 올라가

1954년 리처드 스나이더(Richard C. Snyder)와 그의 동료들에 의해 이루어졌다. 이들은 분석가가 아닌 실제 의사결정자가 처해 있는 세계를 창조하고, 그 속에서 그가 상황을 어떻게 정의하고, 그를 둘러싸고 있는 환경(setting)—가족관계, 여론, 공유된 가치 등 국내외 정치적 및 비정치적 조건들—하에서 어떠한 대안을 찾는지를 과학주의 방법론에 입각하여 분석했다. 이들의 연구는 실제가 아닌 의사결정자의 인식(perception)의 중요성을 강조하고, 물화(物化 reified)되고 추상화된 국가에서 '살과 피(flesh-and-blood)'를 가진 의사결정자 개인으로 분석 수준을 변경함으로써, 추후 외교정책결정과정이론 발전의 기초를 다졌다는 데 의미가 있다.

스나이더 등의 선도와 당시 발달하고 있던 행태주의의 영향을 받은 일군의 자유주의 학자들은 과학주의에 기초하여 심리학 등 인접학문의 문제의식 및 연구기법을 활용하면서 본격적인 이론화를 지향했다. 이들은 현실주의자들과는 달리 국가의 외교정책을 합목적적이고 의도된 행위의 결과로 보지 않고, 개인적 요소나 조직 동학, 그리고 다양한 정치적 요인들이 복합적으로 만들어낸 임의적인 행위의 결과로 보면서 분석적 초점을 주로 개인이나 관료체에 맞추었다.

개인의 역할을 강조하는 이론가들은 개인이나 개인적 요소들이 국제현상이나 국가의 행위를 결정하는 데 별다른 영향을 주지 못한다고 보는 현실주의를 거부하고 중요 정책결정자의 개인적 특질이 정책결정과정이나 결과에 영향을 미친다고 보았다. 예를 들어, 알렉산더 조지(Alexander George)는 사태(事態)에 대한 정책결정자의 진단에 영향을 미치는 철학적 신념들 그리고 목표 달성을 위해 가장 효과적인 전략과 전술을 처방하는 도구적 신념들로 구성되는, 개인 차원의 정치적 신념체계로서의 조작코드(operational code) 개념에 기초한 분석법을 제시하였다.[15] 조지의 접근에 공명한 홀스티(Ole Holsti)는 조작코드의 이상형(ideal types)으로서의 신념체계(belief systems) 분류법을 개발하여 심리적 분석법을 더욱 체계화하였다. 이들은 공히 인지일관이론(cognitive consistency theory)에 기초해 있는데, 이에 따르면 정치적 우주(宇宙)에 대한 정책결정자의 진단이 정치적 행동을 위한 처방에 영향을 미치며, 구체적으로, 그의 비관주의는 유연하고 보수적이며 무력사용을 자제하는 전략과 전술을 처방하는 도구적 신념을 낳고, 그의 낙관주의는 상대적으로 덜 유연하고 거대한 전략목표를 구상케 하며, 무력사용의 유용성을 강조하는 전략과 전술을 요구하는 도구적 신념을 낳게 된다는 것이다.

비슷한 맥락에서 로버트 저비스(Robert Jervis)는 "인지적 왜곡(cognitive biases)"이 현실주의가 가정하는 "합리적" 의사결정 과정을 어떻게 훼손하는지를 보이고자 했다. 그는 국제체계의 무정부적 구조가 국가들간 불신을 낳고 따라서 자구적 체계가 작동할 수밖에 없다고 인정했지만, 외교정책은 의사결정자가 불확실성의 세계를 어떻게 이해하는가에 달려 있으며, 그러한 이해는 개인이 역사적 사건(전쟁이나 혁명 등)에 대한 그의 해석에 기초하여 형성하는 세상에 대한 이미지에 의존한다고 주장했다. 이는 특히 개인이 어리고 감수성이 예민한 시기에 형성되고, 일단 형성되면 변화하지 않는 경향을 보인다. 의사결정자의 인지적 조화를 추구하는 경향은 그가 기존에 갖고 있는 이미지에 부합하는 정보만을 수용하도록 하여 개방적이고 유연한 사고를 방해함으로써 비합리적 결정을 초래한다. 이솝의 '여우와 신포도' 우화는 인지일관이론을 지지하는 비유로서 자주 사용된다.

정책결정과정의 합리성을 제약하는 요인으로 소집단 차원의 독특한 동학이 제시되기도 했다. 미국 심리학자 어빙 재니스(Irving Janis)에 따르면 "집단사고(group think)"는 소집단 내에서 이루어지는 의사결정 과정에서 나타나는 경향으로서 구성원들이 독자적으로 사고하지 않고, 집단의 지배적 관점에 자신의 의견을 합치시키는 상황을 가리킨다. 결과적으로, 이러한 구성원들은 집단이 토론하고 있는 사안에 대해 비판적으로 접근할 수 없으며, 이러한 동조와 일치(conformity and consensus)를 이루려는 경향은 결국 치명적인 오류와 실패를 초래할 수 있다는 것이다. 재니스는 미국의 외교정책 사례들 중 네 개의 실패와 두 개의 성공 사례들을 비교·대조하면서 집단사고와 외교정책의 성공간에는 역의 관계가 성립된다고 지적했다.

그는 집단사고를 일으키는 주요 인과적 요인으로 "집단의 응집성(group cohesiveness)"을 꼽았다. 구성원들은 동료들의 존경과 우정을 중요하게 여기는데, 자신의 독립적 노선이 동료들과의 갈등을 야기할 수 있다는 부담감이 그러한 응집성을 산출한다는 것이다. 그는 그외 필요조건으로서 집단이 비판적 의견으로부터 격리된 경우, 집단의 지도자가 명령적이고 헌신적이고 지배적일 때, 그리고 사안이 중대하다는 인식으로 야기된 높은 수준의 집단내 스트레스가 존재할 때를 지적했다. 재니스에 따르면, 이러한 집단사고는 대안을 충분히 검토하지 않고, 희망적 사고(wishful thinking) 때문에 위험부담을 고려하지 않으며, 이미 기각된 안을 재고하지 않고, 유사시 계획을 마련하는 데 실패하는 등 결함을 야기하게 된다.

개인이나 소집단보다는 관료체 등 대집단의 동학에 주목한 학자들은 이것이 가지는 분절화된 이미지를 제시했다. 그레이엄 앨리슨(Graham Allison)은 의사결정이 "비용 대 이익" 분석에 기초한 합리적 과정에 입각하지 않을 수 있다고 주장하면서, 조직과정(Organizational process), 관료정치(Bureaucratic politics) 모델을 제시했다. 전자에 따르면, 외교정책이나 그 결과는 조직의 가치관이나 특질, 그리고 절차와 관례에 의해 영향을 받는다. 간단히 말해, 의사결정 과정에서 행위자가 주어진 사안에 대해 어떠한 견해를 갖는지는 그가 어느 부처 소속인가에 달려 있다는 것이다. 후자는 각 부서의 장들이 어떻게 연합과 반연합을 형성하고, 조직이익을 관철하기 위해 어떻게 밀고 당기기를 하는지에 주목한다. 이는 관례화되고 통상적인 행위들을 상정하는 조직과정 이론과의 차이이다. 외교정책은 국익을 대변한다기보다는 부서나 행위자의 상대적 힘을 반영하는 것으로 이해된다.

1960년대 미국을 중심으로 한 외교정책결정 이론과 분석은 특정 국가가 직면한 특정상황을 중심으로 한 정책으로 이루어졌다. 즉 다른 국가들의 정책결정자들의 관점이 비교·대조의 대상이 될 수 있다는 가능성을 검토하지 않았던 것이다. 그러나 60년대 말에 이르러 제임스 로즈노(James N. Rosenau) 등이 중심이 되어 둘 이상의 국가행위와 대외적 행동의 유사성과 차이점을 확인함으로써, 분석이 특정사례를 넘어 더 높은 수준의 일반화를 지향할 수 있음을 천명하고 '비교외교정책론(Comparative Foreign Policy)'을 출범했다. 이러한 시도는 그간 현실주의 '당구공론'에 밀려 볼 수 없었던 국가내부를 보여주는 동시에, 그로부터의 발견을 세계 각국에 적용하여 하나의 일반화를 도모하고자 했다는 점에서 그 진취성과 이론적 공헌이 평가될 수 있다.

그러나 이는 의사결정과정에 대한 분석가의 직접적 접근(access)이 극히 제한적이라는 외교정책결정과정이론의 생래적인 문제와 함께, 수많은 변수를 고려했기 때문에 실증적으로 접근하기 힘들 뿐 아니라 간결성이라는 이론의 핵심기준과 상치하는, 또 국내적 요소가 과연 얼마나 중요한가 하는 좀더 본질적인 의문에 적절한 답을 제시하지 못하면서 일정한 한계를 노출했다. 1970년대 말 신냉전기에 현실주의가 좀더 정제된 모습으로 재등장함에 따라 외교정책결정 과정에 대한 관심은 후퇴하게 되었다.

8. 임마누엘 월러스타인(Immanuel Wallerstein)의 세계체제론:좌파적 국제정치경제론

2차대전 이후 제국주의로부터 독립하여 미국 등 서방의 원조를 받으며 국민형성, 경제성장, 민주화 등 중층적인 정치경제적 목표를 지향하던 소위 제3세계의 대부분은 70년대에 이르러 기대와는 다른 방향으로 가고 있는 현실을 분명히 인식했다. 서구 경제학·정치학의 발전론이나 근대화론의 예상과는 달리 이들은 오히려 저성장, 국가부채, 소득불평등, 반민주화 등을 경험하고 있었던 것이다. 다른 한편, 데탕트, 경기침체, 두 차례의 오일쇼크, 그리고 다국적 기업 등 초국적 활동의 확산에 따른 국가 역할의 변화 등은 기존의 지배적 국제관계이론이 설명할 수 없는 부분을 양산하고 있었다. 이러한 복합적인 상황은 정치와 경제 문제를 동시에 아우르는 통합적 시각을 필요로 하고 있었고, 이 시기 국제정치경제이론들이 부상하게 되었는데, 광범위한 의미에서의 맑스주의의 전통에 입각한 월러스타인의 세계체제론은 그들 중 하나였다.

1974년 『세계체제론(*The Modern World-System I*)』을 통해 제시된 월러스타인의 세계체제론은 당시 지배적인 정치경제 및 국제관계 패러다임에 대한 방법론상의 본질적 비판을 제기함으로써 하나의 획을 긋는 사회과학적 변동이었다. 첫째, 월러스타인은 2차대전 이후 줄곧 주류를 형성하고 있던 발전론과 근대화론이 1960년대에 이르러 설득력을 잃은 주요 이유를 분석단위 설정의 문제에서 기인하는 것으로 보았다. 주지하듯, 발전론자들은 경제적 낙후의 원인을 기술 자본 숙련인력의 부족, 그리고 효율적 경제조직의 부재 등 국가(내부)적 모순에서 찾았다. 지배적 국제정치이론에서도 분석의 단위는 체계내 행위자인 국가이며 따라서 이론가들의 관심은 이들간의 상호작용 즉 국가간 체계(inter-state system)에 두어져 있었다. 이러한 상황에서 월러스타인은 "전체로서의 세계"를 분석 단위로 설정하여 세계체제의 구조가 행위자를 산출·제약하는 과정을 보여줌으로써 국제관계 연구의 새로운 돌파구를 마련하고자 했던 것이다.

둘째, 월러스타인은 역사로부터 추상화된 행태주의의 "사회실험실적" 연구의 기만성과 허구성을 지적하고 사회현상을 역사적 관점에서 관찰해야 할 필요성을 제시함으로써 이론가들이 장기간에 펼쳐지는 국제구조의 진화와 변동을 이해하는 데 기여하고자 했다. 은유적으로 말하면 어떤 변수간 관계의 실체가 수백년에 걸쳐 3차곡선으로 나타난다고 가정하면 이 실체는 수년간의 시간적 지평에서 바라볼 때 언제나 직선으로 나타날 것이다. 장기적 시계에서 바라볼 때에야 비로소 관계의 전체적 실재가 드러나게 된다고 월러스타인은 지적하고 있는 셈이다.

셋째, 월러스타인의 방법론적 독특성은 총체성(totality), 역사(history)뿐 아니라 경제우위(primacy of economics)를 강조하는 경향에서 발견된다. 그에 따르면, 15세기 후반과 16세기 초반 사이에 소위 "유럽 세계경제"가 출현했다. 그것은 "이전에는 결코 알려진 바가 없는 일종의 사회체계였는데, 이것이 근대세계체제의 특징적 모습이다." 이것은 세계제국(world empire)과 같은 정치적 통일체가 아니라 경제적 통일체이고, 이 체계의 각 부분들 사이의 기본적 연계가 경제적인 것이므로, 이것은 세계경제(world economy)인 것이다. 따라서 세계질서의 원천은 경제적인 것에 있고, 자본주의가 세계를 창조한 것이며, 정치는 수동적이고 부차적인 현상이다.

요컨대, 월러스타인은 개체주의, 행태주의, 정치우선주의를 지양(止揚)하는 한편, "구조화된 국제노동분업체계"로서의 세계체제를 정치 경제적 현상의 실체로 규정하였다. 그는 이를 분석단위로 해서 발전·저발전의 문제를 다룰 때 비로소 본질적 원인과 처방이 제시될 수 있다고 주장한 것이다.

월러스타인은 좌와 우 모두로부터 비판을 받아왔다. 좌로부터는 세계적 동학이 계급관계보다는 국가간 상품유통 즉 교환관계에 더욱 의존한다는 소위 "애덤 스미스적 유통주의"로, 우로부터는 경제결정론, 구조결정론이라는 이유로 공격을 받았다. 그러나 그는 구조의 힘을 강조함으로써 개별국가를 분석단위로 했던 기존 이론의 환원주의적 한계에서 벗어났고, 장기적 관점을 제시함으로써 기존 이론이 결한 역사성, 사회성, 비판성 등에 입각하여 문제의 본질에 접근할 수 있었다. 나아가 현재의 국제관계가 세계화의 동학에 크게 의존하고 있고, 세계화에 대한 학문적 정책적 논쟁이 세계체제론과 직간접적으로 연관되어 이루어진다는 점은 사회주의 붕괴 후에도 경제중심주의의 월러스타인이 지속적 관심의 대상이 되는 이유 중 하나일 것이다.

9. 케네스 월츠(Kenneth Waltz)와 신현실주의의 반격

1970년대 상호의존론과 세계체제론으로 대표되는 자유주의와 맑스주의의 도전에 직면한 현실주의는 이론적 패권을 유지하는 맥락에서 자기 변신을 꾀하게 된다. 1979년 출간된 『국제정치이론(*Theory of International Politics*)』의 저자 케네스 월츠는 이러한 "응전"의 중심인물 중의 한 명이다.[16] 월츠의 "신현실주의"는 먼저 상호의존론에 대해 국제체계의 구조적 제약을 지적하며 비판했다. 그에 따르면, 무정부적 국제체계 하에서 자구(自救 self-help)를 기본행동원칙으로 하는 국가들은 국가간 협력으로 발생하는 이득(절대적 이득 absolute gain) 자체가 아니라 자신에 비해 다른 나라들이 더욱 많은 협력의 이득을 차지할 가능성(상대적 이득 relative gain)을 우선적으로 고려하며, 아울러 취약성을 증대시키는 상품 및 서비스의 교환 등을 통한 다른 나라에 대한 종속을 우려하기 때문에 국가간 협력은 제한적일 수밖에 없는 것이다.

월츠는 맑스주의와 전통적 현실주의에 대해서는 환원주의의 오류를 지적하며 방법론적 비판을 가했다. 즉, 그에 따르면, 자본주의 세계경제라는 유일한 변수로 국제적 갈등을 설명하는 제국주의이론은, 예를 들어 자본주의 이전의 제국주의를 설명하지 못하는 것처럼 설명력의 한계를 노정하며, 다른 한편 지도자의 동기, 의도, 도덕적 자질, 정체의 속성 등 단위수준의 변수로 국제관계를 설명하는 전통적 현실주의도 "의도하지 않은 (국제적) 결과들(unintended results)"을 설명할 수 없으므로 역시 부족한 이론이다.

단위수준의 변수가 아닌 체계수준의 변수로 국제체계의 동학을 설명하려 했던 월츠는 구조라는 개념을 도입하여 환원주의를 극복하려 했다. 월츠의 국제구조를 구성하는 요소는 국가들 즉 단위들의 배열원리, 단위들의 분화된 기능, 단위들의 능력의 분포이다. 이들 중 무정부적 배열원리는 세계정부가 성립하지 않는 한 불변이고, 이것이 불변이면 국가들은 성공사례에 대한 모방을 통해 모두 유사한 기능을 수행할 것이기 때문에, 오직 단위들의 능력의 분포만이 사실상 국제구조의 요소가 된다. 시장에 완전경쟁, 과점, 양점, 독점 등 다양한 "단위들의 배열"이 있을 수 있는 것과 마찬가지의 체계수준의 능력배열이 가능하다. 그런데 중요한 것은 이렇게 의도하지 않게 형성된 구조는 단위들의 기대에 영향을 미치고 그들의 행동에 제약을 가한다는 점이다. 즉 보이지(관찰되지) 않는 "구조가 (단위들의 행동을) 선택한다(a structure selects)"는 것이다. 구체적으로, 월츠는 능력의 분포와 체계적 안정성간의 관계에 주목했다. 즉 "행동의 신중성, 확정성, 명료성, 평등성, 단순성, 지도력, 동맹관계" 등 다양한 차원의 이유로 양극체계가 다극체계보다 더 안정적이라는 것이다. 그러나 역시 중요한 점은, 의도하지 않은 결과로서의 구조가 단위들의 기대와 행동에 제약을 가한다는 사실을 드러내주고자 했던 월츠의 문제의식을 이해하는 일일 것이다.

구조의 개념은 세력균형의 설명에도 사용되었다. 월츠에 따르면 국제체계의 (불변적) 구조로서 무정부적 배열원리는 세력균형을 지속적으로 형성하는 요인이다. 국내정치에서는 "강자에의 편승"이 현명한 행위인데, 이유는 패자에게도 이익이 돌아올 가능성이 있고, 그리고 패배가 패자의 안전에 대한 위협을 의미하지는 않기 때문이다. 그러나, 무정부 상태의 국제정치에서는 한 연합이 다른 연합을 누르고 승리했을 경우 이 연합의 약자들은 같은 연합의 강자에 복속되기 때문에, 그리고 평화, 이익, 힘 등의 문제는 생존이 전제될 때 의미를 갖기 때문에, 국가들은 생존을 위해 편승이 아닌 세력균형을 추구하게 된다. 요컨대, 월츠는 무정부적 체계 하에서 생존을 도모하려는 단위들이 존재하면 거기에는 특정 지도자나 국가의 정책과는 무관하게 항상 세력균형이 형성된다는 지극히 간결하고 절제된 이론을 제시하고 있는 바, 이는 전통적 현실주의와 또 다른 하나의 차별성이다.

월츠의 『국제정치이론』이 출간된 1979년, 소련은 아프가니스탄을 침공했다. 월츠의 이론에 탄력을 붙인 사건이었다. 이는 특히 인권외교를 실현하겠던 카터 미국 대통령에게 심각한 충격이었다. 그는 "소련의 아프가니스탄 침공은 전후 평화에 대한 가장 심각한 위협을 의미할 수 있고 대처하지 않으면 침략은 유행병이 된다"고 주장했다. 미국은 대소 곡물 판매를 축소하고, 선진 기술 판매를 중단했으며, 1980년 모스크바 올림픽 참가를 거부했다. 이에 더하여 카터는 SALT Ⅱ 조약의 심의를 무기한 연기해 달라고 상원에 요청했다. 그는 "소련의 행동은 나의 재임 중 소련이 행한 이전의 어떠한 행동보다도 그들의 궁극적 목표가 무엇인가에 대한 나 자신의 견해를 크게 변화시켰다"고 말했다. 월츠의 신현실주의는 "인간이 해낼 수 있는 것"에 대한 무관심, 실험실적 몰역사성, 강대국 중심주의, 냉전의 종식을 설명하지 못하는 물질주의 시각 등 후에 많은 비판을 받게 되지만, 적어도 자유주의 카터 정권 말기부터 보수주의 레이건·부시 정권이 십수 년간 냉전기 미국을 통치하는 동안은 미국 국제정치 철학의 핵심 기반을 구성했을 뿐 아니라, 국제관계이론의 명실상부한 패권적 위치를 차지했다. 비슷한 맥락에서, 신현실주의는 한국 등 냉전기 분단국들의 국제정치관을 강대국 중심주의에 따른 회의주의, 진영간 대결의식, 안보지상주의, 군사전략적 편의주의, 현상유지적 보수주의 등을 고착시키는 지적 역할을 수행했다. 예를 들어, 냉전기 대소 군사전략적 편의주의의 구체적 결과로서 한국군의 지상군 비대화가 지적될 수 있다. 회의주의는 냉전종식 후에도 유제로 남아 한국은 미중관계가 악화하면 전략적 가치가 증가하기보다는 "줄서기"를 강요당할 것이라는 사고의 형태로서 한국의 외교정책에 영향을 미치고 있다.

10. 패권안정론: 미국의 국제정치경제론

국제체계 내의 힘의 분포와 국가행위간의 관계에 주목한 신현실주의 또는 구조주의적 현실주의자들은 상호의존론 및 초국가주의를 비판하는 한편, 1970년대 세계경제질서의 불안정과 미국의 경제패권 쇠퇴 현상간의 관계를 주시하면서 국제정치경제 영역에서도 구조주의적 이론화를 도모했다. 힘의 분포와 국제경제질서의 개방성간의 관계에 대한 분석에 기초하여 최초의 실증적 국제정치경제이론이라 할 수 있는 "패권안정론"을 제시한 스티븐 크래스너(Stephen D. Krasner)가 대표적 학자라 할 수 있지만, 그에게 이론적 통찰력을 제공한 인물은 국제경제학자 찰스 킨들버거(Charles P. Kindleberger)이다. 먼저 패권안정론이 배태되기 시작한 당시 세계경제질서의 변동에 대해 살펴보고, 킨들버거의 문제의식을 살펴보자.

2차대전 후 명실공히 세계패권을 장악한 미국은 1960년대 중반까지 자유주의적 경제관리원칙과 제도에 입각해 세계경제질서를 안정적으로 유지했다. 그러나 관세-무역 일반협정(GATT)의 케네디라운드(1964~1967) 체결 이후 수출자율규제 등 쌍무적 무역규제 조치들은 무차별주의, 다자주의를 약화시키면서 유럽 경제통합의 확대·심화와 함께 세계무역의 지역화, 관리무역화 경향을 강화시킨 결과 자유무역질서는 점차적으로 퇴조하게 되었다. 국제통화 분야에서는 무역질서보다 더 급격하고 분명한 변화가 일어났다. 금태환본위제(gold-exchange standard)를 기본구조로 하는 브레튼 우즈 체제는 71년 금태환 정지, 변동환율제를 공식화한 76년 IMF 자메이카 회의를 거쳐 결국 붕괴했다.

그런데 이와 같은 자유주의 경제질서의 심각한 훼손은 미국의 경제 패권 쇠퇴 현상과 명확하게 연계되어 있는 것처럼 보였다. 미국은 2차대전으로 파괴된 유럽 일본 등의 경제와는 달리 전쟁수요에 기초한 "생산 기적"을 이루면서 세계경제를 압도했지만, 이후 냉전적 군비경쟁, 월남전, 그리고 존슨 정부의 "위대한 사회 프로그램(The Great Society Program)" 등에 기인한 지나친 유동성 공급으로 심각한 재정 및 수지 적자 문제를 겪게 되었다. 나아가 독일 · 일본의 경제적 부상, 그리고 미국 기업의 다국적화와 부분적으로 연동된 신흥공업국들의 등장 등은 미국의 쇠퇴를 더욱 부각시켰다. 일부 학자들은 미국 경제패권의 종말을 예견하기도 했다. 이 시점에서, 이와 같은 동시적 현상의 인과관계에 관심을 가진 킨들버거는 1973년 발간된『공황하의 세계(*World in Depression*)』에서 국제경제체계의 불안정은 미국의 (지도력의) 쇠퇴에 기인하는 것이라고 주장하게 된 것이다.[17]

킨들버거의 논리전개는 1929년 시작된 공황이 왜 그토록 광범위하고 오래 지속되었던가라는 질문에서 시작한다. 간단히 말해 이에 대한 답은 세계지도력의 부재였다. 킨들버거는 "약소국들은 경제적 힘이 없고 경제체계의 안정에 대한 책임과 지도력을 행사할 필요성을 가지지 않기 때문에" 무임승차의 문제를 해결하고 공공재의 저(무)생산을 방지하기 위해서는 압도적 경제 우위를 보유하고 있는 지도국가가 필요하다고 주장했다.

킨들버거는 지도국가를 여타 국가를 착취하거나 사적 이익을 취하는 존재가 아니라 책임이라는 공공재를 제공하는 즉 물적 차원에서 자기 몫 이상의 비용을 부담하는 대신 위신 · 명예 등 다른 차원에서 보상받고자 하는 윤리적 존재로 파악한다. 지도국가가 발휘하는 지도력의 내용은 국제체계의 공공재적 성격을 띠는 것으로 잉여생산품을 위한 시장 제공, 항주기적 장기융자 공급(countercyclical long-term lending), 안정적 환율체계 유지, 거시경제정책의 조정 확립, 그리고 금융위기시 최종 대부자(a lender of last resort)로서의 역할 등이 있다.

킨들버거에 의하면 1920년대 말과 30년대 초에는 이러한 공공재를 제공하는 지도국이 없었고, 그 결과 국제경제질서의 위기가 초래되었다. 당시 전쟁의 참화를 입은 영국은 공공재를 제공할 의지는 있었으나 능력이 없었다. 문제는 미국에 있었다. 막강한 경제력과 금 보유고 등 지도적 능력을 보유하고 있었음에도 지도자의 역할을 떠맡고자 하는 의지가 없었던 것이다.

구조주의적 현실주의자 크래스너는 1970년대 국제적 상호의존의 심화와 이에 따른 "국가의 후퇴"를 예단하는 초국가주의자들에 대한 반론을 제기함에 있어 지도국의 안정자로서의 역할을 강조한 킨들버거의 "지도력-안정론"을 경험적으로 검증하고 일반화할 필요를 느낀 것으로 판단된다. 그는 1976년 "State Power and the Structure of International Trade"라는 논문에서 초국가주의는 특정한 국제무역구조 내의 발전과 변동을 설명할 수는 있어도 구조의 변동 자체는 설명하지 못한다고 주장하면서, 19세기 이래 국제무역구조는 몇 차례 근본적 변동을 경험했으며, 이러한 구조적 변동은 "국제무역구조가 국가목표를 최대화하려는 국가의 이익과 힘에 의해 결정된다"는 소위 국력이론으로 설명 가능하다고 제시했다.[18]

크래스너는 "국가는 자신의 총경제효용을 극대화하기 위해 행동한다"는 신고전주의 경제학의 전제에 문제를 제기하면서, 실제로는 모든 국가가 하나의 목표가 아닌 다수의 국가목표를 지향한다고 주장했다. 즉 국가는 정치적 실재로서 총소득, 경제성장뿐 아니라 사회적 안정, 정치적 힘 등을 국가이익으로 정의하면서 이 모두의 극대화를 추구한다는 것이다.

이러한 전제하에 크래스너는 국가의 크기, 발전 수준, 폐쇄의 상대적 기회비용, 국가의 정치적 힘, 경제성장 등의 개념을 활용하여 (잠재적) 경제력의 분포와 국제무역구조와의 연관에 대한 분석을 실시하고, 몇 가지 이론적 결론을 도출해내었다. 핵심적으로, 크래스너는 패권국이 상승기에 있을 때 국제무역구조가 개방적으로 변화할 가능성이 가장 높다고 주장했다. 패권국은 저관세와 높은 무역률, 그리고 낮은 지역주의 경향으로 특징지어지는 구조를 창출하려는 이익과 능력을 가지고 있기 때문이다. 물론 많은 수의 작은 발전국가들로 구성된 체계도 개방적일 수 있으나, 그렇지 않을 가능성도 존재한다. 국제통화체계에 대한 신뢰성을 창출해야 하는 문제가 있기 때문이다.

패권국의 성격과 관련 크래스너는 킨들버거와는 달리 패권국을 기능적인 논리에 따라 정의하지 않고 윤리적인 존재로도 보지 않았다. 그렇다고 여타 국가를 착취하거나 특혜라는 사적 이익을 항상적으로 취하는 존재도 아니다. 그의 패권국은 여타 국가와 마찬가지로 힘으로 정의되는 이익을 극대화하는 존재이지만 장단기적 이익을 구분할 줄 아는 계몽된 존재이다. 즉 국제체계의 안정은 자신의 이익을 제고시키기 때문에 패권국은 이를 창출·유지하기 위해 단기적 이익을 포기하고 공공재를 기꺼이 제공한다는 것이다. 크래스너에 따르면 2차대전 후 세계무역 질서가 개방으로 나갈 수 있었던 것은 미국이라는 패권국이 장기적인 국제정치경제 체계의 안정을 위해 자신의 단기적인 개별 이익을 포기했기 때문이다. 그리고 1970년대 동경라운드 협상과 그 이후에서 볼 수 있듯이 국제무역이 불안정한 체계로 변화한 이유는 패권쇠퇴로 말미암아 미국이 국제무역체계의 장기적 안정을 위해 단기적 이익을 희생할 의지와 능력을 잃었기 때문이다.

패권안정론은 힘의 분포(정치)와 경제질서(경제)간의 인과관계를 설정함으로써 국제제도나 초국적 행위자의 역할을 강조하던 상호의존론자들에게, 그리고 상대적 이득의 문제를 강조하던 월츠류의 신현실주의자들에게 각각 비판과 대안을 제시하고, 실증적 국제정치경제이론을 사실상 최초로 출범시킨 데서 이론사적 의의를 찾을 수 있다. 즉 이 이론은 다른 여타 문제와 같이 국제협력의 문제도 힘의 개념과 분리되어 논의될 수 없음을 보여주었고, 나아가 국제관계가 순수한 무정부상태가 아닌 위계가 구조화된 무정부상태이며 체계적 질서와 안정은 하나의 강력한 국가의 지도력에 의해 형성·유지된다고 제시했으며, 또한 국제정치적 패권안정론이라 할 수 있는 올갠스키의 세력전이 이론이 힘의 분포와 대규모 전쟁간의 관계에만 초점을 맞춘 것에 비해 "정치 - 경제간 연계(political-economic nexus)"를 이론적 관심의 핵심영역으로 위치시킴으로써 국제관계학의 정치경제적 관점을 선보였던 것이다.

그러나 패권안정론은 곧 치열한 논쟁의 대상이 되었다. 구조주의 이론이 그렇듯 패권안정론은 선호, 가치, 정체성 등 단위수준 변수들이 국가정책결정 과정에 유의미하게 개입하지 않고, 구조와 행위자들간의 관계도 일방적인 것으로 전제하고 있다고 비판되었다. 이와 같은 구조결정론 외에도, 패권안정론자들은 힘을 영토적이고 물질적 관점에서 정의함으로써 그러한 힘이 집중되지 않는 상황 하에서의 안정은 설명하지 못한다는 비판도 제기되었다. 이 이론에 대한 가장 중요한 비판은 소위 은폐된 이데올로기와 관련이 있다. 자유주의적 경제질서는 모두에게 선하고 유익한 것이라는 숨겨진 전제가 지적될 수 있을 것이다. 나아가 세계경제의 개방성과 안정은 국제체계에 공공재를 제공하는 패권을 필요로 한다는 패권안정론의 논지를 논리적으로 연장해보면, 특히 이 이론이 제시된 당시 시대적 상황을 감안하면, "국제사회는 자신의 이익을 위해 미국의 패권 회복에 기여해야 한다"는 이데올로기로 이어질 수 있다.[19] 90년대 이후 미국 패권의 회복은 세계경제질서에 어떠한 영향을 주었는지, 그리고 패권안정론의 이론적 위상은 어떻게 되었는지에 대한 검토는 이 이론의 이데올로기성과 관련하여 시사하는 바가 있을 것이다.

11. 탈실증주의 부상

실증주의 철학에 기초한 행태주의가 1960년대부터 국제관계학 연구의 지배적 방법론으로 자리를 잡으면서 대안적 접근은 주변화되었고, 일부 반대론자들은 영국의 국제사회학파와 같이 미국 이외의 지역에서 기반을 마련하고자 했다. 그러나 1970년대 중반 이후 하위정치 개념의 부상 등은 국제관계의 행위자 및 전통적 영역구분과 관련한 재정의(再定義)를 요구하면서 국제관계이론의 성격과 방향에 영향을 미쳤고, 다른 한편 일단의 이론가들은 당시 영국, 프랑스, 독일 등에서 진행되고 있던 사회이론 논쟁에서 영감을 받아 객관적 지식의 실재가 가능하다는 실증주의의 핵심논지를 비판하면서, 신현실주의 등 주류 이론을 대체하는 새로운 대안을 제시하고자 했다. 이러한 대안 모색은 신현실주의 논리와 상치하는 "냉전의 비폭력적 종식"으로 큰 탄력을 받았지만, 이에 대한 역비판도 함께 진행되면서, 소위 "제3의 논쟁"으로 이어졌다.

현실주의, 자유주의, 맑스주의 등 기존 국제관계이론의 카테고리에 속하지 않는 대안적 접근의 부상은 국제관계이론의 역사 속에 그동안 묻혀왔던 요소들의 발굴을 의미했고, 아울러 점점 미국화되고 배타적으로 영역화되어 가던 국제관계이론에 유럽의 사회·문화 이론이 주입됨을 의미했다. 이 새로운 시각은 두 가지 경향으로 구분할 수 있다. 1980년대 로버트 콕스(Robert Cox), 스티븐 길(Stephen Gill), 앤드류 링클레이터(Andrew Linklater) 등의 "비판적" 국제관계이론은 크게 보아 독일 프랑크푸르트 학파의 사회이론을 국제관계에 접목한 것이고, 애쉴리(R. K. Ashley), 워커(R. B. J. Walker), 데어 데리언(James Der Derian) 등의 해체주의(Deconstructivism) 또는 탈구조주의(Poststructuralism) 이론은 유럽의 탈근대주의(Postmodernism) 문화이론의 지적 통찰력을 제공받은 것이다. 이들 시각은 몇 가지 공통점을 가지고 있다.

첫째, 이들은 실증주의가 의존하고 있는 주객분리 가능성을 인정하지 않으며, 오히려 "지식은 항상 누구를 위한", 그리고 "어떤 목적을 위한" 것으로 보았다. 다르게 말하자면, 현실과 정체성은 사회적으로 구성된 것으로서 (사회구조도 인간에 의해 만들어지고 부과된 것이다), 언어·관념·이론 등은 "자기실현적 예측(self-fulfilling prophecy)"들이며, 따라서 지식은 가치중립적일 수 없다는 것이다.

둘째, 이와 같은 "주객분리 불가론"과 연관되어 있는 것으로서, 이들 탈실증주의자들은 실증주의 이론이 지향하고 있는 현실과 현상에 대한 객관적 인과적 설명 및 예측의 차원을 넘어, 현실 변화를 위한 구체적 실천 방향을 제시하는 것을 궁극적 목표로 하고 있다. 즉 이들은 해방 의식을 가지고 인간에 대한 모든 구속을 제거한다는 규범적 성향을 강하게 표출하고 있다.

전자와 후자는 차별성을 보여주기도 한다. 탈구조주의자들은 근대 계몽주의 프로젝트의 실패를 선언한 반면 비판이론가들은 지금까지 진행된 프로젝트가 "도구적 이성"에 의해 왜곡되었음을 지적하면서 근대성의 핵심을 이루는 이성에 대한 신뢰를 거두지 않고 있다. 예를 들어, 비판이론가인 위르겐 하버마스(Jürgen Habermas)는 근대 기획의 실패를 주장하는 탈구조주의자들과는 달리, 근대의 기획이 동반했던 오류와 근대를 지양하려 했던 극단적 기획의 잘못으로부터 모두 배워야 한다고 주장하며, 이론의 기본적 목표 중의 하나는 과학적 관점을 유지하되 사회 비판적 관점을 확보해 내는 것이라고 주장했다.[20] 한편 탈구조주의자들은 국제관계이론의 과학적 토대의 완전한 폐기를 주장하면서 기존 이론에 대한 비판에 몰두했지만 그를 대체할 대안을 제시하지 않고 있다. 이런 측면에서, 탈구조주의자들과의 논쟁은 "일방이 승리하길 거부하고 타방도 패배를 인정하길 거부하는" 모습이 될 가능성이 높다고 할 수 있다. "지적 게릴라전"의 양상이 예상된다는 말이다.[21] 따라서, 아래에서는 분명한 이론적 대안을 제시하고 있는 비판적 국제관계이론의 기원과 전개에 대해 간단히 살펴보면서 탈실증주의적 접근이 제기하는 문제의식을 이해해보기로 한다.

비판이론은 일반적으로 프랑크푸르트 학파로 알려진 일단의 학자들의 사상과 이론을 가리키는데[22] 전후 혁명의 실패와 파시즘의 등장에 대한 반성에서 시작되었으며 특히 사회이론가 호르크하이머(Max Horkheimer)와 하버마스의 사상과 이론을 핵심으로 하고 있다. 호르크하이머는 사회과학자는 그가 연구하는 사회의 일부이기 때문에 사회를 변혁하기 위한 이론은 자연과학적 방식으로 구축될 수 없고, 지식과 권력간에는 긴밀한 관계가 존재한다고 주장했다. 그는 "전통적 이론"과 "비판적 이론"을 구분하면서, 전자는 과학에 의해 발견되기를 기다리는 일련의 사실들로서의 세상을 관찰하며, 후자는 사실들을 구체적인 사회·역사적 틀들의 결과물로 간주한다고 제시했다. 그에 따르면, 비판이론가들은 이론이 그러한 틀들 속에 담겨져 있고 스며들어 있다는 사실을 알기 때문에 특정한 이론이 은밀하게 복무하는 이익에 대해 성찰할 수 있고 고발할 수 있다. 호르크하이머의 전통을 이어받은 하버마스도 비판이론은 기존 사회질서의 인식론적 존재론적 기반에 대해 근본적인 의문을 제기하는 태도와 밀접한 관계를 가지며, 모든 지식이 역사적이고 정치적인 배경을 가지고 있다고 지적했다.

이러한 비판적 사회이론은 1980년대 신현실주의 · 신자유주의라는 미국적 이론의 패권을 견제하기 위한 목적 하에 국제관계학에 도입되었다. 국제관계의 비판이론가들은 맑스주의 신봉자들로서 그들의 기본 과제는 세상을 해석하는 일과 함께 그것을 변화시키는 것이라 믿는다. 따라서 이들은 무정부 상태라는 구조적 제약을 강조하는 신현실주의와 무정부 상태의 문제를 개선하려는 신자유주의 등 기존 이론체계에 대해 급진적이고 근본적인 공격을 가하는 것이다. 이들은 기존 이론의 해체를 통해 "사고의 공간"이 개방되고 사회적 · 정치적 변화를 위한 새로운 가능성이 마련된다고 주장했다. 지식은 항상 누구를 혹은 어떤 것을 위한 것이라는 신념, 따라서 이론도 항상 사회적 · 정치적 삶 속에서 생겨난다는 믿음은 해방 추구의 시발점이 된다고 이들은 보았다.

국제관계의 비판이론가 특히 그 핵심이 되는 콕스는 1981년 발표된 "Social Forces, States and World Orders: Beyond International Relations Theory"에서 새로운 국제관계학과 전통적 국제관계학간의 차별성을 분명히 하고자 했다.[23] 그는 전통적 이론을 "문제해결이론(problem-solving theory)"이라 명명하면서 이는 기존의 지배적 사회 · 권력관계, 그리고 그것이 조직화되어 있는 제도들에 기초한 "있는 그대로의 세상"을 분석과 행동의 대상으로 삼고 있다고 지적했다. 그는 이러한 질서 하에서 작동하는 신현실주의 · 신자유주의는 그것을 유지하기 위해 복무하고, 기존의 권력 · 부의 불평등을 영속화시키는 데 기여한다면서, 전통적 이론은 따라서 생래적으로 보수적이고 현상유지적 성향을 가진다고 비판했다. 이와는 대조적으로, 그가 "비판이론(critical theory)"이라 명명한 새로운 국제관계이론은 지식, 권력, 그리고 가치들의 사회적 기초를 드러냄으로써 국제관계이론가들이 지배적 질서 내에 존재하는 부정의, 부조리, 불평등의 문제를 논의하도록 하여 국제관계이론을 해방한다는 것이다.

콕스에 의하면 세계 패권은 그람시적 "헤게모니"가 세계적으로 확대된 상태를 의미하는 바, 지배국가의 지배집단의 행동·사고방식이 다른 국가들 지배집단의 "자발적 복종"을 획득함에 따라 창출되기 시작한다. 내부적(민족적) 패권과 연관되어 있는 경제·사회적 제도들, 문화, 이데올로기, 기술 등이 외부에서도 자연스럽게 수용되면서 세계적 패권이 형성되는 것이다. 세계적 패권 질서 하에서는 그러한 패권적 가치(values)와 이해(understanding)가 상대적으로 안정적이고, 구성국가들은 의문을 제기하지 않는다. 좀더 정확히 말해 의문의 여지가 없다.

지배국 사회세력 관계의 표현이자 확장인 세계 패권은 세계 차원의 "역사적 블록"에 의해 행사된다. "물질적 능력, 제도 및 이데올로기간의 역사적 결합"이라고 할 수 있는 역사적 블록, 다시 말해, 여러 국가들의 지배계급들로 구성되는 세계적인 역사적 블록은 시민사회를 포괄하는 "확장된 국가(extended state)" 또는 "정치(the political)"를 통해 패권적 세계질서를 확대코자 노력한다. 예를 들어 역사적 블록은 중심부의 특정 발전모델이 주변부 국가들의 사회적 근대화에 있어 일반적인 기준으로 수용되도록, 그리고 이에 상응하는 초국적 조절형태들(예를 들어, 국제기구)이 발전되도록 다양한 정치 문화 이념 기제를 동원한다.

콕스 등의 비판적 국제관계이론은 계급결정론, 엘리트주의, 정파주의 반실증주의의 위험을 안고 있고 패권적 문화주입에 대한 사회구성원의 해석 능력을 과소평가하고 있다는 비판을 받고 있다. 그러나 다른 한편 장기적인 체계적 안정을 동의 및 정당성을 포함하는 좀더 포괄적인, 그러나 드러나지 않는 힘으로 설명하려는 비물질적 문화론적 인식, 생산과정 및 사회세력에 대한 이해가 세계질서에 대한 이해의 선결조건이라는 탈국가중심주의적 시각, 대안적 세계질서의 형성을 추동하는 "대항구조" 출현의 중요성을 강조하는 비판론적 비전, 그리고 대규모 전쟁 없이도 세계질서의 변화를 이룰 수 있다는 평화주의적 암시 등은 국제관계이론가들뿐 아니라 일반 시민 특히 한반도 냉전구조와 그를 뒷받침하는 냉전허위의식 타파를 원하는 한반도 주민들에게 이론적 통찰력과 실천상의 지침을 함께 제공하고 있다고 평가된다.

12. 여성주의(Feminist) 국제관계이론의 형성

여성주의 국제관계이론의 형성은 "제3의 논쟁"과 긴밀히 연결되어 있다. 탈실증주의자들, 탈근대론자들의 논지의 핵심은 모든 지식이 사회적으로 구성된 것이고 지식생산자의 시간, 장소 및 사회적 맥락을 반영한다는 것인 바, 여성주의 국제관계이론도 이러한 담론 속에서 성장하였던 것이다. 즉 "제3의 논쟁" 과정 중 이전에는 의문시되지 않았던 "남성편향적" 전제들이 도전을 받게 되었고, 따라서 새로운 종류의 질문과 해답을 찾을 수 있는 공간이 형성되었으며, 이 공간은 여성주의의 관심을 포함했던 것이다.

1988년과 89년 영국의 런던경제대학은 여성과 국제관계에 관한 세미나를 주관하고 그 결과물을 *Millennium: Journal of International Relations*라는 학술지에 게재했고, 미국의 국제관계학회(International Studies Association)도 이에 호응하여 1990년 23명으로 구성된 여성주의이론 분과를 설치했다. 이에 힘입어, 특히 크리스틴 실베스터(Christine Sylvester)와 스파이크 피터슨(V. Spike Peterson) 등의 노력으로 일정한 영역을 구축한 여성주의 국제관계이론가들은 주로 국제관계이론 속에 젠더(gender) 분석이 왜 존재하지 않았는지, 젠더에 대한 관심을 수용할 공간이 얼마나 되는지, 어떻게 바꿔나가야 할 것인지에 대해 고민했다. 예를 들어, 앤 티크너(Ann J. Tickner)는 주류이론인 모겐소의 현실주의 6원칙이 남성성이 지배하는 지엽적인 인간 본성에 기초한 것이라 비판하면서 남성성과 여성성이 조화를 이룬 인간 본성에 입각하여 6원칙을 재구성했는 바, 핵심은 "객관성은 문화적으로 정의된 것이며 남성성과 연계되어 있다, 권력은 보편적으로 유효한 개념일 수 없으며 남성성에 기반을 둔 지배와 통제를 의미할 뿐이다, 도덕적 명령과 정치적 행위는 분리될 수 없으며 모든 정치적 행동은 도덕적 의미를 가진다"[24] 등으로 정리될 수 있다.

여성주의 국제관계이론은 그 태생의 맥락 때문에 탈실증주의에 대해 내려지는 평가를 대부분 공유할 수밖에 없다. 간단히 말해, 주류 이론이 지닌 몰역사성을 비판하고 지식과 지식생산 과정의 배경 및 이데올로기를 들춰낸 비판성은 긍정적으로 평가받고 있다. 특히 국제관계이론 모두에 대해 가해지는 여성주의적 비판은 전쟁과 평화의 문제를 여성의 절박한 삶과 죽음의 문제로 재확인해준다는 점에서 의미가 크다. 예를 들어, 전쟁과 성노예 문제는 피부에 와닿는 여성주의적 문제의식이다. 전쟁 중 일제 치하의 조선에서는 지도급 인사들이 "나라(일본)를 위해, 천황을 위해 우리의 딸을 바치자"고 선동했다. 이 때부터 딸을 가진 집에서는 성노예로 딸이 잡혀가는 것이 두려워 서둘러 시집을 보내는 풍조가 만연했다. 그러나 이미 건장한 남자들은 모두 징용 · 징병돼 갔기 때문에 나이 어린 소녀들을 포함한 수많은 여성들이 신체적으로 장애가 있거나 병자들에게 결혼을 해야 하는 일이 많았다. 전쟁은 외교의 마지막 단계라는 관점에서는 이해될 수 없는 문제이다.

다른 한편 여성주의 이론이 현실과 괴리된 하나의 도그마가 될 수 있다는 우려, 그리고 하나의 체계화된 이론을 제시하지 못하고 있으며, 그 잠재성 또한 미흡하다는 비판도 제기되고 있다. 그러나 세계적으로 (국제)정치 실무에서 여성이 차지하는 비중이 갈수록 증가하고 있다는 사실, 그리고 특히 1990년, 23명으로 5개의 패널을 개설했던 ISA 여성주의 분과가 2002년, 200명이 넘는 회원으로 23개의 패널을 개설했을 정도로 여성주

의에 대한 관심이 증가하고 있다는 사실은 여성주의 국제관계이론의 미래
가 어둡지 않음을 보여준다 하겠다.

13. 구성주의(Constructivism)의 대두

실증주의와 탈실증주의 국제관계이론간의 논쟁이 활발히 진행되던 상
황에서 일단의 학자들은 이들간의 논쟁으로부터 하나의 이론적 종합을 시
도했다. 구성주의자로 불리우는 이들은 실증주의(또는 합리주의 ration-
alism)가 상정하는 국제관계의 양태를 다루지만, 동시에 탈실증주의(또는
성찰주의 reflectivism)가 중요시하는 행위자의 정체성과 의미를 핵심적
분석개념으로 도입한 것이다. 구성주의는 대화가 불가능한 것처럼 보이는
실증주의와 탈실증주의간의 의사소통을 시도하는 것으로 인정되어 많은 이
론적 관심과 기대를 유발하는 한편, 양극체계가 가장 안정적이고, 체계변환
은 대규모 무력갈등을 동반한다고 주장하던 신현실주의가 "양극적" 냉전의
"평화적" 종식으로 설득력을 상실하자 그에 대한 대안으로도 각광을 받게
되었다. 구성주의는 프리드리히 크라토크빌(Friedrich Kratochwil), 니콜
라스 오누프(Nicholas Onuf), 알렉산더 웬트(Alexander Wendt)의 이
론 등 실증주의-탈실증주의 스펙트럼에서 차지하는 각각의 위치에 따라
구분될 수 있다. 여기서는 구체적인 이론적 성과를 제시하면서 국제관계학
계에 커다란 반향을 가져온 웬트의 구성주의에 대해 간단히 살펴본다.

일반적으로 국제관계이론가들은 실증주의와 탈실증주의간의 대화란
거의 불가능한 것으로 보고 있다. 그들은 공동의 언어를 가지고 있지 못하
고 평가의 기준을 공유하고 있지 않기 때문이다. 실증주의자 커해인이 탈
실증주의가 경쟁력 있는 이론이 되기 위해서는 검증가능한 가설들을 제시
해야 한다고 주장한 것이 적절한 예가 된다. 실증주의가 요구하는 것이 바
로 탈실증주의가 거부하는 핵심인 것이다. 이런 맥락에서, 웬트의 시도는
대단한 야심작이며, 그의 이론이 양자의 간극을 좁히고 의사소통을 가능케

한다면 중대한 이론적 기여로 기록될 것이다.

웬트의 구성주의는 국제체계의 구조 및 과정과 관련하여 전체론(holism) 및 관념론이라는 두 가지 핵심주장을 담고 있다. 개체주의(methodological individualism)는 사회과학적 설명들이 개체들의 속성이나 상호작용들로 환원된다고 주장한다. 반면 전체론은 사회구조들의 효과가 행위자들과 그들의 상호작용들로 환원될 수 없으며, 나아가 구조의 효과들은 행위자들의 생성을 포함한다고 주장한다.

웬트는 전체론자이지만 월츠의 구조주의와는 궤를 달리한다. 이들간의 차이는 구조가 행위자를 어느 정도까지 "생성" 또는 "구성"하는가와 중요하게 관련이 있다. 이를 이해하기 위해 웬트는 인과적 효과와 구성적 효과를 구분했다. 즉 전자는 구조가 행위자의 행동(behavior)에 미치는 효과이고, 후자는 구조가 행위자의 속성들(properties), 특히 행위자의 정체성과 이익에 대해 미치는 효과를 가리킨다. 월츠가 주장했던, 구조가 행위자를 "제약한다(constrain)"는 말은 그것이 단지 행태적 효과(behavioral effects)를 가진다는 것을 뜻하는 것임에 비해, 구조가 행위자들을 "구성한다(construct)"는 말은 그것이 속성적 효과(property effects)를 가진다는 것을 의미한다. 속성적 효과들이 행태적 효과들보다 더 심층적이다. 왜냐하면 전자는 일반적으로 후자를 겸하고 있지만 그 역은 성립하지 않기 때문이다.

그러나 웬트의 구조는 행위자에 대해 일방적이고 영속적인 영향을 미치는 존재가 아니다. 그는 앤서니 기든스(Anthony Giddens)의 구조화이론에 기초하여 구조와 행위자가 상호구성하는 관계에 있다고 주장한다. 즉 행위자는 구조를 전제로 하는 한편 구조는 행위자의 행위를 매개로 존재한다는 것이다. 예를 들어, 노예라는 행위자와 노예제라는 관념적 구조는 상호구성의 관계에 있는데, 노예제라는 관념적 구조가 존재하지 않는다면 노예와 주인이라는 정체성이 존재할 수 없고, 또한 노예와 주인이 존재하지 않는다면 당연히 그로부터 생성되는 노예제라는 관념도 있을 수 없다는 말이다.

웬트에 따르면, 그의 명성을 높인 그의 논문 제목 "Anarchy Is What States Make of It"(1992)이 말해주듯, 국제체계의 무정부성은 외적으로 주어진 불변의 것이 아니라 국가라는 행위자들이 상호작용 속에서 산출해 낸 가변의 결과이다. 국가들이 홉스적인 무정부상태 속에서 투쟁하고 있다면 그것은 그들이 그렇게 만드는 것이고, 또 칸트적인 무정부적 문화 속에서 협력하고 있다면 그것도 그들의 산물이라는 것이다. 요컨대 웬트는 구조와 행위자는 일방적이지도 영속적이지도 않은 관계에 있다고 주장한 것이다. 특히 웬트는 행위자의 속성을 변화시키는 능력을 가지고 있는 구조가 관념으로 이루어져 있다고 주장했는데, 이는 구조에 의해 변화된 행위자들의 속성이 그들이 공유하는 관념의 변화를 야기해 구조가 변하게 된다는 자연스런 논리를 성립시킴으로써 구성주의의 상호구성의 논리를 명료하게 하는 효과를 내었다.

이러한 맥락에서 웬트 이론의 두 번째 핵심인 관념론이 토론될 수 있다. 웬트에 따르면 신현실주의자들은 물질주의 렌즈를 끼고 국제현상을 바라보기 때문에 국제체계의 구조를 물질능력의 배분이라고 주장한다. 신자유주의자들은 물질능력에다 제도적 상부구조를 결합하면서 국제체계의 구조는 능력과 제도라고 주장한다. 구성주의자들에게는 구조가 관념의 배분이고 사회적 현상이다. 사회성의 기초가 "공유된 지식"이기 때문에 이는 구조가 "지식의 분포"임을 가리킨다. 다시 말해, 국제적 삶의 성격은 국가들이 서로에 대해 가지는 믿음과 기대에 의해 결정되며, 이것들은 물질적 구조보다는 사회적 구조에 의해 주로 구성된다는 것이다. 이는 물질적 힘과 이익이 중요하지 않다는 뜻이 아니다. 단지 그것들의 의미와 효과가 체계의 사회적 구조, 예를 들어, 무정부상태의 세 가지 문화들—홉스적, 로크적, 그리고 칸트적—중 어느 것이 지배적인지 여부에 의존한다는 것이다. 홉스적 문화 속에서의 양극체계는 다른 두 가지 형태의 문화 속의 그것과 같지 않다는 말이다. 구조적 변동이라는 개념은 이러한 문화들에서의 변동—1989년의 냉전의 종식과 같은—을 가리키는 것이다. 물질주의자들은 냉전의 종식이 물질적 양극성에 변동이 일어난 1991년에 발생했다고 주장할 것이다.

웬트의 구성주의 역시 많은 비판의 대상이 되었다. 구성주의는 지식을 "인식 주체가 자신의 사고와 언어를 가지고 현재 경험의 범위 안에서 유용 (viable)하다고 생각하는 개념 구조"라고 정의했던 비코(Giambattista Vico)의 18세기 저술로 소급될 수 있을 정도로 오래된 방법론이고 따라서 새로운 이야기가 아니라는 비판이 제기되었다.[25] 나아가 구성주의는 물질과 관념간 관계를 모호하게 처리하고 있고, 구성주의가 주류이론가들에 의해 주목 받는 이유는 국가중심주의 등 현실주의 전제의 많은 부분을 수용했기 때문이며, 행위자의 선험적 정체성을 고려하지 않고 있다는 등 다양한 비판을 받았다.

그러나 구성주의가 실증주의-탈실증주의 논쟁 양극단의 대화를 가능케 하는 시도라는 점 하나로도 긍정적 평가가 가능하다. 물론 이것의 성공 여부를 판단하기는 이르지만 실증주의의 인식론과 탈실증주의의 존재론을 절묘하게 결합하여 이론화함으로써 폭넓은 논쟁을 유발하고 이를 통해 국제 현상에 대한 이해 증진의 기회를 마련했다는 점은 인정되어야 할 것이다. 특히 "주어진 것에 대한 문제제기" 예를 들어, 상호구성 기제와 논리에 의한 국제체계의 구조적 변동의 가능성 제시는 인간 해방을 이상주의의 영역에서 현실적 탐구영역으로 편입시키는 데 큰 이론적 기여를 한 셈이다. 또한, 구성주의는 능력의 분포로 국제관계를 설명하는 구조적 현실주의가 설명하지 못한 부분들을 적절히 분석함으로써 특히 냉전의 종식 후 국제관계학계의 지지를 받고 있고, 이론검증을 위한 많은 경험적 연구를 진행하고 있다. 아울러 구성주의는 최근 한반도의 분단구조를 해소하기 위한 실용주의적 방책연구와 관련 적실성 있는 분석도구로서의 역할을 수행하고 있다. 국제체계의 무정부적 문화가 행위자들의 상호작용에 따라 그 내용이 변화할 수 있는 것처럼 한반도의 분단구조도 그러할 수 있다는 점에서, 그리고 변화한 관념적 구조가 행위자들의 "속성"을 변화시킨다는 구성적 효과가 남한·북한 및 그 외 관련행위자들에도 적용될 수 있다는 점에서, 웬트의 이론은 상당한 현실부합성과 정책적 함의를 가지고 있다고 판단된다.[26]

14. 탈냉전적 이론의 등장: 민주평화론과 문명충돌론

군사력을 중심으로 하는 물질 능력에 기초한 냉전적 대립이 해소된 후, 그리고 그에 대한 설명을 제공하지 못했던 국가중심주의 물질중심주의 접근이 난관에 빠지면서, 국제관계이론가들은 문화 문명 가치 정체성 등 비물질적 관념적 변수에 대한 관심을 되살리게 되었다. 구성주의가 탄력을 받은 이유도 냉전의 종식에 기인한 바 크지만 민주평화론, 문명충돌론 등 다양한 탈냉전주의 이론이 냉전의 종식기에 제시되었고 논쟁의 대상이 되었다. 이들은 또한 '9·11 테러' 및 미국·이라크 전쟁을 전후해 세계 각국에서 열띤 정책적 이념적 논쟁의 단초를 제공하면서 독특한 위상을 차지하고 있다.

민주평화론은 정치제도와 국가의 대외행태간의 관계에 관한 가설의 집합이다. 사실 이는 토크빌(Alexis de Tocqueville)까지 소급될 수 있는 오래된 주제이다. 1835년에 출간된 『미국의 민주주의(*Democracy in America*)』에서 그는 민주주의는 분별력(prudence)보다 충동(impulse)에 반응하는 경향이 있기 때문에 권력이 좀더 집중된 정치체제에 비해 효과적인 외교를 펼치지 못하며, 민주국가의 국민은 항상 전쟁을 시작하고 종식시키는 데 어려움을 겪는다고 주장했다. 그 이유로서 그는 민주국가에서의 외교정책결정에 대한 국내정치의 개입, 그리고 여론에 반응해야 하는 정치적 필요성을 꼽았고, 대조적으로, 권위주의 국가의 폐쇄적 정치체제에서는 그러한 요인이 부재함을 지적했다. 민주국가들에 대한 토크빌의 이러한 경고는 특히 냉전기 미국·영국 등의 지도자들에게 큰 영향을 미쳤다.

정치제도가 국제관계에 미치는 영향에 대한 좀더 광범위하고 체계적인 이론화는 냉전의 종식과 더불어 이루어졌고, 마이클 도일(Michael Doyle)과 브루스 러셋(Bruce Russett) 등이 주도했다. 이들의 "민주평화론"의 핵심은 민주주의 국가들은 서로 싸우지 않는다는 것이다. 민주주의가 국제평화의 주된 요인이라는 주장이다. 도일은 현실주의자들이 자신들의 이론이 홉스나 마키아벨리에 연결된다고 보는 것과 흡사하게, 민주평화론은 칸트의 1795년『영구평화론(*Perpetual Peace*)』의 통찰력에서 비롯됐다고 지적하고 있다. 도일은 민주주의의 특성은 제도적 제약과 규범적(또는 문화적) 제약의 관점에서 파악할 수 있다고 제시했다. 제도적 관점에서 보면, 민주주의는 선거권자들의 입장에 반응하도록 되어 있는데, 전쟁의 직접적 피해자가 될 이들은 전쟁에 반대할 것이므로 민주정부는 전쟁 결정에 매우 신중할 수밖에 없다. 규범적 관점에서 보면, 민주국가는 상대 민주국가와 갈등을 빚을 때 자신과 마찬가지로 상대방도 국내정치과정에서 그렇듯 갈등의 평화적 해결을 추구할 것이라는 가정에서 행동하는데, 이러한 상호강화적인 인식은 대결보다는 조정으로 이들을 인도할 것이다. 러셋은 민주평화론의 논리가 현실주의자들이 국제관계의 영속적 속성으로 간주해온 안보딜레마를 완화할 수 있는 단초를 제공한다고 보았다. 즉 국가들간에 민주주의가 공유되어 평화지향적 갈등해결의 규범이 국가간 관계에서 작동할 때 안보딜레마의 원인인 불신과 위협인식, 그리고 그에 따른 자구적 규범이 완화될 것이라는 말이다.

국가들의 분화된 기능(differentiated functions)을 부정하고 능력의 분포로서 국제관계 현상을 설명하는 신현실주의자들은 "얼굴을 가진 국가들"을 주장하는 자유주의적 민주평화론을 다양한 측면에서 비판했다. 그들은 민주주의가 전쟁의 부재를 가능케 하는 것이 아니라 전쟁의 부재가 오히려 민주주의를 가능케 한다는 반대의 인과관계를 주장하기도 하고, 전쟁과 민주주의 개념을 어떻게 설정하느냐에 따라, 또 특정 시점, 특정 국가의 정치질서를 민주주의로 평가할 수 있는가의 여부에 따라, 결론이 크게 달라질 수 있음을 지적했다. 더 나아가 관련국가들의 정치인들이 상대방의 정치제도를 자기들과 같은 민주적이라고 인식하는 것은 객관적으로 일정한 것이 아니고 상당한 주관성을 띨 수밖에 없다고 비판했다. 그러나 미국을 중심으로 하는 국제관계학계는 탈냉전적 시대상황과 신자유주의의 세계적 확산이라는 구조변동 속에서 새로운 국제관리의 원칙을 제시하기 위해 민주평화론과 같은 이론에 대해 관심을 고조하고 있다. 나아가 민주평화론은 미국 클린턴 정부의 국가안보전략인 민주주의 확산을 위한 "참여와 확산(Engagement and Enlargement)" 전략의 이론적 배경이 되고, NATO 및 EU의 확장에 기여하며, 독재정부 전복 등 부시 정부의 신보수주의적 외교정책에도 이론적 정당화를 제공하는 등 정책적인 면에서도 구체적 영향을 미치고 있다.

또 하나의 탈냉전적 국제관계이론이라 할 수 있는 문명충돌론은 1993년 새무얼 헌팅턴(Samuel Huntington)이 *Foreign Affairs*에 기고한 논문을 그 기점으로 한다. 문명충돌론은 갈등의 원인 및 주체와 관련 전통적 현실주의의 관점에서 벗어나 있는 듯하지만, 헌팅턴은 1968년 출간된 저작 『변동하는 사회에서의 정치질서(*Political order in Changing Societics*)』 등을 통해 개발도상국에서의 "질서유지"에 지대한 중요성을 부여한 바와 같이, 그의 정치철학 및 가치관은 보수주의 서구중심주의 오리엔탈리즘 등에 기반하고 있다고 판단된다. 따라서 그의 문명충돌론은 숙명적인 것으로 보여지던 이데올로기 전의 급작스러운 종식이 가져온 지적 충격, 유럽공산권 해체에 따른 인종간 갈등의 폭력적 전개, 이슬람 과격주의의 부상, 그리고 "위협적"인 중국의 재등장 등에 대한 그의 인식과 정책적 판단을 반영한 것으로 보인다. 이러한 추정은 이론의 등장배경이 과거 일본의 부상을 견제하려는 정책적 목적에서 19세기 말 독일 황제에 의해 제기된 "황화론(Yellow Peril)"[27]과 유사할 뿐 아니라, 제시된 방식도 소련의 위협을 지적하며 미국 등 서방의 적극적 대소 봉쇄정책을 주장했던 조지 케난(George F. Kennan)의 X-논문처럼 미국 외교에 큰 영향력을 미치는 미국외교협회의 *Foreign Affairs*에 실렸다는 점에서 일정한 설득력을 가진다 하겠다.

문명충돌론의 핵심은 냉전종식 후 새로운 세계에서 갈등의 근본 원인은 더 이상 이데올로기나 경제적인 것이 아니고 문화적인 것이 될 것이며, 국민국가가 세계정치에서 가장 강력한 행위자로 남을 것이지만 세계정치의 주요 갈등은 서로 다른 문명에 속한 국가간 집단간에 발생할 것이라는 주장이다. 문명간의 경계선이 곧 미래의 전선이 될 것이라는 말이다. 즉 자본주의가 단일 체제로 유지되는 미래사회에서는 서구권, 유교권, 일본권, 이슬람권, 힌두권, 슬라브 정교권, 남미권, 아프리카권 등 각 문명권간의 가치관의 차이가 갈등의 지배적 요인이 될 것이라는 것이다. 나아가 헌팅턴은 문명간 대립이 갖는 정책적 함의를 제시했다. 그는 이슬람 근본주의의 발흥, 나아가 이슬람과 유교권이 연합할 가능성에 주목하면서 이에 맞서 서구적 가치와 이익을 지키기 위해 서구 문명권의 경제력, 군사력의 유지를 주장했다.

헌팅턴의 문명충돌론은 즉각적으로 많은 반론을 불러일으켰다. 다니엘 벨(Daniel Bell)은 교통 통신의 발달 등으로 가능하게 된 문화의 범세계화 경향 때문에 어느 한 나라나 지역의 문화가 지배적인 문화가 될 가능성은 거의 없다고 주장했고, 에드워드 사이드(Edward Said), 하랄트 뮐러(Harald Müller) 등 탈식민지 담론 이론을 펴 온 학자들은 헌팅턴의 문명충돌론을 제국주의와 식민주의적 지배 체제를 유지하려는 발상이라고 비판했다. 특히 사이드는 헌팅턴의 문명 충돌론을 서구 대 비서구의 대결구도를 조장함으로써 서구 지배의 당위성을 21세기까지 유지하려는 제국주의적 오리엔탈리즘와 또 다른 변형으로 보았다.

경험적인 측면에서도 적지 않은 문제점이 지적되고 있다. 헌팅턴은 문명충돌의 대표적 사례로 걸프전과 유고 내전을 들었지만, 걸프전만 해도 같은 문명권에 속해 있는 이라크와 쿠웨이트가 전쟁의 당사자였고, 나아가 미국이 주도한 다국적군은 이집트, 사우디아라비아 등 이슬람국을 포함했다. 또 뮐러는 헌팅턴이 이슬람-유교 동맹의 현실성과 위험성을 강조하기 위해 중국과 북한의 대 이슬람 무기 판매에 대해 언급했지만 미국의 대 이슬람국 무기 판매량이 중국과 북한의 판매량의 10배가 넘는다는 사실에는 침묵하고 있다고 비판했다.

이와 같은 비판이 시사하듯, 헌팅턴의 문명충돌론이 국제관계이론의 반열에 오를 수 있는가 하는 문제는 논쟁의 대상이 될 수 있다. 그러나 분명한 것은 헌팅턴이 냉전 후 국제관계를 분석하는 새로운 입장을 제시했으며, 지적·정책적 영향력을 전세계에 걸쳐 가지고 있기에, 국제관계학도가 간과할 수 없는 연구대상이라는 점이다.

III. 결론

국제관계이론은 복잡한 국제현상에 질서를 부여하여 우리가 국제적 현실을 이해하고 대처방법을 고안하는 데 도움을 준다. 따라서 삶의 조건을 개선하는 데 필수적인 도구이다. 국제관계이론은, 다른 한편, 현실에 대한 우리의 판단과 처방에 광범위한 영향을 미치기 때문에 부지불식간에 커다란 권력을 행사하게 된다. 그런데, 앞서 말했듯이, 이론은 이론가와 그의 사회 및 국가의 가치와 관심, 그리고 이해관계를 반영하므로 다른 사회와 국가에 대해 적용될 때는 항상 "선택의 왜곡(selection bias)"과 "적실성 결여(irrelevancy)"라는 오류를 범할 잠재성을 가진다. 앞에서도 많은 예가 제시되었지만, 국제관계이론이 "주류의 관심"인 독일 나치의 "유대인 학살"에 대해서는 오랫동안 심층적으로 다루면서도 일제에 의한 중국 및 한국 민간인 학살에 대해서는 큰 관심을 보이고 있지 않다는 사실은 "선택의 왜곡"의 또 하나의 명징한 예로 제시될 수 있다. "적실성 결여"의 예는 자유주의에 대한 국제 규범과 중국적 규범간의 차이에서 찾아볼 수 있다. 양자간의 차이는 자유주의가 중국문화와 유럽문화에 서로 다른 방식으로 영향을 준 데서 기인한다. 유럽에서는 16-7세기 종교개혁기의 교회 권위에 대한 문제제기가 "기독교 국가의 법", "유럽의 공법", 그리고 웨스트팔리아 조약 이후에는 "문명 국가의 법"의 형성을 가능케 했다. 그러나 청나라에서는 자유주의가 중화세계질서에 대한 유럽국제체계의 침투라는 매개체를 통해 주입되고 인식되었기 때문에, 즉 자유주의의 전달자가 제국주의 국가였기 때문에 중국에서의 자유주의적 담론의 주제는 인간의 성격 (nature)이 아니라 국가간 관계에서 중국이 행사하는 자유의 정도였다.[28] 오늘날 국제관계이론의 자유주의가 세계 인구의 11%를 차지하는 기독교인보다 두 배가 더 많은 중국인의 문화와 규범을 이방인의 영역에 놓고 있다는 사실은 역설적이다.

국제관계이론의 성숙한 소비자는 이론의 내용에 앞서 이론의 권력이 행사되는 경로와 배경에 대한 이해를 추구한다. 우리도 국제관계이론을 우리의 용도에 맞게 사용하기 위해 그것들의 표면(表面)만을 백화점식 평면적 시각에서 보지 말고, 역사적이고 비판적이며 입체적인 관점에서 접근해야 할 것이다.

이러한 이론의 권력이 가지는 의미에 주목하면서 필자는 이 글에서 국제관계이론의 역사와 계보를 서술하고 각 이론의 부침의 역사적 배경을 드러내려 했다. 이 과정에서 필자가 발견한 가장 두드러진 경향성은 이론의 역사가 주로 현실주의에 대한 비판과 응전으로 이루어졌고, 수많은 논쟁에도 불구하고 현실주의가 아직도 지배적 위치를 차지하고 있다는 사실이다.[29] 따라서 국제학도로서 우리의 과제 중 하나는 왜 현실주의가 그토록 강한 탄력과 복원력을 가지는지에 대해 숙고하는 일일 것이다. 무엇보다 국가라는 단일체적 행위자가 국가이익을 극대화하는 방향으로 행동한다는 간단한 기본전제가 국제현상을 상식적 수준에서 이해하는 데 부합할 뿐 아니라 직관적 설득력을 갖는다는 점이 지적될 수 있다. 나아가 노동계급간 국제협력을 약화시키고 자본주의의 영속성을 담보하기 위해 필수적인 무정부적 국제체계는 안보와 무력의 문제를 지속적 핵심 의제로 만들고 있는바, 이는 현실주의의 타당성을 지지하는 요인으로 작용한다. 아울러 현실주의는 현상유지라는 강대국의 입장을 옹호하고 힘의 논리를 정당화함으로써 강대국의 세계 관리·운영을 위한 이론적 지침 역할을 수행한다는 점이 지적되어야 할 것이다. 그렇게 함으로써 현실주의는 강대국이 어떤 나라이건 긴 역사 속에서 주역이 되어왔으며 타 이론의 도전에 효과적으로 응전할 수 있었다고 판단된다.

우리가 현실주의를 포함한 제반 국제관계이론들이 행사하는 권력을 인지하면서 그것이 가지는 왜곡과 적실성 결여의 문제를 완화하고 해소하기 위해서는 한국적 정체성을 가진 국제관계이론을 구축해야 할 것이다. 후발(後發)과 분단이 야기한 문제의 역사와 소재를 밝혀주고, 타개를 위한 대안을 제시하는 이론적 노력이 요구된다는 말이다. 그러나 이 과정에서 우리 것만을 조명하고 우리의 이익만 주장하는 국수주의(chauvinism)는 배제되어야 한다. 무엇보다도, 강대국 논리는 엄연한 현실이다. 현존하는 국제관계이론이 현실에 더 가깝다. 우리의 문제를 현실적으로 간파·해결하려면 강대국과 현실의 논리에 대한 정확한 파악이 급선무이기도 하다. 그리고 민족주의적 이론이나 해석은 기존의 주류이론과 똑같이 자민족중심적(ethnocentric)이거나 비보편적이므로 국제적으로 인정되거나 영향력을 가지기 어렵다. 따라서 한국적 정체성을 가진 국제관계이론의 구축 과정은 고도의 보편성을 유지하면서도 그러한 이론이 우리의 역사와 현실과 이익을 잘 조명하는지 여부를 밝히는 데 역점을 두면서, 이론과 우리 현실

간의 부합도(fit)를 높이기 위해서는 어떠한 발상과 해석상의 조절기제가
필요한지에 대한 토론과 성찰을 동반해야 할 것이다.

1) Stephen M. Walt, "International Relations: One World, Many Theories," *Foreign Policy*, no. 110 (Spring 1998), p. 30.

2) 이에 대한 유익한 토론은 Brian C. Schmidt, "On the History and Historiography of International Relations," in Walter Carlsnaes, Thomas Risse, and Beth A. Simmons (eds.), *Handbook of International Relations* (London: Sage Publications)을 참조하라.

3) "이상주의"는 카를 비롯한 전간기(戰間期) 현실주의자들이 자신들의 현실주의와 대비시키기 위해 경멸적으로 부여한 명칭이다. 초판은 1939년 MacMillan(London)에서 출간되었다.

4) Hans Joachim Morgenthau, *Defense of the National Interest* (Washington D.C.: University Press of America, 1982), p. 96. 초판은 1951년 Alfred Knopf에 의해 출간되었다.

5) 위의 책, p.120.

6) Ernst B. Haas, *The Obsolescence of Regional Integration Theory* (Berkeley: Institute of International Studies, University of California, Berkely, 1975).

7) Karl W. Deutsch, et al., *Political Community and the North Atlantic Area* (Princeton, N.J.: Princeton University Press, 1957).

8) Karl Kaiser, "Transnational Politik," in E. O. Czempiel (eds.), *Die Anachronistische Souvernitt* (Kln-Opladen: Westeutscher Verlag, 1969), pp. 80-109.

9) Andrew Hacker, "Political Behaviour and Political Behavior," *Political Studies*, 1 (1959), p. 40.

10) Hedley Bull, "International Theory: The Case for a Classical Approach," *World Politics*, XVIII, 3 (April 1966), p. 361.

11) 록펠러 재단은 영국위원회와 쌍둥이 기구로서 미국 위원회를 시작하고 지원했으나 후자는 머지않아 해체했다. 영국위원회는 당시 케임브리지 대학 역사학 교수 허버트 버터필드(Herbert Butterfield) 주도로 1958년 성립되었으며 와마틴 와이트와 채텀 하우스(Chatham House)가 주요 위원으로 활동했다.

12) Roy E. Jones, "The English School of International Relations: A Case for Closure," *Review of International Relations,* vol. 7, no. 1 (January 1981).

13) Martin Wight, *Systems of States* (Leicester: Leicester University Press, 1977); Hedley Bull,

The Anarchical Society: A Study of Order in World Politics (New York: Columbia University Press, 1977); R. J. Vincent, *Noninterventionism and International Order* (Princeton: Princeton University Press, 1974).

14) Richard Little, "The English School vs. American Realism: a meeting of minds," *Review of International Studies*, vol. 29 (2003), p. 458.

15) Alexander George, "The 'Operational Code' : A Neglected Approach to the Study of Political Leaders and Decision Making," *International Studies Quarterly*, 23(1969), pp.190-222.

16) 월츠는 1954년 *Man, the State, and War*에서 전통적 현실주의의 환원주의를 비판하면서 전쟁의 원인을 이해하기 위해서는 개인과 국가가 작동하는 맥락(context)을 주목해야 하며, 근인(immediate causes)은 "제1이미지, 제2이미지"에서 찾을 수 있지만, 본원적인 원인(underlying causes)은 "제3이미지"인 국제체계에서 발견된다고 주장했다. 따라서 월츠의 이론은 현실주의에 문제를 제기한 1954년 저작에서 시작하지만, 체계화된 신현실주의로서의 그의 이론은 1979년을 기점으로 한다. 그는 1979년 저작에서 현실주의와 함께 상호의존론 및 맑스주의의 발상과 방법론을 비판하고 대안을 제시한다.

17) Charles P. Kindleberger, *The World in Depression, 1929-1939* (Berkeley: University of California Press, 1973).

18) Stephen D. Krasner, "State Power and the Structure of International Trade," *World Politics*, 28 (1976).

19) 박건영, "국제관계와 패권이론," 오기평 외 (편) 『21세기 미국패권과 국제질서』(서울: 도서출판 오름, 2000).

20) 김재현 외, 『하버스마스의 사상: 주요주제와 쟁점들』(서울: 나남출판, 1996) 참조.

21) Miles Kahler, "Inventing International Relations: International Relations Theory After 1945," in Michael W. Doyle, and G. John Ikenberry (eds.), *New Thinking in International Relations TheoryBoulder* (CO.: Westview Press, 1997).

22) 비판이론이라는 용어는 프랑크푸르트 학파 결성 이전에 제시되었다. 프랑크푸르트 학파는 나치 정권의 박해를 피해 미국으로 망명했다가 전후 프랑크푸르트 대학으로 돌아온 호르크하이머와 아도르노를 중심으로 한 일련의 학자들과 그들의 집단적 프로젝트를 총칭하는 표현이었다. 비판이론이라는 용어는 이보다 훨씬 먼저 호르크하이머가 프랑크푸르트 대학 부설 사회연구소의 기관지 『사회 연구』(1937) 두 번째 호에 기고한 "전통이론과 비판이론"이라는 논문에서 유래한다.

23) Robert Cox, "Social Forces, States and World Orders: Beyond International Relations Theory," *Millennium: Journal of International Studies*, vol. 10, no. 2 (1981).

24)   Ann J. Tickner, "Hans Morgenthau's Principles of Political Realism: A Feminist Refor-
      mulation," *Millennium: Journal of International Studies*, vol. 17, no. 3 (1988).

25)   E. von Glasersfeld, "Cognition, construction of knowledge, and teaching," *Synthese*, 80
      (1989), p.124.

26)   한 예로서, 이근, "구성주의 시각에서 본 남북정상회담: 영면게임을 통한 정체성 변화 모색,"
      『국가전략』 제 7권 4호(2001).

27)   청일전쟁 말기인 1895년 독일 황제 빌헬름 2세는 황색인종이 유럽 문명을 위협한다고
      규정하면서 세계의 활동무대에서 이들을 몰아내야 한다고 주장했다. 이 배경에는 인종편견과
      당시 세력을 확장하던 일본이 아시아에 대한 유럽의 제국주의를 방해할 수 있다는 논리가
      깔려 있었다. 유럽국가들의 이해의 일치는 1895년의 러시아 · 프랑스 · 독일에 의한
      삼국간섭으로 이어졌다.

28)   Christopher Hughes, "China and Liberalism Globalized," *Millennium: Journal of Inter-
      national Studies*, vol. 24, no. 3 (Winter 1995), pp. 428-429.

29)   Alker, Jr.와 Biersteker가 영어로 발간되는 저널들에 실린 논문들을 조사해본 결과 현실주의
      관점에 기초한 것들이 전체의 2/3나 되었다. Hayward R. Alker, Jr., and Thomas J. Bier-
      steker, "The Dialectics of World Order: Notes for a Future Archeologist of International
      Savoir Faire," *International Studies Quarterly*, vol. 28 (1984).

| 참고문헌 |

- 박건영. "국제관계와 패권이론." 오기평 외 (편). 『21세기 미국패권과 국제질서』.(서울: 도서출판 오름, 2000).

- 이근. "구성주의 시각에서 본 남북정상회담: 양면게임을 통한 정체성 변화 모색." 『국가전략』 제7권 4호, 2001.

- Alker, Jr., Hayward R., and Thomas J. Biersteker. "The Dialectics of World Order: Notes for a Future Archeologist of International Savoir Faire." *International Studies Quarterly*, Vol. 28, 1984.

- Bull, Hedley. "International Theory: The Case for a Classical Approach." *World Politics*, XVIII, 3, April 1966.

- Bull, Hedley. *The Anarchical Society: A Study of Order in World Politics*. (New York: Columbia University Press, 1977).

- Carr, E. H. *The Twenty Years' Crisis: An Introduction to the Study of International Relations*. (New York: Harper & Row, 1939).

- Cox, Robert. "Social Forces, States and World Orders: Beyond International Relations Theory." *Millennium: Journal of International Studies*, Vol. 10, No. 2, 1981.

- Deutsch, Karl W., et al. *Political Community and the North Atlantic Area*. (Princeton, N.J.: Princeton University Press, 1957).

- George, Alexander. "The 'Operational Code' : A Neglected Approach to the Study of Political Leaders and Decision Making." *International Studies Quarterly*, 23, 1969.

- Haas, Ernst B. *The Obsolescence of Regional Integration Theory*. (Berkeley: Institute of International Studies. University of California, Berkeley, 1975).

- Hacker, Andrew. "Political Behaviour and Political Behavior." *Political Studies*, 1, 1959.

- Hughes, Christopher. "China and Liberalism Globalized." *Millennium: Journal of International Studies*, Vol. 24, No. 3, Winter 1995.

- Huntington, Samuel P. "The Clash of Civilizations?" *Foreign Affairs*, vol. 72, no. 3, Summer 1993.

- Janis, Irving L. *Victims of Groupthink: A Psychological Study of Foreign Policy Decisions and Fiascos*. (Boston: Houghton Mifflin, 1972).

- Jones, Roy E. "The English School of International Relations: A Case for Closure." *Review of International Relations*, vol. 7, no. 1, January 1981.

- Kahler, Miles. "Inventing International Relations: International Relations Theory After 1945." in Michael W. Doyle, and G. John Ikenberry (eds.). *New Thinking in International Relations Theory*. (Boulder, CO.: Westview Press, 1997).

- Kaiser, Karl. "Transnational Politik." in E. O. Czempiel (ed.). *Die Anachronistische Souver-nitt*. (Kln-Opladen: Westeutscher Verlag, 1969).

- Keohane, Robert O., and Joseph S. Nye Jr. *Power and Interdependence: World Politics in Transition*. (Boston: Little, Brown and Co., 1977).

- Kindleberger, Charles P. *The World in Depression, 1929-1939*. (Berkeley: University of California Press, 1973).

- Krasner, Stephen D. "State Power and the Structure of International Trade." *World Politics*, 28. 1976.

- Little, Richard. "The English School vs. American Realism: a meeting of minds." *Review of International Studies*, Vol. 29, 2003.

- Morgenthau, Hans Joachim. *In Defense of the National Interest*. (Washington D.C.: University Press of America, 1982).

- Morgenthau, Hans Joachim. *Politics Among Nations: The Struggle for Power and Peace*. (New York: Knopf, 1948).

- Schmidt, Brian C. "On the History and Historiography of International Relations." in Walter Carlsnaes, Thomas Risse, and Beth A. Simmons (eds.). *Handbook of International Relations*. (London: Sage Publications, 2003).

- Tickner, Ann J. "Hans Morgenthau's Principles of Political Realism: A Feminist Reformulation." *Millennium: journal of international relations*, vol. 17, no. 3 ,1988.

- Tocqueville, Alexis De, and Richard D. Heffner (eds.). *Democracy in America*.(Signet, 2001).

- Vincent, R. J. *Noninterventionism and International Order*. (Princeton: Princeton University Press, 1974).

- von Glasersfeld, E. "Cognition, construction of knowledge, and teaching." *Synthese*, 80, 1989.

- Wallerstein, Immanuel. *The Modern World-System I*. (New York: Academic Press 1974).

- Walt, Stephen M. "International Relations: One World, Many Theories." *Foreign Policy*, No. 110, Spring 1998.

- Waltz, Kenneth N. *Theory of International Politics*. (Reading. MA: Addison Wesley, 1979).

- Wendt, Alexander. *Social Theory and International Politics*. (New York: Cambridge University Press, 1996).
- Wendt, Alexander. "Anarchy is What States Make of It: The Social Construction of Power Politics." *International Organization*, vol. 46, no. 2, 1992.
- Wight, Martin. *Systems of States*. (Leicester: Leicester University Press, 1977).

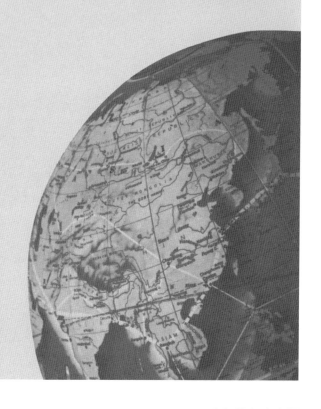

| 제 1 부 |

현실주의 국제관계이론

세력균형이론

김 태 현

"국제정치학에서 두드러진 정치이론이 있다면
그것은 바로 세력균형이론이다."- 케네스 월츠[1]

Ⅰ. 서론

근대과학의 전제는 세상사에 법칙성이 존재하며, 인간이성을 통해 그
것을 발견하고 설명할 수 있다는 것이다. 이처럼 법칙성을 찾아 그 원리를
이해하고 또 이용함으로써 근대과학은 인류역사상 유례없는 문명과 진보
를 이뤄냈다. 그와 같은 전제가 물질세상이 아닌 인간세상에 적용될 때 사
회과학이 출발한다. 사회과학이 특히 어려운 이유는 그 연구대상이자 법칙
성의 주체가 바로 이성을 지닌 인간이기 때문이다. 즉 법칙성의 주체가 이
성을 가지고 법칙성을 발견하고 이해할 때, 그리고 그 법칙성을 이용하려
고 할 때 바로 그 법칙성 자체가 붕괴될 수 있는 것이다. 그럼에도 불구하
고 사회과학자들은 인간사가 때로, 혹은 대개 고도로 구조화되어 있어 행
위자 차원의 일탈행위가 법칙성을 바꾸지 못한다고 믿고 인간세상에 대한
과학적 탐구를 포기하지 않는다.

그들의 주장이 맞아떨어지는 대표적 분야가 완전경쟁 조건의 시장이
며, 거기서 발견되는 수요·공급의 법칙이다. 사회과학의 여러 분야 중 경

제학이 그 과학성에서 가장 앞서간다는 것은 우연이 아니다. 정치학에서 그에 비견할 만한 법칙은 찾기 어렵고, 그래서 정치학의 과학성이 사회과학의 다른 분야에 비해 떨어지는지 모른다. 정치분야에서 굳이 법칙성을 찾자면, 국내정치의 경우 투표제와 정당체제에 관한 "뒤베르제의 법칙"을, 국제정치의 경우 "세력균형"의 법칙을 들 수 있다.[2] 이 글은 세력균형의 법칙과 이론을 논한다.

세력균형은 크게 두 가지 의미를 가지고 있다. 첫째는 거의 법칙에 가까운 경험적 현상으로, 중앙정부가 없는 무정부적인 상태에서 복수의 정치집단이 서로 생존과 지배-복종관계를 다툴 때 이들간의 정치군사적 제휴의 결과 거의 대등한 힘을 가진 두 개의 세력군이 형성되는 현상을 말한다. 세력균형이론가에 따르면 이는 반드시 근대나 유럽의 산물만은 아니고 고대 그리스 도시국가나, 중국의 춘추전국시대, 르네상스시대 이탈리아의 도시국가 사이에서도 나타난, 모종의 조건이 충족되면 시간과 공간을 초월하여 나타나는 일반현상이다.

다른 하나는 17세기 이래 유럽국가들 사이에서 전개된 근대 국제정치의 한 원칙이자 관행이다. 특정국가가 그 국력, 특히 군사력에서 지나치게 비대해지는 것은 다른 나라의 안전과 생존, 나아가 강대국 국제체계의 안정성을 위태롭게 하기 때문에 방지해야 한다는 원칙으로 이를 위해 경쟁적 영토획득, 개입, 분할지배, 보상, 그리고 무엇보다 유연한 동맹체결 등의 다양한 관행을 낳았다. 그러나 세력균형이라는 용어가 정책의 명분으로 거론되는 한편, "세력" 즉 힘을 정확히 정의하고 그 균형을 엄밀하게 측정하는 것은 거의 불가능하기 때문에 정치가들의 언술에서 세력균형은 불가피하게 모호한 개념일 수밖에 없었다.

이와 같은 관행으로서 세력균형은 제1차 세계대전 이후 바로 전쟁을 초래한 원인으로 크게 비난을 받아 정책명분으로서 설득력이 약화되고 정치가들의 언술에서도 그 빈도가 크게 떨어졌다. 대신 집단안전보장이라는 용어가 지배적 용어로 자리잡았다. 제1차 세계대전 이후 새로운 학문분야로 등장한 국제정치학도 하나의 관행이나 경험적 현상으로서 세력균형보다는 전쟁을 방지하기 위한 법적, 제도적 장치에 관심을 기울였다.

제2차 세계대전을 전후해 현실주의 국제정치학이 등장하면서 세력균형이 국제정치학의 주된 관심분야로 자리잡았다.[3] 당위론을 떠나 경험적 현상으로서 국제정치의 현실에 주목하자는 현실주의의 입장에서 세력균형은 가장 압도적인 국제정치현상의 하나였기 때문이다. 그러나 일반적 언술에서 세력균형이 매우 다양한 의미로 쓰였기 때문에 초기 저작들은 주로 그 의미를 밝히는 데 주력했고 이를 하나의 이론으로 발전시키는 것에 대해서는 소극적이었다.[4]

세력균형이 하나의 '과학적' 이론으로 자리를 잡는 데는 월츠의 1979년 저작이 큰 역할을 했다.[5] 오늘날 미국에서 대학원 수준의 국제정치학 입문과목에서 필독서로 꼽히고 있는 이 책은 그 지면의 대부분을 국제정치학에서 "이론"을 수립하는 데, 그리고 그 대표적 예로 세력균형이론을 내세우는 데 할애하고 있다. 이렇게 수립된 세력균형이론은 국제정치학의 대표적 이론으로 자리잡고 후일의 많은 연구를 지도했다.[6]

오늘날 월츠가 내세운 신현실주의의 세력균형이론은 몇 가지 심각한 도전에 직면해 있다. 첫째는 전후 서방국가간의 일반적 평화와 냉전의 평화적 종식이라는 현상과 관련하여 신현실주의의 국가중심주의, 권력중심의 분석 및 갈등적 국제정치행위에 초점을 두는 경향에 대한 일반적 비판이다. 오늘날에는 국가가 더 이상 국제정치의 배타적 행위자가 아니고 권력이 국제정치의 유일한 동인도 아니며, 따라서 국제정치도 오로지 갈등으로 특징지어지지 않는다는 것이 현실주의에 도전하는 자유주의 국제정치학의 입장인 것이다.[7]

둘째는 신현실주의 세력균형이론의 퇴행적 연구경향에 대한 비판이다. 20세기 초반까지의 국제정치관행에 입각하여 정립된 세력균형이론은 역사와 현실에 비추어 많은 경험적 변칙에 직면한 반면, 이를 설명하려는 연구자들은 퇴행적 과학의 연구분야에서 전형적으로 나타나는 바람직하지 않은 경향을 드러내고 있다는 비판이 그것이다.[8]

앞의 두 가지 도전이 과학적 · 이론적 측면에서 현실주의의 존재론과 인식론에 대한 도전이라면 세 번째 것은 경험적이고 현실적인 도전이다. 냉전종식 이후 국제체계의 특성과 그 미래에 대한 논쟁이 그것이다. 많은 학자들은 현재의 국제질서가 근대 이래 초유의 단극질서임을 인정하면서도 그것의 안정성에 대해서는 커다란 입장의 차이를 보이고 있다. 주류 신현실주의자들은 미국중심의 단극질서는 세력균형의 법칙으로 인해 오래 지속하지 못하고 "일순간"에 그칠 것이라고 주장한다.[9] 그러나 그러한 주장은 일반인들의 상식에 반한다. 그들에게 미국의 힘은 세력균형이 작동하기에 너무 강대하다는 주장이 오히려 설득력을 가진다.[10] 혹은 그 힘을 절제 있게 사용함으로써 세력균형 기제의 작동을 피할 수 있다는 주장도 있다.[11] 일반이론으로서 세력균형이론이 결정적인 검증의 문제에 직면하고 있는 것이다.

이 장은 국제정치학의 일반이론으로서 세력균형이론을 소개하고 관련 논쟁을 정리하기 위한 것으로, 크게 네 부분으로 구성된다. 첫째는 세력균형의 의의와 관행에 관한 것으로 세력균형의 다양한 용례와 패턴을 서술한다. 둘째는 세력균형의 법칙과 이론에 관한 것으로 특히 월츠의 이론을 중심으로 정리한다. 셋째는 세력균형이론에서 파생되는 동맹에 관한 몇 가지 논점을 세력균형이론에 대한 도전 내지 경험적 변칙이라는 측면에서 정리한다. 결론에 앞선 넷째 부분에서는 오늘날의 국제질서의 특징과 미래 국제질서에 대한 전망을 특히 세력균형 논의와 관련하여 정리한다. 결론에서는 신현실주의 세력균형이론을 비판적으로 평가한다.

II. 세력균형의 의의와 관행

세력균형이론가들에게 있어서 세력균형의 현상은 시간과 공간을 초월한 보편적 현상이다. 그와 같은 보편성이 바로 일반이론으로서의 세력균형이론의 경험적 대상을 이룬다. 그러나 세력균형이라는 용어는 근대적 산물이다. 다시 말해 투키디데스나 손자병법, 마키아벨리 등에게서도 세력균형의 주요 현상에 대한 묘사가 나오지만 세력균형이라는 용어 자체와 이를 이론화하려는 시도는 근대과학과 함께 시작되었다.

균형(balance)이라는 용어가 의미하듯이 세력균형은 하나의 서술적 용어로서 특히 근대과학의 발아와 더불어 인식되기 시작한 평형(equilibrium)을 의미한다. 천칭의 양쪽에 물체를 놓아 어느 쪽으로도 기울어지지 않는 상태처럼, 두 개의 정치세력—국가 또는 국가군—사이의 힘이 대등하여 어느 한 쪽도 우월한 지위를 누리지 못하는 상태를 의미한다. 이와 같은 상태는 정책적 의미를 지닌다. 즉 대등한 세력들이 서로 경쟁할 때 어느 일방이 타방과의 경쟁, 특히 전쟁에서 쉽게 이길 수 없기 때문에 전쟁을 자제하게 되고 따라서 평화, 그리고 각 단위들의 생존이 유지된다는 것이다.

그와 같은 상태와 그것이 가지는 정책적 의미는 곧 하나의 정책지침으로 전개된다. 즉 특정국가가 그 국력, 특히 군사력에서 지나치게 비대해지는 것은 곧 다른 나라들의 생존을 위태롭게 하기 때문에 이를 사전에 막는 것이 생존차원에서 현명하고 신중한 정책이라는 것이다. 그러기 위해서는 다른 나라와 연대하여 그 세력을 견제하든지, 그것이 불가능할 경우에는 전쟁도 불사할 필요가 있었다.

이상과 같은 세력균형의 논리는 오래 전부터 이해되고 실천되었지만,[12] 특히 근대유럽에서 논리적 구조를 갖추고 널리 이해되고 또 실천됨으로써 근대 국제정치의 한 특징을 이루었다. 영국의 역사가 버터필드(Herbert Butterfield)에 따르면 근대 세력균형의 논리는 16세기 이탈리아 도시국가들 사이에서 발아하여 17세기 루이 14세 시대(1643~1715)에 이르면서 유럽에서 널리 회자되기에 이르렀다.[13] 예로 루이 14세와 같은 시기에 살았던 프랑스의 대주교 페넬론(Fenelon)은 당시 한 제후를 위해 집필한 교재에서 다음과 같이 썼다고 한다.

만일 한 나라가 지배적 위치를 차지하도록 내버려둔다면, 지금까지의 그 나라 행태가 어떠했든지 더 이상 그 국가의 선의를 기대할 수 없다. 그 나라가 더 이상 행위에 제약이 없게 되면 그 야망을 과거의 틀 속에 잡아두지 않을 것이다. ……한때 반침략자 동맹에 참가했던 국가조차도 자기도 모르는 사이에 그와 같은 정복의 길로 나가게 된다. 다시 말해 과거의 침략자에 대해 더 많은 안보를 계속 요구하다가 보면 어느 한 순간에 바로 그 나라가 세계지배를 추구하고 있음을 발견하게 된다.[14]

18세기에 들어서면서 세력균형의 논리는 하나의 원칙으로 자리잡기에 이르렀다. 예컨대 18세기 국제법학자 바텔(Immerich de Vattel, 1714~1767)은 한 나라가 지배적인 위치를 차지하는 것을 방지하기 위한 전쟁, 즉 세력균형전쟁은 "정당한 전쟁"이라고 규정했던 것이다.[15] 그 배경에는 당시의 유럽과 로마시대를 비교하면서, 로마와 같은 제국은 결코 용납되어서는 안 된다는 일반적 인식이 있었다.[16]

물론 체계적 차원에서 세력균형은 강대국들간의 세력균형을 의미했고, 또 그것을 유지하는 것도 강대국의 몫이었다. 그리하여 약소국들은 강대국들의 세력균형 정치의 객체가 되어 때로 병합되거나 분할지배 당하기도 하고 때로는 중립을 강요당한 채 생존을 유지하기도 했다.[17] 예를 들면 세력균형의 명분 아래 폴란드는 세 차례—1772, 1793, 1795년—에 걸쳐 분할되어 아예 국가로서 존립을 상실했다. 벨기에는 완충지대로서 중립을 강요당한 채 생존을 보장받았지만 강대국들 사이의 전쟁에 끊임없이 말려들었다.

특히 나폴레옹 전쟁의 충격으로 강대국들은 유럽협조체제라는 일종의 집단관리체제를 구성하여 소국에서의 자유주의 운동에 군사적으로 개입했다. 또 19세기 후반 제국주의 팽창과정에서 모든 국제문제는 강대국들의 공동관심사항이 되어 회의외교가 지배적인 패턴이 되었으며, 열강은 한 강대국의 영토획득에 편승하여 보상을 요구하기도 했다. 좋은 예가 1879년의 베를린 회의와 1895년의 삼국간섭이다.[18]

19세기 말과 20세기 초에 걸쳐 강대국간의 동맹이 독일, 오스트리아-헝가리, 이탈리아로 구성된 삼국동맹 대 영국, 프랑스, 러시아로 구성된 삼국연합으로 고착되면서 세력균형체제는 유연성을 잃었다. 독일과 오스트리아간 민족적 유대가 동맹선택의 기준으로 작용했기 때문이다. 이처럼 경직된 체제는 독일의 통일과 급속한 산업화에 따른 상대적 국력의 변화에 적응할 수 없었다. 국가간의 안보딜레마가 심화되었고 위기가 빈발했다. 1914년 6월 발칸지역으로 세력확대를 시도하던 오스트리아의 황태자 부부가 세르비아계 청년에 암살당한 사라예보사건으로 촉발된 국제위기는 결국 제1차 세계대전으로 이어졌다. 세력균형의 관행은 전쟁의 원인으로 매도되었고, 집단안전보장이 대안적 안보원칙으로 채택되었다.[19]

세력균형정치가 관행을 이룬 근대 유럽에서 세력균형은 정치가들의 언술과 학자들의 저술에서 다양한 의미로 쓰였다. 크게 세 가지로 정리할 수 있다.[20]

첫째는 하나의 상태를 묘사하는 서술적 용어다. 균형이란 표현이 의미하듯 이는 대체로 균등한 힘의 분포상태를 말한다. 그러나 실제 용례에서 균형은 힘의 대등한 평형상태보다는 자국에게 유리한 분포상태를 의미하기가 일쑤였다. 특정 국가의 정책이 세력균형의 유지를 목표로 한다고 할 때 세력균형은 곧 자국에게 유리한 힘의 분포상태를 의미하게 마련이기 때문이다. 또 분석가들에게 세력균형은 대등한 힘의 분포상태도 아니고, 자국에게 유리한 분포상태가 아닌, 당시에 주어진 힘의 분포상태, 즉 모종의 분포상태를 의미하기도 한다. 예를 들어 동북아 세력균형의 변화라고 하면서 "중국의 급성장과 일본의 상대적 정체가 지역내 세력균형을 바꾸고 있다"던가, "한반도 통일이 지역내 세력균형에 미칠 영향" 등을 운운할 때 이는 힘의 대등한 분포상태가 아닌 그냥 모종의 분포상태를 의미하는 것이다.

둘째는 특정한 정책 또는 정책의 명분이나 원칙을 의미한다. 흔히 세력균형 "정책"이라고 쓰이지만 그냥 세력균형이라고도 하는 이 용례는 앞에서 말한 상태로서의 세력균형을 목표로 하는 정책을 의미한다. 즉 평형 혹은 대등한 힘의 분포를 목적으로 하거나, 심지어 자국에 유리한 힘의 분포상태를 유지 혹은 창출하는 것을 세력균형 또는 세력균형정책이라고 부른 것이다. 그와 같은 정책관행은 강대국 사이에 일련의 공인된 정책 원칙을 낳았다. 즉, 세력균형의 유지를 위해서는 전쟁도 정당화된다는 원칙이나 한 강대국의 영토획득은 다른 강대국들의 상응하는 영토획득을 정당화한다는 원칙 등이 그것이다.

셋째는 근대 국제정치의 체계적 패턴으로서 세력균형이다. 흔히 세력균형정치라고 불리는 이 용례에서 세력균형은 근대 국제정치 그 자체를 의미했다. 19세기 말까지 동아시아가 세력균형과 관계가 없었다는 말은 곧 동아시아 국제정치가 근대 유럽정치의 패턴과 달랐다는 말과 마찬가지다. 실로, 흔히 1648년의 웨스트팔리아 조약을 기점으로 삼고 있는 무정부적 근대 국제정치 체계에서 서유럽 국가들은 서로 밀접한 관계를 유지하면서 상호작용하는 과정에서 세력균형이라는 독특한 정치체계를 발전시켰다. 근대 유럽 국제정치체계에서는 대체로 세 가지 유형의 세력균형이 작동했다.[21]

첫째는 자동식 세력균형이다. 즉 한편으로는 다른 국가에 대한 지배, 나아가 국제체계 전체에 대한 지배를 추구하면서 다른 한편으로는 자국의 생존을 추구하는 국가들이 상호작용할 때 거의 자동적으로 나타나는 것이 대체로 균등한 힘의 분포상태, 즉 세력균형이라는 것이다.

둘째는 반자동식 세력균형이다. 개별국가들의 자율적 결정과 정책에 맡겨둘 때 세력균형의 현상은 거의 자동적으로 나타나지만 항상 그런 것만은 아니기 때문에 그럴 경우를 염두에 둔 균형자가 필요하다. 대체로 "영광스러운 고립(splendid isolation)"을 유지해온 영국이 때로 대륙의 자동적 세력균형이 실패할 경우 균형자(balancer)로서 개입해온 것이 이 경우이며, 자동적 세력균형은 균형자의 개입에 의해 보완된다.

셋째는 수동식 세력균형이다. 무정부적 국제체계에서 국가의 생존을 책임진 군주 혹은 정치가는 국가의 생존을 위해 끊임없이 노력해야 하고, 다수 국가들이 그럴 때 세력균형의 현상이 되풀이되어 나타난다. 그러나 그렇지 못한 군주나 정치가의 등장으로 인해 세력균형은 파괴될 수 있다. 따라서 세력균형은 그 원리를 이해하는 정치가들의 끊임없는 노력에 의해 재생산되고 되풀이되어 나타난다는 것이다.

그러나 이상의 세 가지 패턴은 사실 한 가지 현상의 다른 측면일 뿐이다.[22] 무정부라는 구조 속에서 복수의 정치단위들이 서로 지배와 복종, 나아가 존망(存亡)을 다툴 때 나타나는 체계차원의 현상이다. 이와 같은 인식은 국제체계를 하나의 유기체로 간주할 때 가능하다. 즉 하나의 유기체로서 인체가 체내의 생리적 균형을 유지하는 본원적 경향이 있듯이, 하나의 체계로서 국제정치도 스스로 균형을 유지하는 본원적 경향이 있다는 것이다.[23]

III. 세력균형의 법칙과 이론

근대 국제정치의 분기점으로 흔히 거론되는 30년 전쟁(1618~1648)에서 합스부르크 왕가의 유럽제패시도가 실패한 이래 지난 350여 년간 한 나라가 전체 국제체계를 지배하는 일은 없었다. 때로 그를 위한 시도가 없었던 것은 아니지만 그럴 때마다 국가들은 반대동맹을 맺고, 심지어는 전쟁을 통해 그를 좌절시켜 왔다. 18-9세기의 프랑스의 도전(나폴레옹 전쟁), 20세기 초 독일의 도전과 좌절(제1, 2차 세계대전)이 대표적 예다. 그리고 규모는 작더라도 17세기 루이 14세의 프랑스, 18세기 프레데릭 대제의 프러시아의 도전과 좌절도 같은 맥락이다. 이와 같은 역사적 경험에서 모겐소와 같은 국제정치학자들은 세력균형의 패턴을 근대 국제정치에서 하나의 '철칙(鐵則 iron law)'으로까지 간주하고 있다.[24]

세력균형 현상의 법칙성에 주목하고 이를 일반이론으로 발전시키려는 시도는 일찍이 18세기에도 있었다.[25] 그러나 근대 국제정치에서 세력균형은 실천과 매우 밀착되어 전개되었고, 용어 자체도 다양한 의미로 사용되어 그 의미가 모호해졌다. 게다가 세력균형의 관행이 제1차 세계대전의 원인으로 지목되면서 이를 이론화하려는 시도는 흔치 않았다. 따라서 국제정치학이 하나의 학문분과로 자리잡은 20세기 후반 세력균형에 관한 초기 저작은 그 개념의 모호성과 이론의 정치적 성격을 비판하는 데 집중되었다.[26]

과학성을 지향하는 현대 국제정치학에서 세력균형의 이론화는 1970년대 말 월츠에 의해 시도되었다. 월츠는 세력균형의 현상이 법칙성을 띠고 있다고 보았다. 그는 바로 그 법칙성을 설명하기 위해 세력균형의 "이론"을 개발했다. 이론이란 곧 법칙을 설명하는 것이기 때문이다. 그리고 그 이론은 (1)(굳이 사실적일 필요가 없는) 이론적 가정에서 출발하여 (2)특정한 사건이 아닌 일반적 패턴을 설명하고, (3)바로 그 설명력에 의해 평가된다.[27]

세력균형이론은 무엇보다 국가에 관한 가정으로 시작한다. 즉 국가는 하나의 단일한 행위자로 최소한 그 보존을, 최대한 세계지배라는 목적을 추구한다. 그리고 국가는 그와 같은 목적을 위해 내부적 및 외부적 수단을 동원한다. 경제발전, 군비증강, 전략개발 등이 내부적 수단의 예라면 동맹이 외부적 수단의 대표적인 예다. 그리고 무엇보다 중요한 것은 국가들이 행동하는 상황적 조건으로, 곧 복수의 국가들이 무정부적 자력구제 체계에서 공존하고 있다는 것이다. 이와 같은 조건이 충족되면 일부 혹은 모든 국가가 세력균형을 유지하고자 노력하든 말든, 혹은 일부 혹은 모든 국가가 세계지배를 꿈꾸든 말든 상관없이 세력균형이 일어난다는 것이다. 다시 말해 "세력균형 정치는 두 가지 조건만 충족되면 지배적인 패턴이 된다. 곧 질서가 무정부적일 것이며, 그 속에서 단위들이 생존을 추구할 것이 그것이다."[28]

체계차원의 이론으로서 세력균형이론에 대해 몇 가지 부연설명이 필요하다. 첫째, 세력균형이론은 국제체계의 행위 패턴을 설명하고 예측한다. 즉 무정부라는 구조적 조건에서 복수의 정치단위가 서로 생존과 지배-복종을 다툴 때 나타나는 본원적인 행위패턴이다. 비유적으로 말하자면 하나의 유기체로서 인체가 체내의 생리적 균형을 유지하는 본원적 경향과 유사하다. 둘째, 체계적 차원에서 세력균형이 실패한다고 해서 이 이론이 부정되는 것은 아니다. 오히려 인체가 균형을 잃을 때 병을 앓듯이, 국제체계가 균형을 잃으면 전쟁이란 병을 앓는다고 예측한다. 셋째, 따라서 전쟁은 때로 세력균형을 유지하기 위한 기제이기도 하다. 즉 세력균형은 체계의 기본구조의 일체성에 관한 이론이지 평화에 관한 이론이 아니다. 넷째, 체계이론으로서 세력균형이론은 굳이 행위자 혹은 국가의 행위를 설명하거나 예측하려 들지 않는다. 즉 세력균형이론은 국제체계에 관한 이론이지 국가의 외교정책에 관한 이론이 아니다. 따라서 이 이론은 체계적 차원에서 세력균형이 반복적으로 이루어지고, 특정한 세력에 의한 지배권 확립이 항상 실패했다는 역사적 현상을 설명한다. 하지만 1953년 한국이 소련이나 중국이 아닌 미국과 동맹을 맺은 것을 설명하려고 시도하지는 않는다.

그럼에도 불구하고 세력균형이라는 체계적 현상은 기본적으로 개체, 즉 국가의 선택과 행위로 설명된다. 다시 말해 국제체계의 무정부적 구조는 체계내 국가들이 특정한 행위를 취할 수밖에 없는 구조적 제약을 가하며, 개별 국가 차원의 그와 같은 행위들이 맞물리면서 체계차원에서 특정한 행위 패턴으로 나타난다는 것이다. 마치 시장에서 가격의 결정이라는 거시적 현상에 관한 수요공급의 법칙을 소비자의 선택과 행위로 설명하는

것과 같다. 그래서 세력균형이론은 미시(微視)이론(micro-theory)이다.[29]

월츠에 따르면 체계차원에서 세력균형이 반복해서 나타나는 현상을 가능케 하는 개체차원의 행위는 두 가지다. 동질화(sameness effect)와 균형화(balancing)가 그것이다. 첫째, 무정부적 체계에서 생존을 추구하는 국가들은 다른 나라의 성공을 모방하는 경향이 있다. 어느 나라가 군사기술, 무기체계, 전략과 전술, 행정조직과 국가체계, 심지어 외교적 행위에서 성공을 거두면 다른 나라들은 그 성공을 모방한다. 그렇게 하지 않으면 뒤쳐지고, 나아가 생존을 위협받기 때문이다. 그리고 이를 통해 체계차원에서 단위, 즉 국가들의 체제와 기능은 동질적으로 된다.[30]

둘째, 좀더 중요한 것으로 국가들이 힘을 결집하기 위해 행하는 동맹에서, 국가들은 강자의 힘에 편승(bandwagon)하기보다 이를 균형화하고자 노력한다. 국가의 최고 목표가 힘의 극대화에 있다면 편승이 좀더 합리적인 선택이 될 수 있지만, 국가의 최고 목표가 힘의 극대화가 아니라 바로 생존이고 힘은 그와 같은 생존에 필요한 수단일 뿐이라고 생각하기 때문에 국가들은 편승이 아니라 균형을 택한다. 큰 힘이 작은 힘보다 생존에 더욱 큰 위협을 가하기 때문이다.[31]

엄밀히 따지면 국가들이 편승 대신 균형을 추구하는 이유는 이처럼 방어적 동기만이 아니라 공세적 측면도 있다.[32] 국가들이 강자가 아닌 약자와 동맹을 맺는 이유는 그것이 좀더 "안전"할 뿐만 아니라, 상대적으로 약한 동맹국에 대해 더욱 큰 힘을 행사할 수 있기 때문이다.[33] 무정부적 상태에서 생존의 절대 명제를 강조한 결과 월츠는 이 측면을 비교적 소홀히 다루고 있지만, 이 점은 여기서, 그리고 나중에 좀더 깊이 따져볼 필요가 있다. 하나의 정치단위로서 국가는 단지 생존을 추구할 뿐만 아니라, 더욱 큰 힘을 추구하기도 한다. 상대적으로 약세인 국가와 동맹을 맺을 경우 동맹국에 대한 영향력이 상대적으로 크다. 그리고 나아가 전쟁을 통해 좀더 강대한 국가를 정복할 경우 전리품이 커진다. 큰 나라를 정복했기 때문에 전리품의 전체 규모가 클 뿐만 아니라, 상대적 약자와 전리품을 나누기 때문에 분배도 유리해지기 때문이다.[34]

IV. 세력균형이론의 검증 (1) : 과거

사회과학의 많은 분야는 실험이 불가능하다. 국제정치학은 특히 그렇다. 그래서 학자들은 역사를 관찰하여 법칙성을 찾고 역사를 통해 이를 검증한다. 세력균형이론이 좋은 예다. 특히 월츠는 국제체계의 무정부적 구조와, 그와 같은 구조 속에 존재하는 행위자들의 행동 동기에 관한 몇 가지 가정으로부터 세력균형의 반복되는 패턴을 연역적으로 설명하는 이론을 개발하고자 했다. 그와 같은 이론은 그 이론에서 도출되는 일련의 가설을 역사적 사례에 비추어 검증할 수 있다. 그리고 그를 통해 한편으로는 역사에 대한 이해를 높이고 다른 한편으로는 이론을 더욱 발전시킨다. 세력균형이론은 그 다양한 개념만큼이나 많은 경험적 변칙에 직면했다. 그리고 학자들은 그를 통해 기존의 이론을 수정하고, 또 새로운 이론을 개발했다. 이하에서는 세력균형이론을 둘러싼 이론적 · 경험적 논쟁들을 검토한다.

1. 과다동맹과 과소동맹 : 균형화는 항상 일어나는가?

세력균형이론은 체계차원에서 반복해서 나타나는 현상, 즉 국가들간의 이합집산을 통해 대등한 힘을 지닌 두 개의 세력이 형성되고, 한 특정세력이 체계전체를 지배할 만한 힘을 구축하는 것이 방지되는 현상을 설명한다. 그로 인해 체계내 주요 행위자들의 생존과 체계의 무정부적 혹은 다원적 성격이 유지된다. 또 세력균형기제가 효율적으로 작동하면 강대국들간의 전면전쟁을 방지할 수 있다.

그러나 세력균형정치의 관행이 현실 국제정치에서 최고조에 달했던 때에 제1차 세계대전이 발발했다. 국제안보 기제로서 세력균형에 대한 회의와 비판이 제기되었다. 나아가 히틀러가 집권한 이후 침략적 의도를 감추지 않았음에도 불구하고 균형화 노력이 없었고 결국 제2차 세계대전이 발발했다. 이상의 두 가지 사례는 세력균형의 법칙성에 대한 예외를 구성한다.

그러나 월츠에게 이와 같은 '예외'는 큰 문제가 아니다. 우선 국가들이 항상 세력균형이론에 따라 합리적으로 균형화를 추구하고 또 성공하는 것이 아니라는 것을 월츠 스스로 인정하고 있다. 그리고 그와 같은 실패가 다극체계에서 좀더 빈번하게 일어난다는 사실은 체계의 극구조로 국제체계의 안정성을 설명하는 구조적 현실주의 이론과 맞아떨어지기 때문이다.[35] 좀더 근본적으로 두 차례에 걸친 세계대전의 결과 현상변경 국가인 독일의 유럽지배가 좌절되었고, 유럽의, 나아가 세계체계의 다원적 성격이 유지되었기 때문이다. 세력균형은 무엇보다 무정부적 구조라는 체계의 기본성격에 관한 이론이지, 평화에 관한 이론은 아닌 것이다.

그러나 양차 세계대전의 경우 전쟁의 발발이 세력균형기제가 제대로 작동하지 못했기 때문이라는 지적은 널리 인정되고 있다. 게다가 그 실패의 유형이 정반대다. 제1차 세계대전은 국가들이 지나치게 견고한 동맹약속으로 인해 원치 않은 전쟁에 끌려 들어간 경우이며, 제2차 세계대전은 침략적인 의도를 가진 강대국이 대두하고 있었음에도 불구하고 균형화를 위한 동맹에 실패함으로써 막을 수도 있었을지 모르는 전쟁이 초래된 경우다. 비유적으로 말하지만 제1차 세계대전은 동맹체제가 지나치게 견고하여 많은 국가들이 마치 하나의 사슬에 묶여 줄줄이 끌려 들어간 경우다(chain-ganging). 반면 제2차 세계대전은 강대국들이 서로 책임을 전가한 나머지 적절한 균형이 이루어지지 못한 경우다(buck-passing). 굳이 우리말로 표현하자면 전자의 경우는 과다동맹(過多同盟), 후자는 과소동맹(寡少同盟)이라고 부름직하다.

크리스텐슨과 스나이더(christensen and Snyder)는 그와 같은 실패가 다극체제에서 흔히 일어나고 따라서 다극체제가 불안정하다는 월츠의 주장에 동의하면서, 같은 다극체제에서 왜 그처럼 상반되는 현상이 일어나는가에 대해 연구했다.[36] 여기서 그들은 무기체계의 공수(攻守)균형이 안보딜레마의 정도에 영향을 미친다는 저비스의 연구에 착안하여,[37] 당시 지배적인 무기체계가 공격에 유리하다고 믿는 경우에는 과다동맹이, 수비에 유리하다고 믿는 경우에는 과소동맹이 초래된다고 주장한다. 산업혁명의 산물과 기술혁신이 군사부문에 투입된 결과로서, 대포와 기관총 등 새로운 무기체계의 가공할 파괴력과 철도망을 통한 신속하고 대규모적인 부대이동으로 선제공격이 전쟁의 승패를 좌우한다고 믿었던 제1차 세계대전 이전의 상황은 전자의 예다. 현대무기가 반드시 공격에 유리한 것이 아니라는 것이 전쟁의 결과로 밝혀지고, 마지노선(Maginot Line) 등의 구축으로 선제공격을 효과적으로 저지할 수 있다고 믿었던 제2차 세계대전 이전의 상황은 후자의 예다.

2. 편승과 균형: 과연 국가들은 균형을 이루고 있는가?

결정적인 상황에서 국가들이 균형화에 실패하고, 그로 인해 전쟁이 발발한 역사적 사례는 과연 국가들이 그 동맹국을 선택함에 있어 세력균형을 염두에 두는가라는 의문으로 연결된다. 물론 특정국가가 특정상황에서 편승을 택하거나 아니면 균형을 택하는 것은 여러 가지 조건에 의해 결정되기 때문에 그 자체로서는 세력균형이론의 검증이 되지 못한다. 그러나 세력균형이론에 따르면 다른 조건이 같다면(ceteris paribus) 국가들은 균형을 택한다. 따라서 체계적 차원에서, 그리고 총합적으로 따져 볼 때 대체로 균형이 편승보다 지배적인 패턴이 된다는 것은 세력균형이론에서 도출되는 한 가지 가설로 볼 수 있다. 과연 균형이 편승보다 지배적인 동맹정책 패턴인가?

월트(Stephen Walt)는 제2차 세계대전 이후 이합집산을 거듭한 중동지역의 동맹패턴을 검토한 결과 균형이 편승보다 지배적인 동맹정책 패턴임을 발견했고 따라서 세력균형이론의 주장은 경험적 증빙이 있다고 주장한다.[38] 그러나 그의 발견이 시공을 초월해 타당한 것만은 아니라는 주장이 있다. 예를 들면, 근대 유럽역사를 검토한 스웰러(Randall Schweller)는 편승이 균형에 못지 않게 자주 나타난 동맹정책이리고 주장한다.[39]

그에 따르면 국제정치세계는 마치 '동물의 왕국'과 같다. 이 동물의 왕국에는 동물의 제왕 사자와, 사자에 도전하는 늑대, 사자와 늑대간의 투쟁에서 눈치를 보면서 먹을 것을 챙기는 자칼, 그리고 눈치만 보며 살면서도 항상 먹이가 되는 불쌍한 양들이 있다. 이들의 이익이 서로 다른 만큼 이들의 행위 패턴도 다르다. 제왕 사자는 자기의 영역을 지키면서 그 영역을 탐하는 늑대무리를 견제 혹은 균형화한다. 자칼들은 사자가 남긴 먹이를 탐하는 전형적인 편승 행태를 보인다. 간혹 벅찬 큰 먹이가 나타나 제왕 사자가 어렵게 잡으면 벌떼처럼 덤벼들어 먹이를 가로채거나, 적어도 한 입씩 챙기기도 한다.

여기서 스웰러는 세력균형이론에서 더 나아간, "이익균형(balance of interests)"이론을 개발한다. 국가들이 생존을 추구한다고 본 월츠의 세력균형이론은 현상유지를 원하는 국가들만 전제한다고 비판한 그는 실제에 있어 국가들은 현상유지와 현상변경이 주는 이익을 동시에 고려하여 그 중 하나를 선택한다고 본다. 따라서 국제체계 속에는 항상 현상유지국가와 현상변경국가가 병존(並存)하며, 특정시점의 국제체계는 현상유지국가들과 현상변경국가들 사이의 균형에 의해 특징지어지고 또 묘사될 수 있다고 주장한다.

편승이 균형에 못지 않게 흔한 동맹패턴이라는 스웰러의 주장에서 한 발 더 나아가 역사학자 슈뢰더(Paul Schroeder)는 유럽근세사에서 편승이 오히려 균형보다 더 자주 나타난 동맹정책이라고 주장했다.[40] 그에 따르면 무정부적 상태에서 국가들이 위협에 대처하는 방식은 균형이나 자구(自救)만이 아니다. 국가들은 때로 몸을 낮춰 위협으로부터 숨기도 하고,

상황의 정의를 바꿔 위협을 초월하기도 하며, 때로 강자에 편승하여 생존을 추구하고, 이득을 꾀하기도 한다. 그가 본 역사 속에는 편승이 균형보다 오히려 더 자주 일어나는 행위다. 약소국의 경우는 특히 그렇다.[41]

3. 세력균형과 위협균형: 무엇을 균형화하는가?

반면 월트는 편승이 아닌 균형이 좀더 지배적인 동맹패턴이라고 주장하면서도 중대한 이론적 수정을 가한다. 즉 국가들이 편승이 아닌 균형을 택하는 것은 맞지만, 균형의 대상이 단순히 힘만이 아니라 좀더 포괄적인 의미에서 위협이라고 주장했다. 그리고 힘은 가장 중요하기는 하나 (1)지리적 근접성, (2)공격능력, (3)공격의도 등과 더불어 위협의 여러 요소 중의 하나일 뿐이라고 주장했다.[42] 그래서 그는 "세력균형"이 아닌 "위협균형(balance of threat)" 이론을 주창한다.

국가들이 힘을 균형화하는 이유는 바로 힘으로부터 위협을 느끼기 때문이다. 맞는 말이다. 그래서 월트는 그의 "위협균형이론"이 세력균형이론을 부정하는 것이 아니라 더욱 발전시킨 것이라고 주장한다. 이 주장에도 일리가 없지 않다. 생존을 추구하는 국가들이 그 생존에 대한 위협을 관리하고, 균형화한다는 것은 말이 되기 때문이다. 그러나 이론적·실천적 측면에서 위협균형이론의 수정은 결코 사소한 것이 아니다. 왜냐하면 이것은 적어도 두 가지 측면에서 주류 현실주의 국제정치이론에 중대한 수정을 가하고 있으며, 후술하듯이 향후 국제질서 전망에 관한 논쟁에서도 핵심 쟁점사항의 하나가 되고 있기 때문이다.

우선, 국가가 두려워하는 것은 힘만이 아니라 의도도 포함된다는 주장은 무정부적 국제질서에서 생존을 추구하는 국가들이 의지하고 고려하는 것은 다른 어떤 것도 아닌 바로 힘이라는 현실주의 국제정치이론의 핵심 명제를 부인 내지 수정하는 것이다. 월츠와 같은 핵심 현실주의자들은 무정부적 구조가 미치는 영향이 워낙 압도적이고 이것이 또한 국가들의 동질화를 유도하는 경향이 있기 때문에 오늘날에도 여전히 힘의 균형이 지배적 패턴이라고 주장한다. 따라서 힘을 균형화하는 것이 아니라 위협을 균형화한다는 월트의 수정은 월츠의 동질화 명제에 대한 도전을 아울러 포함하고 있다.

따지고 보면 국가들이 힘의 균형을 위주로 한다는 주장은 국가 또는 국가를 대표한 왕조들이 고도의 동질성을 유지했던 17-8세기의 서유럽에서는 맞을지 모른다. 그러나 민족주의가 일반원칙의 하나로 자리잡고 국가들의 정치체제가 상이해지기 시작한 19세기 무렵부터, 그리고 무엇보다 비유럽국가들이 국제체계의 구성원으로 국제질서에 편입되기 시작한 20세기 이래 국가들의 외교정책을 결정하는 요소에는 힘 이외의 요소들이 포함되기 시작했다고도 볼 수 있다. 이데올로기 등 안보에 대한 위협을 구성하는 요소가 다양해졌기 때문이다.[43] 그와 같은 의미에서 위협균형이론은 하나의 일반이론, 그리고 세력균형이론은 하나의 특수이론이라고 할 만하다.

4. 평가

이상에서 보듯이 세력균형이론이 가진 직관적 설득력에도 불구하고 그것이 기반으로 삼고 있는 세력균형 법칙의 경험적 기반은 비교적 취약하다. 그래서 바스케즈(John Vasquez)는 대단한 세력균형의 법칙이 사실은 별로 대단하지 않다고 결론짓는다.[44] 그러나 그가 보기에 문제는 경험적 변칙 그 자체에 있는 것이 아니다. 대신 그는 그와 같은 변칙을 취급하는 학자들의 관행과 태도가 퇴행적 연구분야에서 전형적으로 나타나는 바람직하지 못한 경향을 보이고 있다고 비판한다.[45] 퇴행적 연구분야의 가장 두드러진 특징은 이론에 부합하지 않는 경험적 변칙이 발견될 때 이를 임시변통적(ad hoc)으로 처리하여 핵심이론을 보호하고자 하는 경향이다. 그러고도 패러다임의 핵심을 부정하는 것이 아니라 유지, 발전시킨다고 주장하는 것은 더욱 두드러진 패턴이다.

바스케즈에 따르면 월트가 국가들이 힘을 균형하는 것이 아니라 위협을 균형한다는 것을 "발견"하여 위협균형이론을 발전시키고, 나아가 그것이 현실주의 세력균형이론을 발전시켰다고 주장한 것이 한 예다. 크리스텐슨과 스나이더가 무기체계의 공수균형이라는 추가적 가설로 세력균형의 실패를 설명한 것도 임시변통적 도피의 예다. 스웰러가 편승이 균형에 못지 않게 자주 일어나는 것을 발견하고 '이익균형론'을 발전시킨 다음, 자신의 이론이 월트의 이론보다 "더 현실주의적"이라고 주장한 것도 같은 맥락의 좋은 예라고 본다.

이처럼 도발적인 바스케즈의 주장은 많은 반발을 샀다.[46] 실로 그는 주로 자연과학분야를 대상으로 개발된 라카토스(Imre Lakatos)의 과학발전모델을 경험적 검증이 어려운 역사분야에 기계적으로 적용한 측면이 없지 않다. 그리고 이론의 논리와 사례의 자료가 서로 변증법적으로 상호작용하면서 현실세계의 이해를 돕는 사회과학의 일면을 무시한 측면도 있다.

사회과학에서 검증은 항상 불확정적이다. 그러나 오늘의 현실은 사회과학이론으로서 세력균형이론에 결정적인 검증의 기회를 제공하고 있다. 역사상 초유의 단극질서의 안정성과 지속성이 바로 그것이다.

V. 세력균형이론의 검증 (2) : 현재와 미래

1. 세력균형이론과 단극질서의 안정성과 지속성

냉전종식과 더불어 세력균형이론가들은 미국중심의 단극질서의 안정성과 지속성에 대해 회의를 제기하기 시작했다. 바로 앞에서 논의한 세력균형의 논리에 기반해서다.[47] 첫째, 단극의 질서에서 패권국의 존재는 그의도 및 정책과 무관하게 다른 나라에 대해 위협이 된다는 세력균형의 핵심논리를 기반으로 해서 회의를 제기한다. 압도적인 힘은 지속적인 요소이나 패권국의 의도나 정책은 가변적인 요소이기 때문에 안보를 추구하는 다른 나라들은 최악의 상황에 대비하여 자구책을 강구하지 않을 수 없고, 이에 따라 내적·외적 노력을 통해 패권국의 힘을 균형화하려고 노력한다. 즉 이들은 미국의 성공을 본받아 그 내부적 체제를 정비하고(동질화 명제), 다른 나라들과 군사동맹 내지 정책제휴를 통한 정치적 세력의 결집에 나선다는 것이다(균형화 명제). 이에 따라 미국에 비견할 단독 내지 집단적 세력이 등장하고 미국의 압도적 지위는 점차 상실되어 간다는 주장이다.

둘째, 그와 같은 힘 격차의 축소는 패권국이 그 패권적 지위를 유지하기 위해 막대한 비용을 지불함으로써 더욱 촉진된다[48]고 주장한다. 이 비용은 두 가지 요소를 포함한다. 첫째는 패권적 질서를 유지하기 위한 직접적 비용이다. 막대한 군비의 지출, 대외팽창에 따른 정치경제 및 사회문화적 비용 등이 패권국의 국력자원을 잠식한다. 둘째는 패권적 질서에 따른 간접적 비용이다. 패권적 질서를 유지한다는 것은 곧 패권국의 경제적, 기술적, 조직적 비결이 다른 나라로 확산되어 가는 것을 막을 수 없다는 뜻이다. 이로써 패권국의 "비교우위"가 상실되고 다른 국가들의 추격을 허용하게 된다는 것이다.

그러나 이와 같은 주장에 대한 반론도 만만치 않다. 두 가지 견지에서다. 첫째는 세력균형이론에 대한 위협균형이론의 수정이다. 예컨대 머스탄두노(Michael Mastanduno)는 압도적인 힘이 균형화 노력을 불러일으킬 수 있다는 세력균형이론을 수용한다. 그러나 그는 위협균형이론의 입장을 절충하여 지배적인 세력에 대한 균형화가 불가피한 것은 아니라고 주장한다. 국가들은 힘 그 자체가 아니라 위협에 대해 균형화를 시도하기 때문에 지배적인 국가가 타국에 대해 위협이 되지 않고 나아가 우호적으로 행동할 때 균형화 노력을 모면할 수 있다는 것이다. 제2차 세계대전 이후 압도적인 힘을 지녔던 미국이 '호의적 패권국(benign hegemon)'으로 행동한 것이 하나의 방증이다. 나아가 그는 1990년대의 미국 외교정책을 면밀히 검토한 결과, 미국이 국제경제분야에서는 세력균형이론의 처방에 따라 경쟁국들의 **빠른** 성장을 견제하는 한편, 국제안보분야에서는 위협균형이론의 처방에 따라 다른 강대국들의 균형화 노력을 회피하기 위해 상당한 자제를 발휘했다고 주장했다.[49]

둘째는 유례가 없는 미국의 압도적인 힘이다. 대표적으로 월포스(William Wohlforth)는 현재의 단극질서는 세력균형의 기제가 작동했던 근대역사상 초유의 것이라고 주장하며, 근대역사의 경험과 달리 평화적·안정적인 동시에 지속적이라고 주장한다.[50] 단극질서가 안정적인 이유는 두 가지다. 첫째, 현재 미국이 갖고 있는 것과 같은 압도적인 힘은 체계적 차원의 불안요소 중 가장 중요한 강대국간의 패권경쟁을 허용하지 않는다. 그리고 세력균형이론에서 말하는 바와 같이 강대국의 수가 적을수록 불안요인이 적다. 둘째, 패권안정이론에서 말하는 바와 같이 패권적 단극체제는 기능적으로 순조롭게 작동함으로써 새로운 갈등요인의 등장을 제어한다.

그리고 더욱 중요한 것으로 단극체계는 지속적이라는 사실이다. 앞에서 말한 세력균형의 기제가 작동하지 않기 때문이다. 첫째, 패권국인 미국의 힘이 워낙 압도적이기 때문에 그 국력기반은 약화되지 않는다. 1991년, 2003년의 걸프전쟁에서 본 바와 같이 미국은 큰 자원의 소모 없이 전쟁을 승리로 이끌었다. 둘째, 반대동맹을 통한 균형화도 불가능하다. 동어반복적으로 들릴지 몰라도 "단극체계는 균형이 불가능한 체계다. 균형이 가능하면 단극체계가 아니다." 다시 말해 세력균형론자들이 단명한 단극질서의 예로 들고 있는 역사적 사례는 진정한 단극질서가 아니었다는 것이다.[51] 진정한 단극체계에서 패권국의 힘은 너무나 압도적이어서 내적 혹은 외적 균형화를 위한 노력은 현실성이 없다. 게다가 일본이나 독일과 같은 잠재적 도전국들은 냉전기간 중 미국이 구축한 체계 속에서 혜택을 누리고 있기 때문에 균형화에 의지한다고 볼 수 없다.

2. 전망과 평가

단극체계의 안정성과 지속성에 대한 월츠의 회의적 입장은 단호하다. 그에 따르면 균형화를 촉진하는 것은 패권국의 힘만이 아니다. 그 정책도 위협적이 되기 때문에 위협균형이론의 수정도 적용되지 않는다. 패권국은 그 국가이익을 정의함에 있어 타국에 대한 배려를 하지 않는다. 바로 권력의 함정이다. 미국 건국의 아버지들이 그토록 우려하여 견제와 균형의 헌법을 만든 것과 같은 바로 그 권력의 함정이다. 국내정치에서 견제되지 않은 권력이 위험하다면, 국제정치라고 다른가? 좋게 보아도 소련이라는 견제세력이 없어진 이상 미국의 외교는 항상성, 곧 예측가능성을 잃는다. 무정부적 질서에서 각국의 안보를 담보해온 미국의 외교가 예측가능성을 잃을 때 각국은 자구책을 강구하지 않을 수 없다. 곧 균형화가 촉진되는 것이다.[52]

그리고 나름대로의 시나리오도 제시한다. 그에 의하면 미국의 힘에 대한 균형은 동아시아에서 일어난다. 세계 제1의 인구대국인 중국의 급속한 성장이 하나고, 중국의 성장에 위협을 느낀, 그러나 소련의 패망으로 "변덕스러워진" 미국에만 의지할 수 없게 된 일본의 핵무장이 다른 하나다. 그는 역사에서 강대국간의 세력균형 정치는 항상 위험하다는 것을 본다. 다만 다행스러운 것은 21세기의 균형은 핵이라는 절대무기가 존재하는 현실적 맥락에서 일어나기 때문에 전면전은 피할 수 있을 것이라는 점이다.[53]

그러나 월츠는 균형화의 시기와 논리에 대해서는 모호하다. 첫째, 그는 현실주의 이론은 균형화가 "언젠가" 일어날 것이라고는 확실하게 말할 수 있지만, 그 "언젠가"가 언제가 될지를 예측함에 어려움이 있다고 인정한다. 현실주의 이론은 국제체계의 구조가 국가들에 가하는 압력에 관한 것이지, 국가들이 그 압력에 어떻게 대응할 것인가에 관한 것이 아니기 때문이다.[54] 그러면서도 그는 균형화의 조짐이 이미 진행중이라고 보고 앞에서 든 것과 같은 논리와 시나리오를 전개한다.

둘째, 왜 균형이 반드시 일어날 것인가에 대한 월츠의 논리는 모호한 점이 있다. 국제무정부에서 견제되지 않는 힘이 그 의도와 무관하게, 혹은 설사 그 의도가 호의적이더라도 다른 나라에게 위험이 되고, 그에 따라 균형화노력을 촉발한다는 그의 논리는 이론적 일관성이 있다.[55] 그러나 그는 미국의 의도가 호의적이 아닐 가능성, 미국의 행동이 절제와 관용을 잃게 될 가능성을 암시하되 그 논리는 모호하다. 미국의 건국의 아버지들이 우려한 "권력의 함정"을 언급하고, 국내정치가 그렇다면 국제정치도 다를 바가 없다고 암시하는 데 그친다. 그리고 "자연이 진공상태를 싫어하듯이 국제정치는 균형잡히지 않은 힘을 싫어한다"는 식의 비유적 표현을 쓴다.[56] 항상 명쾌한 그답지 않다.

실로 냉전종식 이후 미국외교는 군사적 독단주의와 외교적 일방주의로 특징지어진다. 미국의 외교행태가 오만하다는 지적은 클린턴(Bill Clinton) 행정부 당시에도 있었다.[57] 그러나 특히 부시(George W. Bush) 행정부에 들어와 미국은 그 정책지침과 행위에서 "제국주의적 야망"을 감추고 있지 않다는 것이 중론이다. 미국의 지도자들은 세계의 강대국들이 미국의 힘과 정책을 균형화하는 대신 편승할 것으로 믿는다. "우리편이 아니면 테러리스트 편"이라는 부시 대통령의 말은 그와 같은 생각을 단적으로 표출한다. 테러와의 전쟁과 그를 위한 국제협력의 필요성도 미국의 압도적 힘과 그로 인한 일방주의적 외교행태를 바꾸지 못했다.[58] 부시 행정부가 새로이 채택한 국가안보전략은 미국 위주의 단극질서를 유지하고, 선제공격을 서슴지 않으며, 주권을 포함한 국제제도와, 유엔과 같은 국제기구를 무시한다. 가히 근대 국제질서의 핵심을 이루어온 웨스트팔리아 체제에 대한 도전과 수정을 암시한다.[59]

월츠가 미국이 의도적으로 타국에 위협적인 정책을 펼칠 수 있다는 가능성에 대한 언급을 군이 피한 것은 스웰러가 비판했듯이 그의 현상유지적 편향 때문인지 모른다. 이와 같은 점에서 스웰러와 미어샤이머(John Mearsheimer)는 국가의 행동동기로 생존만을 강조하는 월츠의 현실주의 이론을 방어적(defensive) 현실주의로 부른다. 그리고 국가의 행동동기가 생존만이 아니라, 좁게는 세계제패, 좀더 일반적으로는 권력증진을 포함한다는, 소위 공세적(offensive) 현실주의 이론을 전개한다.[60] 역사상 초유의 강대한 힘과 지위를 누리면서, 그 힘과 지위를 더욱 강화하기 위해 타국에 대해 위협이 되는 정책을 추진하는 미국의 행태는 국가행위의 동인이 권력증진에 있다는 공세적 현실주의가 좀더 잘 설명할 수 있을지 모른다.

그러나 방어적 현실주의든 공세적 현실주의든, 국가가 힘을 절제하지 못한다는 것은 무슨 의미인가? 개인이 아닌 국가들이 힘의 극대화를 추구한다는 것은 무슨 뜻인가? 하나의 제도적 집합체에 불과한 국가가 힘의 극대화를 추구한다는 것은 설사 국제정치학 패러다임의 담론에서 보더라도 지나친 단순화다. 이들의 이론에서 국가는 물화(物化 reify)되고 이론 자체는 몰인격적이고 몰정치적이다. 국가가 생존을 추구한다든가, 권력의 극대화를 추구한다는 주장은 단순히 가정할 것이 아니라 설명해야 한다.

VI. 결론 : 세력균형의 정치이론을 위하여

국가는 정치적 단위이고 그 행위도 정치적이다. 필적할 만한 세력이 없는 국가가 그 힘을 절제하지 못하고, 알게 모르게 타국에 위협이 되는 정책을 펼친다면 그 이유에 대한 설명이야말로 정치학의 핵심적인 연구대상이 되어야 한다. 체계적 차원에서 제약을 받지 않는 국가, 즉 패권국의 행태는 체계차원의 변수로 설명할 수 없다. 결국은 모든 정치행위의 주체인 인간과 그들의 정치적 행위가 펼쳐지는 장이 되는 국가로 돌아가야 한다. 체계적 차원의 반복되는 패턴을 개인이나 국가의 속성이나 행위로 설명한다면 월츠가 지적한 대로 환원론의 오류를 범하는 것이 될 수 있다. 그러나 패권국의 행위를 설명하기 위해 개인이나 국내정치로 돌아간다면 환원론이 아니다.

객관적으로 보아 무서울 것이 없는 패권국의 행위가 공세적이고 타국에 위협적이 되는 이유에 대한 설명의 하나는 모겐소에서 찾을 수 있다. 모겐소는 모든 정치행위의 기본적 동인이 인간의 권력욕에 있다고 보았다. 인간이 지닌 여러 속성 중의 하나는 정치적 인간(homo politicus)으로서의 측면이고, 정치적 인간으로서 인간은 지구의 마지막 인간까지 복속시키지 않으면 충족되지 않는 무한한 권력욕을 가지고 있다. 국내정치에서 그와 같은 권력욕은 여러 가지 제도와 때로 세력간의 견제와 균형에 의해 제어된다. 반면 그러한 장치가 없는 국제정치에서 권력욕은 첨예하게 나타난다. 각국의 정치지도자들의 권력욕이 적나라하게 나타나기 때문만은 아니다. 일반인들도 근대 민족주의의 논리로 대외관계에서의 모국과 자신을 동일시하고 자국의 권력에서 대리만족을 느끼기 때문이다.[61]

미어샤이머의 공세적 현실주의는 모겐소와 달리, 어떤 의미에서 그가 비판한 방어적 현실주의에 오히려 가깝다. 그가 보기에 국가들이 세계적 패권국이 되기 전까지 만족할 줄 모르고 권력의 증진을 꾀하는 것은 무정부적 상황에서 국가들이 겪는 홉스적인 공포와, 그것이 다수 국가에 맞물려 전개되는 안보딜레마 때문이다. 다시 말해 국가들이 좀더 많은 힘을 추구하는 것은 국제적 무정부에서 국가들이 벗어나지 못하는 끊임없는 횡사에의 공포 때문이고, 제국에 가까운 위치를 점한 국가가 그러는 것은 그럴 만한 능력이 있기 때문이다.[62]

그럼에도 불구하고 국가가 공포의 주체가 되는 것은 여전히 문제가 있다. 패권국의 국민들이 두려움을 느끼고, 그러한 두려움이 국내정치적 과정을 통해 대외적 행위로 나가는 동기와 과정에 대한 설명이 필요하다. 이 점에서 하나의 실마리는 스나이더가 제공한다. 그에 따르면 제국의 국민들은 바로 그들의 제국적 위치로 인해 더욱 큰 불안을 느끼며, 대외팽창을 통한 안보라는 신화에 빠지게 된다고 한다.[63]

요컨대, 월츠의 구조적 현실주의와 세력균형이론은 그 간단명료함

(parsimony)과 강력한 설명력(power)으로 국제정치이론의 과학성을 한 단계 높였다고 평가할 수 있다. 그러나 그의 이론적 노력은 몇 가지 점에서 불완전하고 무리가 있다고 보인다. 첫째, 체계적 혹은 거시적 차원에서 국제무정부라는 구조적 제약에서 복수의 개별국가들의 행위가 맞물리면서 특정국가의 의도와는 무관한 결과, 혹은 행위패턴이 도출될 수 있는 논리와 과정에 대한 설명이 좀더 필요하다. 이를 설명하기 위한 하나의 미시이론으로 주장한 그의 균형화가설은 미시적 차원에서 개별국가들이 균형을 추구하든 편승을 추구하든 거시적 차원에서는 균형이 나타난다는 세력균형의 명제와 모순되고, 앞에서 본 바와 같이 역사적 경험과 배치되는 점이 크다.

둘째, 미시적 차원, 즉 개별국가 차원에서의 선택에 대한 좀더 정치적인 설명이 필요하다. 앞에서 본 바와 같이 월츠는 국가들이 균형을 추구하는 이유로 생존에의 욕구를 들고 있다. 그러나 (그 스스로 인정하듯이) 균형을 추구하는 이유는 생존만이 아니라 권력행사적 고려도 있다. 또 역사적으로 보아 생존을 추구하는 국가들이 반드시 균형을 추구하는 것만도 아니다. 때로 상황을 외면하거나 편승을 추구하는 것도 생존을 노리는 국가들의 선택지에 속한다. 최근의 많은 연구가 동맹의 선택에서 반드시 균형대 편승의 전략적 고려뿐만 아니라 국내정치적 고려가 큰 부분을 차지한다는 것을 보여주고 있다.[64] 그와 같은 고려는 정치과정의 핵심인 동시에 정치학의 핵심적인 분석대상이다. 그것에 관한 논쟁이 살아 있는 한 이를 단지 가정으로 치부하고 넘어가는 것은 무리이다.

이 글의 서두에서 세력균형이론이 국제정치학에서 두드러진 정치이론(distinctively political theory)이라는 월츠의 말을 인용했다. 유감스럽게도 월츠의 세력균형이론은 과학적 덕성으로서 간단명료함을 추구한 결과 몰인격적이고 몰정치적인 이론이 되었다. 그래서 과학으로서 정치학을 공부하더라도 그 대상이 인간임을 잊어서는 안 된다.

| 미주 |

1) Kenneth N. Waltz, *Theory of International Politics* (Reading, Mass.: Addison-Wesley, 1979), p. 117. 이 책의 국역서는 박건영 역, 『국제정치이론』(서울: 사회평론, 2000) 참조.

2) 뒤베르제의 법칙(Duverger's Law)에 대해서는 William H. Riker, "The Two-Party System and Duverger's Law: An Essay on the History of Political Science," *American Political Science Review*, vol. 76, no. 4 (Dec. 1982), pp. 753-766 참조. 세력균형의 과학적 법칙성에 대한 최초의 언급은 18세기 영국철학자 흄(David Hume, 1711~1776)에게서 찾을 수 있다. David Hume, "Of the Balance of Power," in David Hume, *Theory of Politics*, edited by Frederick Watkins (New York: Nelson and Sons, 1951), pp. 185-193.

3) Hans J. Morgenthau, *Politics Among Nations: The Struggle for Power and Peace*, 5th. ed. (New York: Alfred A. Knopf, 1973). 이 책의 초판은 1948년에 출간되었다.

4) Ernst B. Haas, "The Balance of Power: Prescription, Concept, or Propaganda?," *World Politics*, vol. 5, no. 4 (July 1953), pp. 442-477; Inis L. Claude, Jr., *Power and International Relations* (New York: Random House, 1962); Martin Wight, "The Balance of Power," in H. Butterfield, and M. Wight (eds.), *Diplomatic Investigations* (London: George Allen and Unwin, 1966).

5) Kenneth N. Waltz, 앞의 책; Kenneth N. Waltz, *Man, the State and War: A Theoretical Analysis* (New York: Columbia University, 1959), pp. 198-210 참조.

6) 보다 일반적으로 월츠의 1979년 저작은 국제정치의 체계이론을 개발하는 데 주력하고 있고, 특히 국제정치구조의 무정부적 성격을 강조한다. 그의 이와 같은 이론은 개인의 권력욕에 주목하는 초기 현실주의 이론과 다른 바가 있기 때문에 월츠 본인은 구조적 현실주의(structural realism)로, 일반적으로는 신현실주의(neorealism)로 부른다. Robert O. Keohane (eds.), *Neorealism and Its Critics* (New York: Comubia University Press, 1986). 일반론으로서 현실주의, 혹은 신현실주의는 엄밀한 이론이라기보다는 하나의 시각 혹은 세계관에 가까운 것으로 토마스 쿤이 말한 패러다임(paradigm)과 유사하다. 월츠가 말하는 세력균형 '이론'은 (신)현실주의 패러다임 속에 존재하는 하나의 이론이라고 할 만하다. Thomas S. Kuhn, *The Structure of Scientific Revolution* (Chicago: University of Chicago Press, 1960).

7) 예컨대 Richard Ned Lebow, "The Long Peace, the End of the Cold War, and the Failure of Realism," *International Organization*, vol. 48, no. 2 (Spring 1994), pp. 249-277; Lebow and Thomas Risse-Kappen (eds.), *International Relations Theory and the End of the Cold War* (New York: Columbia University Press, 1995) 참조. 자유주의 국제정치이론에 대한 소개로는 Joseph S. Nye, Jr., "Neorealism and Neoliberalism," *World Politics*, vol. 40, no. 2 (Jan. 1988), pp. 235-251; David A. Baldwin (eds.), *Neorealism and Neoliberalism: the Contemporary Debate* (New York: Columbia University Press, 1993) 참조. 자유주의 국제정치이론은 민주주의, 국제무역, 국제제도 및 기구 등이 지닌 평화함양 효과를 강조한다. 이와 관련한 대표적 연구는 Bruce Russett, and John Oneal, *Triangulating Peace: Democracy, Interdependence, and International Organizations* (New York: Norton, 2001) 참조. 이에 대한 현실주의자 월츠의 반론은 Kenneth N. Waltz, "Structural Realism after the Cold War," *International Security*, vol. 25, no. 1 (Summer 2000), pp. 5-41 참조.

8) John A. Vasquez, "The Realist Paradigm and Degenerative versus Progressive Research Programs: An Appraisal of Neotraditional Research on Waltz's Balancing Proposition," *American Political Science Review*, vol. 91, no. 4, (December 1997), pp. 899-912; Jeffrey W. Legro, and Andrew Moravcsik, "Is Anybody Still a Realist?" *International Security*, vol. 24, no. 2 (Fall 1999), pp. 5-55. 바스케즈의 주장에 대한 반론은 Kenneth N. Waltz, "Evaluating Theories," *American Political Science Review*, vol. 91, no. 4 (December 1997); Thomas J. Christenson, and Jack Snyder, "Progressive Research on Degenerate Alliances," 위의 책; Colin Elman, and Miriam F. Elman, "Lakatos and Neorealism: A Reply to Vasquez," 위의 책; Randall L. Schweller, "New Realist Research on Alliances: Refining, Not Refuting, Waltz's Balancing Proposition," 위의 책; Stephen M. Walt, "The Progressive Power of Realism," 위의 책 참조. 레그로와 모라브칙의 주장을 둘러싼 논쟁은 Peter D. Feaver, et al., "Correspondence: Brother, Can You Spare a Paradigm? (Or Was Anybody Ever a Realist?)" *International Security*, vol. 25, no. 1 (Summer 2000), pp. 165-193 참조.

9) 대표적 예로 Charles Krautmamer, "The Unipolar Moment," *Foreign Affairs*, vol. 70, no. 1 (Winter 1990/1991), pp. 23-33; Christopher Layne, "The Unipolar Illusion: Why New Great Powers Will Rise," *International Security*, vol. 17, no. 4 (Spring 1993), pp. 5-51; Kenneth N. Waltz, "The Emerging Structure of International Politics," *International Security*, vol. 18, no. 2 (Autumn 1993), pp. 44-79; Kenneth N. Waltz, "Structural Realism After the Cold War," 앞의 책; John J. Mearsheimer, *The Tragedy of Great Power Politics* (New York: Norton, 2001); Charles A. Kupchan, "After Pax-Americana: Benign Power,

Regional Integration, and the Sources of Stable Multipolarity," *International Security*, vol. 23, no. 3 (Fall 1998), pp. 40-79; Charles A. Kupchan, *The End of the American Era: U.S. Foreign Policy and the Geopolitics of the Twenty-First Century* (New York: Knopf, 2002) 참조.

10) William C. Wohlforth, "The Stability of a Unipolar World," *International Security*, vol. 24, no. 1 (Summer 1999), pp. 3-41.

11) Michael Mastanduno, "Preserving the Unipolar Moment: Realist Theories and U.S. Grand Strategy after the Cold War," *International Security*, vol. 21, no. 4 (Spring 1997), pp. 49-88; Ethan B. Kapstein, and Michael Mastanduno (eds.), *Unipolar Politics: Realism and State Strategies After the Cold War* (New York: Columbia University Press, 1999).

12) "세력균형은 국제정치에서 실천이 이론을 앞선 좋은 예다. 국가지도자들은 그들 스스로 그리고 외교관들이 그 규칙을 형성하기 전부터, 그리고 사상가들이 그 규칙을 분석하고 묘사하기 위한 개념을 만들기 더 오래 전부터 세력균형을 실천해왔다." Martin Wight, "The Balance of Power and International Order," in Alan James (eds.), *The Bases of International Order* (London: Oxford University Press, 1973), p. 86.

13) Herbert Butterfield, "The Balance of Power," in Herbert Butterfield, and Martin Wight (eds.), *Diplomatic Investigations* (London: George Allen and Unwin, 1966), pp. 132-148. 세력균형 논리의 역사적 전개에 대해서는 또한 Martin Wight "The Balance of Power and International Order," 위의 책 참조.

14) Herbert Butterfield, 위의 글, p. 140.

15) Alfred Vagts, and Detlev F. Vagts, "The Balance of Power in International Law: A History of an Idea," *American Journal of International Law*, vol. 73, no. 4 (Oct. 1979), pp. 555-580.

16) Herbert Butterfield, 위의 글, p. 142.

17) 세력균형을 명분으로 한 다양한 행위패턴에 대해서는 Hans J. Morgenthau, 앞의 책, pp. 178-197 참조.

18) 1879년 러시아는 터키와의 전쟁을 이겨 산 스테파노(San Stefano) 조약으로 발칸반도에서 세력을 확장했다. 영국과 오스트리아가 세력균형의 파괴를 이유로 이에 반대했고 '정직한 중재자'를 자임한 비스마르크가 베를린 회의를 개최했다. 그 결과 러시아는 전쟁으로 얻은 영토의 상당부분을 포기했고 대신 오스트리아가 불로소득을 얻었다. 1895년 삼국간섭의 경우, 청일전쟁에서 승리한 일본이 시모노세키 조약을 통해 중국으로부터 영토와 이권을 획득하자 러시아, 독일, 프랑스가 세력균형의 명분을 내세워 일본이 차지한 이권을 가로채고, 또 중국에 추가적인 영토할양을 요구했다.

19)　Inis L. Claude J, 위의 책.

20)　하아스는 여덟 가지, 와이트는 아홉 가지의 의미를 정리한다. 크게 세 가지로 나눈 것은
　　클로드를 따른 것이다. Ernst B. Haas, "The Balance of Power," 위의 책; Martin Wight,
　　"The Balance of Power," in Herbert Butterfield, and Martin Wight (eds.), *Diplomatic
　　Investigations* (London: George Allen and Unwin, 1966); Inis L. Claude, Jr., 앞의 책, pp.
　　13-25.

21)　Inis L. Claude, Jr., 위의 책, pp. 43-51.

22)　위의 책, p. 51. 그러나 '자동식 세력균형'과 '수동식 세력균형'은 세력균형이론가들간의
　　가장 큰 차이점이 되고 있다. 월츠는 전자를, 모겐소는 후자를 주장한다. 이 점에 대해서는
　　또한 Robert Jervis, *System Effects: Complexity in Political and Social Life* (Princeton:
　　Princeton University Press, 1997), pp. 131-139 참조.

23)　사회체계의 균형과 인체의 균형의 비유는 모겐소에서 따온 것이다. Morgenthau, 앞의 책, p.
　　168.

24)　Hans J. Morgenthau, *In Defense of National Interests: A Critical Examination of Ameri-
　　can Foreign Policy* (New York: Alfred A. Knopf, 1951), p. 144; Hans J. Morgenthau, 앞의
　　책, p. 202.

25)　David Hume, 앞의 글.

26)　특히 Ernst B. Haas, 앞의 글 및 Inis L. Claude, Jr., 앞의 책 참조.

27)　Kenneth N. Waltz, *Theory of International Politics*, pp. 6, 117-118.

28)　위의 책, pp. 118-121.

29)　위의 책, p. 118.

30)　위의 책, pp. 127-128.

31)　위의 책, pp. 126-127.

32)　Stephen M. Walt, "Alliance Formation and the Balance of World Power," *International
　　Security*, vol. 9, no. 4 (Spring 1985), pp. 5-6.

33)　Stephen M. Walt, 위의 글, p. 6; Kenneth N. Waltz, 앞의 책, p. 127. 월츠의 정확한 표현은
　　약자와 동맹을 맺을 경우 "더 안전하고 더 큰 인정을 받기 때문(safer and more appreciat-
　　ed)"이라는 것이다. 스웰러가 약자와 동맹을 맺어 더욱 안전하다는 것은 참으로 이상하다고
　　했듯이 이 말은 오해의 여지가 있기 때문에 부연설명이 필요하다. 현실주의의 전제에서 타국
　　—현재 동맹국이든 적국이든—은 모두 잠재적 적국이며 권력정치의 대상이다. 강자에
　　편승할 경우 비동맹국들에 상대적으로 큰 힘을 누릴 수 있으나, 동맹국에 대해서는 취약해
　　진다. 약자와 동맹하여 강자를 균형할 경우 비동맹국에 대해 행사하는 힘은 적으나, 동맹국
　　으로부터는 상대적으로 안전하다. 안전 · 안보를 우선시하는 국가는 균형을 택한다.

34) 이 점은 국제정치뿐만 아니라 국내정치 혹은 일반 사회관계에서도 나타나는 현상이다. 내각제 국가에서 연립정부를 수립할 경우 최소승리연합이 나타나는 현상이 전자의 예고, 삼인의 관계에서 상대적으로 약한 2인이 상대적으로 강한 1인에 대해 제휴를 맺는다는 실험의 결과가 후자의 예다. William H. Riker, *The Theory of Political Coalitions* (New Haven: Yale University Press, 1962); Theodore Caplow, *Two Against One: Coalitions in Triads* (Englewood Cliffs, N.J.: Prentice-Hall, 1962).

35) Kenneth N. Waltz, 앞의 책, pp. 67, 164-169.

36) Thomas J. Christensen, and Jack Snyder, "Chain Gangs and Passed Bucks: Predicting Alliance Patterns in Multipolarity," *International Organization*, vol. 44, no. 2 (Spring 1990), pp. 137-168.

37) Robert Jervis, "Cooperation Under Security Dilemma," *World Politics*, vol. 30, no. 2 (Jan. 1978), pp. 167-214.

38) Stephen M. Walt, 앞의 글.

39) Randall L. Schweller, "Bandwagoning for Profit: Bringing the Revisionist State Back In," *International Security*, vol. 19, no. 1 (Summer 1994), pp. 72-107.

40) Paul W. Schroeder, "Historical Reality vs. Neo-realist Theory," *International Security*, vol. 19, no. 1 (Summer 19984), pp.108-148.

41) 위의 글, p. 117.

42) Stephen M. Walt, 앞의 글; Stephen M. Walt, *Origins of Alliances*.

43) 안보위협의 다양한 형태와 근원에 대해서는 Barry Buzan, *People, States and Fear: An Agenda for International Security Studies in the Post-Cold War Era*, 2nd ed. (Boulder, CO: Lynne Rienner, 1991), chs. 2-3 참조. 이 책의 국역서는 김태현 역, 『세계화시대의 국가안보』 (서울: 나남, 1995) 참조.

44) John A. Vasquez, 앞의 글, p. 903.

45) 과학철학자들은 이론에 부합하는 사례가 이론을 입증하지 못하듯이, 부합하지 않는 사례가 이론을 반증하지도 못한다는 것을 인정한다. 라카토스는 학문분야의 진보가 반드시 객관적이고 합리적인 기준에 따른 이론의 평가와 취사선택을 통해 일어나는 것이 아니라 학문세계의 관행과 관련이 있다는 쿤의 지식사회학적 성찰을 수용하면서도 연구프로그램이 전향적(progressiveness)인가, 퇴행적(degenerating)인가를 통해 좀더 합리적인 평가가 가능하다고 주장한다. Imre Lakatos, "Falsification and the Methodology of Scientific Research Programmes," in Imre Lakatos, and Alan Musgrave (eds.), *Criticism and the Growth of Knowledge* (Cambridge: Cambridge University Press, 1970) 참조; Thomas S. Kuhn, *The Structure of Scientific Revolutions* (Chicago: University of Chicago Press,

1970).

46) 각주 8번에 인용된 문헌 참조.

47) 대표적으로 Christopher Layne, 앞의 글; Kenneth N. Waltz, "The Emerging Structure of International Politics," 앞의 책.

48) Christopher Layne, 앞의 글, pp. 10-11. 이 점과 관련해서는 특히 Robert Gilpin, *War and Change in World Politics* (Cambridge: Cambridge University Press, 1981) 참조.

49) Michael Mastanduno, 앞의 글.

50) William C. Wohlforth, 앞의 글.

51) 위의 글, p. 29. 비슷한 입장으로 Ethan B. Kapstein, "Does Unipolarity Have a Future?" in Ethan B. Kapstein, and Michael Mastanduno (eds.), *Unipolar Politics: Realism and State Strategies After the Cold War* (New York: Columbia University Press, 1999) 참조.

52) Kenneth N. Waltz, "Structural Realism after the Cold War," 앞의 책.

53) 위의 글, pp. 32-41.

54) 위의 글, p. 27.

55) 즉 "설사 지배국이 절제와 자제, 그리고 관용을 가지고 행동을 한다고 하더라도, 약한 나라들은 그 미래의 행동에 대해 걱정한다.……미국은 호의적 의도를 가지고도 지금까지, 그리고 앞으로도 그 힘이 균형될 때까지, 때로 다른 나라들을 두려움에 떨게 할 방식으로 행동해왔고 또 그럴 것이다." Kenneth N. Waltz, 앞의 글, p. 26.

56) Waltz, 위의 글, p. 28.

57) 예로 Garry Wills, "Bully of the Free World," *Foreign Affairs*, vol. 78, no. 2 (March/April 1999) 참조.

58) Michael Hirsh, "Bush and the World," *Foreign Affairs*, vol. 81, no. 5, (September/October 2002), pp. 18-43; Steve E. Miller, "The End of Unilateralism or Unilateralism Redux?," *The Washington Quarterly*, vol. 25, no. 1 (Winter 2002), pp. 15-29.

59) The White House, *The National Security Strategy of the United States of America* (September 2002); G. John Ikenberry, "America's Imperial Ambition," *Foreign Affairs*, vol. 81, no. 5 (September/October 2002), pp. 44-60

60) 공세적 현실주의에 대해서는 John J. Mearsheimer, 앞의 책, pp. 4-8, 17-22 참조.

61) Hans J. Morgenthau, 앞의 책, pp. 3, 5, ch. 8. 인간의 정치적 본성에 대해서는 Hans J. Morgenthau, *Scientific Man vs. Power Politics* (Chicago: University of Chicago Press, 1946) 참조.

62) 안보딜레마에 관해서는 John H. Herz, "Idealist Internationalism and the Security Dilemma," *World Politics*, vol. 2, no. 2 (Jan. 1950), pp. 157-180 참조; 홉스적인 공포(Hobbe-

sian fear)는 역사가 버터필드가 쓴 용어로 Herbert Butterfield, *History Human Relations* (New York: MacMillan, 1952) 참조.

63) Jack L. Snyder, *Myths of Empire: Domestic Politics and International Ambition* (Ithaca, N.Y.: Cornell University Press, 1991).

64) Deborah Larson, "Bandwagoning Images in American Foreign Policy: Myth or Reality?" in Robert Jervis, and Jack Snyder (eds.), Dominoes and Bangwagons (New York: Columbia University Press, 1991); Richard Rosecrance, and Arthur Stein (eds.), *Domestic Bases of Grand Strategy* (Ithaca, NY: Cornell University Press, 1993).

| 참고문헌 |

- Butterfield, Herbert. "The Balance of Power." in Herbert Butterfield, and Martin Wight (eds.). *Diplomatic Investigations.* (London: George Allen and Unwin, 1966).
- Christensen, Thomas J., and Jack Snyder. "Chain Gangs and Passed Bucks: Predicting Alliance Patterns in Multipolarity." *International Organization*, vol. 44, no. 2, Spring 1990.
- Claude, Inis L., Jr. *Power and International Relations.* (New York: Random House, 1962).
- Gilpin, Robert. *War and Change in World Politics.* (Cambridge: Cambridge University Press, 1981).
- Haas, Ernst B. "The Balance of Power: Prescription, Concept, or Propaganda?" *World Politics*, vol. 5, no. 4, July 1953.
- Morgenthau, Hans J. *In Defense of National Interests: A Critical Examination of American Foreign Policy.* (New York: Alfred A. Knopf, 1951).
- Kapstein, Ethan B., and Michael Mastanduno (eds.). *Unipolar Politics: Realism and State Strategies After the Cold War.* (New York: Columbia University Press, 1999).
- Kupchan, Charles A. *The End of the American Era: U.S. Foreign Policy and the Geopolitics of the Twenty-First Century.* (New York: Knopf, 2002).
- Kupchan, Charles A. "After Pax-Americana: Benign Power, Regional Integration, and the Sources of Stable Multipolarity." *International Security*, vol. 23, no. 3, Fall 1998.
- Layne, Christopher. "The Unipolar Illusion: Why New Great Powers Will Rise." *International Security.* vol. 17, no. 4, Spring 1993.
- Legro, Jeffrey W., and Andrew Moravcsik. "Is Anybody Still a Realist?" *International Security*, vol. 24, no. 2, Fall 1999.
- Mastanduno, Michael. "Preserving the Unipolar Moment: Realist Theories and U.S. Grand Strategy after the Cold War." *International Security*, vol. 21, no. 4, Spring 1997.
- Mearsheimer, John J. *The Tragedy of Great Power Politics.* New York: Norton, 2001.
- Morgenthau, Hans J.(1948/73). *Politics Among Nations: The Struggle for Power and Peace.* 5th ed. (New York: Alfred A. Knopf, 1973).
- Richard Ned Lebow. "The Long Peace, the End of the Cold War, and the Failure of Realism."

International Organization, vol. 48, no. 2, Spring 1994.

- Schroeder, Paul W. "Historical Reality vs. Neo-realist Theory." *International Security*, vol. 19, no. 1, Summer 1994.

- Schweller, Randall L. "Bandwagoning for Profit: Bringing the Revisionist State Back In." *International Security*, vol. 19, no. 1, Summer 1994.

- Vasquez, John A. "The Realist Paradigm and Degenerative versus Progressive Research Programs: An Appraisal of Neotraditional Research on Waltz's Balancing Proposition." *American Political Science Review*, vol. 91, no. 4, December 1997.

- Walt, Stephen M. "Alliance Formation and the Balance of World Power." *International Security*, vol. 9, no. 4, Spring 1985.

- Waltz, Kenneth N. *Theory of International Politics*. Reading, Mass.: Addison-Wesley, 1979.

- Waltz, Kenneth N. *Man, the State and War: A Theoretical Analysis*. (New York: Columbia University, 1959).

- Waltz, Kenneth N. "Structural Realism after the Cold War." *International Security*, vol. 25, no. 1, Summer 2000.

- Waltz, Kenneth N. "The Emerging Structure of International Politics." *International Security*, vol. 18, no. 2, Autumn 1993.

- Wight, Martin. "The Balance of Power," in H. Butterfield, and M. Wight (eds.). *Diplomatic Investigations*. (London: George Allen and Unwin, 1966).

- Wight, Martin. "The Balance of Power and International Order." in Alan James (eds.). *The Bases of International Order*. (London: Oxford University Press, 1973).

- Wohlforth, William C. "The Stability of a Unipolar World." *International Security*, vol. 24, no. 1, Summer 1999.

| 문헌해제 |

본문에서 보았듯이, 세력균형이란 용어는 매우 여러 가지 의미로 쓰이고 있다. 본문에서는 이를 크게 두 가지로 정리한다. 하나는 특히 18세기 이래 유럽국가들이 대외정책에서 따른 하나의 정책원칙이자 그에서 비롯된 관행이다. 다른 하나는 그러한 관행의 결과, 혹은 그와 같은 관행과는 무관하게 세계정부가 없다는 의미의 국제무정부 상태에서 국가들이 서로 생존 및 지배복종관계를 다룬 결과 체계적 차원에서 나타나는 하나의 법칙과 같이 반복해서 나타나는 현상이다. 세력균형이론은 후자의 의미에서의 법칙과 같은 패턴을 설명하고자 하는 이론이다. 그리고 필자가 보기에 심지어 월츠조차 이와 같은 의미의 세력균형이론을 정립하는 데 크게 성공한 것 같지는 않다. 따라서 세력균형은 국제정치의 핵심현상의 하나이면서도 그 실체에 대해서 논란의 여지가 있고, 그 이론의 위상에 대해서도 이론의 여지를 남기고 있는 것이 현실이다. 이 이론에 이론적 관심이 큰 독자는 물론 모겐소와 월츠의 저작에서 출발해야 한다. 그러나 본문에서 다룬 것을 조금 더 공부하고 싶은 독자는 다음의 세 가지를 참고하기 바란다.

■ Inis L.Claude, Jr., *Power and International Relations* (New York: Random House, 1962): 이 책은 모겐소에 대한 반발로 씌어진 것이다. 세력균형의 역사적 현상과 역대 이론가들의 저술을 비교적 쉽게 소개하고 또 비판하고 있다. 영어 자체도 비교적 쉽기 때문에 학부 고학년 혹은 석사과정 대학원생들에게 도움이 될 것으로 본다.

■ Robert Jervis, *System Effects: Complexity in Political and Social Life* (Princeton: Princeton University Press, 1997): 세력균형이론은 세력균형의 현상을 체계적 차원에서 다수의 행위자들이 상호작용할 때 개별국가들의 의지와는 무관하게 반복되어 나타나는 현상으로 인식함으로써 출발한다. 이 책은 정치, 특히 국제정치현상을 그와 같은 입장에서 접근하고 있으며, 131~139쪽에 세력균형의 현상이 잘 요약, 정리되어 있다. 저자의 영어는 비교적 어려운 편에 속하나, 이 부분은 분량이 많지 않기 때문에 정독하면 크게 도움이 될 것으로 보인다.

■ Christophe Layne, "The Unipolar Illusion: Why New Great Powers Will Rise," *International al Security*, vol. 17, no. 4(Spring 1993), pp. 5-51: 본문에 소개하였듯이 세력균형이론은 냉전종식 이후 미국중심 단극질서의 안정성과 지속성이라는 문제와 관련하여 결정적인 검증의 기회를

맞이하고 있다. 이 논문의 세력균형이론의 논리에 기반하여 단극질서의 지속성을 부정하는 대표적 논문으로 본문에 세력균형의 논리가 매우 명쾌하게 정리되어 있다.

세력전이이론

김 우 상

I. 이론의 등장 배경

세력전이이론(power transition theory)은 국제체제내 국가들간의 국력 성장속도의 차이로 발생하는 국제관계의 역동적인 변화를 설명하는 대표적인 국제관계이론이다. 21세기 동아시아의 안보질서와 한반도 주변 안보환경의 변화 가능성을 이해하고 예측하는 데도 필수적인 이론이다. 세력전이이론은 최근까지만 해도 국내학계에서는 별로 소개가 되지 않은 관계로 세력균형이론(balance of power theory)에 비해 다소 생소하게 느껴지지만, 21세기 한국의 외교·안보전략을 개발하기 위해서도 반드시 숙지해야 할 필요가 있다.

국제관계이론이 개발된 이래로 가장 오랫동안, 그리고 가장 널리 알려진 이론은 세력균형이론이다. 예로부터 국가 지도자들은 세계적으로나 지역적으로 일어나는 분쟁 위기에 대처하기 위해서 세력균형정책을 추진했다. 세력균형정책으로 체제내의 질서를 뒤흔드는 전쟁들을 미연에 방지하지 못했을 때는, 전쟁 종결시 평화협상에서 세력균형의 원칙을 적용시키려고 노력했다. 예를 들어, 19세기 초 유럽의 질서를 재편했던 나폴레옹전쟁을 종결하는 빈 회의(Congress of Vienna)에서도 영국, 오스트리아를 위시한 전승국들은 유럽을 세력균형 원칙을 바탕으로 '전쟁 이전의 현상유지(status quo ante bellum)' 상태로 돌이키려고 노력했다. 이러한 세력균형 개념은 정책결정자들이나 외교사, 동맹사, 전쟁사를 주로 연구하는 역사가들에 의해서만 신봉된 것이 아니었다. 이들뿐 아니라 일반 언론인, 지식인들도 외교정책의 근본으로 세력균형 정책을 아무런 거부반응 없이 받아들여 왔다. 국제정치와 외교정책을 연구하는 많은 학자들 역시 국가간의 전쟁원인을 설명하는 데 세력균형 개념을 사용하거나, 체제 안정을 위한 처방으로 세력균형 정책을 제시해 왔다.

그러나 세력균형이론은 국가들간의 국력의 변화와 그에 따른 국제체제의 변화, 국가들간의 분쟁 가능성을 설명하지 못하고 있다. 예를 들어, 냉전종식 이후 구소련의 급격한 쇠퇴로 미국은 상대적 국력의 우위를 확보했고, 그 결과 미국과 러시아간의 세력균형은 깨어졌다. 세력균형이론에 의하면, 두 국가간의 세력균형이 깨어졌기 때문에 힘의 우위에 있는 미국이 러시아를 공략했어야 했다. 그러나, 사실상 두 국가간의 전쟁은 일어나지 않았으며, 가까운 장래에 양국간에 전쟁이 발발할 가능성 역시 거의 없어 보인다. 미국은 러시아와의 관계 재정립을 통해 러시아로 하여금 미국주도의 패권질서를 지지하도록 유인하는 포용정책을 추진하고 있다. 세력균형이론으로는 이러한 탈냉전 이후 미국과 러시아간의 외교적 관계의 변화를 설명하기 어렵다.

세력균형이론의 핵심 가설(hypothesis)은 기본적으로 현실주의 관점의 전제(assumption)들에 근거를 두고 있다. 즉, 국제체제 속에서 국가가 가장 중요한 행위자이고, 국가는 단일체적 행위자(unitary actor)이고 합리적(rational)으로 행동하며 기본적으로 국력의 증대를 추구한다는 것이다.[1] 그리고 국력증대 수단 중 가장 보편적이고 편리한 방법은 타국과 동맹을 맺는 것이며, 궁극적으로는 전쟁의 승리를 통해서 영토를 확장하거나 전리품을 획득함으로써 국력을 증대시킨다고 가정한다. 또한, 세력균형이론의 기저에는 국가는 위험부담을 꺼려하는 경향이 있다는 가정이 깔려 있다.[2]

이러한 가정들을 바탕으로 세력균형이론은 몇 가지 가설들을 도출해 낸다. 가장 대표적인 세력균형 가설로는 체제내의 국력분포가 고르게 되어 있을 경우 체제내 안정이 가장 잘 유지된다는 것이다. 예를 들어, 힘이 비슷한 두 경쟁세력간에는 전쟁이 쉽사리 일어나지 않는다는 것이다. 어느 한 쪽도 쉽게 전쟁에서 승리하여 국력 증대 목적을 달성하기에 충분한 국력의 우위를 확보하지 못하기 때문이다. 이와 연관된 가설로는 세력균형이 깨어질 때, 힘의 우위에 있는 세력이 상대적으로 약한 국가를 침공한다는 것이다. 또한, 동맹의 수명이 그리 길지 못하다는 것도 중요한 가설 중 하나다. 영원한 적이나 우방이란 존재하지 않고 필요에 따라서 언제든지 동맹관계는 바뀔 수 있다는 것이다.

논리적으로 볼 때, 이러한 세력균형 가설들은 별 문제가 없어 보인다. 그러나, 세력균형 가설들 중 논리의 일관성이 결여된 가설을 한 가지 들어 보자. 대표적인 세력균형이론가인 모겐소(Hans Morgenthau)는 국제체제에서 국력이 가장 강한 국가가 '균형자(balancer)'의 역할을 담당한다는 주장을 펼친다. 체제내 국가들간의 세력이 비슷하게 분포되어 있을 때는 체제적 안정이 유지되지만, 한 쪽 세력이 상대 세력보다 우위에 있어서 세력균형 상태가 깨어지려고 할 때에는 '균형자'의 역할을 담당한 초강대국이 세력이 약한 쪽으로 합세함으로써 세력균형 상태가 깨어지는 것을 방지하여 체제안정을 꾀한다는 것이다. 그 예로서, 모겐소는 19세기 유럽체제에서 영국이 "위대한 고립주의"를 주창하며 균형자의 역할을 담당했다고 주장한다.[3] 이러한 주장은 세력균형이론이 근거로 하는 가정과 논리적으로 모순이 된다고 할 수 있다. 국가는 가능한 한 국력의 증대를 추구한다는 가정과 체제내에서 가장 강력한 국가인 '균형자'는 자신의 국력을 증대하는 것보다는 체제의 현상유지를 추구한다는 가설은 상반되는 것이라고 할 수 있다. 다시 말해, 세력균형이론은 논리의 전개에 있어 일관적이지 못하다는 지적을 받을 소지가 있다.[4]

세력균형이론의 가정들 중 새로운 동맹관계 구축이 국력을 증대시키는 가장 좋은 방법이라는 가정 역시 탐탁치 않다. 그리고, 세력균형이라는 개념 자체도 애매모호하다. 세력균형이라는 개념은 한 체제내 국가들간의 국력이 고르게 분포되어 있는 상황을 지칭하기도 하고, 체제의 안정 그 자체를 지칭하기도 한다. 또한, 세력균형은 체제를 서술할 때나 외교정책을 서술할 때, 체제내의 특정한 국력 분포 그 자체를 서술할 때에도 사용된다. 언스트 하아스(Ernst B. Haas)는 세력균형이라는 의미가 최소한 여덟 가지의 의미로 사용되었다고 한다. 즉, 세력균형이란 국력의 분포 형태, 균형 또는 균형과정, 패권 또는 패권의 추구, 국가들간의 제휴에서의 안정과 평화, 불안정과 전쟁, 힘의 정치(power politics), 역사의 일반화된 법칙, 체제 그 자체와 정책결정자들을 위한 가이드 등의 의미로 다양하게 사용되어 왔다는 것이다.[5]

세력균형이론을 제일 먼저 비판하고 세력전이이론의 기본적 틀을 정립한 학자는 케네스 오르갠스키(A. F. K. Organski)다. 그는 1958년에 출간한 저서 『국제정치(World Politics)』에서 세력균형이론의 가정들 중 동맹형성을 통한 국력증대라는 가정이 지나치게 비현실적이라고 지적한다.[6] 오르갠스키에 의하면, 산업화 이전의 시대에는 대부분의 국가들이 농업경제를 바탕으로 성장했기 때문에 국가들간의 상대적 국력의 변동은 쉽게 찾아볼 수가 없었다. 이러한 정적인(static) 체제에서는 단기간에 국력을 증대시키기 위해 주변 국가들과 동맹을 맺는다든지, 경쟁국가의 기존 동맹관계를 와해시킴으로써 상대적인 국력의 증대를 꾀했다고 볼 수 있다. 그러므로, 세력균형이론은 산업화 이전의 국제정치와 체제내 주요 행위자들간의 전쟁 원인 등을 설명하는 데는 무리가 없는 이론이라고 오르갠스키는 평가한다. 그러나, 산업혁명 이후 국가들간의 국력의 변동이 심한 동적인 (dynamic) 체제를 설명하는 데는 세력균형이론이 직합하지 않다고 주장한다. 그는 산업혁명 이후의 국제정치현상을 설명할 수 있는 새로운 이론의 필요성을 강조하고, 세력전이이론이야말로 산업혁명 이후부터 현재까지의 국가들간의 국력의 변화로 인한 동적인 국제체제 상황에서 일어나는 국제정치 현상을 이해하는 데 적합한 이론이라고 주장한다.

오르갠스키는 먼저, 대부분의 국가들은 세 단계의 체제전이 과정 중 첫 번째 단계를 거쳐 두 번째 단계에 진입해 있다고 소개한다. 첫 단계는 잠재적 국력의 단계이다. 체제내의 거의 모든 국가들이 잠재적 국력만을 소유한 채, 국력 분포의 변동이 거의 일어나지 않고 있는 단계를 지칭한다. 이 단계는 산업화 이전 시기의 국제체제를 묘사한다고 할 수 있겠다. 두 번째 단계가 바로 세력전이과정이 일어나는 단계이다. 산업화 과정에서 국가들간의 각기 다른 산업화 속도에 따라 국력증대 속도의 차이가 발생해 체제내 국가들간의 상대적 국력의 재분배 현상이 일어나는 단계를 말한다. 마지막 단계는 거의 모든 국가들이 산업화 과정을 종결하여 성숙한 형태로 되는 미래의 어느 한 시점을 말하는 것이다. 모든 국가들이 성숙한 이 단계에서는 첫 번째 단계와 마찬가지로 국가들간의 상대적 국력의 변화를 별로 탐지하지 못하는 그러한 단계일 것이라고 추정한다. 오르갠스키는 바로 두 번째 단계에서 일어나는 국제관계 현상, 특히 강대국들간의 전쟁 원인을 설명하는 데는 세력균형이론과는 다른 새로운 이론, 즉 세력전이이론이 필요하다고 역설한다.

세력균형이론이 산업화 시대의 국제정치현상을 설명하는 데 문제가 되는 것은 위에서 지적한 바와 같이, 국가는 주로 동맹체결과 같은 외적인 요소를 통해서 국력을 증대시킨다는 가정이다. 다시 말해, 한 국가의 국력은 전쟁에서 이겨서 영토, 노예 등과 같은 많은 전쟁노획물을 획득하거나 다른 나라와 동맹을 새로이 맺거나 하지 않고는 거의 변동이 없다는 가정이다. 이와는 다르게, 세력전이이론은 국력의 증대가 산업화에 의해서 주로 이루어진다고 가정한다. 산업화를 통한 내부적 발전, 즉 경제적·정치적·사회적 근대화와 발전은 국가들이 국력을 증대시키는 가장 중요한 방법이라는 것이다. 그래서, 산업화 이후의 체제에서는 국력의 증대가 동맹관계와 같은 외적인 방법보다는 산업화를 통한 경제성장과 같은 내적인 요인에 의해서 이루어진다고 가정한다.

그 밖에, 세력균형이론과 세력전이이론의 근원이 되는 가정들의 차이로는 국력 관련 및 위험부담 관련 가정을 들 수 있다. 세력균형이론에서는 국가의 궁극적 목표는 국력증대이고, 국가들이 자국의 국력증대의 목적을 달성하기 위해 모여 있는 국제체제는 무정부체제(anarchic system)라고 가정한다. 이에 반해, 세력전이이론은 국가의 궁극적 목표는 국가안보를 확고히 하는 것이고 국력증대는 국가안보를 증대하기 위한 수단이라고 가정한다. 그리고 국제체제는 국력의 우열을 바탕으로 패권국가에 의해 위계질서가 형성되는 위계체제(hierarchical system)라고 가정한다. 또한 세력균형이론은 국가가 위험부담을 꺼린다고 가정하는 데 반해, 세력전이이론은 국가가 위험부담을 마다하지 않는다는 가정을 바탕으로 한다. 이러한 가정들을 바탕으로 오르갠스키는 세력전이이론의 기본적 틀을 정립하게 된 것이다.

II. 핵심논지

위에서 언급한 바와 같이, 오르갠스키는 국제체제를 어느 정도의 질서가 내재한 위계체제로 이해한다. 그는 국제체제를 피라미드의 형태로 보고, 피라미드의 제일 위에는 지배국가(dominant power)가 있고, 바로 그 밑에는 몇 개의 강대국들(major powers)이 있다고 파악한다. 그 다음에는 약소국들(minor powers)이 있고, 제일 밑바닥에는 식민지들

(dependencies)이 있다는 것이다. 오르갠스키는 체제 속에 있는 이러한 국가들을 크게 만족국가군과 불만족국가군으로 다시 나눈다. 만족국가군에는 지배국가, 그 지배국가와 동맹을 통해 우호적인 관계를 맺고 있는 몇몇 강대국들, 지배국이 주도하는 체제내 질서를 별로 불만없이 따르는 약소국들이 포함된다. 불만족국가군에는 이들 만족국가들을 제외한 모든 국가들과 식민지들이 포함되는데, 이러한 불만족국가들은 지배국 또는 패권국의 주도하에 정립되고 유지되는 체제의 현존 질서에 대해 강한 거부감을 느끼고 있는 국가들이다. 이들 불만족국가들은 세력의 열세로 어쩔 수 없이 패권국을 중심으로 하는 만족국가들이 형성한 국제체제질서 속에 있지만, 현 상태를 바꿀 수 있는 기회가 주어진다면 언제든지 현 체제를 전복시키기를 바라는 국가들이라고 하겠다. 그와 반대로, 패권국과 몇몇 만족국가들은 현 체제에서 기득권을 확보한 현상유지 세력들이라고 하겠다. 이러한 피라미드 형태의 체제를 아래의 〈그림〉에서 볼 수 있다.

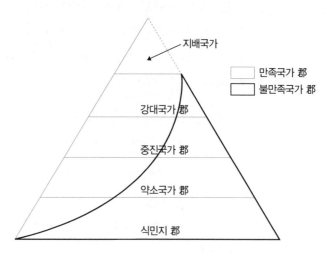

〈그림〉 오스갠스키의 위계체제
[출처: A. F. K. Organski, *World Politics* (New York: Alfred A. Knopf, 1958), p. 369.]

세력전이이론에 의하면, 국제체제내 최강자인 패권국가는 정치, 경제질서, 국경선과 영토 소유권 등 국제질서 정립에 필요한 기본적인 공공재를 제공한다. 이러한 국제질서는 물론 패권국에 가장 유리한 형태로, 몇몇 만족국가군에 속하는 강대국들에게 그 다음으로 유리하게 유지된다. 이와 같이 패권국에 의해 정립된 국제질서는 체제내의 국력의 분포가 패권국가 중심의 편중된 상태로 있는 한 안정을 유지할 수 있다. 체제적 위기는 불만족국가군에 포함되어 있던 강대국 중 하나가 산업화를 통하여 국력을 급신장하게 되어 패권국에 대한 도전세력으로 등장하게 될 때 나타나게 된다. 이러한 현존 체제질서에 불만이 많은 도전국가의 국력이 패권국을 따라잡는 세력전이 현상이 일어날 때 이들 국가간의 전쟁 가능성이 높아진다.[7] 게다가, 이러한 세력전이가 진행되는 속도가 빠르면 빠를수록 패권국과 도전국간의 무력충돌 가능성이 높아진다. 이와 같이, 세력전이이론에 의하면 도전국의 현존 질서에 대한 불만족도, 쇠퇴하는 패권국과 급성장하는 도전국간의 세력전이가 일어날 때 나타나는 국력의 균형적 분포상태, 세력전이가 진행되는 속도가 세력전이 전쟁 가능성을 설명하는 중요한 변수들이다.

1958년에 오르갠스키에 의해 정립된 세력전이이론은 1990년대에 와서야 비로소 이론적 발전을 맞이하게 된다. 조나단 디치코(Jonathan DiCicco)와 잭 리비(Jack Levy)는 세력전이이론에 대한 전반적인 평가에서 오르갠스키에 의해 정립된 세력전이이론이 크게 두 갈래로 발전하게 되었다고 설명한다. 김우상의 동맹전이 모델(alliance transitions model)은 기존 세력전이이론적 틀에 동맹변수를 접목시킨 것이며, 더글러스 렘키(Douglas Lemke)의 다중위계체제 모델(multiple hierarchy model)은 세력전이이론적 틀을 지역체제에 적용시킨 것이다.[8]

동맹전이 모델에서는 오르갠스키의 세력전이이론의 가정들 중 국력증대가 산업화를 통하여 내적으로만 이루어진다는 가정이 지나치게 제한적이라고 비판하며 세력전이이론에 대한 수정 및 보완을 시도한다. 다시 말해, 국가는 산업화와 같은 내적 수단뿐만 아니라 동맹관계와 같은 외적 수단을 통해서 국력증대를 도모한다는 좀더 현실에 가까운 가정을 바탕으로 세력전이이론을 발전시킨다. 이 모델에서는 세력전이라는 현상을 체제내의 패권국가와 특정 도전국가간의 세력다툼으로만 보지 않고, 패권국과 그 동맹관계를 포함한 '패권세력'과 도전국가와 그의 동맹들로 구성된 '도전세력' 간의 경쟁으로 파악한다.[9] 오르갠스키의 세력전이이론이 산업화 이후의 국제정치 상황을 설명하는 데 적합한 이론이라면, 동맹전이 모델은 산업화 이후뿐 아니라 산업화 이전의 국제체제에서 일어나는 국가들간의 세력전이와 전쟁 현상에 대해서도 한층 더 잘 설명할 수 있는 이론이라고 할 수 있다.[10] 동맹전이 모델에 의하면, 동맹관계를 고려할 때 쇠퇴하는 패권세력과 급성장하는 도전세력간의 국력이 균형을 이루는 상태인 두 세력간의 세력전이가 발생할 때 전쟁 가능성이 높아진다. 또한, 도전세력이 패권국에 의해 정립된 현존 체제질서에 불만이 많을수록 양대 세력간의 전쟁 가능성이 더 높아진다.

디치코와 리비는 임레 라카토스(Imre Lakatos)의 '과학적 연구프로그램(scientific research programs)' 시각[11]에서 세력전이 연구프로그램의 발전을 설명하면서 김우상의 동맹전이 모델을 "전향적 프로그램간 문제교체(progressive interprogram problemshift)"로 평가한다. 즉, 동맹전이 모델의 이론적 수정이 기존의 오르갠스키 이론의 핵심 가정을 벗어나 새로운 연구프로그램을 시작하는 것이라고 평가한다. 오르갠스키, 야섹 쿠글러(Jacek Kugler), 렘키와 같은 세력전이이론가들은 논쟁의 여지가 있기는 하지만 여전히 동맹관계를 국력증대의 중요한 요소로 보지 않고 있고, 이런 점에서 볼 때 동맹전이 모델은 "프로그램 내부의 문제교체"가 아니라 "프로그램간 문제교체"로 본다는 것이다.

오르갠스키의 세력전이이론은 국제체제내의 패권국과 그 다음으로 국력이 센 강대국간의 전쟁 가능성에 관해서 설명하는 이론으로 개발되었다.

그러나, 세력전이이론은 국제체제뿐만 아니라 지역체제에도 적용될 여지가 충분히 있다. 지역국가들간에 지역체제에서 막강한 영향력을 행사하기 위해서 또는 지역패권을 쥐기 위해서 경쟁을 하는 것을 볼 수 있다. 현 시점에서, 중국이 급속도로 성장하는 경제력을 바탕으로 군사장비를 현대화하고, 대양해군의 건설을 추진하는 것 등이 21세기 동아시아에서의 패권을 추구하기 위한 준비라고 우려하는 학자들이 있다. 냉전 당시 미국에 의해 정립된 현재의 동아시아 질서에 불만을 가진 중국이 급속도로 성장하는 국력에 힘입어 현상타파를 시도할 수 있다는 말이다. 이와 같이, 앞으로 동아시아 지역체제에서 일어날 수 있는 현상만 하더라도 세력전이이론을 근거로 설명할 수 있을 것이다.

세력전이이론을 지역체제에 처음 적용시킨 학자로 렘키를 들 수 있다. 렘키는 라틴아메리카 지역 등 지역체제내 분쟁을 설명하는 데 다중위계체제 모델을 적용시킨다. 다중위계체제 모델에서는 국제적 위계체제(international hierarchy)와 유사한 하위체제(sub-system)가 존재한다고 가정하여 이러한 하위체제를 지역적 위계체제(local hierarchy)로 지칭한다. 이 모델은 강대국이 지역체제에 지속적으로 개입하지 않는 경우가 많기 때문에 지역적 위계체제가 국제적 위계체제와 유사하게 작동한다고 가정한다. 다중위계체제 모델에 의하면, 국제체제라는 위계질서 속에 여러 개의 지역적 위계질서 또는 다각적인 위계질서(multiple hierarchy)가 존재하며, 각각의 지역적 위계질서는 지리적으로 근접한 국가들간에 형성된다. 약소국들의 경우 국력과 투사력(power projection capability)과의 관계에서 거리가 중요하기 때문에 지리적으로 근접한 국가들간에 지역적 위계질서가 형성되고, 이러한 지역적 패권국과 도전국간의 전쟁 가능성은 국제체제에 적용되는 세력전이이론으로 설명이 가능하다는 것이다.[12] 디치코와 리비는 라카토스의 '과학적 연구프로그램' 시각으로 볼 때, 렘키의 다중위계체제 모델의 지역체제에의 적용을 "전향적 프로그램 내부 문제변경

(progressive intraprogram problemshift)"으로 평가한다.

그 외에도, 세력전이이론과 합리적 선택이론(rational choice theory)을 접목시킨 연구논문이 발표되었다.[13] 그 연구에서는 세력균형이론이나 세력전이이론의 가정 중의 하나로 고려되었던 국가의 위험부담 성향이 하나의 변수로 포함되어졌다. 그 논문에서는 국가 지도자들이 상황에 따라 위험부담을 선호할 때도 있고 위험부담을 원치 않을 때도 있다는 훨씬 더 현실적인 가정을 근거로 논리를 전개한다. 또한, 게임이론(game theory)을 도입하여 지배국가와 도전국가간의 세력전이과정에서 일어날 수 있는 지배국가의 예방전쟁(preventive war)과 도전국가가 선제공격하는 도발 전쟁에 관한 가설들도 도출한다. 그 연구의 결과에 의하면, 도전국가가 위험부담을 마다하지 않는 국가이고 쇠퇴하는 지배국가가 위험부담을 원치 않는 국가일 경우 전쟁의 가능성이 훨씬 더 높아진다. 또한 세력전이가 시작되는 초기단계에서는 급성장하는 도전세력이 전쟁의 승리 가능성을 더욱 확고히 하기 위해서 전쟁을 차후로 미루고, 세력전이가 거의 마무리되는 후기단계에서는 쇠퇴하는 지배국가가 도전세력에게 항복하기 때문에 전쟁이 일어날 가능성이 낮다. 그리고 예상되는 전쟁비용이 높을수록 전쟁의 가능성이 낮아진다고 주장한다.

그 밖에, 제프리 블레이니(Geoffrey Blainey), 로버트 길핀(Robert Gilpin), 조지 모델스키(George Modelski) 등도 세력전이이론과 유사한 주장을 펼친다. 블레이니는 월츠, 굴릭과 같은 몇몇 세력균형이론가와 같이 국가의 목표는 국력증대 그 자체라기보다는 국가생존에 있다고 가정한다. 그리고, 국력은 동맹과 같은 외적 수단을 통해서 뿐만 아니라 경제 및 기술개발과 같은 내적 성장에 의해서 증대될 수 있다고 가정한다. 블레이니는 1700년부터 1815년까지의 강대국 전쟁들을 연구한 결과 국가들간에 세력균형을 이룰 때가 가장 불안정한 상태이고, 국력의 집중이 체제의 평화를 유지한다고 주장한다. 이러한 주장은 세력전이이론의 주장을 뒷받침하는 것이라 하겠다. 블레이니는 인식(perception)의 문제를 중요한 변수로 간주하기도 한다. 즉, 실제 국력의 분포 상태보다 관련된 국가 지도자들이 인식하고 있는 상대적 국력의 분포나 세력균형 상태가 전쟁의 가능성과 관계가 있다는 것이다. 관련된 모든 국가들이 세력판도가 한쪽으로 편중되어 있는 상황에 대해 동의하는 상태에서는 전쟁의 가능성이 거의 희박하지만, 국가들간에 어느 쪽 세력이 더 강한지를 명확히 측정할 수 없을 때에는 전쟁의 가능성이 더 높다는 것이다. 이러한 불확실성에 관한 주장 또한 세력전이이론과 흡사하다고 볼 수 있다. 세력전이이론 역시 국가들간의 국력의 증대 속도의 차이가 클 때는 지배국과 도전국간에 서로의 상대적 국력에 관한 잘못된 계산 때문에 전쟁의 가능성이 높아진다고 주장한다.[14] 그 밖에도, 블레이니는 협상보다 전쟁을 수행함으로써 얻을 수 있는 이익과 손실에 관한 예측도 중요한 전쟁 원인이 된다고 말한다.[15]

길핀 역시 세력전이이론과 흡사한 패권안정이론(hegemonic stability theory)을 주장한다.[16] 그에 의하면, 국제체제는 네 개의 단계를 거치면서 지속적으로 변한다. 첫 단계에서는 국제체제가 균형상태(state of equilibrium)에 놓여 있다. 이 단계에서는 패권국(hegemon)이 국제질서를 확립하는 데 필요한 공공재들과 체제내 게임의 법칙들을 제공하고 체제 질서를 유지해 나간다. 여러 강대국들은 패권국에 의해서 제공된 영토적·정치적·경제적 국제질서에 만족하고 있는 상태이다. 체제내 사소한 변동과 조정은 항시 일어나고 있지만, 강대국들 중 체제의 대변혁를 통해 기대이익(expected benefits)을 얻을 수 있다고 믿는 국가가 없는 한 체제의 균형상태는 계속 유지된다. 그러나, 강대국들간의 국력증대 속도의 차이로 인하여 국제체제내의 국력의 재분배가 일어나게 된다. 강대국들간의 경제적·군사적·기술적 능력의 증대 속도 차이로 인하여 국제체제내에서는 두 번째 단계 현상인 체제내 국력의 재분배 현상이 일어난다. 쇠퇴하는 패권국과 급성장하는 강대국들과의 국력증대 속도의 차이는 체제를 불균형

상태로 몰아넣는 원동력이 된다. 패권국이 체제를 지배하는 데 드는 비용이 현존 국제체제에서 취할 수 있는 이득보다 점점 커지게 될수록 패권국가의 체제 지배력은 점점 떨어지게 된다.

이러한 패권국의 쇠퇴와 다른 강대국들의 상내적 성장 현상은 체제를 세 번째 단계인 체제의 불균형 상태로 몰아넣는다. 패권국은 자신의 이해관계를 고려해서 체제내 권위, 영토권 및 소유권 문제, 국가간의 위신을 바탕으로 한 위계체계, 체제내에서 지켜야 할 기본 규율 및 국제 정치, 군사, 경제적 질서를 제공해왔다. 그러나, 패권국에 대적할 만한 강대국들이 급속도로 성장함에 따라 이러한 패권국의 정통성과 패권국이 정립한 국제질서는 흔들리게 된다. 급성장하는 강대국 세력은 패권국에 도전했을 때 전쟁에서 이길 수 있는 가능성, 전쟁에서 이긴 후 얻을 수 있는 이익, 전쟁 중에 입을 수 있는 손실 등을 조심스럽게 계산한 뒤 전쟁을 통하여 얻을 수 있는 기대이익이 기대비용(expected costs)보다 크다고 판단할 때 전쟁 결정을 내리게 되고, 전쟁을 통하여 얻을 수 있는 기대이익이 기대비용보다 크지 않을 때는 패권국이 더욱 쇠약해질 때까지 기다린다는 것이다.[17] 그러나, 결국 쇠퇴하는 패권국과 급성장하는 도전국간에는 패권전쟁이 일어나게 되고, 마지막 단계인 체제의 위기해소 단계에 도달하게 된다. 길핀에 의하면, 대개의 경우 급성장하는 도전세력이 패권전쟁에서 승리하여 새로운 체제의 질서를 수립하게 된다.

이와 같이, 길핀의 패권안정이론은 위에서 설명한 세력전이이론과 거의 다를 바가 없다. 국제체제의 변화는 국가들간의 국력증대 속도의 차이에 의해서 이루어진다는 것, 지배국가 또는 패권국가가 쇠퇴하고 도전국가가 급성장하여 두 세력간의 세력전이가 일어나는 시기에 강대국간의 전쟁 가능성이 높아진다는 주장을 보아도 두 이론은 흡사하다. 여러 국제정치학자들은 세력전이이론과 길핀의 패권안정이론을 하나의 같은 이론으로 간주하기도 한다. 그러나, 굳이 두 이론간의 차이점을 지적하자면, 세력전이

이론은 국제체제내의 패권국과 강대국들에게 적용될 뿐 아니라 지역체제 내의 국가들간의 세력전이 현상에도 적용될 수 있는 여지가 있는 반면, 길 핀의 이론은 국제체제내 패권국가와 패권국에 도전하는 강대국가간의 국 력의 재분배 현상에 국한되어 있다. 또한, 세력전이이론의 주장은 순환적 (cyclical)이 아니기 때문에 세계대전과 같은 세력전이 전쟁을 피할 수 있 는 가능성이 열려 있다. 이에 반해, 길핀의 이론은 국제질서, 체제의 변화 하는 과정, 쇠퇴하는 패권국이나 급성장하는 도전국의 행위에 대해서는 훨 씬 자세히 서술하지만 국제체제가 네 단계를 반복해서 변화한다고 설명하 는 순환적인 이론이기 때문에 궁극적으로 패권전쟁을 피할 수 없다는 결정 론적인(deterministic) 의미를 내포하고 있다.

세력전이이론이나 패권안정이론과 유사한 이론으로 모델스키의 장주 기이론(long cycle theory)을 들 수 있다.[18) 모델스키에 의하면, 세계체제 는 세계국가(world power)와 강대국(global power)들에 의해 형성된 다. 세계국가는 해양진출에 용이한 지리적 이점을 지니며, 세계 최강의 해 군력을 바탕으로 세계무역과 세계경제를 주도해 나가는 국가이다. 세계국 가는 세계전쟁에서 승리한 강대국들 중에서 출현하며, 기존 세계질서를 정 립하기 위하여 국제안보, 국제경제 질서 등의 공공재를 공급하고 유지한 다. 이러한 공공재를 보급하는 데 있어서 장주기이론은 세력전이이론, 패 권안정이론과 흡사하다. 장주기이론에 의하면, 강대국들은 적어도 전세계 를 무대로 항해할 수 있는 체제내 모든 해군력의 10% 이상을 지닌 국가들 로서 해상무역 등에 적극 관여하는 국가들이다.

세계체제는 이러한 세계국가와 강대국들간의 상호 역학관계에 의해 형 성되고 붕괴된다. 먼저, 세계국가(world power)의 단계에서는 체제내 국 력의 분포가 세계국가에 집중되어 있는 시기이다. 세계전쟁(global war) 의 승자 중 새로운 강대국이 강력한 해군력을 바탕으로 세계국가로 등장하 게 되고, 체제의 안보, 국가간의 영토권, 세계 무역질서 등 공공재를 독점적으로 공급하게 된다. 이럴 때 세계질서의 정통성이 가장 높으며, 체제는 안정상태에 있게 된다. 그러나, 세계국가는 점차 정통성을 잃어 가는 비정통화(delegitimation) 단계를 거치면서 세계국가로서의 지도력을 서서히 상실하게 되고, 이 시기에 도전국가들이 출현하기 시작한다. 다음 단계인 비집중화(deconcentration) 시기에서 세계국가는 체제질서를 유지하기에 필요한 자원의 부족을 실감하게 된다. 그러나, 강대국들 중 세계국가의 역할을 승계하기 위하여 도전준비가 완료된 국가는 아직 나타나지 않은 상태이다. 마지막 단계인 세계전쟁(global war) 시기에는 세계국가는 급성장한 강대국의 강력한 도전을 받아 세계전쟁을 치르게 되지만, 결국 강대국 도전자에게 굴복하고 만다. 그리하여, 새로운 체제를 정립하고 세계국가의 지도력을 수행할 새로운 세계국가가 탄생하게 되고, 이러한 주기는 대략 100년에서 120년을 걸쳐 되풀이된다.

오르갠스키나 길핀과 마찬가지로 모델스키는 세계전쟁의 주요 원인으로 강대국들간의 국력분포의 변화를 주목한다. 그러나, 장주기이론에서는 세계국가와 강대국들의 흥망성쇠와 이들 국가들의 행위가 어떠한 인과관계를 통하여 세계전쟁을 발발시키는지에 대한 명확한 설명이 부족하다. 장주기이론 역시 패권안정이론과 마찬가지로 순환적이고 결정론적인 이론이다. 그러나 패권안정이론은 패권전쟁이 단지 순환적으로 되풀이된다고 설명하는 반면, 장주기이론은 세계전쟁이 100년에서 120년 만에 주기적으로 되풀이될 가능성이 높다고 지적한다. 장주기이론은 패권안정이론보다 더 주기적인 측면을 강조한다는 점에서 전쟁방지 또는 평화유지를 위한 인간이나 국가의 역할을 중요하게 고려하지 않는 이론이라고 평가할 수 있다.

III. 이론검증 및 구체적 사례

폴 케네디(Paul Kennedy)는 대표적인 저서인 『강대국의 흥망성쇠

(*The Rise and Fall of the Great Powers*)』에서 1500년부터 1980년까지의 세계사를 강대국들의 경제발전과 군사력 변화를 중심으로 연구했다. 그는 국가들간의 경제성장속도 차이가 그들의 상대적 군사력의 변화를 야기시켰고, 이는 결국 전쟁에서의 승패를 결정지었다고 서술한다.[19] 그는 지난날의 스페인, 네덜란드, 오스트리아 합스부르크 왕가, 프랑스, 영국 등의 경우가 그랬으며, 1970년대 및 80년대의 미국의 경우도 예외가 아니라고 주장했다. 각 시대별로 초강대국의 지위를 누렸던 이러한 국가들은 산업·경제적 성장을 포함한 여러 가지 성장의 측면에서 다른 나라들에 의해 추격을 당했고, 이는 결국 국력의 상대적 쇠퇴로 이어졌다. 케네디의 연구에 의하면, 경쟁국들에 비해 경제적·기술적 혁신분야에 상대적으로 뒤지는 초강대국은 산업분야에 투자해야 하는 자원들을 군사부문에 더 많이 투자하게 되었다. 쇠퇴하는 초강대국은 체제내에서 자국의 위상을 유지하기 위해서 주변 국가들과 잦은 무력 충돌을 하게 되었으며, 이와 같은 "지나친 군사적 확장(military overstretch)" 정책은 도리어 국력의 쇠퇴 속도를 가속화시키게 되었다. 결국, 한 시대를 지배했던 초강대국은 급성장하는 도전국에 의해 멸망하고 새로운 패권국이 등장한다는 것이다. 케네디의 연구는 위의 오르갠스키와 길핀의 세력전이 및 패권안정이론을 뒷받침해주는 중요한 사례연구라고 하겠다.

오르갠스키의 세력전이이론에 대한 경험적 연구는 1980년에 처음으로 오르갠스키와 쿠글러에 의해서 시도되었다. 이들은 1860년부터 1975년까지의 유럽 전쟁사를 바탕으로 전쟁관련 데이터를 만들어 세력전이 가설들에 대한 경험적 연구를 시도했다.[20] 오르갠스키와 쿠글러는 먼저 국력을 측정하기 위해서 그 당시의 강대국들의 총인구와 국민총생산(GNP)을 바탕으로 각 국가의 국력지표를 계산했다. 이러한 국력지표를 바탕으로 각 국가의 상대적 국력과 국력 증대 속도를 계산하여 상대적 국력, 국력증대 속도, 세력전이 변수들과 전쟁 가능성과의 관계를 분석했다. 오르갠스키와 쿠글러는 이 연구에서 두 경쟁국가간에 세력전이가 일어날 때, 그리고 도전세력의 국력증대 속도가 지배국가의 국력증대 속도에 비해 상대적으로 빠르게 일어날 때, 전쟁 가능성이 높다는 결과를 얻었다. 이 연구는 세력균형이론에 관한 엄격한 경험적 연구조차 찾기 힘든 시기에 발표된, 세력전이이론에 관한 아주 중요한 경험적 연구라고 할 수 있다.[21]

오르갠스키와 쿠글러의 세력전이이론에 관한 경험적 연구결과를 지지하는 두 편의 연구 논문이 1988년과 1989년에 각각 발표되었다. 1816년 나폴레옹 전쟁 이후부터 1975년까지의 전쟁사를 바탕으로 '전쟁에 관한 연구(the Correlates of War: COW)' 자료[22]를 사용한 두 편의 논문 모두 세력전이이론의 핵심 가설들을 지지하는 연구결과를 제시했다.[23]

1991년에 발표된 또 한 편의 연구논문에서는 동맹관계 변수가 세력전이 이론적 틀에 추가되었다.[24] 이 연구에서는 지배국가의 국력과 도전국가의 국력을 측정할 때, 각 국가의 내적 국력뿐만 아니라 동맹국이나 주변 국가들로부터 지원 받을 가능성도 고려되었다. 그 연구 결과를 보면, 강대국들간의 세력전이 현상과 전쟁 가능성의 관계를 연구할 때 내적인 국력뿐만 아니라 동맹관계 변수도 고려해야만 의미 있는 결과를 얻을 수 있음을 알 수 있다. 즉, 세력전이라는 현상도 체제내의 지배국가와 특정 도전국가간의 세력다툼으로만 이해해서는 안 된다는 것이다. 지배국가와 그 동맹관계를 포함한 지배세력과 도전국가와 그 동맹들로 구성된 도전세력의 경쟁으로 파악해야 한다는 것이다.

오르갠스키의 국력증대에 관한 가정이 수정될 수 있는 한 세력전이이론은 산업화 이후의 국제정치 현상만을 설명하는 이론으로 국한될 필요가 없다. 즉, 산업화 이전의 사회에도 세력전이이론적 틀이 적용될 수 있다. 수정된 세력전이이론, 즉 동맹전이 모델의 가설들을 30년전쟁이 끝나고 웨스트팔리아 조약이 맺어진 1648년부터 나폴레옹 전쟁이 끝나는 1815년까지의 유럽 외교사를 중심으로 분석한 결과를 보면, 예기했던 대로 수정된 세력전이이론이 산업화 이후뿐만 아니라 산업화 이전의 시대에도 적용될 수 있다는 가능성을 보여준다.[25] 이러한 경험적 연구결과는 세력전이이론의 적용 범위를 넓혀서 이론의 실제적인 사용 가치를 증대시키는 데 기여한다고 하겠다.[26]

세력전이이론을 좀더 엄격하게 경험적으로 검증하기 위해서 도전국가의 불만족도를 측정하는 방법이 개발되었다. 김우상은 국제체제내 국가들간의 동맹관계의 유사성(similarity of alliance portfolio)이 그 국가들의 외교정책의 유사성을 나타낸다는 브루스 부에노 디 메스키타(Bruce Bueno de Mesquita)의 주장[27]을 근거로 체제내 각 국가들의 불만족도를 측정하는 방법을 개발했다. 예를 들어, 냉전 당시 북대서양조약기구(NATO) 회원국인 영국은 국제체제내에서 미국과 유사한 동맹패턴을 유지하고 있었으며, 미국에 의해 주도된 국제질서에 기본적으로 만족하고 있었다. 이에 반해, 소련과 바르샤바조약기구(WTO) 회원국은 미국과 판이한 동맹패턴을 유지하고 있었으며, 미국의 외교정책에 불만이 많은 세력이었다고 평가할 수 있겠다. 이러한 불만족도를 체계적으로 측정할 수 있도록 지표를 만들어 경험적 연구를 시도했으며, 그 결과 패권국의 동맹세력과 도전국의 동맹세력간의 국력이 대등하고 도전국이 현존 체제질서에 불만이 많을 경우 세력전이 전쟁의 가능성이 높아진다는 동맹전이 가설이 검증되었다.[28] 그 밖에, 렘키와 수잔 베르너(Suzanne Werner), 베르너와 쿠글러는 국가들간의 과다한 군사비 지출에 초점을 맞추어 불만족도 변수를 측정하여 세력전이 변수와 체제내 안정성과의 관계를 분석하기도 했다.[29]

마지막으로, 렘키는 1865년부터 1965년까지 라틴아메리카에서 일어난 전쟁들을 중심으로 다중위계체제 모델 가설을 라틴아메리카 지역체제에서 경험적으로 검증했으며,[30] 최근의 저서에서는 세계적 위계체제를 네개의 지역적 위계체제로 나누어 라틴아메리카, 아시아, 중동, 아프리카 지역에서도 세력전이 가설들이 경험적으로 검증이 가능한지를 연구하기도 했다.[31] 또한, 2002년에 발표된 한 편의 논문에서는 1839년의 아편전쟁부터 1876년 강화도조약 체결 사이에 시작된 열강들의 동아시아 진출이 지역체제 질서에 미친 영향을 동맹전이 모델로 분석하기 위해 1860년부터 최근까지의 동아시아 지역 동맹시, 외교사 및 전쟁사를 중심으로 경험적 연구를 시도했다. 그 연구결과 역시 지역 패권국의 동맹세력과 도전국의 동맹세력간의 국력이 대등하고 도전국이 현존 지역질서에 불만이 많을 경우 세력전이 전쟁의 가능성이 높아진다는 동맹전이 모델의 주장이 경험적으로 입증되었다.[32] 위의 연구와 유사한 2003년에 발표된 논문에서는 이러한 동맹전이 모델의 연구결과를 동아시아 지역 국가들간의 해양력을 바탕으로 재검증을 시도하기도 했다.[33]

IV. 동아시아 지역적 의미

냉전 종식 이후 미국과 구소련을 중심으로 한 이념적 대립이 종결되고, 구소련은 정치적 경제적 침체에서 벗어나지 못하고 있는 실정에 처해 있다. 유럽에서는 독일이 통일의 과업을 달성한 이후 영국, 프랑스를 포함한 주변 국가들과 함께 유럽연합(European Union)이라는 정치 및 경제 공동체를 형성하는 데 성공했다. 중국은 지속적인 고도의 경제성장률을 바탕으로 경제개혁과 군사대국화에 박차를 가하고 있고, 일본 역시 군사력 재정비를 통한 '정상국가(normal state)'로의 움직임을 보이고 있다. 미국은 러시아의 추격을 따돌리고 국제체제에서 확고한 패권국가의 지위를 확보했다. 국제체제내의 세력판도를 좌지우지할 수 있는 이러한 강대국들의 국력의 변화 추이를 분석해 보면 앞으로 우리가 맞이하게 될 21세기의 국제체제 및 지역체제의 안정상태에 대해서 예측할 수 있다. 유럽연합을 제외한 강대국들이 모두 아시아 · 태평양 지역국가들이라는 사실로 볼 때 앞으로 국제체제내 세력분포의 변화는 동아시아 지역체제에 직접적인 영향을 미칠 것임을 쉽게 알 수 있다.

위에서 살펴본 세력전이이론에 의하면, 국가들간의 성장속도 차이로 인한 국력의 재분포가 일어나서 도전국이 패권국의 국력을 따라잡는 세력전이가 일어날 때 체제적으로 가장 불안정하다. 게다가, 도전국이 국제질서에 대한 불만족국가이면 전쟁 가능성이 한층 더 높아진다. 다시 말해, 21세기 동아시아 지역의 국력분포의 변화, 동맹관계, 미국에 의해 주도된 체제질서에 대한 구성원들의 불만족도가 동아시아 지역질서의 안정과 평화를 설명하고 예측하는 데 핵심적인 변수들이다.

먼저, 러시아와 미국, 일본과 미국, 중국과 러시아간의 전쟁 가능성을 세력전이이론적 시각에서 분석해보자. 이들간에는 세력전이가 일어날 가능성이 거의 없고, 서로간에 관계개선의 노력도 보이는 것으로 보아서 전쟁 가능성이 매우 낮다. 구소련의 붕괴 이후 러시아의 국력이 미국을 다시 따라잡을 가능성은 희박하다. 게다가 러시아는 최근 미국을 위시한 NATO 회원국들과 우호협정을 맺고 적대적인 관계를 청산했다. 최근의 미국과 러시아간의 새로운 관계와 국력의 차이 등을 고려해 볼 때, 미국과 러시아간의 세력전이로 인한 다툼은 생각하기 힘들다. 일본의 국력 역시 미국의 국력을 따라잡기에는 역부족이고, 미국과 일본은 현재 방위동맹을 맺고 있기 때문에 가까운 장래에 서로가 적대세력이 될 가능성이 없다. 최근의 미ㆍ일 방위협력지침 개정에서도 미국과 일본간의 동맹공약의 강화를 엿볼 수 있다. 중국과 러시아간의 세력전이 상황도 기대하기 어렵다. 중국과 러시아간에는 러시아가 중국을 따라잡기가 쉽지 않을 것이다. 중국의 지속적인 경제성장에 반하여 러시아의 경제는 불안정하다. 러시아의 경제가 회생한다고 하더라도 지속적으로 급성장하는 중국의 경제력을 따라잡기는 힘들 것이다. 게다가, 중국과 러시아는 현재 '전략적 동반자' 관계를 유지하고 있다.

21세기 동아시아 지역체제내 불안정 요인에 대한 가능성은 러시아와 일본, 중국과 일본, 중국과 미국, 남·북한간의 세력전이 가능성에서 찾아볼 수 있을 것이다.[34] 먼저, 러시아와 일본간의 분쟁 가능성을 고려해 보자. 냉전체제 당시 미·일 동맹 세력은 구소련보다 훨씬 강했다고 평가할 수 있다. 구소련의 붕괴와 함께 지속되는 러시아의 경제 침체로 인하여 동맹관계를 고려한 일본의 상대적 국력은 러시아의 국력을 능가하고 있다. 현재와 같이 일본이 미국과 군사동맹관계를 유지하는 한 러시아의 경제가 회복된다고 하더라도 러시아는 미·일 동맹 세력에 도전할 만한 국력을 확보할 수는 없는 것으로 전망된다.

중국과 일본간의 비교에서, 중국은 개발도상국가인데다 경제성장 속도도 두 자리 수에 가깝다. 중국은 앞으로도 지속적인 발전 가능성이 높다. 그에 반해, 일본은 이미 선진국의 일원이고 경제성장 속도 또한 중국에 미치지 못하는 실정이다. 물론, 중국과 일본의 상대적 국력에 관한 평가에 대해서 이견이 있을 수 있다. 중국의 경제가 지속적으로 성장할 것이라고 평가하는 이들이 있는 반면, 중국의 정치적, 경제적, 사회적 제반 문제 등으로 인해 중국의 경제전망이 밝지만은 않을 것이라는 평가도 있다. 중국의 장래를 밝게 보지 않는 이들은 중국 국내정치의 불안정 가능성, 중국내 해안지방과 내륙지방의 심각한 경제적 격차문제, 대만 독립문제를 포함한 중국 소수민족들의 독립 문제 등 해결해야 할 문제들이 산적해 있음을 지적한다. 또한, 중국의 군사장비도 낙후해 있어서 중국의 해군력이나 공군력이 일본에 훨씬 뒤지고 있다고 주장한다. 현재 중국의 국력이 일본을 앞서고 있든 뒤지고 있든 간에, 일본과 미국의 방위동맹관계를 고려할 때는 상황이 달라진다. 미·일 동맹 세력이 중국보다 더 강력한 국력을 보유하고 있다.

최근의 일련의 보고서들에 의하면 중국이 2020년에서 2040년 정도에 미국을 능가하는 경제력을 지니게 될 것이라고 한다. 세계은행(World Bank)이 발간한 자료를 바탕으로 영국의 권위 있는 잡지 *Economist*는 중

국의 경제가 규모면에서 미국보다 40% 정도 더 큰 세계 최강국가가 될 것
이라고 예측한 바 있다.[35] 이는 중국이 급성장하는 도전국가가 되고 미국
이 쇠퇴하는 지배국가가 될 가능성을 암시한다. 게다가, 잠재적 도전국가
인 중국은 미국에 의해서 주도된 현존 국제질서에 대해 불만을 갖고 있다.
중국은 '하나의 중국' 원칙(one China principle)을 주장하는 반면 미국
을 위시한 선진 국가들은 이 원칙을 잘 지켜주지 않는다. 미국, 일본, 프랑
스, 독일 등 여러 선진 국가들은 대만과 비공식적인 관계를 계속 유지하고
있다. 또한, 미국은 기회가 있을 때마다 대만에 최신 무기들을 제공하고 있
다. 이러한 미국의 대만에 대한 간접적인 군사지원은 중국의 불만을 고조
시키는 요인으로 작용한다. 이와 같이, 중국과 같이 급성장하는 불만족 국
가가 미국을 중심으로 하는 동아시아 안보질서에 대한 도전세력으로 등장
할 때, 동아시아 지역에서의 세력전이 전쟁의 가능성이 높아진다.

만일 가까운 장래에 중국의 국력이 일본을 능가하고 미국까지 따라잡
게 된다면 이들 두 세력간의 전쟁 가능성은 높아질 것이다. 두 세력간의 세
력전이 상황, 두 세력간의 국력균형, 중국의 동아시아 안보질서에 대한 불
만족도, 특히 대만문제를 둘러싼 미 · 중간의 대립, 중국과 일본간의 조어도
(또는 센카쿠 제도) 영토분쟁 등으로 인한 양자간의 불만족도 등은 중국과
미 · 일 동맹간의 전쟁 가능성을 높이는 요인들이 될 것으로 전망된다.

한반도에서의 전쟁 발발 가능성에 대해서도 분석해보자. 만일 남 · 북
한간의 국력의 격차가 남한 우세 상태로 계속 유지되거나, 한 · 미 동맹 관
계가 지속되어 북한이 동원할 수 있는 국력이 한국이 동원할 수 있는 국력
에 비해 현저하게 약할 경우 한반도에서의 전쟁 가능성은 희박하다고 하겠
다. 한 · 미 동맹이 한반도에서의 전쟁억지력을 계속 제공하는 한 한반도에
서의 전쟁 발발 가능성은 아주 낮다.

세력전이이론적 시각에서 볼 때, 미국은 한국과의 동맹관계도 지속적
으로 유지하기를 원한다. 미국이 중국의 잠재적 위협을 심각하게 받아들인

다면 미국은 미·일 동맹뿐만 아니라 한·미 동맹의 중요성도 간과하지 않을 것이다. 미국으로서는 중국의 잠재적인 도전 상황에 대해 미리 대처하려고 할 것이다. 잠재적 도전국가의 국력의 변화에 대해서는 자국과의 세력전이 상황이 일어나기 이전에 미리 탐지하여 대처해야 하기 때문이나. 잠재적 적대세력과 자국과의 세력전이를 느끼기 시작했을 때는 국력의 전이 상황을 빠른 시간내에 원상태로 돌이킬 수 있는 방법이 없다. 미국은 무엇보다도 동아시아의 전략적 요충지인 한국과 일본과의 군사동맹관계를 계속 유지하여 중국을 견제하려 할 것이다.

중국이 지속적인 경제성장을 바탕으로 군사력을 현대화하는 동시에 미국 주도의 동아시아 안보질서에 대해 불만을 표출하는 반면, 미국이 계속 중국을 견제한다는 가정 하에서는 미·중을 중심으로 한 세력전이 전쟁 가능성이 높다. 그러나, 만일 중국이 지속적인 경제성장에 실패하여 미국을 추격하지 못할 경우에는 동아시아 안보질서는 안정을 유지할 수 있을 것이다. 군사력을 포함한 중국의 국력은 미·일 동맹 세력에 미치지 못하게 될 것이고, 러시아 역시 국내 정치, 경제적 불안정으로 인해 미국의 국력에 미치지 못할 경우, 21세기 중반의 동아시아 안보질서는 현상유지 형태를 띠게 될 것이다. 미국은 일본과의 동맹관계를 주축으로 중국과 러시아를 견제할 것이고, 동아시아 국가들은 현존 지역질서의 안정을 깨트리지 않는 범위내에서 변화를 추구하게 될 것이다.

위의 세력전이이론에서 살펴보았듯이, 불만족도 변수는 21세기 동아시아 안보질서의 안정성을 예측하는 데 필수적이다. 특히, 잠재적으로 급성장할 가능성이 있는 중국이나 핵무기를 포함한 대량살상무기 개발을 시도하고 있는 북한이 현존 국제질서 및 지역질서에 대한 불만족 세력으로 남아 있을 경우 동아시아 안보질서는 불안정할 수밖에 없다. 이에 반해, 중국이나 북한이 국제적 규범이나 원칙을 준수하고 현존 국제질서에 도전할 의사가 없을 경우 동아시아 안보는 훨씬 안정적으로 변할 것이다. 특히, 중국이 민주국가로 성장할 경우 설혹 미국과 중국간의 세력전이 상황이 발생한다고 하더라도 동아시아 안보질서는 커다란 변혁을 겪지 않을 수도 있다. 민주국가들은 서로간에 이해관계의 대립이 있을 때 전쟁이 아닌 평화적인 방법으로 문제를 해결할 가능성이 높다.[36] 중국이 21세기에 진정한 민주국가로 변신한다면 중국과 미국 · 일본과의 세력전이 전쟁의 가능성은 훨씬 낮아질 것이다.

미국을 위시한 동아시아 주요 국가들은 중국이나 북한이 불만족국가로 남아 있지 않도록 할 수 있는 방안을 강구해야 한다. 냉전 당시 미국의 적대세력은 러시아였지만, 탈냉전 이후 미국의 뚜렷한 적대세력은 없다. 이러한 상황에서 미국이 중국을 잠재적 경쟁국가로 지목하여 쓸데없이 중국의 신경을 건드리는 것은 현명하지 못하다. 미국은 '중국 때리기(China bashing)' 보다는 가능한 한 중국이 빨리 시장경제체제를 구축하고 민주화하도록 유도하고 도와주는 것이 바람직하다고 하겠다. 북한에 대해서도 미국은 일방주의적 패권정책보다는 대북 포용정책을 한 · 미 · 일 공조체제하에 추진하여 북한을 개방의 길로 유도하는 데 주력해야 할 것이다.

V. 추가적 연구

20세기 중반에 오르갠스키에 의해 기초가 확립된 세력전이이론은 그 이후 반세기 동안 몇몇 세력전이이론가들의 꾸준한 이론개발과 검증의 노력을 통해 확고한 '과학적 연구프로그램'의 지위를 확보하게 되었다. 오르갠스키의 세력전이이론, 그리고 세력전이이론이 수정 · 보완된 형태인 동맹전이 모델과 다중위계체제 모델은 21세기 미국의 패권체제와 중국의 급부상, 이에 따른 국제질서의 변화 가능성과 동아시아 지역의 안보환경 변화를 설명하고 예측하는 데 가장 유용한 이론으로 자리매김하고 있다.

그러나, 지난 50년간의 지속적인 이론적 수정과 보완, 경험적 연구분석의 노력에도 불구하고 세력전이이론을 더욱 발전시키기 위한 여지는 아직 많이 남아 있다. 무엇보다도 먼저, 세력전이이론적 틀을 기초로 한 구한말 열강들의 한반도 및 동북아 진출에 관한 사례연구가 반드시 필요하다. 이러한 연구결과는 세력전이이론의 지역체제에의 적용에 대한 적합성을 보강해줄 것이고, 강대국의 개입이 빈번한 지역적 위계체제에 대한 새로운 세력전이이론적 시각을 발전시키는 데도 도움이 될 것이다.

또한, 세력전이이론적 틀 속에서 체제내 각 국가들의 기존 국제질서에 대한 불만족도를 측정하는 방법을 새로이 개발하려는 노력이 시급하다. 최근 여러 학자들의 노력에도 불구하고 기존의 불만족도 측정계수를 한 단계 더 발전시키는 데 어려움을 겪고 있다.[37] 세력전이 가설의 핵심이 국력증대 속도의 상대적 차이로 인한 세력분포의 변화, 도전세력의 기존 국제질서에 대한 불만족도와 세력전이 전쟁 가능성인 만큼 세력전이 연구프로그램을 지속적으로 발전시켜 나가기 위해서는 불만족도 변수에 관한 지속적인 연구가 필수적이다.

| 미주 |

1) 물론, 모든 세력균형이론가들이 다 그렇게 주장하는 것은 아니다. 굴릭(Edward Gulick)이나 월츠(Kenneth Waltz)와 같은 학자들은 국가의 목표가 국력증대 그 자체라기보다는 국가생존 (national survival)에 있다고 가정한다. Edward Gulick, *Europe's Classical Balance of Power* (New York: Cornell University Press, 1955); Kenneth Waltz, *Theory of International Politics* (Reading: Addison-Wesley, 1979).

2) Bruce Bueno de Mesquita, "Theories of International Conflict: An Analysis and an Appraisal," in Ted Robert Gurr (eds.), *Handbook of Political Conflict* (New York: The Free Press, 1980); Jacek Kugler, and Douglas Lemke, "The Evolution of the Power Transition Perspective," in Jacek Kugler, and Douglas Lemke (eds.), *Parity and War* (Ann Arbor: University of Michigan Press, 1996).

3) Hans Morgenthau, *Politics Among Nations* (New York: Alfred A. Knopf, 1973).

4) 세력균형이론의 논리적 비일관성에 관한 비판은 위의 Bueno de Mesquita, 앞의 글 참조.

5) Ernst B. Haas, "The Balance of Power: Perception, Concept or Propaganda?" *World Politics*, vol. 5, no. 4 (July 1953), pp. 442-477; Inis Claude, Jr., *Power and International Relations* (New York: Random House, 1962).

6) A.F.K. Organski, *World Politics* (New York: Alfred A. Knopf, 1958).

7) 이에 반해, 세력균형이론가들은 국제체제내의 국력의 분포가 편중된 상태가 가장 불안정한 상태이고, 적대국가들간의 세력이 비슷하게 분포되었을 때 그들간의 전쟁 가능성은 억제되고 체제적 안정을 유지할 수 있다고 주장한다.

8) Jonathan M. DiCicco, and Jack Levy, "Power Shifts and Problem Shifts," *Journal of Conflict Resolution*, vol. 43, no. 6 (December 1999), pp. 675-704.

9) Woosang Kim, "Alliance Transitions and Great Power War," *American Journal of Political Science*, vol. 35, no. 4 (November 1991), pp. 833-850.

10) Woosang Kim, "Power Transitions and Great Power War from Westphalia to Waterloo," *World Politics*, vol. 45, no. 1 (October 1992), pp. 153-172; Woosang Kim, "Power Parity, Alliance, and War from 1648 to 1975," in Jacek Kugler, and Douglas Lemke (eds.), 앞의 책.

11) 라카토스에 의하면, 하나의 연구프로그램을 형성하는 각각의 이론(또는 모델)들은 공통적인 핵심 가정들에 근거하고 있는데 이러한 기본 가정들을 연구프로그램의 "핵심부(hard core)"라고 한다. 동일 연구프로그램내의 각각의 이론(또는 모델)은 이 핵심부를 근거로 실증 가능한 가설들을 도출해낸다. 라카토스는 연구프로그램의 이론적 발전을 "문제변경(problemshift)"이라 하고, 이론적 발전이 연구프로그램의 핵심부를 근거로 할 경우 "프로그램 내부의 문제변경(intraprogram problemshift)"이라고 한다. 이에 반해, 이론적 발전이 핵심부와 부분적으로 상이한 새로운 가정을 바탕으로 할 경우 "프로그램간 문제변경(interprogram problemshift)"이라고 한다. 또한, 연구프로그램내 새로 개발된 이론(또는 모델)이 기존 이론의 내용을 모두 포함할 뿐 아니라 새로운 내용이나 가설을 포함하고 이를 실증적으로 뒷받침할 경우를 이론의 "전향적(progressive)" 발전이라고 한다. Imre Lakatos, "Falsification and the methodology of scientific research programmes," in Imre Lakatos, and Alan Musgrave (eds.), *Criticism and the Growth of Knowledge* (New York: Cambridge University Press, 1970), pp. 91-196.

12) 렘키는 국제적 위계체제와 유사한 지역적 위계체제가 라틴아메리카에 4개, 중동지역에 3개, 아시아지역에 7개, 아프리카지역에 9개 존재한다고 설명한다. 다만, 지역적 위계체제에 강대국이 개입할 경우에는 국제적 위계체제에 적용되는 세력전이 가설들이 지역적 위계체제에 그대로 적용될 수 없음을 인정하고, 그러한 강대국의 개입이 빈번한 지역으로 동아시아 지역을 들고 있다. Douglas Lemke, *Regions of War and Peace* (Cambridge: Cambridge University Press, 2002), pp. 49-52, 81-89; Douglas Lemke, "Small States and War: An Expansion of Power Transition Theory," in Jacek Kugler, and Douglas Lemke (eds.), 앞의 책 (1996); Douglas Lemke, "Peace and War in the Far East: An Application of the Multiple Hierarchy Model," presented at the 1997 International Studies Association(ISA) Annual Meeting, March 1997, Toronto, Canada.

13) Woosang Kim, and James D. Morrow, "When Do Power Shifts Lead to War?" *American Journal of Political Science*, vol.36, no.4 (November 1992), pp. 896-922.

14) A. F. K. Organski, and Jacek Kugler, *The War Ledger* (Chicago: University of Chicago Press, 1980), p. 21.

15) Geoffrey Blainey, *The Causes of War* (New York: The Free Press, 1973), ch. 8.

16) 한 가지 아쉬운 점이 있다면, 길핀은 1981년에 자신의 대표적인 저서에서 세력전이이론과 흡사한 패권안정이론을 주장하면서 1958년에 정립된 오르갠스키의 세력전이이론에 관해 전혀 언급하지 않고 있다. Robert Gilpin, *War and Change in World Politics* (Cambridge: Cambridge University Press, 1981).

17) 1980년 이후부터 각광을 받기 시작한 국제정치이론인 기대효용이론(expected utility theo-

ry)에 관해서는 Bruce Bueno de Mesquita, *The War Trap* (New Haven: Yale University Press, 1981) 참조.

18) George Modelski, "The Long Cycle of Global Politics and the Nation-State," *Comparative Studies in Society and History*, vol.20, no.2 (April 1978), pp. 214-235; George Modelski, *Long Cycles in World Politics* (Seattle: University of Washington Press, 1987); George Modelski, and William R. Thompson, *Seapower in Global Politics*, 1494-1993 (Seattle: University of Washington Press, 1988); William R. Thompson, *On Global War* (Columbia: University of South Carolina Press, 1988).

19) Paul Kennedy, *The Rise and Fall of the Great Powers* (New York: Random House, 1988).

20) A.F.K. Organski, and Jacek Kugler, 위의 책, ch.1

21) 세력균형이론에 관한 경험적 연구로는 Wayne H. Ferris, *The Power Capabilities of Nation-States* (Lexington: Lexington Books, 1973)과 Randolph M. Siverson, and Michael R. Tennefoss, "Power, Alliance and the Escalation of International Conflict, 1815-1965," *American Political Science Review*, vol. 78, no. 4 (December 1984), pp. 1057-1069를 들 수 있다.

22) 여기서 '전쟁에 관한 연구(COW)'라 함은 미시간 대학의 싱어(J. David Singer)에 의해 주도된 것으로, 주요 연구업적 중의 하나로 국력지표를 들 수 있다. 이 국력지표(the national capability index)는 세 가지 영역의 계수들, 즉 군사 영역, 산업 영역, 인구 영역의 계수들을 각각 두 가지씩 사용하여 전세계 국가들의 상대적 국력지표를 계산한 것이다. 각 영역별로, 군대 수와 군사비 지출, 철 생산량과 에너지 소비량, 국민 총인구수와 도시 인구수를 바탕으로 계산한 국력지표이다. 더 자세한 측정 방법을 위해서는, J. David Singer, Stuart A. Bremer, and John Stuckey, "Capability Distribution, Uncertainty, and Major Power War, 1820-1965," in Bruce M. Russett (eds.), *Peace, War, and Numbers* (Beverly Hills: Sage Publications, 1972) 참조.

23) Henk Houweling, and Jan G. Siccama, "Power Transitions as a Cause of War," *Journal of Conflict Resolution*, vol. 32, no. 1 (March 1988), pp. 87-102; Woosang Kim, "Power, Alliance, and Major Wars, 1816-1975," *Journal of Conflict Resolution*, vol. 33, no. 2 (June 1989), pp. 255-273.

24) Woosang Kim, "Alliance Transitions and Great Power War," *American Journal of Political Science*, vol. 35, no. 4 (November 1991), pp. 833-850.

25) Woosang Kim, "Power Transitions and Great Power War from Westphalia to Waterloo," 앞의 책, pp. 153-172.

26) 오르갠스키, 쿠글러, 김우상, 렘키의 세력전이이론 관련 연구에 대한 평가로는 John

Vasquez, "When Are Power Transitions Dangerous? An Appraisal and Reformulation of Power Transition Theory," in Jacek Kugler, and Douglas Lemke (eds.), 앞의 책 ; Randolph Siversion, and Ross Miller, "The Power Transition: Problems and Prospects," 위의 책 참조.

27) Bueno de Mesquita, 앞의 책.

28) Woosang Kim, "Alliance Transitions and Great Power War," 앞의 책; "Power Transitions and Great Power War from Westphalia to Waterloo," 앞의 책; Woosang Kim, "Power Parity, Alliance, and War from 1648 to 1975," in Jacek Kugler, and Douglas Lemke, (eds.), 앞의 책.

29) Douglas Lemke and Suzanne Werner, "Power Parity, Commitment to Change, and War." *International Studies Quarterly*, vol.40, no.2 (June 1996), pp. 235-260; Suzanne Werner and Jacek Kugler, "Power Transitions and Military Buildups: Resolving the Relationship between Arms Buildups and War," in Jacek Kugler, and Douglas Lemke (eds.), 앞의 책.

30) Douglas Lemke, "Small States and War: An Expansion of Power Transition Theory," in Jacek Kugler, and Douglas Lemke (eds.), 위의 책.

31) Douglas Lemke, 앞의 책.

32) Woosang Kim, "Power Parity, Alliance, Dissatisfaction, and Wars in East Asia, 1860-1993," *Journal of Conflict Resolution*, vol. 46, no. 5 (October 2002), pp. 654-671; 김우상, "세력전이와 동아시아 안보질서에 관한 경험적 연구,"『한국정치학회보』제35집 4호, (2001 겨울), pp. 377-394.

33) 김현일, "해양력과 동북아시아의 전쟁발생: 1860-1993," 연세대학교 대학원 정치학과 박사학위논문, 2003년.

34) Ronald Tammen L., et al., *Power Transitions: Strategies for the 21st Century* (New York: Chatham House Publishers, 2000), ch.7; Woosang Kim, "Power Transitions and Strategic Stability in East Asia," *Asian Perspective*, vol. 21, no. 1 (Spring/Summer 1997), pp.153-170.

35 *The Economist*, October 1, 1994; *The Economist*, January 3-9, 1998.

36) Bruce Bueno de Mesquita, and David Lalman, *War and Reason* (New Haven: Yale University Press, 1992); Zeev Maoz, and Bruce Russett, "Normative and Structural Causes of Democratic Peace, 1946-1986," *American Political Science Review*, vol. 87, no.3 (September 1993), pp. 624-638; Edward D. Mansfield, and Jack Snyder, "Democratization and the Danger of War," *International Security*, vol. 20, no. 1 (Summer 1995), pp.

5-38.

37) Woosang Kim, "Alliance Transitions and Great Power War," 위의 책; Woosang Kim,
     "Power Transitions and Great Power War from Westphalia to Waterloo," 위의 책;
     Woosang Kim, "Power Parity, Alliance, and War from 1648 to 1975," 위의 책; Woosang
     Kim, "Power Parity, Alliance, Dissatisfaction, and Wars in East Asia, 1860-1993," 위의
     책; Suzanne Werner, and Jacek Kugler, "Power Transitions and Military Buildups:
     Resolving the Relationship between Arms Buildups and War," in Jacek Kugler, and
     Douglas Lemke (eds.), 앞의 책; Douglas Lemke, and Suzanne Werner, 앞의 글; Douglas
     M. Gibler, "State Satisfaction and the Initiation of Disputes and Wars: Creating a New
     Measure of Satisfaction," presented at the 1998 Annual Meeting of the International
     Studies Association, Minneapolis, Minnesota; Douglas Lemke, and William Reed,
     "Regime Type and Status Quo Evaluations: Power Transition Theory and the Democra-
     tic Peace," *International Interactions*, vol. 22, no. 2 (May 1996), pp. 143-164. 현존
     불만족도 측정 계수에 대한 평가는 Jonathan M. DiCicco, and Jack Levy, 앞의 글; Michelle
     Benson, "Measuring the International Status Quo: The Hegemon vs. the Stag Hunt,"
     presented at the 1998 Annual Meeting of the American Political Science Association,
     Boston, Massachusetts; John R. Oneal Indra De Soysa, and YongHee Park, "But Power
     and Wealth Are Satisfying: A Reply to Lemke and Reed," *Journal of Conflict Resolutio*n,
     vol. 42, no. 4 (August 1998), pp. 517-520 참조.

| 참고문헌 |

- 김우상. "세력전이와 동아시아 안보질서에 관한 경험적 연구." 『한국정치학회보』 제35집 4호, 2001 겨울.
- 김현일. "해양력과 동북아시아의 전쟁발생: 1860-1993." 연세대학교 대학원 정치학과 박사학위 논문, 2003년.
- Benson, Michelle. "Measuring the International Status Quo: The Hegemon vs. the Stag Hunt." presented at the 1998 Annual Meeting of the American Political Science Association, Boston, Massachusetts.
- Blainey, Geoffrey. *The Causes of War*. (New York: the Free Press, 1973).
- Bueno de Mesquita, Bruce. *The War Trap*. (New Haven: Yale University Press, 1981).
- Bueno de Mesquita, Bruce, and David Lalman. *War and Reason*. (New Haven: Yale University Press, 1992).
- DiCicco, Jonathan M., and Jack Levy. "Power Shifts and Problem Shifts." *Journal of Conflict Resolution*, vol. 43, no. 6, December 1999.
- Ferris, Wayne H. *The Power Capabilities of Nation-States*. (Lexington: Lexington Books, 1973).
- Gilpin, Robert. *War and Change in World Politics*. (New York: Cambridge University Press, 1981).
- Gibler, Douglas M. "State Satisfaction and the Initiation of Disputes and Wars: Creating a New Measure of Satisfaction," presented at the 1998 Annual Meeting of the International Studies Association, Minneapolis, Minnesota.
- Gulick, Edward. *Europe's Classical Balance of Power*. (New York: Cornell University Press, 1955).
- Haas, Ernst B. "The Balance of Power: Perception, Concept or Propaganda?" *World Politics*, vol. 5, no. 4, July 1953.
- Houweling, Henk, and Jan Siccama, "Power Transitions as a Cause of War." *Journal of Conflict Resolution*, vol. 32, no. 1, March 1988.
- Kennedy, Paul. *The Rise and Fall of the Great Powers*. (New York: Random House, 1988).
- Kim, Woosang. "Alliance Transitions and Great Power War." *American Journal of Political*

Science, vol. 35, no. 4, November 1991.

▪ Kim, Woosang. "Power Transitions and Great Power War from Westphalia to Waterloo." *World Politics*, vol. 45, no. 1, October 1992.

▪ Kim, Woosang. "Power Parity, Alliance, and War from 1648 to 1975." in Jacek Kugler, and Douglas Lemke (eds.). *Parity and War: Evaluations and Extensions of The War Ledger.* (Ann Arbor: University of Michigan Press, 1996).

▪ Kim, Woosang. "Power Transitions and Strategic Stability in East Asia." *Asian Perspective*, vol. 21, no. 1, Spring/Summer 1997.

▪ Kim, Woosang. "Power Parity, Alliance, Dissatisfaction, and Wars in East Asia, 1860-1993." *Journal of Conflict Resolution*, vol. 46, no. 5, October 2002.

▪ Kim, Woosang, and James D. Morrow. "When Do Power Shifts Lead to War?" *American Journal of Political Science*, vol. 36, no. 4, November 1992.

▪ Kugler, Jacek, and Douglas Lemke (eds.). *Parity and War: Evaluations and Extensions of The War Ledger.* (Ann Arbor: University of Michigan Press, 1996).

▪ Lakatos, Imre. "Falsification and the methodology of scientific research programmes." in Imre Lakatos, and Alan Musgrave (eds.). *Criticism and the Growth of Knowledge.* (New York: Cambridge University Press, 1970).

▪ Lemke, Douglas. "Small States and War: An Expansion of Power Transition Theory." in Jacek Kugler, and Douglas Lemke (eds.). *Parity and War: Evaluations and Extensions of The War Ledger.* (Ann Arbor: University of Michigan Press, 1996).

▪ Lemke, Douglas. "Peace and War in the Far East: An Application of the Multiple Hierarchy Model." presented at the 1997 International Studies Association(ISA) Annual Meeting, March 1997, Toronto, Canada.

▪ Lemke, Douglas. *Regions of War and Peace.* Cambridge: Cambridge University Press, 2002.

▪ Lemke, Douglas, and Suzanne Werner. "Power Parity, Commitment to Change, and War." *International Studies Quarterly*, vol. 40, no. 2, June 1996.

▪ Lemke, Douglas, and William Reed. "Regime Type and Status Quo Evaluations: Power Transition Theory and the Democratic Peace." *International Interactions*, vol. 22, no. 2, May 1996.

▪ Mansfield, Edward D., and Jack Snyder. "Democratization and the Danger of War." *International Security*, vol. 20, no. 1, Summer 1995.

▪ Maoz, Zeev, and Bruce Russett. "Normative and Structural Causes of Democratic Peace, 1946-1986." *American Political Science Review*, vol. 87, no. 3, September 1993.

- Modelski, George. "The Long Cycle of Global Politics and the Nation-State." *Comparative Studies in Society and History*, vol. 20, no. 2, April 1978.
- Modelski, George. *Long Cycles in World Politics*. (Seattle: University of Washington Press, 1987).
- Modelski, George, and William R. Thompson. *Seapower in Global Politics, 1494-1993*. (Seattle: University of Washington Press, 1988).
- Morgenthau, Hans J. *Politics Among Nations*. (New York: Alfred A. Knopf, 1973).
- Oneal, John R., Indra De Soysa, and Yong-Hee Park. "But Power and Wealth Are Satisfying: A Reply to Lemke and Reed." *Journal of Conflict Resolution*, vol. 42, no. 4, August 1998.
- Organski, A.F.K. *World Politics*. (New York: Alfred A. Knopf, 1958).
- Organski, A.F.K., and Jacek Kugler. *The War Ledger*. (Chicago: University of Chicago Press, 1980).
- Singer, J. David, Stuart A. Bremer, and John Stuckey. "Capability Distribution, Uncertainty, and Major Power War, 1820-1965." in J. David Singer (ed.). (*The Correlates of War I*. New York: The Free Press, 1979).
- Siverson, Randolph M., and Michael R. Tennefoss. "Power, Alliance and the Escalation of International Conflict, *1815-1965*." *American Political Science Review*, vol. 78, no. 4, December 1984.
- Tammen, Ronald L., et al. *Power Transitions: Strategies for the 21st Century*. (New York: Chatham House Publishers, 2000).
- Thompson, William R. *On Global War*. (Columbia: University of South Carolina Press, 1988).
- Vasquez, John A. "When Are Power Transitions Dangerous? An Appraisal and Reformulation of Power Transition Theory." in Jacek Kugler, and Douglas Lemke (eds.) *Parity and War: Evaluations and Extensions of The War Ledger*. (Ann Arbor: University of Michigan Press, 1996).
- Werner, Suzanne, and Jacek Kugler. "Power Transitions and Military Buildups: Resolving the Relationship between Arms Buildups and War." in Jacek Kugler, and Douglas Lemke (eds.). *Parity and War: Evaluations and Extensions of The War Ledger*. (Ann Arbor: University of Michigan Press, 1996).

| 문헌해제 |

- A.F.K. Organski, *World Politics* (New York: Alfred A. Knopf, 1958), 제14장: 이 책의 제 14장에서 오르갠스키는 세력전이이론의 등장배경, 세력전이이론의 기본적인 틀과 핵심논지를 설명했다. 세력전이이론을 이해하기 위해서 반드시 제일 먼저 읽어야 할 책이다.

- A.F.K. Organski, and Jacek Kugler, *The War Ledger* (Chicago: University of Chicago Press, 1980), 제1장: 이 책의 제1장에서 오르갠스키와 쿠글러는 세력전이 가설을 재정리하고 이에 대한 최초의 경험적 연구를 시도했다. 오르갠스키의 세력전이이론이 라카토스의 소위 '과학적 연구프로그램'의 형태로 발전될 수 있는 토대를 마련했다. 과학적 연구분석에 관심이 있는 학생들은 꼭 읽어보기를 권한다.

- Jacek Kugler, and Douglas Lemke (eds.), *Parity and War: Evaluations and Extensions of The War Ledger* (Ann Arbor: University of Michigan Press, 1996): 오르갠스키, 쿠글러, 김우상, 렘키 등 세력전이이론가들뿐 아니라 부에노 디 메스키타, 존 바스케즈(John Vasquez), 랜돌프 시버슨(Randolph Siverson), 제임스 모로우(James Morrow), 베르너 등이 집필한 논문들을 쿠글러와 렘키가 편집했다. 이 책에는 1958년 이래 지속적으로 발전되어온 세력전이이론 관련 연구들에 대한 평가를 하는 논문들, 세력전이이론에 대한 새로운 이론적 개발을 시도하는 논문들, 세력전이 가설들에 대한 경험적 검증을 시도하는 논문들이 다양하게 포함되어 있다.

- Jonathan M. Dicicco, and Jack Levy, "Power Shifts and Problem Shifts," *Journal of Conflict Resolution*, vol. 43, no. 6 (December 1999), pp. 675-704: '과학적 접근방법'을 통한 국제정치학 연구와 관련하여 국제적으로 권위있는 학술지인 *Journal of Conflict Resolution*에 1999년에 발표한 논문에서 디치코와 리비는 1958년 이후 최근까지의 세력전이이론 관련 연구들을 라카토스의 '과학적 연구프로그램' 시각에서 면밀히 평가하고, 차후 세력전이이론의 발전적 연구방향을 제시한다. 세력전이이론에 대한 객관적인 평가를 위해서 반드시 읽어야 할 논문이다.

- Ronald L. Tammen, et al., *Power Transitions: Strategies for the 21st Century* (New York: Chatham House Publishers, 2000): 이 책에서는 오르갠스키, 쿠글러, 렘키를 포함한 여러

세력전이이론가들이 핵전쟁억지, 핵확산문제, 경제성장과 무역, 민주주의, NATO 확대문제, 중국과 인도의 급성장과 향후 아시아 지역질서의 변화를 세력전이이론적 틀을 적용시켜서 설명한다. 21세기의 역동적인 국제체제 및 지역질서의 변화를 이해하기 위한 필독서 중 하나다.

■ Woosang Kim, "Power Parity, Alliance, Dissatisfaction, and Wars in East Asia, 1860-1993," *Journal of Conflict Resolution*, vol. 46, no. 5 (October 2002), pp. 654-671: 세력전이이론과 관련된 연구들 중 가장 최근에 발표된 논문이다. 세력전이이론의 핵심논지, 세력전이이론의 동아시아 지역체제에의 적용, 세력전이이론의 경험적 연구를 위한 최신 분석방법에 관심이 있는 학생들에게 필독하기를 권한다. 이 논문과 유사한 연구결과를 한글로 접하고 싶은 학생들은 다음의 논문을 읽어도 좋다: 김우상, "세력전이와 동아시아 안보질서에 관한 경험적 연구," 『한국정치학회보』 제35집 4호 (2001 겨울), pp. 377-394.

게임과 억지이론

김 태 현

I. 서론

이 장(章)은 초보적 수준의 게임이론—그리고 좀더 일반적으로 합리적 선택이론—과 그것이 국제정치에 적용되어 논의되는 주요개념과 논리를, 특히 "억지(抑止)이론(deterrence theory)"을 위주로 소개한다. 일반적으로 "상호의존적 결정이론(theory of interdependent decision)"으로 불리는 게임이론은 복수(複數)의 참가자가 어울려 빚어내는 복잡한 '게임'과 같은 상황에서 일반적인 해(解)를 구하고자 하는 수학이론이다. 후술하는 바와 같이 이와 같은 게임이론은 국제정치와 본연적인 친화성이 있어 국제정치의 분석에 널리 이용되어 왔으나, 본격적인 이용은 비교적 최근의 일이며, 이용되는 수학의 수준도 편차가 매우 크다.

흔히 권력정치(power politics)라고 불리는 국제정치와 게임이론은 본연적인 친화성이 있다. 세계정부가 없는 국제무정부상태에서 주권국가들이 특히 군사력을 주된 수단으로 하여 펼치는 국제정치는 고도의 전략적 상호의존성으로 특징지어지기 때문이다. 즉, 국제정치 속에서 모든 국가들은 서로가 서로의 선택과 행위에 영향을 주고, 또 그로부터 영향을 받는다. 따라서 어느 국가도 다른 국가의 존재를 무시할 수 없는 환경 속에서 살고 있으며, 그와 같은 상황은 바로 게임상황과 본질적으로 닮았다.[1] 그럼에도 불구하고 일반 국제정치학에서 게임이론의 수용은 타 학문분야, 특히 경제학에 비해 지체되었다. 게임이론은 기본적으로 계량(計量)적 사고를 요구하는 바, 권력정치로 규정된 국제정치의 경우 계량화 자체가 매우 지체되었기 때문이다.

한편 1950년대 후반 이후 핵대결을 전제로 한 냉전의 엄중한 현실 속에서 현실문제에 실질적 관심을 가진 일부 전략이론가, 수학자, 경제학자들이 게임이론의 논리를 핵전략의 문제에 적용함으로써 억지이론이 출발했다.[2] 전쟁에 이기기 위한 군사력 사용이 아닌 전쟁을 막기 위한 군사력의 사용과 그 위협에 관한 이 이론은 전략문제 및 국가안보정책에 있어서 학자들과 정책결정자들의 연구 및 사고방식, 나아가 정책의 수립에 매우 큰 영향을 미쳤다. 그러나 초기에 이들이 주류 정치학자가 아니었듯이 이들이 내세운 전략적 억지이론도 한동안 국제정치 이론의 핵심을 차지하지는 못했다.[3]

1970년대 이후 억지이론의 논리가 일반 외교정책 분야에 확대 적용되면서 억지이론의 경험적 기반이 구축되는 한편 합리적 억지이론의 기본전제에 대한 비판이 제기되었다. 주로 외교정책 사례연구 및 심리학적 개념을 도입한 이 연구들은 특히 억지의 주체인 사람들의 인지적 기제와 정부조직의 행태가 합리적 억지이론이 요구하는 합리성의 요건을 충족하지 못한다고 비판했다.[4] 그러나 이와 같은 비판은 전략이론 분야에 국한되었던 억지이론을 하나의 국제정치 일반이론으로 발전시키는 계기가 되었고 그로써 억지이론은 국제정치학의 주요 연구프로그램의 하나로 자리잡았다.

반면 국제정치학에서 게임이론이 본격적으로 수용된 것은 1980년대의 일이었다. 물론 그 전에도 게임이론의 여러 모델을 국제정치 현실사례에 적용하고 그를 통해 사례를 재해석하거나 나아가 일반이론의 도출을 시도했던 노력이 없었던 것은 아니다.[5] 그러나 이들이 '모델'이라고 부른 것들은 '게임모델'이었을 뿐, 본격적인 국제정치의 '모델'이라기보다는 차라리 '은유(metaphor)'에 가까운 것이었으며, 게임이론의 잠재력을 십분 활용하지는 못했다. 게임이론의 진정한 힘은 개별 사례를 재구성하는 데 있는 것이 아니라 이를 통해 새로운 발견과 이해를 유도하는 데 있기 때문이다.[6] 국제정치 현상에 대한 게임이론, 혹은 기타 공식이론 모델을 직접 구성하고 그것의 논리적 분석을 통해 국제정치현상에 대한 연역적(deductive)이고 도출적(derivative)이며, 따라서 자기발견적(heuristic)인 이해를 추구한 것은 1980년대의 일로, 두 개의 연구가 단초가 되었다.

첫째는 부에노 디 메스키타(Bruce Bueno de Mesquita)가 1981년에 출판한 『전쟁의 함정』이란 책이다. 이 책은 게임이론의 초석을 이루는 기대효용이론을 전쟁결정에 원용한 동시에, 그로부터 도출된 일련의 가설을 당시 학계에서 널리 인정되고 인용되던 미시간 대학교의 전쟁자료를 이용하여 검증함으로써 학계에 큰 반향을 불러 일으켰다. 둘째는 1983년에 출간된 액설로드(Robert Axelord)의 『협력의 진화(*Evolution of Cooperation*)』라는 책이다. 이 책은 친숙한 '공범자의 딜레마(Prinsoners' Dilemma: PD)' 게임에서 그 맥락을 바꿈으로써, 혹은 새로운 전략의 소개를 통해, 당시 국제정치학의 큰 논점이었던 국제협력의 가능성을 비교적 단순하고 명쾌한 논리로 설명했다.[7] 이후 게임이론은 '합리적 선택(rational choice)이론'이라는 큰 이름을 가진 접근법의 핵심부분으로서 특히 미국 국제정치학계에서 주도적인 접근법의 하나로 자리잡았다.

그러나 게임이론은 하나의 수학이론이지 그 자체로서 국제정치이론이 아니다. 그것이 국제정치의 이론이 되기 위해서는 풍부한 경험적 연구가 겸비되어야 한다. 즉 게임이론을 이용한 연역적 연구는 경험적 연구의 방향을 제시하는 한편 경험적 연구의 결과는 연역적 이론의 전제와 가정의 현실성을 새로이 검토하는 기반을 제공해야 한다. 오늘날 억지이론은 크게 세 가지 방향으로 전개되고 있다. 첫째는 그 근원과 마찬가지로 게임이론 의 틀 위에서 이루어지고 있는 형식적 연구이다.[8] 둘째는 비교사례분석이 라는 연구방법을 통해 주로 위기시 흥정의 심리학적 측면을 강조하는 연구 로 첫 번째 방법론과 개념, 특히 합리성의 개념에서 좋은 대조를 이루고 있 다.[9] 셋째는 연역적 이론으로서의 억지이론의 추론을 통해 경험적 차원의 가설을 도출하고 이를 계량적 자료의 통계적 분석을 통해 검증하는 계량적 연구이다. 말하자면 첫째와 둘째 경향의 중간형태라고 할 수 있다.[10] 이들 서로 다른 경향의 연구자들은 1990년을 전후하여 각자의 연구방법을 둘러 싸고 치열한 논쟁을 벌였다.[11] 그와 같은 논쟁은 각자의 연구기반을 돌아 보는 동시에 이론의 종합을 기할 수 있다는 점에서 건전한 논쟁이라 하겠 으며, 연구프로그램의 전개과정의 하나의 전형을 보여주고 있다.

이하는 크게 세 부분으로 구성된다. 첫째는 게임이론을 이용한 억지이 론의 논리적 구조를 살펴보는 동시에 독자들에게 초보적인 게임이론의 개 념과 예를 소개한다. 우선, 적지 않은 독자들에 생소하지 않을 '공범자의 딜레마(PD)' 게임을 소개하면서 2×2게임의 기본구조와 해(解)의 개념을 소개한다. 그리고 그 연장선상에서 초기 억지이론가들이 원용한 '겁쟁이 게임(the Game of Chicken)'을 소개하고 분석하여 억지이론의 기본논 리 및 '억지의 역설(paradox of deterrence)'을 논의한다.

둘째는 억지상황에서 행위자들의 선호를 도출하기 위해 억지의 논리를 기대효용(expected utility)이론을 이용해 재구성한다. 여기서 목적은 특 히 억지의 성공요건에 관한 검증 가능한 가설의 도출에 있다. 우선 앞에서 핵억지에 국한되었던 억지상황을 일반화하여 확대한다. 그리고 잠재적 공 격국의 득실구조를 기대효용의 분석을 통해 구성하는 동시에, 공격국의 입 장에서 본 방어국의 득실구조를 기대효용의 모델을 통해 분석함으로써 방 어국의 개입가능성에 대한 공격국의 평가, 즉 억지의 성공가능성 및 그 요건을 검토한다.

마지막 결론 부분에서는 억지이론의 효용과 한계를 몇 가지 시사적 문제에 비추어 검토한다.

II. 게임이론과 합리적 억지이론

1. 게임의 구성 요건과 주요 개념[12]

게임은 선호(preference)를 가지고 있는 참가자와 그들이 취할 수 있는 행동 및 게임상황에서의 행동계획, 즉 전략(strategy), 그리고 경기자들이 전략을 택하고 그 전략이 맞물릴 때 나타나는 결과(outcome)로 구성된다. 또한 각 결과에는 참가자들에게 배당되는 몫(payoff)이 있다. 이와 같은 게임은 무수히 많을 수 있기 때문에 게임을 분류하는 것도 게임이론의 주요 영역의 하나다. 흔히 게임은 참가자의 수에 따라 1인 게임, 2인 게임, 다인(多人 n-person) 게임 등으로 나뉜다. 또 몫이 참가자에게 어떻게 분배되는가에 따라 영합(零合 zero sum, 좀더 정확히는 constant sum) 게임과 비영합(non-zero sum) 게임으로 나뉜다. 영합 게임이란 게임의 전체 몫이 고정되어 있어 한 참가자의 득은 곧 다른 참가자의 실을 의미하는 경우이며, 비영합 게임은 그와 달리 참가자들이 함께 얻거나 잃을 수 있는 경우를 말한다. 그리고 참가자들간에 서로 의사소통이 가능하고 그를 통해 구속력 있는 합의를 할 수 있으면 협조(cooperative) 게임, 의사소통이 허용되지 않으면 비협조(non-cooperative) 게임이라고 한다.

게임이론은 이처럼 다양한 게임의 수학적 해(解)를 구하는 이론이다. 그리고 해를 구하기 위해서는 일련의 가정이 필요하다. 무엇보다 중요한 가정은 바로 참가자의 합리성에 관한 것이다. 실로 사회과학 전반에서 인간의 합리성에 대해서는 매우 많은 논란이 있다. 그리고 게임이론을 비롯한 합리적 선택이론, 그리고 이 장의 관심분야인 합리적 억지이론의 현실적 적실성을 둘러싼 논란과 비판은 주로 이 합리성의 개념을 둘러싸고 이루어지고 있다. 따라서 최근의 게임이론가들은 가급적 합리성의 요건을 최소한에 국한시키는 경우가 있다. 그 최소한의 요건이란 행위자들이 서로 다른 결과에 대해 일관된 선호를 가지고 있으며 그에 따라 행동한다는 것이다. 즉, 각 결과에 대해 비교가능한 선호도를 부여할 수 있으며, 그 선호도간에는 일관성이 있어야 하며, 선호도가 큰 결과를 보장하는 전략을 선택한다는 것이다.[13]

영합게임의 경우 안장점(鞍裝點 saddle point)과 같이 비교적 쉬운 해(解)가 있으나, 오히려 그 때문에, 그리고 현실 속에서 영합게임은 흔하지 않다는 점에서 게임이론으로서의 흥미는 떨어진다.[14] 현실 상황에서 가장 흔한 것은 비영합-비협조 게임상황이며 게임이론의 다양한 측면을 잘 보여주는 동시에 분석상의 편이성으로 인해 가장 널리 논의되는 게임 모델이 2인 2전략 게임 즉, 2×2게임이다. 그리고 그중 가장 널리 논의되는 것이 '공범자의 딜레마' 게임이다.

2. '공범자의 딜레마' 게임과 해(解)의 개념

강도혐의로 두 명의 용의자 갑(甲)과 을(乙)이 체포되었다. 심증은 있으나 물증이 없는 검사는 이들 각자에게 다음과 같은 형태로 자백을 종용한다. 첫째, 갑이 자백을 하고 을이 부인을 하면 갑의 자백으로 증거가 확보되므로 을에게 법정최고형(10년)을 구형하고 갑은 기소유예로 석방한다. 을이 자백하고 갑이 부인하면 그 반대, 즉 갑에게 법정최고형을 구형하고 을은 기소유예로 석방한다. 둘째, 갑과 을 모두가 자백하면 모두 정상을 참작한 형(5년)을 구형한다. 셋째, 둘 모두 부인하면 증거부족으로 강도죄로 기소하지는 못하지만 다른 죄, 예컨대 불법무기소지죄로 기소, 1년을 구형한다.

이 경우 경기자는 갑과 을 둘이며, 각자는 자백과 부인이라는 두 가지 전략을 가지게 되어 전형적인 2×2게임이 된다. 이를 게임 행렬로 나타내면 〈표 1〉과 같다. 이 표는 갑과 을의 두 가지 선택이 맞물려 빚어내는 네 가지 결과와 그에 따르는 몫의 구조를 보여준다. 갑의 자백과 을의 자백이 맞물리면 (오른쪽 아래 칸) 각자 5년형(몫= -5)을 살게 된다. 둘 모두 부인할 경우 (왼쪽 위 칸) 각자 1년형(몫= -1)을 살게 된다. 갑이 자백하고 을이 부인할 경우 (왼쪽 아래 칸) 갑은 석방(몫= 0)되고 을은 10년형(몫= -10)을 살며 그 반대의 경우 (오른쪽 위 칸) 갑은 10년형(몫= -10)을 살고 을은 석방(몫= 0)된다.

		을	
		협력(부인)	배신(자백)
갑	협력 (부인)	−1, −1	−10, 0
	배신 (자백)	0, −10	−5, −5

〈표 1〉 '공범자의 딜레마' 게임

이와 같은 게임의 해는 무엇인가? 해를 구하는 한 가지 방법은 각 참가자에게 지배전략(dominant strategy)이 있는가를 따져보는 방법이다. 이 경우 지배전략이란 참가자에게 주어진 두 가지 전략 중 상대가 무엇을 택하더라도 좀더 나은 몫을 가져다주는 전략이다. 우선 갑의 경우를 보자. 을이 자백을 선택할 경우 갑이 자백을 선택하면 5년형, 부인을 선택하면 10년형이 되므로 자백을 선택하여 5년형을 사는 것이 낫다(-5>-10). 만일 을이 부인을 선택할 경우, 갑이 자백을 선택하면 석방, 부인을 선택하면 1년형이 되므로 자백을 선택하여 석방되는 것이 낫다(0>-1). 즉 갑에게 자백은 지배전략이다. 마찬가지 논리를 을에게 적용하면 두 참가자의 몫구조가 동일하다는 의미에서 대칭게임인 이 게임에서는 을에게도 자백이 지배전략이다. 두 참가자가 모두 지배전략을 택하면 결과는 상호자백이 되어 각자 5년형을 살게 된다.[15]

해를 구하는 두 번째 방법은 네 가지 결과 중 평형(equilibrium)이 있는지를 따져보는 방법이다. 평형이란 일단 그 결과에 도달한 경우 어느 한 참가자가 현재의 선택을 고수하는 한 다른 참가자가 홀로 선택을 바꿀 이유가 없는 결과를 말한다. 한 예로서 상호부인(-1, -1)의 결과를 보자. 갑의 입장에서 볼 때 을이 부인을 고수하면 자백으로 선택을 바꿈으로써 좀더 좋은 결과(몫=0)를 얻을 수 있다. 을의 경우도 마찬가지다. 따라서 이것은 평형이 아니다. 다른 예로서 갑이 부인하고 을이 자백하는 경우(-10, 0)를 보자. 갑이 부인하는 한 을이 스스로 자백을 택할 이유는 없지만(0>-1), 갑의 입장에서 을이 자백하는 한 갑은 자백으로 선택을 바꾸어 좀더 좋은 결과(몫=-1)를 얻을 수 있다. 따라서 이것도 평형이 아니다. 같은 논리로 갑이 자백하고 을이 부인하는 경우(0, -10)도 평형이 아니다. 마지막으로 양자 모두 자백하는 경우(-5, -5)를 보자. 을이 자백을 고수하는 한 갑이 굳이 부인으로 선택을 바꿀 이유가 없다. 5년형을 살면 될 것을 굳이 10년형으로 바꿀 이유가 없는 것이다. 마찬가지로 갑이 자백하는 한 을이 굳이 부인으로 선택을 바꿀 이유도 없다. 그래서 상호자백은 평형, 혹은 이 개념을 최초로 개발한 내쉬(John F. Nash)의 이름을 빌어 내쉬의 평형이라고 한다.

이상의 둘에 비해 그 중요도가 떨어지기는 하지만 파레토 최적(Pareto optimality)을 따져볼 수도 있다. 특정한 결과에서 다른 결과로 바뀔 경우 어느 누군가의 몫이 전만 못해진다면 그 원래 결과는 파레토 최적이다. 이 게임의 경우 상호부인(-1, -1)이 파레토 최적이다. 이 '공범자 게임'이 특수한 이유는 각자가 스스로 합리적 판단에 따라 선택하여 얻는 결과는 개인적으로 볼 때 가능한 네 가지 중 세 번째에 불과하다는 것이고, 양자의 입장에서 볼 때 둘 모두에게 좋은 결과가 있는 파레토 열등의 결과이기 때문이다. 그리고 그것이 평형이 되어 어느 누구도 개인적으로든 사회적으로든 좀더 나은 결과를 도출할 수 없다는 점이다.[16]

지금까지는 이해를 돕기 위해 각자의 몫을 형기(刑期)라는 기수(基數)로 표기했지만 지배전략이나 내쉬 평형과 같은 해를 통한 분석은 각 결과로부터 얻는 몫의 상대적 크기가 같은 한 달라지지 않는다. 따라서 〈표 1〉을 다음 〈표 2〉와 같이 서수(序數)로 표시해도 그 성격은 같다.

		을	
		협력	배신
갑	협력	3, 3	1, 4
	배신	4, 1	2, 2

〈표 2〉 '공범자의 딜레마' 게임(서수 표기)

3. '겁쟁이 게임'과 억지이론

〈표 2〉에서는 참가자 갑과 을의 입장에서 자백을 배신, 부인을 협력으로 표기하고 각 결과의 몫을 선호도가 큰 순서에 따라 4>3>2>1로 표기했다. '공범자의 딜레마' 게임만이 아니라 2×2에서 가능한 어떠한 게임에서도 각 결과의 몫은 이처럼 선호도의 순서로 표기할 수 있다. 한 참가자에게 있어 네 가지 결과가 서로 다른 선호에 따라 배열될 수 있는 경우의 수는 4!, 즉 4×3×2×1=24가지가 있다. 참가자가 두 명이기 때문에 이를 서로 조합할 경우 2×2게임은 모두 24×24=576가지가 있다. 그리고 이 576개의 게임을 그 수학적 속성이 서로 다른 것으로 합하더라도 최소한 78개의 서로 다른 게임이 나온다.[17]

이 78가지 게임 중 공범자 게임 다음으로 많은 주목을 받은 것이 바로 '겁쟁이 게임'이다. 이것의 이름을 가져다 준 우화는 이렇다. 조폭세계에서 두 조직간에 분쟁이 생기면 전면적 '전쟁'을 벌이는 대신 양 조직의 두목이 배짱싸움을 벌인다. 이 배짱싸움은 곧 도로 위에서 서로 마주보고 충돌을 무릅쓴 채 자동차를 몰고 달리는 것이다. 그대로 달리면 서로 충돌하여 둘 다 목숨을 잃거나 불구자가 된다. 그것이 두려워 먼저 핸들을 꺾으면 겁쟁이(chicken)가 되어 본인은 그 세계에서 추방되고 조직은 상대조직에 흡수된다. 반면 끝까지 달리는 쪽은 승자가 되어 통합 조직의 두목이 된다. 둘 다 피하면 무승부가 된다. 이 게임을 피하는 것을 협력, 돌진하는 것을 배신으로 하고 〈표 2〉에 준해서 표시하면 〈표 3〉과 같다.

		을	
		협력(회피)	배신(돌진)
갑	협력 (회피)	3, 3	2, 4
	배신 (돌진)	4, 2	1, 1

〈표 3〉 '겁쟁이' 게임

지배전략과 평형의 개념을 이용하여 이 게임의 해를 찾아보자. 첫째, 이 게임에서 지배전략은 존재하지 않는다. 갑의 입장에서 볼 때, 을이 협력을 택할 경우 스스로 배신을 택하는 것이 낫다. 배신을 택하여 얻는 몫(=4)이 협력을 택하여 얻는 몫(=3)보다 크기 때문이다. 반면 을이 배신을 택하면 스스로 협력을 택하는 것이 낫다. 협력을 택해 얻는 몫(=2)이 맘에 들지 않더라도 그 대안(몫=1)보다는 낫기 때문이다. 대칭게임이기 때문에 을의 경우도 마찬가지이다. 상호배신(1, 1)과 상호협력(3, 3)은 평형이 아니다. 상호배신의 경우 갑이나 을이 협력으로 선택을 바꾸는 것이 낫기 때문이다(2>1). 상호협력의 경우도 갑이나 을이 배신으로 선택을 바꾸는 것이 낫기 때문이다(4>3). 대신 갑이나 을이 배신을 하고 상대방이 협력을 하는 일방배신은 평형이 된다. 따라서 이 게임에는 평형이 두 개 존재한다.

이와 같은 게임에서 해를 구하는 것은 결코 쉽지 않다. 간단히 보아 도구적 합리성의 원칙에 따라 상대방이 자기에게 유리한 평형을 가져다주는 전략, 즉 배신을 택한다고 보면 이쪽에서는 협력을 택하는 것이 낫다. 그러나 한발 더 나아가, 상대방 또한 이쪽에서 유리한 평형을 노린다고 생각하고 협력을 택할지 모르는 일이다. 그렇다면 오히려 배신을 택하는 것이 낫다. 그러나 상대 또한 같은 식으로 생각한다면 결과는 최악의 상황이다. 이처럼 순환론적 논리에 빠지면 해는 결코 나오지 않는다. 이런 경우 서로 최악의 상황을 회피하는 전략을 택하는 것이 자연스럽고 따라서 상호협력을 자연스런 결과라고 볼 수도 있다.[18] 그러나 이 결과는 평형이 아니라 각 경기자가 일방적으로 선택을 바꾸어 자신에게 유리한 결과를 가져오려고 할 유인(誘因)이 항시 존재하기 때문에 매우 불안정하다.

초기 억지이론에서는 미소간의 핵억지의 상황을 이 게임에 유추하여 설명하고, 상대방의 협력을 유도하기 위한 여러 가지 전략 아이디어가 나왔다. 첫째는 선제의 방법이다. 즉 무조건 돌진한다는 전략을 미리 선언하고, 그 신빙성을 높이기 위해 말하자면 자동차 핸들을 제거해버리는 방법을 쓸 수 있다. 둘째는 ('비합리적'이라는) 평판을 쌓는 방법이다. 게임이론은 합리성을 전제로 하는 것이기 때문에 이쪽이 비합리적이라는 판단을 상대가 하게 되면 합리적인 상대는 회피를 택할 수밖에 없기 때문이다. 특히 반복되는 게임상황에서는 후일의 승리를 위해 단기적 위험을 감수하여 평판을 쌓고자 하는 유혹이 강하기 때문에 상호협력이 항상 자연스러운 결과는 아니다. 셋째는 아예 상황에 대한 통제를 포기하고 우연에 맡기는 경우이다. 즉 돌진할 것인지 아니면 회피할 것인지는 말하자면 동전을 던져

서 결정한다고 하는 경우이다.[19]

그러나 겁쟁이 게임을 원용한 핵억지 이론은 치명적인 약점이 있다. 곧 '억지의 역설(paradox of deterrence)'이다. 이 게임에서 어느 한 쪽이 먼저 선제공격을 할 경우 반격은 합리적인 선택이 아니다. 일방적 공격을 받는 경우의 몫(=2)이 전면적 핵전쟁의 몫(=1)보다 크기 때문이다. 그리고 이것을 아는 한 선제공격을 하는 것이 합리적 선택이다. 그와 같은 불안정성 때문에 앞에서 논의한 바와 같이 상대방의 선제공격시 최고 정책결정자의 판단을 기다리지 말고 일선지도자들이 즉각 반격할 수 있도록 권한을 위임하는 방안들이 논의되기도 했다. 그러나 이 모델은 그와 같은 제안들이 무책임하다는 도덕적 측면과 실제로 정책지도자들은 위기상황에서 권한과 책임을 위임하는 대신 오히려 통제하려 든다는 경험적 측면에서 무리가 있다.[20] 그리고 무엇보다 미국과 소련이 수십 년간의 핵평화를 안정적으로 유지해왔다는 경험적 현상을 설명함에 무리가 있기 때문에 대안적 설명을 요구하게 되었다.

한 예로 자가르(Frank Zagare)는 상호핵억지의 경우는 '겁쟁이 게임'이 아니라 '공범자의 딜레마' 게임에 해당한다고 주장한다. 즉 실제상황에서 각국은 일방적 핵공격을 받는 것보다 상호핵파멸을 선호할 수도 있고 이 경우의 몫구조는 '공범자의 딜레마' 게임에 해당한다는 것이다. 그리고 이와 같은 상황에서 상호협력이 유지되는 것은 일단 상호협력(몫=3)의 상태에 있으면 어느 일방이 배신으로 선택을 바꾸어 일방적 이득(몫=4)을 누리고자 하는 것이 도구적 합리성에 합당하지 않기 때문이다. 즉 상대방이 배신으로 전략을 바꾸면 이쪽에서 일방적 협력을 유지(몫=1)하는 대신 함께 배신(몫=2)을 택하여 손실을 줄이려고 드는 것이 당연하다. 그리고 이와 같은 결과를 내다보는 상대방은 전략의 변경을 자제하고 그로써 상호협력의 결과가 유지된다는 것이다.[21]

이와 같은 논리적 문제말고도 합리적 억지이론에 대한 비판은 여러 분야에서 다양하게 제기되었다.[22] 그리고 억지이론을 둘러싼 논란과 비판은 대체로 초기 억지이론이 억지상황을 '겁쟁이 게임'에 한정해서 논의했기 때문에 비롯되었다고 할 수 있다. 실로 같은 억지상황이라고 하더라도 참가자들의 선호도가 반드시 '겁쟁이 게임'과 같지는 않다. 따라서 더욱 풍부한 논의를 위해서는 행위자들의 선호도가 어디에서 유래되는지를 따져볼 필요가 있다. 이하에서는 다양한 억지상황에서 행위자들의 선호와 효용을 따짐으로써 억지이론에 대한 일반적 이해를 구한다.

III. 억지상황의 종류와 억지의 성공요건

1. 억지의 개념과 종류

초기 억지이론은 대체로 강대국간의 핵억지 상황을 전제로 전개되었다. 그러나 미소 양 초강대국간의 냉전이 핵교착상태에 빠지는 한편, 다른 한편으로는 제3국, 특히 제3세계 지역에 대한 영향력 경쟁으로 나타나면서 제3국에 대한 확대억지, 그리고 재래식 군비에 의한 억지상황으로 그 영역을 확대했다.[23] 이에 따라 억지의 개념도 좀더 일반적으로 정리되고 그 종류도 구분되었다. 일반적 의미에서 억지는 강제(強制 compellence)의 대응개념이다.[24] 강제란 상대방이 원치 않는 일을 하도록 강요하는 것을 말한다. 억지는 상대방이 원하는 일을 하지 못하도록 강요하는 것을 말한다. 국제정치에서 억지란 주로 군사적 억지로 (잠재적) 적국이 군사적으로 공격하고 싶더라도 하지 못하게 강요하는 것을 말한다.

강요라는 용어의 말뜻에 어긋날지 몰라도 강요에는 두 가지 방법이 있다. 하나는 공격에 대한 보복-응징을 '협박'하는 방법이다. 즉, 상대의 선제공격이 있을 경우 사후에 대규모의 보복을 강행하여 커다란 손실을 입힐 것이라고 협박함으로써 공격을 자제하게 하는 것이다. 통상적으로 억지는 이와 같은 의미에서 쓰인다. 다른 하나는 상대가 선제공격을 하더라도 의도한 목적을 달성할 수 없을 것이라는 것을 '설득' 하는 방법이다. 이는 곧 '응징에 의한 억지(deterrence by punishment)' 와 '거부에 의한 억지(deterrence by denial)' 의 구분을 말한다.[25]

억지는 또한 다른 두 가지 차원에서 구분될 수 있다. 첫째는 공격자의 입장에서 볼 때 잠재적 공격의 대상, 혹은 방어자의 입장에서 볼 때 보호의 대상에 따른 분류이다. 잠재적 공격의 대상이 자국일 경우는 직접억지(direct deterrence)라고 한다. 공격의 대상이 제3국인 경우는 제3자 억지 혹은 확대억지 혹은 원격억지(extended deterrence)라고 한다. 다른 하나는 그것이 평시상황에서인지 아니면 위기상황에서인지에 따른 구분이다. 평시의 억지는 일반억지(general deterrence), 위기상황에서의 억지는 긴급억지(immediate deterrence)라고 불린다. 이 두 차원을 종합할 때 〈표 4〉와 같이 네 가지 억지상황을 구분할 수 있다.

공격위협의 형태

		잠재적	현재적
공격의 대상	자국	일반–직접억지	긴급–직접억지
	제3국	일반–확대억지	긴급–확대억지

〈표 4〉 억지상황의 종류

첫째, 직접 - 일반억지의 전형적 유형은 소위 '상호확증파멸(Mutual Assured Destruction: MAD)' 로 대표되는 냉전 당시 미국과 소련간의 핵억지이다. 양국이 모두 제2차 가격능력을 갖추어 상대방의 선제공격에 대한 대량보복을 공언함으로써 서로의 공격을 억지하는 경우를 말한다. 재래식 무기에 의한 직접 - 일반억지도 불가능한 것은 아니나 이 경우는 대체로 국방(defense)의 범주에 속하는 것으로 보아 억지이론의 관심영역에서는 제외되어 왔다.

둘째, 긴급 - 직접억지는 직접 - 일반억지의 구체적 표현이다. 이에 비견할 상황의 좋은 예로 1962년 10월의 쿠바미사일 사태를 들 수 있다. 당시 소련은 카스트로(Fidel Castro)의 공산혁명으로 위성국이 된 쿠바에 중거리 미사일 기지를 비밀리에 건설하여 미국에 대한 핵전력의 우위 내지 평형을 추구했다. 기지건설 중 이 사실을 알게 된 미국의 케네디 행정부는 쿠바 외곽에 해상봉쇄선을 설치하여 미사일 및 핵탄두의 추가반입을 막는 동시에 쿠바에 대한 공습 및 지상침공의 준비를 갖추고 소련으로 하여금 미사일 기지 건설의 중단, 나아가 철수를 요구했다. 쿠바에는 수천 명의 소련군이 주둔하고 있었으므로 쿠바에 대한 침공은 곧 미소간의 (핵공방을 포함한) 전면전의 협박과 다를 바 없었다. 소련은 일부 완성된 미사일을 발사하여 미국을 선제공격할 수도 있었지만, 결국 체면을 살리는 선에서 후퇴하기로 하여 핵전쟁의 위기는 해소되었다. 곧 미국은 수십만 명의 인명이 살상될 수 있는 소련의 선제공격의 가능성을 감안하고도 그 이후 소련에 그 이상의 손실을 입힐 수 있는 핵전력을 갖추고 있었기 때문에 전형적인 직접 - 긴급억지 상황이라고 볼 수 있다. 이 상황은 미국이 쿠바 미사일 기지의 해체를 강요했다는 점에서 셸링(Schelling)은 억지상황이 아니라 강제상황이었다고 하지만 소련이 미국을 선제공격할 수도 있었다는 점에서 억지상황이라고 해도 무방하다.[26]

셋째, 확대 - 일반억지는 흔히 우산에 비유된다. 즉 미국이 일본이나 유럽, 혹은 한국에 '핵우산(nuclear umbrella)'을 제공한다는 것은 곧 가상적국, 즉 소련이 이들 국가에 대해 핵공격을 가할 경우 미국은 소련에 대해 핵보복을 가한다고 위협하며, 이를 통해 소련이 이들 국가에 핵공격을 하지 못하게 하는 것을 말한다. 이 경우는 재래식 무기를 통한 억지도 말이

된다. 이와 관련하여 특히 주목할 것은 주한미군의 소위 '인계철선(引繼鐵線 trip-wire)' 기능이다. 즉 휴전선 부근에 전진배치된 미 제2사단병력은 그 자체로서 북한의 남침을 저지하지 못하더라도 결국 미국의 대규모 개입을 담보하는 역할을 함으로써 북한이 남침을 억지하는 기능을 가신다는 것이다.

넷째, 확대-긴급억지는 확대-일반억지의 구체적 표현이다. 하나의 예로, 1996년 3월 대만 총통선거를 앞두고 중국은 대만 독립론자인 천수이벤(陳水扁) 후보를 견제하고자 대만해협에 대해 미사일을 시험발사하는 한편 대규모 군사훈련을 시행했다. 미국은 항공모함단을 그 해역에 파견함으로써 있을지도 모를 중국의 대만침공을 억지하고자 했다. 이 경우가 성공한 사례라면, 실패한 사례로는 6·25 한국전쟁을 들 수 있다. 미국은 당초 원상회복을 목표로 개입했으나 곧 38선을 넘어 북진할 태세를 갖추었다. 중국은 여러 차례의 외교적 신호를 보내어 개입을 협박함으로써 미국의 북진을 억지하고자 했으나 실패했고 결국 중공군의 개입으로 연결되었던 것이다.

2. 기대효용이론과 억지이론의 논리[27]

억지이론은 기본적으로 다음과 같은 논리적 구조를 가진다. 첫째, 현상의 변경을 원하는 잠재적 공격국 A가 있고 이에 대해 현상의 유지를 원하는 방어국 B가 있다고 상정한다. 둘째, A는 B에 대한 직접 공격을 통해, 혹은 제3국 C에 대한 공격을 통해 현상변경을 기도한다. 셋째, 합리적 행위자로서 A는 공격에 따른 득실을 고려하여 예상되는 득이 실보다 클 경우 공격을 한다.

특정한 행위의 기대효용은 그 행위로 초래될 각 결과가 주는 효용에 그 결과가 일어날 확률을 곱한 값의 합산으로 계산된다. A가 공격을 할 경우 일어날 결과는 즉, 현상변경의 시도가 성공 또는 실패하는 두 가지이며 그 성공 여부는 전적으로 방어국의 반격 또는 개입 여부에 달려 있다고 전제한다. 그리고 A가 공격을 하지 않을 경우는 그냥 현상이 유지된다고 본다.

합리적 행위자 A는 공격으로부터 오는 기대효용이 현상유지의 효용보다 클 때, 즉 다음의 부등식이 성립할 때 공격한다.

$$pW + (1-p)L > S \qquad (1)$$

여기서 W는 성공적인 현상변경에 따른 효용으로 현상유지의 효용 S보다 크다. L은 현상변경의 실패에 따른 효용으로 S보다 작다. 즉, $L<S<W$의 관계가 성립한다. p는 현상변경 시도가 성공할 확률을 나타내며 확률의 정의상 $0 \leq p \leq 1$이다.

이것을 p에 대해 풀면

$$p > \frac{S-L}{W-L} \qquad (2)$$

이 된다. 억지란 보복 또는 개입의 위협을 통해 잠재적 공격국의 득실계산에 영향을 주어 (2)의 부등식이 성립하지 않도록 하는 시도이다. 따라서 억지는 공격의 기대효용이 현상유지의 기대효용에 비해 작을 경우 억지는 성공한다. 이는 곧

$$p < \frac{S-L}{W-L} \qquad (3)$$

의 부등식이 성립할 때 억지가 성공한다는 뜻이다. 이 부등식은 당연히 좌변의 값이 작을수록, 그리고 우변이 값이 클수록 성립할 개연성이 높다. 즉, 억지는 (1)현상변경의 시도가 성공할 확률이 아주 낮은 경우, 즉 p의 값이 0에 가까운 경우, 혹은 (2)현상변경의 시도에 동반하는 비용(L)이 매

우 크거나, 현상변경으로부터 오는 이득(W)이 매우 작아서 우변의 값이 1에 근접하는 경우에 성공한다. 따라서 하나의 전략으로서 억지는 p, S, L, W에 대한 잠재적 공격국가의 주관적 평가에 영향에 영향을 줌으로써 부등식 (4)의 조건이 충족되도록 하려는 것이다.

첫째, 부등식의 우변과 관련하여, '부인'에 의한 억지는 W값을 가급적 작게 하려는 시도이다. W값이 작아져서 S에 근접하게 되면 (4)의 우변은 1에 근접하게 되고 확률을 나타내는 p는 1 이하이므로 (4)의 부등식이 성립할, 즉 억지가 성공할 개연성이 높아진다. 그러나 '부인'에 의한 억지는 대개 방어 또는 국방의 범주에 속하는 것으로 보아 억지이론의 주된 관심 영역이 아니었다. 반면, '응징'에 의한 억지는 L의 절대값을 크게 만듦으로써 (4)를 성립시키려는 것이다. 대표적인 예가 핵억지 상황이다. 즉 핵무기는 그 파괴력에서 재래식 무기와 질적으로 다른 절대무기이기 때문에 핵대결의 경우 그 효용 L의 값은 $-\infty$ 접근한다. 이 경우 부등식의 우변이 1과 같아지기 때문에 핵반격의 확률이 아무리 낮더라도 0이 아닌 한 부등식은 성립된다고 볼 수 있다.[28]

둘째, 긴급억지의 경우 일반억지에 비해 그 성공요건이 좀더 까다로워 진다고 볼 수 있다. 긴급억지의 경우는 잠재적 공격자가 일단 공격의 의도를 밝힌 상황이기 때문에 S값에는 행동을 번복함으로써 초래되는 (예컨대 평판상의) 비용이 포함되기 때문이다. 따라서 강압외교(coercive diplomacy)의 대표적 형태로 간주되는 억지상황에서조차 강압만으로는 한계가 있다는 지적이 있다.[29] 곧 상대로 하여금 체면을 유지한 채 양보할 수 있도록 퇴로를 열어주는 것이 중요하다는 것이다. 쿠바 미사일 사태에서 케네디가 쿠바에 대한 불가침을 공약하고 이면으로 터키주재 미국 중거리 미사일의 철수를 약속한 것이 좋은 예다.[30]

셋째, 잠재적 공격국의 현상변경시도가 성공할 확률 p는 주로 방어국의 방어의지와 능력의 함수이다. 직접억지의 경우 방어의지는 문제가 되지 않기 때문에 이는 곧 방어능력의 문제가 되고, 특히 핵억지의 경우 상대의 선제공격을 받고 나서도 반격을 할 수 있는 능력, 즉 제2차 가격능력의 문제가 된다.[31] 반면 확대억지의 경우는 방어능력보다는 방어의지가 문제된다. 방어능력이 없는 나라의 제3국에 대한 방위공약은 엄포에 지나지 않기 때문이다.

그러나 이 문제는 더욱 복잡하다. 상호핵억지의 경우에도 공약의 신빙성이 문제될 수 있기 때문이다. 상대가 제한적 핵공격을 해 올 경우 이에 의한 손실을 감수하는 것이 전면적인 핵전쟁으로 확대되는 것보다 손해가 적을 수 있고, 이에 따라 반격을 포기하는 것이 합리적인 선택일 수 있다. 이와 같은 경우 상대가 침략적인 현상변경국가라면 선제공격을 하는 것이 마땅하고 따라서 억지는 성립하지 않는다. 곧 '억지의 역설' 문제이다. 직접억지에서 공약의 신빙성이 문제된다면 확대억지의 경우 이 문제는 더욱 심각하다. 미국의 핵우산에 대해 "미국이 파리와 뉴욕을 맞바꿀 것인가?" 라고 한 프랑스 드골 대통령의 의문이 이 문제를 잘 보여준다.

나아가 절대적 파괴력으로 인해 절대적 안정성이 논의되는 핵우산의 경우에 공약의 신빙성이 문제된다면 재래식 무기에 의한 억지의 경우 이는 더욱 심각하다고 할 수 있다. 따라서 억지이론의 유용성과 검증가능성은 주로 제3국에 대한 확대억지의 경우, 특히 재래식 억지의 경우를 위주로 일어난다.

3. 공약의 신빙성과 억지의 성공 요건

(확대)억지의 성공 여부와 그 조건을 검토하기 위해서는 잠재적 공격국이 그 득실계산에 있어서 방어국의 개입가능성을 어떻게 고려하고 있는가를 따져봐야 한다. 그리고 공격국의 입장에서 볼 때 방어국의 개입 여부를 판단하기 위해서는 결국 방어국의 득실계산을 따져봐야 한다. 방어국은 개입의 기대효용이 개입하지 않았을 경우의 기대효용보다 클 경우 개입은

합리적 선택이 되어 개입할 것이다. 즉,

$$qV + (1-q)M > F \tag{4}$$

여기서 V는 성공적인 개입에 따르는 효용, M은 개입에도 불구하고 피보호국을 지키지 못했을 경우의 효용, F는 개입을 하지 않았을 경우의 효용, 그리고 q는 개입하여 성공적으로 피보호국을 방위할 수 있는 확률을 나타낸다. 부등식 (4)를 q에 대하여 풀면 (5)와 같이 정리된다.

$$q > \frac{F-M}{V-M} \tag{5}$$

즉, 공격국의 입장에서 분석한 부등식 (5)가 성립할 경우 공격국은 방어국이 개입할 것이라고 믿고 공격을 자제하며, 따라서 억지는 성공한다. 그리고 부등식 (5)를 분석할 경우 억지의 성공요건에 대한 추가적 지식을 얻게 될 것이다. 분석에 앞서 몇 가지 가정을 한다.

첫째, 개입을 통한 성공적 방위의 효용, 즉 V는 양수인 반면 F와 M은 모두 음수이다. 둘째, 개입에도 불구하고 피보호국을 지키지 못할 경우의 손실은 아예 개입하지 않았을 경우의 손실보다 크다. 즉, $M<F<0<V$. 따라서 $(V-M)>(F-M)>0$의 관계가 성립하며 부등식 (5)의 우변은 확률의 범위인 0과 1 사이에 위치한다. q는 물론 확률을 나타내므로 $0\leq q\leq1$의 범위를 가진다. 부등식 (5)를 분석하면 다음과 같은 결론을 얻는다.

첫째, 제3국에 대한 확대억지의 성공여부는 주로 (1)방어국이 유사시 개입하여 피보호국을 성공적으로 방위할 수 있는 능력—q에 반영—과, (2)개입하여 지키거나 혹은 개입하지 않음으로써 희생해야 하는 방어국의 국가이익 (V 및 F)의 함수이다.[32]

둘째, 방어국이 개입하여 피보호국을 성공적으로 방위할 수 있는 능력은 양국간의 전반적 및 상황에 따른 전술적 힘, 특히 군사력의 함수이다.

셋째, 유사시 방어국이 개입하여 성공할 경우의 확률이 고정되었을 경우, 개입의 여부는 개입을 하여 지키거나 얻는 가치 및 개입에 실패하여 희생해야 하는 가치의 상대적 크기에 의해 결정되며, 이것이 결국 개입 여부에 대한 공격국의 판단에 영향을 주어 억지의 성공 여부를 결정한다. 따라서 억지상황에서 방어국이 가지는 이익의 구조를 좀더 엄밀히 따져볼 필요가 있다.

저비스는 억지상황에서 방어국이 후퇴할 경우 희생하게 되는 이익으로 세 가지를 들고 있다.[33] 첫째는 피보호국이 방어국에 대해 가지는 '본질적 이익(intrinsic interest)' 이다. 예컨대 피보호국이 적국에 의해 정복됨으로써 희생해야 할 정치적·경제적 관계가 이에 해당한다. 냉전당시 한반도가 냉전수행에 필요한 전략적 요충으로서의 가치가 있었다면 이 또한 본질적 가치에 해당한다. 둘째는 공약을 준수하지 않음으로써 희생하게 되는 '전략적 이익(strategic interest)' 이다. 즉, 문제 상황에서의 방어국의 행위가 다른 상황에 미치는 영향을 말한다. 예로 특정 동맹국에 대한 방위공약을 준수하지 않으면 다른 동맹국들에 대한 공약의 신빙성도 아울러 떨어진다. 셋째는 피보호국 및 그 상황에 이미 투자한 실질적·상징적 자원으로 넓은 의미에서 '공약(commitment)' 이라고 부른다. 후술하는 바와 같이 위기상황에서 방어국은 이것을 조작함으로써 방위공약의 신빙성을 높일 수 있다.

유사한 구분을 스나이더와 디싱(Snyder and Diesing)에게서도 찾을 수 있다. 그들은 '전략적(strategic) 이익', '평판적(reputational) 이익', '본질적(intrinsic) 이익'을 구분한다. 전략적 이익이란 "문제된 사안의 물리적 힘에서 도출되는 이익"을 말한다. 평판적 이익은 "힘과 관련이 있지만 상황의 결과가 자국의 의지, 융통성, 진실성, 동맹국으로서의 신뢰성,

예측가능성 등에 관한 타국의 이미지에 미치는 영향과 관계가 있다." 본질적 이익은 "일국의 미래의 힘이나 협상력에 도움이 되는 것이 아니라 그 자체로서 가치를 부여받는 것으로 자긍심, 위세, 경제적 가치 등을 예로 들 수 있다."[34] 저비스가 말한 전략적 가치는 스나이더-디싱이 말한 평판적 가치에 가깝고, 스나이더-디싱이 말하는 전략적 이익은 저비스가 말하는 본질적 이익의 일부에 해당한다.

종합하자면 억지상황에서 문제가 되는 방어국의 이익은 크게 (1)실질적 이익과 (2)상황전략적 이익으로 나눌 수 있다. 그리고 실질적 이익은 또한 피보호국이 지니는 (1)본질적 가치와 (2)수단적 가치의 두 가지에서 도출된다. 본질적 가치는 피보호국이 그 자체로서 방어국에 대해 가지는 가치로 예컨대 정치경제적 유대와 같은 것이다. 수단적 가치는 피보호국이 방어국의 기타 본질적 이익을 지키는 데 유용할 수 있는 가치를 말한다.

상황전략적 이익이란 주로 문제의 사안이 다른 사안에 대해 미치는 영향을 의미하는 것으로 주로 평판을 말한다. 그리고 평판은 그 대상이 누군가에 따라 두 가지 가치를 지닌다. 하나는 문제의 잠재적 적국, 혹은 기타 잠재적 적국이 다른 상황에서 시도할 수 있는 도전을 억지하는 가치이다. 즉 방어국이 특정한 피보호국의 방위를 위해 단호하게 대처한다면 향후의 도전을 억지하는 효과를 가진다는 것이다. 다른 하나는 다른 동맹국들을 안심시킬 수 있는 정치적 가치이다. 즉 방어국의 보호를 받고 있는 다른 동맹국들은 후견국의 단호한 조치에 의해 자국에 대한 방위공약의 신빙성을 믿게 된다는 것이다.

실질적 이익과 상황전략적 이익 사이에는 미묘한 상관관계가 있다. 첫째, 방위공약을 준수하지 않음으로써 잃게 되는 상황전략적 이익, 즉 평판은 실질적 이익에 비례한다. 예컨대 냉전 당시 미국이 소련의 독일침공에 대해 개입을 하지 않는다면 다른 동맹국이나 잠재적 공격국은 미국에게 독일만큼 중요하지 않은 모든 나라에 대한 방위공약도 준수하지 않을 것으로 믿게 된다. 둘째, 방위공약을 준수함으로써 얻게 되는 평판은 실질적 이익에 반비례한다. 미국이 예로 아프리카의 어느 소국을 지키기 위해 개입을 한다면 다른 동맹국이나 잠재적 적국은 그보다 중요한 모든 국가의 방위를 위해서는 개입을 할 것이라고 믿게 된다. 즉 피보호국의 실질적 가치가 작을수록 그 국가에 대한 방위공약을 준수함으로써 얻게 되는 평판은 커진다는 뜻이다.

여기서 주목할 것은 피보호국의 가치평가에 있어서 이중적 주관성의 문제이다. 즉, 피보호국에 대한 방어국의 가치평가가 대체로 주관적일 뿐만 아니라, 그것이 억지효과를 가지기 위해서는 잠재적 공격국이 그렇게 평가해야 한다는 점이다. 객관적으로 드러나는 정치경제적 유대관계의 존재는 그래서 중요하다. 그리고 이 주관성의 문제로 인해 억지의 성공을 위해 넓은 의미에서의 공약을 조작하는 문제가 협상이론가들의 많은 주목을 받아왔던 것이다. 즉, 공약을 통해 방어국은 특정의 보호국에, 나아가 특정의 상황에 유형, 무형의 자원을 투자함으로써 해당 피보호국을 방기하거나 상황에서 후퇴할 경우 희생할 가치를 높이는 것이다.

이상의 논의를 (5)의 우변과 관련시켜 논의하면 다음과 같다.

첫째, 피보호국의 실질적 가치가 큰 경우 이는 F의 절대값에 이중으로 작용하여, 즉 방위공약을 준수하지 않음으로써 잃게 될 실질적 및 상황전략적 가치를 모두 증대시켜 분자의 크기를 줄여 (5)가 성립할 개연성을 높인다. 곧 억지의 안정성이 커진다.

둘째, 피보호국의 실질적 가치가 상대적으로 작을 경우에도 방어국의 입장에서는 개입의 유인이 없지 않다. 성공적인 방어의 경우 그로부터 얻는 평판적 가치는 더욱 크기 때문이다. 그러나 이 문제는 방어국의 국제정치적 위상, 국제적 환경 등 다양한 외생적 변수 등의 함수로 생각할 필요가 있다.

셋째, 미국이 유럽과 한국에 지상군을 주둔시켜 '인계철선'의 역할을 하도록 한 것은 공약의 가시성, 따라서 신빙성을 제고시킴으로써 (일반-확대) 억지의 안정성을 증진시키고자 한 노력의 일환이다. 그러나 위기상황, 즉 긴급-확대 억지상황에서 공약을 조작하는 문제는 고도로 세련된 외교적 술수를 요구하는 것으로 이에 대한 일반적 논의는 이 글의 범위를 넘는다고 하겠다.

이상과 같은 억지의 성공요건에 대한 여러 가지 가설은 경험적 검증이 가능하다. (성공 및 실패사례를 포함한) 억지상황의 여러 사례를 체계적으로 분석한 연구에 따르면 피보호국 자체의 중요성—즉, 그 나라의 경제규모나 인구규모—보다는 그 나라가 피보호국에 대해 가지는 가치—즉, 무역의 규모나 군사적 동맹관계 등—억지의 성공 여부에 큰 영향을 주는 것으로 나타났다.[35] 그리고 공격국과 방어국의 전반적 군사력 균형보다는 상황에서의 국지적 군사력 균형이 좀더 큰 영향을 미치며, 방어국의 과거행태—따라서 그로부터 형성된—평판 또한 억지의 성공에 영향을 미치는 것으로 나타났다.[36]

Ⅳ. 결론 : 억지이론의 효용과 한계

그러나 억지이론의 현황과 장래는 반드시 밝은 것만은 아니다. 우선 국제정치이론으로서 합리적 선택이론에 고유한 두 가지 한계 때문이다. 이두 가지 한계 중 첫째는 인간합리성에 대한 제약으로 다음에서 언급하기 때문에 여기서는 생략한다. 둘째는 개인의 행위가 아니라 국가라는 조직, 제도의 행위로서 외교정책의 합리성을 어떻게 확보하는가의 문제이다. 즉 국가가 합리적 단일한 행위자라는 가정의 현실성 문제이다.[37] 다음으로 억지이론에 고유한 몇 가지 문제점은 좀더 자세히 논의한다.

첫째는 억지개념이 본질적으로 모호하기 때문이다. 억지란 상대방이 원하는 것을 하지 못하게 하는 것으로 일종의 권력 또는 영향력의 행사를 동반한다. 그러나 권력개념이 모호한 만큼 억지의 행태적 측정은 어렵다. 예컨대 상대방이 특정한 행동을 취하지 않았다고 해서 그것이 반드시 억지의 성공이라고 말할 수 있는가? 냉전기간 동안 소련이 미국에 대해서 핵공격을 가하지 않았다고 해서 억지가 성공했다고 말할 수 있는가? 소련이 미국에 대한 핵공격 의도가 아예 없었던 것은 아닌가? 혹은 주한미군의 주둔이 북한의 남침을 과연 억지해왔는가? 북한의 남침의도가 아예 없었던 것은 아닌가? 이는 물론 '의도'를 측정하기 어렵기 때문에 증거에 의해 보완되어야 하겠지만, 요점은 억지란 인간 사이의 심리적 관계의 조작을 포함하는 것으로 본질적으로 측정이 어렵다는 것이다.[38]

둘째, 현실에서 상대방이 원하는 것을 못하게 하는 억지와 원치 않는 것을 하게 하는 강제와의 구분이 그렇게 뚜렷하지 않다. 앞에서 잠시 언급했거니와 1962년 쿠바 미사일 사태가 억지상황이었던가, 강제상황이었던가? 1994년 북한 핵위기는 북한의 핵개발 의지를 억지하기 위한 것이었던가, 아니면 북한 핵시설을 동결하도록 강제하기 위한 것이었던가? 2002년 이래 지속되는 새로운 북핵위기는 과연 억지상황인가, 아니면 북한에 대한 강제상황인가? 결국 억지는 강제와 더불어 무력사용의 위협을 통한 영향력 행사, 즉 강압외교(coercive diplomacy)라는 일반적 상황으로 종합될 필요는 없는가?

셋째, 그러나 강압외교 또한 현실에 있어서는 반드시 '강압'만은 아니라는 것이다. 억지이론의 논리에 따르면 폭력사용의 위협이 통하려면 그것이 신빙성이 있어야만 하며, 따라서 억지 혹은 강제를 포함한 강압외교는 타협의 여지가 없는 것처럼 보인다. 그러나 실제에 있어서 외교는 '응징'의 위협, 즉 '채찍'뿐만 아니라 '보상'의 약속, 즉 '당근'을 겸비해서 이루어진다. 이것은 경험적으로뿐만 아니라 논리적으로도 그렇다.[39] 그러나 역으로 보면 '당근'만으로 영향력을 행사하는 데도 한계가 있다. 특히 상대방이 현상변경국가인지 아니면 현상유지국가인지 모르는 상황에서 어느 한 쪽만 고집하는 것은 위험하기 때문이다. 즉 현상변경국가에게 주는 '당근'은 유화(宥和)가 되어 탐욕을 부추길 뿐이다. 현상유지국가에 대한 '채찍'은 상호불신과 갈등의 악순환을 초래할 뿐이다.[40] 결국 '채찍'과 '당근'을 겸비하는 외교기술이 필요하다. 외교는 과학이기 이전에 기술이며 예술이다.

넷째, 억지의 수행은 정치적 맥락 속에서 일어나며 그와 같은 정치적 맥락은 억지이론에서 요구하는 전략성에 커다란 제한을 가한다. 예로 부시(George W. Bush)행정부 출범 이후 미국이 본격적으로 추진하고 있는 미사일 방어망(Missile Defense) 계획을 보자. 상호핵억지 이론에 따르면 미사일 방어망 구축은 핵억지의 안정성을 해친다. 핵억지가 상호적으로 작용하려면 제1차 가격능력을 포기하는 대신 제2차 가격능력에 주력해야 하는 반면 완벽한 미사일 방어망은 곧 제1차 가격능력을 의미하기 때문이다. 그래서 1960년대부터 개발된 요격미사일(Anti-Ballistic Missile)을 제한하는 조약까지 체결되었다. 그럼에도 불구하고 요격미사일에 대한 요청이 아직까지 살아남아 정책으로 현실화되는 것은 바로 그것이 가진 정치적 매력 때문이다. 즉, '적국'의 핵공격에 국민을 노출시키고 적의 선제공격 이후에야 적의 전력(戰力)이 아닌 민간시설에 대한 대량보복을 가한다는 핵억지의 논리는 세금을 내고 정치지도자를 뽑는 국민들에게 매력이 없는 것이다. 국민들은 자신이 내는 세금으로 핵공격으로부터 보호받고 싶어하고, 적을 공격할 경우 '무고한 시민'보다는 군사시설을 파괴하는 데 심리적 안정을 느끼기 때문이다.

다섯째, 바로 인간에 고유한 심리적 정향이 억지이론에 제약을 가한다. 인지심리학자들은 인간의 (논리적) 합리성에 제약을 가하는 다양한 심리적 기제를 밝혀냈다.[41] 그 중의 하나가 스스로를 선한 것으로 간주하고 외부에서 악을 찾음으로써 그러한 믿음에 안정성을 부여하는 경향이다. 이와 같은 경향은 모든 다른 사람을 도덕적으로 중립적이며 도구적으로 합리적

으로 간주하기를 요구하는 억지이론, 나아가 합리적 선택이론에 제약으로 작용한다.[42]

　이는 결국 신현실주의·신자유주의의 합리주의적 인식론에 대한 구성주의의 논쟁으로 또 다시 전면에 등장한, 그러나 뿌리 깊은 인간합리성에 관한 논쟁으로 돌아간다.[43] 필자는 인간의 정치행동을 이해하기 위해서는 '절차적 합리성'이 좀더 적실하다는 사이먼의 주장에 동조하는 편이지만[44] 합리적 억지이론의 유용성을 부인하지 않는다. 그리고 억지의 실패 사례가 많다고 해서 그것이 합리적 억지이론의 실패라는 주장에는 더욱 동조하지 않는다. 인간 행동을 설명하는 사회과학 이론은 성공한 행동뿐만 아니라 실패한 행동도 설명하고 예측하기 때문이다. (합리적 선택이론에서 특히 뛰어난) 이론의 논리성은 복잡하고 실타래같이 얽힌 현실 속에서 방향을 찾는 데 있어 무한한 가치를 지니고 있으며, 그것이 우리가 이론을 연구해야 할 이유이다. 그러나 정치현실을 떠난 논리는 논리로서만 존재하고 기능할 뿐이다. 이론은 논리와 현실의 상호작용 속에서 성장한다.

| 미주 |

1)   Kenneth N. Waltz, *Man, the State, and War: A Theoretical Analysis* (New York: Columbia University Press, 1959), ch. 7.

2)   Bernard Brodie (ed), *The Absolute Weapon: Atomic Power and World Order* (New York: harcourt Brace, 1946); Bernard Brodie, *The Strategy in the Missile Age* (Princeton: Princeton University Press, 1958); Herman Kahn, *On Thermonuclear War* (Princeton, N.J.: Princeton University Press, 1960); 특히 Thomas C. Schelling, *The Strategy of Conflict* (Cambridge: Harvard University Press, 1960); Thomas C. Schelling, *Arms and Influence* (New haven: Yale University Press, 1966).

3)   이 주장은 논란의 여지가 없지 않다. 저비스에 따르면 1970년대 말까지 억지이론은 세 번의 흐름을 거쳤다. 첫째는 제2차 세계대전 직후의 일로 일부 학자들의 주장에 그쳤을 뿐 큰 반향을 불러일으키지 못했다. 두 번째는 1950년대 말~1960년대 초 게임이론가들이 내세운 "합리적 억지이론"으로 이론과 정책에 커다란 영향을 미쳤다. 그러나 이 단계 이론이 미친 영향과는 별도로 초기 억지이론은 일종의 공리(公理)로 다수 국제정치학자들에게 거의 그대로 수용되었을 뿐 따로 논쟁을 유발하고 경험적 내용을 더해 본격적인 국제정치의 이론으로 자리잡지는 못했다. Robert Jervis, "Deterrence Theory Revisited," *World Politics*, vol. 31, no. 2 (January 1979), pp. 289-324.

4)   Graham T. Allison, E*ssence of Decision: Explaining the Cuban Missile Crisis* (Boston: Little, Brown, 1971); Alexander George, and Richard Smoke, *Deterrence in American Foreign Policy* (New York: Columbia University Press, 1974); Robert Jervis, *Perception and Misperception in International Politics* (Princeton, N.J.: Princeton University Press, 1976); Patrick Morgan, *Deterrence: A Conceptual Analysis* (Beverly Hills, CA: Sage, 1977); Robert Jervis, "Deterrence Theory Revisted", 앞의 책 등 참조.

5)   몇 가지 예로 Glenn H. Snyder, "'Prisoner's Dilemma' and 'Chicken' Models in International Politics," *International Studies Quarterly*, vol. 15, no. 1 (Mar. 1971), pp. 66-103; Glenn H. Snyder, and Paul Diesing, *Conflict Among Nations* (Princeton: Princeton University Press, 1977); Robert Jervis, "Cooperation Under Security Dilemma," *World Politics*, vol. 32, no. 2 (Jan. 1978), pp. 167-214 등 참조.

6)   Duncan Snidal, "The Game Theory of International Politics," *World Politics*, vol. 38, no. 1 (October 1985), pp. 25-57, 특히 pp. 27, 29-30.

7)   Bruce Bueno de Mesquita, *The War Trap* (New Haven: Yale University Press, 1981); Robert Axelrod, *The Evolution of Cooperation* (New York: Basic Books, 1984). Cf. Kenneth Oye, *Cooperation Under Anarchy* (Princeton: Princeton University Press, 1986). 또 로버트 커해인이 게임이론을 포함한 합리적 선택이론이 국제레짐(Internatinal Regime)의 형성과 작동을 설명하는 핵심이론임을 인정한 것도 큰 역할을 했다. Robert O. Keohane, *After Hegemony: Discord and Collaboration in the World Economy* (Princeton: Princeton University Press, 1984).

8)   몇 개의 예만 들면, Steven J. Brams, *Superpower Games* (New Haven: Yale University Press, 1985); Frank C. Zagare, *The Dynamics of Deterrence* (Chicago: University of Chicago Press, 1987); Frank C. Zagare, "Rationality and Deterrence," *World Politics*, vol. 42, no. 2 (Jan. 1990), pp. 238-260; 가장 최근의 예로는 Frank C. Zagare, and D. Marc Kilgour, "Alignment Patterns, Crisis Bargaining, and Extended Deterrence: A Game Theoretical Analysis," *International Studies Quarterly*, vol. 47, no. 4 (Dec. 2003), pp. 587-615 참조.

9)   주 4)에 소개된 연구 외에 몇 가지만 더 소개하면 Robert Jervis, Richard Ned Lebow, Janice Gross Stein, *Psychology and Deterrence* (Baltimore: Johns Hopkins University Press, 1985); Paul C. Stern, et al. (eds.), *Perspectives on Deterrence* (New York: Oxford University Press, 1989).

10) 그와 같은 연구의 예는 Bruce M. Russett, "The Calculus of Deterrence," *The Journal of Conflict Resolution*, vol. 7, no. 2 (Jun. 1963), pp. 97-109; Paul K. Huth, and Bruce Russett, "What Makes Deterrence Work? Cases from 1900 to 1980," *World Politics*, vol. 36, no. 4 (Jul. 1984), pp. 496-526; Paul K. Huth, and Bruce Russett, "Deterrence Failure and Crisis Escalation," *International Studies Quarterly*, vol. 32, no. 1 (Mar. 1988), pp. 29-45; Paul K. Huth, "Extended Deterrence and the Outbreak of War," *American Political Science Review*, vol. 82, no. 2 (June 1988), pp. 423-433; Paul K Huth, *Extended Deterrence and the Prevention of War* (New Haven: Yale University Press, 1988) 등 참조.

11) 1990년을 전후하여 억지이론을 축으로 한 방법론적 논쟁이 두 번 있었다. 첫째는 비교 사례연구를 통한 억지이론의 검증 또는 비판의 방법론적 합당성에 대한 게임이론가들의 공격에서 비롯되었다. Christopher H. Achen, and Duncan Snidal, "Rational Deterrence Theory and Comparative Case Studies," *World Politics*, vol. 41, no. 2 (Jan. 1989), pp. 143-169; Alexander L. George, and Richard Smoke, "Deterrence and Foreign Policy,"

위의 책, pp. 170-182; Robert Jervis, "Rational Deterrence: Theory and Evidence," 위의 책, pp. 183-207; Richard Ned Lebow, and Janice Gross Stein, "Rational Deterrence Theory: I Think, Therefore I Deter," 위의 책, pp. 208-224; George W. Downs, "The Rational Deterrence Debate," 위의 책, pp. 225-237. 둘째는 다수 사례의 통계적 분석을 통한 이론의 검증을 둘러싸고 일어났다. Richard Ned Lebow, and Janice Gross Stein, "Deterrence: The Elusive Dependent Variable," *World Politics*, vol. 42, no. 3 (Apr. 1990), pp. 336-369; Paul K. Huth, and Bruce Russett, "Testing Deterrence Theory: Rigor Makes a Difference," *World Politics*, vol. 42, no. 4 (July 1990), pp. 466-501 참조.

12) 게임이론에 대한 좀더 깊은 이해를 위해서는 김영세, 『게임이론: 전략과 정보의 경제학』 (서울: 법문사, 1998); 김재한, 『게임이론과 남북한관계』 (서울: 소화, 1995); 정준표, "국제정치경제와 게임이론," 여정동 · 이종찬 (편), 『현대 국제정치경제』 (서울: 법문사, 2000), pp. 131-213을 권하며, 특히 James D. Morrow, *Game Theory for Political Scientists* (Princeton: Princeton University Press, 1994)는 좋은 교과서이다.

13) 서로 다른 결과를 비교할 수 있어야 한다는 것은 "연결성(connectivity)"이라고 한다. 선호에 일관성이 있어야 한다는 것은, 예컨대 A를 B보다 선호하고 B를 C보다 선호한다면 당연히 A를 C보다도 선호해야 한다는 선호의 "이행성(transivity)"을 말한다. 인간의 합리성을 둘러싼 논쟁을 여기서 다 소개할 수는 없다. 다만 합리성 앞에 붙는 수식어를 이해한다는 차원에서 몇 가지만 거론한다. 합리적 선택이론이 가정하는 합리성에 따르면, 그 구조와 선호도처럼 외생적으로 주어진 조건이 같다는 의미에서 같은 상황이면 모든 사람은 같은 결정을 한다. 행위자의 개인적 차이는 중요하지 않다. 따라서 행위자의 합리성 여부는 그 결과를 가지고 판단할 수 있다. 그러나 심리학에서는 정보의 처리과정이나 계산능력 등에서 개인차를 인정한다. 따라서 객관적으로 같은 상황에서도 행위자에 따라 서로 다른 선택이 나올 수 있다는 것을 인정한다. 이 경우 합리성을 판단하는 기준은 결과가 아니라 과정이 된다. 전자의 경우는 객관적 또는 실질적 합리성(objective, substantive rationality)이라고 한다. 후자의 경우는 절차적 또는 제한적 합리성(procedural, bounded rationality)이라고 한다. Herbert A. Simon, "Human Nature in Politics: The Dialogue of Psychology with Political Science," *American Political Science Review*, vol. 79, no. 2 (June 1985), pp. 293-304 참조. 반면 게임이론가들은 "객관적 합리성"이라는 용어가 마치 상황에 대한 완벽한 정보를 의미하는 것처럼, 따라서 인간을 전지전능한 존재로 가정하는 것과 같은 오해를 불러일으킨다며 합리적 선택이론에서 가정하는 합리성이란 선호의 연결성과 이행성만을 의미하는 도구적 합리성(instrumental rationality)이라고 항변한다. Frank C. Zagare, "Rationality and Deterrence," 앞의 책 참조. 그리고 특히 게임이론은 게임의 결과 중 무조건 가장 선호하는 결과를 포함한 전략을 택하는 것이 아니라 상대의 선택을 감안하여

현실적으로 가능한 결과 중 최선을 택하는 "전략적 합리성(strategic rationality)"을 강조한다. Duncan Snidal, "Game Theory of International Politics," 앞의 책 참조.

14)   안장점, 즉 안장을 놓는 위치는 말의 등에서 — 말을 옆에서 볼 때 — 가장 낮은 지점이다. 그러나 이 점은 말의 앞뒤 단면으로 보았을 경우는 여전히 가장 높은 지점이다. 게임이론의 최소최대(minimax) 해는 최소한 보장되는 몫 중 가장 큰 몫을 말하는 것으로 이것을 안장점에 비유한다.

15)   이렇게 볼 때 갑과 을은 자백을 택할 동기가 이중으로 있다. 첫째는 상대가 자백하여 스스로를 궁지에 빠뜨릴 경우를 대비한 방어적 동기다. 둘째는 상대가 부인할 경우 이를 이용하여 석방되고 싶은 일종의 공격적 동기이다. Glenn H. Snyder, "'Prisoner's Dilemma' and 'Chicken' Models in International Politics," 앞의 책.

16)   '공범자의 딜레마' 게임은 이와 같은 게임이론적 특성 외에도 현실상황에서 적용가치가 매우 높다는 점에서도 특징적이다. 학교선생님들에게 촌지를 바치는 학부형이나 정치인에게 (불법)정치자금을 바치는 재벌들도 모두 이와 같은 딜레마에 빠져 있다. 국제정치의 경우는 경쟁적 수입제한을 의미하는 무역전쟁이나 경쟁적 군비증강을 의미하는 군비경쟁 등을 이와 같은 모델로 표현할 수 있다. 특히 주목할 것은 이 게임을 다수간에 적용했을 때 나타나는 '집단행동의 딜레마'이다. 다른 사람의 사용을 배제할 수 없는 공공재의 경우 다들 공공재의 공급을 위한 기여는 하지 않고 이를 소비만 하려는 무임승차현상이 일어나기 때문에 공공재의 저공급이 일어난다는 것이다. 이와 같은 논리는 국제정치학의 패권안정이론의 기초가 되어 게임이론의 인기를 더하는 효과를 가져왔으나 여기서는 더 이상 다루지 않는다. Mancur Olson, *The Logic of Collective Action: Public Goods and the Theory of Groups* (Cambridge: Harvard University Press, 1965); Duncan Snidal, "The Limits of Hegemonic Stability Theory," *International Organization*, vol. 39, no. 4 (Autumn 1985), pp. 579-614.

17)   Anatol Rapoport, and Melvin Guyer, "A Taxonomy of 2×2 Games," *General Systems*, vol. 11 (1966). 이들은 이 78가지의 게임을 지배전략의 존재유무, 평형의 존재유무, 숫자 및 안정도를 기준으로 10개의 군으로 나누고 있다. '공범자의 딜레마' 게임은 그 홀로 10개 군중 하나를 차지하는 유일한 게임이다. 그처럼 특별하다.

18)   위의 글.

19)   Thomas C. Schelling, 앞의 책, pp. 187-203.

20)   쿠바 미사일 사태 당시 케네디 대통령은 이전 아이젠하워 행정부 당시 내린 행정명령을 뒤집고 핵무기의 발사에 자신의 특별명령을 따르도록 했다. Graham T. Allison, and Philip Zelikow, *Essence of Decision: Explaining the Cuban Missile Crisis*, 2nd ed. (New York: Longman), pp. 197-201 참조.

21)   Frank C. Zagare, "Rationality and Deterrence," 앞의 책, pp. 257-258.

22)   이에 대한 자세한 논의는 Robert Jervis, "Deterrence Theory Revisited," 앞의 책, pp. 292-301 참조.

23)   Alexand L. George, and Richard Smoke, 앞의 책; John J. Mearsheimer, *Conventional Deterrence* (Ithaca: Cornell University Press, 1983).

24)   Thomas C. Schelling, *Arms and Influence*, p. 69. 억지의 개념에 대한 좀더 포괄적인 논의는 Patrick Morgan, 앞의 책 참조.

25)   Glenn H. Snyder, *Deterrence and Defense: Toward a Theory of National Security* (Westport: Greenwood Press, 1961), pp. 14-16.

26)   Thomas C. Schelling, 앞의 책, p. 80. 당시 상황의 묘사와 이론적 설명에 대해서는 Graham T. Allison, and Philip Zelikow, 앞의 책 참조.

27)   억지의 논리를 기대효용이론으로 표현한 예는 Alexander L. George, and Richard Smoke, 앞의 책; Bruce M. Russett, 앞의 글; Paul K. Huth, and Bruce Russett, "What Makes Deterrence Work?" 앞의 책, pp. 499-503 참조. 기대효용이론을 전쟁개시에 적용한 것은 Bruce Bueno de Mesquita, 앞의 책 참조. 이것을 한반도 상황에 적용한 연구는 김태현, "억제이론과 안보공약: 주한미군의 역할과 규모," 강성학 외, 『주한미군과 한미안보협력』(성남: 세종연구소, 1996) 참조.

28)   그래서 월츠는 핵억지의 상황은 억지의 신빙성과는 관계없이 절대적으로 안정된다고 주장한다. Kenneth N. Waltz, "Nuclear Myths and Political Realities," *American Political Science Review*, vol. 83, no. 4, (Sept. 1990), pp. 731-745.

29)   Alexander George, David Hall, and William Simons, *The Limits of Coercive Diplomacy* (Boston: Little, Brown, 1971). 이 점은 초기 억지이론가들이 위협만 강조하고 보상은 무시한다는 비판과 관련이 있다. 그러나 이들이 비판하는 것처럼 위협만 강조하고 보상을 무시하는 것이 합리적 억지이론의 본질적인 속성은 아니다.

30)   Graham T. Allison, and Philip Zelikow, 앞의 책 참조.

31)   제2차 가격능력(second strike capability)이란 상대의 선제공격을 받아 노출된 핵무기가 파괴되더라도 여전히 반격하여 상대로 하여금 감당할 수 없는 피해를 입힐 수 있는 능력을 말한다. 제2차 가격능력 확보를 위해 미소양국은 핵시설을 지하에 구축하고 콘크리트로 강화하는 한편, 잠수함 발사 핵미사일의 보유에 노력했다. 반면 제1차 가격능력(First strike capability)이란 상대의 반격능력을 무력화시킬 수 있는 선제공격능력을 말한다. 어느 일방이 완벽한 요격미사일 체제를 갖추면 선제공격을 통해 상대전력의 다수를 파괴하고 나머지 반격을 요격함으로써 제1차 가격능력을 갖추게 된다.

32)   개입을 하고도 피보호국의 방위에 실패하는 경우의 효용은 분자와 분모에 모두 포함되어

서로 상쇄하므로 그 중요성은 상대적으로 떨어진다. 예외적으로 V와 F값에 비해 M의 절대값이 무한히 큰 경우 (5)의 우변은 1에 접근하고 따라서 개입은 합리적 선택이 되기 어렵다. 그러나 이와 같은 경우는 상호전면적 핵전쟁으로 확대되는 경우 외에는 경험적으로 상정하기 어렵기 때문에 일단 분석에서 제외한다.

33) Robert Jervis, "Deterrence Theory Revisited," 앞의 책, pp. 314-315.

34) Glenn H. Snyder, and Paul Diesing, 앞의 책, pp. 183-184.

35) Bruce M. Russett, 앞의 글; Paul K. Huth and Bruce Russett, 앞의 글.

36) Paul K. Huth, and Bruce Russett, 위의 글; Paul K. Huth, 앞의 책.

37) 부에노 디 메스키타는 진작에 이 문제에 주목하여 전쟁과 같은 큰 문제의 결정은 최고 정책결정자가 "독재적"으로 결정한다고 가정함으로써 넘어간다. 크라스너는 '강성국가론' 이라는 이름으로 '국가이성'에 대한 분석적 접근을 시도한다. Bruce Bueno de Mesquita, 앞의 책; Stephen D. Krasner, *Defending National Interest: Raw Materials Investments and U.S. Foreign Policy* (Princeton, N.J.: Princeton University Press, 1978).

38) 따라서 이는 영향력 행사의 대칭적 유형, 즉 강제의 경우도 마찬가지다.

39) 보상을 약속하는 것은 곧 부등식 (3)에 있어서 S값을 증가시킴으로써 이 부등식을 성립시키는 것을 말한다. 논리적으로 말이 된다.

40) 이 점은 특히 Robert Jervis, 앞의 책, ch. 3 참조. 현실에서 상대방의 의도를 파악하는 것 이상으로 '당근'과 '채찍'의 어느 곳이 주요했는가를 파악하는 것도 어렵다. 1994년 10월 미북간의 제네바 합의가 가능했던 것은 경수로 공급 및 미북관계 개선의 약속이라는 '당근'이 통했기 때문인가, 아니면 그해 6월 고도로 고조되었던 전쟁의 위협, 즉 '채찍'이 통한 때문인가?

41) 이에 대해서는 저비스의 여러 연구, 특히 Robert Jervis, 앞의 책; Robert Jervis, "Deterrence Theory Revisited," 앞의 책; Robert Jervis, "Realism, Game Theory, and Cooperation," *World Politics*, vol. 40, no. 3 (April, 1988), pp. 317-349 참조.

42) 예를 들면 미국의 입장에서 볼 때 2002년 이후 북핵 위기는 "악의 축"의 하나인 북한이 "먼저" 제네바 핵합의를 위반한 잘못을 저지른 경우이다. "잘못된 행위에 대한 보상은 없다"는 미국의 입장은 그와 같은 심리적 기제에 의해 유지되며, 따라서 '응징'과 '보상'을 겸비하는 합리적 외교의 수행에 커다란 제약으로 작용하고 있다.

43) Peter Katzenstein, Robert O. Keohane, Stephen D. Krasner (eds.), *Exploration and Contestation in the Study of World Politics* (Cambridge: MIT Press, 1999).

44) Herbert A. Simon, 앞의 글.

| 참고문헌 |

- 김영세. 『게임이론: 전략과 정보의 경제학』. (서울: 법문사, 1998).

- 김재한. 『게임이론과 남북한관계』. (서울: 소화, 1995).

- 김태현. "억제이론과 안보공약: 주한미군의 역할과 규모." 강성학 외. 『주한미군과 한미안보협력』. (성남: 세종연구소, 1996).

- 정준표. "국제정치경제와 게임이론." 여정동 · 이종찬 (편). 『현대 국제정치경제』. (서울: 법문사, 2000), pp. 131-213.

- Achen, Christopher H., and Duncan Snidal. "Rational Deterrence Theory and Comparative Case Studies." *World Politics*. vol. 41, no. 2, Jan. 1989, pp. 143-169.

- Allison, Graham T. and Philip Zelikow. *Essence of Decision: Explaining the Cuban Missile Crisis*, 2nd ed. (New York: Longman, 1999).

- Allison, Graham T., *Essence of Decision: Explaining the Cuban Missile Crisis*. (Boston: Little, Brown, 1971).

- Axelrod, Robert. *The Evolution of Cooperation*. (New York: Basic Books, 1984).

- Brams, Steven J. *Superpower Games*. (New Haven: Yale University Press, 1985).

- Brodie, Bernard (ed.). *The Absolute Weapon: Atomic Power and World Order*. (New York: Harcourt Brace, 1946).

- Brodie, Bernard. *The Strategy in the Missile Age*. (Princeton: Princeton University Press, 1958).

- Bueno de Mesquita, Bruce. *The War Trap*. (New Haven: Yale University Press, 1981).

- Downs, George W. "The Rational Deterrence Debate." *World Politics*, vol. 41, no. 2, Jan. 1989.

- George, Alexander L., and Richard Smoke. *Deterrence in American Foreign Policy*. (New York: Columbia University Press, 1974).

- George, Alexander L., and Richard Smoke. "Deterrence and Foreign Policy." *World Politics*, vol. 41, no. 2, Jan. 1989.

- George, Alexander L., David Hall, and William Simons. *The Limits of Coercive Diplomacy*. (Boston: Little, Brown, 1971).

- Huth, Paul K., and Bruce Russett. "Deterrence Failure and Crisis Escalation." *International Studies Quarterly*, vol. 32, no. 1, Mar. 1988.

■ Huth, Paul K., and Bruce Russett. "Testing Deterrence Theory: Rigor Makes a Difference." *World Politics*, vol. 42, no. 4, July 1990.

■ Huth, Paul K., and Bruce Russett. "What Makes Deterrence Work? Cases from 1900 to 1980." *World Politics*, vol. 36, no. 4, Jul. 1984.

■ Huth, Paul K. *Extended Deterrence and the Prevention of War*. (New Haven: Yale University Press, 1988).

■ Huth, Paul K. "Extended Deterrence and the Outbreak of War." *American Political Science Review*, vol. 82, no. 2, June 1988.

■ Jervis, Robert. *Perception and Misperception in International Politics*. (*Princeton*, N.J.: Princeton University Press, 1976).

■ Jervis, Robert, Richard Ned Lebow, and Janice Gross Stein. *Psychology and Deterrence*. (Baltimore: Johns Hopkins University Press, 1985).

■ Jervis, Robert. "Cooperation Under Security Dilemma." *World Politics*, vol. 32, no. 2, Jan. 1978.

■ Jervis, Robert. "Deterrence Theory Revisited." *World Politics*, vol. 31, no. 2, January 1979.

■ Jervis, Robert. "Rational Deterrence: Theory and Evidence." *World Politics*, vol. 41, no. 2, Jan. 1989.

■ Jervis, Robert. "Realism, Game Theory, and Cooperation." *World Politics*, vol. 40, no. 3, April, 1988.

■ Kahn, Herman. *On Thermonuclear War*. (Princeton, N.J.: Princeton University Press, 1960).

■ Katzenstein, Peter, Robert O. Keohane, and Stephen D. Krasner (eds.). *Exploration and Contestation in the Study of World Politics*. (Cambridge: MIT Press, 1999).

■ Keohane, Robert O. *After Hegemony: Discord and Collaboration in the World Economy*. (Princeton: Princeton University Press, 1984).

■ Krasner, Stephen D. *Defending National Interest: Raw Materials Investments and U.S. Foreign Policy*. (Princeton, N.J.: Princeton University Press, 1978).

■ Lebow, Richard Ned, and Janice Gross Stein. "Deterrence: The Elusive Dependent Variable." *World Politics*, vol. 42, no. 3, Apr. 1990.

■ Lebow, Richard Ned, and Janice Gross Stein. "Rational Deterrence Theory: I Think, Therefore I Deter." *World Politics*, vol. 41, no. 2, Jan. 1989.

■ Mearsheimer, John J. *Conventional Deterrence*. (Ithaca: Cornell University Press, 1983).

■ *Morgan, Patrick. Deterrence: A Conceptual Analysis*. (Beverly Hills, CA: Sage, 1977).

■ Morrow, James D. *Game Theory for Political Scientists*. (Princeton: Princeton University Press, 1994).

- Olson, Mancur. *The Logic of Collective Action: Public Goods and the Theory of Groups*. (Cambridge: Harvard University Press, 1965).

- Oye, Kenneth (ed.). *Cooperation Under Anarchy*. (Princeton: Princeton University Press, 1986).

- Rapoport, Anatol, and Melvin Guyer. "A Taxonomy of 2×2 Games." *General Systems*, vol. 11, 1966.

- Russett, Bruce M. "The Calculus of Deterrence." *The Journal of Conflict Resolution*, vol. 7, no. 2, Jun. 1963.

- Schelling, Thomas C. *Arms and Influence*. (New haven: Yale University Press, 1966).

- Schelling, Thomas C. *The Strategy of Conflict*. (Cambridge: Harvard University Press, 1960).

- Simon, Herbert A. "Human Nature in Politics: The Dialogue of Psychology with Political Science." *American Political Science Review*, vol. 79, no. 2, June 1985.

- Snidal, Duncan. "The Game Theory of International Politics." *World Politics*, vol. 38, no. 1, October 1985.

- Snidal, Duncan. "The Limits of Hegemonic Stability Theory." *International Organization*, vol. 39, no. 4, Autumn 1985.

- Snyder, Glenn H., and Paul Diesing. *Conflict Among Nations*. (Princeton: Princeton University Press, 1977).

- Snyder, Glenn H. *Deterrence and Defense: Toward a Theory of National Security*. (Westport: Greenwood Press, 1961).

- Snyder, Glenn H. "'Prisoner's Dilemma' and 'Chicken' Models in International Politics." *International Studies Quarterly*, vol. 15, no. 1, Mar. 1971.

- Stern, Paul C., et al. (eds.). *Perspectives on Deterrence*. (New York: Oxford University Press, 1989).

- Waltz, Kenneth N. *Man, the State, and War: A Theoretical Analysis*. (New York: Columbia University Press, 1959).

- Waltz, Kenneth N. "Nuclear Myths and Political Realities." *American Political Science Review*, vol. 83, no. 4, Sept. 1990.

- Zagare, Frank C., and D. Marc Kilgour. "Alignment Patterns, Crisis Bargaining, and Extended Deterrence: A Game Theoretical Analysis." *International Studies Quarterly*, vol. 47, no. 4, Dec. 2003.

- Zagare, Frank C. *The Dynamics of Deterrence*. (Chicago: University of Chicago Press, 1987).

- Zagare, Frank C. "Rationality and Deterrence." *World Politics*, vol. 42, no. 2, Jan. 1990.

| 문헌해제 |

- Thomas C. Schelling, *The Strategy of Conflict* (Cambridge: Harvard University Press, 1960): 게임이론과 억지이론 양 분야에 있어서, 그리고 나아가 협상에 있어서 최고의 고전이다.

- Frank C. Zagare, "Rationality and Deterrence," *World Politics*, vol. 42, no. 2 (Jan. 1990), pp. 238-260: 합리적 억지이론에 대한 비교적 쉬운 게임이론 논문이다. 합리적 선택이론에서 전제하는 합리성에 대한 오해는 합리적 선택이론과 (앨리슨이 말한) 합리적 행위자 모델과의 혼동에서 온다고 주장한다.

- Duncan Snidal, "The Game Theory of International Politics," *World Politics*, vol. 38, no. 1 (October 1985), pp. 25-57: 국제정치학 연구에 있어서 게임이론의 효용과 그 방법을 잘 정리하고 있다.

- Robert Jervis, "Realism, Game Theory, and Cooperation," *World Politics*, vol. 40, no. 3 (April 1988), pp. 317-349: 1980년대 게임이론을 이용하여 국제협력 문제를 설명한 신현실주의 · 신자유주의 이론의 한계를 인지심리학의 입장에서 논의하고 있다.

패권안정론

백 창 재

21세기 국제경제질서는 어떤 방향으로 전개될 것인가? 한편으로 우리는 세계화와 신자유주의화가 지리적으로, 질적으로 심화되는 현상을 목도하고 있고, 다른 한편으로는 반(反)세계화의 기운과 지역화의 조짐을 감지하고 있다. 시장과 자본은 국가와 정치의 고삐에서 다시 풀려난 듯하지만, 자율적 시장(self-regulating market)이 할퀸 상처가 도처에 널려 있는 한, 내셔널리즘(nationalism)과 포퓰리즘(populism)이 재림하리란 전망을 폐기하기는 이르다.

국제경제질서의 성격에 영향을 미치는 요인은 다양하며, 상이한 측면에 초점을 둔 다양한 이론들이 제시되어 왔다. 그러나 국제정치경제학이 분과학문으로 자리잡은 1970년대 이래 가장 주목을 받은 이론은 패권안정론(hegemonic stability theory)이다. 다양한 변종이 있지만, 패권안정론에 속하는 이론적 논의와 설명들은 공통적으로 국제경제질서의 개방과 폐쇄, 혹은 안정과 불안정을 좌우하는 변수가 패권의 존재 유무라고 본다. 이에 대해 그간 많은 경험적 반증들이 제시되어 왔고, 이념적 비판과 이론적 수정이 가해져 왔다.

새삼 패권안정론이 재검토되어야 하는 것은 두 가지 필요성 때문이다. 첫째, 패권안정론은 국제정치경제학 분야에서 개발된 체계 수준의 이론 중 몇 안 되는 정교한 이론이다. 또한 국제정치경제질서의 레짐과 국제협력을 설명하는 이론들 중 상당수가 패권안정론에 대한 논의와 연관되어 있다. 따라서 패권안정론을 중심으로 국제경제질서의 성격을 결정하는 다양한 요인들을 검토, 평가해 볼 수 있다. 둘째, 신자유주의적 세계화가 심화되고 있는 현재의 국제경제질서의 성격을 진단하고 변화를 전망하기 위해서이다. 미국에 의해 주도되고 있는 신자유주의적 세계화를 설명하는 데 패권안정론에 대한 비판적 검토가 일정한 기여를 할 수 있을 것이다.

이 장은 다음 세 부분으로 구성된다. 첫째, 패권안정론이 등장, 전개된 이론적 · 현실적 맥락에 비추어 패권안정론의 성격을 분석한다. 둘째, 대표적 이론들의 특징적 내용을 살펴보고 그간 제기된 주요 비판들과 논쟁들을 정리한다. 셋째, 현재의 국제경제질서의 성격과 연관하여 재조명되어야 할 측면들을 비판적으로 검토하고 이론적 수정의 방향을 가늠한다.

I. 패권안정론의 성격

국제경제질서의 성격은 다양하게 규정될 수 있다. 그러나 직관적으로나 이론적으로, 그리고 현실적으로도 가장 중요한 것은 다음 세 가지 성격이다. 첫째는 국제경제질서의 구체적 내용, 즉 교역과 금융 및 통화질서가 어떻게 규정되어 있는가 하는 것으로, 그 개방성(openness)의 정도와 형태가 관건이 된다. 예컨대 19세기 중 · 후반의 고전적 자유주의 질서는 국가간 상품과 돈의 흐름이 자유롭고 각국 통화가치가 고정되어 있던 질서였다. 반면, 제2차 세계대전 후 30년간의 국제경제질서는 '보다 자유로운 무역(freer trade: 즉, 완전한 자유무역은 아닌)'과 '조절가능한 고정환율

(adjustable fixed rates)', 그리고 무역 이외의 국가간 돈의 이동을 막은 '자본 통제(capital control)의 질서'였다. 이후 국제경제질서는 자유무역의 지리적·질적 심화, 변동환율 및 금융자유화로 구성되는 세계화의 격변을 겪어오고 있다.[1]

둘째는 국제경제질서의 안정성(stability) 여부이다. 19세기 자유주의 질서는 19세기 후반의 불안정기에도 불구하고 제1차 세계대전까지 비교적 안정적으로 유지되었다. 반면 전간기의 국제무역과 통화질서는 극도의 혼란에 빠졌다. 제2차 세계대전 이후 복구된 자유주의 질서는 10여 년간 안정적으로 지속되었으나, 1960년대부터 흔들리게 되었고, 1970년대 이후 불안정성이 증대되어 왔다. 최근의 국제경제질서는 개방성은 훨씬 증대되어 왔으나, 외채 및 금융위기가 빈발하는 데서 알 수 있듯이 불안정성 역시 고조되고 있다고 진단할 수 있다.

국제경제질서의 성격은 또한 국가간 힘의 분포(distribution of power)로도 규정할 수 있다. 후술하듯이, 국제경제질서에서 '힘'을 어떻게 규정하고 측정할 것인지는 여전히 논란의 대상이다. 힘을 어떻게 규정하든, 국제경제질서에서 각국들간에는 힘의 많고 적음이 존재한다. 19세기 중반의 국제경제질서에서 영국은 산업생산과 금융 부문에서 월등한 힘을 보유하고 있었다. 또한 제2차 세계대전 직후 미국은 훨씬 압도적인 힘의 우위를 지니고 있었다. 반면, 19세기 말에서 전간기에 이르는 시기에는 몇 개국들의 경제력이 영국과 대등하거나 영국을 추월해 가고 있는 상태였다. 1970년대, 1980년대도 힘이 분산되어 간 시기로 볼 수 있지만, 1990년대 이후에는 미국의 상대적인 경제적 우위가 복구되었다고 평가된다.

체계 수준의 이 세 가지 성격간에는 일정한 연관성이 있다고 상정할 수 있다. 즉, 특정한 힘의 분포 상태와 개방성, 혹은 안정성간에 상관관계가 존재할 수 있고, 개방성과 안정성간에도 상관관계가 존재할 수 있다. 이러한 연관성에 대한 이론화가 시도된 것은 1970년대 초였다. 비슷한 시기에

찰스 킨들버거(Charles Kindleberger), 로버트 길핀(Robert Gilpin), 스티븐 크래스너(Stephen Krasner) 등이 역사적 경험을 근거로 한 귀납적 가설과 연역적 이론들을 제시했던 것이다. 이들 모두는 국제경제질서내의 패권적 힘의 분포가 안정과 개방을 가져온다고 주장했는데, 이를 로버트 커해인(Robert Keohane)은 '패권안정론(hegemonic stability theory)' 이라고 불렀다.[2]

1. 역사적 맥락과 이념적 성격

1970년대 초반에 패권안정론이 대두된 것은 우연이 아니다. 1970년대 초반은 두 가지 중대한 의미를 지니는데, 패권안정론의 성격을 파악하기 위해서는 1970년대 초반의 국제경제 현실적 맥락과 국제관계학의 이론사적 맥락을 이해해야 한다.

우선 이 시기의 국제경제 현실을 살펴보자. 주지하듯이, 1970년대 초반은 전후의 국제경제질서가 총체적으로 흔들리게 된 때이다. 존 제라르 러기(John Gerard Ruggie)가 '내장형 자유주의(embedded liberalism)'라고 명명한 전후 국제경제질서는 다음과 같은 모순을 지니고 있었다. 첫째, 무역질서에 있어서, 전쟁 전의 자유무역을 복구하되 국내정치적으로 민감한 농업, 서비스업 등을 제외한 제조업 부문에서의 지속적인 자유화가 추구되었다. 19세기의 자유방임적 자유무역질서가 수입에 민감한 국내산업들의 피해를 가져옴으로써 국내의 정치적 저항을 받게 되었기 때문이다. 그러나 이 질서는 "성공할수록 붕괴의 위험이 커지는" 내재적 모순을 지니고 있었다. 몇 차례의 다자협상을 통해 관세율이 하락하고 자유무역이 심화되면서 무역에 의해 피해를 받는 집단들이 더욱 많아졌고, 그 결과 이 질서 역시 국내의 정치적 저항을 피할 수 없게 되었던 것이다. 더욱이 전쟁 피해에서 복구된 서구 경제가 본격적으로 성장하여 국제경쟁이 한층 더 심화되면서 각국 내에서 보호주의 세력이 크게 강화되었다.

둘째, 국제통화질서의 불안정이 심화되었다. 전후의 통화질서는 '조절 가능한 고정환율제'이며 '달러 본위제'였다. 달러의 가치를 고정하여 국제 통화질서의 안정을 꾀하는 동시에, 달러에 고정된 각국 통화가치는 국내 거시경제정책적 필요에 따른 조절이 허용되었던 것이다. 이 제도가 기능하기 위해서는 달러의 가치가 안정적으로 유지될 수 있도록 미국 경제가 건실하게 성장하면서, 동시에 달러화가 미국 밖으로 충분히 유출되어 국제 유동성의 공급이 원활히 이루어져야 했다. 종전 직후와 같이 미국경제가 압도적으로 우위에 있던 상황에서는 가능한 제도였을 수 있으나, 서구 각국 통화의 태환성이 회복된 1950년대 말부터 심각한 모순이 드러나게 되었다. 이 제도는 본질적으로 '트리핀 딜레마(Triffin dilemma)'를 안고 있었던 것이다. 즉, 국제경제의 성장이 유지되기 위해서는 지속적으로 달러화가 미국 밖으로 유출되도록 미국의 국제수지 적자가 점증해야 하는데, 이는 궁극적으로 달러에 대한 신뢰를 무너뜨리고 달러화의 가치를 떨어뜨리게 되는 것이다. 더욱이 존슨행정부 시대의 '위대한 사회' 프로그램과 같은 뉴딜 사회정책과 냉전의 군비지출 및 베트남전으로 말미암아 미국의 재정적자와 국제수지적자가 막대하게 늘어나면서 달러화의 가치는 유지될 수 없는 상황에 도달했다. 결국 1971년 닉슨은 금태환 정지를 선언했다. 전후의 브레튼 우즈 국제통화체제가 무너진 것이다. 이후 국제통화질서는 여러 가지 미봉책 하에서 혼란을 거듭하다가 변동환율제로 전환되었다. 최소한 단기적으로, 그리고 빈도의 측면에서 더욱 큰 혼란의 가능성을 안게 된 것이다.

국제 금융질서 역시 혼란에 봉착했다. 전후 금융질서는 엄격한 자본통제에 기초해 있었다. 즉, 국제투기자본의 폐해가 가져오는 국제금융질서의 혼란을 막기 위해 무역과 연관된 경우를 제외하고 자본의 국제적 이동을 철저히 봉쇄했던 것이다. 그러나 1950년대 말 이후 서구 경제가 복구되고 미국계 다국적 기업들의 자본에 대한 필요가 확대되면서 성공적인 자본 통제가 점점 어렵게 되었다. 1960년대 런던에 유로 달러 시장이 개설되면서 자본 통제에 본격적인 문제가 생기기 시작했다. 이후 1970년대 전반의 유가 인상 이후 막대한 오일 머니가 역외 시장에 유입되고, 변동환율제에 따른 외환시장이 생기면서, 국제금융의 혼란이 빈발하게 되었다.

국제경제질서의 힘의 분포도 크게 변화했다. 특히 미국의 경제력은 상대적 규모에서 크게 쇠퇴하기 시작했다. 제2차 세계대전 직후 미국의 경제력은, 서구경제 전체 국민총생산 중 3분의 2를 차지할 정도로 압도적이었다. 전쟁이 남긴 폐허에서 서구경제가 복구되기 시작하면서 이러한 비정상적 우위는 당연히 사라졌다. 그러나 서구경제가 복구된 후 국제경쟁이 치열해지는 가운데, 독일과 일본 등 몇몇 국가들의 성장이 빠르게 이루어지면서 미국경제의 상대적 우위 역시 빠르게 잠식되어 갔다. 뿐만 아니라 달러화의 금태환 정지나 미국의 무역수지 적자 증대 등이 상징하듯이, 미국의 절대적 경제력 역시 크게 훼손되어 가고 있었다.

패권안정론은 이러한 국제경제 상황 하에서 대두되었다. 즉, 전후의 국제경제질서가 혼란에 빠지고 있는 한편 전후 질서를 주도했던 미국의 상대적 경제력이 빠르게 쇠퇴하고 있는 가운데, 양자간의 상관성이 제기되었던 것이다. 이는 당시의 현실을 반영한 것으로 볼 수 있다. 2차대전 직후 10여 년간의 '미국의 압도적 경제력→미국 주도의 국제경제질서의 안정'과 1960년대 후반 이후 '미국경제의 쇠퇴→국제경제의 불안정'의 두 현상이 대비되면서, 국제경제의 안정과 패권적 존재간의 상관성이 문제의식으로 떠오른 셈이다.

이러한 현실적 맥락 때문에 패권안정론의 배후에 숨겨진 의도, 혹은 이념적 편향성에 대한 의혹이 제기되어 왔다. 미국의 패권이 전후 국제경제질서의 개방과 안정을 가져왔고 미국의 쇠퇴가 국제경제질서의 불안정을 초래할 것이라는 주장은 곧 미국 패권의 정당화와 미국 패권의 쇠퇴에 대한 우려로 연결된다. 지극히 미국 중심적 논리인 것이다. 좀더 비판적인 시각에서는 패권안정론이 제기된 동기에 대해서도 의심해볼 수 있다. 즉, 미국경제의 쇠퇴에 대한 우려가 국제경제도 불안정해지리라는 전망으로 이어지고, 국제경제의 안정이 미국에 의해 관리되었음을 상기시키며, 국제경제의 안정을 위해 미국경제가 복구되어야 할 필요성을 제기하려 했다는 것이다. 미국 중심의 이데올로기적 성격을 엿볼 수 있다.

패권안정론이 이 시기에 주로 미국 학계에서 개발되었다는 점을 감안할 때, 이러한 의혹이 근거 없는 것은 아니다. 후술하겠지만, 패권안정론에 대한 논의 과정에서도 이러한 이념적 성격은 중대한 영향을 미쳤던 것으로 보인다. 예컨대 패권이 국제경제질서의 개방을 추구하는 것을 '공공재(public goods)'의 제공으로 파악했던 점이나, 개방을 안정과 동일시한 점 등은 패권에 대한 가치 편향이 반영되었기 때문이라고 볼 수 있다. 미국 쇠퇴론이 자취를 감춘 이후 패권안정론에 대한 논의가 진전되지 않고 있는 것도 또 하나의 방증이다.

2. 이론사적 맥락과 의미

패권안정론이 대두된 이론사적 맥락 역시 이 이론의 성격을 이해하는데 중대한 의미를 지닌다. 주지하듯이, 제2차 세계대전 이후 국제관계학은 현실주의(realism)가 지배해 왔다. 현실주의는 1648년 웨스트팔리아 조약 이후 주권 국민국가 체제가 들어선 이래 근대 국제체계가 기본적으로 국가들로 구성된다고 본다. 이러한 국가들로 이루어진 국제체제는 중앙의 권위가 존재하는 위계적인 질서가 아니라 무정부상태이다. 각각의 독립적인 국가 행위자들이 자신의 이익을 추구하는 자구체제(self-help system)인 것이다. 이러한 자구체제에서 국가들은 자기 보존을 위해 일차적으로 힘에 의존할 수밖에 없다. 따라서 국가들간의 관계는 상대방에 대한 불신과 의심에서 벗어날 수 없다. 국가간의 교류와 협력이 갈등을 완화할 수도 있으나, 이를 통한 상대적 이득(relative gains)의 차이로 인해 근본적인 국제협력은 이루어질 수 없다.

한편 제2차 세계대전과 뒤이은 냉전의 상황에서 자유주의적 시각은 크게 위축되었으나, 완전히 사라진 것은 아니었다. 예컨대 국가간의 비정치적, 기능적 교류를 통해 궁극적으로 평화를 이룩할 수 있다는 기능주의(functionalism) 통합이론이 미트라니(David Mitrany)에 의해 제시되었고, 유럽통합의 과정이 시작된 1950년대 말에는 하아스(Ernst Haas)에 의해 좀 더 정교한 통합이론이 개발되었다.[3] 국가간의 경제적·사회적·문화적 협력과 교류가 심화되면, 정치적 측면의 협력과 공존, 평화, 그리고 궁극적으로는 통합까지도 가능하다고 주장되었던 것이다.

1970년대에 이르면, 국가들간의 협력과 교류가 경제 분야뿐 아니라 사회·문화 영역에도 크게 확산되고, GATT에서 초국적 기업에 이르기까지 국가 수준 이상의 행위자들이 국제관계에 큰 영향을 미치게 되었다. 냉전 속에서 힘의 대결은 지속되었지만, 최소한 서방국가들간에는 협력이 증대했고 전쟁의 가능성은 미미하게 되었던 것이다. 이와 같이 국가들간의 상호의존(interdependence)이 심화되는 가운데 국제관계를 현실주의자들과 같이 단순한 힘의 정치로 파악할 수 없다는 비판이 확산되었다. 커해인, 나이(Joseph Nye), 하아스 등으로 대표되는 자유주의자들은, 국제무역 레짐이나 해양문제의 해결 등 다양한 사례를 통해 국가간 협력의 가능성과 초국적 행위자의 영향, 그리고 이에 따른 국제관계의 본질의 변화들을 이론화하기 시작했다.

요컨대 국제관계에서 경제관계 등 비안보 영역의 중요성이 부각되고, 이러한 영역에서 국가들간의 대립보다는 협력이, 각국의 국가이익보다는 국제제도가, 그리고 국가의 행위보다는 초국적 행위자의 역할이 중시되기 시작했던 것이다. 이는 현실주의의 기본 전제에 대한 반증이자 중대한 도전이다. 국가가 힘으로 규정된 국가 이익과 상대적 이득을 추구한다면, 어떻게 국제관계에서 이루어지고 있는 협력과 공익의 추구를 설명할 수 있을

까? 국제질서가 무정부적이라면, GATT와 같은 국제제도는 어떻게 존속되고 있는가? 현실주의의 이론적 전제하에 이러한 현상을 설명해야 하는 과제가 대두되었던 것이다.

패권안정론의 이론사적 의미가 여기에 있다. 패권안정론은, 국제협력의 제도화가 가장 잘 이루어진 무역 영역을 주 분석대상으로 하여, 국제협력의 설명에 있어서도 '힘'의 개념이 필수적임을 밝히려 했던 것이다. 따라서 패권안정론이 궁극적으로 제시하고자 했던 명제는 패권적 힘의 분포하에서만 국제협력, 또는 국제제도의 공급이 가능하다는 것이었다. 이러한 시도가 성공적이면, 안보는 물론 비안보 영역에 있어서의 국제관계를 설명함에 있어서도 현실주의의 우월성이 입증된다.

II. 패권안정론의 전개

패권안정론에 속한다고 간주되는 이론과 시각, 혹은 주장들은 다양하다. 이론화의 수준도 다를 뿐 아니라, 심지어 패권의 개념조차 상이하다. 세력전이이론(power transition theory)과 연관된 논지까지 포함할 경우, 다양성은 훨씬 증대된다. 단순화의 위험은 있지만, 기존의 논의들은 크게 두 가지로 나누어 볼 수 있다. 공공재적 패권안정론과 신현실주의의 체계이론이 그것인데, 이 둘은 앞에서 논의한 두 가지 성격을 각각 대표하고 있다. 즉, 1970년대의 국제정치경제현실을 반영하여 미국 패권이 국제경제질서의 안정을 공급해왔음을 공공재 이론을 근거로 하여 규명하려 한 것이 전자이다. 한편 후자는 국제경제 영역에 있어서의 국제 협력을 국가 간 힘의 분포라는 구조적 변수로 설명하려 한 현실주의의 이론적 관심을 대표한다. 두 이론의 특징적 내용을 살펴보자.

1. 공공재론적 패권안정론

일반적으로 패권안정론의 효시라고 간주되는 것은 킨들버거의 『대공황의 세계, 1929-1939(*The World in Depression, 1929-1939*)』이다.[4] 이 저술에서 킨들버거는 1930년대의 대공황이 왜 그토록 심화되고 오래 지속되었는지를 설명하고자 했다. 대공황의 원인 및 심화요인으로는 미국의 통화정책, 금융정책, 수요관리에서부터 스뭇-홀리 관세법(Smoot-Hawley Tariff Act)에 이르기까지 그간 많은 요인들이 지목되었고, 수많은 연구가 축적되어 왔다. 킨들버거는 기존의 경제학적 설명들이 충분하지 못하다고 보고, 새로운 요인에 주목했다. 국제경제의 안정을 유지하기 위한 리더십의 역할이다.

킨들버거에 의하면, 대공황 이전의 국제경제가 안정적일 수 있었던 것과 대공황의 확산이 차단되지 못한 것의 차이는 국제경제를 관리하는 리더십(leadership)의 존재 여부였다. 즉, 제1차 세계대전 이전의 국제경제가 수차례의 위기에도 불구하고 안정적으로 유지될 수 있었던 것은, 월등한 경제력을 지닌 영국이 리더십의 역할을 적극적으로 수행했기 때문이었다. 반면, 대공황기에 영국은 리더십을 발휘할 수 없을 정도로 경제력이 쇠퇴했고, 이러한 능력을 지녔던 미국은 리더십을 발휘하려는 의도를 결여하고 있었다. 국제경제의 위기를 관리할 능력과 의지를 갖춘 리더십이 없었기 때문에 대공황이 심화·확산되었다는 것이다.

서문에서 밝혔듯이, 킨들버거가 새삼 대공황에 대한 새로운 해석을 시도한 것은 당시의 국제경제현실을 염두에 두었기 때문이다. 또한 이 저술이 미국학계의 지대한 관심과 후속연구를 촉발시킨 것도 미국경제의 쇠퇴라는 현실적 요인에 기인한 바 크다. 대공황의 경험에서 보듯 국제경제의 안정에 리더십이 불가결한 요소라는 논지는, 제2차 세계대전 이후 국제경제의 안정을 유지해 오던 미국의 쇠퇴에 따라 리더십 부재의 상황이 초래되고 결과적으로 (대공황과 같은) 국제경제의 불안정이 야기될 수 있다는 경보를 울렸던 것이다. 앞에서 논의한 미국적 이데올로기의 성격이 엿보인다.

킨들버거의 명제는 이후 경제학의 공공재 이론(public goods theory)과 결합하면서 좀더 정교해지고, 다양한 경험적·이론적 수정을 거치면서 가다듬어졌다.[5] 공공재는 사유재와 달리 '혜택의 비배제성(non-excludability of benefits)'과 '소비의 비경쟁성(non-rivalry of consumption)'의 성격을 지닌다. 즉, 공공재의 제공에 기여를 하지 않은 구성원도 혜택을 향유할 수 있으며, 한 구성원의 소비가 다른 구성원의 소비와 경쟁적이지 않기 때문에 공공재 제공의 동기가 영향을 받지 않는다. 이러한 성격 때문에 공공재의 공급은 시장 논리에 따라 효율적으로 이루어지지 않는다. 구성원들이 공공재의 제공에 기여하지 않고 '무임승차(free-ride)'하려는 '집단행동의 논리(logic of collective action)' 때문이다.

공공재가 효율적으로 제공되기 위한 한 가지 유력한 조건은 '지배적 수혜자(dominant beneficiary)'의 존재이다. 지배적 수혜자는 공공재로부터의 혜택이 대단히 크기 때문에 다른 구성원들의 의사와 무관하게 공공재 제공의 비용을 감당하려 한다. 따라서 지배적 수혜자가 존재하는 경우 집단행동의 논리가 극복되고 공공재가 제공될 수 있다.

공공재 이론을 국제경제질서에 적용하면, 패권과 국제경제의 개방 및 안정을 연관시키는 논리를 발견할 수 있다. 예컨대 국제무역질서의 경우, 자유무역은 공공재이며, 압도적 경제력을 지닌 국가는 지배적 수혜자의 성격을 지닌다고 볼 수 있다. 국가들은 자유무역으로부터 전체적 부가 증진되는 혜택을 얻을 수 있으며, 자유무역질서는 이론적으로 구성국 모두에게 개방되어야 하는 공공재의 성격을 지닌다. 그러나 개별국가들은 자유무역의 혜택을 누리는 동시에 자국 산업을 보호하기 위해 자국 시장은 폐쇄하려는 무임승차의 동기를 지니고 있다. 이러한 집단행동의 논리 때문에 자유무역질서의 수립은 어렵다. 그러나 압도적 경제력을 지닌 국가가 존재할 경우, 자유무역으로부터 얻는 혜택이 가장 크기 때문에 이 국가는 지배적 수혜자의 성격을 지니게 된다. 자유무역질서를 수립하고 관리하는 비용을 부담하려는 동기와 능력을 갖춘 것이다. 요컨대 패권국이 존재해야 자유무역질서가 수립, 유지될 수 있는 것이다.

공공재 이론에 근거를 둠으로써 패권안정론은 이론적 정교함을 갖추고 국제협력의 다양한 측면을 새롭게 조명할 수 있는 통찰력을 지니게 되었다. 사실 패권안정론에 대한 검증과 비판 및 이론적 수정은 공공재론을 중심으로 전개되어 왔다고 해도 과언이 아니다. 공공재론적 패권안정론의 다양한 이론적 전제 및 논리가 평가되어 왔고 역사적 사례를 통한 입증이 이루어져 왔던 것이다. 기존 논의들 중 특히 두 가지 측면이 핵심적이다.

첫째는 패권안정론의 주 연구대상인 국제 자유무역질서가 과연 공공재인가 하는 문제이다.[6] 우선, 공공재 이론 내에서도 의문이 제기된다. 자유무역이 공공재가 되기 위해서는 앞에서 논의한 대로 혜택이 비배제적이고 소비가 비경쟁적이어야 한다. 그러나 직관적으로도 이러한 전제는 문제가 있다. 주지하듯이 WTO의 혜택은 비회원국에게는 주어지지 않는다. 또한 관세를 인상하는 회원국이 있으면 다른 회원국들이 제재를 가하게 된다. 혜택을 배제할 수 있는 것이다. 더욱이 자유무역질서 하에서 어떤 나라는 훨씬 무역의존적이거나 세계시장의 많은 부분을 차지하고 있는 반면, 어떤 나라는 그렇지 못하다. 소비 역시 경쟁적인 것이다. 이렇게 볼 때, 공공재 이론을 국제무역질서에 적용하는 데는 문제가 있다. 다만, 국제무역의 몇 가지 측면은 공공재적 성격을 지니고 있다고 볼 수 있다. 예컨대 국제무역 규칙을 어긴 국가에 대한 공동제재의 경우 집단행동의 논리가 발생할 수 있고,[7] 국제무역질서의 주변부에 위치한 소국들의 경우 무임승차가 방치되기도 한다.[8]

이렇게 볼 때, 공공재 이론을 패권안정론에 적용하기 위해서는 두 가지 작업이 필수적이다. 첫째, 이 이론이 타당성을 지니기 위해서는 이론적 전제에 대한 좀더 면밀한 검토와 수정이 요구된다. 공공재론의 전제를 유연하게 적용할 수 있는지, 이 경우 이론의 요소들을 어떻게 변화시킬 수 있는지를 밝혀야 한다. 둘째, 공공재론의 전제가 엄격히 지켜져야 한다면, 국제협력의 다양한 영역 중 어느 영역이 공공재적 성격을 지니고 있는지를 먼저 밝혀야 한다. 비배제성과 비경쟁성의 성격을 지니고 있는 영역에 대해서만 공공재론적 패권안정론이 타당성을 지닐 수 있을 것이다.

공공재론적 패권이론에 대한 기존 논의에서 주목해야 하는 두 번째 논점은 과연 공공재의 공급이 패권국에 의해서만 제공될 수 있는가 하는 문제이다. 패권안정론자들은, 각국의 주권을 양도받은 세계정부와 같은 존재가 없는 한, 압도적인 힘의 우위를 지닌 패권국의 존재만이 공공재 공급의 필수 조건이라고 주장해 왔다. 다수의 국가들은 물론 소수의 강대국들의 협력에 의해서도 공공재가 공급될 수 없다는 것이다. 킨들버거는 경제 이론에 근거하여 복점(duopoly) 상태도 효율적으로 리더십을 발휘할 수 없다고 단정한 바 있다.

이러한 주장은 이론적으로나 경험적으로 문제를 지니고 있다. 우선, 공공재 이론에서 제기하는 '지배적 수혜자'가 반드시 한 국가일 필요는 없다. 이해가 유사한 소수의 강대국들이라면 '과두적 지배'에 의해 공공재를 제공할 수도 있을 것이다.[9] 또한 신자유주의적 제도주의에서 제시하듯이, 국제관계는 다양한 영역에서 반복적인 국가들간의 관계로 이루어지기 때문에 수인의 딜레마와 집단행동의 논리가 극복되어 국제협력이 이루어질 수도 있다.[10] 경험적으로도, 1970년대 이후 여러 영역에서 미국의 힘의 쇠퇴에도 불구하고 국제협력이 확대되어 왔다. 특히 무역질서는 WTO 체제를 성공적으로 출범시키면서 개방의 폭과 깊이가 심화되어 왔다. 자유무역의 심화가 공공재라면, 국제무역구조에서 미국의 명백한 쇠퇴에도 불구하고 공공재가 효율적으로 공급되어 온 셈이다.

전체적으로 평가할 때, 공공재 이론의 도입은 패권안정론의 미국 편향성을 어느 정도 희석시키거나 이론적으로 포장하는 역할을 했다고 볼 수 있다. 패권국은 이타심이나 책임감 때문이 아니라 지배적 수혜자이기 때문에 국제경제의 개방과 안정을 유지하는 비용을 감당하려 하는 것이다. 또한 극히 적은 수의 사례에 근거한 비이론적 주장에 불과할 수 있는 패권안정론에 공공재 이론은 이론적 정교함과 견고함을 부여해 주었다고 평가할 수 있다. 그러나 공공재론적 패권안정론은 주어진 영역, 특히 국제경제질서의 개방성이 공공재인가 하는 문제에 대한 면밀한 검토와 패권이 개방적 국제경제질서의 필요조건인지, 충분조건인지에 대한 좀더 다양한 연구가 요구된다고 하겠다.

2. 신현실주의 패권안정론

패권안정론의 또 다른 형태는 신현실주의적(neorealist), 혹은 구조적(structural) 패권안정론이라고 부를 수 있다. 국제체계의 안정을 체계수준에서 힘의 분포로 설명한 신현실주의 이론과 동일한 이론체계로 구성되었기 때문이다. 크래스너에 의해 정교한 이론으로 제시된 신현실주의적 패권안정론은 국제협력을 설명하는 자유주의적, 다원주의적 시각의 도전에 대한 현실주의의 대응이었다. 즉, 국가를 분석단위로 두고 체계수준의 현상, 즉 국제경제질서의 개방을 체계수준에서의 힘의 분포로 설명했던 것이다. 크래스너의 "State Power and the Structure of International Trade"가 이러한 패권안정론의 이론적 작업을 대표한다고 평가된다. 이를 중심으로 신현실주의적 패권안정론을 살펴보자.

크래스너는 분석단위를 국가에 두고, 국제무역구조에서 각 국가가 자국의 국가이익을 추구한다는 전형적인 현실주의 시각에서 출발한다. 그러나 월츠와 같은 단순한 전제와 달리 크래스너는 국가 행동의 이론(theory of state action)을 포함하고 있다. 즉, 국가는 무역정책에서 국민소득의 증가와 경제성장의 달성뿐 아니라 자신의 정치적 힘의 증대와 사회적 안정의 유지라는 다양한 목표를 추구한다는 것이다. 개방에 따라 이러한 목표들이 어떻게 달성되어 개방에 대한 선택이 결정되는가는 각국의 규모와 발전수준에 따라 다르다. 예컨대 발전된 소국이라면, 개방이 가져다주는 경제적 이득이 크고, 구조조정의 사회적 비용을 감당할 수 있으며(따라서 사회적 안정이 유지될 수 있으며), 다국에 대한 정치적 힘은 (원래 작기 때문에) 문제가 되지 않는다. 저발전된 대규모 국가의 경우는 소득과 경제성장 증대의 효과가 유발될 수는 있지만, 개방으로 인한 사회적 비용과 불안정이 증대되고 타국에 대한 정치적 지위가 취약해질 수 있다.[11]

이렇기 때문에, 국제무역질서의 개방화 정도는 경제력의 국제적 분포구조에 따라 결정된다. 즉, 고도로 발전된 소국들로 이루어진 체제라면 개방적 국제무역구조가 이루어질 가능성이 많다. 모두에게 개방이 이익을 가져다주기 때문이다. 반면, 발전 수준이 다른 대국들로 구성된 체제에서는 자유무역질서가 수립되기 어렵다. 사회적 불안정과 정치적 힘의 상실을 두려워하는 저발전 대국들이 개방을 받아들이지 않기 때문이다.

개방적 질서가 수립될 가능성이 가장 많은 경우는 다른 국가들에 비해 훨씬 크고 발전된 한 국가가 상승기에 있는 패권체제이다. 상승기의 패권국은 개방을 통해 소득 증대와 경제성장 효과를 거둘 수 있고, 개방으로 인한 사회적 비용도 감당할 수 있다. 또한 개방체제가 폐쇄로 변경될 경우 유발되는 피해를 상대적으로 쉽게 감당할 수 있기 때문에, 이를 위협수단(leverage)으로 사용하여 국제정치적 힘을 강화시킬 수도 있다. 작은 국가들의 경우 역시 경제적 혜택이 크고 정치적 힘은 원래 제한적이므로 개방을 선호한다. 반면 중간 규모 국가들은 경제적 혜택과 사회적 비용 및 국제정치적 힘의 변화를 고려하여 개방에 반응하게 된다. 패권국은 이들이 개방체제를 수용하도록 유도, 혹은 강제할 수 있는 경제적·군사적·상징적 능력을 지니고 있으며, 이의 적절한 사용을 통해 개방적 질서를 만들어내고 유지하게 된다.

반면 기존의 패권이 쇠퇴기에 접어들게 되면, 개방적 국제무역질서가 유지되기 어렵다. 우선 다른 국가들을 개방적 질서로 유도할 수 있는 경제적·군사적 자원의 동원이 효과적으로 이루어지지 않을 수 있다. 더욱이 쇠퇴기의 패권국은 개방체제에 대한 국가이익의 계산이 변화된다. 단기적인 소득증대와 경제성장 효과가 둔화되는 반면, 사회적 비용의 감당은 점차 어려워진다. 장기적으로도 상품과 자본 및 기술의 개방은 국내경제로부터 자원을 유출시키고 잠재적 경쟁국들에게 도움을 주는 부정적 효과를 가져올 수 있다. 따라서 쇠퇴기 패권국은 개방을 선호하지 않게 되거나 개방적 질서를 유지하는 역할을 제대로 수행하지 못하게 되며, 이는 곧 국제경제질서의 폐쇄로 귀결된다.

이 이론은 케네스 월츠(Kenneth Waltz)가 『국제정치이론(*Theory of International Politics*)』에서 제시한 신현실주의 체계이론만큼이나 강력하고 아름다운 체계이론이다. 국제경제체계에서의 힘의 분포에 의해 국제경제체계의 개방성이 결정되는 것이다. 여기에 국가이익의 다양성을 인정하고 국가의 규모와 발전수준이라는 두 변수를 추가하여 월츠 이론의 단순성을 극복하고 더욱 정교한 이론을 만들었다고 평가할 수 있다.

그럼에도 불구하고 신현실주의 패권안정론 역시 두 가지 치명적 결함을 지니고 있다. 첫째, 이 이론은 '패권안정론'이 아니라 '패권개방론 (hegemonic openness theory)'이다. 크래스너의 연역적 작업이나 경험적 작업의 대상은 국제무역구조의 개방성이었지, 안정성이 아니었다. 사실 양자를 동일시하는 오류는 크래스너뿐 아니라 패권안정론자 대부분이 인식하지 못하고 범해온 오류이다. 이 오류에 의해 논리의 비약과 경험적 불일치가 야기되곤 했다. 이에 대해서는 뒤에서 상술한다.

둘째, 쇠퇴기의 패권국은 개방적 정책을 포기하며 이는 곧 국제경제질서의 폐쇄를 초래한다는 명제에 대해서 경험적으로나 이론적으로 다양한 반론과 비판이 제기되어 왔다. 우선 크래스너 자신이 제시하고 있듯이, 19세기 중반 이래의 역사적 증거가 이를 입증하지 않는다. 즉, 영국 패권의 쇠퇴가 가속화되었던 19세기 말에서 제1차 세계대전 직전까지의 시기와 미국패권이 쇠퇴하기 시작한 1970년대 이래의 시기 동안, 두 패권국은 패권의 쇠퇴에도 불구하고 기존의 자유주의 정책을 지속했고 개방적 국제무역질서 역시 유지되었다. 패권안정론자들이 의존하고 있는 두 역사적 사례 모두가 이들의 주장을 부정하는 것이다. 따라서 크래스너는 패권국 내부의 기득 세력 때문에 정책의 변화가 '지체(lag)'되거나, 체제의 변화에는 외적 충격이 필요할 수 있다고까지 논지를 후퇴시켰다.

이론적으로도 크래스너의 '쇠퇴-폐쇄론'에 대해 의문이 제기된다. 쇠퇴기 패권국의 정책에도 불구하고 개방적 국제경제질서가 유지될 수 있는 이론적 근거는, 앞에서 논의했듯이 신자유주의자들에 의해 충분히 제시되었다. 또한 쇠퇴기의 패권국이 폐쇄를 추구한다는 주장도 논리적 근거가 희박하다. 커해인이 지적했듯이, 쇠퇴기에 접어든 패권국에게 폐쇄로의 정책변화는 국가이익에 부합되기보다는 쇠퇴를 가속화시킬 수 있다. 패권국의 폐쇄에도 불구하고 신기술과 지식은 경쟁국들로 확산되면서 패권국만이 고립되어 더욱 쇠퇴가 가속화되는 결과를 가져올 수 있는 것이다.[12] 국내정치적 차원을 고려하면 크래스너의 주장은 더욱 타당성을 잃는다. 쇠퇴기에 접어든 패권국이 지식과 기술의 외부 유출을 막기 위한 폐쇄, 즉 수출규제를 선택하기란 대단히 어렵다. 개방과 연결된 국내 이해세력들의 저항 때문이다. 이보다는 경제상황의 악화 속에서 국내 기업과 노동집단들이 수입의 규제를 원하게 되고, 패권국의 정책 변화는 수입 규제를 시도하는 방향으로 이루어질 가능성이 높다.[13]

요컨대 상승기 패권국이 개방을 선호하고 국제경제질서의 개방을 유도한다고 해서, 쇠퇴기 패권국의 정책이 폐쇄로 변화된다는 주장에는 논리적·경험적 근거가 없다. 폐쇄는 다만 한 가지의 가능성일 뿐이다. 패권안정론의 또 다른 지주인 길핀은 이 점을 인식했다.[14] 그는 패권국이 산업의 상대적 쇠퇴에 대응해 취할 수 있는 전략을 다양하게 상정했다. 우선, 기존

시장을 유지하거나 새로운 시장을 개척하려고 시도할 수 있고, 또는 해외 포트폴리오 투자를 지속하거나 다국적 기업들에 의한 해외직접투자전략을 강화할 수도 있다. 또 새로운 기술과 산업을 발전시키고 자본의 흐름을 재조정함으로써 패권국 경제를 재활성화하려고 시도할 수도 있고, 보호주의나 블록화와 같은 폐쇄의 길로 나아갈 수도 있다. 그러나 길핀은 어떤 대응방식이 왜 선택되는가에 대해서는 분석을 하지 않은 채, 미국의 경우 자유주의 정책의 약화를 지적했을 뿐이다.[15)]

신현실주의적 패권안정론이 지니는 이 문제의 본질은 이들이 분석의 단위를 국가에 두고, 구조의 변화에 대해 국가가 국가이익을 확보하기 위한 전략적 대응을 한다고 상정하는 데 있다. 국제구조, 특히 힘의 분포로부터 개별 국가들의 대응을 연역적으로 도출하는 신현실주의의 미시경제이론적 추론의 결함을 그대로 지니고 있는 것이다. 국제경제질서와 대외경제정책의 개방과 폐쇄에는 다양한 비용과 기회가 결부되어 있고, 이에 따른 국내 정치적 투쟁이 일어난다. 경제력의 상대적 쇠퇴를 경험하는 패권국의 경우에도 개방의 혜택을 유지하려는 세력과 국내시장의 보호를 요구하는 세력, 최소한의 해외시장을 확보하려는 세력 등이 존재할 수 있다. 더욱이 쇠퇴의 정도와 원인, 그리고 그 대응방식과 비용분담방식에 대해 국내 행위자들마다 다른 생각과 이해관계를 지닐 수 있다.[16)] 따라서 상대적 쇠퇴라는 구조적 조건 하에서 이들간에 벌어지는 정치적 대결의 양상에 따라 쇠퇴에 대한 패권국의 대응이 나온다고 보아야 한다. 개별국가의 행태를 설명하기 위해 외교정책의 이론이 필요하듯이, 단순히 국력 분포의 변화로써 쇠퇴기 패권국의 대응을 설명할 수는 없는 것이다.

전체적으로 평가할 때, 신현실주의적 패권안정론은 신현실주의 체계이론과 같이 이론적 경제성(parsimony)이 대단히 높고 견고한 이론이다. 또한 공공재론적 패권안정론과 달리 국제경제질서의 개방을 공공재로 보지 않음으로써 규범성과 이데올로기성이 더욱 희석되었다. 그러나 체계수준의 이론이 갖는 문제를 그대로 지니고 있으며, 안정과 개방을 혼동하고 개방의 다양성을 인식하지 못하는 중대한 결함을 지니고 있다. 한 가지 안타까운 점은 크래스너가 제시한 이론적 명제들에 대한 충분한 논의가 이루어지지 않음으로써 이러한 문제들이 해결되지 못했나는 섬이다. 패권과 안정간의 인과관계에 대한 논의는 앞에서 설명한 공공재론에 치우쳐 전개되어 왔던 것이다.

III. 국제정치경제질서의 현실과 패권안정론

지금까지 패권안정론의 성격과 주요 논지, 그리고 문제점들을 살펴보았다. 다시 강조하자면, 패권안정론은 전후 국제질서가 흔들리고 미국의 경제력이 쇠퇴하는 상황에 대한 미국적 문제의식으로부터 출발했다는 근본적 결함을 지니고 있었다. 미국 중심의 이념적 편향성에서 벗어나지 못함으로써, 결과적으로 국제경제질서의 특정한 성격을 단순히 공공재로 파악하거나, 개방과 안정을 혼동하는 오류를 낳은 것으로 보인다. 다른 한편 체계 수준에서의 이론에 그치고 더 이상 논의가 진전되지 못함으로써 체계 수준의 이론이 지니는 설명의 한계를 극복하지 못했다고 평가할 수 있다.

이러한 문제를 지니고 있는 패권안정론을 굳이 이 시점에서 재조명하는 이유는 무엇인가? 정치경제학적 시각에서는 국제경제질서의 성격은 어떤 방식으로든 체계내 힘의 분포를 반영한다고 상정한다. 신자유주의적 세계화로 규정되는 1970년대 이후의 국제경제질서의 변화와 국제경제체계 내에서의 힘의 분포간에는 상관성이 존재하는 것이다. 패권안정론은 양자간의 인과관계를 본격적으로 설명하려 한 시도이다. 따라서 앞에서 제기된 문제점들을 해결하여 패권안정론을 재적용할 필요성이 있다. 즉, 패권의 개념과 안정의 개념을 수정하고 분석의 수준을 좀더 구체적인 수준까지 낮추면, 20세기 후반 이후 변화하고 있는 국제경제질서의 성격을 설명하는 데 여전히 이 이론체계가 유용하다고 평가할 수 있다.

먼저 패권의 개념이 수정되어야 한다. 패권안정론자들간에도 패권을 정확히 어떻게 규정해야 하는지에 대해서는 이견이 존재한다. 패권 개념 자체가 가치평가적 속성을 지니고 있는 데다가 내포적 함의(connotation)와 외연적 적용(denotation)도 모호하기 때문이다.[17] 국제정치경제체계에서 압도적 우위는 무엇으로 규정되는가? 생산력의 우위인가? 금융적 지배력인가? 첨단 기술의 우위인가? 또 어느 정도의 우위가 패권적 존재와 비패권적 존재를 가르는 기준인가? 힘의 우위가 어느 정도 쇠퇴했을 때 더 이상 패권이 아닌가? 이러한 기준으로 본다면, 1970년대, 1980년대의 미국은 패권적 존재인가? 1990년대 이후의 미국은 어떠한가?

힘을 물리적 능력으로만 규정하는 신현실주의자들과 같이 패권을 객관적 경제력으로만 규정하려 들 경우, 이러한 문제에 대한 명확한 해결이나 합의는 가능하지 않다. 물리적 능력도 패권의 중요한 구성요소이지만, 패권의 다른 차원의 속성이 반드시 고려되어야 한다. 특히 다음 두 가지 차원을 중시해야 한다.[18]

첫째, 패권의 가장 중대한 속성은 국제정치경제질서의 구조를 선택, 형성할 수 있는 능력이다. 즉, 국제경제질서의 규범과 규칙 및 절차를 선택하고 필요할 경우 변경시킬 수 있는 힘이 패권의 본질이다. 이러한 구조적 힘의 행사는 물리적 능력으로부터 나오지만, 물리적 힘이 상대적으로 쇠퇴했음에도 불구하고 여전히 지속될 수 있다. 기존 국제경제질서의 유지를 불가능하게 만들고, 새로운 질서를 강요함으로써 행사될 수 있는 것이다. 이러한 거부권적 패권의 행사는 1970년대 미국의 달러화 금태환 정지나 자본통제의 철폐에서 드러났던 바 있다. 전자는 브레튼 우즈 통화체제를 붕괴시켜 변동환율체제로의 전환을 가져왔다. 후자는 다른 국가들의 자본 자유화를 강제하여 전후 내장형 자유주의의 통제된 국제금융질서를 금융 자유화·세계화로 변경시켰다.[19] 요컨대 경제력의 상대적 쇠퇴에도 불구하고 새로운 국제경제질서를 강요할 수 있는 구조적 힘을 보유했다면 패권적 존재로 규정해야 하는 것이다.

둘째, 국제경제질서에서의 패권은 국제체계의 다른 영역, 특히 안보 영역과 이데올로기 영역에서의 패권적 능력에 의해 강화되고 유지될 수 있다. 스트레인지의 지적대로, 국제체계의 안보, 생산, 금융, 지식의 영역들에서의 구조적 패권은 서로 밀접하게 연관되어 있다.[20] 한 영역에서의 쇠퇴는 다른 영역들에서의 패권에 의해 보완될 수 있다. 특히 미국의 경우, 냉전 시기 서구 진영에서의 안보적 역할, 그리고 탈냉전 이후 압도적인 군사력의 보유라는 안보 영역에서의 패권이 다른 영역에서의 힘의 자원이 된다고 평가할 수 있다. 또한 선진 자본주의 국가들에서 신자유주의 이데올로기의 확산과 이에 대한 동의, 또는 합의의 형성 역시 미국의 이데올로기적 패권이 생산과 금융적 패권을 강화시켜 주는 역할을 하고 있다.

요컨대 국제경제질서에서의 패권의 개념은 단순한 물리적 능력뿐 아니라 국제경제질서를 변경시킬 수 있는 구조적 패권을 포함해야 하며, 안보와 이데올로기 영역에서의 패권과의 연관성을 설정해야 한다. 이렇게 규정할 경우, 경제적 쇠퇴를 경험하고 있는 패권국이 구조적 패권을 행사하여 국제경제질서의 성격을 자신에 유리하도록 변경시키는 현상이 파악될 수 있을 것이다.

패권안정론의 종속변수 역시 수정되어야 한다. 앞에서 논의했듯이, 신현실주의적 패권안정론이 설명한 것은 국제경제질서의 안정(stability)이 아니라 개방(openness)이었다.[21] 공공재론의 경우, 다양한 영역에서의 국제레짐의 공급을 설명하는 시도로 확대되었으나, 일차적 분석대상은 국제무역구조의 개방성이었고, 개방과 안정을 동일시하는 오류 역시 마찬가지였다.

국제경제질서의 개방과 안정간의 관계는 복잡하다. 개방적 질서가 유지되는 경우는 안정적일 수 있다. 그러나 폐쇄적 질서가 개방적 질서로 전환되려면 일정한 불안정이 발생한다. 개방적 질서가 좀더 개방적인 질서로 변화되는 경우에도 안정은 훼손될 수 있다. 예컨대 1970년대 이래의 국제 경제질서는 무역과 금융, 통화의 각 영역에서 개방화가 진행되면서 혼란과 불안정이 끊이지 않고 있다.

패권국은 국제경제의 각 영역에서 자신이 차지하는 위치에 따라 다양한 형태의 개방적 질서를 추구하며, 이 질서가 자신에게 유리한 이상, 그리고 변경의 비용이 효용보다 클 경우에만 이를 안정적으로 유지하려 한다고 보아야 한다. 이 한계 안에서 패권이 안정을 추구한다고 말할 수 있다. 그러나 패권이 추구하는 기본적 목표는 자신에 유리한 형태의 개방적 질서이다. 기존 질서 하에서 불균등 성장에 따라 자신의 상대적 지위가 심각한 수준으로 훼손될 경우, 패권은 다른 형태의 개방적 질서를 추구할 수 있다. 또는 패권국의 국내정치적 요인에 따라 기존질서를 유지하려는 정책이 추구될 수도 있다. 전자의 예로 1970년대 이래 미국의 경우를 들 수 있고, 후자의 예는 19세기 말 이래 영국의 경우가 해당된다.

이렇게 볼 때 두 가지 논의가 추가되어야 한다. 첫째, 종속변수로서 국제경제질서의 개방성은 다양한 형태로 설정되어야 한다. 즉, 국제경제질서의 개방의 수준이 다양하게 존재하고, 개방의 양식 역시 다양하며, 각 하위 영역들에서의 개방의 수준과 형태가 다르게 조합될 수 있음이 인식되어야 한다. 동일한 자유주의 국제경제질서지만, 19세기적 자유주의 질서와 2차대전 이후의 자유주의 질서, 그리고 1970년대 이래 현재의 자유주의 국제경제질서는 상이하다. 이들을 각각 고전적 자유주의 질서, 내장형(embedded) 자유주의 질서, 신자유주의 질서로 부르는 이유는, 개방의 정도와 형태, 그리고 각 질서 하에서의 무역과 통화, 금융질서의 성격이 상이하기 때문이다.

패권국은 단순히 '좀더' 개방적인 질서를 추구하는 것이 아니라, '자신에게 유리한' 개방적 질서를 추구한다. 자신에게 유리한 개방적 질서는 다양한 요인에 의해 결정된다. 우선 세계경제의 생산과 금융, 통화, 그리고 각 하위 부문에서 패권국이 차지하는 위치에 따라 개방의 성격이 결정된다. 뿐만 아니라 패권국의 국제정치적 이해도 국제경제질서의 성격을 결정하는 데 고려될 것이고, 패권국의 국내적 이해도 이에 영향을 미칠 수 있다. 이러한 요인들에 의해 설정된 국제경제질서의 성격은 다를 수밖에 없다. 요컨대 패권적 힘의 분포에 의해 설명되어야 하는 국제경제질서의 성격은 단순히 '개방-폐쇄'의 이분법적 종속변수가 아니라 다양한 개방성으로 규정되어야 한다. 패권과 개방 혹은 안정간의 체계수준에서의 이론화를 지양하고, 패권적.힘의 분포 혹은 그 구성상의 변화에 의해 어떤 성격의 개방적 질서가 추구되고 국제경제질서의 안정에 어떤 결과가 초래되는지를 설명해야 한다.

또 하나 패권안정론의 현실주의적 성격에 대한 중대한 수정은 국가중심성 문제와 연관된다. 앞에서 살펴보았듯이, 패권안정론의 행위자는 국가이고, 국가 이하로 분석수준이 내려가지 않는다. 국가는 연역적으로 추론된 국가이익들을 추구한다. 현실주의적 전제에 따라 '패권국은 개방을 추구한다'는 명제가 도출된다.

이에 대한 경험적 반증은 앞에서 논의한 바 있다. 더욱이 개방의 다양성을 설정하고 나면, '왜 특정한 성격의 개방을 추구하는지'의 문제가 제기되는데, 이는 국가중심적 접근으로 설명할 수 없다. 왜 20세기 초반 영국은 패권의 쇠퇴에도 불구하고 고전적 자유주의 질서를 유지하려 했는가? 왜 제2차 세계대전 후 미국은 내장형 자유주의 질서를 주도했는가? 왜 패권의 쇠퇴를 경험하기 시작하면서 미국은 신자유주의적 국제경제질서로의 전환을 추구했는가? 이러한 문제들에 대한 답은 부분적으로 국가중심적 시각에서 찾아질 수 있다. 그러나 다양한 개방적 질서 중의 특정한 선택은 국가 하위의 분석수준에서 국내정치를 분석함으로써 찾아질 수 있다.

요컨대 패권과 개방간의 체계 수준의 분석은 국가 수준의 분석과 결합되어야 한다는 것이다. 이에 의해 특정한 성격의 패권이 어떠한 국내정치 과정을 거쳐 특정한 선택을 하게 되고 특정한 성격의 개방적 국제경제질서를 추구하는지 설명할 수 있을 것이다. 현재의 국제경제질서를 이해하기 위해 필요한 것은 바로 이러한 작업이다.

패권안정론은 1970년대의 국제경제현실 속에서 미국적 문제의식에 의해 대두되고 미국적 사회과학 방법론에 의해 전개된 이론이다. 반면, 국제경제 영역에서의 국제관계를 힘의 개념으로 설명하려는 현실주의 이론의 거대 과제였고, 국제경제체계의 성격들, 즉 힘의 분포와 개방, 안정간의 관계를 이론화하려 한 시도이다. 이 점에서 패권안정론의 문제의식은 여전히 중대한 의미를 지닌다. 패권적 힘의 분포가 국제경제질서의 성격을 어떻게 규정하는지, 전자의 변화가 후자의 변화를 어떻게 야기하는지 하는 문제는 1970년대 이래 국제경제질서의 변화를 설명하는 데 열쇠를 쥐고 있다. 그러나 이를 위해서는 지금까지 논의했듯이 독립변수와 종속변수 모두를 수정하고 좀더 하위 수준에 대한 연구 프로젝트가 설정되어야 할 것이다.

| 미주 |

1) 19세기 이래 국제경제질서의 성격에 대해서는 다음 세 글을 참조하라. 조홍식, "고전적 자유주의 질서의 붕괴," 국제정치경제연구회 편, 『20세기로부터의 유산: 세계경제와 국제정치』(서울: 사회평론, 2000), pp. 17-42; 백창재, "미국의 패권과 제한적 자유주의 질서," 위의 책, pp. 43-64; 정진영, "신자유주의의 확산과 국제경제질서의 미래," 위의 책, pp. 65-90.

2) Joseph M. Grieco, "Introduction," in Joseph M. Grieco (ed.), *The International System and the International Political Economy, vol. I: State Structure and Strategies* (New York: Edward Elgar, 1993). '패권안정론'은 잘못된 명칭(misnomer)이다. 이에 대해서는 뒤에 상술한다. 그러나 혼동을 피하기 위해, 이 글에서는 이 명칭을 계속 사용한다.

3) David Mitrany, *A Working Peace System* (New York: Quadrangle Press, 1943); Ernst B. Haas, *The Uniting of Europe: Political, Economic, and Social Forces 1950-1957* (Stanford: Stanford University Press, 1958).

4) Charles P. Kindleberger, *The World in Depression, 1929-1939* (Berkeley: University of California Press, 1973), 박명섭 역, 『대공황의 세계』(서울: 부키, 1998).

5) 공공재 이론의 적용에 대해서는 Mancur Olson, *The Logic of Collective Action* (Harvard: Harvard University Press, 1965)을 참조. 이를 국내 학계에 소개한 글로, 김욱, "공공재이론의 관점에서 본 패권안정이론," 『국제정치논총』 제40권 4호 (2000), pp. 27-44를 참조.

6) John C. Conybeare, "Public Goods, Prisoner's Dilemmas and the International Political Economy," *International Studies Quarterly*, vol. 28, no. 1 (1984), pp. 5-22; Duncan Snidal, "The Limits of Hegemonic Stability Theory," *International Organization*, vol. 39, no. 4 (1985), pp. 579-614.

7) 이 점에 있어서 자유무역은 여전히 공공재라는 패권안정론자의 반론이 제기된다. 예컨대 Joanne Gowa, "Rational Hegemons, Excludable Goods, and Small Groups: An Epitaph for Hegemonic Stability Theory?" *World Politics*, vol. XLI(1989), pp. 307-324.

8) 국제제도의 공급이 공공재인가 하는 문제에 대해 현실주의적 시각에서 비판할 수도 있다. 즉, 국제제도의 공공재적 성격을 강조하게 되면 분배의 문제가 은닉된다는 점이다. 어떤 영역에서는 국가간 공동의 문제나 갈등을 해결하기 위한 국제제도의 창출이 공공재적

성격을 지닌다고 볼 수 있다. 그러나 국제적 법제화(legalization)에 대한 최근의 연구들이 보여주듯이, 많은 영역들에서 국제제도의 혜택은 국가간에 불균등하게 배분된다. 이 영역들에서 국제제도를 힘의 논리를 반영하고 있는 것으로 보지 않고 공공재로 보게 되면, 혜택과 비용의 불균등한 배분이라는 국제관계의 근본적 성격을 간과하게 된다.

9) Duncan Snidal, "The Limits of Hegemonic Stability Theory," *International Organization*, vol. 39, no. 4 (1985), pp. 579-614; 국내의 논의로 이호철, "WTO체제의 형성," 『국제정치논총』 제37권 1호 (1997) 참조.

10) Robert Keohane, *After Hegemony* (Princeton: Princeton University Press, 1984).

11) Stephen D. Krasner, "State Power and the Structure of International Trade," *World Politics*, vol. 28, no.3 (1976), pp. 319-321.

12) Robert Keohane, "Problematic Lucidity: Stephen Krasner's State Power and the Structure of International Trade," *World Politics*, vol. 50 (1997), p. 155.

13) 위의 글.

14) Robert Gilpin, *U.S. Power and the Multinational Corporation* (New York: Basic Books, 1976), pp. 63-67.

15) Robert Gilpin, *The Political Economy of International Relations* (Princeton: Princeton University Press, 1987), pp. 221-230.

16) 이 문제에 대해 19세기 후반에서 20세기 초반 영국을 사례로 한 뛰어난 연구로 Aaron Friedberg, *The Weary Titan: Britain and the Experience of Relative Decline, 1895-1905* (Princeton: Princeton University Press, 1985)를 참조. 영국 관세개혁운동과 미국 종합무역법을 비교하여 쇠퇴기 패권국의 대외경제정책을 분석한 글로 백창재, "쇠퇴기 패권국 대외경제정책의 국내정치적 기반,"『한국과 국제정치』제17권 2호 (2001), pp. 1-37을 참조.

17) 이에 대해 백창재·손호철, "패권의 부침과 국제질서: 팩스 브리타니카와 팩스 아메리카나, 그리고 그 이후," 오기평 (편), 『21세기 미국 패권과 국제질서』(서울: 오름, 2000), pp. 99-152 참조.

18) 이에 대해서는 스트레인지의 통찰력 있는 분석을 참조하라. 러셋과 나이도 유사한 점을 지적한 바 있다. Susan Strange, "The Present Myth of Lost Hegemony," *International Organization*, vol. 41, no.4 (1987), pp. 551-574; Bruce Russett, "The Mysterious Case of Vanishing Hegemony? or, Is Mark Twain Really Dead?" *International Organization*, vol. 39, no. 2 (1985), pp. 207-231; Joseph S. Nye, Jr., *Bound to Lead: The Changing Nature of American Power* (New York: Basic Books, 1990).

19) 이에 대해서는 Eric Helleiner, *States and the Reemergence of Global Finance: From Bret-*

ton Woods to the 1990's (New York: Cornell University Press, 1994) 참조.

20) 이에 대한 상세한 논의는 Susan Strange, *The Retreat of the State* (Cambridge University Press, 1996); 양오석 역,『국가의 퇴각』(푸른길, 2001) 참조.

21) 이는 커해인도 인식하고 있었다. Robert Keohane, 앞의 글, pp. 150-170.

| 참고문헌 |

- 김욱. "공공재이론의 관점에서 본 패권안정이론." 『국제정치논총』 제40권 4호, 2000.
- 백창재. "쇠퇴기 패권국 대외경제정책의 국내정치적 기반." 『한국과 국제정치』 제17권 2호, 2001.
- 백창재. "미국의 패권과 제한적 자유주의 질서." 국제정치경제연구회 (편). 『20세기로부터의 유산: 세계경제와 국제정치』.(서울: 사회평론, 2000).
- 백창재 · 손호철. "패권의 부침과 국제질서: 팩스 브리타니카와 팩스 아메리카나, 그리고 그 이후." 오기평 (편). 『21세기 미국 패권과 국제질서』. (서울: 오름, 2000).
- 이호철. "WTO체제의 형성." 『국제정치논총』 제37권 1호, 1997.
- 정진영. "신자유주의의 확산과 국제경제질서의 미래." 국제정치경제연구회 (편). 『20세기로부터의 유산: 세계경제와 국제정치』. (서울: 사회평론, 2000).
- 조홍식. "고전적 자유주의 질서의 붕괴." 국제정치경제연구회 (편). 『20세기로부터의 유산: 세계경제와 국제정치』. (서울: 사회평론, 2000).
- Arrighi, Giovanni. *The Long Twentieth Century: Money, Power, and the Origins of Our Time*. (New York: Verso, 1994).
- Conybeare, John C. "Public Goods, Prisoner's Dilemmas and the International Political Economy." *International Studies Quarterly*, vol. 28, no.1, 1984.
- Cox, Robert W. *Production, Power, and World Order: Social Forces in the Making of History*. (New York: Columbia University Press, 1987).
- Friedberg, Aaron. *The Weary Titan: Britain and the Experience of Relative Decline, 1895-1905*. (Princeton: Princeton University Press, 1985).
- Gilpin, Robert. *The Political Economy of International Relations*. (Princeton: Princeton University Press, 1985).
- Gilpin, Robert. *U.S. Power and the Multinational Corporation*. (New York: Basic Books, 1976).
- Gowa, Joanne. "Rational Hegemons, Excludable Goods, and Small Groups: An Epitaph for Hegemonic Stability Theory?" *World Politics*, vol. XLI, 1989.
- Grieco, Joseph M. "Introduction." in Grieco (ed.). *The International System and the International Political Economy, vol. I: State Structure and Strategies*. (New York: Edward Elgar,

1993).

- Hardt, Michael, and Antonio Negri. *Empire.* (Harvard: Harvard University Press, 2000).

- Helleiner, Eric. *States and the Reemergence of Global Finance: From Bretton Woods to the 1990's.* (New York: Cornell University Press, 1994).

- Keohane, Robert. "Problematic Lucidity: Stephen Krasner's 'State Power and the Structure of International Trade'." *World Politics*, vol. 50, 1997.

- Keohane, Robert. *After Hegemony.* (Princeton: Princeton University Press, 1984).

- Krasner, Stephen D. "State Power and the Structure of International Trade." *World Politics*, vol. 28, no. 3, 1976.

- Kindleberger, Charles P. *The World in Depression, 1929-1939.* (Berkeley: University of California Press, 1973).

- Mitrany, David. *A Working Peace System.* (New York: Quadrangle Press, 1943).

- Nye, Joseph S., Jr. *Bound to Lead: The Changing Nature of American Power.* (New York: Basic Books, 1990).

- Olson, Mancur. *The Logic of Collective Action.* (Harvard: Harvard University Press, 1965).

- Russett, Bruce. "The Mysterious Case of Vanishing Hegemony? or, Is Mark Twain Really Dead?" *International Organization*, vol. 39, no. 2, 1985.

- Snidal, Duncan. "The Limits of Hegemonic Stability Theory." *International Organization*, vol. 39, no. 4, 1985.

- Strange, Susan. "The Present Myth of Lost Hegemony." *International Organization*, vol. 41, no. 4, 1987.

- Strange, Susan, *The Retreat of the State.* (Cambridge: Cambridge University Press, 1996).

| 문헌해제 |

- 백창재, "미국의 패권과 제한적 자유주의 질서,"『20세기로부터의 유산: 세계경제와 국제정치』
  (사회평론, 2000), pp. 43-64; 백창재, "쇠퇴기 패권국 대외경제정책의 국내정치적 기반,"『한국과
  국제정치』제 17권 2호(2001), pp. 1-37; 백창재 · 손호철, "패권의 부침과 국제질서: 팩스 브리
  타니카와 팩스 아메리카나, 그리고 그 이후," 오기평 (편),『21세기 미국 패권과 국제질서』(오름,
  2000), pp. 99-152: 이 글들은 국제정치경제질서와 패권간의 관계가 역사적으로 어떻게 형성되어
  왔는지를 개괄적으로 설명해 준다. 19세기 이래 영 · 미 패권과 국제정치경제질서의 성격을
  파악함으로써, 패권안정론자들이 제시한 도식적 주장이 과잉단순화의 오류를 범하고 있음을 알
  수 있다.

- 국제정치경제연구회 (편),『20세기로부터의 유산: 세계경제와 국제정치』(사회평론, 2002): 이
  책은 국내 연구자들이 20세기 국제정치경제질서의 흐름과 주요 측면을 정리한 교과서이다. 이
  책의 1부에서는 19세기 고전적 자유주의질서부터 제2차 세계대전 후의 내장형 자유주의 질서,
  그리고 1970년대 이후의 신자유주의적 세계화의 과정을 정리하고 있고, 나머지 부분들은 좀더
  구체적인 이슈와 측면들, 예컨대 국제경제질서의 변화와 국제정치변동(세계대전, 파시즘, 냉전
  등)의 연관성, 자본주의 축적체제, 서구 자유주의의 변화, 주변부의 발전문제 등을 다루고 있으며,
  국가주권의 문제나 자본-노동관계의 변화, 정보화문제 등 현 국제정치경제의 핵심적 이슈들도
  분석하고 있다. 이 책 역시 패권안정론의 명제들을 사실에 의해 검증하는 데 기초가 된다.

- Eric Helleiner, *States and the Reemergence of Global Finance: From Bretton Woods to the
  1990's* (Ithca: Cornell University Press, 1994), p. 4: 제한적 자유주의질서의 붕괴와 신자유주의
  세계화의 핵심에는 금융부문의 자유화, 곧 세계금융의 부활이 있다. 그리고 그 주도적 역할은
  당시 쇠퇴하고 있던 패권국 미국에 의해 이루어졌다. 이 책은 제2차 세계대전 이후 국제
  금융질서의 변화에 대한 많지 않은 정치경제적 연구의 하나로, 국제금융질서의 변화과정을 쉽게
  설명하고 있을 뿐 아니라 이 과정에서 미국의 역할과 동기에 대한 해석을 제공한다.

- Charles P. Kindleberger, *The World in Depression, 1929-1939* (University of California Press,

1973), 박명섭 역, 『대공황의 세계』(부키, 1998); Stephen D. Krasner, "State Power and the Structure of International Trade," *World Politics*, Vol. 28, no. 3(1976), pp. 319-21; Joseph S. Nye, Jr., *Bound to Lead: The Changing Nature of American Power* (Basic Books, 1990), 박노웅 역, 『21세기 미국 파워』(한국경제신문사, 1991): 이 글들은 패권 및 미국패권에 대한 미국 학계의 대표적 글들이다. 주지하듯이 킨들버거의 책은 패권안정론의 효시가 된 것으로, 패권의 역할과 전후 미국패권의 성격에 대한 패권안정론자들의 전형적인 시각을 보여준다. 크래스너의 글은 패권안정론의 다양한 버전 중 가장 강력하고 정치한 이론이다. 나이의 책은 탈냉전 시대 패권의 의미와 미국의 역할에 대한 새로운 시각을 제공한다.

■ Robert W. Cox, *Production, Power, and World Order: Social Forces in the Making of History*, (Columbia University Press, 1987); Giovanni Arrighi, *The Long Twentieth Century: Money, Power, and the Origins of Our Time*(New York; Verso, 1994; Michael Hardt, and Antonio Negri, *Empire*(Harvard; Harvard University Press), 윤수종 역, 『제국』(이학사, 2001): 이 책들은 패권과 국제질서에 대해 이 글에서 논의한 것과는 다른 대안적 시각에서 쓰여졌다. 패권 개념의 유용성, 그리고 자본주의 세계경제에서 패권의 필요성에 대해 구조적 사고를 할 수 있는 근거가 제공된다.

현실주의 국제정치경제이론

류 석 진

Ⅰ. 이론의 등장 배경과 핵심 논지

국제정치와 국제경제 사이의 상호연관 관계에 주목하는 국제정치경제학은 크게 보아 세 시각으로 분류할 수 있다. 제국주의, 종속이론, 세계체제론 등으로 이어지는 맑스주의적 경제결정론의 관점이 그 하나이다. 그리고 기능주의, 통합이론, (복합적) 상호의존론, 국제협력이론 등으로 이어지는 자유주의 전통이 있다. 이와 대비하여 국민국가와 민족주의를 강조하는, 패권안정이론, (신)중상주의, 전략적 무역이론, 경쟁 우위 등의 현실주의 이론은 국가와 정치의 시장에 대한 우위를 강조하는 입장을 취하고 있다.[1]

일반 국제정치 이론으로서의 현실주의는 무정부 상태(anarchy)와 상존하는 안보위협, 이에 따른 개별국가의 생존전략으로서의 자구(자력 구제 self-help) 그리고 권력정치(power politics)를 핵심으로 하고 있다. 즉 국가 내에서는 공공질서와 안전 그리고 재산을 보호할 수 있는 최고이면서 동시에 최종적인 권위를 가지고 있는 정부(홉스의 리바이어던)가 존재함에 반하여, 국제정치는 국제적 질서와 안전을 보호해 줄 수 있는 최종적인 권위가 부재한 상태이고, 그 결과 국제정치는 '만인의 만인에 대한 투쟁'이 지배적 원리가 되는 소위 '정글의 법칙'이 지배하게 된다. 이러한 무정부 상태로 인해 항상 국가는 생존과 안보의 위험에 노출되어 있는 잠재적 전쟁의 상태에 처해 있게 된다. 이렇게 아무도 자신의 안전을 보장해 주지는 않는 상황에서 개별국가들은 자신을 지킬 수 있는 힘을 가져야 하고, 이는 자력구제의 원리로 표출된다. 따라서 국제정치의 지배적인 속성은 당연히 '권력으로 정의되는 국가이익'을 추구하는 권력정치로 나타나게 된다.

현실주의 국제정치경제는 이러한 현실주의 국제정치이론의 기본 가정과 분석단위를 계승하면서 권력정치의 물질적 기반이 되는, 국가의 경제력의 획득 방식에 관심을 기울인다. 즉 국제체제의 조직과 기능에 있어서 국가, 안보, 군사력의 우월성 등을 가장 중요시하는 한편, 권력과 부의 추구를 상호보완적인 관계로 간주하면서도 부의 권력(국가건설의 목표와 국가이익)에 대한 종속을 강조하고 있다. 이러한 현실주의 시각은 산업이 근대 세계에서 국가안보의 핵심이며 경제전반의 발전을 초래한다는 사고 하에 산업화를 1차 목표로 삼는 한편, 그 산업의 성장과 소유를 통해 경제적인 자립과 정치적 자율성을 달성하고자 노력하는 존재로서 국제관계 속에서의 국가를 규정하고 있다. 자유주의자들이 시장을 통한 절대적인 부의 추구에 관심을 갖는(absolute gains maximizer) 것과는 달리, 현실주의는 국제 경쟁 관계에서 불균형적으로 자신의 이득을 추구하는, 즉 상대적 부의 획득에 관심을 집중하고(relative gains maximizer) 있으며, 국가간의 관계도 부의 상대적 분배를 중시하여 갈등적인 것으로 파악한다.

II. 현실주의 국제정치경제이론의 다양한 전개

1. 중상주의

중상주의란 수세기 전부터, 특히 유럽에서 절대주의 국가 시절부터 지배적인 경제 관념으로서 국가의 전비조달을 위한 재정흑자를 무역과 기타 대외 경제정책 등의 인위적인 방법을 통하여 국가가 창출하는 것을 말한다. 각국은 국제기구나 국제협력을 통한 호혜적 이득의 창출보다는, 상대국의 희생을 전제로 자국만의 이익을 확보해야 한다는 현실주의자들과 사고의 맥을 같이 하고 있다. 따라서 중상주의자들은 현실주의자들과 마찬가지로 국제체제 내에서 국가의 상대적 힘(relative power)과 상대적 지위(relative position)를 강조한다. 중요한 것은 부의 절대적 양이 아니라, 경쟁국들과의 비교 속에서 파악되는 상대적 부의 획득과 상대적 지위의 상승인 것이다.

자유주의는 시장에서의 경제적 거래를 통한 공동 이익에 초점을 두지만, 중상주의는 이익의 갈등과 분배를 강조한다. 자유주의 이론가들은 시장원리를 통하여 최적의 효율성이 확보되고, 이는 전체적인 부의 증대를 가져온다고 보는 반면, 중상주의 이론가들은 국가간의 관계에서 자국에게 가장 유리한 부의 분배를 이루는 것이 가장 중요하다고 본다.

중상주의는 경제가 정치에 종속되어야 하며, 부의 창출은 국가의 힘을 위한 것이고, 부의 창출은 시장 질서에 의해서가 아니라 국가의 의도적이고 적극적인 역할에 의해 이루어진다고 파악한다. 국력은 상대적이므로, 이익의 분배가 상대국보다 자국에 유리한 경우에만 무역은 바람직하다. 교환조건에 따라 각국이 힘을 축적해 가는 속도가 결정되며, 이에 따라 장기적으로 국제체제 내의 힘의 분포가 변화된다. 즉 "비교우위 또는 국제분업의 원리를 존중하기보다는 선진산업을 잘 육성해야 경제적 자립과 정치적 자율성을 확보할 수 있고, 무엇보다도 중요하게, 국가안보를 튼튼히 할 수 있다"[2]는 주장이 중상주의의 핵심이라고 할 수 있다. 이러한 중상주의는 경제민족주의 혹은 길핀의 표현을 따르면 '경제적 현실주의'와 맥을 같이 하고 있다.

중상주의는 절대주의 국가 시절 국가의 대외경제정책을 운용하는 지침으로서 상당한 영향력을 가지고 있었다. 영국은 해상권의 장악 이후 무역을 통해 18세기 국제체계에서 상대적 힘을 증대시켰다. 당시 중상주의는 곧 무역수지 흑자의 창출을 의미했는데, 이를 통해 금·은 등 귀금속의 형태로 부를 축적하고, 축적된 부를 이용하여 전시에 필요한 군사적 능력을 증대시킬 수 있었다.

중상주의는 19세기 들어 패권으로 등장한 영국이 보호주의보다는 자유무역의 이득이 크다고 결정함에 따라 쇠퇴하게 되었다. 1860년, 영국과 프랑스 사이에 체결된 콥든(Cobden)-슈발리어(Chevallier) 자유무역 조약을 기점으로 기타 유럽 자본주의국가들이 자유무역체제에 참여하게 되었다. 또한 영국의 자유무역체제로의 전환은 1815년 제정된 곡물법이 1846년에 폐지될 때까지의 기나긴 국내정치적 갈등의[3] 귀결점이기도 했다.

이후 1870년, 프러시아를 중심으로 이루어진 독일통일 이후 후발산업국이 선발산업국인 영국을 따라잡기 위한 국가전략의 차원에서 중상주의의 논리가 채택되기도 했다. 세계 무역질서가 붕괴된 양차대전 사이의 전기간 동안 중상주의는 부활했고, 제2차 세계대전 직후 수립된 자유주의 국제경제질서가 1970년대 이후 약화되면서 (신)중상주의의 영향력이 다시 커지기 시작했다.

1) 고전적 중상주의 (17-8세기)

스미스(Adam Smith)는 1776년 집필한 그의 명저 『국부론(An Inquiry into the Nature and Cause of the Wealth of the Nations 국부의 성격과 근원에 관한 연구)』에서 국부의 성격과 근원을 밝히고자 하는 시도를

했다. 스미스의 주된 논쟁은 당시 팽배하고 있었던 중상주의자들의 주장을 반박하는 것이었다.

스미스가 파악한 중상주의의 요체는 부가 금은으로 구성되고 그 금속을 증가시키는 것이 국민적 산업과 상업의 큰 목적이다. 그 결과, "다음과 같은 두 가지 원리 즉 '부는 금은으로 구성된다는 원리'와, '그런 금속은 광산이 없는 나라에서는 오직 무역차액에 의해, 또는 수입하는 것보다 큰 가치를 수출함으로써 얻을 수 있다는 원리'가 확립되었기 때문에, 국내소비를 위한 외국재화의 수입을 가능한 한 줄이고 국내산업의 생산물의 수출을 가능한 한 증가시키는 것이 필연적으로 경제정책의 큰 목적으로 된 것이다. 그리하여 한 나라를 부유하게 하는 두 개의 큰 엔진은 수입에 대한 제한조치와 수출에 대한 장려책이었다."[4]

당시 중상주의의 충고를 세 가지로 정리하면 다음과 같다. "첫째, 국가는 왕실에 충성을 다하는 소수에게 독점권, 특허권, 보조금, 기타 특혜를 부여함으로써 국가의 위계질서를 확립해야 한다. 둘째, 국가는 정복전쟁을 치르기 위해서는 무엇보다도 부유해야 하며, 국부의 척도라 할 수 있는 각종 귀금속들과 원료들을 얻기 위해서는 식민지 확보에 주력해야 한다. 셋째, 국가는 무역에 관여하여 완제품의 수출량이 수입량을 초과하도록 제재를 가해야 한다. 꾸준한 무역수지 흑자는 채무국들로부터 황금을 빼앗아오기 때문이다."[5] "중상주의의 궁극적인 목적은 언제나 무역수지의 흑자를 통해 한 나라를 부유하게 하는 것이다."[6]

그러나 스미스는 "이러한 중상주의에 의해 주로 발전하는 것은 부자, 권력자의 이익을 위한 산업뿐"[7]이라고 비판하면서, 국부론을 통하여 당시에 지배적이던 중상주의에 대한 논쟁을 수행했다. 국부는 왕실 소유의 귀금속에 의해서가 아니라 국민이 소비할 수 있는 수준으로 측정되어야 하고, 국부의 원천은 바로 무역의 확대를 통하여 이루어지고, 이를 위해서는 분업의 증진과 시장의 확대가 필수적이다. 시장의 확대를 이루기 위해서는 운송수단의 확보 등과 같은 기술적 기반과 정치적 장벽의 제거, 즉 봉건주의적 관행에 대해 일정한 정도의 제한을 가하는 것이 필요했다. 이를 위하여 제시하고 있는 처방이 '보이지 않은 손' 시장의 전면적인 활성화와 '보이는 손' 국가의 최소화를 주장하고 있다. 치안과 국방만을 주로 담당하는 자유방임주의적 국가가 그것이다. 그리고 무역이 이루어지는 메커니즘으로 절대우위(absolute advantage)를 제시했고, 이는 리카르도의 비교우위(comparative advantage)를 거쳐 자유무역의 확대로 전개된다.

2) 19세기적 중상주의

스미스가 논쟁을 수행했던 17-8세기의 중상주의는 프러시아를 중심으로 통일을 이룬 독일을 중심으로 하여 19세기 후반에 다시 부활한다. 리스트는 생산능력을 확대시키기 위한 보호주의 정책을 옹호했다. 방어적 민족주의 차원에서 제기된 리스트의 논의는 다음과 같이 요약될 수 있다. 개별 국가 차원에서 대처하기 힘든 외적 정치경제적 세력에 대항하여 자국의 경제를 보호하려고 하는 정부들은 유치산업과 쇠퇴산업을 보호하고 국내이익을 지키기 위하여 보호주의와 이와 관련된 정책을 추진한다.

리스트는 "성장하는 독일의 산업을 보호하기 위해 당시 애덤 스미스의 주류 자유주의 경제학을 날카롭게 비판하며, 영국 주도의 국제질서에 대항하는 이론을 제공했다." 스미스의 자유무역의 장점에 대한 가정은 "국제체계가 국가들간의 경쟁에 의해서 운영되고 있다는 것을 간과한 것이라고 지적"[8]하면서 국가가 부재하는 (혹은 국가를 뛰어넘는) 스미스식의 정치경제 체계가 아니라 국가가 중심에 자리잡는 '정치경제의 국가체계(national system)'를 주장했다.

경쟁적 세계에서 민족주의자들은 상호이익이나 절대적 이득보다 상대적인 이득을 중요하다고 간주하고, 국제관계를 국가를 중심으로 파악하며, 국제관계의 기본적 속성이 갈등적이라고 본다. 이들에게 경제적 상호의존은 균형적인 것이 아니며, 지속적인 갈등과 불안정의 원인으로 강조된다. 따라서 이들은 상호의존보다는 민족적인 (혹은 국가 차원의) 자립을 강조한다. 이는 흔히 선진국의 압도적인 생산력과 경쟁력에 직면한 후발 자본주의 국가에서 나타나는 것으로 19세기 독일과 일본의 경우가 이에 해당되고, 1960년대 이후 박정희 식의 경제개발 모델, 더 나아가서는 동아시아 발전국가 모델에서도 잘 드러나고 있으며, '부국강병(rich nation, strong army)'의 명제로 집약될 수 있다.

3) 대공황기의 중상주의

제1차 세계대전과 대공황의 충격 속에서 자유주의적 국제경제질서에 대한 회의가 생기기 시작하면서, 중상주의는 또다시 생명력을 얻게 된다. 대공황을 관리하기 위하여 각국은 무역수지 흑자의 보전과 국내 고용과 유효수요의 창출이라는 일국적이고 개별적인 국가이익을 추구하기 시작한다. 스미스가 설파했던 국부의 근원으로서 무역을 팽창시키는 것이 아니라 제한시키는 정책을 경쟁적으로 도입한 것이다. 1930년대 서구 자본주의 국가에서 일반적으로 행하여진 '경쟁적인 관세인상'과 '경쟁적인 평가절하'가 바로 그것이다. 국제무역의 상호이익 창출이라는 성격이 도외시되고, 제로섬게임(zero-sum game)적 측면이 부각되면서 소위 '근린궁핍화 정책(beggar-thy-neighbor policy)'을 개별 국가들이 경쟁적으로 도입하면서 국제무역은 급감하게 되고, 이를 통해 또다시 국내의 소비위축과 고용감소를 가져오게 되는 악순환을 경험하게 된다.

이의 시발점으로 얘기되는 1930년 미국이 새롭게 부과한 스뭇-홀리 관세법(Smoot-Hawley Tarrif Act)은 유럽 자본주의 국가의 상응하는 보복조치, 즉 관세전쟁을 불러왔던 것이다.[9] 미국이 '호혜적 통상법(Reciprocal Trade Agreement Act of 1934)'으로 궤도 수정을 시도하나,[10] 공황은 걷잡을 수 없는 속도와 범위로 전파되어져 갔다. 이에 대한 대응으로 독일과 일본은 생산(production)을 통한 부의 획득보다는 약탈 (predation)을 통한 부의 추구라는 방식을 선택하게 되고 이는 곧바로 파시즘의 등장과 제2차 세계대전의 발발로 이어졌다.

2. 20세기 중반 이후의 현실주의

제2차 세계대전 이후 성립된 브레튼 우즈(Bretton Woods) 체제는 자유로운 금융질서와 자유로운 무역체제는 양립할 수 없다는 인식 하에, 자본의 이동을 통제할 수 있는 권한을 개별 국민국가에 부여하고, 무역체제는 GATT를 통하여 국민국가의 권한을 제한할 수 있도록 했다. 즉 금융은 묶고, 물건의 흐름은 자유롭게 하자는 것이었다. "즉, 1930년대와 같은 민족주의적 근린궁핍화 정책을 방지하기 위해 자유주의 국제경제질서를 수립하되, 국내 정책적 자율성을 구속하지 않는 범위내의 자유화가 추구되었다."[11]

1929년 시작되어 제2차 세계대전까지 연결된 자본주의적 시장경제의 붕괴와 사회의 파괴는 자본주의적 시장경제의 세계화가 가지고 있는 위험과 한계를 잘 보여주고 있다. 칼 폴라니(Karl Polanyi)가 소위 '악마의 맷돌(Satanic Mill)'이라 명명한 '자기조정적 시장(self-regulating market)'의 신화가 사회를 얼마나 파괴할 수 있는지를 역사적 경험으로 보여주고 있는 것이다. 제2차 세계대전 이후에 성립된 소위 '내장형 자유주의(embedded liberalism)'의 타협은 바로 이러한 자기파멸적 시장을 일정한 정도 국민국가의 통제 하에 놓으면서 국가주권을 인정하는 선에서 안정적인 국제적 질서를 만들려고 하는 시도였다고 볼 수 있다.[12] 즉 제2차 세계대전 이후의 국제경제질서는 국가주권에 대한 인정, 그리고 이를 기초로 수립되는 국제질서 사이에서의 절충적인 성격을 지니는 것이다. 한마디로 국내적 케인스주의(Keynes at home)와 국제적인 차원에서 스미스적인 논리(Smith abroad)를 연계시킨 것이다.[13] 국제적 무정부성 혹은 국제경제질서에의 지나친 시장 논리 도입이 가져오는 파괴적 효과를 현실주의적인 입장에서 국가주권을 인정하면서 완화시키려는 노력이 한편에서 이루어졌다면, 지나친 현실주의 입장의 도입에 따른 국민국가의 자구노력이 가져올 국제적 공멸 효과를 완화시켜 무역의 확대를 통한 부의 증대를 도모하고자 하는 자유주의 논리 사이의 타협이 이루어진 것이다.

이러한 전후 수립된 새로운 자유주의 질서는 1920년대까지 지속된 고전적 자유주의 질서와 다음 두 가지 면에서 근본적 차이를 보이고 있다. 첫째, "새로운 자유주의 질서는 제한적이고 관리되는 자유주의"였고, 이는 "시장의 사회파괴적 성격이 심화되고 이에 대한 정치적 저항이 더욱 거세지면서, 이를 통제하기 위해 공적 권위, 즉 국가가 시장에 다시 개입하게 되는 대변혁이 이루어지게 되었다. 대공황 이후 서구 각국이 수요관리와 복지국가를 내용으로 하는 케인스적 개입주의 정책을 추진하게 되었음을 의미한다." 둘째, "미국의 패권에 의해 수립, 유지되었다는 점이다."[14]

이론적으로 제시된 20세기 중반 이후의 신중상주의[15]가 제기하는 문제는 다음 세 가지로 분류하여 볼 수 있다. 첫 번째는 경제적 활동의 정치적 조절에 관한 것이고, 둘째는 미국의 경제적 지배가 가져오는 타국 주권에 미치는 영향에 관한 것이고, 마지막은 미국의 대외경제정책에 관한 것이다.[16]

우선 첫 번째로 들 수 있는 것이 자유주의적 국제경제질서 자체가 자유주의적 속성을 파괴하는 속성이 있지 않는가 하는 점이다. 앞에서 언급한 폴라니의 논의를 빌려올 필요가 있다. 즉 정치적으로 조절되지 않은 경제 혹은 시장 영역의 확대는 그 순기능에도 불구하고, 국제질서가 변동되거나 약화되는 시점에는 순식간에 '악마의 맷돌'로 변하여 사회를 파괴할 수 있다. 그 결과는 자유주의적 질서에 대한 사회적 합의를 붕괴시키고, 국가의 사회적 성격 자체를 변화시킬 수 있다. 특히 20세기에 이루어진 선거권 확대와 노동세력의 정치참여 증대 등에 의해 사회의 국가에 대한 침투는 지속적으로 강화되어 왔다는 점을 생각할 때 무정부적인 국제경제질서와 대의민주주의제 하에서 국가의 사회에 대한 책임이라는 양면의 성격은 더욱 더 모순적인 대립각을 형성할 가능성이 높아졌다. 즉 19세기의 '자유방임적 자유주의 국가'가 20세기에 들어서면 '사회적 자유주의 국가'로 전환된 것이다. 이에 따른 일국적 차원에서의 경제에 대한 정치적 관리가 중요하게 되면서(현실주의적 성격의 강조), 다른 측면에서는 자유주의 국제질서의 창달이 중요시되는 모순적 상황에 처하게 된 것이다.

적어도 1960년대 자본주의 황금기의 시기까지에는 이러한 국내적 필요성과 국제적 필요성이 상호모순되는 관계를 노정하지 않고, 적절히 조화되어 왔다고 할 수 있다. 하지만 제2차 세계대전 이후의 내장형 자유주의 질서는 근본적인 모순을 내재하고 있었다. 자유주의 국제경제질서의 가장 중요한 축이라고 할 수 있는 통화질서의 안정성이 훼손되기 시작한 것이다. 기축통화로서의 달러가 가지고 있던 위상은 미국의 월남전 확대와 '위대한 사회' 프로그램의 시행에 따라 극적으로 드러난 '트리핀 딜레마'를[17] 통해 신뢰의 상실을 경험하게 되고, 전후 국제경제질서의 근간을 흔들게 되었다. 제2차 세계대전 이후의 내장형 자유주의는 '안정적인 환율', '자본의 유동성', 그리고 '통화정책의 자율성'이라는 세 가지 어려운 선택에서 자본의 유동성을 포기하고 안정적 환율과 정책의 자율성을 선택한 체제라고 할 수 있다.[18]

1970년대 미국의 환태환 정지선언과 오일쇼크 등의 세계적 차원에서의 축적 위기를 맞이하면서 패권국으로서의 미국은 더 이상 내장형 자유주의의 타협을 유지할 의사도 능력도 가지지 못한 상태에서 영미를 중심으로 금융을 세계화시키고, 변동환율제를 도입하기 시작한다. 그 결과 자본의 국제적 유동성은 주어진 것이 되었고, 타국들은 안정적 환율과 통화정책의 자율성이라는 두 마리 토끼 중의 하나만을 선택해야 하는 어려움에 빠지게 된다. 통화정책의 자율성을 선택하면 환율이 불안해지고, 안정적 환율을 선택하면 통화정책의 자율성을 포기해야 하는 상황에 직면하게 된 것이다.

신자유주의적 세계화가 세계를 지배하게 되었다. 통화정책의 자율성을 통해 국내정치적 안정을 선택하면 곧바로 무역과 경상수지의 극심한 불안정을 경험하게 되고, 환율의 안정을 선택하면 무역과 경상수지의 안정은 도모할 수 있지만, 국내정치적인 불안정을 감수해야 하는 상황이 도래하게 되었다.

이러한 세계화가 과연 자유주의의 처방대로 부의 증대를 가져오고, 국제경제질서가 안정적으로 될 것인가의 논의가 바로 신중상주의가 제기하는 핵심문제라고 할 수 있다. 불행하게도 현실주의 혹은 신중상주의는, 신자유주의적 세계화가 안정적 국제경제질서를 가져올 것이라는 자유주의의 진단에 동의하지 않는다. 여전히 국제정치경제는 개별국가 단위를 중심으로 이루어지고 있고, 이러한 시장의 무제한적 확장에 따라 발생하는 사회적 모순과 사회의 통합은 개별국가의 몫으로 남아 있기 때문이다. 따라서 신중상주의 혹은 현실주의적 국제정치경제이론은 자유주의적 국제정치경제질서 자체가 자유주의적 속성을 파괴하는 속성을 가지고 있다고 파악한다. 다시금 20세기 중반에 겪은 파괴적 중상주의로의 복귀 가능성을 우려하는 것이다. 시장은 세계화되고 있지만, 이에 따른 사회적 모순은 일국적 차원에서 발생하고 이에 대한 치유도 개별 국민국가가 담당할 수밖에 없기 때문이다.

물론 자유주의 이론가들은 이러한 현상을 국제적 협력 혹은 국제기구나 레짐을 통하여 해결할 수 있기 때문에 현실주의자들의 암울한 처방 즉 '부국강병 혹은 중상주의로의 회귀'는 발생하지 않을 것이라고 주장한다. 하지만 이러한 이론적 가정이 현실화되고 설명력을 얻기 위하여 자유주의 이론가들이 논리적 설득력을 가지고 증명해야 할 부분들이 너무나 많이 남아 있다. 단순히 국제경제에서 발생하는 다양한 위기를 이러한 자유주의 처방을 통하여 해결하여 왔다는 '삽화(anecdote)'적 해석은 다가올 수 있는 커다란 위기에 대한 예방책이 되지 못할 가능성이 너무나 많기 때문이다. 패권안정론에서 보여지듯이 개방적이고 안정적인 국제경제질서의 존재 유무는 패권국의 능력과 의사에 달려 있다. 나머지 국가들은 패권국이 만든 질서에 무임승차를 할 가능성이 높고, 질서의 붕괴시에는 자국의 이익을 극대화할 수 있는 정책 처방에 의존하게 된다. 유럽연합과 같은 형식의 지역협력을 통하여 세계적 무질서에 대응하는 방안도 있으나, 유럽연합의 독특한 경험을 다른 지역에서 복제하기는 쉽지 않다.

신중상주의의 두 번째 논의는 자급자족적 발전전략이나 종속이론에서 주장하는 부분들과 연결되어 있다. 이는 19세기 후반 독일의 리스트에 의해 제기된 중상주의 논리와 맥을 같이 하고 있다. 그리고 맑스주의 전통에서 있으면서도 계급적인 분석을 따르고 있지 않은 종속이론가들에게서도 발견된다. 즉 자유주의적 국제경제질서 하에서 개별 국민국가의 부국강병 정책은 성공을 거둘 수 없기 때문에 이러한 질서로부터 일정한 정도 분리 혹은 절연되어야 한다는 것이다.

증대된 상호의존의 결과 한 국가의 인플레이션, 이자율, 불황 등은 다른 국가에 파급효과(spill-over effect)를 가져오고, 이러한 상황에서 자주적이고 자립적인 경제운용이 어렵게 되고, 소득분배의 불평등성과 노동문제 등이 악영향을 받게 된다. 그리고 교역조건의 불평등성(unequal terms of trade) 등에서 발생하는 문제로 종속, 저발전, 종속적 발전 등의 현상이 지배적으로 나타나게 된다. 1970년대 제3세계 국가들을 중심으로 제기된 신국제경제질서(new international economic order) 운동은 바로 선진국 혹은 미국 패권이 주도하는 질서가 가져오는 종속적이고 부정적인 영향을 치유하기 위한 것이었다. 이 운동은 미국을 중심으로 한 선진국들의 반대로 무산되고 만다. 현실주의적 시각의 적합성을 잘 보여주는 사건이라고 할 수 있다.

마지막으로, 미국의 대외경제정책과 관련되어 나오는 논의가 20세기 후반에 제기되는 현실주의적 중상주의 논의의 핵심을 이루고 있다. 시각과 분석 수준들이 다르지만 블럭,[19] 길핀,[20] 크래스너[21]의 논의를 대표로 들 수 있다. 이들은 쇠퇴하는 패권으로서의 미국의 경제력과 신중상주의의 등장이라는 공통적인 현상을 분석하고 있다. 즉 이들의 논의는 미국의 경제적 지위의 변화와 신중상주의의 등장이라는 '맥락적 민감성(contextual sensitivity)'을 보여주고 있다.[22] 이와는 다른 시각에서 제기되는 이론이 자유주의적 국제경제질서의 유지에 필수적인 요소를 찾기 위한 킨들버거[23]와 크래스너[24]의 논의로부터 파생된, 패권의 유무가 중요한 변수로 제기되는 패권안정론을 들 수 있다.[25]

이들의 논의를 기점으로 하여, 또한 악화되는 미국의 무역수지(내지는 경상수지)와 경쟁력 약화에 대처하기 위한 정책처방의 기초가 되는 다양한 이론들이 등장하게 된다. 1980년대 중반 이후 다자주의 기구에 의해 (입장의 차이에 따라서는 '자비로운 패권'으로서의 미국에 의해) 유지되어 오던 자유주의적 국제경제질서가 급격한 변화의 과정을 겪고 있다. 길핀은 이 변화를 "심화된 중상주의적 경쟁, 느슨한 지역블록 그리고 부분별 보호주의"[26]로 요약하고 있다.

이 변화의 요체는 쌍무주의와 지역주의의 확대로 규정될 수 있다. '호혜성(reciprocity)'은 1980년대 중반 이후의 무역관계에서 중요한 개념이 되었다. GATT체제도 호혜와 비차별이라는 두 원칙에 기초하고 있었다. 그런데 GATT에서의 호혜성은 "포괄적 호혜성(diffuse reciprocity)"[27]을 의미했고, 이는 GATT의 기본원칙인 '규칙에 의한 체제'와 일치하는 것이었다. 이러한 포괄적 호혜성의 원칙 때문에 일정한 정도 현실주의적 고려와 자유주의적 고려, 즉 개별국가의 부국강병 추구와 자유무역에 따른 세계경제의 확대라는 두 가지 상충되는 목표의 동시 실현이 가능했던 것이다. 그러나 미국에서의 호혜성에 대한 새로운 관심은 포괄적이 아니라 구체적인 방식으로 제기되고 있다. 즉 "불공정무역(unfair trade)"과 "관리무역(managed trade)"이라는 점에서 시작되고 있다. 불공정 무역에 대한 논의는 자유무역 체제에서 다른 국가에 비해 미국이 너무 많은 양보를 하여 왔다는 인식에 기초하여 상대국에게 상응하는 차원의 개방을 요구하거나, 이에 응하지 않을 경우 미국 시장에서의 제재 조치를 취할 수 있다는 것이다. 관리무역은 규칙에 의한 무역이 아니라, 일정한 목표를 정하여 놓고 그 성과의 달성 여부에 따라 제재 조치를 취할 수 있다는 것이다. 즉 일본 시장에서 특정한 미국제품의 할당량을 정하여 놓고 이의 달성을 의무화시키는 것이다.

GATT체제의 핵심이라고 할 수 있는 최혜국대우(Most-Favored-Nation)조항은 비차별이라는 GATT의 원칙 때문에 가능하고, 이 원칙은 다시 호혜성은 구체적이 아니라 포괄적이어야 한다고 규정하고 있다. 미국의 불공정무역과 관리무역에 대한 관심은 바로 포괄적 호혜성에 기초한 무역질서로부터 구체적 호혜성에 기초한 무역질서로 선호가 바뀌었다는 것을 의미한다. 미국은 무역규칙에서의 호혜성을 기대하는 것이 아니라, 총무역양에서 그리고 전반적인 시장접근에서의 호혜성을 요구하기 시작했다.

구체적 호혜성의 개념이 드러난 대표적인 예가 공격적 일방주의의 형태를 취한 미국의 슈퍼 301조를 들 수 있다. 비배제라는 다자주의 원칙에 반하여 쌍무주의는 총체적 관계를 양자 사이의 관계로 전환하고 그 관계를 분할시키는 것이다. 1930년대에 일어났던 근린궁핍화정책은 쌍무주의적 관계의 당연한 귀결인 것이다. 현재 미국이 교역상대국에 가하고 있는 무역압력은 쌍무주의에 기초하고 있다. 1980년대 말 진행된 미일 구조조정협의(Structural Impediment Initiatives: SII)와 1990년대 초 진행된 미일 포괄경제협의(Framework Trade Talks), 그리고 아시아의 신흥공업국에 가해지고 있는 통상압력 등이 전형적인 예라고 할 수 있다. 클린턴 행정부가 추구했던 '전략적 무역정책(Strategic Trade Policy)'[28]도 같은 논지에 의거하고 있다고 볼 수 있다. 미국이 자주 발동하고 있는 반덤핑관세나 수출자율규제의 방식은 많은 경우 GATT의 규칙과는 상충되고 있다.

선진국들이 비관세무역장벽에 점점 더 의존하고 있다는 사실도 이러한 경향을 반증하고 있다.

이와 유사한 흐름으로 지적할 수 있는 것이 비교우위의 논지에 기초해 있으면서도 이와는 다른 맥락을 나타내고 있는 경쟁우위(competitive advantage)와 공정무역(fair trade), 그리고 수출보호주의(export protectionism)[29]에 관한 논의이다. 존슨은 이러한 신중상주의를 다음과 같이 특징짓고 있다. "첫째, 경제성장 및 기술개발을 목표로 삼아 성장잠재력이 크다고 생각하는 산업을 선별하여 집중적으로 보호하는 정책이다. 정책수단 면에서는 종래의 관세나 쿼터 등이 더 이상 효과적이지 않다고 보고, 연구개발(R&D) 보조 등을 위해 조세 또는 조세지출, 재정(보조금과 정부조달), 규제정책을 주로 활용한다. 두 번째 유형은 신기술에 기초한, 따라서 규모경제 및 비용 체감효과가 큰 산업을 육성하기 위해서는 국내시장 보호로는 충분하거나 효율적이지 않다고 보고 수출시장에까지 보호가 연장되도록 하는 것이다. 관세동맹이나 자유무역지대의 결성, 수출금융, 개발원조나 군사원조의 자국물품 구매 연계정책 등이 이에 속한다. 세번째 유형은 '농업보호주의(agricuturalism)'다. 오늘날 농업부문에 대한 각종의 보호 및 지원정책의 체계는 매우 복잡해 제조업 보호를 능가하고 있다. 이런 정책이야말로 무한경쟁의 시대, 세계화시대에 당연한 국가생존 및 발전전략이고 불가피한 선택이라고 생각하는 것이다. '자국 산업이나 기업에 좋은 것이면 국가에도 좋은 것'이라는 생각이 보편적으로 통용되고 있다."[30]

이러한 미국의 대외경제정책의 변화는 '맥락적 민감성'이라는 차원에서 현실주의적으로 다음과 같은 해석이 가능하다. 즉 패권으로서의 미국이 자유주의 국제경제질서에 대한 지지를 부분적으로 철회하고 현실주의적 중상주의 노선을 선택하기 시작한 것으로 파악이 가능하다는 것이다. 20세기 후반 다시 힘을 발휘하기 시작한 중상주의적 정책은 일정한 정도 미국의 쇠퇴하는 지위를 반영하고 있다. 자유주의적 국제경제질서를 선호하고 이의 유지를 위한 역할을 기꺼이 수행했던 자비로운 패권으로서의 미국의 역할이 약화된 이후, 미국은 자국의 경제적 이익을 수호하기 위한 수단으로 현실주의적 중상주의 처방과 이론에 자주 호소하고 있다. 20세기 말 철강에 대한 정책이 그러하고, 타국에의 (특히 치열한 경쟁대상이 되고 있는 일본과 동아시아 국가들) 수입시장에 대한 무차별적인 개방압력(수출보호주의)이 그러하고, 세계무역기구(WTO) 규정에 배치되는 슈퍼 301조의 유지, 그리고 반덤핑관세의 남발과 같은 다양한 조치들이 그러하다.

또한 미국은 북미자유무역협정(NAFTA)이라는 지역블록화를 통하여 약화되는 경쟁력 회복을 시도하고 있다. 물론 여기에는 지역주의와 다자주의에 관련된 복잡한 논쟁이─무역전환(trade diversion) 혹은 무역창출(trade creation)─정리되어야 할 것이다. 하지만 1992년 마스트리트(Maastricht)조약을 기점으로 제기된 유럽의 요새화(Fortress Europe)와 관련된 우려와 동아시아의 성장이라는 외적 조건이 NAFTA의 조기체결을 강제한 측면이 크다는 점을 상기할 때 이 또한 미국이 취하고 있는 현실주의적 대외경제정책이라고 평가할 수 있을 것이다. 이러한 지역블록화의 확산은 "내적 자유주의와 외적 중상주의를 추구하는 무역블록의 가능성을 보여주고 있다."[31] 전형적인 현실주의적 신중상주의 노선을 따르고 있는 정책인 것이다.

미국에서 제기되고 있는 다양한 국제정치 관련 이론은 이러한 미국의 위상과 밀접하게 관련되어 논의가 전개되고 있다. 중상주의적 국제정치경제이론의 부침 또한 이와 같은 맥락적 민감성의 차원에서 파악할 수 있다. 구체적인 예로 쌍무주의에 의한 국제경제의 조직을 옹호한 오이(Kenneth Oye)[32]를 들 수 있다. 오이는 대부분의 국제적인 파급효과가 공공재(public goods)의 성격도 사유재(private goods)의 성격도 아닌 전가재(divertible goods)의 성격을 지닌 것으로 파악한다. 전가재는 비록 공공재라 할지라도 파급효과를 일국으로부터 다른 국가로 전환시킬 수 있는 성질의 것이며, 이를 통하여 사유재로 전환시킬 수 있는 재화이다.[33]

국제적인 무역이나 금융거래에서 생겨나는 파급효과는 대부분 이러한 전가재의 성격을 지니고 있다. 따라서 개별 상대국에 대한 경제적 차별과 정치적 교환이라는 중상주의적 처방을 오히려 자유주의적 국제경제질서의 유지를 위한 올바른 처방으로 제시하고 있다. 1930년대와 1980년대의 경제상황과 이에 대한 관리방식을 비교하면서 미국의 대외경제정책의 방향에 대한 처방을 내리고 있는 오이는, 쇠퇴하는 미국경제와 국내의 점증하는 보호주의의 압력 하에서 작동하지 않는 자유주의 원칙을 수호하려고 헛되게 노력하는 것보다는 중상주의적 처방을 제시함으로써 타국에 대한 처벌이 가능해지고 이것이 그나마의 자유주의적 국제경제질서를 유지할 수 있는 방안이라고 주장한다.

1990년대 이후 다양하게 제기되고 있는 공정무역의 논의, 경쟁우위와 전략적 무역정책의 논의, 수출보호주의의 등장 등은 이러한 미국의 쇠퇴하고 있는 경제적 위상과 밀접하게 연관되어 있는, 전형적인 현실주의 국제정치경제 이론의 처방에 기초하여 있다고 하여도 과언이 아니다.

III. 현실주의 국제정치경제이론의 적용

이러한 현실주의 국제정치경제이론이 다양한 국제정치경제의 문제들에 어떠한 해석을 제시하고 있는가? 앞에서 무역과 관련된 부분을 중심 사례로 하여 논의했기에 여기서는 국제통화금융과 해외투자를 중심으로 간략히 살펴보기로 한다.

국제무역이나 해외투자의 근저에는 국제통화금융 질서가 자리잡고 있다. 국제통화금융질서는 가장 국제협력이 필요한 부분이면서 가장 위계적인 구조를 가지고 있다. 19세기 팍스 브리태니카 체제가 바로 영국의 파운

드에 기초해 있었고, 20세기의 팍스 아메리카나도 미국의 달러에 기초하여 있었다. 19세기 금본위제의 확산에는 영국이라는 패권이 핵심이었고, 영국의 패권적 역할에 의해 안정적 통화질서와 금융질서가 형성되었다. 즉 금융위기나 통화위기가 닥쳤을 경우 영국의 지휘자 역할이 크게 부각되었던 것이다. 물론 당시의 정치적 상황에 의해 흄의 '가격-정화 모델(price-species flow model)'³⁴⁾이 시장적 기제로 작동한 것이 부분적 사실이기는 하지만, 영국 중앙은행(Bank of England)이 '국제적 오케스트라의 지휘자 역할(the conductor of the international orchestra)'을 하면서 '지침을 제공하는 것(called the tune)'이 중요했다.³⁵⁾ 즉 국제협력이 있었다는 사실을 부인하는 것은 아니지만, 패권의 역할을 강조하는 패권안정론, 즉 현실주의 전통을 따라 해석하고 있다. 아이켄그린은 20세기 말 벌어지고 있는 통화금융의 무질서성을 극복하기 위하여 새로운 방식과 조직원리를 가지는 국제기구(a new international financial architecture)를 제안하는 자유주의적 정책처방을 취하고 있으나, 안정적 질서가 유지되었던 19세기 금본위제와 1950-60년대의 질서 유지를 위해서는 패권이 필요했다는 현실주의적 입장을 취하고 있다. 패권이 부재한 경우 질서 유지가 어렵다는 사실에 동의하지만, 대안부재라는 상황에서 차선책으로서 자유주의적 관리방식에 호소하고 있는 것이다.

1960년대 달러의 위기를 분석하는 데 있어서는, 금풀(Gold Pool)제도의 운용과 협조 융자 등의 방식이 존재했다는 점을 밝힘으로써 부분적으로는 자유주의의 입장을 받아들이고 있기는 하지만, 결국 1971년 닉슨의 불태환 결정은 지극히 현실주의적인 선택으로 해석하고 있다.

이와 유사하게 헬라이너(Eric Helleiner)는 국제통화금융질서의 변화를 분석하면서, 개별국가의 이익 추구행위에 따른 질서의 변화를 강조하고 있다. 즉 통화와 금융질서의 최상층에 속한 국가들이 자신들의 경제적·정치적 이익의 극대화를 위하여 기존 질서의 변경을 시도하고, 그 결과 이들의 지도적 역할에 추종해야 하는 국가들은 다른 선택을 가질 수 없다는 점을 강조하여 가장 현실주의적인 입장을 보이고 있다. 1971년도의 결정에 따라 고정환율제로부터 변동환율제로의 전환이 일어났고, 이는 기축통화를 발행하는 미국에게 엄청난 국가이익을 가져다주었으며, 영국의 빅뱅(Big Bang)[36]과 미국의 글래스 스티걸법(Glas Steagal Act)[37]의 폐지 등으로 금융세계화가 빠른 속도로 이루어졌으며, 바로 이러한 사례들이 현실주의적 해석이 적실하다는 것을 잘 보여주고 있다고 주장한다. 극단적으로 나아가 그는 지구적 금융의 등장이 시장의 지구적 확장의 자연스러운 귀결이 아니라 결정적 국면에서의 개별 국가, 그것도 질서의 규칙을 새로 변경시킬 수 있는 능력을 가진 국가의 이익추구 행위의 결과라는 지극히 현실주의적인 결론을 내리고 있다.[38]

이러한 패권국 혹은 지도국들이 자비로운 패권(benevolent hegemony)의 모습을 띠면서 안정적 통화금융질서라는 국제공공재를 제공할 경우에는 자유주의 이론에 따른 해석이 적실성을 가질 수 있다. 하지만 국제공공재의 제공보다는 자국의 이익만을 추구하는 데 적합한 통화금융질서를 만드는 악성적 패권(malevolent hegemony)의 경우에는 현실주의적 해석이 더 적합하다고 볼 수 있다. 패권의 쇠퇴와 세계경제의 불안정성에 주목하는 많은 연구들은 이러한 현실주의적 신중상주의 이론 전통에 뿌리를 내리고 있다.

현실주의와 자유주의 이론의 해석이 달라지는 다른 사건을 든다면 플라자 협정(Plaza Accord, 1985)으로부터 루브르 협정(Louvre Accord, 1987)까지의 급속한 달러 평가절하와 가파른 엔화 평가절상,[39] 그리고 1988년의 바젤협약[40]을 들 수 있다. 세계경제의 구조적 수지 불균형 문제를 해결하기 위한 플라자-루브르 협정을 자유주의는 주요 통화국들이 국제협력을 통하여 환율질서를 안정적으로 관리한 좋은 예로 판단하고 있으나, 현실주의는 쇠퇴하는 패권 미국이 자신의 국가이익과 상대적 지위의 유지를 위하여 일방적으로 비용을 일본과 독일에 전가시킨 악성적 패권의 예로 간주하고 있다. 2003년 후반에 벌어지고 있는 미국과 중국 혹은 미국과 동아시아 국가들 사이의 적절한 환율에 관한 논쟁 또한 마찬가지 선상에서 파악될 수 있다. 중국의 위안화를 평가절상시켜 무역수지 적자폭을 축소하려는 미국의 노력이나, 현재의 환율을 그대로 유지시켜 무역수지 흑자폭을 확대하려는 중국의 정책 모두 현실주의 처방을 따르고 있다고 볼 수 있다.

이와 유사하게 중남미의 외채위기로부터 시작된 금융부분의 경쟁성과 안정성을 확보하기 위한 바젤협약도 자유주의는 미국이 주도하고 영국과 일본이 협력하여 유럽대륙 국가들의 방어적 협력을 유도한 사례로 해석할 것이나, 현실주의는 미국이 자신의 금융체계가 가지고 있는 약점을 보완하고 자신의 금융질서를 세계적 표준으로 만들기 위하여, 타국에게 일방적으로 조정의 비용을 전가시킨 사례로 판단하고 있다.

해외투자와 관련해서도 자유주의와 현실주의의 해석은 차이가 난다. 과학기술의 발전과 정보통신혁명, 그리고 금융의 혁신적 발전 등으로 20세기 초반과는 다른 형태의 해외투자가 20세기 말에 진행되고 있다. 자유주의 이론은 기본적으로 기업의 초국적화 현상을 기술과 시장환경의 변화에 대한 기업의 대응으로 보고 있다. 즉 시장 영역에서 발생하는 자연스러운 현상이라는 것이다. 물론 초국적기업과 현지국과의 협상이라는 정치적 과정이 개입하는 부분을 자유주의자들은 인정하고 있으나, 현재의 신자유주의적 질서는 개별국가들이 국제적 표준을 따라가지 않으면 초국적 기업들이 철수(exit) 혹은 철수의 위협(threat of exit)을 통하여 이들 국가를 처벌할 수 있다는 것을 의미한다. 즉 시장이 개별 국가를 길들일 수 있는 것이다. 이에 대한 다자적 관리방식으로 자유주의들은 OECD나 다자간투자협정(Multilateral Agreement on Investment: MAI)을 통하여 세계적 표준을 만들어 단기적 이득 극대화 추구에 따른 폐해를 예방하려고 시도하고 있다. 하지만 현실주의 이론은 이러한 시장에 의한 처벌이나 다자적 관리 방식 모두가 초국적기업 모국들의 이해관계와 밀접하게 연관되어 있다고 주장한다. 초국적기업들의 이해관계는 모국의 국제정치 장에서의 영향력에 의해 뒷받침을 받고 있다는 것이다.

환경과 관련하여 본다면, 오존층 파괴에 대한 최초의 국제합의인 몬트리올 의정서(Montreal Protocol, 1987년)에 대하여 현실주의와 자유주의는 다른 해석을 하고 있다. 자유주의는 오존층 파괴 물질에 대한 규제라는 인류 공동의 문제에 대하여, 개별국가들이 자신의 이해관계를 넘어서서 국제적 규범과 규칙을 만들어낸 사례로 몬트리올 의정서를 평가한다. 이에 반하여 현실주의는 다음과 같이 주장한다. 미 북동부의 산업시설로 인해 산성비와 산림의 황폐를 지속적으로 경험한 캐나다가 미국에 협상을 요구해왔지만 미국은 거의 20년이 넘는 기간 협상에 응하지 않았다. 그리다가 그 피해가 미국의 뉴잉글랜드(New England) 지방으로 확산되면서 미국의 국가이익을 지키기 위하여 협상에 임하게 되었고, 협상을 미국과 캐나다의 쌍무 차원에서 하기보다는 세계의 다수국을 포함하는 다자간 차원으로 이끌었다는 것이다. 즉 국가이익에 기반하여 정책 선택을 했기 때문에 현실주의적 설명에 적절한 사례로 간주한다.

IV. 한국적 의미

1997년 동아시아 국가들은 외환위기를 겪었고, 그 결과 한국에서는 아주 강도 높은 국제통화기금(IMF) 구조조정 프로그램이 시행되었다. 일련의 과정을 현실주의 국제정치경제 이론의 시각에 따라 해석하여 보면 한국에 주는 시사점이 도출될 수 있다. 자유주의 이론은 동아시아의 위기가 국제기구인 IMF의 협조에 의해 성공적으로 극복되었고, 여기에는 자비로운 패권으로서 미국의 역할이 중요했다고 해석할 것이다. 즉 자유주의적 국제정치경제질서와 자비로운 패권의 역할, 그리고 국제협력에 의해 위기를 모면할 수 있었다는 것이다.

현실주의 국제정치경제 이론은 이러한 해석에 반대한다. 국제기구인 IMF는 미국의 이익을 충실히 대변하고 강제하는 역할을 수행했지, 안정적인 통화금융질서라는 국제공공재의 공급과는 거리가 먼 것이었다. IMF와의 협상과정에서 미국 재무부 관리들의 행태와 역할, 그리고 일본의 지원을 차단했던 미국 클린턴 대통령의 친서는 이러한 점을 잘 반영해 준다고 주장할 것이다. 이후 IMF의 한국 처방에 대한 IMF 내부 논란과 유럽과 일본 채권단들의 불협화음들은 이러한 해석을 뒷받침해 주고 있다. 그 결과 한국경제의 모습은 미국(혹은 미국자본)이 원하는 방식으로 재편이 가속화되었고, 외환시장과 투자시장의 개방도 그들이 원하는 방식으로 이루어졌다는 것이 현실주의 국제정치경제의 해석일 것이다. 즉 안정적이고 자유주의적인 국제정치경제질서라는 국제공공재의 공급이라는 목적보다는 미국의 국익을 보장해주는 국제기구 IMF였고, 국제협력이었다는 것이다. 다시 말하여 약탈적 패권이 주도한 형식상만의 국제기구였고 국제협력이었다는 것이다.

이러한 문제점을 해결하기 위하여 다양한 IMF 개편안이 마련되고 있는 것도 사실이다. IMF의 민주성과 책임성을 동시에 만족시키기 위한 의사결정방식의 변화 등이 그것이다. 하지만 이러한 개편안이 미국의 거부권 행사에 의해 저지되고 있다는 점이 바로 현실주의 이론의 적실성을 보여주는 것으로 판단할 수 있다.

국제정치경제의 장에서 질서와 규칙을 만들어내고 강제할 수 있는 국가는 많지 않다. 특히 한국과 같이 규모가 작으면서도 대외의존도가 높은 국가의 경우는 외부에서 만들어지는 질서에 민감하게 반응할 수밖에 없다. 질서의 형성자가 아니라 질서의 추종자에 머물 가능성이 많은 한국의 경우, 먼저 필요한 것은 냉엄한 국제정치의 현실과 변화를 정확히 파악하는 것이다. 영원한 우방도 영원한 적도 없다는 국제정치의 무정부성을 상기할 때, 자유주의 이론이 제시하는 국제기구나 국제협력을 통한 안정적 국제질서의 유지와 우리의 이익 투사라는 것은 일정하게 제한받을 수밖에 없다.

우리가 현실주의 국제정치경제 이론에 주목해야 하는 이유는 바로 여기에 있다. 지나치게 자유주의 이론을 따라 세계를 파악하면 그 속에 실제로 작동하고 있는 권력정치의 요소를 간과할 위험이 높기 때문이다. 다자간 무역협상 등의 국제협력과 국제기구의 장에서 국가들은 상호의존에 따른 협조를 하기도 하면서 냉철한 국가이익을 추구하기도 한다. 상생과 경쟁이 공존하는 것이다. 자유주의의 입장을 따라 지나치게 상호의존과 협력만을 강조할 경우 이에 따르는 경쟁과 배신 혹은 안보위협 등의 요소를 간과하게 된다. 물론 현실주의 입장만을 강조할 경우 협력에 따르는 이득을 놓칠 가능성이 높은 것도 사실이다. 국제질서가 구축되는 과정 속에서 한국의 입장과 역할은 자유주의의 처방에 따르는 국제협력의 가능성은 열어놓고, 여기에 숨어 있는 현실주의적 논리를 간파하고 국익을 극대화시키려는 강대국들의 의도를 간파하고 이에 적절히 대비하도록 해야 한다.

즉 현실주의 이론에 따르는 냉철한 상황분석은 하되 자유주의가 가져다주는 이익은 놓치지 않는 마키아벨리적 지혜가 필요한 시점이다. 동시에 자유주의 이론이 내리는 처방에 지나치게 매몰되어 현실주의 이론이 제기하는 위험을 간과하지 않도록 하는 지혜가 필요하다고 하겠다.

V. 한국에서의 현실주의 국제정치경제이론 동향과 연구방향

이러한 현실주의적 신중상주의 국제정치경제 이론이 한국에 수용되면서 다수의 연구 성과를 낳고 있으나, 많은 경우 아직도 서구의 이론을 정리·소개하는 정도에 그치고 있는 것이 현실이다. 박경서 교수의『국제정치경제론』[41]을 필두로 하여 시작된 국제정치경제 논의는, 1990년대 들어

오면서 패권안정론을 중심으로 하는 현실주의적 이론이 소개 적용되기 시작했다.[42] 또한 양면게임과 패권안정이론을 결합하여 현실주의 이론의 보강과 수정을 시도한 논문도 발표되었다.[43] 다분히 현실주의적인 시각에서 제3세계의 무역정책을 설명하려는 시도도 있었고,[44] 미국과 일본의 대외경제정책을 신중상주의적으로 해석하려는 시도도 있었다.[45]

이러한 현실주의 이론들의 정리 · 소개와 사례연구와는 별도로 신중상주의의 다양한 개념과 분석틀을 가설화시켜 이론화시키고자 하는 시도도 있었다.[46] 예를 들어, 국제정치이론 논쟁에서 제기된 신현실주의의 기본명제[47]에 기초하여 박건영은 다음과 같은 신중상주의의 일반적인 가설을 도출했다. "a.국제관계의 장에서 지배적 행위주체는 국가이다. b.국제관계의 장에서 국가 목표의 성취는 그것의 정책능력에 달려 있다. c.무역수지 흑자는 경제성장을 촉진시킨다. d.대내적으로 지배적인 행위주체는 국가이다. e.대내적 국가경제개입은 경제성장을 촉진시킨다."[48] 각 가설에서의 개념의 명료성과 객관적 분석의 가능성을 검토하고 있다. 하지만 이 가설의 제시와 개념화 그리고 이론화 작업은 불행하게도 후속 연구에 의해 뒷받침되지 못하는 한계를 겪었다.

국제정치경제 이론은 현실주의 이론이 지배하고 있던 국제정치이론의 한 분과로 혹은 새로운 현상을 설명하기 위한 새로운 범주로 제기되었다. 여기에는 일정한 정도 세계화의 진전이라는 세계경제적 변화와 탈냉전이라는 국제정치적 변화가 기저에 깔려 있으며, 또한 패권 미국의 쇠퇴와 세계경제의 불안정성 증대라는 맥락적 민감성이 연결되어 있다. 그 결과 국제정치에서는 여전히 현실주의 내지는 약간 변형된 신현실주의 이론이 지배적인 패러다임으로 자리잡고 있다. 그리고 국제정치경제 영역에서는 이에 반하는 자유주의 혹은 신자유주의 패러다임이 지배적인 위치를 점하고 있다. 그러나 국제정치경제 영역에서의 (신)자유주의 이론의 영향력이 지배적임에도 불구하고, 여전히 (신)현실주의 이론이 제기하는 이론적 명쾌

성과 경제성 그리고 설명력은 아직도 유지되고 있다고 본다.

한국에서의 국제정치경제 이론과 관련된 논쟁은 아직도 서구이론의 수입 내지는 대리전의 양상을 띠고 있는 것이 사실이다. 하지만 위의 다양한 연구를 통하여 살펴보았듯이, 서구 이론의 단순 정리 소개로부터 우리의 시각에서 문제를 설정하고 이를 객관적으로 규명하고자 하는 시도가 증대되고 있음을 알 수 있다. 일반이론을 만들어 나가는 데 특정한 국가나 지역의 문제의식이 투영될 필요는 없을지 모른다. 그것이 특수이론이 아니라 일반이론을 지향하는 것이라면 더욱 그러하다. 다만 필요한 것은 서구 혹은 미국의 문제를 해결하기 위해 제시된 특수이론을 우리가 무비판적으로 일반이론으로 받아들이고 있는 것은 아닌가에 대한 문제의식이다. 즉 일반이론 속에 숨겨진 특정 국가이익과 국가성을 우리가 얼마나 비판적 검토를 통하여 선별해 낼 수 있는가의 문제라고 할 수 있다. 그리고 더욱너 필요한 것은 우리가 처해 있는 국제적 환경 속에서 어떤 것이 우리가 특별하게 제기해야 하는 문제인가와 더불어 선진국 혹은 패권의 선택이 우리에게 미치는 영향이 무엇인가에 대한 주체적인 연구주제의 설정이 긴박하게 요청되는 시점이라고 할 수 있다.

일반이론의 일반적 성격과 특수한 측면을 구별해 내고, 패권국의 시각에서가 아닌 우리의 시각에서 연구주제를 정립하고, 우리가 할 수 있는 것과 우리가 필연적으로 수용해야 하는 부분을 구별해내는 작업이 냉엄한 국제현실의 장에서 생존해야 하는 한국에 제기하는 이론적 문제라고 정리할 수 있을 것이다.

| 미주 |

1) Robert Gilpin, *The Political Economy of International Relations* (Princeton: Princeton University Press, 1987). 특히 1장을 참조할 것

2) 최병선, "중상주의 (신중상주의) 정책의 지대추구 측면에 관한 연구," 『국제 · 지역연구』 제11권 4호 (2002), pp. 48-49.

3) 나폴레옹의 대륙봉쇄령의 영향으로 영국의 곡물가격이 오르게 된다. 이후 나폴레옹의 실각과 더불어 대륙의 싼 곡물이 영국시장을 지배하게 되자 지주들은 일정 가격 이하의 곡물에 대한 수입금지법안을 1815년 국회에서 통과시킴으로써 자신들의 이익을 법적으로 확보하게 된다. 1839년 리카르도(David Ricardo)와 콥든(Richard Cobden) 등의 산업자본을 옹호하는 세력을 중심으로 반곡물법리그(anti-corn league)를 형성하여 곡물법 폐지운동을 벌이게 되고, 1846년 곡물법의 폐지에 성공한다. 이는 패권 영국(Pax-Britannica)이 중상주의적 보호무역 정책을 포기하고 자유주의적 질서로 전환하는 중요한 국내정치적 기반이 된다.

4) Adam Smith, 김수행 역, 『국부론, 상』 (서울: 동아출판사, 1992), p. 429.

5) Todd G. Buchholz, 이승환 역, 『죽은 경제학자의 살아 있는 아이디어: 현대 경제사상의 이해를 위한 입문서』 (서울: 김영사, 1994), p. 26.

7) 위의 책, p.141.

8) 서창록, "현실주의 국제정치경제이론," 여정동 · 이종찬 (공편), 『현대국제정치경제』 (서울: 법문사, 2000), p. 29.

9) 미국이 21,000여 품목에 평균 63% 인상된 관세를 부과했고, 이에 대항하여 유럽의 12개국이 미국에 대해 관세를 인상하는 조치를 취했다. 이 입법의 정치과정에 대한 분석은 E. E. Schattschneider, *Politics, Pressures and the Tariff: A Study of Free Private Enterprise in Pressure Politics, as Shown in the 1929-30 Revision of the Tarriff* (Prentice-Hall, 1935)를 참조할 것.

10) 관세에 대한 결정권을 의회로부터 대통령에게 이관하는 법안으로, 이익집단에 포획되어 보호주의 경향으로 흐르던 관세정책이 자유화되는 방향으로 선회하는 결정적인 입법으로 평가된다.

11) 백창재, "금융세계화의 원인과 결과: 정치경제적 설명," 『국제정치경제연구』 제2집 (1988),

p. 87.

12) John G. Ruggie, "International Regimes, Transactions, and Change: Embedded Liberalism in the Postwar Economic Order," *International Organization*, vol. 36, no. 3 (1982), pp. 379-415

13) Robert Gilpin, 앞의 책, p. 363.

14) 백창재, "미국의 패권과 제한적 자유주의 질서," 앞의 책, pp. 46-47.

15) 17-8세기의 중상주의가 보호주의 등과 관련되어 국부와 국력의 증가를 시도하는 것이었다면, 19세기 후반 독일에서의 중상주의는 생산력의 확대가 중요한 쟁점이었다. 이에 반하여 20세기 후반의 중상주의는 보호주의와 생산력 확대에만 한정되지 않고, 뒤에 설명할 다양한 방법을 통한 국부와 국력, 특히 국가이익의 보호라는 측면을 강조하고 있기 때문에 신중상주의로 실번(David Sylvan)은 명명하고 있다. 최병선 교수는 1920-30년대의 대공황기로 이어진 전간기에 중상주의는 때마침 발흥한 경제민족주의와 결합되면서 소위 신중상주의(neo-mercantilism)라는 새로운 단계로 진입했다고 서술하여 신중상주의의 시기를 조금 더 앞당기고 있다. 최병선, 앞의 글, p. 27.

16) David Sylvan, "The Newest Mercantilism," *International Organization*, vol. 35, no 2 (Spring 1981), pp. 382-388.

17) 기축통화가 가지고 있는 근본적인 딜레마로 세계무역의 확대를 위하여 기축통화가 충분히 공급되어야 하나, 충분한 유동성의 확보는 기축통화에 대한 신뢰도의 저하를 가져온다. 신뢰도를 지키기 위하여 기축통화의 유출이 축소되면 국제적 유동성의 부족이라는 모순에 빠지게 된다.

18) 먼델-플레밍(Mundell-Flemming)의 법칙, 혹은 삼위불일체(unholy trinity)라고 불리운다. 다시 말하여 자본 유동성과 안정적 환율, 그리고 통화정책의 자율성이라는 세 가지 정책 목표 중 개별 국가는 세 목표를 동시에 추구할 수 없고, 기껏해야 두 가지 정책목표를 달성할 수 있을 뿐이라는 것이다. 이에 관련해서는 정진영, "자본의 국제적 유동성, 국가의 정책 자율성, 국제협력: 세계금융의 정치경제에 관한 한 시론,"『국제정치논총』제36집 3호 (1997), pp. 83-104 참조할 것.

19) Fred Block, *The Origins of International Economic Disorder: A Study of US International Monetary Policy from World War II to the Present* (Berkeley: Univ. of California Press, 1977).

20) Robert Gilpin, *US Power and the Multinational Corporation: the Political Economy of Foreign Direct Investment* (New York: Basic Books, 1975).

21) Stephen D. Krasner, *Defending the National Interest: Raw Materials Investments and US Foreign Policy* (Princeton: Princeton Univ. Press, 1978).

22) '맥락적 민감성'은 국제환경의 변화와 새로운 이론의 등장 혹은 새로운 연구 주제의 도입 등이 밀접하게 연결되어 있다는 점을 표현하는 용어이다. 이삼성, "전후 국제정치이론의 전개와 국제환경: 현실주의 · 자유주의 균형의 맥락적 민감성,"『국제정치논총』제36집 3호 (1997), pp. 3-60 참조.

23) Charles Kindleberger, *The World in Depression, 1929-1939* (California: Univ. of California Press, 1973), 번역서로는 박명섭 역, 『대공황의 세계』(서울: 부키, 1998).

24) Stephen Krasner, "State Power and the Structure of International Trade," *World Politics*, vol. 28, no. 3 (1976), pp. 319-321; Duncan Snidal, "The Limits of Hegemonic Stability Theory," *International Organization*, vol. 39, no. 4, pp. 579-614.

25) 패권안정론에 대한 비판적 논의는 이 책의 다른 장(패권안정론)에서 다루고 있기 때문에 이에 가름하기로 한다.

26) Robert Gilpin, *The Political Economy of International Relations*, pp. 394-406.

27) 포괄적 호혜성은 구체적 호혜성(specific reciprocity)에 대비되는 용어로서, 개별적 거래에서 호혜성을 요구하는 것이 아니라, 총체적으로 또한 장시간에 걸쳐 혜택이 비슷해지기를 기대하는 것이다. 즉 한 거래에서의 손해가 다른 거래에서의 이익으로 보상되건, 다른 시점에서의 거래에서 보상될 것을 기대하는 것이다. 구체적으로 행위자(actor), 시간(time), 안건(issue)의 세 차원에서 포괄적인 거래가 이루어질 수 있다.

28) 전략적 무역정책은 비교우위가 국가의 노력에 의해 창출될 수 있다는 점을 강조한다. 특히 첨단산업분야에서 국가의 지원이 있어야 세계적 경쟁에서 승리할 수 있다는 것이다. 로라 타이슨(Laura Tyson) 등으로 대표되는데, 이들은 동아시아 개발국가의 경험에 주목하여 대규모 투자와 연구개발이 소요되는 산업의 경우 국가의 정책적 지원이 있어야 한다고 주장한다. 즉 시장의 논리에 따르는 비교우위(comparative advantage)가 아니라, 국가가 주도하는 경쟁우위(competitive advantage)를 중시한다.

29) 타국가의 수입시장을 개방시켜 자국의 수출을 보호하는 것을 말한다.

30) Harry Johnson, "Mercantilism: Past, Present, Future," in Harry G. Johnson (ed.), *The New Mercantilism* (NewYork: St. Martin's Press, 1975), pp. 1-19; 최병선, 앞의 글, pp. 45-46에서 재인용.

31) Joshua S. Goldstein, 김연각 · 김진국 · 백창재 역, 『국제관계의 이해』(서울: 인간사랑, 2002), p. 394.

32) Kenneth Oye, *Economic Discrimination and Political Exchnage: World Political Economy in the 1930s and 1980s* (Princeton: Princeton Univ. Press, 1992).

33) 이 대표적인 예로는 17세기 영국에서 등대의 건설을 둘러싸고 만들어진 제도를 들 수 있다. 공공재의 성격이 명백한 등대의 건설에 있어서 올슨(Olson)의 무임승차(free ride) 문제를

해결하기 위하여, 행정당국은 등대건설비용에 대한 투자와 항만의 사용권을 연계시켰다. 이 제도를 통하여 공공재를 사유재로 전환할 수 있었다.

34) 금본위제 하에서는 국제통화질서의 안정은 보장되지만 국내경제정책의 자율성은 존재하지 않는다. 국제수지 적자국의 경우, 적자량만큼 금이 유출되므로 국내의 통화량이 줄어들고 디플레이션이 발생한다. 흑자국은 금의 유입으로 인플레이션이 일어난다. 그 결과 각종 생산 요소들의 가격이 변화하게 되고, 두 국가 사이의 경쟁력에 역전현상이 일어나면서, 흑자국과 적자국이 바뀌게 되고 자동적으로 국제수지 불균형이 해소된다.

35) Barry Eichengreen, *Globalizing Capital: A History of the International Monetary System* (Princeton: Princeton Univ. Press, 1996), p. 33.

36) 1986년 영국의 대처(Thacher) 정부가 시행한 금융시장개혁을 일컫는다.

37) 1933년 제정된 법으로 은행, 보험, 증권, 주식 시장을 분할하여 한 분야의 회사가 타 분야에 진출하지 못하도록 했다.

38) Eric Helleiner, *States and the Reemergence of Global Finance: From Bretton Woods to the 1990s* (Ithaca: Cornell Univeristy Press, 1994).

39) Yoichi Funabashi, *Managing the Dollar: From the Plaza to the Louvre* (Washington D.C.: Institute for International Economics, 1988).

40) 1988년에 체결된 것으로 은행의 자기자본비율 규제에 관한 것이다. Ethan Kapstein, *Governing the Global Economy* (Cambridge: Harvard University Press, 1994).

41) 박경서, 『국제정치경제론』(서울: 법문사, 1985).

42) 윤영관, "패권국가와 국제정치경제 질서," 이상우 · 하영선 (공편), 『현대국제정치학』 (서울: 나남, 1992), pp. 259-282; 전기원, "미국 헤게모니의 지속: 미국경제의 회복과 헤게모니 유지패턴의 변화," 『한국정치학회보』 제30집 3호 (1996), pp. 343-360; 김욱, "공공재이론의 관점에서 본 패권안정이론," 『국제정치논총』 제40권 4호 (2000), pp. 27-44; 서창록, "현실주의 국제정치경제이론," 여정동 · 이종찬 (공편), 『현대국제정치경제』 (서울: 법문사, 2000), pp. 19-50.

43) 이호철, "WTO체제의 형성: 패권안정, 합리적 선택, 과두안정?"『국제정치논총』 제37권 1호 (1997), pp. 131-157; 이호철, "제도형성에서의 선택과 강제: '과두안정'으로서의 WTO 농산물제도,"세종연구소 (편), 『아시아와 세계화: 동아시아 국가의 대응』 (성남: 세종연구소, 1998), pp. 29-71.

44) 김석우, "제3세계 보호무역정책의 정치경제,"『국제정치논총』 제35집 1호 (1995), pp. 155-184; 김석우, "민주주의, 비민주주의와 무역정책 결정요인들,"『한국정치학회보』 제30집 1호 (1996), pp. 371-390.

45) 송주명, "외압에 대한 전략적 대응으로서의 해외투자정책: 1980년대 일본의 '확장적'

신중상주의적 산업재편전략,"『국제정치논총』제36집 3호 (1997), pp. 153-182; 이상환, "미국과 동북아 3국간의 무역분쟁: 패권안정이론과 잉여능력이론의 고찰,"『국제정치논총』 제35집 1호 (1995), pp. 27-62.

46)   박건영, "국제정치경제학의 이론화를 위한 시론: 수정-중상주의,"『국제정치논총』제32집 2호 (1992), pp. 203-236.

47)   "첫째, 세계정치에서 주요 행동자는 국가들이다. 둘째, 국가들이 그들 자신의 사활적 국가 이익을 보호하지 못하거나 그러한 목적들을 자신들이 가진 수단을 초과해 추구하면 국제 환경은 그 국가들에게 가혹한 대가를 치르게 한다. 셋째, 국가들의 동기와 행동을 형성하는 결정적인 조건은 국제적 무정부성(international anarchy)이다. 넷째, 무정부상태에서 국가들은 권력과 안보에 몰두할 수밖에 없으며, 갈등과 경쟁으로 흐르는 경향을 가진다. 그래서 공동이익을 앞에 두고도 협력하기 어려운 경우가 많다. 마지막으로 국제제도들 (international institutions)이 협력의 가능성에 미치는 영향은 미미할 뿐이다." 이삼성, 앞의 글, pp. 30-32.

48)   박건영, 앞의 글, pp. 215-219.

| 참고문헌 |

- 국제정치경제연구회 (편). 『20세기로부터의 유산: 세계경제와 국제정치』. (서울: 사회평론, 2000).
- 김석우. "민주주의, 비민주주의와 무역정책 결정요인들." 『한국정치학회보』 제30집 1호, 1996.
- 김석우. "제3세계 보호무역정책의 정치경제." 『국제정치논총』 제35집 1호, 1995.
- 김욱. "공공재이론의 관점에서 본 패권안정이론." 『국제정치논총』 제40권 4호, 2000.
- 박건영. "국제정치경제학의 이론화를 위한 시론: 수정-중상주의." 『국제정치논총』 제32집 2호, 1992.
- 박경서. 『국제정치경제론』. (서울: 법문사, 1985).
- 백창재. "금융세계화의 원인과 결과: 정치경제적 설명." 『국제정치경제연구』 제2집, 1988.
- 백창재. "미국의 패권과 제한적 자유주의 질서." 국제정치경제연구회(편). 『20세기로부터의 유산』. (서울: 사회평론, 2000).
- 서창록. "현실주의 국제정치경제이론." 여정동 · 이종찬 (공편). 『현대국제정치경제』. (서울: 법문사, 2000).
- 송주명. "외압에 대한 전략적 대응으로서의 해외투자정책: 1980년대 일본의 '확장적' 신중상주의적 산업재편전략." 『국제정치논총』 제36집 3호, 1997.
- 안병준 외. 『국제정치경제와 한반도』. (서울: 박영사, 1997).
- 애담 스미스, 김수행 역. 『국부론: 상』. (서울: 동아출판사, 1992).
- 윤영관. 『전환기 국제정치경제와 한국』. (서울: 민음사, 1996).
- 윤영관. "패권국가와 국제정치경제 질서." 이상우 · 하영선 (공편). 『현대국제정치학』. (서울: 나남, 1992).
- 이삼성. "전후 국제정치이론의 전개와 국제환경: 현실주의 · 자유주의 균형의 맥락적 민감성." 『국제정치논총』 제36집 3호, 1997.
- 이상환. "미국과 동북아 3국간의 무역분쟁: 패권안정이론과 잉여능력이론의 고찰." 『국제정치논총』 제35집 1호, 1995.
- 이호철. "제도형성에서의 선태과 강제: '과두안정'으로서의 WTO 농산물제도." 세종연구소 (편). 『아시아와 세계화: 동아시아 국가의 대응』. (성남: 세종연구소, 1998).
- 이호철. "WTO체제의 형성: 패권안정, 합리적 선택, 과두안정?" 『국제정치논총』 제37권 1호, 1997.
- 전기원. "미국 헤게모니의 지속: 미국경제의 회복과 헤게모니 유지패턴의 변화." 『한국정치학회보』

제30집 3호, 1996.

- 정진영. "자본의 국제적 유동성, 국가의 정책 자율성, 국제협력: 세계금융의 정치경제에 관한 한 시론."『국제정치논총』제36집 3호, 1997.
- 조홍식. "고전적 자유주의 질서의 붕괴." 국제정치경제연구회 (편저).『20세기로부터의 유산』(서울: 사회평론, 2000).
- 최병선. "중상주의(신중상주의) 정책의 지대추구 측면에 관한 연구."『국제 · 지역연구』제11권 4호, 2002.
- 토드 부크홀츠, 이승환 역.『죽은 경제학자의 살아 있는 아이디어: 현대 경제사상의 이해를 위한 입문서』(서울: 김영사, 1994).
- Goldstein, Joshua S. 김연각 · 김진국 · 백창재 역.『국제관계의 이해』. (서울: 인간사랑, 2002).
- Kindleberger, Charles. *The World in Depression, 1929-1939*. (California: Univ. of California Press, 1973). 박명섭 역.『대공황의 세계』(서울: 부키, 1998).
- Block, Fred. *The Origins of International Economic Disorder: A Study of US International Monetary Policy from World War II to the Present*. (Berkeley: Univ. of California Press, 1977).
- Eichengreen, Barry. *Globalizing Capital: A History of the International Monetary System*. (Princeton: Princeton Univ. Press, 1996).
- Funabashi, Yoichi. *Managing the Dollar: From the Plaza to the Louvre*. (Washington D.C.: Institute for International Economics, 1988).
- Gilpin, Robert. *The Political Economy of International Relations*. (Princeton: Princeton University Press, 1987).
- Gilpin, Robert. *US Power and the Multinational Corporation: the Political Economy of Foreign Direct Investment*. (New York: Basic Books, 1975).
- Helleiner, Eric. *States and the Reemergence of Global Finance: From Bretton Woods to the 1990s*. (Ithaca: Cornell Univeristy Press, 1994).
- Kapstein, Ethan. *Governing the Global Economy*. (Cambridge: Harvard University Press, 1994).
- Krasner, Stephen D. *Defending the National Interest: Raw Materials Investments and US Foreign Policy*. (Princeton: Princeton Univ. Press, 1978).
- Krasner, Stephen. "State Power and the Structure of International Trade." *World Politics*, vol. 28, no. 3, 1976.
- Oye, Kenneth. *Economic Discrimination and Political Exchnage: World Political Economy in the 1930s and 1980s*. (Princeton: Princeton Univ. Press, 1992).
- Ruggie, John G. "International Regimes, Transactions, and Change: Embedded Liberalism

in the Postwar Economic Order." *International Organization*, vol. 36, no. 3, 1982.

- Schattschneider, E . E. Politics, *Pressures and the Tariff: A Study of Free Private Enterprise in Pressure Politics, as Shown in the 1929-30 Revision of the Tarriff*. (New York: Prentice-Hall, 1935).

- Snidal, Duncan. "The Limits of Hegemonic Stability Theory." International Organization. vol. 39, no. 4.

- Sylvan, David. "The Newest Mercantilism." *International Organization*. v. 35, n. 2, Spring 1981.

| 문헌해제 |

- 여정동 · 이종찬 (공편), 『현대국제정치경제』 (서울: 법문사, 2000): 국제정치경제 이론을 현실주의, 자유주의, 구성주의, 맑스주의 등의 시각에 따라 정리하고, 게임이론을 통한 분석방법을 제시한 논문, 국내정치와 외교의 연계 방식, 그리고 무역, 통화금융, 다국적 기업에 관한 이론적 검토를 하고 있다.

- 윤영관, 『전환기 국제정치경제와 한국』 (서울: 민음사, 1996): 1996년도 한국국제정치학회 저술상을 받은 저서로서 '국제체제와 세계 자본주의의 변화', '패권국 쇠퇴의 경제적 메커니즘', '일본식 자본주의: 변화하고 있는가', 그리고 '전환기 국제정치경제와 한국' 등의 4절, 15장으로 구성되어 있다. 기본적으로는 신현실주의적 시각을 분석틀로 삼고 있으면서, 자유주의가 제기하고 있는 이론적 문제의식과 경험적 분석 결과를 적절히 소화하고 있다. 특히 미국의 패권 쇠퇴와 일본 자본주의의 변화 그리고 이것이 한국에 주는 시사점을 논하고 있는 부분이 돋보인다.

- 안병준 외, 『국제정치경제와 한반도』 (서울: 박영사, 1997): 국제정치경제학의 이론과 경향을 정리하고, 현재 국제정치경제의 쟁점 영역별로 현안을 점검하고, 현재 진행되고 있는 세계적 변화가 한반도에 제기하고 있는 도전을 정리하고 있다. 특히 다자주의적 틀과 지역협력의 문제 등을 한반도의 시각에서 다차원적으로 조망하고 있다.

- 국제정치경제연구회 (편), 『20세기로부터의 유산: 세계경제와 국제정치』 (서울: 사회평론, 2000): 20세기 세계정치경제 질서가 어떻게 변화했는지의 문제를 자본주의의 구성원리에 따라 1부 '20세기 국제경제질서의 궤적'에서 정리하고, 2부 '국내경제변화와 정치변동'에서는 이러한 자본주의 질서가 국내적 요인들과 어떻게 조응하고 있는지의 문제를 다루고 있다. 3부 '국제경제와 국제정치'에서는 1부에서 살펴본 다양한 형태의 국제경제질서와 국제정치간의 연관관계를 집중적으로 다루고 있다. 4부 '20세기를 넘어서'에서는 21세기의 전망과 관련된 다양한 측면들을 20세기를 종합적으로 검토하는 바탕 위에서 조망하고 있다.

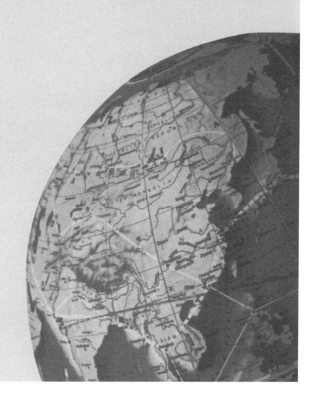

| 제 2 부 |

자유주의 국제관계이론

지역통합의 국제정치이론

최 진 우

Ⅰ. 서론

1980년대 중반 이후 국제정치질서의 재편과정에서 나타나는 중요한 특징 중의 하나는 지역통합의 활성화 경향이다. 현재 진행되고 있는 지역통합의 선두주자는 두말할 나위 없이 유럽이다. 유럽연합(European Union:EU)은 1986년 유럽단일법안(Single European Act)의 통과와 함께 유럽통합의 심화에 박차를 가하여 1991년 12월에는 마스트리히트 조약을 체결함으로써 통화통합의 제도적 기반과 추진일정을 마련했고, 이에 근거하여 마침내 2002년 1월 1일을 기해 단일통화인 유로(Euro)화가 전면 유통되기 시작했는가 하면,[1] 외교안보와 사법 및 내무 분야에서도 공동정책의 수립 내지는 긴밀한 정책협조체제의 구축을 시도하게 된다. 나아가 유럽연합은 1997년 암스테르담 조약을 거치면서 외교안보분야에서의 역할이 증대되고 있으며, 2000년 니스 조약에서는 유럽연합의 외연적 확장을 준비하기 위한 제도적 개혁안을 마련함으로써 유럽연합은 심화와 확대를 동시적으로 진행시키고 있다.

유럽통합의 이러한 성과는 전지구적 수준에서 지역통합의 확산효과를 가지고 왔다. 과거 제2차 세계대전 이후 1950-60년대에 걸쳐 유럽이 지역통합의 선구적 역할을 하면서 세계적으로 이와 유사한 시도가 이루어졌던 것과 마찬가지로, 1980년대 이후에도 다시 지역통합 운동이 전세계적으로 확산되어 가고 있는 양상을 보이고 있는 것이다. 다만 최근의 지역통합운동이 과거의 그것과 다른 것은 1950-60년대 지역통합운동의 경우 유럽에서의 시도만이 성과를 거두었을 뿐 기타 지역에서의 지역통합은 별다른 결실을 맺지 못한 채 소멸되고 말았다면, 최근의 지역통합운동은 물론 지역간 차별성이 있기는 하지만 과거에 비해 훨씬 공고한 기반을 구축하고 있는 사례가 많이 발견되고 있다. 예컨대 북미대륙국가들간에 형성된 북미자유무역협정(NAFTA), 남미의 남미공동시장(Mercado Comun del Sur: MERCOSUR), 동남아시아의 동남아 국가연합(Association of Southeast Asian Nations: ASEAN), 범태평양 지역을 권역으로 하는 아태경제협력체(Asia-Pacific Economic Cooperation: APEC) 등이 바로 그것이다. 1990년대 말 현재 세계무역기구(WTO)에 가입하고 있는 거의 모든 국가들이 한 개 이상의 공식적인 지역협력체에 가입해 있는 것으로 밝혀지고 있으며,[2] WTO에 보고된 바에 의하면 1995년 이후 새로 설립되어 WTO에 통보된 지역협력체가 90여 개에 이르고 있고, 1999년 현재 전세계적으로 총 134개의 지역단위의 교역협력체가 작동하고 있다고 한다.[3]

왜 국가들은 지역통합에 참여하는가? 지역통합은 국가주권의 부분적 이양을 수반하는 것이기 때문에 국가의 독립성과 자율성을 감소시키는 효과를 가지고 온다. 따라서 정치적 관점에서 보았을 때 지역통합은 국가주권의 보존을 강조하는 입장에서는 그다지 환영할 만한 대안이 아니라고 하겠다. 한편 경제적인 관점, 특히 자유주의 경제학의 시각에서 보았을 때 각 국가의 후생(welfare)은 전세계의 국가들이 모두 자유무역에 참가할 때 극대화될 수 있다고 본다. 따라서 지역통합이란 제한된 수의 국가들이 외부국가에 대해 차별적인 경제블록을 구성하는 것이라는 점에서 총체적인 경제적 효율성을 감소시키는 것으로 보아 자유주의 경제학 또한 지역통합에 대해 유보적인 입장을 표명한다. 그럼에도 불구하고 현실적으로는 위에서 소개한 바와 같이 지역통합이 전지구적 현상으로 진행되고 있다. 왜 이런 현상이 나타나는가? 누가, 어떤 이유로 지역통합을 추진하고 또 지지하는가? 어떠한 조건 하에서 지역통합이 시도되며 또 성공적으로 추진되는가? 이러한 질문들이 바로 지역통합이론의 연구주제라 할 수 있다. 이 장은 이와 같이 오늘날 국제정치경제의 중요하고도 새로운 추세로 등장하고 있는 지역통합에 대한 이론적 쟁점과 이에 대한 논의를 소개하는 데 목적이 있다.

II. 지역통합연구의 시각 : 국제정치학적 접근과 비교정치학적 관점

위에서 소개한 바와 같은 지역통합운동의 전세계적 확산은 한편으로는 유럽통합의 성과에 고무된 여타지역 국가들이 유럽의 경험을 모방하여 자신들이 안고 있는 경제문제에 대한 하나의 해법으로 지역통합을 추진하는 측면이 있는가 하면, 또 한편으로는 유럽통합과 이에 따른 확산효과에 대응하여 기존의 지역통합체에 포함되어 있지 않은 국가들이 타지역의 통합으로 인해 발생할 수 있는 무역전이효과(trade diversion effect) 등의 부정적 외부효과를 상쇄하기 위한 자구책으로 추진되는 측면이 아울러 존재한다.

이와 같이 구체적인 정치적 운동으로 지역통합이 시작된 것이 유럽이었던 관계로 지역통합이론의 태동 또한 유럽통합을 과학적으로 설명하려는 시도에서 비롯하게 되었다. 따라서 이 논문에서는 지역통합에 대한 이론적 논의의 전개과정을 유럽통합의 궤적을 따라 진행되어 온 이론적 논쟁에 초점을 맞추어 소개하기로 한다.

그 중에서도 특히 1950년대 유럽통합 초창기의 1970년대 초반부터 1980년대 전반기에 이르는 이른바 유로 경화증(Euro-sclerosis)의 시대, 또는 유럽의 암흑시대(Dark Age of Europe)를 지나 1980년대 중반 이후 '단일유럽법안(Single European Act)'이 마련되고 단일시장 구축을 위한 '1992 계획'이 착수되면서 유럽통합의 움직임이 다시 활성화된 이후 촉발된 비교적 최근의 이론적 논의를 중점적으로 조명한다.

제2차 세계대전 이후 유럽에서 발아(發芽)된 경제통합의 움직임은 크게 두 측면에서 정치학자들의 비상한 관심을 끄는 쟁점을 제기하게 된다. 첫째, 경제와 정치의 상관성이 그것이다. 제한적이고도 기술적인 측면에 초점을 두고 시작한 경제통합이 궁극적으로 어떠한 정치적 파급효과를 낳을 것인가, 과연 경제적 통합이 정치적 통합으로까지 이어질 것인가의 문제이다. 둘째, 선진산업사회에서의 국가의 위상 문제 또한 논의의 대상이 되었다. 국가가 시민들의 복리와 자유를 위해 과연 바람직한 형태의 정치조직인가, 아니면 민족국가의 경계를 뛰어넘는 초국가적 수준에서의 조직이 국가에 비해 더욱 유용하지 않는가에 대한 논쟁이 촉발된 것이다.

이러한 쟁점을 둘러싼 정치학계에서의 논의는 주로 국제정치학의 개념과 이론을 빌어 진행되었다. 특히 20세기 인류가 겪은 두 차례의 세계대전은 국제체제가 민족국가를 중심으로 구획된 분열구조에 따른 필연적 결과라는 인식이 확산되면서, 탈국가중심적 통치형태의 구현이 평화의 실현을 위해 반드시 요청된다는 논리가 힘을 얻게 된다. 국가와 전쟁, 탈국가와 평화라는 등식이 사람들의 마음속에 자리잡게 되었던 것이다.

이처럼 1950년대 유럽통합의 과정이 시작된 이래 유럽통합에 대한 정치학적 관심사는 주로 국제정치학적 쟁점에 집중되었다. 하지만 최근 유럽이 거듭되는 통합의 심화과정을 거쳐 발전해 나오면서, 유럽연합을 무엇으로 간주할 것인가의 문제가 유럽통합 연구에서의 중요한 이론적 쟁점 중의 하나로 대두되고 있다. 즉, 유럽연합을 국가라는 단위체간의 상호작용에 의해 이루어진 협조체제로 볼 것인가, 아니면 조밀한 제도망을 구축하여 어느 정도의 내적 완결성을 가진 하나의 고유한 통치체제로 볼 것인가의 문제이다. 만일 유럽연합을 '국가의 집합'으로 볼 경우에는 유럽연합의 제도적 과정과 의사결정을 국제정치이론의 관점에서 분석하는 것이 타당하겠지만, 유럽연합이 하나의 독자적이고 자율적인 정치적 실체를 구성하여 유럽연합의 연구주제는 이제 더 이상 '통합'의 문제가 아니라 유럽연합이 어떻게 '작동'하는가의 문제로 본다면, 국제관계의 이론보다는 비교정치의 이론이 훨씬 더 적실성이 있다고 보는 것이다.[4]

하지만 이 논문에서는 지역통합이론을 소개함에 있어 국제정치학적 관점에 입각한 이론적 논의를 중심으로 기술한다. 그 이유는 비교정치학적 관점은 아직 유럽을 제외한 타지역에서의 지역통합운동을 설명하는 데 그다지 유용하지 않을 것으로 생각되기 때문이다. 유럽 이외의 지역에서의 통합의 수준이 아직은 범지역적 이익집단이나 초국가적 기구의 활동이 의사결정과정에 유기적으로 통합되어 있는 유럽연합에 준하는 통치체제와는 거리가 멀다는 점에서, 하나의 민족국가의 내적 정치동학을 분석하는 데 동원될 수 있는 비교정치학적 개념과 이론은 유럽에는 적용될 수 있을지언정 다른 통합의 사례에는 사실 적용할 여지가 없는 것이다. 따라서 비유럽 지역에서의 통합운동을 이해하는 데 중요한 연구 쟁점은 어떠한 조건 하에서 대내적 최고성과 대외적 독립성을 가진 주권국가들이 스스로 '주권의 이양과 공유(pooling and sharing of sovereignty)'에 합의하는가, 그리고 어떠한 조건 하에서 통합 구도가 성공적으로 창출되어지는가의 문제이다. 이는 곧 국제정치학적 담론 속에서 제기될 수 있는 질문인 것이다. 따라서 본 연구에서는 유럽연합에 대한 이해를 위해서는 비교정치학적 분석이 요청된다는 주장에 상당 부분 공감하면서 이 주장의 논지를 이상에서 소개하기는 했으되, 본 연구의 목적이 유럽의 사례뿐만 아니라 기타 지역에서의 지역통합까지 포괄적으로 설명하려는, 그래서 보편적 적용성을 지향하는 이론의 소개에 있다는 점에서 논의의 초점을 국제정치학적 관점에서의 지역통합이론에 두기로 한다. 비교정치학적 이론과 개념도 물론 유럽 외 지역에서의 통합이 충분히 발전되었을 때 적용을 시도해 볼 수 있을 것이지만, 그러한 작업은 후일의 과제로 남기기로 한다.

III. 유럽통합의 국제정치이론

1980년대 중반 이후 유럽통합이 활성화되면서 지역통합 현상에 대해 다시 학문적 관심이 집중된 이래 국제정치학적 시각에서의 유럽통합에 대한 이론적 논의는 크게 두 진영간의 대화로 진행되어 왔다. 그 두 진영이란 어느 정도 변형되고 발전된 형태이긴 하지만 대체로 하아스(Ernst Haas)에서 비롯되는 지적 전통인 신기능주의(neofunctionalism)의 시각과 현실주의적 사고에서 파생된 정부간 협상론(intergovernmentalism)[5]의 입장을 지칭한다.

1. 신기능주의

유럽통합에 대한 신기능주의 이론의 설명은 사실 유럽통합의 견인차 역할을 했던 장 모네(Jean Monnet)나 로베르 슈만(Robert Schuman)의 통합전략과 매우 유사하다. 어떻게 보면 신기능주의 이론이란 초기에 유럽통합의 구상을 현실화시킨 실천가들의 전략을 체계적으로 정리한 것으로까지 볼 수도 있다. 이들의 구체적인 통합전략을 요약하면 다음과 같다.[6]

(1)통합의 시작은 저위정치(low politics)의 영역에서 찾을 것. 하지만 저위정치의 영역 가운데서도 전략적으로 중요한 경제영역을 통합의 대상으로 삼을 것(예를 들어 유럽의 경우 석탄과 철강).
(2)개별 국가의 이해관계에 영향을 받지 않는 초국가적 권위체를 창설하

여 통합과정을 관장하고 통합의 심화를 추진할 수 있는 능력을 부여할 것.

(3)특정 경제영역의 통합은 관련 영역에서의 통합 또한 촉진하는 압력으로 작용할 것임. 이 과정에서 초국가적 권위체가 선도적 역할을 수행한다면 통합의 확산효과는 더욱 탄력을 받을 것임. 결과적으로 개별 회원국의 국가경제는 점진적으로 통합될 것임.

(4)통합의 심화는 초국가적 권위체에 의해서만 촉진되는 것이 아님. 과거에는 개별 국가의 정부를 대상으로 요구의 관철을 위해 활동했던 제반 사회 세력들이 의사결정의 소재가 변화하고 있음을 감지하여 활동의 대상을 초국가적 기구로 전이시키게 됨.

(5)통합의 심화는 초국가적 권위체가 담당하는 규제 능력 확대의 필요성을 수반하여 초국가적 기구의 제도화가 진행됨.

(6)말하자면 정치통합은 경제통합의 불가피한 부수효과로 나타나게 됨.

(7)점진적인 경제통합에 수반되는 초국가적 기구의 제도화는 유럽에서의 항구적인 평화체제 구축을 위한 효과적인 방안임.

초기 유럽통합의 주역들이 추진한 이러한 통합전략은 아래에서 소개할 신기능주의 이론의 유럽통합에 대한 분석과 상당히 유사한 부분이 많음을 확인할 수 있다. 신기능주의 이론의 요체는 통합의 점진적 확산론(spillover)이다.[7] 특정한 경제 분야에서 통합이 이루어질 경우 경제의 여러 분야에서의 상호의존성으로 말미암아 타분야에서의 통합도 불가피해지고 궁극적으로는 정치와 경제의 상호의존성으로 말미암아 정치적 통합으로까지 통합의 필요성이 확대된다는 것이다. 즉 신기능주의론은 통합과정이 일단 시작되면 통합은 점진적 확산의 경향을 갖는다고 본다. 신기능주의 이론의 또 하나의 중요한 측면은 초국가적 기구의 역할에 대한 강조이다. 신기능주의 이론에 의하면 초기단계의 통합과정에 있어 통합의 과업을 수행하기 위해 초국가적 기구가 형성되면 우선 초국가적 관료들이 자신들의 역할과 권한을 확대시키기 위해 통합의 대상 분야를 확대시키려는 경향을 보이게 된다. 또한 통합이 이루어지는 지역의 이익집단들 또한 초국가적 기구를 대상으로 한 이익표출활동 등을 통해 점차로 초국가적 기구에 대한 기대의 강도가 증대됨으로써 통합의 심화를 위한 사회적 환경을 적극적으로 조성하게 되고 이에 따라 통합의 확산경향에 일조를 하게 된다는 것이다. 나아가 초국가적 기구의 권한영역이 점차 확대되면서 더욱 많은 사안에서 초국가적 기구의 독자적인 문제해결능력이 향상되고, 이에 따라 지역통합체 회원국 국민의 초국가적 기구에 대한 기대와 충성심 또한 높아지게 된다고 한다.

신기능주의는 몇 가지 이론적 전제를 갖고 있다. 첫째, 과거 미트라니(David Mitrany)의 기능주의(functionalism)와는 달리 통합의 진전은 기능적 확산효과의 압력(functional spillover pressure)에 의해 자동적으로 이루어지는 것이 아니라, 자기이익의 추구를 목표로 하는 행위자의 적극적인 개입이 필요한 것으로 본다는 점을 우선 꼽을 수 있다.

둘째, 신기능주의는 정치를 다원주의적 관점에서 파악한다. 다원주의 정치이론은 산업화의 진전에 따른 다양화된 사회적 이익이 집단 구성을 통해 세력화되고, 집단화된 사회세력간의 상호작용이 곧 정치과정이며, 그러한 상호작용의 결과가 바로 정부의 정책으로 표출된다고 본다. 따라서 신기능주의적 관점에서는 지역통합은 자기이익을 추구하는 집단들이 지역통합의 진전을 이익실현의 효과적인 방안으로 파악할 때, 이들로부터의 통합에 대한 요구가 생성되어 통합의 심화를 촉진시키는 압력으로 작용하게 된다고 본다.

셋째, 나아가 신기능주의는 이러한 다원주의적 정치동학이 국가수준뿐만 아니라 초국가적 수준에서도 발현될 수 있다고 본다. 의사결정의 소재가 국가영역에서 점차 초국가적 권위체로 이양되면서 이익집단 활동의 초점이 초국가적 기구로 전이된다는 것이다. 뿐만 아니라 이익집단들은 효과적인 이익추구 활동을 위하여 초국가적 기구를 대상으로 한 활동의 전개에

용이한 형태로 조직 및 전략을 수정하게 되기까지도 한다고 본다. 즉 이익집단의 '초국가화'가 이루어질 수 있다는 것이다.

이러한 신기능주의적 입장에서 본다면 유럽통합의 초기 당시에는 통합의 대상이 석탄과 철강의 공동생산 및 관리에 국한된 유럽석탄철강공동체로 출발했으나 이 분야에서의 통합이 다른 분야로의 확산효과를 촉발시킴으로써 점차 경제통합의 범위가 확대되고 나아가서는 정치적 통합으로까지 이어져 궁극적으로는 유럽합중국(United States of Europe)의 건설로까지 연결될 수 있다고 본다. 따라서 유럽원자력공동체와 유럽경제공동체의 창설, 관세동맹의 구축, 공동시장의 완성, 단일통화의 실현, 그리고 공동외교안보정책의 형성으로 이어지고 있는 유럽의 통합은 경제분야를 넘어서 정치적 영역으로 확대되는 통합의 신기능주의적 확산효과가 현실화되고 있는 것으로 간주된다. 나아가 이 과정에서 유럽연합은 회원국으로부터의 주권의 이양이 이루어지는 정책영역이 넓어지고 독자적인 정책결정 메커니즘을 발전시킴에 따라 대외관계에 있어서도 독립적인 지위와 권한을 획득하여 국제사회에서 자율성을 향유하는 하나의 행위자로 자리매김하게 된다고 한다. 유럽연합이 현재 수행하고 있는 대외경제관계에서의 역할과 외교안보분야로의 업무영역의 확대가 바로 이를 예증하는 것이며 대외관계에서의 유럽연합의 역할이 더욱 커질 것으로 기대되기도 한다.

이러한 신기능주의 이론의 관점을 사용하여 1980년대 중반 이후 가속화된 유럽통합의 발전과정에 대한 설명을 시도한 연구의 대표적인 예로는 샌드홀츠(Wayne Sandholtz)와 자이스만(J. Zysman)이 공동으로 집필한 "1992: 유럽통합 협상의 재조명(1992: Recasting the European Bargain)"을 들 수 있다. 이 논문에서 저자들은 1980년대 중반 단일유럽법안의 통과와 이에 따른 역내시장 자유화 조치인 1992 계획의 추진이 이루어진 배경을 우선 국제정치경제 환경에서 찾고 있다. 즉 브레튼 우즈 체제의 해체와 에너지 위기, 그리고 전세계적인 스태그플레이션의 만연으로 요약되는 1970년대 불황의 시기를 지나 신자유주의 경제 이데올로기가 풍미하게 되는 1980년대에 진입하면서, 미국과 일본은 뚜렷한 경기회복세를 보이는 한편 이른바 NICs(Newly Industrializing Countries)로 불리는 신흥공업국가들 또한 산업경쟁력이 강화되어 국제정치경제의 주요 행위자로 급부상하게 되었던 것과는 대조적으로 유럽은 1980년대에 접어들면서도 기나긴 침체의 터널에서 빠져나오지 못하고 있었다는 것이다. 이러한 환경조건 하에서 유럽에서는 당시 유럽이 당면하고 있던 위기상황으로부터의 탈출을 위해서는 유럽통합의 심화가 그 해법이라고 하는 견해가 강력하게 개진되었으며, 그러한 견해를 개진한 주체가 바로 유럽의 기업들이었다고 한다. 뿐만 아니라 유럽 기업가 집단의 목소리에 유럽공동체의 집행위원회가 조응하면서 단일시장의 구축, 첨단기술에 대한 집중 투자 등을 통해 규모의 경제를 실현하려는 조치를 적극적으로 추진하게 되고, 그 구체적 결과가 다름 아닌 유럽통합의 르네상스로 표현되는 단일유럽법안의 통과와 집행으로 나타났다는 것이다. 결국 이 설명에 의하면 유럽통합의 심화를 주도한 세력은 바로 유럽의 기업가 집단과 유럽공동체의 집행위원회였으며, 이들은 말하자면 초국가적 수준에서 작동하는 이익집단과 초국가적 기구였다는 점에서 신기능주의의 이론적 관점이 설명력을 가진다고 보는 것이다.

신기능주의 지역통합이론의 효시라고 할 수 있는 하아스에 의하면 신기능주의적 통합이 성공적으로 이루어지기 위해서는 크게 세 가지의 '배경조건(background conditions)'이 필요하다고 한다. 첫째, 지역통합에 참여하는 국가들이 다원주의적 사회구조를 가질 것(pluralistic social structure), 둘째, 경제 및 산업발전의 수준이 높을 것(substantial economic and industrial development), 셋째, 참여하는 국가들 사이에 이념적 정향성의 공통분모가 상당 정도 존재할 것(common ideological patterns) 등이 그것이다.[8] 유럽의 경우, 이러한 배경조건이 모두 충족되고 있었으며, 아울러 유럽의 경험은 이러한 배경조건이 갖추어진 상태에서 초국가적 기구의 관료 또는 초국가적 수준에서 활동하는 이익집단의 존재 등이 통합의 모멘텀을 지속시켜 나갈 수 있음을 보여준다고 한다.

따라서 신기능주의 관점에서는 상기한 바와 같은 조건이 존재하지 않는 유럽 이외의 지역 또는 전세계적 규모에서는 사실상 지역통합이 성공하기 어려울 것이라는 예측이 가능하다. 하지만 하아스의 경우 유럽 이외의 지역에서도 지역통합을 촉진 또는 추동할 수 있는 그 지역 나름의 고유한 조건이 있어 유럽에서 가동되었던 '배경적 조건'과 같은 기능을 발휘한다면 통합도 가능하다고 본다.

신기능주의는 1950년대와 1960년대 유럽통합과정이 순항하고 있던 시기 지역통합에 대한 이론으로서 전성기를 누렸다. 하지만 1965년 프랑스의 드골 대통령 재임 당시 공석의 위기(empty chair crisis)로 표현된 국가주의적 도전이 제기되어 초국가적 통합의 난관을 노정시키면서, 그리고 1970년대 전세계를 휩쓴 경제위기에 대한 유럽공동체 차원의 집합적 대응 노력의 부재 등을 겪으면서 유럽통합이 침체기에 빠져들게 되자, 그 논리 속에 내재된 낙관적이고 목적론적 요소의 오류가 지적되면서 심각한 도전에 직면하게 된다. 그 결과 신기능주의 이론의 창시자라고 할 수 있는 하아스 자신이 1975년에 이르러서는 신기능주의 이론의 한계를 스스로 인정하기도 했다. 이러한 분위기 속에서 대두된 신기능주의에 대한 비판의 가장 큰 흐름이 바로 다음에 소개할 정부간 협상론이다.

2. 정부간 협상론

유럽통합을 설명하는 또 하나의 이론적 시각은 현실주의적 사고에 기반을 둔 정부간 협상론이다.[9] 정부간 협상론이 본격적으로 부상하게 되는 계기는 1965년 프랑스의 드골 대통령에 의해 촉발된 이른바 '공석의 위기'이다. '공석의 위기'란 당시 유럽경제공동체(EEC)의 집행위원장이던

할슈타인에 의해 시도된 유럽의회의 기능과 권한 강화 시도를 무산시키기 위해 EEC의 모든 각료이사회에서 프랑스가 자국의 대표단을 철수시킨 사건을 일컫는다. 이로 말미암아 EEC의 업무는 사실상 마비되는 상황이 초래되고 결국 이 사태는 해를 넘겨 1966년 '룩셈부르크 타협(Luxembourg Compromise)'으로 불리는 회원국들 사이의 합의에 의해 해결되기에 이른다. 이를 계기로 EEC의 의사결정은 만장일치에 의해 이루어지게 되고, 따라서 모든 개별 회원국들은 사실상 거부권을 행사할 수 있게 된 것이다. 결국 이 사건은 초국가적 통합의 추진 세력과 국가주의적 세력 사이의 갈등이 빚어낸 것으로, 초국가적 통합의 과정에 제동이 걸리고 회원국 정부의 발언권을 강화시키는 계기가 됨으로써 유럽통합에 대한 신기능주의의 설명과 예측에 심각한 회의를 제기하는 근거를 제공하게 되었다.

정부간 협상론의 이론적 출발점이 되는 현실주의 이론에 의하면 국제관계에서 가장 중요한 행위자는 국가이다. 국가는 단일행위자로서 국가의 행위는 합리성의 토대 위에서 이루어지는 것으로 가정된다. 또한 국가가 행위하는 환경인 국제체제는 무정부상태인 것으로 규정된다.

여기에서 국가가 가장 중요한 행위자라는 명제는 국제정치현상이란 기본적으로 국가간 상호작용의 결과이며 국제기구나 NGO와 같은 국가 이외의 행위자들의 역할은 부수적 또는 도구적인 역할을 수행하는 데 그치는 것으로 인식함을 의미한다.[10] 또 국가가 단일행위자로 간주된다고 하는 것은 곧 국가 내적 문제, 월츠(Kenneth N. Waltz)의 표현을 빌자면 단위수준변수(unit-level variables)는 국제정치연구의 관심의 대상이 아님을 뜻한다. 국제정치를 설명하는 것은 체계수준변수(system-level variables)라는 것이다.[11] 아울러 국가가 합리적 행위자라는 것은 국가는 일관된 선호체계를 가지며, 국가의 행위 동기는 국가이익의 극대화임을 뜻한다. 이는 신고전주의 경제학에서 인간의 행위 동기가 효용극대화인 것과 마찬가지이다. 또 현실주의에서 상정하고 있는 무정부상태는 개념적으로는 위계서열에 기초한 권위의 부재를 의미하며, 실천적으로는 홉스(Thomas Hobbes)가 '만인의 만인에 대한 투쟁(struggle of all against all)'으로 묘사한 자연상태에 준하는 상황으로 간주된다.

합리적 행위자인 국가를 구성단위로 하는 국제체제가 홉스 류(類)의 무정부상태로 규정될 경우, 국제체제의 구성단위이면서 합리적 행위자인 국가의 행위 동기는 최소한 생존, 최대한 보편적 지배의 추구가 된다.[12] 이러한 목표를 추구함에 있어 각 국가는 자신의 능력에 의존할 수밖에 없다. 국제체제는 자구체제(self-help system)인 것이다. 따라서 국가는 생존과 번영이라는 가장 기본적인 목표를 실현시키고자 한다는 점에서 기능적으로 동질적이다. 다만 국가들간의 차이는 이익을 구현하는 능력의 차이, 즉 힘의 차이일 뿐이다. 따라서 국가들간의 힘의 차이가 어떻게 분포되어 있는지의 여부가 국가간 상호작용의 결과, 즉 국제정지현상을 좌우하는 변수가 된다. 국제체제가 무정부상태로 규정될 경우, 가장 중요한 체계수준변수는 국가들간의 힘의 상대적 분포인 것이다.

현실주의의 견해에 의하면 상대적 힘의 분포가 국제정치현상을 좌우하는 가장 중요한 요인이므로 합리적 행위자인 국가는 기본적으로 국제체제 내에서의 자신의 위치를 개선하거나, 아니면 적어도 위치의 저하를 방지하기 위한 노력을 경주하려는 동기를 갖게 된다. 그리코(Joseph M. Grieco)에 의하면 "국가간의 관계에 있어 국가들의 가장 근본적인 목적은 다른 국가가 상대적 능력에서 우위에 서는 것을 방지하는 것"이라고 한다.[13] 즉 국가의 외교정책은 힘의 관계 측면에서 자국의 상대적 지위를 향상시키는 데 목표를 둔다는 것이다. 국가들은 따라서 생존 또는 번영을 위해서는 상대적 위치의 향상이라는 목표의 달성을 위해 행동을 하게 된다. 이 견해에 따르면 국제사회에서의 주요 행위자인 국가의 이익은 바로 무정부체제로 규정되는 국제체제의 성격에서 비롯되며, 이러한 환경 하에서 국가간의 상호작용의 결과를 좌우하는 것은 다름 아닌 힘, 또는 힘을 축적하려는 욕구 및 시도라는 것이다.

따라서 현실주의의 논리가 지배하는 세계에서는 국가간의 협력은 일시적이며 또한 피상적인 것에 지나지 않는다고 본다. 왜냐하면 모든 국가가 타국에 비해 우위를 점하고자 하며 다른 국가의 상대적 지위가 향상되는 것을 원치 않기 때문이다. 결국 국가간의 협력에 의해 협력의 당사국들이 모두 절대적 이득을 취할 수 있다 하더라도 상대적 이득의 문제에 대한 민감성으로 절대적 이득의 가능성이 갖는 매력은 상실될 것이며, 따라서 협력은 매우 어려운 것으로 남게 된다는 것이다. 이러한 상황이 지속되는 한 "국제제도는 협력의 가능성을 증진시키는 데 그다지 큰 작용을 하지 못한다"고 한다.[14]

현실주의 시각에 의하면 국가외적 존재(non-state entities)는 국제정치에서 별다른 의미를 지니지 못한다. 국제기구의 경우를 예로 들자면, 현실주의적 관점에서는 국제기구란 이에 참여하는 개별국가들에 귀속되는 효용성의 정도로 평가되며, 개별국가들은 국제기구에의 참여 및 활동을 득실계산에 의해 결정하게 된다.[15] 말하자면 국제기구는 개별국가들이 자신들의 국가이익을 최대화하기 위한 수단으로 존재할 뿐이라는 점에서 국제기구의 자율성을 논할 여지는 없어지고 국제기구란 다만 국제정치에서 도구적 의미를 갖는 것에 지나지 않는다.

하지만 비국가 행위자가 부수적 또는 도구적 의미를 갖는 것에 불과하다는 현실주의 시각의 타당성에 심각한 회의를 제기하는 예가 바로 유럽연합이다. 최근 지역통합의 심화에 따라 그 권한과 위상이 강화되고 있는 유럽연합은 기존의 일반적 국제기구와는 다른 역할을 수행하면서 국제무대에서도 독자적인 행위자로서의 지위를 획득하고 있다.

하지만 현실주의적 입장에서 보면 유럽연합 또한 도구적 관점에서 파악할 수 있다. 궁극적으로 유럽연합이 회원국의 국가이익이 상호 배타적이지 않은 가운데 개별 회원국의 정책으로 실현되기 어려운 경우에 한하여 공동보조의 메커니즘을 통해 회원국들의 공동이익을 구현하기 위한 수단으로 활용되고 있음을 볼 수 있다. 이러한 관점이 상당한 설득력을 가지고 있는 것도 사실이다. 또한 이것이 바로 정부간 협상론의 입장이기도 하다. 예컨대 호프만(Stanley Hoffmann)에 의하면 유럽통합의 과정에서 초국가적 기구의 권한이 강화되는 것은 회원국의 정부들이 그렇게 하는 것이 각국의 이익에 긍정적인 기여를 할 것으로 판단하기 때문이다. 결국 통합의 속도나 방향을 결정하는 주도권은 회원국이 장악하고 있다는 인식을 갖고 있는 것이다.[16]

정부간 협상론은 유럽연합의 역할이 현실적으로나 당위적으로나 모두 도구적 수준에 머무르고 있는 것으로 파악한다. 사실상 유럽통합의 출발점이 된 유럽석탄철강공동체도 기본적으로 독일을 제어하기 위한 프랑스의 정책기조, 패전국으로서의 낙인으로 말미암아 국제무대에서 어떠한 운신의 여지도 가질 수 없었던 독일의 외교적 위상 강화를 위한 노력, 그리고 독일에 대한 제어와 대외교역의 확대가 국가안보와 국가발전에 필수적이었던 서유럽의 군소 국가들의 정치경제적 동기 등이 어우러져 만들어낸 작품이었다. 나아가 1986년의 단일유럽법안도 미국과 일본의 경제적 약진, 제3세계 국가의 경제력의 급속한 부상으로 유럽의 경제가 상대적으로 낙후될 수도 있다는 위기의식이 유럽연합 회원국들 사이에 광범위하게 공유됨과 아울러, 개별국가의 발전전략으로는 새로운 도전에 효과적으로 대응하기가 어렵다는 인식이 확산된 결과물이었다고 할 수 있다. 즉 정부간 협상론의 관점에서 보았을 때 유럽의 통합은 근본적으로 국가이익의 수렴이 이루어졌을 때 그 실현을 위한 정책도구의 일환으로 사용되어 왔음에 지나지 않다는 것이다.

이처럼 국가중심적인 현실주의적 사고에 기초한 정부간 협상론에 의하면 유럽통합의 근본적인 동인은 회원국 정부간의 이해관계의 수렴현상이라고 본다.[17] 국제정치의 상황 변화에 의하여, 그리고 이와 아울러 국내의 정치경제적 상황의 변화에 의하여 회원국 정부 사이에 통합에 대한 이해관계가 수렴이 되면 통합에 진전이 있고, 이해관계의 수렴이 이루어지지 않을 경우 통합의 추진이 어려워진다고 본다. 그리고 통합의 구체적 내용과 방향은 회원국간의 힘의 관계에 의해 기본적으로 결정이 된다고 한다. 즉 힘의 관계에 있어 주도적 위치에 있는 국가의 선호도가 통합과정에서 형성되는 공동체의 정책에 더욱 많이 반영된다는 것이다.

따라서 정부간 협상론의 입장에서 본다면 지금까지의 유럽통합의 성과는 신기능주의적 확산효과에 의한 점진적 발전으로 보기는 어렵다고 한다. 오히려 유럽통합의 발전양상은 회원국의 이해관계가 서로 엇갈려 통합의 진전이 차단되는 일시적인 침잠기와 대내외적 환경 변화로 회원국의 이해관계가 아울러 변화되면서 고위급 정치지도자들의 의지를 바탕으로 교착상태로부터의 돌파구가 찾아지는 발전기가 교차하는 양상을 보여 왔다고 한다. 이를테면 유럽통합의 발전과정은 정체와 도약의 반복으로 간주된다. 그러나 환경의 변화로 회원국 이해관계의 수렴현상도 통합의 심화를 가져다주는 데는 한계가 있다. 상대적으로 민감한 국가이익이 걸려 있는 쟁점영역에서는 국가들간의 이해관계의 수렴 자체가 불가능하기 때문이다. 결국 지역통합이란 회원국들이 개별적 행동에 의해서는 성취하기 어려운 국가이익의 실현을 도모하는 수단의 성격에 국한될 수밖에 없기 때문에 지역통합의 범위에는 엄연한 한계가 있는 것으로 보아야 한다는 것이다. 이러한 이유에서 정부간 협상론의 관점은 "경제적 거인, 정치적 소인"으로 묘사되는 유럽연합의 위상이 바로 공동외교안보정책의 발전을 어렵게 하는 내재적 한계를 예시하는 것으로 본다. 나아가 앞으로도 이 분야에서의 통합은 회원국의 국가성의 보존 자체를 위협하는 수준으로 간주되는 한, 순조로운 발전을 기대하기는 어려울 것으로 본다.

정부간 협상론이 현실주의 시각, 그 중에서도 월츠로 대표되는 신현실주의적 시각과 다른 점은 국가이익의 규정에 있어 단위수준의 변수, 즉 국내적 요인의 중요성을 강조하고 있다는 점이다.[18] 앞서 밝힌 바와 같이 현실주의적 관점에서는 국가이익을 무정부상태로 규정되는 국제체계의 속성에서 도출되는 것으로 본다면, 정부간 협상론, 그 중에서도 특히 최근 모라브칙에 의해 발전된 자유주의적 정부간 협상론(liberal intergovernmentalism)은 국가이익이 상당부분 국내 정치과정에 의해 결정되는 것으로 본다.[19] 모라브칙에 의하면 유럽연합의 회원국 정부는 국내의 사회적 압력과 국제환경적 제약 속에서 합리적으로 행위하는 것으로 간주되어야 한다. 이를테면 회원국의 정부는 퍼트넘(Robert Putnam)의 '양면게임(two-level game)'을 수행하고 있는 것으로 표현될 수 있을 것이다.[20]

모라브칙은 유럽통합의 진행과정을 설명하는 데 삼단계 설명방식을 채용하고 있다. 삼단계란 첫째, 회원국의 정책선호가 국내정치과정을 통해 형성되는 과정, 둘째, 회원국들 사이의 협상이 진행되고 타결되는 과정, 셋째, 제도적 선택이 이루어지는 과정, 즉 초국가적 기구에 대한 의사결정 권한의 위임 정도를 선택하는 과정이 그것이다. 이 중 처음 두 개의 주제는 모라브칙이 오랜 기간에 걸쳐 발전시켜 온 것인 반면,[21] 세 번째 제도적 선택 과정에 대한 논의는 모라브칙의 저서 『유럽의 선택(*The Choice for Europe*)』에서 새로이 등장하고 있는 주제이다. 모라브칙에 의하면 회원국의 유럽통합에 대한 정책선호는 기본적으로 경제적 이익에 대한 고려에 의해 크게 좌우되며, 회원국간의 협상의 결과는 국가들간의 비대칭적 상호의존성에 의해 결정되는 바가 크고, 제도적 선택은 정책분야에 따라 회원국들 사이에서 어느 정도의 신뢰가 필요한가에 따라 달라진다. 세 번째 부분에 대한 설명을 부연하자면, 회원국들이 약속을 위반하고자 하는 동기가 큰 정책분야일수록 초국가적 기구에 좀더 많은 권한을 부여함으로써 회원국들이 약속 이행의 의지를 표현한다는 것이다.[22]

3. 정부간 협상론에 대한 비판

정부간 협상론은 국내정치적 요소를 강조함으로써 신현실주의의 가정을 희석시키고 있기는 하지만 현실주의의 국가중심적 시각은 그대로 유지하고 있다. 따라서 정부간 협상론의 관점에서 보면 유럽통합의 가장 중요한 행위자는 역시 국가이며, 통합의 과정은 회원국들간의 선호도의 수렴정도, 그리고 국력이 강한 국가들의 선호도의 향배에 따라 좌우된다고 본다. 정부간 협상론의 이러한 시각에 대해서는 여러 갈래의 비판이 제기될수 있다.

예컨대 단일유럽법안의 채택과 마스트리히트 조약의 체결 등 유럽의통합에 중요한 전기가 되는 사건들은 비록 회원국 정부간의 합의라는 형식을 거치긴 하지만, 통합의 진전을 가져다주는 계기를 제공한다기보다는 오히려 이미 기정사실화되어 있는 관행을 추인하거나 또는 이미 축적된 통합의 필요성을 반영하는 것으로 파악될 수 있다. 유럽연합은 회원국의 정책적 필요성에 좌우되는 피동적인 도구가 아니며, 오히려 회원국들의 행위에제약을 가하고 영향력을 행사하는 독자성을 획득하고 있는 것으로 간주되어야 한다는 주장이 제기될 수 있는 것이다. 이러한 견해는, 최근 구성주의적 관점을 유럽통합 연구에 접목시키고자 시도한 국내의 연구결과에서도보여지듯이, 유럽연합 내 대표적 정부간 기구로 분류되는 각료이사회나 상임대표위원회에서도 초국가적 행위유형과 규범이 발달하고 있으며 그 결과 정부간 기구의 의사결정이 각 회원국의 선호에 의해 결정되기보다는 오히려 각 회원국의 선호가 초국가적 행위유형과 규범에 의해서 형성되는 양상을 나타내고 있다는 점과도 맥을 같이 한다.[23] 유럽연합은 단순히 회원국의 도구에 불과한 것은 아니다.

정부간 협상론의 국가중심적 사고와 비국가 행위자의 무시에 대한 최근의 본격적 비판은 '다층통치체제론(multi-level governance)'의 관점에서도 제기되고 있다.[24] 다층통치체제란 권위가 하나의 중심에 축적되어 있는 것이 아니라 통치체제의 여러 수준 및 다양한 행위자들에게 분산되어 있고, 각 수준이 상호의존적인 협력 관계에 놓여 있는 체제를 일컫는다. 다시 말해 우월적 지위를 향유하는 중앙정부가 정책결정 과정에서 독점적인 영향력을 행사하는 것이 아니라 초국가적 기구나 지방정부 등과 권한을 나누어 행사하게 되며, 이들 각각의 통치수준의 권한 영역이 서로 중첩되는 부분도 있는가 하면, 그렇지 않은 부분도 있다고 한다. 아울러 다층통치체제 하에서는 개별 국가 역시 통합된 단일의 행위자가 아니며 국가 내 지방정부 및 기업들은 한 국가의 국경을 넘어서 다른 국가 내에서 동일한 이해관계를 갖는 이들과 협력을 추구하게 된다.[25]

다층체제론 관점이 국가의 중요성을 부인하는 것은 아니다. 국가의 중요성은 인정하되 다만 국가는 초국가적 수준, 지방수준과 함께 다층체제를 구성하는 일부라는 점을 강조하고 있다. 다층체제론의 관점에서 봤을 때 정부간 협상론은 다층체제의 정치과정이나 정책결정과정에서 개별 회원국의 통제능력이 중대한 제약을 받고 있음을 간과하고 있는 것이다. 회원국에 대한 제약은 크게 세 가지로 요약될 수 있다. 첫째, 유럽연합의 주된 의사결정 기구가 회원국의 대표로 구성된 각료이사회라 하더라도 그 의결방식의 특성으로 개별 회원국이 의사결정과정은 물론이요 그 결과물을 통제하기는 어렵다. 특히 가중다수결 제도에 의해 의사결정이 이루어지는 경우 더욱 그러하다. 둘째, 유럽연합의 의사결정권은 회원국 정부들이 독점하고 있는 것이 아니라 여러 수준으로 분산되어 있다. 우선 집행위원회(Commission), 유럽의회(European Parliament), 유럽사법재판소(European Court of Justice) 등의 초국가적 기구들은 회원국의 합의로 만들어진 것이긴 하지만 이 기구들의 활동이 회원국들에 의해 전적으로 통제될 수 없으며, 자율적인 활동의 영역을 보유하고 있다. 셋째, 회원국들의 정치체제는 서로 완전히 절연된 상태로 작동하는 것이 아니라 다양한 수준에서 밀접한 상호작용을 하고 있다. 유럽통합이 진행되면서 지역단위의 정부나 이익집단들이 자기 국가의 중앙 정부보다는 다른 국가의 지역정부 또는 이익집단과 연대하여 이익을 도모하는 경우가 많아지고 있으며, 중앙정부의 각 부처조차도 외무부의 채널을 우회해서 타국가의 관련부서와 직접 교류하는 빈도가 증가하고 있다. 이러한 다양한 행위자들이 공식적 및 비공식적인 다양한 경로를 통해 상호작용을 하고 있는 것을 국가가 효과적으로 통제하기는 어려운 노릇이다.

IV. 결론 : 지역통합이론과 한국

이 연구에서는 이상에서 소개한 두 이론 중 어느 것이 더 현상에 대한 정확한 설명을 제공하고 있으며, 또 의미 있는 연구쟁점을 제기하는 데 어느 이론이 더 유용한가에 대한 평가를 시도하지는 않겠다. 다만 여기에서는 양 갈래의 지역통합이론이 실천적 수준에서 우리에게 어떠한 시사점을 줄 수 있는가를 가늠해 보고자 한다. 실천적 수준에서의 시사점을 찾는 데 두 이론을 반드시 상호 대립적 관계에 있는 것으로 파악해 하나를 버리고 하나를 취할 필요는 없을 것으로 보인다. 두 이론의 상대적 가치의 우열을 명백하게 판단할 수 있는 것이 아니기 때문이다. 앞서 밝힌 바와 같이 이상에서 소개한 두 가지 이론은 특히 유럽통합의 사례를 설명함에 있어 서로 대조적인 견해를 보이고 있다. 하지만 관심의 초점을 경쟁적인 지역통합이론들의 설명력의 우열을 평가하는 데 두는 것이 아니라 지역통합방안의 모색이라는 실천적 수준에서의 시사점을 찾는 데 맞춘다고 했을 때, 두 이론에서 도출되는 대안이 서로 모순적이라면 두 이론 중 하나를 선택해야 할 것이지만, 두 이론으로부터 도출되는 정책적 대안이 만일 모순되는 것이 아니라 서로 중요성을 부여하는 강조점이 다르다고 한다면, 두 이론이 중요하게 간주하는 요인을 종합적으로 고려했을 때 더욱 포괄적인 실천적 대안을 수립할 수 있을 것이다. 이러한 관점에서 여기에서는 우리에게 당면한 지역통합의 방안 모색을 위한 길잡이를 위해, 이론의 평가와 선택보다는 이론의 종합을 시도한다.

정부간 협상론의 주장을 다시 요약하자면, 지역통합은 참여국간의 국가선호가 수렴될 때 심화·발전될 수 있으며, 통합의 발전 속도와 방향 등이 국가간 힘의 분포에 의해 결정되어 힘이 강한 나라의 의사가 더욱 강하게 반영된다는 것이다.[26] 한편 신기능주의 이론에 의하면 기존의 통합성과에 따라 이미 통합된 분야와 밀접한 연관 관계가 있는 분야로 통합의 확산효과가 발생할 것이고 이 확산효과를 실질적인 통합의 확대로 구체화시키는 데 있어서는 초국가적 기구의 관료나 초국가적 이익집단의 매개역할이 중요하게 된다.[27]

정부간 협상론에 의해 핵심적 변수로 파악되는 국가선호수렴 여부는 그 자체로서 지역통합의 발전을 촉발하는 필요충분조건이 되기는 어려울 것으로 보인다. 우선 새로운 영역으로의 통합의 확대 필요성이 감지되어 국가간 협상의 쟁점으로 부상되지 않는 한, 즉 확산 효과가 존재하지 않는 한 정부간 협상론에서 강조하고 있는 국가들간의 이익의 수렴현상은 아예 처음부터 존재하지도 않을 것이기 때문이다.[28] 한편 신기능주의 이론이 주목하는 확산효과가 존재한다 하더라도, 구체적인 정책을 입안하고 회원국들의 이해관계를 조정하는 이른바 기업가적 역할을 수행하는 행위자가 없이 통합의 추진력이 자동적으로 생성되기는 어려울 것이다.[29] 나아가 통합에 의해 영향을 받게 되는 개인 및 단체의 반응 또한 간과할 수 없다. 설령 신기능주의적 확산효과가 존재하고 회원국 정부간에 이해관계의 수렴이 이루어진다고 하더라도 만일 유럽통합이 초국경적 활동범위를 가진 행위자—다국적 기업이나 범유럽적 이익집단 등—나 일반 대중으로부터의 지지를 획득하지 못한다면 통합의 과정은 순탄치 못할 가능성이 있다. 정부간 협상론과 신기능주의 이론이 제시하고 있는 주요변수들을 종합해 보면 통합대상이 되는 정책영역의 확대는 다음과 같은 조건에 의해 성패가 가늠될 것으로 보인다.

· 통합의 확산효과의 존재 여부
· 협력의 필요성에 대한 통합 당사국간의 공감대 형성
· 통합에 의해 영향을 받는 개인 및 단체의 지지
· 통합을 적극적으로 추진해 나갈 수 있는 초국가적 또는 당사국 정부
  관료, 그리고 민간단체 주도적 역할

이상의 논의를 재구성하면, 확산효과의 존재 여부와 국가선호의 수렴 여부는 통합에 대한 수요를 가늠하는 요인으로 분류할 수 있는 한편, 통합에 대한 지지여론의 존재 여부와 통합을 주도적으로 끌고 나갈 행위자의 존재 여부는 통합 추진력의 공급 측면에 해당하는 것으로 나누어 볼 수 있다. 결론적으로 성공적인 지역통합을 위해서는 이상에서 소개한 공급 측면과 수요 측면의 조건이 동시에 존재해야 할 것이며, 만일 이러한 조건이 자연적으로 존재하지 않을 경우 이를 인위적으로 창출하기 위한 노력이 필요할 수도 있을 것이다.

위에서 살펴본 지역통합에 대한 이론적 이해는 적어도 세 가지 측면에서 우리에게 유용할 것으로 생각된다. 첫째, 경제교류의 파트너로서의 유럽에 대한 이해를 증진하는 데 도움을 준다. 한국은 현재 지역통합의 선구라고 할 수 있는 유럽과의 교류를 지속적으로 확대시키고 있다. 비록 군사안보 분야에서의 이해관계가 크지 않아 우리 외교정책의 수행 대상으로 한반도 주변 4강보다는 우선순위가 높지 않으나, 교역과 투자 등 경제적 교류의 측면에서 유럽의 중요성은 매우 커지고 있는 실정이다.[30] 특히 유럽연합이 회원국들의 대외경제정책 수행에서 중추적 역할을 하고 있는 만큼 유럽연합과의 효율적인 상호협조체제 구축이 필요할 것이고, 이를 위해서는 유럽연합의 의사결정과정 및 향후 발전 가능성에 대한 심층적 이해가

필요할 것으로 보인다. 유럽통합과정에서의 주요 행위자들의 역할과 이들 간의 상호작용의 패턴 등의 유럽통합의 진행 메커니즘을 파악하는 데 지역통합의 이론적 틀은 유용한 분석도구를 제공해 줄 것이다.

둘째, 지금 한국은 동북아, 나아가서는 동남아까지 포괄하는 동아시아에서의 지역협력 구도의 창출을 적극적으로 검토하고 있다. 따라서 과거의 지역통합 경험에 의거하여 구축된 지역통합 이론에 대한 이해는 동아시아에서의 지역협력의 과정에서 나타날 수 있는 여러 가지 장애 및 촉진 요인에 대한 사전 검토를 가능하게 해 줄 것이며, 따라서 지역통합에 필요한 조건의 마련과 지역통합을 저해하는 걸림돌의 제거를 위한 대안 모색에 유용한 길잡이를 제공해 줄 것으로 기대된다.

셋째, 한국은 나아가 남북한 통일을 장기적 과제로 안고 있다. 남과 북의 통일은 분리된 두 개의 정치, 경제, 사회 체제의 통합이라는 측면에서 국가들 사이에서 이루어지는 지역통합과 유사한 점이 있다고 볼 수 있다. 따라서 남북한 통합을 추진하는 과정에서도 기존의 지역통합이론의 가설에 기초하여 일종의 로드맵을 구상해낼 수도 있을 것이다.

이하에서는 앞에서 소개한 지역통합이론에 대한 논의가 특히 남북한 통합의 방안을 모색하는 데 어떠한 시사점을 갖는지를 살펴보기로 하겠다.

앞에서 소개한 바와 같이 신기능주의 이론의 효시인 하아스는 지역통합을 위한 배경조건으로 다원주의적 정치체제, 고도의 경제발전, 이념적 동질성을 들고 있다. 그러나 남북한 사이에는 이러한 배경조건이 전무하다. 북한은 다원주의적 사회도 아니며, 경제는 후진적이고, 남북간의 이념적 편차 또한 매우 크다. 이러한 조건만을 놓고 본다면 남북한 정치경제체제의 점진적 통합이 쉽지 않을 것은 자명하다. 그러나 하아스의 다른 언급을 상기하자면, 하아스는 자신이 제시한 배경조건이 갖추어져 있지 않더라도 그에 준하는 흡인력을 가진 통합촉진요인이 존재한다면 통합이 가능하리라고 지적한 바 있다.

남북한 사이에 점진적 통합이 성공적으로 추진되기 위해서는 첫째, 남북한간의 협력의 필요성이 강하게 부각되어야 할 필요가 있다. 그런데 현재 남북한간의 교류 협력 방안의 추진은 유럽 등의 지역에서의 지역통합과는 성격을 달리하는 부분이 있다. 예컨대 유럽통합의 과정은 유럽연합의 헌법적 목표에서 연역적으로 파생되어 나오는 발전의 수순이라기보다는 예상하지 못했던 문제의 발생에 따른 해결책의 모색이라는 귀납적 과정의 산물로 이해할 수 있다.[31] 따라서 유럽통합의 과정은 일정 분야에서의 통합과 이에 따른 확산효과의 발생, 그리고 이에 대한 적응의 순환과정으로 볼 수 있다. 그런데 남북한간에 추진되는 다양한 교류 협력 방안은 기존의 통합의 성과에서 비롯되는 확산효과에 기인하는 것으로 보기는 어렵다. 기존의 협력기반이 취약하기 때문이다. 따라서 남북협력의 경우 유럽의 경험에서와 같이 귀납적 과정을 밟아 협력을 심화시키기는 어려울 것으로 보인다. 하지만 남북관계에는 유럽에서 찾아볼 수 없는 긍정적 요소가 존재한다. 민족통일의 실현이 남북교류의 대전제가 되고 있다는 것이다. 그러므로 남북간의 다양한 교류 협력은 통일의 달성이라고 하는 민족적 지상과제에서 연역되어 나온 준비단계라고 할 수 있다. 즉 남북한간의 협력 모색은 반드시 과거의 통합성과에 의해 구동(驅動)되는 것이 아니라 미래의 통일목표에 의해 견인(牽引)될 수도 있다는 점에서 신기능주의가 강조하는 확산효과에 해당하는 압력이 존재한다고 하겠으며, 따라서 제반 분야에서 남북간 협력을 활성화시키기 위해서는 기능적 분야에서의 협력이 통일시대를 맞이하기 위한 필수적인 준비작업이라는 측면을 부각시킬 필요가 있다. 통일의 당위성으로부터 여러 분야에서의 협력 사업의 필요성을 도출하자는 것이다.

둘째, 남북한 당국이 협력의 필요성에 대한 공감대를 형성할 필요가 있다. 물론 협력이 필요하다고 생각하는 이유는 양측이 서로 다를 수 있겠으나 적어도 협력의 당위성에 대해서는 양측이 인식을 공유해야 할 것이다.

이러한 측면에서 남한 당국은 북한이 공감할 수 있는 협력 필요성의 논리를 개발하여 북한 측에게 설득력 있게 전달하는 것이 필요할 것이다. 즉 협력에 대한 북한의 수요를 이끌어내기 위해서는 북한이 매력을 느끼지 않을 수 없는 이유를 제시해야 할 것이다.

셋째, 남북한 협력의 추진으로 영향을 받을 수 있는 개인 및 단체의 지지가 필요하다. 무엇보다도 아직 남북한 사이에는 상호 적대적 관계가 완전히 해소된 것은 아니기 때문에 상호간의 교류 자체에 대해 거부감을 가진 계층이 존재할 수도 있다. 이러한 계층의 규모가 확대된다면 남북협력사업의 계속적 추진은 난항에 부딪힐 것이다. 반면 남북 협력을 적극 지지하는 계층도 있을 수 있다. 남북 협력 일반에 대한 적극적 지지자들이나 또는 북한에 대한 인도주의적 지원에 찬성하는 계층, 그리고 대북지원사업 관련 산업 분야의 종사자 중 남북 협력으로 사업의 기회가 확대될 수 있는 기업의 경영자 및 근로자들이 이에 해당될 것이다. 따라서 남북 협력사업의 성공적 추진을 위해서는 협력의 당위성을 설득력 있게 제시함으로써 직접적 이해관계자뿐 아니라 일반 대중으로부터 가능한 한 폭넓은 지지를 유도해 내는 것이 필요할 것이다.

넷째, 협력을 효과적으로 추진하기 위해서는 협력의 제도화를 모색해 볼 필요가 있다. 제도화의 수준에는 여러 가지가 있을 수 있겠으나, 궁극적으로는 제도적으로 상설화된 남북간 협의 기구를 설치, 운영하는 방안을 강구할 필요가 있을 것으로 보인다. 일단 기구가 설치되면 소속원들은 기구의 존재 이유를 확대 재생산하기 위해서라도 협력의 아젠다와 협력의 방안을 지속적으로 안출(案出)해 냄으로써 협력의 모멘텀을 유지할 수 있을 것이기 때문이다. 상설 협의기구는 비록 초국가적 기구가 가지는 권한과 역할을 기대할 수는 없지만, 정보의 축적과 업무의 일관성을 구현함으로써 의견의 조정과 합의사항의 시행을 더욱 효율적으로 할 수 있을 것이다. 아울러 인도주의적 견지에서 북한주민을 돕고자 하는 비정부단체 등 민간부문의 활발한 참여를 독려할 필요가 있다. 북한과의 교류에서 대내외적으로 여러 가지 제약 속에서 운신해야 하는 남한 정부가 광범위한 분야 전부를 관장할 수 없을 것이며, 아울러 북한 당국의 입장에서도 남한 정부보다는 민간단체의 지원이 덜 부담스러울 수 있을 것이기 때문이다. 아울러 남한 정부와 국제사회는 민간단체의 활동을 통해 북한의 실태와 북한에게 제공 되어야 할 지원의 정도와 분야에 대한 정보 또한 획득할 수 있을 것이다. 물론 민간단체의 활동이 정부 정책의 도구로 활용되는 부작용이 발생할 수 도 있겠지만, 적어도 비공식적 차원에서 민간단체와 정부와의 협력 시스템 을 구축하는 것은 좀더 광범위한 분야에서 한층 더 효과적인 협력을 하기 위해 필요한 조치일 것으로 보인다.

| 미주 |

1) 사실 유럽에서 단일통화가 출범한 것은 1999년 1월 1일이었다. 하지만 유럽연합의 단일 통화인 유로화가 시중의 거래수단으로 유통되기 시작한 것은 2002년 1월을 기해서이며, 1999년 1월 1일부터 2001년 12월 31일까지는 서류상의 결제수단으로만 통용되었다. 그러나 유럽연합 회원국이 모두 유로화를 사용하는 데 합의한 것은 아니다. 유로화는 2002년 현재 영국, 덴마크, 스웨덴을 제외한 12개국에서만 사용되고 있으며, 이들 12개국을 일컬어 유로랜드(Euro-land)라고 하기도 한다.

2) 길핀은 2000년 현재 단 하나의 지역협력체에도 가입해 있지 않은 예외적인 경우로 한국, 일본, 홍콩을 들고 있다. Robert Gilpin, *The Challenge of Global Capitalism: The World Economy in the 21st Century* (Princeton: Princeton University Press, 2000), p. 41. 이들이 예외적인 경우에 포함된 것은 APEC을 아직 공식적 지역협력체로 보지 않고 있음을 의미한다.

3) Young Jong Choi, and James A. Caporaso, "Comparative Regional Integration," in Walter Carlsnaes, Thomas Risse, and Beth A. Simmons (eds.), *Handbook of International Relations* (London: Sage, 2002), p. 480.

4) 이러한 문제가 본격적으로 제기된 것은 힉스에 의해서였다. Simon Hix, "The Study of the European Community: The Challenge to Comparative Politics," *West European Politics*, vol. 17, no. 1 (1994). 이후 힉스의 문제제기에 공감한 많은 학자들이 신제도주의나 정책 네트워크 등의 비교정치학에서 주로 채용되어 온 이론과 개념을 사용하여 유럽연합에 대한 연구를 수행하고 있다. 그 예로서 J. Peterson (1995), Paul Pierson (1996), Simon Bulmer (1998), Simon Hix (1999) 등을 참조할 것. 아울러 유럽통합 연구의 초점이 국제정치학적 관심에 더하여 비교정치학적 질문으로까지 확대되고 있는 경향을 잘 정리하여 보여주고 있는 논문으로는 Mark Pollack (2001), Jachtenfucus (2001) 등을 참조할 것.

5) 정부간 협상론은 국내 학자들 사이에서는 여러 가지 용어로 번역되고 있다. 정부간 협상론 (최진우, 1995; 조홍식, 1998), 정부간주의(김학노, 2001; 최영종, 2001), 정부간 관계론 (구갑우, 1998), 정부간 교섭론(구춘권, 2001) 등이 그것이다. 필자에 따라 용어 번역을 다르게 하고 있긴 하지만, 의미 해석에서 큰 차이가 있는 것으로 보이지는 않는다. 따라서 어떤 용어를 사용하여도 무방하겠으나, 이 논문에서는 편의상 필자가 사용해오던 정부간

협상론이라는 용어를 쓰기로 한다.

6) 초기 유럽통합의 주축이 된 인물들의 통합전략은 로사몬드가 잘 소개하고 있다(Ben Rosa-
   mond, 2000, pp. 51-52).

7) 신기능주의 이론은 하아스의 저작 *The Uniting of Europe: Political, Social, and Economic
   Forces, 1950-1957* 에서 본격적으로 개신되고 있다. 또한 초기의 신기능주의 저작으로 널리
   인용되고 있는 린드버그의 책을 들 수 있다(Leon Lindberg, 1963). 그 이외에도 신기능주의
   이론의 내용에 대한 소개는 Donald J. Puchala (1988); David Mutimer (1989); Wayne
   Sandholtz, and J. Zysmann (1989); Anne-Marie Burley, and Walter Mattli (1993), 그리고
   Dorette Corbey (1995) 등에서도 찾아볼 수 있다.

8) Ernst Haas. "International Integration: The European and the Universal Process," *Inter-
   national Organization*, vol. 15, no. 3 (1961), pp. 377-378.

9) 정부간 협상론의 입장은 Stanley Hoffmann (1966), Andrew Moravscik (1992), 그리고
   Geoffrey Garrett (1992) 등을 참조할 것.

10) 1648년 웨스트팔리아 조약 이래 국가주권의 원칙은 국제체제의 중요 구성원리인 동시에 한
    국가의 결속의 표현이었다. 말하자면 웨스트팔리아 체제는 주권국가를 구성단위로 하는
    국제체제였던 것이다. 주권의 개념에 기초한 이러한 웨스트팔리아 체제가 허구이든
    사실이든 간에 일반적으로 오늘날의 국제정치체제는 국가를 기본 단위로 하여 구성되어
    있는 것으로 간주되고 있으며, 이러한 인식의 흔적은 국제정치(國際政治 international rela-
    tions) 라는 용어 자체에서도 보이고 있다. 현실주의의 국가중심적 사고는 바로 이러한
    일반적 통념과 일치한다.

11) Kenneth N. Waltz, *Theory of International Politics* (Reading, Mass.: Addison-Wesley,
    1979).

12) 말하자면 국가이익이라고 하는 것은 국제체제의 무정부적 속성에서 자연스럽게 도출되는
    것으로 본다. 따라서 국가이익이란 외생적으로(exogenously) 규정되는 것으로 간주된다.

13) Joseph M. Grieco, "Anarchy and the Limits of Cooperation: A Realist Critique of the
    Newest Liberal Institutionalism," *International Organization*, vol. 42, no. 3 (1988), p.
    498.

14) 위의 글, p. 488.

15) Charles Pentland, "International Organizations and Their Roles," in James Rosenau,
    Kenneth W. Thompson, and Gavin Boyd (eds.), *World Politics* (Free Press, 1976),
    reprinted in Paul F. Diehl (ed.), *The Politics of International Organizations: Patterns and
    Insights* (Chicago: Dorsey Press, 1989), p. 5.

16) Stanley Hoffmann, "Obstinate or Obsolete? The Fate of the Nation-State and the Case

of Western Europe," *Daedalus*, vol. 95 (1966), pp. 862-915.

17) 정부간 협상론을 국가중심적 시각으로 분류할 수 있다면, 신기능주의는 초국가적 기구와 이익집단 등의 영향력을 강조하고 있다는 점에서 탈국가중심적 시각에 속하는 것으로 간주할 수 있다. 지역통합이론을 국가중심적 시각과 탈국가중심적 시각으로 분류하여 소개하고 있는 연구로 구갑우 (1998)를 참조할 것. 이와는 달리 통합이론을 합리성 모델과 구성주의적 접근으로 분류하는 견해도 있다. 이 견해에 따르면 정부간 협상론과 신기능주의는 다 같이 합리성 모델에 포함된다. Mark Pollack (2001)을 참조할 것.

18) 이러한 이유로 정부간 협상론은 기본적으로 현실주의적 관점을 견지하고 있으나 유럽통합에 대한 설명을 위해 현실주의의 기본전제를 어느 정도 '훼손' 시키고 있다는 평가를 받기도 한다. 최영종 (2001), p. 417 참조할 것.

19) Andrew Moravcsik, "Preferences and Power in the European Community: A Liberal Intergovernmental Approach," *Journal of Common Market Studies*, vol. 31, no. 4 (1993); Andrew Moravcsik, *The Choice for Europe: Social Purpose and State Power from Messina to Maastricht* (Ithaca: Cornell University Press, 1998)

20) Robert Putnam, "Diplomacy and Domestic Politics," *International Organization*, vol. 42, no. 3 (1988).

21) Andrew Moravcsik (1991, 1993, 1995).

22) 이에 대한 자세한 내용은 Andrew Moravcsik (1998), pp. 18-85를 참조할 것. 특히 p. 24의 표 1.1은 모라브칙의 이론틀을 간략하게 요약해 놓고 있다.

23) 김학노, "마스트리히트 사회정책협정 형성과정: 구성주의적 신기능주의 설명," 『한국정치학회보』 제35집 3호 (2001), p. 441.

24) 다층체제론은 마크스(Gary Marks)가 유럽연합의 지역정책의 결정과 집행과정을 설명하기 위해 구상했으나 이후 여러 학자들에 의해 점차 적용범위를 넓혀 가고 있다. Marks (1993, 1997); Gary Marks, L. Hooghe, and K. Blank (1996) 참조. 유럽연합의 다층체제론에 대한 국내연구로는 강원택(2000), 장훈(2000), 이호근(2001)을 참조할 것.

25) 강원택, "유럽통합과 다층통치체제," 『국제정치논총』 제40집 1호 (2000), p. 128.

26) 정부간 협상론은 체제수준의 변수에 대해서만 배타적인 관심을 집중하고 있는 신현실주의 와는 달리 단위수준의 변수의 중요성을 강조한다. 정부간 협상론의 단위수준의 변수에 대한 관심, 즉 국가 선호도 형성에서의 국내정치과정의 독립변수로서의 역할에 대한 인식은 양면게임 이론의 논리와 일치한다는 점은 앞서 밝힌 바와 같다.

27) 신기능주의는 현실주의의 국가중심적 관점에 대해 의문을 제기하면서, 국가 이외의 초국가적 기구와 초국가적 이익집단의 역할에 주목한다. 비국가 행위자의 역할에 대한 신기능주의의 강조는 후일 상호의존론으로 전통이 이어지게 된다.

28) 여기에서 간과하지 말아야 할 것은 지역통합의 당사국들의 국가이익의 구체적 내용이나 강도는 이 국가들이 처해 있는 대내외적 환경에 의해 크게 좌우될 수 있다는 점이다. 따라서 지역통합 당사국들간의 이익의 수렴 여부는 적어도 어느 정도는 기존의 협력성과에 의해 영향을 받을 것으로 생각해 볼 수 있다. 즉 기존에 이루어진 협력의 결과가 향후 통합 작업에 지간접적으로 영향을 줄 수 있다는 의미에서, 지역통합 당사국들의 이해관계의 수렴은 과거 통합의 성과에서 생성되는 확산효과의 결과일 가능성도 다분히 있다는 것이다.

29) 신기능주의 이론가들에 의하면 주로 초국가적 행위자들이 그들의 제도적 권한과 비공식적 리더십을 발휘하여 이러한 기업가적 역할을 수행한다고 한다. 그러한 견해로는 Wayne Sandholtz, and J. Zysmann (1989)가 대표적이다. 하지만 최근 정부간 협상론은 이러한 역할이 반드시 초국가적 행위자에 의해서만 수행되는 것이 아니라는 비판을 제기하고 있다. 오히려 초국가적 행위자보다는 개별 회원국의 이익을 대변하는 행위자들이 더 효과적으로 그러한 역할을 담당한다는 것이다. Andrew Moravcsik (1999) 참조.

30) 한국과 유럽연합과의 경제교류 현황에 대해서는 최진우 (2002)를 참조할 것.

31) Gary Marks (1993), p. 222.

| 참고문헌 |

- 강원택. "유럽통합과 다층통치체제."『국제정치논총』제40집 1호, 2000.
- 구춘권. "우럽연합의 통합양식 변화와 비판적 통합이론의 도전."『한국정치학회보』제35집 3호, 2001.
- 구갑우. "지역통합이론의 재검토: 국가중심주의와 탈국가중심주의."『한국과 국제정치』제14권 1호, 1998.
- 김학노. "마스트리히트 사회정책협정 형성과정: 구성주의적 신기능주의 설명."『한국정치학회보』제35집 3호, 2001.
- 이호근. "세계화 경제속의 국가의 변화와 서유럽 다층적 통치체제의 발전."『한국정치학회보』제35집 2호, 2001.
- 장 훈. "유럽통합과 다층적 체제의 등장."『한국과 국제정치』제16권 1호, 2000.
- 조홍식.『유럽 통합의 이론』. (세종연구소, 1998).
- 최영종. "현실주의 지역통합 이론: 그 가능성과 한계."『한국정치학회보』제35집 2호, 2001.
- 최진우. "EC의 사회정책과 회원국의 국내정치: 영국과 독일의 사례."『한국정치학회보』제29집 4호, 1995.
- 최진우. "유럽연합과 한국의 경제협력." 박응격 외.『유럽연합정부론』. (서울: 도서출판 엠-애드, 2002).
- Burley, Anne-Marie, and Walter Mattli. "Europe Before the Court: A Political Theory of Legal Integration." *International Organization*, vol. 47, no. 1, 1993.
- Bulmer, Simon. "New Institutionalism and the Governance of the Single European Market." *Journal of European Public Policy*, vol. 5, no. 2, 1998.
- Choi, Young Jong, and James A. Caporaso. "Comparative Regional Integration." in Walter Carlsnaes, Thomas Risse, and Beth A. Simmons (eds.). *Handbook of International Relations*. (London: Sage, 2002).
- Corbey, Dorette. "Dialectical Functionalism: Stagnation as a Booster of European Integration." *International Organization*, vol. 49, no. 2, 1995.
- Garrett, Geoffrey. "The European Community's Internal Market." *International Organization*, vol. 46, no. 2, 1992.

- Gilpin, Robert. *The Challenge of Global Capitalism: The World Economy in the 21st Centu-ry.* (Princeton: Princeton University Press, 2000).

- Grieco, Joseph M. "Anarchy and the Limits of Cooperation: A Realist Critique of the Newest Liberal Institutionalism." *International Organization*, vol. 42, no. 3, 1988.

- Haas, Ernst B. *The Uniting of Europe: Political, Social, and Economic Forces, 1950-1957.* (Stanford: Stanford University Press, 1958).

- Haas, Ernst B. "International Integration: The European and the Universal Process." *International Organization*, vol. 15, no. 3, 1961.

- Hix, Simon. "The Study of the European Community: The Challenge to Comparative Politics." *West European Politics*, vol. 17, no. 1, 1994.

- Hix, Simon. *The Political System of the European.* (Union. New York: Palgrave, 1999).

- Hoffmann, Stanley. "Obstinate or Obsolete? The Fate of the Nation-State and the Case of Western Europe." *Daedalus*, vol. 95.

- Lindberg, Leon. *The Political Dynamics of European Economic Integration.* (London: Oxford University Press, 1963).

- Marks, Gary. "Structural Policy and Multilevel Governance in the EC," in A. Cafruny, and G. Rosenthal (eds.). *The State of the European Community.* (Boulder: Lynne Rienner, 1993).

- Marks Gary. "An Actor-Centered Approach to Multilevel Governance." in Charlie Jeffery (ed.). *The Regional Dimension of the European Union: Towards a Third Level in Europe?* (London: Frank Cass, 1997).

- Marks, Gary, L. Hooghe, and K. Blank. "European Integration from the 1980s: State-Centric v. Multi-Level Governance." *Journal of Common Market Studies*, vol. 34, no. 3, 1996.

- Moravcsik, Andrew. "Negotiating the Single European Act." in Robert O. Keohane, and Stanley Hoffmann (eds.). *The New European Community: Decisionmaking and Institutional Change.* (Boulder: Westview Press, 1991).

- Moravcsik, Andrew. "Preferences and Power in the European Community: A Liberal Intergovernmental Approach." *Journal of Common Market Studies*, vol. 31, no. 4, 1993.

- Moravcsik, Andrew. "Liberal Intergovernmentalism and Integration: A Rejoinder." *Journal of Common Market Studies*, vol. 33, no. 4, 1995.

- Moravcsik, Andrew. *The Choice for Europe: Social Purpose and State Power from Messina to Maastricht.* (Ithaca: Cornell University Press, 1998).

- Moravcsik, Andrew. "A New Statecraft? Supranational Entrepreneurs and International Cooperation." *International Organization*, vol. 53, no. 2, 1999.

- Mutimer, David. "1992 and the Political Integration of Europe: Neofunctionalism Reconsidered." *Journal of European Integration (Revue d'Intégration Européenne)*, vol. 13, no. 1, 1989.

- Pentland, Charles. "International Organizations and Their Roles." in James Rosenau, Kenneth W. Thompson, and Gavin Boyd (eds.). *World Politics*. (Free Press, 1976), reprinted in Paul F. Diehl (ed.). *The Politics of International Organizations: Patterns and Insights*. (Chicago: Dorsey Press, 1989).

- Peterson, J. "Decision-Making in the European Union: Towards a Framework for Analysis." *Journal of European Public Policy*, vol. 2, no. 2, 1995.

- Pierson, Paul. "The Path to European Integration: A Historical Institutionalist Analysis." *Comparative Political Studies*, vol. 29, no. 2, 1996.

- Pollack, Mark. "International Relations Theory and European Integration." *Journal of Common Market Studies*, vol. 39, no. 2, 2001.

- Puchala, Donald J. "The Integration Theoriests and the Study of International Relations." Charles Kegley, and Eugene Wittkopf (eds.). *The Global Agenda*, 2nd ed. (New York: Random House, 1988).

- Putnam, Robert. "Diplomacy and Domestic Politics." *International Organization*, vol. 42, no. 3, 1988.

- Rosamond, Ben. *Theories of European Integration*. (New York: St. Martin's, 2000).

- Sandholtz, Wayne, and J. Zysmann. "1992: Recasting the European Bargain." *World Politics*, vol. 27, no. 4. 1989.

- Waltz, Kenneth N. *Theory of International Politics*. (Reading, Mass.: Addison-Wesley, 1979).

| 문헌해제 |

- Ernst B. Haas, *The Uniting of Europe: Political, Social, and Economic Forces, 1950-1957* (Stanford: Stanford University Press, 1958): 신기능주의 지역통합이론의 효시가 된 책이다. 유럽통합 초기 유럽석탄철강공동체의 경험을 정치학적으로 분석한 책으로서, 다원주의 정치이론과 자유주의 국제정치이론의 접합을 통해 국제관계의 현실주의적 시각에 대해 도전을 제기한다.

- Stanley Hoffmann, "Obstinate or Obsolete? The Fate of the Nation-State and the Case of Western Europe," *Daedalus*, vol. 95 (1966): 정부간 협상론의 논리를 설득력 있게 제시한 중요 연구 중의 하나이다. 유럽통합의 진전에 따른 민족국가의 위상과 역할의 축소 가능성을 일축하고, 지역통합은 참여 국가들의 국익 추구의 동기에서 시작되며 또 국가들 간의 국익의 상충으로 인해 통합의 범위가 제한된다고 주장한 연구이다.

- Wayne Sandholtz, and J. Zysmann, "1992: Recasting the European Bargain," *World Politics*, vol. 27, no. 4 (1989): 초국가적 신기능주의 이론을 1980년대 중반 이후 활성화된 유럽통합의 과정을 설명하는 데 적용하고 있는 논문이다. 신기능주의와 정부간 협상론 간의 논쟁을 재점화시킨 연구로, 단일유럽법안의 제정으로 상징되는 '유럽의 재도약'은 국제정치경제적 상황의 변화, 기업집단과 유럽공동체 관료 등 초국가적 행위자들의 역할에 힘입은 바가 크다는 주장을 제시한다.

- Andrew Moravcsik, *The Choice for Europe: Social Purpose and State Power from Messina to Maastricht* (Ithaca: Cornell University Press, 1998): 자유주의적 정부간 협상론의 관점에서 로마조약부터 마스트리히트 조약의 체결에 이르기까지의 유럽통합의 역사를 자유주의적 정부간 협상론의 관점에서 분석한 책으로, 유럽통합의 궤적은 회원국들의 상대적 협상력과 아울러 제도적 장치를 통해 경제적 이익을 극대화하려는 회원국들의 노력이 복합적으로 반영된 결과라고 주장한다.

외교정책결정 이론

남 궁 곤

I. 외교정책결정 이론의 정의

국제정치 혹은 국제관계 현상은 두 개 이상의 국가 사이에서 일어나지만 실제로는 국가의 행동과 그 행동에 이르게 한 국가 내의 정책결정으로 이루어져 있다. 국가 행동은 국제 환경 속에서 국가가 수행하고 정책결정은 한 국가 내에서 정책결정자가 수행한다. 그래서 외교정책이란 한 국가가 자국의 이익을 위해 다른 국가 혹은 국제사회를 향해 취하는 행동이고 국제정치 혹은 국제관계란 다수의 외교정책이 국제사회에서 상호작용 하는 행위이다. 이런 취지라면 일반 국제정치이론이 국가 행동을 주된 논의 대상으로 삼는 데 비해 외교정책결정 이론은 국가 내 정책결정을 주된 논의 대상으로 삼고 있다는 점에서 구별된다. 외교정책결정 이론은 국제사회에 참여하는 개별 국가 단위에서 국제 업무에 대한 정책선택의 문제를 다룬다. 외교정책은 외교적 현안에 대해서 개별 국가 스스로 행동을 결정하고 판단하는 문제이기 때문이다.

외교정책결정자는 실제로 한 국가의 외교정책을 입안하고 결정하고 또 집행하는 사람이다. 외교정책결정자는 그들이 지닌 가치를 국제환경이 제공하는 이미지와 결부시켜 정책결정에 도달한다. 외교정책결정 이론은 이러한 외교정책결정에 도달하는 과정을 주요 분석 대상으로 삼고 있으며, 외교정책이 결정되는 과정에 초점을 두고 이를 동태적으로 파악하여 일반화하는 데 그 목적이 있다. 국제정치이론이 거시적인 국가 행동 문제를 그 대상으로 한다면 외교정책결정 이론은 미시적인 국가 결정 문제를 대상으로 삼는다. 외교정책결정 이론은 다음과 같은 주제를 주된 탐구대상으로 삼는다. 어떤 사람이 정책결정에 참여하는가? 정책결정에 참여하는 사람은 상황에 대한 인식을 어떻게 하고 있는가? 이러한 상황 인식이 정책결정에 어떤 영향을 미치는가? 정책을 결정하는 데 정책결정자가 속한 집단이나 조직의 위상은 정책결정에 어떤 영향을 미치는가? 그리고 정책결정을 둘러싼 환경과 조건이 갖는 특징은 정책결정 과정에서 어떻게 문제시되는가?

그 밖에도 외교정책결정 이론은 외교정책의 정의 문제에서부터 방법론, 자료 해석, 분석 수준 등에 이르기까지 논의의 폭이 매우 다양하다. 그래서 외교정책결정 이론은 어떤 특정한 명제가 존재하는 것이 아니라 연구자의 관심에 따라 주장된 명제의 타당성과 접근법이 다양하다. 그러나 다양한 접근법은 국가행동과 정책환경에 비중을 두는 현실주의 패러다임이 제공했던 명제에 비판적인 입장을 취하고 외교정책에서 결정의 과정을 중시하는 점을 공유하고 있다. 그래서 국제정치이론의 논쟁과 발전이란 측면에서 외교정책결정 이론은 자유주의 패러다임의 한 갈래로 분류된다.

II. 외교정책결정 이론의 국제정치이론적 의의

현실주의 패러다임은 국제정치 현상을 설명하는 준거로서 그 사상적 배경의 역사가 가장 오래되었다. 그래서 국제정치이론의 발전 과정은 현실주의 패러다임이 제시한 명제에 대한 다양한 비판을 통해 이루어져 왔다.

국제정치의 주요한 분과영역 중의 하나인 외교정책에 대한 이론도 현실주의 패러다임이 제공했던 명제와 방법론에 대해 부단히 문제를 제기함으로써 진일보해 왔다.

다른 국제정치이론 분야와 마찬가지로 외교정책에 관한 이론은 1950년대 중반까지만 해도 현실주의 전통의 강한 지배를 받았다. 그래서 외교정책에 대한 학계의 관심은 국가의 외교정책 행위 유형 자체와 국가간 권력 배분구조가 외교정책 행위를 구속하는 방식에 집중되었다. 외교정책 분석의 주요 대상을 국가의 대외 행동 중심으로 파악하되 국가 행동은 외부 환경에서 오는 자극에 대한 반작용으로 간주했다. 현실주의 전통이 외교정책 행위 유형과 권력 배분구조의 구속력에 대하여 가정하는 명제는 세 가지로 요약된다.

첫째, 외교정책결정에 대한 논의는 외교정책 결정의 '산출'이나 '환경'과 같은 '결과'의 측면을 주된 대상으로 한다. 그 이유는 국가간 관계가 권력의 배분 구조와 국가 사이의 투쟁과 같은 거시적 관점에서만 파악되기 때문이다. 동맹과 조약, 전쟁과 협력, 선린과 적대 관계, 협조주의와 제국주의, 그리고 개입정책과 고립정책 등은 모두 외교정책 결과에 따른 외교 유형의 사례로서 현실주의 패러다임이 주로 다루었던 연구 대상이다.

둘째, 정부 내에서 수립되는 외교정책은 다양한 정책과 제도를 통해 일정한 조정 절차를 거쳐 수립되기 때문에 합리적인 의사결정 결과로 간주된다. 외교정책을 합리적인 결과로 보는 이유는 근본적으로 외교정책 자체가 국가이익과 직결되기 때문이다. 국가와 국가를 대신하여 행동하는 정부는 의도적으로 특정한 목적을 추구하는 개인처럼 통합된 합리적인 행위자로 취급된다. 또 정부의 정책 선택 기준이 국가이익에 의해서만 설정된다. 국가가 수행하는 정책결정 과정은 국가의 대외 행위를 설명하는 데 그리 유용하지 못한 도구로 인식된다. 외교정책결정 과정은 명확하게 파헤칠 수 없기 때문에 '암상자(Black-Box)'로 개념화되고 있다.

셋째, 국가 또는 국가의 기능을 대리 수행하는 정부는 자국의 이익을 기준으로 외교정책을 결정하는 유일한 단위이다. 국가 혹은 정부를 유일한 외교정책 단위로 보는 이유는 외교정책은 복지정책이나 조세정책과 같은 다른 공공정책과 비교해서 그 결정과정이 정책결정 집단 밖으로 공개되기 어렵기 때문이다. 외교정책을 결정할 때나 수행할 때 수집된 각종 정보가 정책결정을 담당하는 정부집단 이외에는 접근이 차단되어 있다. 그래서 외교정책의 수행과 집행은 국가의 공공기관에 의해서만이 수행되는 것으로 간주된다. 또 외교정책 결정에 관련된 변수는 모든 국가에서 동일한 방식으로 작용되는 점을 전제로 하고 있다.

1950년대 중반에 이르러 국제정치학 분야에서는 비교연구 방법이 도입됨에 따라 국가를 유일하고 합리적 행위자로 간주해 왔던 현실주의 전통이 비판받기 시작했다. 이에 따라 외교정책 분야에서도 정책 결과와 정책 환경에 비중을 두는 전통적인 명제에 의문을 제기하는 흐름이 대두되었다. 외교정책결정 이론은 그러한 흐름을 반영하고 있는데 다음과 같은 면에서 현실주의 명제에 대립되는 이론적 의의를 갖는다.

첫째, 외교정책결정 이론은 '결정'이란 표현에서 나타나듯이 외교정책의 결과적 측면보다는 외교정책에서 '투입'이나 '요인'과 같은 '과정'의 문제를 주된 관심주제로 삼는다. 외교정책결정 이론은 외교정책 결과보다는 외교정책 과정이라는 미시적 문제를 포착한 면에서 의의가 있다. 외교정책이 결정되는 절차는 단순히 암상자와 같이 비밀스런 성격을 띤 것이 아니다. 외교정책을 수립하고 결정하는 단계가 단편적인 것은 더욱 아니다. 정책결정 과정은 몇 가지 단계를 거치고 또 그런 동안 예기치 못한 변수들이 다양한 시점과 각도에서 고려된다. 예를 들면 정책결정 집단 내에서도 서로 다른 의견이 있을 수 있고, 또 정책결정자의 개인적인 성향에 따라 아주 다른 정책결과가 도출될 수 있다. 정책결정자의 의도는 국가이익을 극대화시키는 유사성을 띠는 것이 아니고 정책결정자 개인의 판단에도 차이가 있다. 결국 외교정책결정 이론은 외교정책이 결정되는 과정과 투입요소에 주목함으로써 외교정책결정 과정의 암상자 가설을 해체하는 의의를 갖는다.

둘째, 외교정책결정 이론은 외교정책이 결정되는 과정에서 비합리성의 문제를 제기한다. 외교정책결정 이론은 국가가 주도하는 외교정책 결과가 과연 합리적인가 하는 데 대해 회의적이다. 외교정책결정 단계부터 국가의 이름으로 이루어지는 정책결정 절차에 비합리적인 요소가 고려된다. 그 이유는 기본적으로 인간이 오류를 범할 수 있다는 가정을 전제로 하고 있기 때문이다. 인간의 인식이나 성격, 그리고 조직 원리와 같은 요소 때문에 국가의 정책결정 과정이 비합리적일 수 있다는 가설이 가능하다. 또 외교정책결정 이론은 정책결정자의 정책 선택 기준이 국가이익과 직결되는가 하는 문제에 관해서도 회의적이다. 국가이익과 같은 핵심 개념은 국제체제 단독으로만 규정할 수는 없으며, 더구나 국제체제가 갖는 특정한 구조로만 정의될 수도 없다. 그 대신 국가이익에는 국내 정치 영역에서 서로 얽혀 있는 다양한 행위자들의 다양한 요구가 타협적으로 반영되어 있다. 외교정책결정 이론은 정부 이외에 다양한 사회 세력도 외교정책결정 과정에 나름대로 의미 있는 영향력을 행사할 수 있다는 점을 부각시키고 있다.

셋째, 외교정책결정 이론은 외교정책을 결정하는 데 국가만이 유일한 행위자로 간주할 수 없다는 사실을 제시하고 있다. 외교정책결정 과정 이론은 개인, 집단 그리고 조직은 비록 국가의 이름으로 행동하지만 국제체제 구조의 제약에서 벗어나 있는 압력과 제약에도 민감하게 반응할 수 있다는 점을 전제로 하고 있다. 예를 들어 동일한 외교정책의 결정과 집행을 담당하는 사람도 그의 교육배경이나 개인적 체험에 따라 그 차이가 있을 수 있다는 점이 주목된다. 또 엘리트의 기득권 유지, 선거 정치, 여론, 압력단체의 활동, 이념적 편향성, 그리고 관료 정치 등은 개인, 집단 그리고 조직이 의사결정 하는 데 국제체제의 구조적 압력과 제약에서 벗어나 독립적으로 정책결정에 영향을 미치는 좋은 사례이다. 외교정책결정 이론은 국가들이 서로 어떻게 상호작용하는가를 재구성해 보기 위해서는 국가의 이름으로 정책을 수립하고 실행하는 사람들의 눈을 통해 투영되는 상황을 점검하는 일이 필요하다는 점을 인식시켜 준다. 그래서 외교정책결정 이론은 정책결정 주체를 국가, 정부 혹은 행정부와 같이 추상적이고 형이상학적인 개념에서 실제 인간이라는 구체적인 개념으로 이행시켰다는 데 이론적 의의가 있다. 또 외교정책결정에 관련된 변수가 모든 국가에서 동일한 방식으로 작용하는 것이 아니라 정책결정 행위자의 특성에 따라 달라질 수 있다는 가능성을 열어놓았다.

외교정책결정 연구에서 현실주의 전통이 외교정책결정 과정을 암상자로 비유하여 정책의 결과만을 주시한다면, 외교정책결정 이론은 외교정책을 결정한 동기와 이러한 외교정책결정에 영향을 미친 요인과 결정 과정에 주목한다. 현실주의 전통은 정책결정자의 의도가 결정자 개인 차이에 관계없이 국가이익을 극대화시키는 데 목적을 두고 있는 것으로 보지만, 외교정책결정 이론은 정책결정자의 차이가 매우 의미 있는 것으로 판단하고 있다. 외교정책결정 이론은 국가가 추구하는 목표, 사용하는 수단의 범주, 그리고 무슨 영향력의 결과로서 누가 대외정책을 실질적으로 결정하는가와 같은 것들에 대한 일반화된 진술을 만들 수 있게 한다는 데 그 목표를 두고 있다.

III. 외교정책결정 이론의 등장 배경

외교정책결정 이론은 유럽보다는 1950년대 중반부터 미국의 국제정치 학계에서 시작되고 발전해 왔다. 1960년대에 이르러 외교정책결정 이론은 국제정치학의 독립된 한 갈래로 간주되었는데 그 배경은 다음과 같이 몇 가지로 대별된다.

첫째, 시대상황 측면에서 베트남 전쟁은 외교정책결정 이론이 등장하는 현실적 배경이 되었다. 베트남 전쟁에서 미국의 패배는 외교정책의 국내적 기반 전반에 대한 재검토의 기회를 제공해 주었다. 베트남 전쟁의 경험은 국가 혹은 정부의 일방적 외교정책이 지니는 한계를 노정시켰다. 국가 혹은 정부만이 외교정책 결정의 주체가 될 수 있다는 사고가 의심받는 계기가 되었다. 미국이 베트남 전쟁에서 고전하는 사실을 볼 때 정부의 외교정책을 단순히 국제적 환경에 대한 국가의 일련의 반응이라고 보는 편협한 사고에서 벗어날 필요성이 생겼다. 소수의 당사자들만이 관여해서 만들고 시행하는 대외정책 방안들이 국가이익과 국제정세의 안정에 도움을 준다는 편견이 강한 비판을 받았다. 그 대신 여러 사회 세력도 다양한 형태로 국가의 대외적 행위를 규정할 수 있다는 생각이 널리 퍼져 나갔다. 외교정책에서 과정과 절차에 대한 재검토 필요성이 크게 대두된 것이다.

둘째, 내용 면에서 국제정치학 이외의 학문 분야에서 꾸준하게 발전을 거듭해 온 일반의사결정(decision-making) 모델에 대한 논의가 외교정책 결정 이론이 등장하는 계기를 마련해 주었다. 원래 미국 학계에서 일반의사결정이 어떻게 내려지는가에 대한 관심은 국제정치학 이외의 분야에서 시작되었다. 심리학이나 경영학 등에서는 이전부터 개인의사결정의 배경이나 의사결정자의 심리적 상태 등에 깊은 관심을 가지고 있었다. 정치학이나 국제정치학은 일반의사결정에 대한 관심이 적었다. 그나마 정치학 분야에서 의사결정에 관심을 갖게 되었을 때도 유권자, 국회의원, 행정 관료, 정치가, 이익집단 구성원의 의사행위 등 제한된 분야에 머물렀다. 또 미국 학계에서는 외교정책에 대한 논의 자체도 국제정치학 분야보다는 공공정책(public policy) 분야에서 간헐적으로 다루었다. 이는 미국 학계가 외교정책을 다른 공공정책 분야와 구별했던 유럽 전통에 대해 거부감을 갖고 있던 결과였다.[1] 유럽에서는 전통적으로 외교정책 문제를 다른 공공정책과 구별하여 외교사와 함께 국제정치분야에서 다루었다. 이에 비해 미국에서는 외교정책을 국가 공공정책의 하나로 인식하고 국제정치 연구 분야보다는 공공정책 연구 분야에서 다루었다. 그래서 국제정치학 영역에서 외교정책결정 과정에 대한 관심은 항상 주변적인 위치에 있었다. 다른 공공정책 분야에서 일반의사결정 모델의 관심이 형이상학적 개념인 국가 혹은 행정부와 같이 추상적인 데서 실제 인간으로서의 정책결정자의 행위로 옮겨가면서부터 국제정치학 분야에서도 외교정책결정 과정의 중요성에 대해 주목하기 시작했다. 특히 현실주의 명제의 타당성을 비판하기 위해서는 일반의사결정 모델에 대한 논의가 국제정치학 분야에 수용될 필요성이 생겼다. 말하자면 국제정치이론 분야의 발전과 일반의사결정에 대한 논의가 결합하면서 외교정책 결정에 대한 이론화 가능성이 커졌다.

셋째, 방법론 면에서 미국 사회과학계에서 행태주의 혹은 실증주의 방법론이 확산되면서 외교정책결정 이론이 일반 이론으로 발전하는 동기를 제공해 주었다.[2] 외교정책 연구가 국가 행위 유형과 정책 결과에 관한 연구에 머물렀던 이유는 외교정책결정에 대한 기초적인 자료의 부족과 과학적인 분석도구가 마련되지 못한 것에서도 기인했다. 하지만 1960년대 들어서 신생국가 독립 사례가 증가하고 외교정책결정 요인에 여러 국내변수가 고려되면서 비교연구가 가능하게 되었다. 외교정책결정 이론의 전제는 국가들의 대외정책간에 큰 차이가 존재하는 것은 사실이지만 충분히 비슷한, 따라서 비교할 만한 외교형태 유형이 존재한다는 것이다. 관찰자로 하여금 국가들이 추구하는 목표, 사용하는 수단의 범주, 그리고 무슨 영향력의 결과로서 누가 대외정책을 실질적으로 결정하는가와 같은 것들에 대한 일반화된 진술을 만들 수 있게 되었다. 또 외교정책 결과에 대한 연구가 주로 사례연구 방법을 동원했다면 외교정책결정 과정에 대한 연구는 축적된 자료를 기반으로 비교연구 방법이나 통계연구 방법과 같은 과학적 연구 방법을 주로 동원하게 되었다. 그래서 외교정책 연구가 경험에 기초한 일반 이론으로 발전하기 위해 가설을 세우고 검증하는 모습으로 변화했다. 외교정책 연구 분야에서는 이러한 흐름을 두고 외교정책결정 과정에 대한 일반화를 위한 노력이 주로 비교방법을 통해 이루어져 왔기 때문에 비교외교정책(Comparative Foreign Policy: CFP) 분야로 명명하여 독립된 연구 영역으로 간주하고 있다.[3] 외교정책결정 이론의 등장은 곧 비교외교정책 분야의 연구 축적 과정과 밀접한 상관성을 갖게 된 것이다. 비교외교정책 분야에 종사했던 연구자들은 외교정책 연구에서 제1세대 학자로 평가받는데, 그들의 연구 동향은 다음과 같이 요약된다.[4] 첫째, 외교정책 연구를 독자적인 국제정치 연구 분야로 설정한다. 둘째, 외교정책 연구를 정상과학의 형태로 정착시킨다. 셋째, 사례 연구에서 집적되지 않았던 관행에서 벗어나 외교정책을 유발시키는 엄격한 설명틀을 구성해 내는 목표를 지닌다. 넷째, 국제정치연구와 비교정치연구 분야의 접목에 따른 정량적·정성적 이론화라는 방법론을 채택한다. 다섯째, 방법론상으로 실증주의 연구를 지향하여 과학화에 목표를 둔다.

IV. 외교정책결정 이론의 선구자들와 이론적 계보

비교외교정책 분야는 국제정치이론가들의 기대에 부응할 만큼 발전하지 못했다는 평가를 받고 있다. 비교외교정책 분야가 시도했던 경험적 결과가 실망스러웠기 때문에 외교정책의 과학적 분석 프로그램은 그다지 성공적이지 못했다. 집합적 분석에 기초한 이론과 방법론은 경험적으로 실행 불가능하고 분석적으로 무의미한 것으로 거부되기도 했다. 하지만 비교외교정책 분야에서 시도되었던 결정 과정에 초점을 맞춘 외교정책 분석 기법은 외교정책결정 이론이 좀더 세련되게 체계화되는 데 커다란 영향을 미쳤다. 현대에 이르러 세계적으로 민주화 과정이 확대됨에 따라 결정 과정에 비중을 두는 외교정책 분석의 중요성은 강하게 계승되고 있다. 이제 이러한 외교정책결정 이론의 체계화에 기초를 마련해 주었던 대표적인 선구자들과 이들을 계승한 외교정책결정 이론의 역사적 계보를 이해할 필요가 있다.

외교정책결정 이론의 선구자들이 목표로 했던 점은 외교정책 연구를 제2차 세계대전 이전부터 진행되어 온 전통적인 외교정책 연구보다 더 체계적으로 파악하고 일반화시키는 데 있었다. 이들이 기울였던 노력은 외교정책 연구가 외교정책의 결과보다는 원인을 주된 관심주제로 삼아야 하고 이를 위해서 분석수준을 다양화시키는 방법으로 진행되었다. 이들이 외교정책 원인으로서 처음 제기했던 개인, 관료 그리고 사회라는 분석수준은 외교정책결정 이론이 현대에 이르기까지 발전하는 데 밑거름이 되었다. 외교정책결정 이론의 선구자들이 가진 공통의 문제의식은 국가를 유일한 행위자로 가정하고 국가이익, 권력 그리고 합리적 결정과정을 분석 기준으로 삼았던 현실주의 논지가 외교정책결정 과정을 이해하는 데 불충분하다는 데 있다. 이들 선구적 노력을 크게 외교정책에서 결정 과정의 문제, 결정 환경의 문제, 그리고 결정 수준의 문제로 나누어 생각해 보자.

1. 외교정책결정 과정과 작용 - 반작용 - 상호작용 모델

외교정책결정 과정에 대한 체계적이고 일반화를 지향하는 첫 번째 연구는 1954년 스나이더(Snyder), 브룩(Bruck), 그리고 사핀(Sapin)의 공동노력에 의해 시도되었다.[5] 이들이 제시한 모델은 '작용 - 반작용 - 상호작용 모델(Action-Reaction-Interaction Model)' 로 명명된다. 이들은 먼저 외교정책 연구가 국가의 다른 공공정책 연구와 분리될 필요성을 지적했다.[6] 국가행위가 왜 일어나는지를 설명하는 열쇠는 정책결정자가 독립된 행위자로서 그가 인식한 상황을 어떻게 정의하는가에 달려 있다는 논지를 폈다. 이때 정책결정자에 의한 상황 정의는 첫째, 정책을 결정하는 집단에 속한 사람들의 관계와 상호작용의 결과이고, 둘째, 정책결정이 이루어질 때 국제환경과 국내환경이 처한 현실의 결과이고, 셋째, 정책을 결정하는 사람들이 개인적으로 갖고 있는 특성이나 성격 또는 인식의 결과이다. 이러한 접근법은 심리학이나 사회학에서 다루었던 논지를 포괄하고 있다. 이 접근법은 분명히 국가는 통합된 국가이익을 추구하는 획일적인 행위자라는 전통적 생각에서 일탈된 것이었다.

이 모델은 국제정치 분야보다는 일반 의사결정 분야의 영향을 크게 받았다. 그 중에서도 '제한적 합리성(bounded rationality)'과 '증분주의(incrementalism)' 개념은 꼭 기억할 필요가 있다. 사이먼(Herbert Simon)은 의사결정할 때의 판단 기준은 자신의 이익을 극대화하기보다는 자신의 욕구를 충족시키는 데 충분한 정도의 적정화에 있다는 주장을 폈다. 이 적정화가 비합리적인 것 같아 보이면서도 합리적인, 제한적 합리성이다. 사이먼의 주장은 스나이더와 그의 동료들에게 국가가 국가이익을 극대화시키기 위해 행동한다는 현실주의 명제를 거부할 근거를 마련해 주었다. 린드블롬(Charles Lindblom)의 증분주의 개념 또한 스나이더와 그의 동료들에게 좋은 연구 동기를 부여해 주었다. 증분주의란 사물이 180도 전환하거나 백이 흑이 되는 것이 아니라 완만한 증가의 경향이 계속되면서 변화하는 경우를 가리킨다. 마찬가지로 외교정책 결정은 본질적으로 일회적 성격을 띤 것이 아니라 점진적으로 이루어지게 되므로 국가의 외교정책 결과만을 중시하는 것은 의사결정의 단계마다 벌어지는 의사선택 과정을 무시하는 것이 된다. 결국 외교정책 분야에서의 증분주의 도입은 정책결정의 과정에 대한 중요성에 주목하게 되었음을 뜻한다.

스나이더와 그의 동료들이 제시한 '작용-반작용-상호작용 모델'은 스나이더와 페이지(Glenn Paige)가 1950년 미국이 한국전쟁 개입을 결정했던 실제 사례를 분석하는 데 적용됨으로써 외교정책 연구 분야에서 크게 주목받았다. 스나이더와 그의 동료들이 제시했던 이 모델은 국가를 유일한 행위자로 보는 한계를 지적하고 정책결정 주체를 인간과 인간의 상황인식이라고 구체화시킨 점에서 외교정책결정 이론화에 커다란 의미를 갖는다. 이 모델이 제시한 명제는 현대 각국 외교정책 연구에서도 빠짐없이 언급되고 있을 정도로 그 중요성을 인정받고 있다. 예를 들어 1970년대 후반에 저비스(Robert Jervis)가 정책결정자는 자신만의 독특한 자기중심적 인식 틀을 갖고 세계를 해석한다는 사실을 경험적으로 밝혀낸 것은 좋은 예이다. 저비스는 외교정책결정자 개인의 상황에 대한 인식(perception)과 오인(misperception) 문제가 외교정책결정 과정에서 중요하게 부각될 수 있음을 보여주었다. 이런 측면에서 또 '정책결정은 사회적으로 구성된다'는 구성주의 국제정치이론가들의 주장도 정책결정자들의 상황인식이 서로 다른 기준에 의해 판단될 수 있다는 이 모델의 유산을 일정 부분 공유하고 있다.

2. 외교정책결정 환경과 투입-과정-산출 모델

스나이더 · 브룩 · 사핀이 정책결정 과정 분야의 선구자로 평가된다면 스프라우트 부처(Harold and Margaret Sprout)는 정책결정 환경 분야의 선구자로 평가된다.[7] 스프라우트 부처는 1956년에 펴낸 책을 통해 처음으로 정책결정자가 자신을 둘러싼 환경과의 관계 속에서 어떠한 인식체계를 가지고 있는가 하는 문제를 주요 탐구 주제로 삼았다. 정책결정자가 경험한 문화와 역사 그리고 이념 체계 등이 정책을 결정할 때 고려할 수 있는 사회적 환경을 구성하는 것으로 보았다. 외교정책 연구에서 처음으로 정책결정자와 환경의 문제가 동시에 고려된 것이다. 스프라우트 부처 노력은 브레허(Brecher)에 의해 좀더 정교한 모델로 발전했다. 이 모델은 '투입-과정-산출 모델(Input-Process-Output Model)'로 명명되고 있다. 스프라우트 부처가 제시했던 정책결정자의 환경 변수는 브레허에 의해 외교정책 사례연구를 통한 경험적 연구로 진일보되었다.[8] 브레허는 두 가지 측면에서 이 모델을 발전시켰다. 하나는 일련의 이스라엘 외교정책 사례 연구를 통해 정책결정 과정에 중요한 변수들을 구체적으로 제시하고 분류한 점이다. 브레허는 정책결정 환경 변수를 조작적 환경과 심리적 환경으로 분류했다. 조작적 환경은 정책결정자가 정책을 결정하는 데 고려하는 군사력, 경제력, 정치구조, 이익집단 등으로 구체화된다. 외교정책결정 환경 변수가 측정될 수 있는 조작적 개념으로 다루어진 것이다. 브레허는 정책결정자가 이 조작적 환경을 해석하거나 인식하는 행위도 별도의 정책결정 환경 변수로 간주했다. 이 변수들은 심리적 환경으로 불린다. 말하자면 외교정책결정 과정은 조작적 환경과 심리적 환경의 상호 관계 속에서 이해된다. 브레허가 외교정책 연구 모델을 발전시킨 또 다른 측면은 외교정책 영역을 유형화시켜 분류한 점이다. 그는 외교정책을 단순히 대외정책 의제로 설정하지 않고 군사-안보, 정치-외교, 경제-발전, 그리고 문화-지위 등으로 세분화했다. 정책결정 환경 변수의 영향력은 바로 세분화된 외교정책 의제에 따라 그 우선 순서가 정해진다. 스프라우트 부처와 마찬가지로 브레허는 외교정책결정 과정을 이론화하는 데 공헌한 측면이 있지만 외교정책결정과 관련된 변수들의 관계를 검증 가능한 가설로 정립하지는 못했다. 하지만 외교정책결정 환경 분야는 브레허 이후 정책결정자의 심리적 탐구, 더 나아가 국가 및 사회 특성이 정책결정 과정에 영향을 미치는 요인을 연구하는 노력에 커다란 영향을 미쳤다. 특히 인지심리나 사회심리와 같은 심리학에서의 연구 업적이 외교정책 분야에 도입되면서 그 학문적 세련화가 꾸준히 진행되고 있다. 최근에 민주평화론으로 대표되는 국가체제와 외교정책 간의 상관성에 대한 높은 관심도 외교정책 환경 분야에서의 선구적 노력과 무관하지 않다.

3. 외교정책결정 수준과 예비이론 모델

외교정책결정 연구의 일반화를 위한 세 번째 선구적 시도는 로즈노우(Rosenau)의 노력에 의해 이루어졌다. 스나이더·브룩·사핀이 정책결정 과정 분야의 선구자로, 스프라우트 부처가 정책결정 환경 분야의 선구자로 평가된다면, 로즈노우는 정책결정 수준 분야를 개척한 것으로 평가된다. 그런데 로즈노우의 업적을 평가하기 위해서는 분석수준(level of analysis)이나 분석단위(unit of analysis)에 대한 사전 이해가 필요하다.

분석수준에 대한 고전적인 논의는 구조적 현실주의 이론가인 월츠(Waltz)가 1959년에 그의 박사학위 논문을 기초로 출판한 *Man, the State, and War*란 책에서 찾을 수 있다. 월츠는 이 책에서 전쟁의 원인을 찾기 위해 세 가지 분석수준을 상정하고, 이를 인간, 국가구조 그리고 국제체제라는 서로 다른 이미지로 표현했다. 월츠는 세 가지 이미지 중에서 국제체제라는 세 번째 이미지를 전쟁의 기본 원인으로 보았다. 그에 따르면 겉으로 보기에 비합리적인 것으로 보이는 전쟁이 국가의 합리적인 대응 수단으로 인식되는 것은 국가 사이를 조정할 수 있는 초국가적인 권위체가 없는 국제체제의 무정부성에 기인하기 때문이다. 그래서 국제질서 혹은 전쟁에 대한 연구는 국제체제에 대한 올바른 이해 없이는 불가능하다는 견해를 밝혔다.

싱어(Singer)는 1961년에 발표한 논문에서 국가관계를 정확히 밝히기 위해서 국제체제와 민족국가라는 두 가지 분석 수준을 제시했다.[9] 싱어는 이 논문에서 어떤 분석 수준의 연구가 더 유용한 것인가를 검토하고 있다. 싱어의 논지를 빌면 일반 사회과학의 목적을 기술, 설명 그리고 예측이라고 볼 때, 기술의 측면에서는 국제체제에 대한 연구가, 설명의 측면에서는 국가수준의 연구가 더 유용하다. 예측의 측면에서는 두 분석 수준의 유용성이 비슷하다. 이러한 논지를 근거로 삼아 싱어는 기본적으로 국제체제를 다루는 '국제정치론'과 민족국가를 다루는 '외교정책론'은 서로 명백하게 구분되어 있으며 이 두 분석 수준을 혼용하기는 쉽지 않은 것으로 보았다. 국제정치이론의 논쟁 관점에서 월츠와 싱어는 모두 자유주의 계열의 이론가는 아니다. 하지만 두 사람이 제시했던 분석수준의 구분과 외교정책 분석 수준의 독립을 통한 국내정치와 국제정치의 구분은 로즈노우가 외교정책결정 과정에서 분석 수준의 유형화를 시도하는 데 커다란 영향을 미쳤다.

로즈노우가 1966년에 발표한 '예비이론 모델(Pre-Theory Model)'은 외교정책 분석 수준의 유형화를 시도했다는 관점에서 그 중요성은 매우 크다.[10] 이 모델의 이름에서 알 수 있듯이 로즈노우는 이 모델을 제시함으로써 외교정책 결정 분야가 독립적으로 이론화될 가능성을 조심스럽게 설정하고 있다. 로즈노우의 작업은 외교정책 분야에서 스나이더와 그의 동료들이 끼친 영향을 몇 단계 뛰어넘은 것으로 평가받고 있다. 그렇게 평가받는 근거는 대략 다음의 세 가지이다. 첫째, 외교정책 연구 분야에서 처음으로 외교정책결정 과정에 대한 일반화를 위해서는 정책결정 변수(if)가 외교정책 행태(then)에 영향을 미친다는 조건부 가설(if-then)을 제시함으로써 이론화 가능성을 높였다. 둘째, 외교정책 결정에 영향을 미치는 요인을 개인, 역할, 정부, 사회, 체제 등 다섯 가지 수준으로 유형화시켰다. 셋째, 이들 다섯 가지 변수가 외교정책결정에 미치는 영향력의 성도를 국가크기, 정치체제 그리고 발전정도에 따라 상대적으로 차별성을 지닌 것으로 파악했다.

로즈노우가 제시한 다섯 가지 분석 수준은 이후 외교정책 연구 분야의 학술논문, 교과서 그리고 연구서 등에서 폭넓게 인용될 만큼 그 공헌도를 인정받고 있다. 특히 비교외교정책(CFP) 분야에서 그 동안 시도되었던 외교정책결정의 이론화와 경험적 연구는 대부분 로즈노우가 제시한 분석 수준을 기반으로 하고 있다. 과학적 접근을 택한 비교외교정책 연구 프로그램은 그다지 성공적이지 못했다. 그러나 외교정책 행위를 설명하는 데 정책결정자의 인지적 변수나 정책결정자가 속한 관료집단 변수, 그리고 정부 이외의 사회적 요인은 외교정책결정 연구에 현재까지도 매우 유용한 분석도구로 사용되고 있다. 특히 1990년대부터 부각되기 시작한 구성주의 이론에서도 외교정책결정 과정을 국가의 행동 유형과 국제체제와 분리하여 파악한 점에서 외교정책 결정의 분석 수준 문제는 외교정책결정 이론이 발전해 온 토대가 되었다.[11] 그런데 로즈노우의 예비이론 모델은 특정한 외교정책결정 이론이라기보다는 외교정책결정 과정을 분석하기 위한 하나의 분석 방법 도구이다. 그런 만큼 사용된 개념이 모호하다는 점이 인정된다. 예를 들어 이 모델에서는 외교정책 결과에 대해서는 명백히 언급되지 않고 있다. 다섯 가지 분석 수준을 독립변수로 볼 때 종속변수에 해당하는 외교 정책 결과에 대한 설명이 빠져 있다. 또 정책결정자가 갖는 체계적인 신념 과 그가 선천적으로 갖고 있는 성격은 엄연히 다른 개인적 차원의 변수로 파악되는데도 이를 개인 변수로 어울리지 않게 동일시한 점 등은 이 모델 의 한계로 지적되고 있다.

이상에서 논의한 바와 같이 외교정책결정 이론의 선구적 노력은 1950 년대 중반부터 결정 과정, 결정 환경, 그리고 결정 수준 등 세 분야에서 동 시적으로 시도되었다. 그 동안 외교정책 연구자들은 꾸준하게 이 세 분야 에서 각각 이론화 작업과 사례연구를 해왔다. 세 분야의 연구 노력들은 상 이한 학문 관심에도 불구하고 외교정책결정 이론을 구축하는 과정에서 꾸 준히 서로 영향을 미쳐 왔고 통합되는 양상을 보이고 있다. 현대 외교정책 결정 이론의 주요한 명제를 제시하고 있는 국가이미지 이론, 인지적 접근 법, 양면게임 이론, 관료정치 모델, 소집단 결정 모델 등은 모두 어느 한 분 야의 선구적 노력을 집중적으로 계승하고 있는 것이 아니다. 세 분야에서 축적된 연구 업적들은 궁극적으로 보편성과 일반성을 유지하는 일반 이론 적 틀을 향해 발전되고 있다. 그 동안 축적된 연구 업적을 종합하여 요약하 면 다음 장에서 논의한 바와 같이 세 가지로 세분화된다. 이들 세 분야에 대해 언급하기 전에 다시 한 번 기억해야 할 것이 있다. 이들 세 분야에서 경험적으로 확인해 온 이론적 가정은 적어도 국가는 외교정책결정 과정에 서 유일한 행위자가 아니라는 사실이다. 또 정책결정이 반드시 합리적인 과정의 결과가 아니고 암상자 비유처럼 파혜치지 못할 성격도 아니라는 사 실이다.

V. 외교정책결정 이론의 세분화 모델과 핵심 논지

외교정책결정 이론은 국가가 유일한 합리적 행위자라는 주장에 대해 비판적이다. 또 국가 행위가 국제체제에 좌우되기 때문에 체제 구조 논리에 의해서 적절하게 설명될 수 있다는 주장에 대해서도 부정적이다. 외교정책결정 이론은 개인, 집단 그리고 조직이 비록 국가의 이름으로 행동하지만 국제체제 구조의 제약에서 벗어나 있는 여러 압력과 제약에도 민감하게 반응할 수 있다는 점을 전제로 한다. 외교정책결정 이론은 국가이익과 같은 핵심 개념도 국제체제 단독으로만 규정하지 않고 국제체제가 갖는 특정한 구조로만 정의하지도 않는다. 그 대신 국가이익을 국내 정치 영역에서 서로 얽혀 있는 다양한 행위자들의 다양한 요구가 서로 섞여 있는 것으로 파악한다. 외교정책결정 이론은 국가의 대외 행위를 정확하게 이해하기 위해 국내 정치 과정에 대한 고려가 매우 유용하며 그러기 위해서는 정책결정자와 그가 내리는 상황정의에 특별한 주의를 기울이고 있다. 국가들이 서로 어떻게 상호작용하는가를 재구성해 보기 위해서는 국가의 이름으로 정책을 수립하고 실행하는 사람들의 눈을 통해 투영되는 상황을 점검하는 것이 필요하다는 것이다. 그 대상이 될 수 있는 것은 정책결정자 자신을 비롯해서 정책결정자가 속한 집단, 그리고 정책결정자의 행위를 규정해 줄 수 있는 관료조직 등이 포함된다. 이를 근거로 외교정책결정 과정 이론은 보통 개인의사결정 모델, 집단의사결정 모델, 그리고 관료정치 모델로 유형화되고 있다.[12]

1. 개인의사결정 모델

첫 번째 외교정책결정 모델은 그 분석 대상을 정책결정자 개인에 맞춘 것이다. 이 모델은 전통적으로 당연시되어 왔던 정책결정 과정이 합리적일 것이라는 명분과 아무리 간단한 선택 상황이더라도 실제 정책결정자는 그가 인간인 이상 합리적 판단을 하는 데는 제약이 있을 수밖에 없다는 현실

사이의 간극을 강조하고 있다. 개인의사결정 모델은 정책결정자의 심리상태, 생물학적 특성, 성격, 인식구조 등이 정책결정에 의미 있는 영향을 준다는 명제를 주된 논지로 삼는다. 그 중에서도 흔히 인지적 접근법(Cognitive Approach)이라고 불리는 연구 방법이 가장 설득력 있고 그런 만큼 이에 대한 연구도 활발하게 진행되고 있다. 그 이유는 심리학 분야에서 인지심리학이 발달함에 따라 그 연구 결과를 개인 의사결정 분야에 적용하는 연구 수준이 높아졌기 때문이다. 외교정책 분야에서 종래에는 정책결정자의 편집증, 권위주의, 사유화 등 다양한 정신병리 현상들에 주목했다. 그래서 인지적 접근법에 의한 연구 대상이 되는 정책결정자가 히틀러나 스탈린과 같이 정신적으로 문제가 있다고 판단되는 사람들에 국한되었다. 그런데 최근에는 개인의 병리현상보다는 의사결정 과정에서 인간 심리 측면을 강조하는 경향이 커지고 있다. 인지심리학의 발달에 따라 단순한 정신병리 역학 수준을 벗어나고 있다. 정책결정자가 수행하는 정상적인 정보 처리 과정을 제약하는 인지적 요소는 병리학적 관점에서 파악하지 않고 정상적인 의사결정 과정에서 고려되는 한 변수로 취급된다. 이에 따라 정신적으로 문제가 있는 사람뿐만 아니라 모든 지도자가 그 연구 대상이 되고 있다.

연구방법과 연구대상이 어쨌든 개인의사결정 모델이 전통적인 고전 모델과 대립하는 것은 그 관심의 초점을 인간의 비합리성과 제한적 능력에 두는 데 있다. 정책결정자가 정책결정 순간에 고려하는 것은 효용과 가능성 두 요소이다. 하지만 인간의 능력은 선천적으로 제한적이기 때문에 객관적으로 합리적인 결정을 내리는 데 매우 제약을 받고 있다. 개인의사결정 모델이 제시하는 합리적인 결정을 제한하는 인지적 제약은 다음과 같이 정리할 수 있다. 첫째, 인간은 특정 상황에 대한 정보를 받아들이고 처리하고 또 흡수하는 데 한계가 있다. 둘째, 인간은 선택 가능한 정책 대안이 정확하게 어떤 것인지 식별하는 능력이 부족하다. 셋째, 각 선택 대안의 결과가 어떻게 될 것인가에 대한 예상이 매우 단편적이다. 넷째, 한 기준만으로는 대안의 선호도와 우선순위를 정확하게 매길 수 없다. 이런 이유 때문에 정책결정자 개인은 선택의 문제에서 전략적 선택을 고민할 수밖에 없다. 그에게는 복잡하고 불안정한 분위기에서 불완전하고 모순되는 정보를 처리할 과제가 주어진다. 또 어떤 때에는 역설적이고 과잉으로 공급되는 정보 때문에 심한 고민에 빠지게 된다. 이런 상황 속에 있는 정책결정자에게 합리적인 결정을 기대하는 것이 어쩌면 무리한 요구일는지 모른다. 결국 정책결정자 개인은 문제를 해결하는 데 필요한 해결사, 매우 순진해서 직관에 의존하는 과학자, 심리적 균형을 유지하려고 노력하는 자, 극도의 부조화를 피하려고 노력하는 자, 필요한 정보를 쫓아 다방면으로 노력하는 자, 두뇌구조가 정보를 처리하듯 조건반사 식으로 정보를 처리하는 자, 그리고 마음 내키지 않은 결단을 내려야 하기에 스스로 못마땅해하는 정책결정자 등으로 특징지어진다. 그런데 흥미로운 것은 정책결정자는 적국 혹은 상대국가의 정책결정 과정이 매우 합리적일 것으로 판단하는 경향이 있다는 점이다. 적국 혹은 상대국가의 정책은 무엇이든지 심사숙고한 결과로 해석하는 경향이 있다는 것이다. 예를 들어 미국의 정책결정자는 소련에 의한 대한항공 007기 피격사건이 정보부족이나 관료실수로 발생했을 가능성을 전혀 고려한 적이 없다. 혹시 고려된 적이 있더라도 전략적 이유로 은폐되었다. 대신에 민간인 탑승객을 희생시키려는 소련의 계획된 의도에 강한 집착을 보였다는 점은 정책결정자의 상대적 위치에 따른 편차를 적나라하게 보여주고 있다.

정책결정자 개인의 인지적 제약을 이해하는 데는 세 가지 개념이 도움이 된다. 첫 번째는 이른바 '제한적 합리성(bounded rationality)'이란 개념이다. 제한적 합리성 개념은 원래 사이먼(Simon)이 제안했는데, 정책결정자는 최적의 해결책을 찾는 것이 아니라 만족스런 해결책을 찾는 것을 의미한다. 인간이 실제 세계에서 해결해야 할 문제는 매우 복잡하기 때문에 객관적으로 보아 합리적인 방법으로만 해결할 수 있는 것처럼 보인다.

하지만 인간이 그 문제를 파악하고 해결할 수 있는 능력은 인간이 부닥치는 문제의 규모에 비해서 매우 작기 때문에 합리적으로 그 문제를 대처하기는 불가능하다. 따라서 인간이 최적의 문제 해결 방도를 찾는다는 것은 실현 가능한 것도 아니다. 인간이 최적의 문제 해결 방도를 찾기 위해서는 필요한 모든 정보를 구해야 하는데 거기에 드는 유무형의 비용을 지불하기란 불가능하다. 이런 측면에서 정책결정자는 '인지적 구두쇠(cognitive miser)'로 불리기도 한다. 이는 모든 인간은 문제 해결이나 의사결정 문제에 부딪히면 복잡한 문제를 단순화시키고 또 마음속에서 가장 빠른 최단경로를 통해 그 해결책을 선택한다는 의미이다.

두 번째는 '과오지향적 직관(error-prone intuition)'이란 개념이다. 이 개념을 빌면 정책결정자는 과오지향적인 과학자로 비유된다. 만일 어떤 과학자가 단지 직관에 의존하여 다양한 실험을 한다면 그는 실험 도중에 시행착오를 얼마든지 경험할 수 있다. 마찬가지로 정책결정자는 정책결정 과정에서 추리와 판단을 하면서 과오를 얼마든지 저지를 수 있다. 정책결정자는 정책 선택 노력이나 정보 처리 등에 가해질 수 있는 제한점을 불식시키지 못한다. 대신에 정책결정자는 주어진 자료와 정보를 잘못 이용함으로써 생기는 결정 규칙의 희생양이 된다. 정책결정자가 보통 무의식적으로 저지를 수 있는 과오는 다음과 같다. 첫째, 정책결정자는 등급이 매겨져 잘 분류된 정보와 자료는 과소하게 이용한다. 둘째, 정책결정자는 예방이나 진단 성격이 강한 정보는 과소하게 이용한다. 셋째, 정책결정자는 발생 확률이 낮은 정보는 과대평가하고, 반대로 발생 확률이 높은 정보는 과소평가한다. 넷째, 정책결정자는 지속성 있는 정보에는 쉽게 접근하지 않으려는 경향이 있다. 이들 심리적 경향은 모두 고전적인 의사결정 이론과는 크게 거리가 있다. 이들 심리적 원칙이 문제를 인식하는 정책결정자의 인지 구조를 지배할 때 정책결정자의 선택 과정은 비합리적일 수 있다.

세 번째는 '동기유발(motivational forces)'이란 개념이다. 정책결정자는 복수의 선택 대안을 놓고 고민하면서 결국은 특정한 정책을 선택한다. 이 때 정책결정자는 단순히 합리적으로 계산하는 인간이 아니다. 중요한 결정을 할 때는 갈등을 겪는 수가 많다. 정책결정자가 특히 돌이킬 수 없는 결정을 내리고자 할 때 마음 내키지 않는 경우가 있다. 그 결과 선택된 정책 대안의 수준이 저하되는 결과를 낳기도 한다. 이 때 정책결정자가 무슨 이유 때문에 특정한 정책을 선택했는가를 결정해 주는 것이 바로 정책결정자의 동기유발이다. 동기유발은 정책결정자의 마음속에서 일어나기 때문에 쉽게 파악될 수 있는 것이 아니다. 그래서 정책결정 과정을 분석할 때는 이 동기유발 변수는 직접 통제할 수도 없고 또 측정할 수도 없다. 정책결정자가 지닌 동기유발 요인은 결국 간접적으로 측정된다. 정책결정자의 신념체제, 주요 대상에 대한 이미지, 인식, 정보 처리 전략, 그리고 개인 특성 등을 파악할 필요가 생긴다. 이 동기유발에 초점을 두는 결정 과정 연구는 이 변수들이 정책결정 과정에 미치는 영향에 주목하게 된다.

개인의사결정 모델을 제시한 여러 사람 중에서 저비스(Robert Jervis)의 논지가 돋보인다. 그가 제시한 인식(perception)과 오인(misconception)이라는 인지적 개념은 개인의사결정 모델을 연구하는 사람들 사이에서 많이 이용되고 있다.[13] 저비스는 정책결정자는 상대국가의 동기, 목적 그리고 그 국가가 직면한 상황을 오인하는 경우가 많다는 가설을 세웠다. 그에 따르면 우선 국가는 상대방의 적의를 과소평가하기보다는 과대평가하기 쉽다. 국가는 또 자국의 입장의 정당함과 상대방의 적의를 과장하는 경향이 있다. 자국 입장의 정당성에 대한 믿음이 상대방 적의에 대한 과대평가를 낳는 것이다. 정책결정자는 자신의 결정을 정당화하기 위해 상대방의 입장에 대한 고려는 전혀 하지 못한다. 오히려 자신의 행동이 상대방에게는 위협으로 비칠 수 있다는 사실을 축소해서 생각한다. 이를 근거로 저비스는 두 차례의 세계대전이 발생했던 배경에는 쌍방의 의견차이가 실제로는 해소될 수 있음에도 불구하고 서로의 적대감을 과장함으로써 전쟁의 발발을 막지 못했던 점을 포착했다. 제1차 세계대전 직전 독일은 영국이 중립으로 남을 것이라고 오판했다. 독일은 또 프랑스와 러시아도 참전하지 않았으면 하고 희망했는데 그 이유는 독일 자신의 행위에 대한 강한 믿음 때문이었다. 저비스는 또 제2차 세계대전이 일어났던 것도 히틀러를 비롯한 주축국 지도자가 미국과 같은 현상 유지 국가들의 전쟁 의지를 과소평가했던 사실이 작용한 결과로 보았다.

2. 집단의사결정 모델

두 번째 외교정책결정 모델은 그 관심 대상을 고위 정책결정자 집단으로 조금 넓혀 관찰한다는 점에서 개인의사결정 모델과 다음에 논하는 관료조직 모델을 보완해 준다. 이 모델은 다른 두 모델에 비해서 정책결정 과정 자체를 분석하는 데 주안점이 있으며 또 그런 만큼 소규모 집단이 연구 대상이다. 개인의사결정 모델이 주로 인지심리학의 업적을 이용하고 있다면 이 모델은 집단 논리가 정책결정에 미치는 영향을 파악하기 위해 사회학이나 사회심리학을 원용하고 있다. 집단의사결정 모델은 집단은 일반적으로 그 집단 구성원의 단순한 합과는 차이가 있다는 점을 전제로 하고 있다. 그래서 집단의 의사결정은 그 집단을 구성하는 개인의 선호나 선택을 단순히 모두 합한 것과는 사뭇 다르다는 것이다. 집단의사결정 모델은 개인논리의 합과는 다른 집단논리가 생겨날 수 있으며 이 집단논리가 구성원간의 상호 작용과 함께 정책결정의 방향과 질에 영향을 미친다는 사실을 주된 명제로 삼는다.

집단은 종종 개인보다 복잡한 업무를 처리하는 데 더욱 효과적이다. 집단을 구성하는 각자가 다양한 의견을 내놓고 또 다양한 재능을 발휘할 수도 있다. 효과적인 업무 분담이 이루어질 수 있고, 상황을 판단하는 데 수준 높은 토의를 거칠 수도 있다. 그래서 문제에 부딪혔을 때 이를 해결하는 데 더욱 현실성 있는 정책 대안을 제공해 줄 수 있는 기대가 커진다. 집단은 또 정책결정자에게 정서적이거나 다른 형태의 지지를 보내는 경우가 있는데, 이때 정책결정자는 안정된 상태에서 복잡한 문제를 효과적으로 다루는 데 도움을 받는다. 하지만 집단 의사결정이 이처럼 합리적이고 바람직한 방향으로만 이루어지는 것은 아니다. 집단논리는 구성원들로 하여금 강제적으로 집단 규범에 동조하도록 압력을 행사하는 경우가 있다. 그렇게 되면 정책결정자는 때로는 필요한 정보와 정책 대안을 찾지 못하고 조기에 차단하는 오류를 범할 수 있다. 또한 어떤 정책 대안의 정당성을 배제하여 스스로 상황을 평가하는 데 방해가 되는 경우가 발생하기도 한다. 한 심리학자의 고전적인 실험에 의하면 어떤 집단에서 개인은 그 집단의 대다수 사람들이 사실이라고 인정하는 일에 대해서 그 자신만의 독립적인 신념이나 판단을 감추는 경향이 있다. 우리가 대중의 의견에 편승하는 것처럼 행동하는 것도 같은 이치이다. 비록 대다수 사람이 인정하는 것이 명백히 그릇된 일임에도 한 개인이 그것을 사실이 아니라고 주장하기는 힘들다.

외교정책 분야에서 집단 의사결정 모델 연구자로는 재니스(Irving L. Janis)가 대표적이다.[14] 재니스는 일련의 역사적 사건을 다루면서 좀 색다른 집단논리를 개발해 냈다. 그는 이것을 '집단사고(groupthink)' 라고 이름을 붙였다. 재니스는 이 집단사고를 보통 개인이 집단논리에 단순히 동조하도록 느끼는 압력과는 구별하고 있다. 그는 이 집단사고를 통해 집단 구성원 사이에 느끼는 강한 소속감 혹은 강한 결속력이 정책 수행 능력을 항상 제고시키는 것으로 간주하는 종래의 관점에 의문을 제기했다. 재니스는 어떤 상황에서는 강한 소속감 혹은 결속력은 오히려 의사결정 과정에서 그 집단의 의사결정 능력을 저하시킬 수 있다는 것을 피력했다. 결속력이 강하다는 사실은 집단의 구성원이 일련의 사건 전개에 따라 그것을 해결해야만 하는 강박관념을 이겨내기 위해 자신의 독자적인 의사 능력은 도외시하고 구성원간의 직접적인 상호 접촉 횟수와 정도를 증가시키게 된다. 그렇게 되면 각 개인은 집단에 자신의 정체성을 의존하게 되고 집단 내에는 경쟁 원리가 사라지게 된다. 그럴 경우 재니스가 '동의 추구(concurrence seeking)'라고 이름 붙인 집단 논리가 작동하게 되는데, 그런 상황에서 정책결정은 정확한 사실에 대한 실험, 정확한 정보와 판단이 곤란한 상황이 된다. 그런 상황에서 그 집단은 지나친 낙관주의와 모험주의가 판을 치게 되고 적에 대한 이미지가 왜곡된 상태로 정형화되며, 주위의 경고에 대해서도 무관심해지게 된다. 재니스는 마샬플랜과 쿠바 미사일 위기의 경우와 같이 그 결과가 '성공한' 정책결정이나 1938년의 뮌헨 회의와 진주만 공습, 그리고 피그만 공습과 같이 '실패한' 정책결정을 모두 '집단사고' 혹은 병리적인 정책결정에 기반한 역사적 사례로 들고 있다.

3. 관료정치 모델

정책결정과 정책집행은 실제에서는 여러 조직과 관료들에 의해 이루어진다. 세 번째 외교정책결정 모델은 관료들이 지닌 조직과 행위 자체를 분석 대상으로 삼고 있다. 전통적으로 이들 조직과 관료는 업무분담, 위계질서, 중앙집권화, 전문성, 제도 그리고 복종 등을 특징으로 한다. 이 특징은 관료들이 내리는 정책결정이 합리적인 의사결정 행위로 간주될 수 있는 근거가 되어 왔다. 하지만 관료정치 모델은 관료주의로 대표되는 정형화된 정책결정 과정을 정치라고 하는 역동적이고 비합리적인 현상에 접목시켜 다루고 있다. 관료정치 모델은 외교정책결정 과정을 정치현상으로 파악한다. 또 정책의 결정과 집행 사이에는 엄연한 구별이 있음을 간파하고 있다. 그래서 관료정치 모델은 관료들의 정책결정 과정이 반드시 합리적이지 못하고 밖으로 잘 알려져 있지 않은 타협과 흥정의 산물이라는 사실을 주된 논지로 삼는다.

정치적 지도자가 '무엇을 할까'를 결정한다면 관료들은 '어떻게 할까'를 결정하는 측면에서 정책결정 과정에서 중요한 의미를 지닌다. 외교정책 프로그램은 교육, 건강, 사회안정, 농업, 복지 등 국내정책들과 경쟁하는 한편, 서로 경쟁관계에 있다. 이런 측면에서 서로 경쟁하는 관계에 있는 관료집단의 이익간 충돌은 외교정책결정 과정에서 꼭 다루어야 할 문제이다. 관료정치 모델은 의사결정은 단순히 관료 행위의 합리적 측면을 고양하고 유동적인 측면을 배제할 수 있도록 고안된 법적 혹은 공식적 규범에 의해서만 제한받는 것은 아니라는 전제를 갖고 있다. 오히려 복잡한 조직은 정보 수집을 둘러싸고 심각한 병리 현상을 야기하는 것으로 간주된다. 관료정치 모델은 관료제도가 갖는 정치적 특성과 조직적 행위에서 비공식적 측면에 주목하고 있다. 관료들 상호간에 서로 충돌하는 인식, 가치 그리고 이익을 주된 관심사로 한다. 이 때 관료들이 느끼는 인식, 가치 그리고 이익은 부처 이기주의에 기반하는데, 이는 내가 속한 부서에 최선의 이익을 보장하는 일이 관료 개인의 경력 관리에 유리하다고 판단하기 때문이다. 이로 인해 관료들이 느끼는 인식, 가치 그리고 이익은 부처별로 분담되어 있는 업무의 성격에 따라 동일한 사안을 서로 다른 문제로 판단하는 경우가 많다. 관료조직이 품고 있는 규범이나 명성, 사전 정책지원 약속, 조직의 관성과 관례, 그리고 표준이행절차(Standard Operating Procedure: SOP) 등이 문제에 대한 정확한 파악, 정보의 정상적인 흐름, 전문성의 발휘, 그리고 실제 정책 실행에 방해가 되는 경우가 있다. 결과적으로 특정 정부 부처내 혹은 정부 부처간의 관료정치 현상 결과는 어떤 의제가 정의되고 어떤 정책대안을 택할 것인가, 그리고 정책이 실제적으로 하위 부서에 할당되는 과정 등에 제한을 가하게 된다. 정책결정 과정은 고도의 정치적 특성을 강하게 내포하게 된다. 결국 정책결정은 관료 집단 사이에 자원, 역할, 임무 등을 둘러싼 흥정에 따라 좌우되며 문제의 철저한 분석보다는 관련 부처 사이의 흥정에 따라 결정되는 측면이 강하다.

앨리슨(Graham T. Allison)의 쿠바 미사일 위기 연구는 관료정치 모델을 체계적으로 정리하여 사례연구에 적용한 대표적인 업적으로 꼽힌다.[15] 앨리슨은 미사일 위기를 분석하면서 전통적인 '합리적 행위자 모델'

을 우선 제시하고 해상 봉쇄 결정이라는 일련의 과정을 정책결정자의 합리적 정책 선택으로 보았다. 해상봉쇄는 군사적인 수단이긴 하나 쿠바기지의 공중폭격이라는 극단적인 수단에 호소하는 것보다는 위험이 덜하고 소련의 입장 추이를 살펴보는 기회를 확보하려는 합리적인 계산의 결과이다. 하지만 앨리슨은 이 모델이 포착하지 못한 정책결정 과정의 비합리적 측면을 부각시키기 위해 그 대안으로 '조직과정 모델'과 '관료정치 모델'을 제시했다. 조직과정 모델은 정책결정을 조직내의 표준이행절차에 기초한 기계적 혹은 준기계적 절차의 산물이라고 본다. 직접적으로 관련 있는 부서에서 사전에 정해져 있는 표준절차를 통하여 자동적으로 이에 대응한다는 것이다. 그래서 소련에 대한 미국의 해상봉쇄 결정은 이전에 작성된 표준절차에 기초하여 결정되었고 필연적으로 전례를 중시하는 결과로 이해한다. 이렇게 되면 정책결정은 점진적인 성격을 강하게 내포하게 된다. 케네디 정권내에서 처음에는 공중폭격을 지지하는 의견이 강했으나 이를 실천해야 할 공군이 표준이행절차를 기초로 하여 공중폭격은 낮은 성공률밖에 보장할 수 없다고 대답했기 때문에 차선책인 해상봉쇄 정책이 선택된 것이다. 이에 비해 관료정치 모델은 정책결정을 결정 과정에 참여하는 개개인의 정치적 흥정과 타협의 산물로 간주한다. 관료정치 모델은 국가의 핵심 정책결정자 개인에게 분석의 초점을 맞추는 대신 외교정책결정 과정내에 개입되어 있는 관료들의 역할을 강조하려는 접근방법이다. 관료정치 모델이 제시하는 정책결정 과정에 대한 설명과 예측에는 네 가지 고려해야 할 점이 있다. 첫째, 누가 정책결정에 참여하는가, 둘째, 결정에 참여하는 개인들은 어떤 이해관계를 갖고 있는가, 셋째, 참여자들의 이해관계가 서로 충돌할 경우 정치적인 타협과 흥정이 이루어지는가, 넷째, 타협과 흥정은 어떻게 산출되는가 하는 것 등이다. 관료정치 모델에 따르면 군부는 기본적으로 쿠바 공중폭격에 적극 찬성했다. 반면에 맥나마라 국무장관은 국무부 내의 온건한 입장을 대변해야 할 입장에 있었다. 케네디 대통령은 적어도 어떤 군사적인 조치를 취하지 않을 경우 의회로부터 반드시 탄핵받으리라는 정치적 이해관계가 걸려 있었다. 그래서 유엔을 통한 외교나 소련과의 협상과 같은 비군사적인 수단에는 찬성할 수 없었다. 또 로버트 케네디는 공중폭격과 같은 기습적인 공격은 진주만 공습과 그 성격이 같기 때문에 미국인의 도덕적인 심리에 반한다고 생각하고 있었다. 결과적으로 관료정치 모델은 미국의 해상봉쇄 결정은 쿠바공습이라는 강경한 선택대안과 협상이라는 온건한 선택대안의 타협에서 나온 결과로 해석하고 있다.

보통 관료정치 모델은 예산 책정, 무기 구입, 군사적 독트린 등 여러 평시 상황에서 외교나 국방 담당 관료들은 합리적 조직이 갖는 이상형에 좀처럼 맞지 않는다는 사실을 보여주고 있다. 그래서 때로는 차라리 위기 상황이 관료 행위가 갖는 합리적 측면을 보여줄 수 있는 동기와 수단을 제공한다는 주장이 제기된다. 위기 상황이 되면 의사결정 책무가 고급 정보를 획득할 위치에 있는 고위 관료에 일임되기 때문이다. 사건에 연계된 모든 정보는 관료조직의 위계질서에 따라 고위 관료에게 직접 보고되기 때문에 정보가 다양한 계층의 관료조직을 거치는 동안에 발생할지도 모르는 정보의 왜곡 가능성이 감소되기 때문이다. 또 그럴 경우 부처이기주의에 기반한 가치가 게재될 여지가 줄어든다. 위기시에 요구되는 빠른 의사결정 시간은 정책결정자가 흥정이나 결탁, 점진적인 가치의 누적, 가장 낮은 수준의 가치 등에 따라 의사를 결정하는 기회를 감소시켜 준다는 것이다. 하지만 앨리슨의 관료정치 모델을 원용한 연구 결과는 위기 상황에서도 정책결정이 일관성 있고 합리적으로 이루어지지 못하고 있는 점을 지적하고 있다. 쿠바 미사일 위기 때 미국의 관료들은 미 공군의 플로리다 분산 배치, 해상 봉쇄 위치, 소련 상공의 기상 정찰기 착륙 등의 문제를 둘러싸고 오류를 범했다. 이러한 결정 과정에서 관료집단의 비합리적 측면은 냉전 시기에서도 입증되고 있다. 냉전 시기에 미국은 세 번의 핵 대기 조치를 내렸는데 이 때에도 정책결정 관료와 대기 조치를 실제로 책임지는 군지휘관 사이에 오해와 의사전달 상의 오류가 있었다.

관료정치 모델은 관료들의 정치적 흥정에 초점을 맞추다 보니 흥정에 참여하는 사람들의 직무와 지위가 잘 드러나지 않는다는 약점이 있다. 예를 들어 대통령은 복잡한 관료들 사이의 게임에 단순히 참여하는 선수 중의 한 명이 아니다. 그는 최종 결정을 내릴 뿐더러 게임에 참가하는 관료들 중에서 최종 결정에 절대적 영향을 미칠 수 있는 관료를 선택할 수 있는 권한을 갖고 있기 때문이다. 그런데 관료정치 모델은 대통령을 다른 관료와 동일한 위치에서 파악하기 쉽다. 그럼에도 불구하고 관료조직 모델은 외교정책이 결정되는 과정과 실제로 집행되는 과정에서 생기는 균열이나 차이를 설명하는 데 특히 유용하다. 그런 만큼 관료정치 모델은 국가를 유일하고 합리적인 행위자로 간주하는 전통적인 정책결정 모델이 정책의 실행과정을 적절하게 설명하지 못하는 점을 지적한다는 데 그 의의가 있다.

이상에서 논의한 바와 같이 외교정책결정 과정 이론은 개인의사결정 모델, 집단의사결정 모델, 그리고 관료정치 모델로 유형화된다. 이들 각 모델이 지닌 가설과 명제들은 다음의 표와 같이 요약된다.

	개인의사결정 모델	집단의사결정 모델	관료정치 모델
정책결정의 의미	개인 선호에 따른 정책 선택의 결과	집단 구성원 상호작용의 결과	관련된 관료조직 사이의 정치적 타협과 흥정의 결과
핵심명제	①특정 상황에 대한 정의는 정책결정자 개인의 주관적인 판단에 달려 있다. ②정보 처리와 같은 인지 절차도 정책결정자 개인의 주관적인 소관사항이다. ③특정 상황에 대한 정의와 인지절차가 정책결정의 내용과 질에 영향을 미친다.	①대부분의 정책결정은 소규모 엘리트 집단에 의해 결정된다. ②집단의 속성은 그 구성원이 지닌 속성의 단순한 합과는 다르다. ③집단내 의사결정 과정이 정책결정의 내용과 질에 영향을 미친다.	①가장 중요한 조직적 가치는 불완전하게 관료사회에 전달된다. ②조직 행위는 기본적으로 정치적 행위이다. ③조직의 구조와 표준이행절차가 정책결정의 내용과 품질에 영향을 미친다.

	개인의사결정 모델	집단의사결정 모델	관료정치 모델
합리적 정책결정을 제한하는 방식	① 인간이 지니는 인지적 한계 ② 의도되지 않는 정보의 왜곡 ③ 인과관계에서 체계적이고 의도된 편견 ④ 문제해결 능력, 정보처리 능력, 인지적 능력 등 개인 차이	① 집단의사결정이 어떤 임무에는 효율적이지만 다른 임무에는 비효율적 ② 집단의사에 동조를 강조하는 압력 ③ 집단의사에 동조한 경우 생기는 위험 부담의 증가 ④ 리더십의 질적 저하 ⑤ 집단사고	① 관료조직의 중앙집권화, 위계화 그리고 전문화에서 비롯되는 정보의 불완전 ② 관료조직이 지니는 관성 ③ 개인과 관료조직이 요구하는 효용성의 충돌 ④ 관료들 사이의 타협과 흥정
도움이 된 인접과학	① 인지심리 이론 ② 인지적 불협화 이론 ③ 역학심리 이론	① 사회심리 이론 ② 집단 사회학 이론	① 조직이론 ② 관료사회학 이론 ③ 관료정치 이론

〈표〉 외교정책결정 이론의 세분화 모델 분류[16]

　외교정책결정 이론은 현실주의 외교정책 연구가 포착하지 못하거나 소홀히 다루어 온 정책결정 '과정'의 문제를 다루었다는 점에서 그 공헌도가 높다. 현실주의 외교정책 연구는 모델 설정이나 역사적 유추, 직관 그리고 은유 등에서 주로 경제학의 영향을 받았다. 이러한 영향으로 합리적 선택과 전략에 좀더 많은 관심을 기울이고 있다. 합리적 선택과 전략이 어떻게 형성되고 국제제체 구조란 것이 이들을 어떻게 제약하고 있는지를 파헤치는 작업이 주된 연구 대상이 된다. 이에 비해서 외교정책결정 이론은 주로 의사결정이 이루어지는 국내 정치 과정에 초점을 맞추고 있다. 이 접근법은 사회심리학이나 심리학에서 많은 영향을 받았다. 이 접근법은 정보 처리 과정이나 합리적 선택에 제한이 되거나 방해가 되는 것이 무엇인지 규명하는 작업이 주된 연구 대상이 된다.

　두 접근법을 현실 문제에 적용시킬 때 명심할 것이 있다. 두 접근법은 독립적으로는 완전한 이론도 아니고 또 충분하지도 않다. 만일 체계적 구조 자체와 체계적 구조가 가져다주는 제약을 무시한다면 정책결정자는 선택의 폭이 무한정한 자유계약 선수가 된다. 단지 자신의 욕심이 어디까지 갈 것인가 혹은 자신이 마음대로 처리할 수 있는 권한의 폭이 얼마인지에 의해서만 규제를 받는 상황으로 비유될 것이다. 물론 논리적으로 비약된 예이지만 그렇게 되면 바람직하지 못한 외교정책이란 깃은 악한 정책결정자가 일방적으로 선택한 결과이고, 올바른 외교정책이란 착한 정책결정자의 임의에 따른 결과로 해석될 여지가 있다. 만일 이런 차원에서 냉전을 해석하면 소련의 정책이란 유전적으로 침략적 성향을 지닌 공산 전체주의에 의해 자행된 결과이고, 미국은 단순히 그 희생양일 뿐이다. 아니면 그 반대로 미국은 침략적 성향을 지닌 제국주의 국가이고, 소련을 비롯한 많은 국가들이 그 희생양일 뿐이다.

이와는 반대로 외교정책결정 과정에 대한 경시는 국제정치의 역동성을 설명할 수 없을 뿐더러 국가의 대외 행위가 갖는 중요한 측면이 설명되지 못한 채 그대로 넘어갈 가능성이 크다. 현실주의 입장에 서 있는 연구들은 한 국가의 억지정책, 봉쇄정책, 동맹정책 등 상위정치 현상을 설명하는 데 비중을 두어 왔다. 하지만 무역정책, 통화정책 그리고 국내 압력에 민감한 다른 외교적 이슈를 다루는 하위정치 현상이 외교정책 영역에서 차지하는 비중이 점점 증가하고 있다. 현실주의 모델이 취해온 합리성 가정에 대한 독점적 의존은 국제 체계에서 위험과 위기가 어떻게 일어날 수 있는가의 문제에 대해 자만해 온 경향이 있다. 핵무기와 국제체계가 가져다주는 구조적 특징은 냉전 시기 동안 강대국 사이의 장기간 평화를 보장하는 데 분명한 공헌을 했다. 하지만 다른 한편으로는 세력균형, 군사력의 상관관계, 그리고 국제체제의 특징 등에 집착한 것은 국제적 위험과 위기의 또 다른 측면, 예를 들면 명령체계, 커뮤니케이션, 통제, 정보경쟁, 정보처리 등의 문제를 등한시한 것이다. 이들 문제들은 정책결정 접근법에 의해서만 다루어질 수 있는 과제들이다.

그 대신 외교정책결정 이론에는 현실주의 외교정책 연구에서는 무시되어도 좋을 과제가 그 책임으로 지워져 있다. 우선 정책결정 접근법을 취하는 연구자들에게는 자료 수집에 대한 부담이 크게 주어져 있다. 게다가 외교정책 연구를 위해 새롭게 추가된 분석 수준이 자칫하다간 불필요한 변수를 상정하게 되어 매우 역설적인 결론이 도출될 위험성을 내포하고 있다. 외교정책결정 과정에서 어떤 것이 더 중요한 변수인가에 대한 판단에서 주객이 전도될 가능성이 있다. 또 특수한 상황에서 설명력 있는 변수가 지나치게 일반화될 수 있을 것으로 착각하는 경우가 생긴다. 외교정책결정 이론은 그 연구단계에서 잘 구상되고 계획되어야 이러한 위험성을 피할 수 있다.

월츠는 체계구조(제3이미지)는 국제적 행위가 이루어지는 맥락을 이해하는 데 필요하고, 정책결정자(제1이미지)와 정책결정 과정(제2이미지)은 그러한 국제체계 내에서 국제적 행위가 이루어지는 역동성을 이해하는 데 도움이 된다고 지적한 바 있다. 그래서 국제정치 현상과 분석수준의 구체성을 어떻게 처리할 것인지는 전적으로 어떤 분석 수준이 적절하고 유용한지에 달려 있다. 이를 위해 두 가지 다른 종속변수를 구분하는 일이 필요하다. 하나는 국가에 의한 외교정책 결정이고 다른 하나는 두 개 이상의 국가간에 일어나는 정책결과나 상호작용이다. 만일 연구자가 목적을 외교정책 결정에 둔다면 심리적 환경을 주목하는 것으로 충분하다. 이때 객관적인 구조적 변수는 정책결정자의 인식이나 외부변수에 대한 평가를 통해 정책결정에 영향을 준다. 하지만 연구자의 목적이 외교정책 결과를 설명하는 것이라면 심리적 환경은 그리 중요하지 않다. 비록 정책결정자가 오인하거나 잘못 판단했을지라도 객관적인 요인이 정책결정에 중요한 변수가 된다. 특히 단일한 분석 수준으로는 외교정책 결과를 설명하는 데 무리가 따르기 때문에 국제정치학 전공자들은 복수 수준의 분석 수준에 더 많은 관심을 점점 기울이고 있다.

VI. 외교정책결정 이론의 한국적 의미

한국에서는 지난 2001년 10월, 중국에서 한국인 마약사범이 옥중 병사하거나 사형집행된 일을 둘러싸고 커다란 외교정책결정 과정에 대한 논란이 있었다. 이 문제는 처음에는 중국이 외국인 범죄인을 처벌할 때는 해당 국가에 미리 알려야 한다는 비엔나 협약을 어긴 것이 사건의 개요인 것처럼 알려졌다. 국제정의 차원에서 '모든 국가간 약속은 반드시 지켜져야 한다(pacta sunt servanda)'는 일반 국제제도 원칙을 둘러싼 문제로 파악되어 유사사건 재발을 방지하기 위한 제도장치 마련의 필요성이 제기되었다. 하지만 중국 당국이 사전에 팩시밀리를 통해 우리 현지 공관원에 통보했고 우리나라 외교관이 이를 제대로 처리하지 못한 사실이 뒤늦게 밝혀지면서 우리나라의 외교문제로 부각되었다. 우리나라의 외교력 취약성이 적나라하게 드러나면서 우리나라의 미숙한 외교력이 단순히 현지 공관원의 근무태만과 무사안일에서 비롯된 것이 아니라 외교정책결정 구조와 집행 구조의 후진성에서 비롯되었다는 점이 지적되었다. 우리나라의 외교정책결정 구조가 갖는 후진성은 비단 이 문제 외에도 프랑스와의 규장각도서 반환 문제, 일본과의 독도 · 교과서 왜곡 · 어업협정 · 재일동포 문제, 중국과의 탈북자 송환 문제, 미국과의 주둔군 지위협정 및 한국인 비자발급 문제 등의 경우에서도 쉽게 드러나고 있다. 또 대북정책 수행 과정에서 국민의 사회적 합의를 이루지 못해 여러 가지 어려운 상황에 봉착하게 된 것 등도 모두 외교정책결정 과정의 후진성의 연장선상에 있음은 물론이다. 한국 외교정책결정의 문제는 정책결정 담당자들이 외교기능과 영사기능보다 '의전기능'에 머물러 있는 취약성에 원인이 있다. 외교관에게 실질적 외교권이 부여되지 못하고 제도적 장치가 보장되지 못하기 때문에 외교관의 외교력 발휘를 근본적으로 제한하고 있다. 이러한 외교정책결정 과정의 후진성은 결국 제도의 선진화를 통한 문제 해결 방식이 그 단서가 될 수 있음을 암시하고 있다. 아울러 후진성 극복을 위해 한국의 외교정책결정 과정에 대한 분석적인 연구가 절실함을 그 교훈으로 남겨주고 있다.

하지만 한국의 외교정책결정 과정에 대한 연구 현황은 그리 만족스럽지 못한 실정에 있다. 한국의 외교정책결정 과정에 관한 연구현황을 살펴보기 위해 한국에서 발행되는 국제정치관련 16개의 학술 잡지를 창간호에서 최근호까지 검토해 보았다. 이들 16개의 학술 잡지에 실린 논문 중에서 외교정책 분야와 직간접으로 관련된 연구물은 총 1,096편이었고, 이 중에서 외교정책 결정을 이론적으로 논의하거나 적용한 논문은 24편으로 대략 0.45퍼센트에 불과했다. 대부분의 연구는 "현황" 혹은 "정책방안" 등의 논조로서 현상에 대해 단순 기술하거나 정책방향 제공을 위한 규범적 연구가 주류를 이루고 있었다. 외교정책결정 "과정" 이론을 도입하여 정책결정 현상을 설명하려는 연구는 극히 드물었다. 또한 이론을 다루고 있다고 하더라도 서구의 연구업적을 단순히 소개하는 차원에 그치는 글들이었다. 이처럼 한국에서 외교정책결정 과정을 다루는 연구가 미진한 이유는 몇 가지가 있다.

첫째는, 우리나라 국제정치학계는 그 동안 현실주의 패러다임의 영향력이 절대적이었기 때문에 외교정책결정 '과정' 보다는 '결과' 와 '행위' 에 관한 연구가 절대적 다수를 이루고 있다. 둘째는 우리나라의 외교정책결정 환경이 냉전구조와 분단구조라는 특수한 성격이 강하기 때문이다. 한국 실정에 맞는 외교정책 일반 모델과 외교정책결정 과정 모델을 개발하기가 어렵다. 예를 들어 대북정책결정 과정을 분석하는 경우 북한을 일반 외국으로 간주하여 일반 정책결정 모델을 그대로 적용하기에는 상당한 무리가 따른다. 셋째는 외교정책이 결정되는 과정을 파악하기 위해 필요한 정보에 접근할 수 있는 기회가 차단되어 있었다. 우리나라도 민주화가 진행되면서 요긴한 정책결정 과정에 대한 자료 수집이 전보다 용이해졌지만 아직도 요긴한 자료의 관리와 공개가 더 체계적으로 이루어질 필요가 있다. 넷째는 외교정책결정 이론을 국제정치 이론의 발전이란 측면에서 다루지 않고 외교정책결정 과정에 영향을 미치는 행위자 중심으로 다루어 왔기 때문이다. 지금 외국에서는 외교정책 연구자들의 세대교체 현상이 활발하게 이루어지고 있다. 이에 비해서 우리나라의 국제정치학계에서는 외국에서 개발된 모델을 한국에 적용하는 방식이 연구자들의 주된 연구 방법으로 이용되고 있다. 한국에서의 외교정책결정에 대한 다양한 논의와 경험적 연구가 한국 국제정치이론의 모색과 발전이라는 사명감에서 수행될 수 있도록 하는 노력이 요구된다. 이를 위해 국제정치학 분야에서의 축적된 연구만을 고집할 것이 아니라 역사학, 철학, 경제학, 사회학, 지리학 등 인접 인문사회 분야에 대한 공부가 필요하다.

| 미주 |

1) James E. Dougherty, and Robert L. Pfaltzgraph, Jr., "Decision-Making Theories: Choice and the Unit Level Actor," James E. Dougherty, and Robert L. Pfaltzgraph, *Contending Theories of International Relations: A Comprehensive Survey* (New York: Longman, 2001), pp. 553-554.

2) Deborah J. Gerner, "The Evolution of the Study of Foreign Policy," in Laura Neack, Jeanne A. K. Hey, and Patrick J. Haney (eds.), *Foreign Policy Analysis: Continuity and Change in Its Second Generation* (Englewood Cliffs, N.J.: Prentice Hall In., 1995), pp. 18-21.

3) 비교외교정책 분야를 주도했던 흐름에 대한 비판은 두 가지 측면에서 이루어지고 있다. 첫째, 방법론 측면에서 비교외교정책 분야는 요인분석 혹은 계량적 자료를 선호하여 처리하기 때문에 사건의 부호화 과정에서 상당한 부분의 정보가 왜곡 혹은 손실된다. 둘째, 내용적 측면에서 비교외교정책 분야가 제시했던 국내적 요인(if)이 외교정책 행태(then)에 영향을 미친다는 조건부 가설(if-then)이 지속적으로 이루어진다고 하더라도 이론적 축적이 어렵다. 비교외교정책 분야의 등장과 내용에 관해서 좀더 자세한 이해를 위해서는 이종선, "외교정책의 이론사적 재평가," 김달중 (편), 『외교정책의 이론과 이해』(서울: 오름, 1998), pp. 15-44를 참조할 것.

4) Laura Neack, Jeanne A. K. Hey, and Pattrick J. Haney, "Generational Change in Foreign Policy Analysis," in Laura Neack, Jeanne A. K. Hey, and Pattrick J. Haney (eds.), *Foreign Policy Analysis: Continuity and Change in Its Second Generation* (Prentice Hall: Englewood Cliffs, New Jersey, 1995), pp. 2-3.

5) Richard C. Snyder, H. W. Bruck, and Burton Sapin, *Decision-Making as an Approach to the Study of International Politics: Foreign Policy Analysis Series no. 3* (Princeton, New Jersey: Princeton University Press, 1954).

6) 외교정책이 국가의 다른 공공정책과 다른 점은 다음과 같다. (1)가능한 목표와 계획이 광범위하기 때문에 그 해석도 광범위하다. (2)외교정책에 이해관계가 있는 국민들이 불만족한 반응과 요구가 가능하다. (3)국민들 의견이 다를 수 있기 때문에 합의가 달성되기 전에 통합될 필요성이 있다. (4)정책결정시 상황 설정과 상황이 복잡하고 불확실하고

불안정할 수 있기 때문에 결과에 대한 예측과 통제가 불가능하다. (5)정보의 원천이 폭 넓기 때문에 분류의 필요성이 제기된다. (6)실험할 기회가 없고 상황이 반복되지 않는다. (7)정책결과에 대한 측정이 불가능하다. (8)대안이 있지만 그 효과가 입증되지 않는다. (9)행위와 결과에는 시간적 격차가 존재한다. (10)가치의 갈등으로 타협의 필요성이 존재한다. (위의 글, pp. 16-17.)

7)   Harold Sprout, and Margaret Sprout, *Man-Milieu Relationship Hypotheses in the Context of International Politics* (Princeton, N.J.: Princeton University Press, 1956).

8)   Michael Brecher, *The Foreign Policy System of Israel: Settings, Images, Process* (New Haven, CT: Yale University Press, 1972).

9)   David J. Singer, "The Level-of-Analysis Problem in International Relations," in K. Knorr, and S. Verba (eds.), *The International System: Theoretical Essays* (Princeton, N. J.: Princeton University Press, 1961), pp. 77-92.

10)   James N. Rosenau, "Pre-Theories and Theories of Foreign Policy," in Barry Farrell (ed.), *Approaches to Comparative and International Politics* (Evanston, Illinois: Northwestern University Press, 1966), pp. 27-92.

11)   Walter Carlsnaes, "Foreign Policy," in Walter Carlsnaes, Thomas Risse, and Beth A. Simmons (eds.), *Handbook of International Relations* (London: Sage Publications, 2002), pp. 331-349.

12)   Ole R. Holsti, "Theories of International Relations and Foreign Policy: Realism and Its Challenge," in Charles W. Kegley, Jr. (ed.), *Controversies in International Relations Theory: Realism and the Neoliberal Challenge* (New York: St. Martin's Press, 1995), pp. 47-56.

13)   Robert Jervis, *Perception and Misperception in International Politics* (Princeton, N. J.: Princeton University Press 1976).

14)   Irving L. Janis, *Victims of Groupthink: A Psychological Study of Foreign Policy Decisions and Fiascos* (Boston: Houghton Mifflin, 1972).

15)   Graham T. Allison, *Essence of Decision: Explaining the Cuban Missile Crisis* (Boston: Little Brown, 1971).

16)   이 표는 Ole R. Holsti(1995), p. 48에 제시되어 있는 것을 필자가 약간의 수정을 가해 작성한 것임.

| 참고문헌 |

▪ Allison, Graham T. *Essence of Decision: Explaining the Cuban Missile Crisis.* (Boston: Little Brown, 1971).

▪ Brecher, Michael. *The Foreign Policy System of Israel: Settings, Images, Process.* (New Haven, CT: Yale University Press, 1972).

▪ Carlsnaes, Walter. "Foreign Policy." in Walter Carlsnaes, Thomas Risse, and Beth A. Simmons (eds.). *Handbook of International Relations.* (London: Sage Publications, 2002).

▪ Dougherty, James E., and Robert L. Pfaltzgraph. *Contending Theories of International Relations: A Comprehensive Survey.* (New York: Longman, 2001).

▪ Gerner, Deborah J. "The Evolution of the Study of Foreign Policy." in Laura Neack, Jeanne A. K. Hey, and Patrick J. Haney. *Foreign Policy Analysis: Continuity and Change in Its Second Generation.* (Englewood Cliffs, N.J.: Prentice Hall In., 1995).

▪ Holsti, Ole R. "Theories of International Relations and Foreign Policy: Realism and Its Challenge." in Charles W. Kegley, Jr. (ed.), *Controversies in International Relations Theory: Realism and the Neoliberal Challenge.* (New York: St. Martin's Press, 1995).

▪ Janis, Irving L. *Victims of Groupthink: A Psychological Study of Foreign Policy Decisions and Fiascos.* (Boston: Houghton Mifflin, 1972).

▪ Jervis, Robert. *Perception and Misperception in International Politics.* (Princeton, N. J.: Princeton University Press 1976).

▪ Neack, Laura, Jeanne A. K. Hey, and Pattrick J. Haney. "Generational Change in Foreign Policy Analysis." in Laura Neack, Jeanne A. K. Hey, and Pattrick J. Haney (eds.). *Foreign Policy Analysis: Continuity and Change in Its Second Generation.* (Englewood Cliffs, N.J.: Prentice Hall In., 1995).

▪ Rosenau, James N. "Pre-Theories and Theories of Foreign Policy." in Barry Farrell (ed.). *Approaches to Comparative and International Politics.* (Evanston, Illinois: Northwestern University Press, 1966).

▪ Singer, David J. "The Level-of-Analysis Problem in International Relations." in K. Knorr, and S. Verba (eds.). *The International System: Theoretical Essays.* (Princeton, N.J.: Princeton University Press, 1961).

- Snyder, Richard C., H. W. Bruck, and Burton Sapin. *Decision-Making as an Approach to the Study of International Politics: Foreign Policy Analysis Series* no. 3. (Princeton, N.J.: Princeton University Press, 1954).

- Sprout, Harold, and Margaret Sprout. *Man-Milieu Relationship Hypotheses in the Context of International Politics.* (Princeton, N.J.: Princeton University Press, 1956).

| 문헌해제 |

- 구본학 외, 『세계외교정책론』(서울:을유문화사, 1996); 김달중 (편저), 『외교정책의 이론과 이해』(서울:오름, 1998); 전득주 외, 『대외정책론』(서울:박영사, 2001)

  이 세 책은 한국에서 활동 중인 국제정치학자들이 비교 연구 관점에서 기술한 외교정책 분야의 교과서라는 공통점이 있다. 『세계외교정책론』의 경우에는 한반도 주변 국가 이외에 러시아, 프랑스, 독일 그리고 인도네시아 등 한국과는 정치사회 전통이 다른 국가들의 외교정책 행위와 결정 과정을 다루고 있어서 외교정책결정 이론의 비교 연구 개괄서로 좋은 책이다. 『외교정책의 이론과 이해』는 연세대학교 정치외교학과 김달중 교수의 회갑 기념 논문집으로 기획되어 출판되었다. 이 책은 한국에서 외교정책 혹은 외교정책결정 분야가 처음으로 체계적인 이론적 차원에서 다루어졌다는 점에서 큰 의의가 있다. 그 중에서도 제1장 외교정책의 이론사적 평가에서부터 제3장 외교정책 이론과 외교사 연구까지의 부분은 외교정책결정 이론이 전체 국제정치학 또는 외교정책론에서 차지하는 위상을 자세하고 깊이 있게 다루고 있어서, 외교정책결정 이론을 심화 학습하려는 사람들에게 좋은 지침서가 된다. 다른 장에서는 외교정책 이론에 대한 자세한 소개가 이루어져 있는데, 장에 따라 그 내용이 좀 어렵게 느껴지기도 하지만 소홀히 다루어져서는 안 될 만큼 그 이론적 논의가 많은 도움이 된다. 『대외정책론』의 경우에는 대외정책을 이론과 실제 편으로 나눠 이론 편에서 스나이더, 앨리슨, 도이치 등의 논의를 이론적 차원에서 정리한 부분이 좋은 참고자료가 된다. 또 실제 편에서 한국에서 주요한 의제인 최근의 북방정책은 별도로 다루고 있는 점에서도 유용하다.

- 최규장, 『외교정책결정 과정론』(서울:을유문화사, 1993); 김용호, 『외교안보정책과 언론 그리고 의회』(서울:오름, 1999); 박봉현, 『대통령 리더십과 통일 정책』(서울:한울, 2002); 이범준 (편), 『미국외교정책: 이론과 실제』(서울:박영사, 2001)

  『외교정책결정 과정론』은 1993년에 출판되었는데 저자가 주로 학계에서 활동하는 분이 아니고 신문기자, 청와대 비서관 등 주로 현장에서 활동해 온 연구자이다. 이 책은 카터 행정부 때 주한미군 철수 결정을 내렸다가 다시 백지화되는 과정을 정책결정자의 세계, 정책 이념 기조의 갈등, 카터 대통령의 리더십 등 미국 외교정책결정 과정에 참여하는 주요 행위자들의 상호작용을 중심으로 파악하고 있다. 외교정책결정 이론 모델을 복수로 제시하고 이를 바탕으로 1차 문헌을 원용한 점은 높게 평가될 만하다. 『외교안보정책과 언론 그리고 의회』는 특정한 외교사안을 둘러싸고 언론과 의회가 정책에 미치는 영향과 그에 따라 정책이 변화하는 과정에 초점을 두고, 외교안보정책과 언론의 상관관계를 다루고 있다. 저자는 한국의 OECD 가입이 야당의 반대에도 불구하고 언론의 협조로 이뤄진 점을 들어 언론과 외교정책의 갈등관계를 분석하고 있다. 또한 1996년 동해안 잠수함 침투 사건 때 당시 정부가 군의 작전상황을 북한이 입수해 우리 군에 피해를 줄 수 있다는 이유로 언론에 공개하지 않았던 일 등도 안보와 언론의 상관관계를 보여준다. 『대통령 리더십과 통일 정책』은 한반도와 독일의 역대 지도자들의 리더십을 비교하여 두 국가의 통일정책에 대한 함의를 논하고 있다. 한반도의 냉전구도를 극복하고 남북 화해와 통일을 이룰 정치지도자상의 모색을 위해 콘라트 아데나워, 발터 울브리히트, 빌리 브란트, 헬무트 콜, 이승만, 김일성, 박정희, 김정일, 김대중, 김영삼, 노태우 등 동서독과 남북한 최고지도자 20명의 리더십을 비교·분석하여 통일리더십의 모델을 제시하고 있다. 대통령을 최고 정책결정자로 간주할 때 정책결정자의 개인적인 성향에 따른 외교정책 편차를 고찰할 수 있는 좋은 사례이다. 『미국외교정책: 이론과 실제』는 미국을 외교정책 대상 국가로 선택하여 여러 외교정책 의제를 다루고 있다. 제1편과 제2편에는 미국 외교정책의 역사적 배경과 정책결정 과정 문제를 다루고 있다. 비록 미국의 사례이긴 하지만 외교정책결정에 참여하는 주요 행위자들이 어떤 특성을 갖고 있고 또 어떤 상호작용을 통해 정책결정에 이르는지를 가르쳐 줄 수 있는 지침서라고 할 만하다.

- 김기정, "한국의 대북정책과 관료정치," 『국가전략』 제4권 1호 (1998), pp. 5-48: 한국의 대북정책에서 통일원·안기부·외무부·국방부 등 관료조직들이 자신들의 이해를 반영하다 보니 정책실패로 드러났고, 그 사례로서 이동복 훈령조작사건·정상회담 특사교환 문제·북핵 대응 문제·대북쌀지원 문제 등을 들고 있다. 이 논문은 외교정책결정 이론에서 관료정치 모델을 보충학습 하는 데 도움이 된다.

- 김영래, "한국비정부단체의 세계화 전략연구," 『국제정치논총』 제37집 1호 (1997), pp. 235-262: 한국의 비정부단체(NGO)가 외교정책 결정과정에서 전문화 및 협력체제의 구축, 민주적 정치과정의 확립 및 자율성 제고, 그리고 국제지구와의 연대를 통해 발전가능성을 모색해야 하다고 주장한다. 외교정책결정 과정에서 중요한 행위자로 새롭게 그 중요성을 인정받고 있는 비정부기구 문제를 다룬 점에서 큰 의의가 있다.

- 남궁곤, "여론과 외교정책: Almond-Lippmann Consensus와 그 비판적 검토," 『한국과 국제정치』 제15권 1호 (1999), pp. 31-64: 외교정책결정 과정에서 일반 대중의 여론이 갖는 의미와 구성요건, 그리고 역할을 현실주의 국제정치 패러다임에 대한 도전이란 차원에서 이론적이고

역사적으로 논하고 있다.

- 박선원, "햇볕정책과 여론: 지속성과 변용의 관점에서 본 실증 분석,"『한국과 국제정치』제18권 2호 (2002), pp. 135-166: 김대중 정부의 햇볕정책에 미치는 여론의 영향력을 내용분석 기법을 이용해 지속성과 변화의 관점에서 파악하고 있다. 한국에서 발행되는 각종 언론매체를 총 망라하여 여론조사 결과를 원용함으로써 외교정책결정 과정에서 언론과 여론이 차지하는 중요성을 강조하고 있다.

- 배종윤, "한국외교정책 결정과정의 관료정치적 이해,"『국제정치논총』제42집 4호 (2002), pp. 97-116: 관료정치 과정을 국내이해의 촉발 정도와 국제압력의 강도로 이원화시켜 관료정치 모델이 갖는 정태성을 극복하려는 발전된 시도를 보여주고 있다. 특히 관료정치 모델을 한국적 실정에 맞게 재구성하려는 시도가 커다란 의의를 갖는다.

- 신욱희, "분석수준과 분석단위에 대한 새로운 논의," 김달중 · 박상섭 · 황병무 (공편),『국제 정치학의 새로운 영역과 쟁점』(서울: 나남출판, 1995), pp. 25-52: 국제정치학과 외교정책 연구에서 분석수준(level of analysis)과 분석단위(unit of analysis) 문제를 다룸으로써 개인에서부터 국제체제까지 다양한 행위자가 외교정책 결정 주체가 될 수 있음을 보여주고 있다.

- 윤정원, "불확실성에 대한 관리적 접근: 대외정책과 관련하여,"『한국정치학회보』제37집 3호 (1998), pp. 51-76: 외교정책결정자가 불확실성의 유형(정보, 인지의 비결정, 상황적 미완료성)에 따라 무시 · 감축 · 수용 · 간과하는 행태를 보이며, 그에 대한 대응으로 다양한 협상전략의 조합이 이루어진다고 설명한다. 이 논문은 외교정책결정 이론에서 개인 의사결정 모델을 보충학습 하는 데 유용하다.

국제제도론

최 영 종

I. 서론

국제제도란 일반적으로 국제적 행위를 다스리는 일단의 규칙들로 정의
할 수 있으며, 국제제도의 비약적인 발전은 현재 국제정치에서 보여지는
가장 두드러진 현상 중의 하나가 되었다.[1] 오랫동안 국제체제는 정치적·
사회적·법적인 측면에서 잘 제도화되어 있는 국내정치 체제와는 다르게
세계정부라는 권위의 중심이 존재하지 않는 무정부상태이고, 제도나 규칙
의 발달이 미약하며, 국가간 이해관계의 상충이나 정체성의 분열 정도가
훨씬 심한 것으로 받아들여졌다. 국제체제의 제도화 수준은 국내체제에 비
해 현저히 낮았고, 국제관계는 전통적으로 규칙보다는 국가의 힘에 의해
규정되는 것으로 인식되었다.

그렇지만 국제관계도 정도의 차이는 있지만 다른 여타의 사회관계와
마찬가지로 제도화가 일찍부터 이루어졌다. 근대 국제체제가 형성된 시점
부터 최소한의 상호 의사소통 기제나 조직화된 관행을 갖고 있었으며, 그
후 약간의 부침은 있었지만 국제제도는 지속적으로 증가했다. 특히 국가간

의 상호연계 및 경제적 상호의존이 증가함에 따라 이를 관리, 규율하기 위한 국제제도가 급속히 발달했다. 그 결과로서 국가의 자율성이나 주권이 안보, 자본규제, 인구이동, 환경, 공중위생, 문화, 언어 등 모든 영역에서 상당 정도 약화되었으며, 현재 국제제도는 분쟁해결, 경제안정, 인권보호 등의 명분으로 국내정치에도 깊숙이 관여하고 있다. 또한 지역통합의 완성을 목전에 두고 있는 유럽연합(EU)은 제도화의 수준이 가장 진전된 사례의 하나로서, 여타의 지역에서도 유사한 움직임을 경쟁적으로 촉발시키고 있다. 또한 국제제도의 숫자나 관할 영역이 현저하게 증가하는 것에 더해서 최근 가장 두드러진 현상은 국제규범의 명확성이나 구체적인 의무부과, 그리고 실질적인 효력 내지 국가행위에 대한 구속력이 현격하게 강화되고 있다는 사실이다.

이번 장은 국제정치에 있어서 국제제도의 약진 현상에 주목하면서 국제제도에 대한 이론적 검토와 국제제도 연구에 있어서의 주요 쟁점, 그리고 국제제도 연구가 우리에게 시사하는 점에 대해서 간략하게 검토하고자 한다.

II. 국제정치이론과 국제제도

현재 국제관계의 제도화는 그 정도나 범위에 있어서 새로운 현상이긴 하지만, 국제제도 그 자체는 상당히 오래 전부터 존재했다. 유럽협조체제 (The Concert of Europe), 헤이그만국평화회의(The Hague System), 금본위제도(The Gold Standard) 등이 초기 국제제도의 사례였고, 제1차 세계대전의 종식과 함께 추진된 국제연맹은 힘의 정치를 초월하기 위한 하나의 의욕적인 시도였다. 이 시기의 국제제도나 국제법에 대한 강조는 국내제도와 유사한 제도가 국제사회에 존재하게 되면 국제평화가 자동적으로 실현될 수 있을 것이라는 믿음에 바탕을 두고 있었다. 이런 입장은 국내

정치와 국제정치의 본질적인 차이점을 용인하지 않으면서 국가간 이해관계의 조화로움만을 강조했기 때문에 이상주의라고 통칭되기도 했다. 초기 이상주의적 제도주의는 공식적인 국제제도와 국제법에 대한 연구를 주로 했으며, 국제제도나 법의 제정을 통해 군축, 전쟁 무효화, 항구평화 등을 실현시키고자 했다. 이런 입장은 제2차 세계대전의 발발과 함께 입지가 크게 약화되었다.

전후 다시 시작된 국제제도에 대한 연구에서는 유엔이 중심이었다. 주요 의제는 누가 유엔과 같은 공식제도 내에서 힘을 갖고, 또 이 힘이 어떻게 행사되는가에 대한 것이었다. 그리고 유엔 안보리가 거부권의 남용으로 유명무실화되자 점차 유엔 총회에서 규범 및 규칙이 생성, 발달되는 과정과 유엔 총회의 투표행위에 대한 연구가 주류를 이루게 되었다. 이런 연구는 행태주의에 상당히 영향을 받았으며, 대다수는 미국 국내정치의 분석 모델을 국제제도에 그대로 적용했다. 그러나 국내정치와 국제제도 사이의 근본적 차이를 올바르게 인식하지 못했던 한계로 말미암아 뚜렷한 성과를 거두지 못했다. 국제제도 연구에 대한 이론적 성과는 국제정치 이론보다는 주로 기능주의적 지역통합 연구에서 이루어졌다. 특히 신기능주의는 초국가적 제도의 생성, 발전 그리고 통합을 촉진하는 역할에 대해서 의미 있는 이론적 성과를 거두었다.

국제정치 연구에서 국제제도에 대한 이론화 작업은 미국의 패권하락으로 국제협력의 필요성이 두드러지게 증가한 1970년대 중·후반의 국제레짐에 대한 연구에서 본격화되었다. 국제레짐은 일반적으로 특정 이슈 영역에서 국제적 행위에 대한 상호 기대를 수렴시키는 규칙, 규범, 원칙 및 절차를 지칭하는 것으로서 기존의 공식적 국제기구에 한정되었던 국제제도 연구의 범위를 크게 확대했다. 국제레짐에 대한 이론화 작업은 스티븐 크래스너(Stephen D. Krasner)가 편집한 *International Regime*(1983)이 가장 대표적이고, 여기에 포함된 논문들은 국제레짐의 형성과정과 레짐이 수행하는 역할에 대하여 이론적 기틀을 제공했다. 특히 국제레짐은 국제협력 일반에 대한 유용한 설명으로서 뒤이어 벌어진 신현실주의와 신자유주의 (혹은 신자유제도주의) 사이에 벌어진 논쟁의 중심부에 자리잡게 되었다.[2]

로버트 커해인(Robert O. Keohane)에 의하여 집대성된 신자유주의 는 국제레짐을 포함하는 광의의 국제제도가 국가들의 행위를 좀더 투명하 게 하고, 불확실성과 거래비용을 줄이고, 상호작용의 기간을 연장하고, 평 판이 중요한 의미를 갖도록 하고, 이슈들을 서로 연계시키고, 그리고 제한 적이나마 합의가 지켜지는지를 통제 · 집행하는 역할을 수행한다고 보았 다. 즉 국제제도가 담당하는 주된 기능은 제도 없이는 불가능한 협력을 가 능케 함으로써 효율성을 증대시키는 것으로 상정되었다. 신자유주의는 또 한 게임이론의 활용을 통해 무정부상태에서 국제제도가 언제, 어떻게 배신 의 유인을 줄이고 협력의 대가를 증대시킴으로써 국가간에 협력이 이루어 지도록 하는가를 분석적으로 보여주었다.[3]

신자유주의는 신현실주의와 마찬가지로 국가, 무정부상태, 힘의 배분 의 중요성을 그대로 수용하면서도 국제제도가 서로의 행위에 대한 투명성 을 제고함으로써 협력 가능성을 높인다는 사실을 보여준 점에서 신현실주 의와 다르다. 즉 신자유주의는 신현실주의와 같이 국가간의 이해관계가 항 구적으로 서로 배타적이라거나, 이상주의(idealism)와 같이 국제관계가 완벽하게 조화롭다고 상정하지 않는다. 국가간 관계란 갈등과 협력 양 요 소를 다 포함하고, 제도는 협력이 그다지 용이하지 않은 상황에서 협력을 가능하게 한다는 점을 보여줌으로써 현실주의에 심각한 도전을 했다.

최근 국제정치 연구의 이론적 발전을 주도한 신현실주의와 신자유주의 는 제도의 생성, 역할, 안정성 등의 측면에서 상이하다. 신현실주의는 제 도란 패권국가가 패권적 지배의 필요성 때문에 만든다고 본다. 반면에 신 자유주의는 거래비용 삭감과 시장실패를 극복하기 위해 제도를 필요로 한 다고 보지만 제도의 공급에 대해서는 명확한 언급 없이 현실주의 입장을 그대로 수용하고 있는 듯하다.

제도의 안정성과 관련해서 신현실주의는 패권국가의 힘이나 세력배분의 지속을 가장 중요한 관건으로 본다. 국가간 힘의 배분과 국제제도 사이의 함수 관계를 상정하고 있기 때문에 힘의 배분의 변화는 즉각적인 제도의 변화로서 나타나게 된다. 이에 반해서 신자유주의는 제도란 관성을 가진다고 본다. 제도는 새롭게 만드는 데 비용도 많이 들고, 쉽게 합의에 도달할 수도 없으며, 또 기존의 제도를 가지고 새로운 의제를 다루게 되면 규모의 경제가 발생하기 때문에 힘의 배분에 변화가 있어도 그 기본 틀이 쉽게 변하지 않는 끈끈한 성질을 가진다.

신자유주의가 제도를 국가 행위를 설명하는 독립변수로서 체계적 이론적으로 등장시킨 이래 국제제도에 대한 연구는 지역통합이나 국제협력 연구의 부속물에서 불과하던 지위에서 벗어나 하나의 독립된 연구영역으로 자리잡게 되었다. 현재 제도주의(institutionalism)는 국제정치 연구에서 중요한 접근법의 하나가 되었으며, 또 다양한 국제정치 이론들이 제도를 자신들의 이론적 틀 속에 적극적으로 수용하고 있다. 지금부터는 국제정치 연구에서의 다양한 제도주의의 흐름에 대하여 살펴보기로 하겠다.

III. 제도주의적 접근법의 흐름

국제제도에 대한 이론적 접근법은 다양하지만, 대강 합리주의적 제도주의, 구성주의적 제도주의, 역사적 제도주의로 나누어 볼 수 있을 것이다. 이들은 각기 현대 국제정치 연구에서 제도와 관련해서 커다란 족적을 남긴 커해인, 러기, 크래스너에 의해 대표된다.[4]

1. 합리적 제도주의

합리적 제도주의는 제도의 규범적, 가치적 측면보다는 구성원들의 행위에 대한 규제적 측면에 초점을 둔다. 제도는 수용될 수 있는 행위를 규정하고, 동시에 수용될 수 없는 행위를 금지하는 것을 내용으로 하는 규칙과 유인(誘因)의 체계로 정의된다. 합리적 행위자들은 주어진 제도적 제약 아래서 자신의 이익을 극대화하기 위해서 행동하는 것으로 상정된다. 제도는 행위자들의 필요에 의해 의도적으로 만들어지는 것이기 때문에 과거 역사나 관념적 요소는 별다른 영향을 미치지 못한다. 기본적으로 제도는 필요에 따라 생성되고, 변화하는 것이 주된 속성이다.[5]

기능주의적 통합이론과 신자유주의를 단초로 하는 합리적 제도주의는 최근 국가만이 아니라 개인과 집단, 국내제도 등 국내 정치적 변수들을 중시하는 자유주의적 경향과 방법론적으로 게임이론과 같은 수리모델을 엄밀하게 적용하는 경향의 양자가 급속히 강화되는 추세를 보이고 있다. 국내정치와 국제제도의 상관관계에 대한 분석은 국제제도에 대한 국가의 선호도 결정과정이나 국제제도가 국내정치에 미치는 영향과 관련하여 이론적, 실증적으로 의미 있는 성과를 많이 거두었다.[6]

특히 국제제도는 국내제도가 특수한 이해집단에 의해 포획되어 보편적 국익을 대변할 수 없을 때 유용성이 크며, 이 경우 국가는 스스로 자신의 권한을 국제제도에 양도하려는 유인을 가지게 된다. 예를 들어 강력한 노동의 존재로 국내제도의 경직성이 높을 경우나 국경분쟁에서 국내제도가 민족주의 세력에 의해 포획되어 유연한 대응이 곤란한 경우에 국가는 국제제도에 권한을 이양할 유인을 갖는다. 또 집단행동이론의 관점에서 볼 때 보호주의 세력이 소비자보다 집단행동을 하기가 쉽기 때문에 국가의 무역정책은 생래적으로 보호주의적 경향을 띤다. 따라서 국가가 자유화를 지향하는 국제제도에 참여함으로써 국내의 보호주의를 상쇄하려는 시도는 유용한 대안이 된다. 같은 맥락에서 유럽통화연맹은 국가(행정부)가 씀씀이가 필연적으로 헤플 수밖에 없는 정치인들로부터 재정·통화정책의 결정권을 박탈하기 위해서 추진된 측면이 강하다.

이익집단 모델을 원용하여 국내정치와 국제제도의 상관관계를 분석한 연구들은 국제제도가 특정 집단에게 유리하게 작동할 수 있기 때문에 잠재적 수혜자들이 이를 강력하게 선호하게 된다고 주장한다. 예를 들어 국제거래를 많이 하거나, 인권과 같은 국제사회의 규범을 공유하거나, 환경과 같이 범지구적 차원의 이슈에 관심 있는 행위자나 집단들은 국제제도화에 큰 이해관계를 가질 것이다. 이런 경향은 특히 자신들이 국내적으로 소수 파일 경우에 더욱 커질 것이다. 일반적으로 볼 때 국제제도화는 사법부나 입법부보다 행정부의 권한을 강화하는 경향이 있고, 유럽재판소의 사례가 보여주듯이 법제화의 진전은 이를 관장하는 사법기관이나 변호사를 최대의 수혜자로 만들 개연성이 크다. 따라서 현재 유럽재판소가 유럽통합을 주도하고 있는 것은 그다지 놀랄 만한 현상이 아니다.

또 하나의 두드러진 경향은 게임이론과 같은 수리모델을 적용하는 것으로서, 초기에는 다양한 게임상황에서 제도가 하는 역할을 분석하거나 이해관계의 분포가 레짐 형성의 가능성과 형태에 미치는 영향에 대한 연구가 중심이었다.[7] 최근에는 합리적 선택이론에 입각해서 기존에 이루어진 국내정치나 국내제도에 대한 분석틀을 국제제도 연구에 원용하는 경향이 강하다. 이것은 방법론상으로 국내정치와 국제정치 사이의 본질적인 차이를 인정하지 않고, 미국의 의회나 대통령, 그리고 여타의 국내제도를 분석하는 데 사용된 분석 방법을 그대로 차용한다. 이 입장은 제도란 다양한 선호도를 결집하여 하나의 집합적 결과를 만들어내는 기능을 한다는 점에서 공통적이고, 만일 제도가 하는 기능이 비슷하다면 국내제도에 대한 분석틀이 별 문제없이 국제제도 연구에 적용될 수 있다고 주장한다. 이런 연구는 일반적으로 게임이론적 분석을 시도한다.[8]

이런 입장의 연구는 또한 비교국제제도 연구를 가능케 하여, 국제제도 연구에 커다란 이론적 기여를 할 것으로 기대된다.[9] 만일 상이한 제도가 상이한 결과를 가져다준다는 점과 제도가 어떤 조건 아래서 최적화되는가를 보여줄 수 있다면 우리는 언제, 어떤 조건 하에서 특정 제도가 생겨날 확률이 높은지 알 수 있을 것이다. 최근에는 제도의 디자인에 대한 관심이 크게 증가하고 있다.[10] 이것은 주로 합리적 선택이론에 기초해서 국가란 자신의 국익을 추구하기 위해서 국제제도를 이용하며, 또 이런 목적에 가장 잘 부합되도록 제도를 디자인하고자 할 것이라고 가정한다. 국가가 제도의 디자인을 둘러싸고 서로 갈등하는 이유는 바로 디자인이 결과에 지대한 영향을 미치기 때문인 것이다. 이런 맥락에서 합리적 제도주의는 다음에 살펴볼 구성주의나 역사주의적 접근법과 다르게 구성원들이 과거의 관념이나 역사로부터 자유로운 백지 상태에서 자신들의 행위를 효과적으로 규율하려는 의도로 디자인된다고 본다.

2. 구성주의적 제도주의

요즈음 새롭게 각광을 받고 있는 구성주의도 제도를 매우 중요한 이론적 요소 중 하나로 삼고 있다. 구성주의는 합리주의와 다르게 물질적 요소에 더하여 이념, 규범, 정체성 등과 같은 관념적 요소를 강조하며, 국제제도의 형성 및 변화와 관련하여서도 사회적 맥락과 관념적 요소가 중요한 역할을 한다. 제도란 합리적 입장이 상정하듯 단순한 규칙이나 인센티브의 총체라기보다는 규범이나 가치를 반영하는 인지적(cognitive)이고 규범적인 실체이다. 국제체제 자체까지도 포함하는 국제제도는 무정부상태라는 냉엄한 현실세계에서 거래와 계약을 통해서 만들어지는 것이 아니라 대화와 담론이 가능한 국제사회 속에서 사회적 상호작용을 통해서 만들어진다고 본다.[11] 이 과정에서 역사, 문화, 규범, 정체성 등 모두가 중요한 역할을 한다. 요컨대 제도는 의도적인 산물일 수도 있고, 자연적으로 생성, 진화되기도 한다. 국가와 국제제도는 행위자와 구조(agent-structure)의 관계로서 상호 불가분적이며, 존재론적으로 볼 때 어느 것도 우선적이지 않다. 국가는 제도 속에서 서로 상호작용을 함으로써 구성되는(constituted) 것이고, 역으로 제도는 자신에게 속하는 국가들에 의해 구성된다.[12] 이런 상호 작용을 인정하는 점에서 구성주의는 행위자들의 선호가 외부로부터 주어지는 것으로 상정하는 합리적 제도주의와 다르다.

관념적 · 인지적 요소는 제도에 투영되고, 이런 제도는 단순히 행위자들이 전략적 선택을 하는 데 환경적 제약요인으로서 작용할 뿐만 아니라 행위자 자체를 구성하고 변화시킬 수도 있다. 예를 들어 서유럽의 지역제도들이 '유럽인'이라는 새로운 정체성을 만들어냈고, 이것이 역으로 제도적 통합을 심화시켰음을 보여주는 연구는 상당히 많다.[13] 또 NATO는 처음에 회원국가의 개별적 국익을 반영하는 것이었지만 세월이 흐름에 따라 회원국들은 점차 NATO라는 기구와 자신을 일체화시키게 되었고, 종국에는 공통의 정체성을 생성했다. 그 결과 NATO는 냉전종식 후 사라지기는 커녕 오히려 확대, 강화되는 경향을 보였다.

그러나 구성주의가 반드시 합리성과 상충되는 것만은 아니다. 구성주의에는 합리주의에 가까운 입장과 합리성과 규칙성을 부정하는 포스트모더니즘에 가까운 입장이 존재한다.[14] 전자는 규칙, 규범, 정체성, 조직형태 그리고 제도 등이 모두 합리적이고 의도적인 행위의 결과라는 점과 행위에는 규칙성이 있다는 점을 인정한다. 그러나 후자의 입장은 제도와 행위자 양자 모두가 함께 변화하는 것으로 보기 때문에 규칙, 규범, 정체성의 변화에 대한 패턴을 찾거나 미리 예측을 하는 것이 매우 어렵게 된다.[15] 실제로 정체성과 공동체 의식은 유럽통합의 예에서 보여지듯이 의식적 노력의 결과로 생겨날 수도 있고, 기능주의가 상정하듯이 무의식적 혹은 자동적으로 생겨날 수 있다. 그러나 구성주의가 이론으로서 하나의 일관된 체계를 갖추기 위해서는 이런 점에 대해 좀더 명확한 개념화가 필요할 것이다.

구성주의는 제도가 국제정치에서 존재한다는 사실을 자체의 이론적 틀 속에 잘 수용할 수 있는 장점을 가지며, 관념과 제도의 중요성을 강조함으로써 합리주의적 입장과 같이 물질적(material) 요소만을 강조하는 이론들의 약점을 잘 보완하고 있다. 또한 제도가 구성원들의 정체성이나 이해 관계를 형성·변화시켜 구체적인 행위의 변화를 가져오는 것을 인정하기 때문에 내생적인 선호도 형성이론으로서 잠재력이 매우 크다.[16] 그러나 구성주의는 어떤 제도가 왜 생겨나는가에 대해서 명확히 설명하지 못할 뿐만 아니라, 왜 어느 특정한 관념은 제도화되는 반면 다른 것들은 제도화되지 않는가 하는 문제에 대해서도 적절한 답변을 필요로 한다.[17]

3. 역사적 제도주의

제도주의에서 역사를 고려하는 입장을 분리시켜 역사적 제도주의로서 살펴보는 것은 무의미할 수도 있다. 주된 이유는 제도 자체가 상당 부분 역사의 산물이기 때문이다.[18] 이런 점에서 모든 제도주의는 극단적 합리주의를 제외하고는 역사적이다. 그러나 역사적 제도주의는 역사 자체의 독립적 역할을 인정한다는 점에서 합리적 제도주의나 구성주의적 제도주의와 다르다. 합리적 제도주의에서 역사는 고려대상이 아니거나, 아니면 단순히 합리성을 구현하는 과정에 불과하다. 이런 합리성은 생존을 위한 경쟁 혹은 적자생존의 개념에서 찾아질 수 있다. 결과적으로 역사의 산물로서의 제도는 별다른 독립적인 역할을 하지 못하고 단순히 환경의 변화에 합리적으로 적응할 뿐이다. 그리고 구성주의적 제도주의에서는 관념적·인지적인 요소가 독립변수로서 역할을 하고, 역사 자체는 이들보다 하위의 개념이 된다. 역사의 독립적 영향력은 자체의 비합리성·비효율성에서 찾을 수 있을 것이고, 이것이 바로 본 연구가 지칭하는 역사적 제도주의의 요체라고 할 수 있다.[19]

역사를 비효율적이라고 보는 관점은 환경의 변화 속도와 비교해서 현실의 적응 속도가 느리기 때문에 양자가 균형 상태에 이를 확률이 낮다는 점을 강조한다. 이로 인해 역사에는 여러 개의 균형점이나 내부동력이 존재하고, 지역마다 다양성이 생겨나게 된다. 따라서 국제제도와 환경 사이의 관계도 자동적이지 않고 단속적이며, 엄밀한 일치가 생겨나지 않게 된다. 제도는 끈끈한 성질을 가지며, 제도의 변화는 필연적으로 역사적인 발전과정을 반영한다. 이런 의미에서 역사나 제도의 변화는 경로 의존적(path-dependent)이다. 이와 같은 변화는 과거의 연장선상에 있기 때문에 제도를 백지상태에서 새롭게 만드는 것과는 상당한 차이가 있다.[20]

국제정치의 역사는 역사적 제도주의의 타당성을 입증하는 많은 증거를 가지고 있다. 제도의 관성은 전후 미국의 패권이 절대적이었던 시기에 만들어진 제도들의 대부분이 패권 이후(after hegemony)라는 새로운 환경 속에서도 유지되었다는 사실에서 확인할 수 있다. 이와 유사한 사례는 매우 많고, 그 중 대표적인 것이 국가주권(sovereignty)이라는 제도이다.[21] 현재 실패하거나 분열된 국가(failed or fragmented states)들이 다수 존재하고, 국가 주권에 대한 대내외적인 도전으로 그 유용성이 의심될 정도이다. 그럼에도 불구하고 주권이라는 제도는 지속적으로 유지되고 있다. 제도의 관성은 앞서 언급한 신자유제도주의와 같이 합리성 내지 비용의 관점에서 설명할 수도 있다. 그러나 역사적 제도주의는 역사의 우연성과 관성을 역사 자체의 내재적 속성에서 찾는다는 점에서 다르다.[22]

역사적 제도주의는 국제정치가 역사적으로 경험해 온 과정에 대한 풍부한 서술을 할 수 있다는 장점을 가진다. 실제로 복잡하게 상호의존적인 국제정치 현실에서 환경의 변화에 상응하는 적절한 제도적 변화나 적응이 이루어질 것이라고 기대하기는 상당히 어렵다. 그러나 이런 역사적 현실을 감안한다고 해도 역사적 제도주의는 지나치게 정적이고, 국제제도의 생성과 변화에 대한 검증 가능한 가설을 제공하지 못한다는 커다란 한계를 가진다.[23] 그리고 경로의존성에 대한 언급은 많은 연구에서 보이지만, 경로의존성이 생겨나는 환경 조건에 대한 구체적인 연구는 거의 없는 것이 현실이다.

IV. 국제제도 연구의 주요 쟁점

1. 제도의 효과

국제제도 연구에서 가장 중요한 이슈 중 하나가 제도의 효과를 제대로 측정하는 것이다. 만일 제도의 실효성이 단순하게 힘의 행사나 강요에 의한 것이라면 제도 자체가 국제체제의 질서 유지에 기여할 수 있는 바는 상당히 제한될 것이다. 그러나 만일 제도의 효과가 경험적으로 입증될 수 있고, 이론적으로 설명가능하고, 또 효과를 제고시킬 수 있는 현실적인 처방을 마련할 수 있다면 국제제도가 국제질서 유지에 기여할 수 있는 역할은 매우 클 것이다.

앞에서도 살펴본 바와 같이 신현실주의와 신자유주의의 논쟁의 주요 이슈는 제도가 국가행위나 협력적 결과에 독립적으로 영향을 미칠 수 있는지의 여부에 있었다. 현실주의는 제도란 힘의 반영에 불과하고 중요한 것은 힘과 국익이라고 보았다. 이에 대응하여 신자유주의는 제도가 독립변수로서의 효과를 가진다는 점을 논리적·경험적으로 보여주려고 시도했다. 신자유주의자들의 노력이 어느 정도 성공한 것은 분명하지만 문제는 "제도는 중요하다(institutions matter)"는 사실을 입증하려는 관심이 지나친 나머지 제도가 어떻게, 어떤 조건하에서, 얼마만큼 영향을 미치는지를 간과했다는 데 있다.[24]

그리고 제도의 효과를 경험적으로 입증하려는 연구들은 상당수가 종속변수를 기준으로 사례를 선택했다는 방법론적인 문제점을 노출했다. 즉 제도가 영향을 미쳤을 개연성이 높은 협력의 사례를 먼저 선택하고, 만일 제도가 없었더라면 협력적 결과를 성취하는 것이 불가능했을 것이라고 거꾸로 주장하는 것이 일반적이었다. 더구나 행위의 변화가 힘이나 이해관계와 같이 좀더 본질적인 요인이 변화한 결과인지 아니면 제도가 영향을 미친 것인지 실증적으로 구분해 내는 것 또한 용이한 작업이 아니었다. 실제로 제도란 힘의 배분과 같은 환경적 요인이 변함에 따라 불가피하게 변하기 때문에 제도는 피상적인 효과밖에 갖지 못한다고 볼 수도 있다.[25]

물론 제도가 미치는 효과를 엄밀하게 예측하거나 측정하는 것은 쉬운 작업이 아니지만, 위에서 지적한 바와 같은 한계를 극복하면서 제도의 효과를 체계적으로 입증하려는 노력이 활발해지고 있다.[26] 최근 합리적 제도주의 연구는 국제제도가 지향하는 목표로 국가의 행위가 수렴되도록 하는 효과(convergence effect)는 당면한 협력문제(cooperation problem)가 커다란 외부효과(externalities)를 지니면서 동시에 제도가 집단적 딜레마(collective dilemma)를 해결할 수 있는 적절한 집행기제를 보유할 때 클 것이라는 점을 잘 보여주고 있다. 구체적으로 제도의 효과는 국제제도가 추구하는 목표가 구성원들에 얼마만큼 잘 반영되었는가를 구체적인 척도(예를 들어 인플레이션 비율, GNP 대비 해외개발원조의 비율, 환경오염 수준, 인권유린 사례의 빈도 등)를 통해 측정함으로써 알 수 있을 것이다.

제도의 효과를 측정하는 데 또 중요한 것은 구성원들의 국내정치이다. 국내정치와 정치제도는 국가가 행하는 국제적 약속의 신뢰성에 영향을 미치고, 이것은 또한 국제제도가 이행을 담보하기 위해 설치하는 집행기제의 권한에 영향을 미친다.[27] 국내 정치에서 제도가 구현하고자 하는 가치를 공유하고 지지하는 이익집단의 힘이 클수록 제도의 효과가 크다. 대표적인 사례가 국제인권레짐으로서, 모라브칙(Moravcsik)의 연구에 의하면, 참가국 중 기존에 인권보호가 상당히 이루어지고 인권단체의 활동이 강한 유럽 국가의 경우 인권보호가 강화되었지만, 그렇지 못한 라틴 아메리카의 대다수 국가들은 별다른 효과가 없었다.[28] 또한 국제제도는 회원국 내에서 자신이 구현하는 가치나 의제를 지지하는 이익집단들의 상대적 영향력을 증대시키고, 궁극적으로는 국가의 행위에 변화를 가져오는 효과를 가진다. 따라서 이런 국내 이익집단이 없는 나라에서는 국제적 규범에 대한 저항이 상당히 강하다.

국제적인 측면에서 볼 때 인권이나 환경 분야에서와 같이 초국가적 시민단체 망(transnational advocacy networks)의 존재는 해당 제도의 효과를 높이는 데 크게 기여한다.[29] 인권관련 레짐은 원래 선언적 의미만을 가졌지만 초국가적 행위자들의 부단한 노력의 결과 회원국의 행위를 변화시키는 데 커다란 효과가 있었다. 이런 변화는 특히 인권레짐에 NGO들의 참여가 보장됨에 따라 예기치 않게 초래된 측면이 강하다. 이런 맥락에서 최근 국제제도의 연구는 제도 내의 일상적인 활동을 규율하기 위한 부차적인 규칙의 변경이 가져오는 의도하지 않은 결과에 대하여 주목하고 있다. 특히 투표규칙과 같은 의사결정 방식의 변화는 이를 둘러싼 정치적인 동학에 심대한 변화를 가져와 제도가 원래 의도했던 것과는 거리가 먼 결과를 초래할 가능성이 크다. 실제로 국제제도 내에서의 일상적 정치는 대부분이 바로 절차의 조작이나 규칙의 선택에 초점이 맞춰져 있다. 이것은 또한 초국가적 행위자나 국제제도에 파견된 국가의 대리인들이나 초국가적 관료들이 본국의 의도와 상치된 결정을 할 수도 있는 재량권을 가진다는 사실을 보여준다.

지금까지 살펴본 바와 같이 최근 국제제도의 효과에 대한 분석은 단순히 제도는 중요하다는 차원을 넘어서 제도가 어떤 조건하에서 얼마만큼 중요한가에 대한 실증적 연구로 발전했다. 제도의 효과는 해결하고자 하는 문제의 성격이나 제도의 디자인이 가장 중요한 변수이고, 국내 정치적 변수나 초국가적 행위자에 대한 적절한 고려가 아울러 필요하다. 특히 제도의 배후에 존재하는 힘이나 물질적 이해관계의 영향과는 별도로 제도 자체가 가지는 독립적인 효과를 분리해내기 위해서는 제도의 디자인(헌법적 구조 및 부차적인 의사결정 절차나 규칙을 포함)에 대한 더 깊은 연구가 있어야 할 것이다.

2. 제도와 힘의 상관관계

협력문제는 크게 협동(collaboration)문제와 조정(coordination)문제로 나누어 볼 수 있다. 협동문제는 "죄수의 딜레마"와 같이 균형이 비효율적인 상황에서 최적의 공통 이익을 달성할 수 있도록 하는 것으로서 그 해결이 매우 어렵고, 제도가 매우 중요한 역할을 한다. 이와 대조적으로 조정(coordination)은 바람직하지 않은 상황을 회피하면서 복수의 균형적 결과 중 하나를 성취해야 하는 공통 회피의 딜레마 상황에서 필요한 협력으로서, 초기의 레짐 연구는 이런 조정문제가 상대적으로 해결하기 쉽고, 제도가 기여할 수 있는 여지도 별로 없다고 보았다.[30]

그러나 이후의 연구는 조정의 문제도 협동의 문제만큼 어려울 수 있다는 점을 보여주었다. "성별대결(Battle of Sexes)"과 같이 복수의 균형점이 있으나 행위자들 사이에 선호도가 크게 갈릴 때 조정은 매우 어려운 선택과 치열한 흥정을 수반하게 된다. 국제정치 현실에서 배분적 성격을 갖지 않는 단순한 조정문제는 아주 드물다. 현실주의는 이 경우 강대국이 자기가 원하는 쪽을 그냥 선택하고, 약소국들은 이에 순응할 수밖에 없다고 주장한다.[31]

그렇지만 제도는 분배를 둘러싼 갈등을 해소하기 위해 일정한 역할을 할 수 있다. 특히 제도는 선택 그 자체를 제도화함으로써 여러 균형점 중에서 별다른 논란이 없이 자연스럽게 선택할 수 있는 초점(focal point)을 만들어낼 수 있다. 그 결과 선택을 둘러싼 갈등이 크게 줄어들 수 있게 된다. 유럽통합에서는 유럽사법재판소(ECJ)가 바로 이런 초점을 만들어내는 역할을 담당했고, 은행 건전성 확보를 위한 규제 조정문제는 바젤은행위원회(The Basel Banking Committee)의 담당이었다. 이와 아울러 제도는 이익배분과 관련된 제반 정보를 창출, 유통, 축적함으로써 참가국 사이에 이와 관련한 우려를 불식시킬 수 있을 것이다. 그리고 제도를 통해 이슈연계 및 장기 반복적 거래가 가능해지기 때문에 분배의 공정성이 제고될 수도 있다.

초점은 의도적으로 구성되기도 하고, 자연스럽게 생겨나기도 한다. 제한적 합리성과 경험법칙이 적용되는 일반적인 상황 하에서 행위자들의 기대가 서로 합치되도록 촉진하는 공통의 행위규범이나 표준적 절차가 생겨날 수 있다는 점은 많은 연구가 보여주고 있다. 또한 합리주의가 선호도를 거의 변하지 않는 것으로 취급하고 있는 반면에 구성주의에서는 국가의 이익, 선호도, 정체성 자체가 변화한다고 본다. 이런 변화를 통해서 공통의 이해관계가 등장하게 되면 분배문제를 둘러싼 갈등의 심각성은 현저하게 줄어들 것이다.

지금까지 살펴본 바와 같이 국제제도내의 분배문제를 둘러싼 갈등은 매우 심각하며, 이것을 해결하는 과정에서 제도와 국가의 힘은 상호 긴밀하게 연결되어 있다. 여기서 국제세도와 진통적인 힘의 정치의 상관관계에 대해 좀더 구체적으로 살펴본다면, 우선 국제제도란 구체적인 실효성 여부와 상관없이 평등성과 보편성의 원칙을 기본으로 하고 있기 때문에 힘에 근거한 차별대우와 특혜적 취급을 당연시하는 힘의 정치와 상충된다. 국제제도는 국력의 규모와 상관없이 구성원들의 행위를 규제하고, 구속하는 힘을 어느 정도 가지며, 이러한 보편적 구속력은 시간이 흐르면서 규범이 내재화될수록 증가된다.[32] 이런 측면에서 보면 제도적 장치란 그 구성원들이 자신의 목적을 성취하기 위한 중요한 수단이 된다. 일반적으로 국가는 자신은 덜 구속하면서 상대방에 대해서는 구속력이 큰 방향으로 제도적 틀을 짜고자 할 것이다.

제도는 강대국이 약소국의 행위를 제약하기 위한 목적으로 사용될 수 있다. 벌거벗은 힘에 의존하지 않고 제도를 통해 힘이 약한 국가들의 보상구조나 전략을 바꿀 수 있기 때문에 패권적 지배를 가능하게 할 것으로 기대된다. 더구나 강대국은 자신의 의도대로 유리하게 제도를 만들 수 있는 능력을 가진다. 이와 반대로 다수의 약소국들도 강대국의 자의적 힘의 행사를 제약할 목적으로 제도를 이용할 수도 있다. 힘이 약한 국가들이 어떤 형태로든 연합을 형성하고, 자신의 수적 우위를 이용해서 자신에게 유리하도록 제도를 디자인하거나, 유리한 협상 결과가 나오도록 의사결정 방식을 변경할 수 있는 여지는 상당히 있다.

3. 법제화(legalization)

현재 국제정치의 모든 영역에서 제도화, 법제화가 급속히 진전되고 있다. 무역 및 안보 영역은 물론 환경, 인권, 해양 등 거의 모든 분야가 어떤 형태로든 제도에 의해 관리, 통제되고 있으며, 최근 그 법제화의 정도가 상당히 심화되는 경향을 보이고 있다.[33] 특히 경제영역에서는 WTO에 더해서 다양한 형태의 양자간 혹은 지역 차원의 특혜무역제도가 등장했고, 이러한 제도들은 법제화의 정도가 비록 다르지만 각기 독자적인 분쟁해결제도를 보유하는 추세이다.[34]

최근 법제화 현상에 대한 연구는 법제화 현상의 원인과 결과를 규명하는 데 초점이 맞춰져 있다. 국가가 법제화를 회피함으로써 제도의 구속을 적게 받을 수 있음에도 불구하고 기꺼이 여러 형태의 제도 중에서 법제화된 제도를 선택하는 현상은 상당히 흥미롭다. 합리적·기능주의적 입장에서는 높은 수준의 법제화가 정부간의 약속의 신뢰성을 높이고, 약속이행을 좀더 확실하게 담보할 수 있는 등 거래비용 전반의 감소를 가져온다고 주장한다. 그리고 국가마다 법제화에 대한 선호가 다르고, 제도마다 법제화의 수준이 다른 이유로는 법제화의 이득이 국가간에 상대적으로 균형 있게 배분되는 반면에 주권상실 비용 및 미래에 대한 불확실성의 정도가 결정하는 법제화의 비용은 국가에 따라 다르게 인식된다는 점을 들고 있다.[35]

법제화와 국가의 힘의 상관관계에 대해서 현실주의는 다음과 같은 연구 가설을 제시하고 있다. 즉, 국가는 힘이 강할수록 법제화된 기구를 선호하지 않을 것이다. 그 이유는 힘이 강한 국가는 필요할 때마다 강압이나 정치적 흥정을 통해 바라는 결과를 성취할 것이기 때문이다. 같은 논리로 법제화가 불가피한 경우에도 강대국은 연성 법제화(soft legalization)를 경성 법제화(hard legalization)보다 선호하게 될 것이다. 그리고 초국가적 (trans-national) 분쟁해결제도보다는 "자신이 법적 절차를 취할 의제를 선정하고, 결정과정에서 정치적 흥정이 개입할 여지가 있고, 또 불리한 결정의 집행을 저지할 수 있는 기회가 보장되는" 국가간(inter-state) 분쟁해결제도를 선호할 것이다.[36] 같은 맥락에서 현실주의는 제도의 구성원 사이에 힘의 불균형이 클수록 법제화가 어려울 것이라는 가설을 또한 제시하고 있다.[37]

자유주의 입장이 중시하는 국내 정치 또한 법제화에 대한 국가의 선호도에 커다란 영향을 미친다. 사회집단들이 법제화에 대하여 갖는 선호도는 각양각색이지만, 그 중에서도 특히 법조인과 국제 무역이나 투자에 적극 참여하는 이익집단들이 강한 선호도를 가질 것이다. 이들 집단의 정치적 영향력의 크기에 따라서 정치인들이 인식하는 주권상실 비용에 대한 민감성이 변할 것이다. 그리고 정치인들은 자신이 선호하는 정책에 반대하는 이익집단의 압력을 회피하고, 자신의 후임자들을 자신이 선호하는 정책에 묶어두려는 목적에서 법제화를 추진하기도 한다.[38] 국내 행위자들이 자신의 정부가 특정 제도에 충실하게 복종하도록 하기 위해 법제화를 추구한다는 점을 많은 연구가 보여주고 있다.

다양한 국제정치 이론은 나름대로 국가가 국제제도나 법에 복종하는 이유를 설명하는 기제를 갖고 있다. 현실주의는 강대국의 강요를 들고 있으며, 신자유주의는 복종의 이익이 손실보다 클 것을 조건으로 제시하고, 구성주의는 제도나 법이 정당하기 때문에 복종하는 것이라고 주장한다. 또한 국내 정치적 요인을 강조하는 자유주의는 국내적으로 "정부의 충실한 복종을 지지하는 세력(compliance constituencies)"의 존재를 강조한다. 현실적으로는 이들 요인이 복합적으로 작용하는 것으로 보이며, 국가의 복종심의 정도는 해결하려는 문제의 성격, 제도의 디자인과 작동 양식, 그리고 제도적 규범에 대한 사회화의 정도에 따라 결정될 것이다. 제도 자체가 적절하게 설계되고, 제도가 구현하고자 하는 규범에 대한 사회화가 잘 이루어질수록 구성원들이 준수하기 쉬울 것이다. 구체적으로 규칙의 투명성과 요구 조건의 유연성, 그리고 절차의 공정성이 확보될수록 제도적 규범이 잘 준수될 것으로 보인다.[39] 규범의 생성, 진화, 그리고 이에 대한 사회화 과정에 관한 연구는 구성주의의 핵심주제로서 최근 많은 연구가 이루어지고 있다.[40]

법제화와 관련해서 지적해 둘 사항은 법적 구속력이 큰 형태로 법제화가 이루어진다고 해서 이것이 자동적으로 구성원들의 복종을 보장해 주는 것은 아니라는 점이다. 법제화의 강화는 이로 인해 손해를 보거나 법적 담론에 참여할 수 없는 행위자나 집단들의 반대를 촉발하고, 이에 대한 저항이 거세질 가능성이 크다. 그 결과 제도나 법에 대한 복종심이 약화될 우려가 있다. 현재 세계화와 이를 지탱해 온 법제화된 제도에 대한 반발이 점차 확산되고, 동시에 더욱 강렬해지고 있다. 앞으로 연구는 법제화의 승자와 패자가 구체적으로 누구인가를 경험적으로 보여주고, 이에 대한 절절한 대처방안을 강구하는 것일 것이다. 예를 들어 강력한 국내 반대가 예상되는 경우 연성 형태의 법제화(soft law)는 비록 법적인 구속력은 낮지만 유연성이 높기 때문에 유용한 대안이 될 것이다.

V. 국제제도론의 한국적 정체성 모색

지금까지 살펴본 국제제도 연구의 성과는 국제제도에 적극 참여함으로써 자신의 생존과 번영을 추구해 온 우리나라의 정책이나 전략을 설명하거나 바람직한 발전 방향을 모색하는 데 유용할 것으로 보인다. 그리고 같은 민족으로 구성된 북한과 국제관계를 맺으면서 양자 관계의 제도화와 궁극적인 통합을 모색하면서, 아울러 공식적 제도의 발전이 취약한 동아시아의 제도적 통합과 동북아의 중심국가를 지향하는 우리의 노력과 경험은 궁극적으로 국제제도론의 발전에 크게 공헌할 수 있을 것으로 기대된다.

이 연구가 우리에게 주는 시사점으로 우선 지적할 수 있는 것은 한국이 국제제도를 새로운 힘의 원천이나 목적 달성을 위한 수단으로 적극 활용할 필요가 있다는 점이다. 지역차원 내지 범지구적 차원의 제도는 미국이나 일본과 같은 강대국의 자의적인 힘의 행사를 막는 데 유용한 수단이 될 수 있음을 많은 연구가 보여주고 있다. 둘째는 자유화와 개혁정책에 대한 국내 이익집단의 반대를 회피하고, 그 집행을 장래에도 담보하기 위해서는 지향점이 같은 국제제도에 적극적으로 참여할 필요가 있다는 점이다. 셋째는 국내적으로 환경 및 인권 NGO들이 활성화됨에 따라 우리 정부가 인권 및 환경 분야의 국제레짐에 더욱 적극적으로 가담하고, 성실하게 부과된 의무를 이행하게 될 것이라는 점이다. 넷째로는 제도화 및 법제화에 대한 연구는 남북한 관계, 북-미 관계, 동아시아 공동체의 형성 등과 같은 우리의 주요 현안에 접근하는 데 매우 유용한 준거틀을 제공한다는 점이다.

지금부터는 좀더 구체적으로 국제제도가 중견국 한국에 갖는 의미, 국제제도와 한반도 문제, 동아시아 지역제도화가 갖는 이론적 의미, 국제제도와 한국의 국내정치의 상관관계에 대해서 살펴보기로 하겠다.

1. 국제제도와 중견국가 한국

현실주의에서 국제제도란 힘의 표현인 동시에 힘의 반영이다. 국제제도가 강대국이 약소국을 지배하는 수단의 하나에 불과하다는 시각은 적지 않게 퍼져 있다. 그러나 국제제도는 국력의 규모와 상관없이 구성원들의 행위를 규제·구속하는 힘을 어느 정도 가진다. 이러한 보편적 구속력은 시간이 흘러 제도의 규범이 내재화되고 제도가 안정화됨에 따라 증가한다. 따라서 제도적 장치란 힘이 약한 국가들이 강대국의 자의적 힘의 행사를 제약하거나, 자신의 목적을 성취하기 위한 유용한 수단이 될 수 있다.

국제제도의 강화를 통해 강대국을 구속하려는 동기는 우리나라와 같은 중견국가(middle power)에게 특히 강하다. 일반적으로 중견국가는 강대국에게 정면으로 도전하거나, 자신의 목표를 다른 나라에게 강요할 힘은 없다. 하지만 어느 정도 적극적인 외교를 펼칠 수 있는 능력이나 물질적 기반을 보유하기 때문에 제도의 장을 통해 자신이 직면한 문제를 해결하는 데 적극적일 것이다. 중견국가로 분류될 수 있는 호주나 캐나다가 국제제도화에 매우 적극적이었던 사실은 잘 알려져 있고, 이와 비슷하게 유럽에서도 이등국가(secondary states)들이 독일이나 프랑스와 같은 강대국을 구속하기 위해 제도적 통합에 가장 적극적이었다.

이와 같이 국제제도에 대한 연구는 중견국가인 한국이 적극적으로 국제제도에 참여하고 또 제도화를 심화시키는 것이 자신의 국익에 부합될 수 있다는 점을 보여준다. 이를 반영하듯 한국의 국제제도에 대한 입장은 매우 적극적이었다. 유엔을 포함하여 WTO, IMF, OECD 등과 관련된 한국의 정책이 그 예이다. 특히 최근 한국이 동아시아 공동체 논의를 주도하면서 동아시아 지역통합에 앞장서는 것은 당연하다고 볼 수 있다.

사실 동아시아에서의 지역제도 형성과 관련하여 많은 나라들이 지역제도가 일본에 의해 포획되어 일본의 지배도구로 전락할 것이라는 우려를 강하게 가졌다. 그러나 어느 측면에서 본다면 지역제도가 없었기 때문에 일본이 오히려 더 자유롭게 자신의 구상대로 동아시아 경제를 지배할 수 있었던 측면이 크다. 현재 동아시아 경제공동체 구상이 상당히 많이 논의되고 있고, 일본과 중국 모두 적극적인 자세를 보이고 있다. 동아시아 지역제도의 디자인을 둘러싼 국가간 갈등은 더욱 심화될 전망이다. 우리는 소극적으로 고립이 무서워 역내 제도화에 나서는 것이 아니라 지역내 강대국의 자의성을 제약하고, 우리의 목표를 효과적으로 달성한다는 적극적인 의미에서의 제도화에 나설 필요가 있을 것이다. 국제제도론은 지역제도와 관련하여 한국의 적극적인 외교와 창의적인 역내 연합형성 노력을 요구하고 있다.

2. 남북한 관계

국제제도이론의 한국적 정체성 모색은 남북한 관계의 제도화와 관련하여 큰 성과를 거둘 가능성이 있다. 남북한 관계의 제도화는 현재 걸음마 단계에 있지만 양자간의 교류가 증가함에 따라 제도화의 정도가 진전될 것으로 기대된다. 남북한 관계의 발전과정은 국제제도화와 지역통합에 대한 다양한 이론들의 유용성을 평가할 수 있는 중요한 무대가 될 것이며, 아울러 한국적 특수성이 반영된 이론의 수립도 가능할 수 있게 될 것이다.

우리는 국가간 관계의 제도화는 다음과 같은 단계를 밟아가면서 궁극적으로 정치적 통합에 이르게 된다고 개념화할 수 있을 것이다. 먼저 제도화가 미미한 단계에서는 국가들은 서로 일방적인 적응(unilateral adjustment)을 할 것이다. 이 단계에서 상호 협력은 불필요하고 기본적으로 상대방의 행위에 나름대로 가장 적절하게 대응하면 된다. 남북한은 오랜 세월 이런 상태에 머물러 왔다고 보인다. 다음으로는 단순한 조정(coordination)과 협력(collaboration)이 존재하는 단계를 상정할 수 있겠다. 제도화는 교류를 원활하게 하기 위해서 도로통행의 규칙을 만들고, 더 나아가 집합행동 문제를 해결하기 위한 제도를 만드는 것을 포함한다. 역사상 최초의 정상회담을 가진 남북한은 현재 이 단계의 한가운데에 있다고 보인다. 제도주의 접근법은 이 단계에서 국제제도가 협력을 증진하는 데 매우 중요한 역할을 한다는 점을 보여준다.

그러나 양국은 오랫동안 다른 정치 경제 제도를 유지해 왔기 때문에 상호 커다란 이득이 예상되는 단순한 조정 문제도 쉽사리 합의에 이르지 못할 가능성이 크다. 따라서 적절한 제도적 장치를 마련하는 것이 매우 중요하고, 이에 더해서 한국적인 정서나 문화, 관행 등은 초점(focal points)을 만들어내고 협력을 촉진하는 데 큰 기여를 할 수 있을 것이다. 그 다음에 상정할 수 있는 것은 정치통합의 과정으로 여기에는 통합의 장애를 제거하기 위해 협력하는 부정적 통합(negative integration)의 단계가 포함되며, 여기서 한 단계 더 나아가면 적극적 통합(positive integration)을 촉진하기 위한 규범이 생겨날 것이다. 만일 정책통합이 충분히 진척되면 정책결정을 구조화, 정례화하는 정치제도가 필요해질 것이다. 이 과정에서 지역통합이론의 유용성이 매우 커지고, 이 과정은 지역통합 이론의 발전에도 큰 기여를 할 것으로 기대된다.

또 다른 이슈는 현재 많이 논의되고 있는 한반도 평화체제와 관련된 것이다. 지금까지 국제제도가 안보영역에서 별다른 역할을 하지 못했다는 점을 고려할 때 정전체제를 평화체제로 전환시킨다고 해서 안정적인 평화상태로의 획기적인 진전이 있을 것으로 기대하기는 어렵다. 그럼에도 불구하고 한반도에서 제대로 작동 가능한 평화레짐을 디자인하는 것은 국제제도연구의 한국화에서 핵심 과제가 될 것으로 보인다. 예를 들어 평화레짐의 참가국가 숫자(2자, 4자, 6자, 16자 등)나 의제, 의사결정 방식, 제재조치 등과 관련하여 국제제도의 디자인과 관련된 이론의 엄밀한 검토와 적용이 필요할 것이다.

남북한간에 독특한 평화 및 협력을 위한 제도화와 관련해서 잠재력이 큰 접근법은 구성주의적 제도주의이다. 남북한은 오랫동안 분단된 채로 있었지만 아직도 강한 민족의식을 공유하고 있다. 이에 더하여 남한에서는 평화에 대한 선호가 현저하게 커지고 있고, 또 북한에 대한 인식도 개선되어 "평화에 대한 적이요 타도의 대상"이라고 생각하는 사람의 비중이 현격하게 줄었다. 50년 동안이나 전쟁이 재발되지 않았기 때문이든, 민주주의와 경제발전으로 인해 생겨났든, 분명한 것은 이러한 인식변화가 남한의 북한에 대한 인식이나 정책에 커다란 변화를 가져오고 있다는 사실이다. 이것이 미약하나마 남북한 관계(제도화 포함)에도 긍정적인 영향을 미치고 있고, 이런 변화가 북한 사회에서도 발생할 때 남북한 평화체제는 공고화 될 것으로 보인다. 현재 남북한 관계는 미국의 억지력에 의해 간신히 유지되고 있다고 볼 수 없다. 구성주의는 남북한간의 정전상태가 남북한간의 관계를 규정한다는 결정론적 주장에서 자유로울 수 있고, 현재 남북한간에 일어나고 있는 미묘한 변화를 좀더 잘 설명할 수 있을 것으로 기대된다.

또 하나 흥미 있는 분석대상은 북-미관계의 제도화이다. 앞에서도 언급한 바와 같이 약소국의 관점에서 볼 때 국제제도는 강대국의 자의적인 힘의 행사를 억제할 수 있는 거의 유일한 수단이다. 냉전 종식 후 홀로 남겨진 북한 또한 예외일 수 없을 것이다. 실제로도 북한이 미국과 평화협정을 체결하여 자신의 존립을 확보하고자 노력했다는 점은 많은 연구가 지적하고 있는 사실이다. 북-미 관계 제도화의 조건과 전망과 관련해서 국제제도론은 유용한 분석틀을 제공하고 있으며, 동시에 이것은 국제제도론의 발전에 크게 기여할 것으로 보인다.

3. 동아시아 지역통합

동아시아 지역통합은 지역통합이론이나 제도화에 관한 이론들이 제대로 설명할 수 없는 문제들을 제기하고 있다. 동아시아와 태평양 지역이 여타 지역들보다 높은 수준의 경제교류를 하면서도 제도화의 수준이 낮다는 점과 동아시아의 독특한 현상이라고 회자되는 "비공식적 제도화"의 성격과 기능, 그리고 지속 가능성에 대한 이론적인 분석은 바로 국제제도론의 동아시아적 정체성 모색인 동시에 남북한 관계에도 커다란 함의를 갖는 한국적 정체성의 모색 과정이라고도 보인다.

지역외 국가에 대하여도 개방적인 "개방된 지역주의", 계약과 법적 강제가 아니라 합의와 자발적 이행을 중시하는 "아시아적 방식(Asian Way)" 등으로 대변되는 비공식적 제도화는 자유주의 통상이론에도 부합하고, 합의를 존중하는 아시아의 문화적 특성이나 과거 식민지 역사를 고려할 때도 타당성이 있는 것은 사실이다. 그러나 '개방된'과 '지역주의'는 상호 모순되는 측면이 강하고, "아시아적 방식"은 신뢰할 만한 지역협력의 부재 또는 일본의 패권적 지배를 정당화하는 수사(rhetoric) 정도로 치부되기도 한다. 분명한 것은 ASEAN은 아시아적 방식을 충실히 따르고 있고, APEC도 일본이나 ASEAN국가들의 선호를 반영하여 법제화는 전혀 진행되지 않고 있다는 점이다. 지역제도 중에서 예외적으로 APEC만 분쟁해결기구를 갖고 있지 않으며, 아시아적 방식 혹은 APEC 방식으로 통칭되는 법제화에 대한 기피 경향은 미국식의 법적, 공식적인 접근법과 종종 충돌하기도 했다.

이런 비공식적 제도화에 대한 정당화는 문화적 · 역사적 요인뿐만 아니라 신제도주의에서도 찾을 수 있다. 즉 제도란 그 주된 기능이 거래비용을 줄이는 것으로서 효과적이기 위해서 반드시 공식적일 필요는 없다. 그러나 비공식 제도는 그 실체를 입증하기도 힘들 뿐 아니라, 제도로서 구속성을 갖는다는 것을 입증하기가 쉽지도 않다. 또한 동아시아에서 이루어진 비공식적 제도화가 과연 언제까지, 어느 정도 공식적 제도를 대신할 수 있을지 판단하기는 어렵다.

현재 흥미로운 현상은 기존에 공식적 제도화에 강한 거부감을 보였던 동아시아에서도 점차 법적 공식적 제도화에 대한 관심이 증가하고 있다는 점이다. 일본을 위시한 많은 동아시아 국가들이 WTO를 통한 분쟁해결에 적극 나서고 있으며, 이에 더하여 지역내 국가간 자유무역협정 논의가 활발하게 진행되고 있다. 이 가운데 일본-싱가포르 자유무역협정과 같이 구체적으로 성사된 사례도 있고, 우리나라도 한-칠레 자유무역협정 체결을 계기로 동아시아 국가들과 자유무역협정 체결에 적극 나서고 있다. 적절한 상대국의 선정과 제도의 디자인, 그리고 국내적 반대를 극복하기 위한 전략과 관련해서 국제제도 이론에 대한 엄밀한 검토가 요구된다.[41]

4. 국제제도와 한국의 국내정치

현재 한국의 국내정치는 국제정치와 밀접한 연계를 형성하고 있으며, 국내정치를 설명하기 위하여서는 국제정치에 대한 적절한 고려가 반드시 필요하게 되었다. WTO의 주세율에 대한 판결이 우리나라 국내 정치 및 제도에 미친 파장과 이에 상응한 국내적인 변화를 고려할 때 국제제도가 국내정치에 미치는 영향력은 엄청나게 확대되었다는 점을 쉽게 알 수 있다. 국제제도가 주도하는 범세계적인 자유화는 국내 이익집단들간의 힘의 배분에도 심대한 영향을 미치기 때문에 현재 우리나라에서는 국제제도화를 둘러싸고 첨예한 대립이 많이 생겨나고 있다.

국제제도론의 한국화와 관련해서 의미 있는 것은 바로 국제제도와 한국의 국내정치가 만나는 접점에서 한국적 특수성을 찾거나 국제제도에 관한 이론적 성과를 한국의 상황에 엄밀하게 적용해보는 일일 것이다. 우선 생각할 수 있는 주제는 우리가 참여하는 국제제도가 부과하는 의무나 제도적 규범을 우리가 어느 정도 준수하고 복종하는가에 대한 비교론적인 관점에서의 분석이다. 여기에는 우리의 문화나 정치체제, 그리고 이익집단의 세력분포 등과 같은 국내 정치적 요인이 영향을 미칠 것으로 예상된다. 이와 관련해서 한국적인 패턴을 발견하는 것은 커다란 이론적 의미를 가질 것이다.

한국 사회는 민주화와 더불어 이익집단들이 상당한 정도로 활성화되었기 때문에 기존의 국가나 관료 중심적인 정책결정이 더 이상 불가능한 상태이다. 사회가 경직화되고, 국내 정치가 마비상태(gridlock)에 빠짐에 따라 정책담당자나 이익집단들이 자신의 목표를 달성하기 위해 국제제도를 활용하는 경향이 점차 강화될 것으로 보인다. 지역통합이나 자유무역협정은 경제의 자유화·개방화가 가져올 기대이익이 큰 집단이 적극 추진할 것이고, 노동이나 환경 부문은 자신들의 권익이나 가치를 잘 구현하는 국제제도의 강화를 선호할 것이다. 아직 한국의 NGO들은 국제제도에서 두드러진 활동을 하지 못하고 있지만, 한국의 시민사회가 국제화될수록 국제제도와 국내정치 사이의 상호관계는 더욱 복잡해질 것이다. 국제제도, 한국 정부, 기업, 시민사회 사이의 동적인 상호관계를 분석하는 것은 국제제도론의 한국화 모색에서 빠질 수 없는 부분이다.

VI. 결론

본 장은 국제체제의 안정과 질서를 유지하기 위한 대안으로서 새롭게 학문적 관심을 끌고 있는 국제제도에 대한 이론적·경험적 연구를 체계적으로 정리하고 분석하려는 시도였다. 국제레짐에 대한 합리적 연구에서 출발한 신자유제도주의는 제도를 국제정치 연구의 중심부에 자리잡도록 했고, 동시에 현실주의와 구성주의로부터 커다란 반향을 불러일으켰다. 그 후 국제제도에 대한 연구는 합리적 제도주의, 구성주의적 제도주의, 역사적 제도주의라는 세 가지 대표적인 흐름으로 갈려서 지속적인 발전을 거듭했다. 현재 주요 전선은 합리주의와 구성주의 사이에 형성되어 있으며, 양자 사이에 끊임없는 논쟁이 진행되고 있다.

합리적 제도주의는 현재 국내정치와 국제제도의 연계에 대한 체계적인 연구를 통해 제도주의의 지평을 확장하고 있으며, 동시에 방법론적으로도 엄밀한 합리적 선택 모델을 적극 활용하고 있다. 구성주의는 관념적 요소와 사회학적 요소에 초점을 두면서 규범 및 가치가 제도화되고, 여기에 구성원들이 사회화되는 과정을 잘 보여주고 있다. 이를 통해서 국제정치의 관념, 물질, 제도라는 세 개의 독자적 영역 사이에 가교 역할을 하고 있다.

앞으로의 연구과제는 국제정치에서 제도화 및 법제화가 급속히 진행되는 와중에 국가의 힘과 국내정치, 초국가적 행위자, 그리고 관념적 요소가 제도 속에서 어떻게 동태적으로 상호 작용하는가에 대한 우리의 이해를 심화시키는 것이다. 또한 본 논문에서 주요 쟁점으로 다룬 제도의 효과, 분배

문제의 맥락 속에서 제도와 힘의 역할, 그리고 법제화에 대한 지속적인 연구가 있어야 할 것이다.

국제제도론은 국제제도와 관련한 우리의 정책과 전략의 수립에는 물론 남북관계의 제도화, 동아시아 지역통합의 달성, 동북아 중심국가로의 도약에 있어서도 매우 유용한 시사점을 제공하고 있으며, 이런 목표를 지향하는 우리의 노력과 경험은 국제제도론의 발전에도 크게 공헌할 수 있을 것으로 기대된다.

| 미주 |

1) 제도화는 "제도가 만들어지고, 구성원들이 제도에 상응하는 행위를 체득해 가는 과정"을 일반적으로 지칭하며, 제도적 접근법은 "조직이나 사회질서 혹은 사회 속에서의 인간 행위를 이해하는 데 있어서 제도나 제도화의 역할을 강조하는 접근법"이다. James G. March, and Johan P. Olsen, "The Institutional Dynamics of International Political Order," *International Organizations*, vol. 52, no. 4 (1998), p. 948.

2) 이 논쟁에 대하여는 David A. Baldwin, *Neorealism and Neoliberalism* (New York: Columbia University Press, 1993)을 참조할 것.

3) Robert Axelrod, and Robert O. Keohane. "Achieving Cooperation Under Anarchy: Strategies and Institutions," in Kenneth Oye (ed.), *Cooperation Under Anarchy* (Princeton, N.J.: Princeton University Press, 1986).

4) 커해인은 제도의 생성이나 역할이 합리적 동기와 효율성을 제고하기 위한 목적에서 이루어 진다고 주장하면서 합리적 제도주의를 집대성했고, 러기는 이념과 규범을 강조하여 구성주의 제도주의의 기초를 닦았으며, 크래스너는 경로의존성을 강조하여 역사적 제도주의 연구의 길을 열었다. Robert O. Keohane, "International Institutions: Two Approaches," *International Studies Quarterly*, vol. 32, no. 3 (1988); John G. Ruggie, *Constructing the World Polity: Essays on International Institutionalization* (London/NewYork: Routledge, 1998); Stephan D. Kranser, "Sovereignty: An Institutional Perspective," *Comparative Political Studies*, vol. 21, no. 6 (1988).

5) 합리적 제도주의에 대하여는 Guy B. Peters, *Institutional Theory in Political Science: the New Institutionalism* (London and New York: Pinter, 1999), pp. 43-62.

6) 이하의 논의는 Lisa L. Martin, and Beth A. Simmons, "Theories and Empirical Studies of International Institutions," *International Organizations*, vol. 52, no. 4 (1998), pp. 747-749를 참조할 것.

7) 대표적인 연구로는 Volker Rittberger (ed.), *International Regimes in East-West Politics* (London and New York: Pinter Publishers, 1990)에 수록된 논문들을 볼 것.

8) George W. Downs, and David M. Rocke. *Optimal Imperfection? Domestic Uncertainty and Institutions in International Relations* (Princeton, N.J.: Princeton University Press,

1995); Geoffrey Garrett and George Tsubelis, "An Institutional Critique of Intergovernmentalism," *International Organization*, vol. 50, no. 1 (1996).

9) Helen V. Milner, "Rationalizing Politics: The Emerging Synthesis of International, and Comparative Politics," *International Organization*, vol. 52, no. 4 (1998).

10) *International Organization*, vol. 55, no. 4 (2001).

11) 이런 측면에서 구성주의적 제도주의는 Bull, Watson, Buzan 등으로 대표되는 English School과 맥을 같이 하고 있다.

12) John G. Ruggie (1998), pp. 11-28.

13) Jeffrey Checkel, "Social Learning and European Identity Change," *International Organization*, vol. 55, no. 3 (2000).

14) John G. Ruggie (1998); Emanuel Adler, "Constructivism and International Relations," in Walter Calsnaes, Thomas Risse, and Beth A. Simmons (eds.), *Handbook of International Relations* (London: Sage Publications, 2002).

15) G. James March, and Johan P. Olsen (1998), p. 958.

16) 합리주의가 제도 및 행위자(행위자의 정체성, 이해관계, 제도의 구조나 게임의 구조)를 주어진 것으로 상정하는 데 반하여, 구성주의는 이들 자체를 파헤쳐서 그 생성 및 변화에 대한 설명을 찾고자 한다는 점에서 차이가 있다.

17) G. James March, and Johan P. Olsen (1998), p. 958.

18) 이 점에 관하여는 Guy B. Peters (1999), pp. 73-74.

19) 신고전파 제도주의의 선구자인 노스(Douglass North)도 초기에는 합리성·효율성을 강조하면서 제도가 점차 이런 방향으로 발전한다고 보았다. 그러나 그는 비효율적인 제도가 장기간 지속되는 경향에 주목하게 되었고, 그의 입장은 점차 신고전파제도주의에 대한 도전이라는 의미를 더 갖게 되었다.

20) G. James March, and Johan P. Olsen (1998), pp. 954-955.

21) Stephen D. Krasner (1988).

22) 대표적인 예는 "유능성의 함정(competency trap)"으로서 어느 특정의 제도나 규칙을 활용할 수 있는 능력이 커질수록 변화에 저항하려는 성향이 강해지기 때문에 역사 내지 제도적 발전은 비합리성을 보이게 된다. G. James March, and Johan P. Olsen (1998), pp. 964-965.

23) 이에 대한 의미있는 이론화 작업으로는 G. James March, and Johan P. Olsen (1998)을 들 수 있다.

24) Beth A. Simmons, and Lisa Martin, "International Organizations and Institutions," in Walter Carlsnaes, Thomas Risse, and Beth A Simmons (eds.), *Handbook of International*

Relations (London: SAGE Publications, 2002), pp. 199-200.

25) John J. Mearsheimer (1994, 1995).

26) Liliana Botcheva, and Lisa L. Martin, "Institutional Effects on State Behavior: Convergence and Divergence," *International Studies Quarterly*, vol. 45, no. 1 (2001); Beth A. Simmons, and Lisa Martin (1998).

27) Lisa L. Martin, *Democratic Commitments: Legislatures and International Cooperation* (Princeton University Press, 2000).

28) Andrew Moravcsik, "Explaining International Human Rights Regimes: Liberal Theory and Western Europe," *European Journal of International Relations*, vol. 1, no. 1 (1995).

29) Magaret Keck, and Kathryn Sikkink, *Activist Beyond Borders: Advocate Networks in International Politics* (Ithaca: Cornell University Press, 1999).

30) Arthur A. Stein, "Coordination and Collaboration: Regimes in an Anarchic World," in Stephen D. Krasner (ed.), *International Regimes* (Ithaca, N.Y.: Cornell University Press, 1983).

31) Stephen D. Krasner, "Global Communications and National Power: Life on the Pareto Frontier," *World Politics*, vol. 43, no. 3 (1991).

32) Stephen D. Krasner, "Structural Causes and Regime Consequences: Regime as Intervening Variables," in Stephen D. Krasner (ed.), *International Regimes* (Ithaca, N.Y.: Cornell University Press, 1983), pp. 364-365.

33) 법제화는 규정의 구속력, 명확성, 그리고 분쟁해결을 담당할 제3자의 권한의 정도에 의해 규정된다. Judith Goldstein, et al., "Legalization and World Politics: An Introduction," *International Organization*, vol. 54, no. 3 (2000), p. 387.

34) James McCall Smith, "The Politics of Dispute Settlement Design: Explaining Legalism in Regional Trade Pacts," *International Organization*, vol. 54, no. 1 (2000).

35) Kenneth W. Abbott, Duncan Snidal, "Hard and Soft Law in International Governance," *International Organization*, vol. 54, no. 3 (2000); Miles Kahler, "Conclusion: Causes and Consequences of Legalization," *International Organizaton*, vol. 54, no. 3 (2000).

36) Robert O. Keohane, Andrew Moravcsik, and Anne-Marie Slaughter, "Legalized Dispute Resolution: Interstate and Transnational," *International Organization*, vol. 54, no. 3 (2000), p. 477.

37) James McCall Smith (2000); Miles Kahler (2000), pp. 665-666.

38) Miles Kahler (2000), pp. 667-670.

39) Kal Raustiala and Ann-Marie Slaughter, "International Law, International Relations and

Compliance," in Walter Carlsnaes, Thomas Risse, and Beth A Simmons (eds.), 앞의 책, pp. 545-548.

40) 국제인권 규범에 대한 사례로는 Hans Peter Schmitz and Kathryn Sikkink, "International Human Rights," in Walter Carlsnaes, Thomas Risse, and Beth A Simmons (eds.), 앞의 책, pp. 521-524.

41) 최영종 『동아시아 지역통합과 한국의 선택』(서울: 아연출판부, 2003).

| 참고문헌 |

■ 최영종. 『동아시아 지역통합과 한국의 선택』. (서울: 아연출판부, 2003).

■ Abbott, Kenneth W., and Duncan Snidal. "Hard and Soft Law in International Governance." *International Organization*, vol. 54, no. 3, 2000.

■ Adler, Emanuel. "Constructivism and International Relations." in Walter al. *Handbook of International Relations*. (London: Sage Publications, 2002).

■ Baldwin, David A. *Neorealism and Neoliberalism*. (New York: Columbia University Press, 1993).

■ Botcheva, Liliana, and Lisa L. Martin. "Institutional Effects on State Behavior: Convergence and Divergence." *International Studies Quarterly*, vol. 45, no. 1, 2001.

■ Calsnaes, Walter, Thomas Risse, and Beth A. Simmons (eds.). *Handbook of International Relations*. (London: Sage Publications, 2002).

■ Checkel, Jeffrey. "Social Learning and European Identity Change." *International Organization*, vol. 55, no. 3, 2000.

■ Downs, George W., and David M. Rocke. *Optimal Imperfection? Domestic Uncertainty and Institutions in International Relations*. (Princeton, N.J.: Princeton University Press, 1995).

■ Finnemore, Martha. "Norms, Culture, and World Politics: Insights from Sociology's Institutionalism." *International Organization*, vol. 50, no. 2, 1996.

■ Garrett, Geoffrey, and George Tsubelis. "An Institutional Critique of Intergovernmentalism." *International Organization*, vol. 50, no. 1, 1996.

■ Goldstein, Judith, et al. "Legalization and World Politics: An Introduction." *International Organization*, vol. 54, no. 3, 2000.

■ Kahler, Miles. "Conclusion: Causes and Consequences of Legalization." *International Organizaton*, vol. 54, no. 3, 2000.

■ Keck, Magaret, and Kathryn Sikkink. *Activist Beyond Borders: Advocate Networks in International Politics*. (Ithaca: Cornell University Press, 1999).

■ Keohane, Robert O. "International Institutions: Two Approaches." *International Studies Quarterly*, vol. 32, no. 3, 1988.

- Keohane, Robert O., Andrew Moravcsik, and Anne-Marie Slaughter. "Legalized Dispute Resolution: Interstate and Transnational." *International Organization*, vol. 54, no. 3, 2000.

- Krasner, Stephen D. "Global Communications and National Power: Life on the Pareto Frontier." *World Politics*, vol. 43, no. 3, 1991.

- Krasner, Stephen D. "Sovereignty: An Institutional Perspective." *Comparative Political Studies*, vol. 21, no. 6, 1988.

- Krasner, Stephen D. "The Demand For International Regimes." in Stephen D. Krasner (ed.), *International Regimes*. (Ithaca: Cornell University Press, 1983).

- Krasner, Stephen D. *Structural Conflict: The Third World Against Global Liberalism*. (Berkeley: University of California Press, 1985).

- March, G. James, and Johan P. Olsen. "The Institutional Dynamics of International Political Order." *International Organizations*, vol. 52, no. 4, 1998.

- Martin, Lisa L., and Beth Simmons. "Theories and Empirical Studies of International Institutions." *International Organizations*, vol. 52, no. 4, 1998.

- Martin, Lisa L. *Democratic Commitments: Legislatures and International Cooperation*. (Princeton University Press, 2000).

- Mearsheimer, John J. "The False Promise of International Institutions." *International Security*, vol. 19, no. 5, 1994.

- Milner, Helen V. "Rationalizing Politics: The Emerging Synthesis of International, and Comparative Politics." *International Organization*, vol. 52, no. 4, 1998.

- Moravcsik, Andrew. "Explaining International Human Rights Regimes: Liberal Theory and Western Europe." *European Journal of International Relations*, vol. 1, no. 1, 1995.

- Peters, Guy B. *Institutional Theory in Political Science: the 'New Institutionalism'*. (London and New York: Pinter, 1999).

- Raustiala, Kal, and Ann-Marie Slaughter. "International Law, International Relations and Compliance." in Walter Calsnaes, Thomas Risse, and Beth A. Simmons (eds.). *Handbook of International Relations*. (London: Sage Publications, 2002).

- Rittberger, Volker (ed.). *International Regimes in East-West Politics*. (London and New York: Pinter Publishers, 1990).

- Ruggie, John G. *Constructing the World Polity: Essays on International Institutionalization*. (London/NewYork: Routledge, 1998).

- Schmitz, Hans Peter, and Kathryn Sikkink. "International Human Rights." in Walter Calsnaes, Thomas Risse, and Beth A. Simmons (eds.). *Handbook of International Relations*. (London:

Sage Publications, 2002).

- Simmons, Beth A. and Lisa Martin, "International Organizations and Institutions," *Handbook of International Relations*. (London: Sage Publications, 2002).

- Smith, James McCall. "The Politics of Dispute Settlement Design: Explaining Legalism in Regional Trade Pacts." *International Organization*, vol. 54, no. 1, 2000.

- Stein, Arthur A. "Coordination and Collaboration: Regimes in an Anarchic World." in Stephen D. Krasner (ed.). *International Regimes*. (Ithaca, N.Y.: Cornell University Press, 1983).

- Wendt, Alexander. *Social Theory and International Politics*. (New York: Cambridge University Press, 1996).

| 문헌해제 |

▪ Judith Goldstein, Miles Kahler, Robert O. Keohane, and Anne-Marie Slaughter (eds.), *Legalization and World Politics* (MIT Press, 2001): 이 책은 IO 특집호를 책으로 펴낸 것으로서 최근 강화되고 있는 국제관계의 법제화 현상에 대해 심도 있는 분석을 하고 있다. 국제정치를 다스리는 규범이나 규칙들이 더욱 명확해지고, 구체적인 의무를 부과하며, 분쟁해결을 제3자에게 위탁하는 추세가 강화됨에 따라 국제법의 영향력은 급속히 증대되고 있다. 이 책은 국제제도에 대해 매우 중요한 업적을 남긴 저명한 정치학자들과 국제법에 대해 세련된 정치학적 분석을 해온 법학자들이 함께 최근 국제정치에서 벌어지고 있는 법과 제도의 약진 현상에 대해 공동의 설명을 제공하고 있다.

▪ Robert O. Keohane, *After Hegemony. Cooperation and Discord in the World Political Economy* (Princeton, N.J.: Princeton University Press, 1984): 이 책은 신자유주의 혹은 신자유제도 주의의 기틀을 다진 책이다. 커헤인은 여기서 국가들이 비록 무정부상태에 존재하고 있지만 제도를 통해 협력에 이를 수 있다는 점을 잘 보여주고 있다. 이 책은 신현실주의가 지배하던 국제정치 분야에 지각변동을 가져왔고, 지금까지도 이어지고 있는 국제적 협력에 대한 치열한 이론적 논쟁을 촉발했다.

▪ Andreas Hasenclever, Peter Mayer, and Volker Rittberger, *Theories of International Regimes* (Cambridge University Press, 1997): 이 책은 크래스너가 1983년에 편집한 *International Regimes* 출간 이후의 국제레짐에 대한 연구를 집대성한 것이다. 이 책은 특히 국제레짐에 대한 접근법을 국가의 힘을 강조하는 현실주의 입장, 국가간 이익의 분포를 강조하는 신자유주의 입장, 그리고 지식과 관념을 강조하는 구성주의적 입장 등 셋으로 구분하여 자세한 설명을 하고 있다. 저자들은 이들 세 입장의 조합을 통해 레짐 연구를 진전시킬 수 있는 가능성을 모색하고 있다.

▪ John G. Ruggie, *Constructing the World Polity: Essays on International Institutionalization* (London/NewYork: Routledge, 1998): 저자는 여러 저작을 통해 현재 구성주의라고 불리어지는 접근법의 기초를 놓은 학자이며, 이 책은 저자의 주요 업적을 모아놓은 것으로서 국제정치 이론의 발전, 특히 구성주의의 발전과정을 이해하는 데 도움이 된다. 저자는 자신의 국제제도, 관념, 국제질서에 대한 이론적 성과를 냉전 후의 국제질서와 관련된 주요 정책 이슈에 적용하고 있다.

민주평화론

이 호 철

I. 서론

전쟁을 예방하고 평화를 유지하는 일은 고대로부터 현대에 이르기까지 인류의 오랜 염원이다. 그러한 염원은 21세기에 들어선 현재에도 여전히 염원으로 남아 있는 듯하다. 세계 곳곳에서는 여전히 전쟁이 일어나고 있고 무력사용의 위협은 줄지 않고 있다. 기원전 중국 춘추전국시대의 합종연횡의 전쟁에서, 고대 그리스의 펠로폰네소스전쟁, 로마제국의 정복전쟁을 거쳐 유럽국가들간의 수없는 식민지전쟁과 종교전쟁을 거쳤고 20세기 들어 두 번의 세계대전을 치렀다. 이후의 냉전 기간에는 한국전쟁이 있었고 장기간의 베트남전쟁을 거쳤다. 냉전이 끝나자 미국은 걸프전을 주도했고 세르비아와 코소보 지역에도 군사력을 사용했다. 2001년 9월 11일 미국의 중심부 뉴욕과 워싱턴에 가공할 만한 테러가 자행되었고, 이후 미국은 테러와의 전쟁을 주도하면서 아프가니스탄에 이어 이라크 지역에 군사적 공격을 가했다. 인류의 역사는 전쟁의 역사로 점철되고 있다. 어떻게 하면 전쟁을 예방하고 평화를 이룰 수 있을 것인가? 민주평화론의 이론적 주장대로 세계의 많은 국가들이 민주화되면 전쟁은 인류의 역사에서 사라질 것인가?

국제정치학은 기본적으로 전쟁과 평화에 관한 연구이다. 따라서 '민주주의 국가들간에는 서로 전쟁을 하지 않는다'고 주장하는 민주평화론(democratic peace)이 국제정치학의 주요쟁점이 되고 있는 것은 지극히 당연한 일이다. 민주평화론은 '국내체제의 유형'에 따라서 '국가간 전쟁'을 설명한다는 점에서 현실주의 국제정치학과는 대조적이다. 현실주의 국제정치학은 기본적으로 국가를 동질적인 행위자로 간주하고 이들 국가들간의 세력균형, 세력전이, 군비경쟁 등의 측면에서 전쟁의 발발이나 전쟁의 빈도를 설명한다. 그러나 민주평화론은 국가내부의 체제유형, 즉 민주주의체제인가 혹은 비민주주의체제인가에 따라서 전쟁의 발발이나 전쟁의 빈도를 설명한다는 점에서 자유주의적 관점의 이론이나.

후쿠야마는 냉전의 종식을 자유주의의 승리로 보았다. 즉 자유시장경제와 자유민주주의의 세계적 확산과 수용으로 이념들간의 경쟁과 대립이 종식된 '역사의 종언'의 시기를 맞게 되었다고 보았다.[1] 자유주의가 더 이상 대안의 모색이 불필요하게 된 완결된 이념인가 하는 점은 후쿠야마와 의견을 달리할 수 있을 것이다. 그러나 냉전의 종식으로 자유주의가 정치와 경제의 조직이념으로서 확산되고 수용되고 있는 것이 현실이다. '민주주의 국가들간에는 전쟁을 하지 않는다'는 민주평화론이 국제정치학의 새로운 쟁점으로 부각되고 있는 것은 탈냉전으로 인한 국제정치의 이러한 변화를 반영하고 있다. 냉전기간의 '오랜 평화'가 미국과 소련간의 패권적 관리의 결과였다면,[2] 냉전 이후의 국제평화는 이제 민주주의의 확산으로 이뤄질 수 있다는 오래된 인류의 염원을 반영하고 있는 것이다.

민주평화론은 전쟁을 예방하고 평화를 유지하려는 인류의 희망을 반영하고 있다는 점에서 규범적 이론이면서 또한 경험적 규칙성에 입각한 실증적 이론화를 지향한다. 실제 민주평화론은 1815년 이후의 전쟁 데이터를 다양한 분석기법으로 분석하여 도출한 경험적 연구결과들에 입각해 있다. 그렇다면, 민주주의와 전쟁간에는 실제 어떤 인과관계가 있는 것인가? 인과관계가 있다고 한다면, 이를 어떻게 설명할 것인가? 나아가 민주평화론이 국제정치이론, 그리고 현대국제질서에 던지는 의미는 무엇인가?

II. 민주평화론의 주요내용

냉전의 종식 이후 민주평화론이 국제정치학의 쟁점으로 새롭게 부각되고 있지만, 민주평화론이 새로운 이론은 아니다. 18세기 계몽주의 정치사상가들은 인간이성에 기반한 인류의 진보와 도덕적 완벽성을 확신하고 있었다. 이러한 확신은 국제정치 영역으로도 확장되어 전쟁을 제거하고 평화를 유지할 수 있다는 신념으로 발전되었다. 특히 칸트(Immanuel Kant)는 공화제 정부들간의 '영구평화(perpetual peace)'가 가능하다고 보았다. 칸트는 평화를 세력균형으로 유지되는 일시적 현상이라고 보았던 홉스(Thomas Hobbes)의 비관주의에 반대하면서 세계연방의 수립을 통해서 영구평화가 가능하다고 보았다. 칸트는 영구평화를 수립하기 위해서는 우선 모든 국가들이 '공화제 정부'를 채택하고, 이어서 이들 자유주의 국가들간의 '연방'을 수립하며, 나아가 보편적 친선과 자유여행을 보장하는 일반규범을 수립할 것을 주장했다.[3]

칸트가 말하는 공화제 정부라는 것은 시민의 자유와 의사가 반영되는 민주주의 정부와 다르지 않다. 즉 민주주의 정부라는 것은 시민의 의사에 따라 정책이 결정되는 정부이고, 전쟁이란 결국 시민들이 그들의 재산과 생명을 희생할 수밖에 없기 때문에, 민주주의 정부에서는 전쟁이 정책으로 채택되지 않으리라는 것이 칸트의 입장이었다. 따라서 칸트의 영구평화론은 말하자면 민주평화론의 원류라 할 수 있을 것이다.

칸트의 영구평화론이 공화제 정부형태의 제도적 특징으로부터 도출되는 연역적 추론에 근거하고 있다면, 현대 국제정치학의 민주평화론은 전쟁과 민주주의에 관한 데이터의 다양한 통계적 분석으로부터 도출된 경험적 규칙성에 근거하고 있다. 전쟁과 관련해서는 데이비드 싱어(J. David Singer)가 주도해온 COW 데이터를 주로 사용하고,[4] 민주주의의 측정과 관련해서는 테드 거어(Ted R. Gurr)가 주도해온 Polity 데이터를 주로 사용한다.[5] 민주평화론의 명제들은 이들 전쟁 데이터와 민주주의 데이터간의 통계적 분석을 통한 경험적 발견들에 근거하고 있는 것이다.

지금까지 통계적 분석에 의해서 가장 폭넓게 입증되고 있는 민주평화론의 핵심명제는 다음의 두 가지이다.

(1)민주주의 국가간에는 서로 전쟁을 하지 않는다.
(2)민주주의 국가도 비민주주의 국가와는 비민주주의 국가만큼 전쟁을 한다.

첫 번째 명제는 민주주의 국가간에는 서로 전쟁을 하지 않는다는 주장이다. 국가들간 전쟁 데이터를 분석한 결과, 실제 민주주의 국가간의 전쟁은 거의 발견되지 않는다. 민주주의 국가간 전쟁의 부재라는 이러한 경험적 규칙성은 외부적인 요인, 즉 민주주의 국가들간의 지리적 격리, 민주주의 국가들간의 높은 무역의존, 혹은 미국에 의한 패권적 관리 등의 외부적 요인에 기인하는 것이라는 비판이 제기되기도 했다. 그러나 최근의 경험적 연구들은 민주주의 국가간 전쟁의 부재라는 현상이 외생적 인과성이 아니라 내재적 인과성에 기인한다는 사실을 밝혀내고 있다. 따라서 민주주의 국가간 전쟁의 부재라는 민주평화론의 핵심명제는 아직 하나의 '법칙(law)'의 단계는 아니라 하더라도 강력한 경험적 규칙성에 입각해 있으며 이론적 추론의 결과가 아니라 실제적 인과성이라는 인식이 확대되어 가고 있다.

그러나 민주주의 국가가 모든 유형의 국가에 대해서 일관되게 평화지향적이지는 않다는 사실 또한 경험적으로 입증되고 있다. 민주주의의 평화적 효과는 민주주의 국가간의 관계에서만 나타나고 있다. 민주주의 국가도 비민주주의 국가와는 비민주주의 국가만큼이나 전쟁을 했다(위의 두 번째 명제). 오히려 민주주의 국가와 비민주주의 국가간의 전쟁에서는 민주주의 국가가 전쟁의 대상국(targets)이기보다는 오히려 개전국(initiator)인 경우가 더 많았고, 민주주의와 비민주주의 국가간의 관계가 순전히 비민주주의 국가간의 관계보다 전쟁으로 치달을 가능성이 더 높다는 사실까지 밝혀지고 있다.[6]

실제 경험적 데이터를 살펴보자. 민주평화론에서 분석대상이 되는 전쟁은 일반적으로 1,000명 이상의 사망자가 발생한 국가간 전쟁으로 한정한다. 이럴 경우, 실제 1816~1991년 간에는 353건의 양국간 전쟁이 있었고, 이중 민주주의 국가간의 전쟁은 단 한 건도 없었다. 155건의 양국간 전쟁은 민주주의 국가와 비민주주의 국가간의 전쟁이었고, 198건의 양국간 전쟁은 비민주주의 국가간의 전쟁이었다.[7] 위의 경험적 사실은 한편으로는 민주주의 국가는 서로 전쟁을 하지 않는다는 첫 번째 명제를 입증한다. 그러나 다른 한편으로는 민주주의 국가도 비민주주의 국가만큼이나 전쟁을 했다는 사실이다. 즉 353건의 양국간 전쟁에서 155건의 양국간 전쟁이 민주주의 국가와 비민주주의 국가가 서로 싸운 전쟁이라는 사실이다. 이러한 경험적 연구결과들은 민주주의 국가간 전쟁의 부재라는 첫 번째 명제를 입증하는 한편, 민주주의 국가가 결코 본질적으로 더 평화적이지는 않다는 두 번째 명제 또한 입증하고 있는 것이다. 일견 상호모순인 것처럼 보이는, 그러나 결코 상호모순적이지 않은 민주평화론의 이러한 두 가지의 핵심명제들에 대한 이론적 설명은 다음 절에서 자세히 살펴본다.

다른 한편, 민주평화론의 명제들을 경험적으로 입증하는 과정에서 민주주의와 전쟁간의 새로운 부가적인 명제들 또한 제시되었다. 먼저, 민주화 국가(democratizing state)와 민주화된 국가(democratized state)를 구별하여, 민주화 과정에 있는 국가는 국내정치의 불안정성과 정치세력간의 권력투쟁으로 민주화된 국가보다 더 호전적이라는 주장이 제기되는 한편,[8] 민주화 과정에 있는 국가가 반드시 더 호전적이지 않다는 연구결과 또한 제시되었다.[9] 좀더 최근의 연구결과는 민주화 이행의 초기단계와 공고화의 후기단계로 구분하여, 단지 초기단계에서만 전쟁의 가능성이 높다는 주장으로 세련화되고 있다.[10]

나아가, '민주주의 국가는 여간해서 전쟁을 시작하지 않지만, 일단 전쟁이 시작되면 무력의 사용에 제약을 받지 않는다'는 명제나, '민주주의 국가는 서로 전쟁을 하지 않지만, 독재국가와 전쟁을 할 경우에는 승리할 가능성이 더 크다'는 명제도 제시되었다.[11] 이러한 현상은 다음과 같이 설명된다. 즉, 민주주의 국가는 규범적인 측면이나 제도적인 측면에서 전쟁을 억제하는 요인이 있다. 그리고 민주국가의 정치지도자의 정치적 생명은 독재국가의 정치지도자와는 달리 전쟁의 승패에 결정적으로 좌우된다. 독재국가의 정치지도자는 전쟁의 결과에 비교적 자유로울 수 있는 반면, 민주국가의 정치지도자는 전쟁에 승리할 경우 막대한 정치적 이득을 기대할 수 있으나 전쟁에 실패할 경우 그의 정치적 생존이 불가능해지기 때문이다. 따라서 민주국가의 정치지도자는 승리의 가능성이 높을 경우 전쟁을 피하지 않을 뿐만 아니라 적극적으로 전쟁을 일으키기도 하며, 또한 승리를 위해서 가용한 모든 자원을 쏟아 넣게 된다.

그리고, 국가간 위기의 발생은 주로 '국가자체의 속성(monadic)'에서 비롯되지만, 위기가 증폭되어 전쟁으로까지 악화되는 것은 '국가쌍의 속성(dyadic)'에서 비롯된다는 주장도 제기되었다. 이럴 경우, 민주주의 국가는 비민주주의 국가보다 모든 유형의 국가들에 대해서 위기를 야기할 가능성이 낮으나(국가자체의 속성), 발생한 위기가 전쟁으로 악화되느냐의 여부는 양국간의 관계의 속성에 따라 결정된다고 본다(국가쌍의 속성).[12]

마지막으로, 민주주의와 국가간 전쟁의 상관성은 지역에 따라서 차별성을 보이기 때문에 국제체계적 차원에서보다는 지역적 차원에서 두 요인간의 상관성을 규명하는 작업이 바람직하다는 주장이 제기되기도 한다.[13]

III. 민주평화론의 이론적 설명

그렇다면, 민주주의 국가는 왜 서로 전쟁을 하지 않는가? 민주주의 정치체제의 어떤 요인들이 민주주의 국가간의 전쟁을 억제하는가? 왜 같은 요인들이 비민주주의 국가에 대해서는 전쟁을 억제하지 못하는가? 민주평화론의 경험적 현상을 설명하려는 이론적 시도는 크게 두 차원에서 전개되고 있다. 하나의 차원은 규범적 모델(normative model)이나 구조적 모델(structural model)에 입각해서 민주주의 체제의 평화적 요인을 찾으려는 설명이다. 다른 하나의 차원은 민주평화 현상이 '국가자체의 속성'에 기인하는가 아니면 '국가쌍의 속성'에 기인하는가의 여부, 즉 국가간 상호작용 양식에 입각해서 설명하고자 하는 것이다.

1. 규범적 모델 對 구조적 모델

규범적 모델은 민주주의 정치체제가 공유하는 '규범'에서 민주평화의 원천을 찾는다. 민주주의 정치체제는 국내집단들간의 갈등을 협상과 타협을 통해서 평화적으로 해결하려는 규범을 공유하고 있다. 민주국가의 정치지도자들 또한 이러한 규범을 수용하도록 사회화된다. 따라서 민주국가의 외교정책도 협상과 타협의 정신을 반영하여 국제분쟁의 평화적 해결을 선호하게 된다는 것이다. 반면에, 비민주주의 정치체제의 지도자들은 강제와 폭력 또한 국내갈등을 해결하는 정당한 수단으로 수용되는 정치환경에서 사회화된다. 따라서 비민주국가의 외교정책 또한 이러한 규범을 반영하여 강제와 폭력을 통한 국제분쟁의 해결을 시도할 가능성이 높다는 것이다.

브루스 러셋(Bruce Russett)과 지이브 마오즈(Zeev Maoz)는 민주주의의 이러한 규범적 요인이 구조적 요인보다 민주평화현상을 더 잘 설명한다고 주장한다.[14]

그렇다면, 민주국가가 공유하는 협상과 타협의 규범이 왜 비민주국가에 대해서는 적용되지 않는 것인가? 즉, 규범적 모델은 민주주의 국가간의 민주평화 현상을 쉽게 설명할 수 있는데(첫 번째 핵심명제), 민주주의 국가와 비민주주의 국가간의 잦은 전쟁은 어떻게 설명할 것인가(두 번째 핵심명제)? 규범적 설명에 따르면, 본질적으로 무정부상태(anarchy)인 국제체계에서 모든 국가는 국가의 존위를 최상의 가치로 상정한다. 만약 민주국가가 국내적으로 공유하고 있는 민주적 규범을 국제분쟁에 적용함으로써 오히려 그 국가의 존위가 위협받게 된다면, 민주국가는 분쟁 상대국의 규범에 따라 행동할 수밖에 없게 된다고 본다. 따라서 민주국가와 비민주국가간의 국제분쟁에서는 민주적 규범보다는 비민주적 규범이 분쟁해결을 주도하게 됨으로써 분쟁은 전쟁으로 악화될 가능성이 높게 된다.

민주평화론에 대한 규범적 설명은 그러므로 다음과 같은 세 가지 기본적 가정에 입각해 있음을 알 수 있다. 첫째, 민주주의 정치체제에서 사회화된 지도자는 협상과 타협의 규범에 입각한 국제분쟁의 평화적 해결을 선호한다. 둘째, 국내적으로 공유된 행위규범은 국제분쟁과 위기를 해결하는 방식에도 확장되어 적용된다. 셋째, 국제체계의 무정부적 속성으로, 민주적 규범과 비민주적 규범이 충돌할 경우 비민주적 규범이 분쟁해결을 주도하게 된다.

다른 한편, 구조적 모델은 민주주의 정치체제의 제도적 혹은 구조적 제약성에서 민주평화의 원천을 찾는다. 민주국가의 정치지도자는 민주주의의 제도적 특징인 견제와 균형, 권력의 분산, 그리고 여론의 역할 등으로 군사적 행동을 일방적으로 결정할 수 없을 뿐만 아니라 위험한 정책을 선택하기 위해서는 광범한 여론의 지지를 필요로 하게 된다. 또한 민주화된 사회일수록 야당의 견제기능이 효과적으로 작동하도록 제도화되어 있다. 따라서 민주국가의 정치지도자는 정책결정의 손익계산에 매우 민감할 수밖에 없다. 이럴 경우, 군사력의 사용과 같은 외교정책결정은 국내정치적 파급효과가 대단히 크고, 또한 성공의 가능성이나 감당해야 될 정치적 비용을 정확히 예측하는 것이 힘들기 때문에, 정치지도자는 가능한 한 위험 회피적인 정책을 선택함으로써 정치적 안전을 유지하고자 한다. 비민주국가의 정치지도자가 국내정치체제의 제도적·구조적 제약으로부터 비교적 자유로운 데 반해서, 민주국가의 정치지도자는 다양한 정치적 견제세력을 고려하지 않을 수 없고, 따라서 가능한 한 위험회피적인 안전한 정책을 선호하는 경향을 보이게 된다. 민주주의 정치체제의 이러한 제도적·구조적 제약으로 민주국가는 국제분쟁의 해결에서 모험적인 정책을 회피하며 가능한 한 평화적 해결을 선호하게 된다고 본다. 예컨대 케네스 슐츠(Kenneth A. Schultz) 같은 학자는 민주평화현상이 민주주의의 제도적 제약 때문이라고 주장한다.[15] 또한 민주주의 정치지도자들의 재선욕구가 민주평화현상을 가능하게 한다고 주장하는 브루스 부에노 디 메스키타(Bruce Bueno de Mesquita) 등과 같은 학자들도 민주평화의 제도적 설명에 입각해 있다고 볼 수 있다.[16]

민주국가의 정치제도와 정치과정의 투명성으로 전쟁이 억제된다는 주장도 구조적 설명의 범주에 속한다.[17] 민주국가의 정치제도와 정치과정은 투명하기 때문에 정치지도자가 야당과 여론의 지지를 받고 있는지의 여부를 상대국에서 알 수 있게 된다. 이로 인해서 광범한 지지를 받지 못할 경우 민주적 지도자는 전쟁을 회피하는 경향을 보인다. 반면, 광범한 지지를 받고 있을 경우 단호하게 전쟁을 감행할 수 있지만 상대국에서 이를 알 수 있기 때문에 전쟁보다는 협상을 통한 분쟁해결을 원하게 된다고 설명한다. 민주국가간의 경우 상호간 투명성은 더욱 증대되기 때문에 평화적 해결이 더욱 모색된다고 본다. 저비스(Robert Jervis) 등이 제기한 정보의 오인

(misperception)에 의한 전쟁발발 가능성이 민주국가가 개입될 경우 축소되어 전반적으로 전쟁발발 가능성이 낮아진다는 설명이다.

그러면, 이러한 민주주의 정치체제의 구조적 제약이 왜 비민주국가와의 분쟁에서는 평화적 효과를 발휘하지 못하는 것인가? 규범적 모델에서와 마찬가지로, 민주국가와 비민주국가간의 분쟁에서는 동원과 전쟁까지 자유롭게 선택할 수 있는 비민주국가의 구조적 특징이 분쟁의 해결과정을 주도하게 되기 때문이다. 이럴 경우 민주국가는 선택의 여지가 없는 상황에 직면하게 되고, 민주국가의 정치지도자는 제도적 제약을 뛰어넘을 수밖에 없게 된다. 국제분쟁이 비민주국가와 일어나는 경우에 비민주국가는 민주국가에 일종의 위기상황을 부과하게 되고, 민주국가는 제도적 제약을 우회하여 군사력의 사용을 포함한 모든 외교적 수단을 행사할 수 있도록 비교적 신속하게 정치적 지지를 결집할 수 있기 때문이라고 본다.

민주평화론의 구조적 설명은 그러므로 다음과 같은 몇 가지 가정에 입각해 있다고 볼 수 있다. 첫째, 국가지도자의 최고목표는 자신의 국내정치적 권력을 유지하는 것이다. 둘째, 모든 국가지도자는 외교적 후퇴 혹은 군사적 패배와 같은 외교정책의 실패가 자신의 정치권력에 치명적인 위협이 될 수 있다고 믿는다. 셋째, 특히 민주주의 정치체제에서는 이러한 외교정책의 실패를 물을 수 있는 야당과 같은 견제장치가 효과적으로 작동한다.

2. 국가자체의 속성 對 국가쌍의 속성

민주평화 현상을 설명하는 또 다른 하나의 차원은 그것이 국가자체의 속성에 기인하는가 아니면 국가간 관계의 속성에 기인하는가 하는 측면에 관한 이론적 논쟁이다. 민주평화 현상이 민주국가 자체의 속성에 기인한다는 입장을 '국가자체 속성론(monadic proposition)'이라 하고 국가쌍의 속성에 기인한다는 입장을 '국가쌍 속성론(dyadic proposition)'이라 하자.

먼저, 민주평화가 국가쌍의 속성에 기인한다는 입장을 살펴보자. 민주국가는 그 자체의 규범적 특징 혹은 구조적 제약 때문에 국제분쟁의 평화적 해결을 선호한다. 그러나 민주국가의 민주평화 현상은 결국 상대적이다. 즉 민주적 규범이나 민주적 제도를 공유하는 국가쌍의 관계에서는 분쟁의 평화적 해결이 모색된다(첫 번째 명제). 그러나 민주적 규범이나 제도를 공유하지 않는 국가쌍의 관계에서는 국제체계의 무정부적 속성과 그에 따른 국가존위의 절대성으로 비민주국가의 규범이나 제도가 주도하는 분쟁해결과정을 따르지 않을 수 없게 된다. 이럴 경우 민주국가는 군사력의 사용까지를 포함하는 외교정책을 고려하게 된다. 국가쌍 속성론의 입장에서 볼 때, 민주국가가 비민주국가와의 전쟁을 피하지 않는 이유가 여기에 있다(두 번째 명제). 부에노 디 메스키타와 랄먼의 연구결과는 이러한 국가쌍의 속성론을 입증하고 있다.[18]

민주국가와 그 적대국간의 전략적 상호작용에 초점을 맞추어 민주평화 현상을 설명하는 게임이론 모델도 국가쌍의 속성에 입각한 설명이다.[19] 비민주국가의 정치지도자가 전쟁의 결과에 비교적 자유로운 반면 민주국가의 정치지도자는 전쟁의 결과에 매우 민감할 수밖에 없기 때문에 승리가 확실시되는 전쟁은 피하지 않을 뿐만 아니라 또한 막대한 자원을 쏟아 부어 반드시 승리를 확실하게 하려는 경향을 보인다. 따라서 민주국가간의 전쟁에서는 양측 지도자들이 막대한 전쟁비용을 감당해야 하고, 또한 패전국 지도자의 정치적 생존은 불안정하게 되기 때문에, 민주국가의 지도자들은 전쟁보다는 협상을 통한 분쟁의 해결을 선호하는 강력한 동기를 갖게 된다고 본다. 그러나 민주국가의 정치지도자도 성공적인 전쟁으로부터는 확실한 정치적 이익을 확보할 수 있기 때문에 승리가 확실시되는 전쟁은 주저없이 일으키기도 한다고 설명한다.

요컨대, 국가쌍 속성론은 다음의 두 가정에 입각해 있다. 첫째, 민주화된 국가일수록 그 규범적 특징 혹은 구조적 제약으로 다른 민주국가를 상대로 한 국제분쟁에서 군사력을 사용할 가능성은 낮다. 둘째, 민주국가라 하더라도 비민주국가를 상대로 한 국제분쟁에서는 비민주국가가 협상과 타협을 거부하고 군사력을 사용할 수도 있다는 가능성 때문에 민주국가도 군사력의 사용을 포함한 분쟁의 강제적 해결을 선택하게 된다.

다른 한편, 국가자체 속성론은 민주주의 국가는 그 규범적 특징에 의해서이든, 혹은 그 구조적 제약에 의해서든 모든 유형의 국가에 대해서 본질적으로 평화적이라는 입장을 보인다. 국제분쟁의 해결에서 민주국가는 상대국가의 체제유형에 상관없이 군사력을 사용할 가능성이 낮다는 것이다. 예를 들어, 브리머(Stuart A. Bremer)의 연구결과는 이러한 국가자체 속성론을 지지한다.[20] 그러나 민주평화가 민주국가 자체의 속성에 기인한다는 이러한 입장은 민주국가도 비민주국가만큼 전쟁을 한다는 두 번째 명제를 설명하지는 못한다.

이러한 문제에 직면해서 국가자체의 속성을 여전히 강조하는 입장에서는 국가간 위기의 발생과 위기의 증폭, 전쟁의 단계를 구분할 필요가 있음을 지적한다. 이렇게 구별할 경우, 민주국가는 모든 유형의 국가에 대해서 위기를 발생시킬 가능성이 낮으나, 일단 위기가 발생한 경우에는 민주국가는 오직 민주국가에 대해서만 군사력을 사용할 가능성이 낮다는 경험적 연구를 제시한다.[21] 다시 말해서, 국가간 위기의 발생과 관련해서는 국가자체의 속성론이 여전히 유효하고, 위기가 증폭되어 전쟁으로 치닫는 과정에서는 국가쌍의 속성론이 유효하다는 설명이다.

민주평화 현상에 대한 이론적 설명을 전체적으로 살펴보면, 우선 규범적 설명과 구조적 설명이 상호배타적인 것은 아니다. 민주주의 정치체제의 어떤 측면을 강조하느냐의 차이가 있을 뿐이고, 경험적으로 우리는 규범적이고 구조적인 측면 모두를 발견할 수 있다. 나아가 규범적 설명이건 구조적 설명이건 모두 국가자체 속성론뿐만 아니라 국가쌍의 속성론과 결합될 수 있음을 알 수 있다. 마지막으로 국가자체 속성론과 국가쌍의 속성론을 비교할 때, 민주평화 현상은 국가쌍의 속성론으로 설명할 경우 좀더 폭넓은 경험적 입증을 받고 있다.

IV. 민주평화론에 대한 비판

민주평화에 관한 경험적 연구들을 축적해 가는 과정에서 방법론적·이론적 비판 또한 적지 않게 제기되었다. 첫째, 고와(Joanne Gowa)나 톰슨(William R. Thompson) 등은 민주주의가 전쟁의 부재를 가능하게 하는 것이 아니라 전쟁의 부재가 오히려 민주주의를 가능하게 한다는 반대의 인과관계를 주장한다.[22] 즉 민주주의가 평화를 가져오는 것이 아니라 국가간의 평화가 지속될 때 오히려 국가내의 민주주의가 촉진된다는 것이다. 평화가 민주주의를 가능하게 한다는 주장은 이미 오래된 고전적 지혜에 가깝다. 고전적 자유주의 경제학의 창시자인 애덤 스미스(Adam Smith)는 평화롭고 안정된 사회라는 전제하에서 무역, 투자, 성장이 촉진되고 개방된 민주국가로 나아갈 수 있음을 피력하고 있다.

둘째, 민주평화론이 1,000명 이상의 사망자가 난 국가간 전쟁을 분석의 대상으로 삼기 때문에 그보다 낮은 수준의 무력사용은 제외된다는 문제를 제기할 수 있다. 실제 민주국가 혹은 민주화 과정에 있는 국가에 대해 비밀작전(covert action)을 시도했거나 낮은 단계의 군사력이 사용된 예들이 제시되고 있다.[23] 또한 민주평화론은 민주국가인 강대국들간의 대리전쟁(proxy war)의 가능성을 고려하지 못한다. 냉전이 물론 민주국가간의 대립구도는 아니었지만 미국과 소련간의 비밀작전과 대리전쟁으로 점철되어 왔음은 주지의 사실이다. 탈냉전의 국제관계에서 민주적인 강대국들간에 대리전쟁의 가능성이 사라졌다고 볼 수 있는 근거는 없다.

셋째, 민주평화론이 '민주화의 역행'을 어떻게 수용할 것인가? 헌팅턴(Samuel Huntington)이 분석하고 있듯이, 각각의 '민주화 물결'은 곧

'민주화의 역행'으로 이어졌다.[24] 20세기만 보더라도 1920년대의 이탈리아, 1930년대의 독일과 일본은 민주화의 역행을 경험했고, 이들 국가들은 공세적인 외교정책을 감행했으며 제2차 세계대전의 주축국을 이루었다. 오늘날 주요 민주국가들이 민주화의 역행으로 퇴보할 가능성은 지극히 낮다고 볼 수 있지만, 민주주의로의 체제전환에 있는 러시아나 민주제도가 취약한 인도의 경우 권위주의로의 역행을 전적으로 배제할 수는 없을 것이다.[25]

마지막으로, 방법론적인 측면에서 스피로(David Spiro)는 역사적으로 민주국가의 수가 지나치게 적었기 때문에 민주평화 현상은 통계적으로 유의미하지 않다는 문제를 제기한다. 예를 들어 1980년에는 156개의 국가가 있었고, 이 중에서 민주국가는 40개국에 불과했다. 여기서 조합가능한 전체 국가쌍의 수는 12,090개이나 민주국가간의 쌍은 780개에 불과하다. 실제 1980년에는 단 2개의 국가쌍에서만 전쟁이 일어났고, 이 전쟁이 민주국가간의 전쟁이었을 확률은 당연히 0에 가까울 수밖에 없다는 비판이다. 전체 관찰값이 워낙 크기 때문에 '민주국가간의 전쟁 빈도가 낮다'는 민주평화 현상은 통계적으로 유의미하지 않다는 것이다.[26]

V. 민주평화론과 국제정치이론

민주평화론이 국제정치이론에 던지는 의미는 무엇인가? 민주평화론은 먼저 전쟁과 평화에 관한 현실주의(realism) 국제정치이론에 중대한 도전을 제기한다. 현실주의 이론은 국제관계에서 '국가'가 가장 중심적인 행위자이고, 이 국가는 '단일적'이고 '합리적'이며, 본질적으로 '무정부상태'에서 목적이자 수단으로서 '힘'을 사용하여 '국가이익'을 최대화한다는 몇 가지 가정에 입각해 있다. 그러므로 국가는 기본적으로 동질적인 행위자로 간주되고 전쟁과 평화의 문제는 국가간 힘의 분포에 의해서 결정된다고 본다. 따라서 세력균형이나 세력전이, 군비경쟁, 동맹체제의 변화, 패권국가의 부침 등이 전쟁과 평화의 주요요인으로 분석된다. 특히 국가를 '단일체적인(unitary)' 행위자로 가정함으로써 국가내부와 관련된 다양한 변수들은 주어진 상수로 간주한다. 현실주의 이론을 '블랙박스 모델' 혹은 '당구공 모델'이라 부르는 이유도 여기에 있다.

그러나 국가의 외교정책이 마치 당구게임에서 당구공처럼 '밖'으로부터의 도전에 대한 기계적인 대응으로 표출되지는 않는다. 국가 '안'의 다양한 요인들의 영향을 받지 않을 수 없다. 국가 '밖'으로부터의 도전이라는 변수에 대해서 국가 '안'의 다양한 변수들이 대응하는 복합적인 정치과정을 거쳐 외교정책은 결정되는 것이다. 즉 국가 밖으로부터의 변화에 대한 분석과 함께 이에 대해 국가 안으로부터의 다양한 요인들이 상호작용하는 복합적인 정치과정의 결과로서 외교정책을 이해하는 것이 좀더 실제에 가깝다.[27] 블랙박스를 열어 그 안의 다양한 변수들의 영향력을 분석할 필요가 있는 것이다. '외교정책에 대한 입장은 정책결정자가 어떤 자리에 앉아 있느냐에 따라 결정된다'고 주장하는 앨리슨의 관료주의 모델은 바로 이 블랙박스를 열어 외교정책결정기구 내부의 동학에 분석의 초점을 맞추고 있다.[28]

마찬가지로 민주평화론도 국가 '안'의 체제유형에 분석의 초점을 맞추어 국가간 전쟁과 평화를 설명한다는 점에서 현실주의 국제정치이론에 대한 새로운 도전이라고 할 수 있다. 민주국가는 서로간에 전쟁을 하지 않는다는 발견이나 비민주국가가 포함된 국제분쟁은 위기의 증폭과 전쟁으로 악화될 가능성이 높다는 경험적 발견과 이론적 설명은 국가 '안'의 체제유형이 전쟁과 평화의 중요한 변수가 된다는 것을 의미한다. 이런 관점에서 민주평화론은 자유주의적(liberalism) 이론이면서 또한 다원주의적(pluralism) 접근이다. 나아가 모든 국가가 민주주의 정치체제를 갖게 될 때에 진정한 국제평화가 유지될 수 있다는 칸트식의 규범적이고 이상주의적인(idealism) 주장으로까지 발전된다.

다른 한편, 우리는 민주평화론의 이론적 전개과정에서 구성주의(con-structivism) 국제정치이론의 측면 또한 강하게 발견할 수 있다. 민주주의 정치체제가 그 규범적 요소 때문이든 혹은 그 제도적 요소 때문이든 국제분쟁의 평화적 해결을 선호하게 된다면, 현실주의 국제정치이론에서 전제하고 있는 국제체계의 무정부적 속성과 그에 따른 홉스적인 전쟁의 불가피성은 상당히 완화될 수 있다는 것을 의미한다. 나아가 국제체계의 무정부성과 전쟁의 불가피성은 개별 행위자인 국가자체의 속성, 즉 민주주의 정치체제인가 아니면 비민주주의 정치체제인가의 여부에 따라 재구성될 수 있는 역사적이고 사회적인 구성체라는 것을 의미한다. 불가변적인 구조로서 전제되어 있는 국제체계의 무정부성은 결국 개별 행위자들이 만들어 내는 사회적 구성체라는 구성주의적 인식론을 민주평화론은 공유하고 있는 것이다.[29]

VI. 민주평화론과 국제질서

마지막으로, 민주평화론이 21세기 초의 현실 국제정치에 던지는 의미는 무엇인가? 전쟁의 예방과 평화의 유지는 인류의 오랜 염원이다. 민주평화론이 국제정치학의 주요쟁점으로 주목을 받는 이유도 이러한 염원의 반영에 다름 아니다. 민주평화론의 발견이 실제 민주주의와 전쟁의 부재라는 인과성을 반영하는 것이라면 이는 대단히 환영할 만한 발견이고 희망적인 발견이다. 모든 국가들이 민주주의 정치체제를 갖게 됨으로써 국내정치의 발전목표를 달성하게 되는 것일 뿐만 아니라, 이로써 국제정치의 염원 또한 이루게 되기 때문이다.

그러나 불행히도 민주평화론의 발견은 인류의 희망이나 염원을 채우기에는 아직 이른 것으로 보인다. 우선 실제적인 관점에서, 민주평화론의 발견이 민주주의와 전쟁의 부재간의 실제적인 인과관계를 반영하는 것으로 받아들인다 해도, 21세기 초 국제관계에서 민주화는 여전히 많은 국가들의 정치발전 과제로 남아 있는 상태다. 다음으로 이론적인 관점에서, 민주평화론의 발견이 민주주의와 전쟁간의 실제적인 인과관계를 반영하는 것인가의 문제도 아직은 회의적이다. 민주평화론의 발견은 우선 민주주의와 전쟁부재간의 경험적 상관성의 수준에 머물러 있을 뿐만 아니라 방법론적이고 기술적인 문제들 또한 적지 않게 제기되고 있다. 이러한 경험적 상관성(association)이 실제적인 인과성(causality)을 확보하기 위해서는 아직 더 많은 연구들이 축적되어야 한다.

다른 한편, 민주평화론의 발견은 국내정치와 국제정치 모두에 대단히 바람직하고 규범적이다. 그러나 이러한 경험적 발견이 규범적이고 이상주의적인 목적으로 정당화되어 국제관계에서 외교정책목표로 추진될 때, 역설적으로 국가간 평화보다는 오히려 분쟁을 유발할 가능성을 내재하고 있다. 이는 무엇보다 민주주의에 대한 국가나 지역에 따른 차별적인 이해에 기인한다. 국제평화를 위해서 민주화를 외교정책목표로 추진할 수 있겠지만, 민주주의의 최소한의 기준이 무엇인가, 어떤 제도와 규범이 민주적인가 하는 문제는 차별적일 수밖에 없고, 궁극적으로는 국내정치가 선택해야 할 사안이다.

실제 미국의 클린턴행정부는 '참여와 확장(Engagement and Enlargement)' 전략 하에서 민주주의와 시장경제의 세계적 확산을 외교정책목표로 설정함으로써 민주평화론 혹은 자유평화론(liberal peace)에 입각한 외교정책을 추진해 왔다. 민주주의와 시장경제의 확산을 추진하고 인권과 다른 외교사안을 연계하는 미국의 사명외교(missionary diplomacy)나 인권외교는 그 이상주의적 포장에도 불구하고 많은 국가들과 갈등과 분쟁을 야기해 왔다. 중국의 천안문사태, 최혜국대우 연장문제, 세계무역기구 가입문제 등을 놓고 미국과 중국간에 일어났던 일련의 갈등과 분쟁의 궁극적인 원인이 바로 미국의 이러한 사명외교 혹은 인권외교에 있었음은 주지의 사실이다. 마찬가지로 인도주의적 개입(humanitarian intervention)의 문제도 근본적으로 민주평화론의 규범적 측면에 입각해 있지만, 인도주의의 기준과 범위에 관해서는 국가별, 지역별로 차별성을 보일 수밖에 없고 따라서 여전히 갈등의 여지를 내재하고 있다.

마지막으로, 국가내부의 체제변동이 국가간 전쟁과 평화에 어떤 인과성을 갖는다고 한다면, 민주평화론이 동아시아의 국제정치에 갖는 의미는 대단히 크다고 할 수 있다.[30] 동아시아에는 무엇보다 체제변동의 가능성을 보이고 있는 지역강대국인 중국이 있기 때문이다. 중국이 경제성장과 더불어 궁극적으로 민주화를 추진하게 되고, 그 과정에서 민족주의 혹은 내부의 권력투쟁 등의 요인이 작동하여 지역분쟁에 호전적으로 나올 수도 있을 것이고, 민주화가 성공적으로 진전되어 공고화의 단계로 나아간다면 서유럽에서처럼 민주평화가 작동하는 지역이 될 수도 있다는 추론이 가능하기 때문이다. 마찬가지로 민주평화론의 관점에서 볼 때, 북한 내부의 체제변화 가능성 또한 동북아 국제관계에 미치는 파장이 적지 않을 것이다.

| 미주 |

1) Francis Fukuyama, *The End of History and the Last Man* (New York: Free Press, 1992).

2) 역설적인 냉전의 '오랜 평화'에 관해서는 다음을 참조. John Lewis Gaddis, "The Long Peace: Elements of Stability in the Postwar International System," *International Security*, vol. 10, no. 4 (Spring 1986).

3) 칸트의 '영구평화론'에 관해서는 다음을 참조. Michael W. Doyle, "Liberalism and World Politics," *American Political Science Review*, vol. 80, no. 4 (1986).

4) COW 데이터는 미국 미시간대학교의 싱어가 주도해 온 "Correlates of War Project"에 의해서 작성되고 갱신되어 오고 있다. COW 데이터는 1816-1997년간 국가간 전쟁을 포함하여, 내전, 동맹, 국력 등에 관한 데이터를 포함하고 있다. 데이터의 내용과 구성에 관해서는 다음의 홈페이지를 참조. http://www.umich.edu/~cowproj/dataset.html

5) Polity 데이터는 미국 메릴랜드주립대학의 거어가 주도해 왔으며, 1800-2000년간에 걸쳐 국가의 민주화 정도를 포함하는 정치변동에 관한 데이터를 포함하고 있다. 데이터의 내용과 구성에 관해서는 다음의 "Polity IV Project" 홈페이지를 참조. http://www.cidcm.umd.edu/inscr/polity/

6) 다음을 참조. Jack Levy, "War and Peace" in Walter Carlsnars, Thomas Risse, and Beth A. Simmons (eds.), *Handbook of International Relations* (London: Sage Publications, 2002), p. 359.

7) Martin Griffiths, and Terry O' Callaghan, *Internatinal Relations: The Key Concepts* (London: Routledge, 2002), p. 66.

8) Edward Mansfield, and Jack Snyder, "Democratization and the danger of war," *International Security*, vol. 20 (1995).

9) William R. Thompson, and Richard Tucker, "A Tale of Two Democratic Peace Critiques," *Journal of Conflict Resolution*, vol. 41, no. 3 (June 1997).

10) Edward Mansfield, and Jack Snyder의 최근 연구.

11) David Lake, "Powerful Pacifists: Domocratic States and War," *American Political Science Review*, vol. 86, no. 1 (March 1992); Dan Reiter, and Allan C. Stam III, "Democracy, War Inititation, and Victory," *American Political Science Review*, vol. 92, no. 2 (June

1998).

12) David L. Rousseau, Christopher Gelpi, Dan Reiter, and Paul K. Huth, "Assessing the Dyadic Nature of the Democratic Peace, 1918-88," *American Political Science Review*, vol. 90, no. 3 (September 1996).

13) Mark J. C. Crescenzi, "Ripples from the Waves? A Systemic, Time-Series Analysis of Democracy, Democratization, and Interstate War," *Journal of Peace Research*, vol. 36, no. 1 (1999).

14) Zeev Maoz, and Bruce Russett, "Normative and Structural Causes of Democratic Peace, 1946-1986," *American Political Science Review*, vol. 87 (September 1993), pp. 624-638.

15) Kenneth A. Schultz, "Do Democratic Institutions Constrain or Inform?" *International Organization*, vol. 53 (Spring 1999), pp. 233-267.

16) Bruce Bueno de Mesquita, and James D. Morrow, Randolph M. Siverson, and Alastair Smith, "An Institutional Explanation of the Democratic Peace," *American Political Science Review*, vol. 93, no. 4 (December 1999), pp. 791-807.

17) Kenneth A. Schultz, "Domestic Opposition and Signaling in International Crises," *American Political Science Review*, vol. 92, no. 4 (1998).

18) Bruce Bueno de Mesquita, and David Lalman, *War and Reason* (New Haven: Yale University Press, 1992).

19) Bruce Bueno de Mesquita, and James D. Morrow, Randolph M. Siverson, and Alastair Smith, "An Institutional Explanation of Democratic Peace," *American Political Science Review*, vol. 93, no. 4 (1999).

20) 브리머는 전쟁발발가능성이 민주국가/민주국가 쌍, 민주국가/비민주국가 쌍, 비민주국가/비민주국가 쌍의 순서로 높아진다는 사실을 들어 민주국가의 자체의 평화지향성을 주장한다. Stuart A. Bremer, "Dangerous Dyads: Conditions Affecting the Likelihood of Interstate War, 1816-1965," *Journal of Conflict Resolution*, vol. 36 (June 1992), pp. 309-341.

21) David L. Rousseau, et al, "Assessing the Dyadic Nature of the Democratic Peace, 1918-88," *American Political Science Review*, vol. 90, no. 3 (1996).

22) 다음을 참조. Joanne Gowa, *Ballots and Bullets: The Elusive Democratic Peace* (Princeton: Princeton University Press, 1999); William R. Thompson, "Democracy and peace: Putting the cart before the horse?" *International Organization*, vol. 50 (1996).

23) 이에 대해서는 다음을 참조. David P. Forsythe, "Democracy, War, and Covert Action," *Journal of Peace Research*, vol. 29, no. 4 (1992).

24)   Samuel P. Huntington, *The Third Wave: Democratization in the Late Twentieth Century* (Norman and London: University of Oklahoma Press, 1991).

25)   다음의 미국 RAND 연구소 보고서 참조. Thomas S. Szayna, et al., *The Emergence of Peer Competitors: A Framework for Analysis* (Washington, DC: RAND, 2001).

26)   David E. Spiro, "The Insignificance of the Liberal Peace," *International Security*, vol. 19, no. 2 (1994).

27)   국가 '밖' 과 '안' 의 요인들이 상호작용하는 복합적인 정치과정의 결과로서 외교정책을 이해해야 함에도 불구하고, 국가 '밖' 의 변수 혹은 국가 '안' 의 변수 어느 한 쪽을 주어진 상수로 간주하고 다른 한 쪽의 외교정책에 대한 영향력을 분석하는 것은 분석의 편의를 위해서 불가피하고 좀더 일반적이다.

28)   Graham T. Allison, *Essence of Decision: Explaining the Cuban Missile Crisis* (Boston: Little, Brown, 1971).

29)   국제체계의 무정부성이 결국 국가가 만들어내는 사회적 구성체라는 주장에 관해서는 다음을 참조. Alexander Wendt, "Anarchy is What States Make of It: The Social Construction of Power Politics," *International Organization*, vol. 46, no. 2 (1992).

30)   특히 다음을 참조 현인택, "민주평화와 동아시아의 미래," 이상우 (편저), 『21세기 동아시아와 한국』(서울: 오름, 1998).

| 참고문헌 |

■ Bremer, Stuart A. "Dangerous Dyads: Conditions Affecting the Likelihood of Interstate War, 1816-1965." *Journal of Conflict Resolution*, vol. 36, June 1992.

■ Bueno de Mesquita, Bruce, and David Lalman. *War and Reason*. (New Haven: Yale University Press, 1992).

■ Bueno de Mesquita, Bruce, James D. Morrow, Randolph M. Siverson, and Alastair Smith. "An Institutional Explanation of the Democratic Peace." *American Political Science Review*, vol. 93, no. 4, December 1999.

■ Crescenzi, Mark J. C. "Ripples from the Waves? A Systemic, Time-Series Analysis of Democracy, Democratization, and Interstate War." *Journal of Peace Research*, vol. 36, no. 1, 1999.

■ Doyle, Michael W. "Liberalism and World Politics." American Political Science Review. vol. 80, no. 4, 1986.

■ Gowa, Joanne. *Ballots and Bullets: The Elusive Democratic Peace*. (Princeton: Princeton University Press, 1999).

■ Lake, David. "Powerful Pacifists: Domocratic States and War." *American Political Science Review*, vol. 86, no.1, March 1992.

■ Mansfield, Edward, and Jack Snyder. "Democratization and the danger of war." *International Security*, vol. 20, 1995.

■ Maoz, Zeev, and Bruce Russett, "Normative and Structural Causes of Democratic Peace, 1946-1986." *American Political Science Review*, vol. 87, September 1993.

■ Rousseau, David L., Christopher Gelpi, Dan Reiter, and Paul K. Huth. "Assessing the Dyadic Nature of the Democratic Peace, 1918-88." *American Political Science Review*, vol. 90, no. 3, September 1996.

■ Schultz, Kenneth A. "Do Democratic Institutions Constrain or Inform?" *International Organization*, vol. 53, Spring 1999.

■ Spiro, David E. "The Insignificance of the Liberal Peace." *International Security*, vol. 19, no. 2, 1994.

■ Thompson, William R. "Democracy and peace: Putting the cart before the horse?" *Interna-*

tional Organization, vol. 50, 1996.

- Thompson, William R., and Richard Tucker. "A Tale of Two Democratic Peace Critiques." *Journal of Conflict Resolution,* vol. 41, no. 3, June 1997.

| 문헌해제 |

- 마이클 도일, "자유주의와 세계정치," 감우상 외, 『국제관계론강의 1』(서울: 한울, 1997/1886): 이 논문은 좀더 넓은 의미의 자유주의의 관점에서 세계정치의 평화문제를 논의함으로써 민주평화론의 이론적 기반을 제공한다. 필자는 슘페터, 마키아벨리, 칸트의 논의를 비교하고 '자유평화론(liberal peace)'이라 부를 수 있는 입장을 제시한다. 특히 칸트의 '연구평화'에 대한 깊이 있는 논의를 접할 수 있다.

- 현인택, "민주평화와 동아시아의 미래," 이상우 (편저), 『21세기 동아시아와 한국』(서울: 오름, 1998): 이 논문은 민주평화론을 간략히 설명하고, 이를 동아시아 국제관계에 적용해 보고 있다는 점에서 의미를 갖는다. 특히 동아시아 지역에는 급속한 경제성장과 더불어 정치적 다원화와 민주화의 가능성을 보이고 있는 지역강대국 중국이 있고, 나아가 중국, 미국, 일본간의 국제정치가 지역전반의 질서에 심대한 영향력을 미친다는 점에서 민주평화론의 동아시아 적용은 대단히 중요한 시도라고 할 수 있다.

- Bruce Russett, and John Oneal, *Triangulating Peace: Democracy, Interdependence and International Organizatioins* (New York: W. W. Norton, 2001): 이 책은 민주평화론을 포함하여 좀더 넓은 의미의 자유주의적 평화의 가능성을 경험적으로 입증하고 이론적으로 주장한다. 필자들은 민주주의, 경제적 상호의존, 국제기구의 세 요인이 상호보완적으로 작용하여 국제분쟁의 평화적 해결을 가능하게 한다고 주장한다. 이들은 이러한 자유주의적 평화의 가능성을 '칸트주의적 평화론(Kantian Peace)'이라 부른다. 이 책은 민주평화론을 포함해서 자유주의적 관점의 평화론을 종합적으로 입증하고 통합한다.

- Walter Carlsnaes, Thomas Risse, and Beth A Simmons, (eds.), *Handbook of International Relations* (London: Sage Publications, 2002); Martin Griffiths, and Terry O'Callaghan, *International Relations: The Key Concepts* (London: Routledge, 2002): 위 두 권의 책은 국제관계 전반의 주요개념에 관한 일차적 참고서적이다. Routledge 출판사의 책은 주요개념에 대해 2~3쪽 분량으로 간략하게 설명하고 있어 학부수준의 참고서로 적합하고, Sage 출판사의 책은 주어진 주제를 전문학자가 체계적으로 문헌소개와 더불어 설명하고 있어 대학원 수준의 참고서로 적합할 것이다.

자유주의 국제정치경제이론

정 진 영

I. 서론

국제정치경제학은 국제관계학 또는 국제정치학의 하위분야라고 생각될 수 있다. 국제관계에서 정치와 경제가 상호작용하는 현상을 연구하는 학문분야이기 때문이다. 그러나 국제정치경제학은 정치중심의 전통적 국제정치학의 범위를 넘어서는 새로운 학문분야라고 볼 수도 있다. 국제정치학이 이전에 다루지 않았던 수많은 변수나 현상들을 국제정치경제학은 중요한 연구대상으로 포괄하기 때문이다. 예컨대, 국제정치경제학의 핵심적인 연구주제인 국제무역, 국제금융, 또는 초국적기업(TNCs, 또는 다국적기업 MNCs)과 관련된 문제들은 과거 국제정치학자들의 연구주제로 거의 생각되지 않았다. 이러한 측면에서 국제정치경제학은 국제정치학과 대등한 지위를 갖는 신학문분야라고 볼 수도 있다. 그러나 전통적인 학문분류상 국제정치경제학을 대개 국제정치학의 한 분야로 간주하는 것이 일반적이다.

국제정치와 국제경제 사이의 상호작용에 대한 시각도 연구자들 사이에 상당한 차이가 난다. 이와 관련해서는 정치경제학의 시각을 세 가지 이념 또는 이데올로기로 분류하는 방식이 국제정치경제학의 경우에도 적용될 수 있다.[1] 제국주의, 종속이론, 세계체제론으로 이어지는 맑스주의는 경제 결정론의 관점에서 국제정치경제 현상을 이해한다. 민족주의, 중상주의, 전략적 무역이론을 포괄하는 현실주의 국제정치경제학은 정치우위론의 입장을 취한다. 이에 비해 통합이론, 상호의존론, 국제협력이론으로 이어지는 자유주의 전통은 국제관계에서 정치와 경제의 분리와 상호작용론의 관점에서 양자 사이의 관계를 이해한다.

국제정치경제학의 연구대상도 연구자에 따라 상이하게 규정되고 있다.[2] 일찍이 길핀(Gilpin, 1975)과 스페로(Spero, 1981)는 국제정치경제학을 국제관계에서의 힘(power)의 추구와 부(wealth)의 추구 사이의 상호작용을 연구대상으로 한다고 규정했다.[3] 블레이크와 월터스도 국제경제 관계와 관련된 주요 정치문제들의 중요성을 지적하고, 국제정치경제학은 대내외 정치와 경제, 정부와 비정부단체들 사이의 복합적인 상호작용과정을 연구대상으로 삼아야 한다고 주장했다.[4] 1987년 출간된 이래 가장 영향력 있는 국제정치경제학 교과서였던『국제관계의 정치경제학』에서 길핀은 국제정치경제학을 "국제관계에서의 힘과 부의 배분에 영향을 미치는 국가와 시장의 상호작용"을 연구대상으로 한다고 규정하고, 시장경제 대두의 경제적 · 정치적 원인과 효과, 경제변동과 정치변동 사이의 관계, 그리고 세계시장경제의 국내경제에 대한 영향 등 세 가지를 주요한 연구과제로 제시하고 있다.[5]

1998년에 Foreign Policy지는 "지식의 프론티어"를 특집으로 다루면서, 국제정치경제학 분야에 대해서는 컬럼비아대학의 밀너가 집필한「국제정치경제학:패권안정을 넘어서」라는 글을 싣고 있다.[6] 이 글에 따르면 국제정치경제학 연구의 4가지 이슈는 다음과 같이 정리할 수 있다. 첫째, 국제경제의 주요한 측면들에 대한 정치학적 설명이다. 보호무역정책의 선택에 대한 설명에서 보는 것처럼, 경제학적 설명은 너무나 편협하기 때문에 국제경제문제에 대한 정치학적 설명이 요청되고 있다. 둘째, 주요 국가들의 대외경제정책의 선택에 대한 설명으로, 이 이슈 역시 대내외 요인과 정치적·경제적 요인의 통합에 기초한 설명을 필요로 한다. 셋째, 국가들 사이에서 발견되는 발전 속도의 상대적 차이와 이에 따른 국제질서의 변화이다. 발전 속도의 차이는 개별 국가들이 세계경제에서 차지하는 위치와 역할에서의 변화를 초래한다. 따라서 이 문제 역시 국제정치경제학의 주요한 연구대상이다. 넷째, 국제경제의 국내정치에 대한 영향이다. 특히 국민경제의 세계화에 따른 충격이 주요한 연구대상으로 부각되고 있다.

그런데 이러한 연구대상을 갖는 국제정치경제학이 하나의 독립적인 학문분야로 등장한 것은 그리 오래 전의 일이 아니다. 물론 국내적으로나 국제적으로 정치와 경제는 항상 서로 긴밀한 영향을 미치는 관계에 있었다. 따라서 18-19세기에는 정치와 경제를 함께 연구하는 정치경제학이 지배적인 추세였다. 그렇지만 20세기에 들어와 학문간의 분업이 심화되면서 정치학과 경제학은 각각 독립적인 학문분야로 분리되어 발전했다. 정치와 경제의 독자적인 영역에 대한 강조도 나타났다. 그러나 1970년대에 들어와 이러한 분리는 설득력을 잃어가기 시작했다. 제2차 세계대전 이후 미국을 중심으로 형성됐던 패권적 국제경제질서가 유럽과 일본의 부흥으로 다극화되기 시작했고, 미국달러 중심의 고정환율제였던 브레튼 우즈 체제가 붕괴되었으며, 무역마찰과 보호주의의 등장, 제3세계 문제, 석유위기, 외채위기 등 일련의 중대한 국제경제문제들이 등장했기 때문이다. 그런데 기존의 국제정치학과 국제경제학은 이러한 현상들을 설명하기에는 너무나 부적절했다. 국제정치와 국제경제의 긴밀한 연계와 상호작용이 명백해졌기 때문이다. 국제정치경제학은 바로 이러한 이론적 결함을 보완하기 위한 현실적 필요성에 따라 등장했고 각광받기 시작했다.

이 글은 국제정치경제학의 자유주의 이론을 정리해서 소개하고, 국제

정치경제학 연구의 핵심적 주제들에 대한 자유주의적 설명을 제시하는 데
그 목적이 있다. 이를 위해 이 글은 우선 자유주의 국제정치이론의 핵심적
내용을 간략히 소개하고 있다. 자유주의 국제정치경제학에 대한 이해를 돕
기 위해서다. 다음으로 Ⅲ에서는 자유주의 국제정치경제학의 핵심을 소개
하고 있다. Ⅳ에서는 자유주의 국제정치경제학을 적용하여 국제정치경제
학의 3대 연구주제로 불리는 국제무역, 국제통화금융, 초국적기업과 관련
된 문제들에 대한 설명을 차례로 소개하고 있다.

II. 국제관계에 대한 자유주의이론

국제관계 또는 국제정치 연구의 대표적인 두 가지 이론적 전통은 현실
주의와 자유주의다.[7] 현실주의 국제정치이론의 핵심은 무정부 상태, 안보
위협, 자력구제, 권력정치의 개념들로 간단히 기술될 수 있다. 무정부 상
태(anarchy)에서 국가들은 항상 국가생존의 위협에 노출돼 있다. 이러한
잠재적인 전쟁상태에서 살아남기 위해서 개별 국가들은 자신을 지킬 수 있
는 힘을 가져야 한다. 이것이 바로 자력구제(self-help)의 원리이다. 따라
서 국제정치의 지배적인 속성은 당연히 "권력으로 정의된 국가이익"을 추
구하는 권력정치(power politics)이다. 현실주의 국제정치이론이 갖는 이
러한 단순명료성, 경제성은 이 이론이 가진 커다란 매력이라 할 수 있다.[8]
이에 비해 자유주의 국제정치이론은 하나의 이론이라고 부를 수 없는 다양
한 갈래의 이론들과 이념들을 포괄하고 있다. 그러나 우리는 자유주의 국
제정치이론의 범주에 포함되는 이론들을 관통하고 있는 핵심적인 내용이
존재한다고 생각한다.

국제정치이론에서 현실주의와 자유주의를 구분하는 가장 근본적인 기
준은 무정부 상태에서의 국제적 협력과 평화의 가능성에 대한 판단이다.[9]
자유주의 이론가들은 국제적 무정부 상태에서도 평화와 협력이 충분히 가

능할 뿐만 아니라 대부분의 경우 실제로 실현되고 있다고 주장한다. 더욱이 이 자유주의 이론가들이 말하는 평화는 단순히 전쟁이 없는 상태를 뜻하는 현실주의자들의 소극적 평화가 아니라, 공통의 이익과 개별적 이익을 서로 협력해서 달성하는 상태인 적극적 평화를 가리킨다.[10] 따라서 자유주의 국제정치이론은 국제적 평화와 협력이 언제 어떻게 가능하고, 이것을 달성하기 위해서는 무엇을 어떻게 해야 하는지를 설명하는 이론이라고 볼 수 있다. 국제적 협력과 평화의 가능성에 대한 자유주의자들의 이러한 강조는 다음과 같은 세 가지의 이론적 가정—또는 현실 인식—에 기초하고 있다.[11]

첫째, 국가들이 무정부 상태에서 살고 있기는 하지만 전쟁상태에 놓여 있는 것은 아니다. 현실주의 이론가들은 국제적 무정부 상태가 곧 전쟁상태이며, 평화는 힘의 균형을 통해 전쟁이 억제될 때에만 가능하다고 본다. 또한 국제협력에 따른 이익의 상대적 크기에 차이가 나고, 이것이 안보에 대한 위협으로 작용하기 때문에, 국제협력이 모두에게 이익이 되는 경우에도 국가들은 서로 협력을 할 수 없다고 주장한다.[12] 그러나 자유주의자들은 무정부 상태를 현실주의자들과 다르게 이해한다. "어떠한 자유주의자들에게도 (정부가 없는) 자연상태가 곧 전쟁상태를 의미하지는 않는다."[13] 무정부 상태는 전쟁상태일 수도 있고 평화상태일 수도 있다. 국가들의 노력에 따라 무정부 상태에서도 평화가 얼마든지 가능하며, 서로간의 공통이익과 개별적 이익을 달성하기 위해서는 국제협력이 필요하고, 국가들은 이것을 시도하는 합리성을 갖고 있다. 따라서 자유주의자들이 바라보는 국제정치의 장은 권력정치가 난무하고 무법천지인 "정글(jungle)"이 아니라, 국제협력과 평화를 가꾸고 키울 수 있는 "정원(garden)"이다.[14] 무정부 상태라는 국제정치의 구조가 국가들의 행동을 지배하는 것이 아니라, 국가들의 행동에 따라 무정부 상태의 모습이 결정된다. 자유주의 국제정치이론가들은 국제관계의 구조보다 과정을 중시한다.[15]

둘째, 국가들은 그들이 기초하고 있는 국내사회와 국제사회의 관계에 따라 그 성격이 다르고, 국가들의 국제적 행위는 이러한 관계를 반영하기 마련이다.[16] 모라브칙에 따르면, "국가들과 국가들이 배태돼 있는 국내적·국제적 사회와의 관계가 국가의 선호가 기초하고 있는 사회적 목적들에 영향을 미침으로써 국가들의 행위를 결정적으로 형성한다."[17] 즉 〈국가-사회관계→국가의 사회적 목적→국가의 선호→국가행위〉의 방향으로 영향력이 행사된다. 모라브칙은 이것이야말로 "자유주의 국제정치이론의 근본적인 전제"라고 주장한다. 국내외의 상이한 사회집단들은 상이한 목표를 가지고 있고, 상이한 정도로 대외정책결정에 영향을 미친다. 국가의 국제적 행위는 특정한 시점의 국가-사회관계—즉, 정권의 성격—에 따라 특정한 사회집단들의 이익을 반영하여 이루어지기 마련이다. 따라서 자유주의 국제정치이론은 국가들의 국제적 행동을 설명하려고 할 때 "정치적 과정을 중요하게 고려"한다.[18] 요컨대, 국가들의 국제적 행동은 국가-사회관계, 정권의 성격에 따라 다르며, 자유주의 이론가들은 이 점을 중시한다.

셋째, 국가는 국가안보뿐만 아니라 다양한 대내외적 목표들을 추구한다. 물론 어떤 상황에서는 국가안보가 국가의 가장 긴급하고 중요한 목표가 될 수 있다. 그러나 대부분의 경우 국가는 안보목표만을 추구하지는 않는다. 근대 국제체계는 주권의 상호인정을 바탕으로 설립되었다. 이는 곧 주권국가의 존립이 상당한 안정성을 획득했음을 의미한다. 국가는 안보에 대한 끊임없는 불안으로부터 벗어나서 다양한 국가목표들을 추구할 수 있게 되었고, 그렇게 하지 않으면 안 된다. 국가는 외국과의 전쟁을 통해서 패망할 수 있을 뿐만 아니라 국내의 사회경제적 실패, 정치적 혼란으로 붕괴될 수도 있다. 특히 국가의 운영을 맡은 특정 정권의 관점에서 보면, 국민들의 다양한 욕구충족이 권력을 유지하는 데 매우 중요하다. 그런데 국가의 목표들을 달성하기 위해서는 종종 국제적 평화와 협력을 필요로 한다. 개별 국가들이 평화를 원하고 국제협력을 추구하는 이유가 바로 여기에 있다. 자유주의 이론가들은 국제적 협력과 평화가 국가들의 이타심이 아니라 이기적 행동으로부터 도래할 수 있다고 주장한다.

요컨대, 자유주의 국제정치이론은 무정부 상태에 대한 상이한 이해를 통하여 현실주의 이론가들이 강조하는 무정부적 국제구조의 영향력을 평가절하하고, 국가-사회관계의 중요성을 부각시킴으로써 국가들의 행동이 사회적으로 배태되어 있음을 강조하며, 국가목표의 다양성을 지적함으로써 이를 달성하기 위한 국제협력의 필요성을 강조한다. 자유주의 이론가들은 "현실주의의 구조결정론에 대한 강한 거부의식"을 갖고 "국제평화 및 협력에 대한 기대"를 공통적으로 소유하고 있다.[19]

그렇다면 국제협력과 평화는 어떻게 달성될 수 있는가? 자유주의 국제정치이론의 핵심적 과제에 해당하는 이 질문에 대한 대답은 이미 오래 전에 여러 사람들에 의해서 제시되었다. 커해인은 이 대답들을 세 가지로 분류하고 있다.[20] 첫째, 공화주의적(republican) 자유주의다. 칸트는 개인의 자유와 평등, 법의 지배에 기초한 공화정이 국제협력과 평화의 기초가 될 수 있다고 보았다. 전쟁을 하기 위해서는 국민의 동의가 요구되는데, 이것은 전쟁을 억제하는 효과가 있다는 것이다. 로크는 자유주의 정부(liberal commonwealth)가 개인의 자유, 생명, 재산을 보호하는 자연법을 지켜야 하고 전쟁이 이러한 자연법에 어긋나기 때문에, 평화를 위해서는 자유주의 정부가 적합하다고 보았다. 최근 많은 주목을 받고 있는 민주평화론(Democratic Peace)은 바로 이러한 이론적 전통에 기초하고 있다.

둘째, 상업적(commercial) 자유주의다. 국가들 사이의 상업적 관계의 발전이 평화를 가져온다는 주장이다. 몽테스키외는 "상업의 자연적 효과가 평화에 이르게 한다"고 주장했다. 칸트 역시 "상업의 정신은 전쟁과 공존할 수 없다"고 주장했다.[21] 상업적 관계는 서로가 서로를 필요로 하는 관계이기 때문에 공통의 이익에 기초한 협력이 발전할 수 있는 기초를 제공한다. 경제교류의 증대가 상호의존과 국제협력, 지역통합을 가져온다는 상호의존론과 통합이론은 상업적 자유주의의 전통을 이어받은 것이다.

셋째, 규제적(regulatory) 자유주의다. 공화정의 등장이나 상업적 관계의 발전이 자동적으로 국제적 평화를 가져오는 것이 아니라, 국제관계에서 국가들의 행동을 규제할 수 있는 국제적 규칙과 기구의 발전을 통하여 국제협력과 평화가 달성될 수 있다는 주장이다. 칸트는 자유로운 공화국들 사이의 연방이 영구평화를 보장할 수 있을 것으로 보았고, 로크는 자유주의 정부들을 구속할 국제법의 발전을 평화의 조건으로 제시했다. 국제사회론이나 국제제도론이 이러한 전통에 기초하고 있는 자유주의 이론들이다.[22]

그런데 이러한 자유주의 이론의 상이한 원천들은 국제협력과 평화를 달성하는 데 서로 보완적인 관계에 있다. 즉, 자유무역, 민주화, 국제규범 및 기구 등은 국제협력과 평화의 증진에 함께 기여할 수 있다. 19세기와 제1차 세계대전 이전의 20세기 초에 활약한 자유주의 이론가들은 대체로 자유무역이 국제적 평화와 번영에 기여하고, 자유무역의 번성을 위해서는 민간부문의 활기가 중요하며, 민주적 · 공화제적 정부의 발전이 이러한 추세에 기여한다고 보았다.[23] 제1차 세계대전 끝나고 제2차 세계대전이 시작되기 이전의 전간기 동안에 자유주의 이론가들은 국제기구의 필요성을 특히 강조했다. 1918년 윌슨 대통령의 14개항 발표로 대표되는 이 시기의 자유주의 이론은 제1차 세계대전과 같은 전쟁의 불행을 반복하지 않기 위해서 국제기구에 기초한 집단안보(collective security)체제의 설립이 절실하다고 강조했다.[24] 그러나 이러한 호소는 제2차 세계대전의 발발과 더불어 심각한 비판의 대상이 되었다.

제2차 세계대전 이후 1980년대에 이르기까지의 시기는 현실주의 · 신현실주의 국제정치이론의 전성기였다고 볼 수 있다. 미국과 소련의 정치 · 군사적 대립이 전세계적으로 확장되었던 냉전체제의 현실이 국제정치이론에도 중대한 영향을 미친 결과였다. 집단안보의 이상에 기초한 UN의 설립이나, 미국과 소련을 축으로 하는 각 진영 내부에서 전개된 긴밀한 협력과 상호의존, 다양한 국제기구의 설립 등은 냉전의 그늘에 가려 그 중요성이 평가절하되었다. 그러나 자유주의 국제정치이론가들은 이러한 주제들에 초점을 맞추어 이론화 작업을 계속했다. 지역통합이론, 상호의존론이 냉전기 동안에 등장한 자유주의 전통의 국제정치이론이었다면, 신자유주의적 제도주의, 민주평화론 등은 냉전체제의 해체기에 등장한 자유주의 이론들이었다.[25] 이와 같이 자유주의 국제정치이론은 오랜 전통과 상당한 일관성을 갖고 국제관계연구의 한 축을 형성하면서 발전해 오고 있다.

Ⅲ. 국제정치경제에 대한 자유주의적 이해

그러면 이러한 자유주의 국제정치이론이 국제정치경제 현상에 대한 이해와 설명에 어떻게 투영되고 있는가? 자유주의 국제정치경제학은 자유주의 국제정치이론을 국제정치경제 영역으로 연장하여 적용한 것으로 볼 수 있다. 특히 상업적 자유주의와 규제적 자유주의는 자유주의 국제정치경제학의 발전에 큰 영향을 미쳤다. 그러나 자유주의 국제정치경제학은 이 영역의 특수성을 반영하여 자유주의 국제정치이론과 차별성을 보이기도 한다. 예컨대, 시장의 역할에 대한 강조가 대표적이다. 자유주의 국제정치이론가들은 시장기구의 작동이 개인의 자유를 신장시키고 사회적 효율성을 증진시키는 핵심적인 수단이라고 믿는다. 사실 국제정치경제학이라는 학문분야가 시장의 역할과 그 효과를 강조할 수밖에 없고, 따라서 국제정치경제 연구에서는 자유주의가 다른 이념이나 시각에 비해 우월한 지위를 차지한다고 볼 수 있다.

국제정치경제학의 개념에 대한 이해 단계에서부터 자유주의의 영향력은 강력하다. 이 글의 시작부분에서 언급한 것처럼, 우리는 흔히 국제정치경제학을 국제관계에서 국가와 시장의 상호작용을 연구대상으로 하는 학문으로 규정한다.[26] 즉, 국내에서와 마찬가지로 국제관계의 수준에서도 국가와 시장, 정치와 경제가 긴밀한 상호작용관계를 형성하고 있다는 사실이 국제정치경제학의 존재이유와 가능성을 말해 준다. 그런데 국제정치경제학에 대한 이러한 인식 자체가 자유주의의 영향을 받은 것이다. 정치와 경제의 상호작용을 주장하기 위해서는 정치의 영역과 경제의 영역, 국가와 시장이라는 두 메커니즘의 상이한 존재적 성격과 작동원리를 전제로 해야 한다.[27] 어느 한 쪽이 다른 쪽에 우선하거나 종속적인 관계가 아닌 대등한 존재로서 국가와 시장의 존재를 인정해야 한다. 그래야 상호작용으로서 파악되는 (국제)정치경제학의 연구대상이 존재하게 된다.

이런 점에서 국가와 시장, 정치와 경제 영역의 분리와 상호작용을 중심으로 정치경제학을 인식하는 접근은 자유주의적 시각의 핵심이 된다. 앞서 지적한 것처럼, 현실주의적 (국제)정치경제학은 국가와 정치영역을 우선시하고, 시장과 경제영역은 종속적인 것으로 파악한다. 시장의 작동은 국가에 의해서 가능해지고 또 한계지어진다. 맑스주의적 (국제)정치경제학은 현실주의와 정반대되는 철학적 입장에 기초하고 있다. 즉, 국가와 정치란 상부구조로서 이를 뒷받침하고 있는 경제에 의해서 결정되고 한계지어진다. 그런데 정치결정론이건 경제결정론이건 어느 한 쪽을 다른 쪽에 대하여 존재론적으로 우선하는 것으로 파악하면, 존재적 분리와 상호작용을 이야기할 수 없다. 정치와 경제란 따로 존재하는 것이 아니라 통합된 하나의 실체이며 과정이다. 따라서 이러한 시각들에서는 (국제)정치경제학이 다르게 규정되어야 한다.

물론 자유주의가 역사적으로 항상 똑같은 것을 의미하지는 않았다. 18-19세기 초의 이른바 자유주의 혁명기에는 국가로부터 개인의 자유, 상업활동의 자유를 획득하는 데 주된 관심이 있었다. 따라서 국가의 역할, 특히 국가의 경제개입은 작을수록 좋고, 시장의 영역은 확대될수록 바람직하다는 것이 고전적 자유주의(classical liberalism)의 핵심적 주장이었다. 그러나 19세기 후반에 이르러 시장의 실패와 폐해가 명백해지고, 20세기 초의 대공항과 전쟁을 겪으면서 자유주의도 상당한 변화를 겪었다. 사회적 구제, 시장의 안정을 위한 국가의 개입은 바람직한 것으로 인정되기 시작했다. 밀(J.S. Mill)과 케인스(J. M. Keynes)의 정치경제사상이 자유주의의 새로운 주류를 형성했고, 전후의 복지국가와 "내장형 자유주의 타협(embedded liberalism compromise)"이 이러한 변화를 반영했다.[28] 그러나 우리는 20세기 말에 이르러 자유주의의 또 다른 변모를 목격하게 되었다. 이른바 신자유주의(neo-liberalism)로 불리는 새로운 흐름은 마치 고전적 자유주의로의 복귀를 주장하는 것으로 들린다. 국가개입의 철폐, 자유화, 시장의 복원이 외쳐지고 있는 것이다. 오늘날 세계경제의 통합, 곧 세계화 추세는 이러한 신자유주의 이념의 결과이자 원인이기도 하다.[29]

그러나 이러한 이념적 진화에도 불구하고 자유주의는 항상 개인의 자유, 시장기구의 효율성, 협력을 통한 공공선의 실현 가능성에 대한 신념을 그 핵심으로 삼고 있었다고 볼 수 있다. 이러한 자유주의 이념의 영향을 받은 자유주의 국제정치경제학은 개인의 자유를 확대할 수 있는 정치경제질서의 수립, 세계시장의 작동을 보장할 수 있는 국제질서의 수립, 국제적 공공재를 공급하기 위한 국제협력의 가능성에 대한 신념에 뿌리를 두고 있다고 하겠다. 따라서 자유주의 국제정치경제학이 다른 이념의 국제정치경제학과 뚜렷이 구분되는 핵심적 요소를 정리하면 다음의 세 가지로 요약될 수 있다.

첫째, 시장의 역할에 대한 신뢰이다. 자유주의 국제정치경제학은 시장이 자원을 가장 효율적으로 배분하는 도구이며, 시장을 통한 상호의존관계에 참여함으로써 모두가 이익을 얻고, 서로간에 평화가 증진될 수 있다고 주장한다.[30] 시장을 통한 질서가 자연적이며, 국가의 역할은 시장에서의 경쟁이 공정하고 자유롭게 일어날 수 있도록 게임의 규칙을 설립하고 그것을 집행하는 일에 국한돼야 한다.[31] 특수이익을 보장하고 신장하기 위한 국가의 시장개입은 시장을 왜곡시키고 특혜를 낳음으로써 결과적으로 사회 전체의 효율성을 감소시킨다. 이에 비해 자유경쟁시장은 자원을 가장 필요로 하는 곳으로 이동하게 만들고, 각자 자신의 이익을 위해 최선을 다하게 만듦으로써, 결과적으로 전체가 이익을 보도록 한다. 소위 '보이지 않는 손'이 작동하여 이기심이 공공선을 창출하도록 유도한 결과이다. 시장은 또한 시장에 참여하는 모든 주체들로 하여금 서로가 서로를 필요로 하는 상호의존관계를 산출한다. 따라서 협력과 평화의 관계를 촉진시킨다. 즉, 자유주의자들에 따르면, 정치는 사람들을 분열시키지만 시장은 사람들을 통합시키고 협력하게 만든다.[32]

둘째, 이기적 행위자들인 국가들 사이에서도 협력이 가능하며, 이러한 협력은 모두에게 유익하다. 자유주의 국제정치경제이론은 국가들 사이에 이익의 조화가 자연적으로 이루어진다거나 국가들이 이기적이지 않다고 가정하지 않는다. 국가들은 각자 자국의 이익을 극대화시키려고 노력하고, 따라서 국제적 갈등이 당연히 발생할 수 있다. 그러나 이기적 국가들 사이에서도 협력이 얼마든지 가능하고, 그러한 협력을 통하여 안정적인 국제경제질서의 수립이 가능하며, 이를 통하여 모두가 이익을 볼 수 있다고 자유주의 국제정치경제이론은 주장한다.[33] 그러면 어떻게 협력이 일어날 수 있는가?[34] 우선 각 국가들은 자신의 이익을 증대시키고 손해를 회피하기 위하여 상호주의(reciprocity) 전략을 채택한다. 상대방이 협력하면 협력하고 배신하면 배신하는 것이다. 이러한 전략을 통하여 분권화된 집행(decentralized enforcement)이 가능해진다.[35] 그리고 접촉(게임)의 반복도 협력의 진화에 유리한 조건을 제공한다. 국가들은 쉽게 사라지지 않고 계속적인 상호작용의 관계에 놓이게 된다. 따라서 장기적인 수익에 관심을 갖게 되고, 이것이 국제협력을 유도한다. 다음에서 언급하고 있는 국제제도의 역할도 국제협력에 기여한다.

셋째, 국제제도의 중요성이다. 자유주의 국제정치(경제)이론은 국제제도를 국제관계에서 매우 중요한 변수로 고려한다. 현실주의 이론가들이 국가의 힘을 중시하고, 국제제도를 주변적인 변수로 취급하는 데 비해, 자유주의 이론가들은 국제제도가 국가들 사이에 정보를 제공하는 역할을 하며, 약속의 이행을 돕고, 선호와 정책의 형성에 영향을 미치는 것으로 파악한다.[36] 국제제도의 설립이 국제협력을 필요로 하지만, 일단 설립된 제도는 국제협력을 촉진시키고 강화시키는 역할을 한다. 따라서 자유주의 이론가들은 패권체제가 아니라도 안정적인 국제질서의 유지와 관리가 가능하다고 보고 있으며, 이를 위한 국제제도의 역할을 강조한다.[37] 이런 점에서 현실주의와 자유주의를 구분하는 핵심적인 기준들 중의 하나가 바로 국제제도의 역할에 대한 인식이라고 볼 수 있다.[38]

이와 같이 시장에 대한 신뢰, 호혜적 국제협력의 가능성, 국제제도의 역할에 대한 강조가 자유주의 국제정치경제이론의 핵심을 구성하고 있다. 이러한 자유주의 국제정치경제이론은 국제정치경제학의 주요한 연구주제들에 체계적으로 적용될 수 있다. 아래에서 우리는 국제무역, 국제통화금융, 초국적기업과 관련된 이슈들에 대한 자유주의 국제정치경제이론의 설명을 간략히 살펴보고자 한다.

IV. 자유주의 국제정치경제이론의 적용

국제정치경제학의 세 가지 핵심적 연구대상으로 국제무역, 국제통화금융, 초국적기업의 정치경제학을 꼽는 데는 별다른 이의가 있을 수 없다. 물론 제3세계 발전, 환경, 에너지 등의 이슈도 매우 중요하다. 다만 전통적으로 국제정치경제학의 교과서들은 이 세 가지 분야를 중심으로 구성돼 있고, 이에 더하여 추가하는 연구대상에서는 차이가 난다. 그러면 자유주의 시각은 이 세 가지 이슈들에 대하여 어떻게 접근하고 있는가? 아래에서 우리는 위에서 제시한 자유주의 국제정치경제이론의 세 가지 핵심적 주장에 충실하면서 각 이슈에 대한 자유주의적 설명의 골격을 제시하고자 한다.

1. 국제무역의 정치경제학

국제무역이 제국주의의 수단인가, 대외정책의 일부인가, 아니면 자연스럽고 호혜로운 국제교류의 표현인가? 맑스주의와 현실주의가 각각 첫 번째와 두 번째 시각으로 국제무역을 바라본다면, 자유주의는 마지막 시각으로 국제무역을 인식한다. 자유주의 국제정치이론가들은 자유무역이 쌍방 모두에게 유익하며, 상호의존의 끈으로 서로를 묶어 국제협력과 평화의 증진에 기여한다고 주장한다. 국제무역은 서로가 서로를 필요로 하기 때문에 발생하며, 이런 의미에서 자연발생적이다. 이러한 국제무역을 규제하는 것은 정치적 목적을 달성하기 위한 것이며, 유치산업보호 등 약간의 예외적인 경우를 제외하면 국민경제의 효율성을 떨어뜨리고 복지를 감소시킨다.[39]

자유주의 국제정치경제학이 제시하는 국제무역에 대한 설명은 리카르도(David Ricardo)의 비교우위론(comparative advantage)에 기초하고 있다. 비교우위에 기초한 자유로운 국제무역은 개별 국가들을 위해서나 세계 전체를 위해서 바람직한 결과를 가져온다. 따라서 국제무역이 시장의 작동에 따라 자연스럽게 이루어지도록 내버려두라고 주장한다. 외국에서 물건을 수입하는 이유는 그것이 싸거나 좋기 때문이다. 이렇게 되면 수입국의 관련 산업은 피해를 볼 것이고, 수출국의 관련 산업은 팽창할 것이다. 이것이 국제적 노동분화를 가져온다. 각국이 상대적으로 잘하는 것에 집중하고, 서로 교역을 하게 되면 모두가 이익이 된다는 것이 비교우위론의 핵심이다.[40] 시장기구의 작동에 따른 효율적 자원배분이 국제적으로도 일어나게 하라는 것이다. 이를 위해서는 국경을 초월하여 뻗어 가는 시장이 하나의 세계시장으로 자연스럽게 통합되도록 내버려두면 된다.

그러나 현실적으로 국경을 초월한 시장관계의 팽창을 방치하기는 매우 어렵다. 즉, 국제관계에서 자유무역을 실현하는 데는 많은 현실적인 장벽이 존재한다. 무엇보다도, 개별 국가들의 입장에서는 타국의 시장은 이용하면서도 자국의 시장은 개방하기를 꺼려한다.[41] 수입에 따르는 피해를 입는 세력들이 강력히 반대할 것이기 때문이다. 그 결과 개별 국가들은 대체로 수출은 좋아하고 수입은 싫어한다. 물론 수입증가로 혜택을 보는 세력도 존재한다. 그러나 국내적으로 개방을 지지하는 세력은 동원되기 어려운데 비해 수입규제를 원하는 세력들은 동원되기 쉽다.[42] 각 국가들이 이처럼 이기적이고 중상주의적 태도를 보일 때, 자유로운 국제무역질서의 설립과 유지는 어렵게 된다. 그러면 이러한 상황에서 어떻게 자유로운 국제무역질서를 구축할 것인가? 자유주의 국제정치경제학의 대답은 세 가지 요인에 기초하고 있다.

첫째, 자유무역을 선호하는 패권국의 존재다.[43] 그러한 패권국은 자신의 시장을 개방함으로써, 그리고 다른 추종자들이 시장을 개방하도록 유인함으로써 자유로운 무역질서의 수립에 기여할 수 있다. 패권국이 일종의 준정부로서 국제적 공공재를 공급하는 역할을 한다는 것이다. 그런데 왜 패권국은 이러한 무역정책을 채택하는가? 이에 대한 자유주의 이론가들의 답변은 그러한 정책이 패권국에게 이익이 되기 때문이라는 것이다. 즉, 패권국 내부에 자유무역을 선호하는 세력이 강력하고, 패권국의 국제경쟁력이 매우 높은 상태이기 때문에, 패권국은 자신을 위해서도 자유무역을 선호한다는 것이다. 자유로운 국제무역질서는 패권국의 이익에 부합한다.

둘째, 협상을 통한 방법이다. 최혜국대우와 상호주의는 무역자유화를 위한 효과적인 방법으로 흔히 인정되고 있다. 특정한 무역상대방과 합의한 시장개방을 다른 나라들에게도 부여한다면 국제적으로 무역자유화가 촉진될 것이다. 무역상대국들이 서로 자국의 시장개방을 교환하는 상호주의적 협상방식도 국제적 무역자유화에 기여할 수 있다. 역사적으로 보면, 영국과 프랑스 사이에 1860년 체결된 콥덴-슈발리어 조약이나 1934년 미국의 상호무역협정법(RTAA)이 좋은 예다.[44] 이러한 조약들은 보호무역의 폐해와 자유무역의 혜택에 대한 신봉을 바탕으로 하는 것들이었다.

셋째, 국제기구를 통한 방법이다. GATT · WTO와 같은 국제무역기구는 국제무역규범을 제정하고 집행함으로써 무역자유화에 기여할 수 있다. GATT · WTO는 회원국들의 무역정책을 투명하게 하고 규범위반에 대한 제재수단을 갖고 있다. 따라서 개별 국가들은 국제무역규범에 적합하게 자국의 무역제도나 정책을 마련하고 이를 준수하려고 노력한다. 그리고 다자간 무역협상 라운드를 통하여 무역자유화를 달성할 수 있다. 회원국들이 모두 참여하여 시장개방을 서로 주고받는 협상을 함으로써 국제무역의 자유화를 달성할 수 있는 것이다. 이 같은 방법으로 GATT · WTO는 개별국가들의 자의적 판단에 따른 무역정책이 보호주의를 가져올 위험을 차단하고, 자유로운 국제무역질서의 수립에 기여해 오고 있다.

국제무역이 국제관계 전반에 미치는 영향에 대해서도 자유주의는 매우 긍정적인 입장을 취한다. 무역은 제국주의의 수단도 아니고 대외전략의 도구도 아니다. 국제무역은 자연스러운 현상이며, 국제무역을 통하여 국제평화가 증진된다. 리처드슨(N. Richardson)의 표현을 빌리자면, 무역은 "평화를 위한 힘"이다.[45] 물론 그는 무역이 갈등을 유발하고, 이것이 국제관계를 긴장시킬 수 있다는 사실을 부정하지 않는다. 그러나 깊은 무역관계를 가진 주요 통상국가들 사이에 전쟁을 예상하기는 어렵다는 것이 그의 진단이다. 무역은 투자와 더불어 국가들 사이에 접착제 역할을 한다. 두 나라를 견고한 교류를 통하여 밀접하게 하는 것이다. 상업적 자유주의, 통합이론가들을 위시하여 자유주의 이론가들은 무역의 이러한 효과를 강조한다.

2. 국제통화금융의 정치경제학

국제무역의 경우와 마찬가지로, 국제통화체제나 금융자본의 국제적 이동도 개별 국가들이나 국내 세력들의 부와 권력에 중요한 영향을 미친다. 예컨대, 국제통화체제가 어떻게 작동하느냐에 따라 개별 국가들의 위상이 크게 달라질 수 있다. 자본의 이동이 자유로워지면서 통화들 사이의 위계질서가 형성되는 것이 좋은 예다.[46] 그런데 자본의 국제적 이동은 국제무역과는 상이하고, 종종 상충적인 효과를 낸다.[47] 자본의 국제적 이동은 개별 국가들의 통화가치나 경제정책에 중대한 영향을 미칠 수 있기 때문이다.[48] 통화가치의 불안은 보호주의를 유발할 수 있다. 따라서 케인스를 비롯한 전후 국제경제질서의 설계자들은 자본의 국제적 이동을 제한함으로써 자유무역을 달성하고자 했다.[49] 또한 자본의 국제적 이동은 개별 국가들의 정책적 자율성을 훼손할 수 있다. 자본의 이동이 국가의 정책목표를 바꾸게 할 수 있고, 정책수단의 효과성을 떨어뜨릴 수 있기 때문이다.[50] 바로 이러한 이유들로 국제통화금융질서에 대한 자유주의 국제정치경제이론가들의 입장이 매우 다양해지고 서로 상충적인 경우가 발생하게 된다. 예컨대, 최근의 신자유주의 이론가들은 자본의 자유로운 국제적 이동과 변동환율제를 지지하는 데 비해, 전후의 '내장형 자유주의'는 자본에 대한 통제와 고정환율제를 지지했다.[51]

자유주의 국제정치경제이론은 국제통화금융질서가 개별 국가들이나 사회세력들에 대하여 중립적이라고 주장하지 않는다. 통화·금융정책도 사회집단들의 정책적 선호와 국가의 성격에 따라 큰 영향을 받는다.[52] 그리고 국제통화금융질서가 어떤 모습을 가지느냐에 따라 국제적·사회적 배분이 중요한 영향을 받는다. 따라서 국제통화금융질서의 형성을 둘러싼 국제적·사회적 갈등이 존재한다. 사회세력들이나 국가들은 자신들의 이익에 부합하는 국제통화체제, 국제금융질서의 형성을 선호하기 때문이다. 그러나 국제통화금융질서의 혼란은 국제상거래를 어렵게 하고 국내경제의 불안정을 초래한다. 이와 반대로 자유롭고 안정적인 국제통화금융질서는 세계경제의 성장과 국내경제의 안정에 기여할 수 있기 때문에, 국제적 공공재의 성격을 갖는다. 자유주의 이론가들은 이러한 국제적 공공재의 공급이 이기적 국가들 사이에도 가능하다고 주장한다. 그러면 이것이 어떻게 가능한가?

첫째, 합리적인 패권국을 통해서다. 국제무역의 경우와 마찬가지로 국제통화금융의 경우에도 패권국의 존재가 자유롭고 안정적인 질서 형성에 중요한 기여를 할 수 있다. 패권안정이론의 창시자인 킨들버거(Kindleberger)는 1930년대 국제통화체제의 혼란을 패권국의 부재에서 찾았다. 영국은 세계경제를 주도할 능력(unable)이 없었고 미국은 의지(unwilling)가 없었다. 패권국이 없는 가운데 자유롭고 안정적인 국제통화질서라는 국제적 공공재를 공급할 수 없었다.[53] 그에 따르면 "세계경제가 안정되기 위해서는 하나의 안정자(stabilizer)가 필요하다." 그런데 자유주의 이론가들이 생각하는 패권적 질서는 패권국의 합리적이고 자비로운 리더십을 통해서 수립된다. 패권국은 자국의 이익을 위해서뿐만 아니라 국제사회 전체의 이익을 위해서 바람직한 리더십을 행사한다는 것이다.

둘째, 국제협상 또는 국제통화기구를 통해서다. 자유주의 국제정치경제학은 국제통화질서가 패권국을 통해서만 안정될 수 있다는 주장에 반대한다. 패권 이후에도 국제통화질서는 안정적으로 유지·관리될 수 있다. 1980년대 중반 이후 플라자(Plaza) 합의, 루브르(Louvre) 합의를 통해 주요 통화국들이 환율체계를 안정적으로 관리한 것이 좋은 예다. 자유변동 환율체계가 도입된 이후 IMF의 역할을 강화하여 국제금융질서의 안정을 추구한 것도 좋은 예다. 이와 같이 강대국들 사이의 협상이나 IMF와 같은 국제통화기구가 안정적인 국제통화질서의 수립과 유지에 기여할 수 있다.

셋째, 개별 국가들의 통화금융정책에 대한 시장규율을 통해서다. 금융의 세계화는 각국의 금융시장을 세계금융시장에 깊숙이 통합시켰다. 그 결과 국경을 초월한 자본의 이동이 각국의 경제상황에 중대한 영향을 미치게 되었다. 이러한 상황에서 각국 정부들은 경제정책의 선택에서 시장의 평가를 중시하지 않을 수 없게 되었다. 시장의 기대에 부응하는 정책은 보상을 받고, 어긋나는 정책은 벌을 받게 되기 때문이다. 따라서 시장규율이 개별 국가들의 정책을 합리화시키고, 체계수준에서는 국제통화금융질서의 안정에 기여할 수 있다.

오늘날 우리는 세계금융(global finance)의 시대에 살고 있다. 국경을 초월한 자본의 이동이 상상을 초월하는 규모로 매우 손쉽게 일어나고 있다. 물론 자본시장의 개방과 자본의 자유로운 이동은 개별 국가들의 선호를 반영한 것으로 이해할 수 있다. 개별 국가들의 입장에서는 세계금융시장에 대한 접근이 다양한 혜택을 가져올 수 있다. 기업이나 정부가 값싼 자본을 도입할 수 있는 길을 확보하는 셈이고, 자국의 자본이 좀더 높은 수익률을 좇아 해외로 진출할 수 있는 가능성을 열어 주기 때문이다. 그리고 금융자유화를 현실적으로 막기도 어렵다. 오늘날 자본의 이동은 정보통신망을 통해서 이루어지고, 금융기관을 비롯한 기업들의 해외 활동도 매우 활발하기 때문이다. 그러나 소수의 통화금융강국을 제외한 대부분의 국가들은 자본시장개방에 주저하지 않을 수 없었다. 국내의 금융시장이 매우 취약한 상태에 있었고 환율의 안정적 관리도 어려웠기 때문이다. 그러나 금융세계화의 추세 속에서 개별국가들이 국경을 넘나드는 자본의 이동을 차단하는 것은 현실적으로 매우 어려웠다.

오늘날 금융 세계화는 기회와 동시에 심각한 위험을 내포하고 있는 것으로 드러나고 있다. 빈번한 외환위기, 금융위기의 발발이 이러한 현실을 단적으로 보여주는 증거라 하겠다. 자본의 유출입에 따라 경제거품이 생성되고 터지는 현상이 반복되고 있기 때문이다. 자본의 유입은 경기를 활성화시키지만, 자본의 유출은 반대로 경제를 침체시키고 위기를 불러올 수도 있다. 그런데 자본은 특정 국가가 필요로 할 때에는 나가고 필요하지 않을 때에는 들어오는 경향이 있다. 즉, 경기가 좋을 때에는 유입되어 거품을 일으키고, 경기가 나쁠 때에는 빠져나가 경제상황을 더욱 악화시킨다.[54] 자유주의 국제정치경제이론은 이러한 위험을 극복하기 위한 방안으로 국제협력을 강조한다. 즉, 국가들 사이의 긴밀한 협력을 통한 정책공조와 국제기구의 감시·감독기능 강화 등을 통하여 금융세계화의 위험을 상당한 정도로 극복할 수 있다고 주장한다.[55] 세계화를 역전시키는 것이 대안이 될 수 없다고 믿기 때문이다.

3. 초국적기업의 정치경제

초국적기업(TNCs) 또는 다국적기업(MNCs)이란 해외직접투자(FDI)를 통하여 자회사를 설립하고, 이를 통하여 생산, 유통, 기술개발 등 이익 창출을 위한 경제활동을 두 개 이상의 국가들에서 수행하는 기업을 가리킨다.[56] 이러한 초국적기업들이 오늘날 세계경제에서 막대한 비중을 차지하고 있음은 주지의 사실이다. 2001년 현재, 세계는 대략 6만 5천여 개의 모기업이 85만 개 정도의 자회사를 거느리고 있다. 이들의 매출액은 18.5조 달러로서 세계무역 총액인 7.4조 달러보다 훨씬 많을 뿐만 아니라, 세계무역의 1/3 이상이 초국적기업들의 내부거래로 이루어지고 있다. 또한 초국적기업들이 산출하고 있는 부가가치 총액이 3.5조 달러인데, 이는 세계 총생산의 11%에 해당된다.[57] 그런데 초국적기업들의 영향력은 단지 이러한 규모에서 비롯된 것만은 아니다. 이들은 자본동원, 기술개발, 마케팅 등 경제활동의 핵심적인 부분에서 매우 우월적인 지위를 차지하고 있다. 따라서 개별 국가들의 국제경쟁력과 국부의 크기가 초국적기업들의 유출입에 따라 큰 영향을 받는다. 초국적기업들의 생산 및 유통의 과정에 국가들이 한 부분으로 편입되는, 이른바 통합된 국제적 생산망·유통망이 형성돼 있다.

기업들이 해외로 진출하는 초국적화 현상의 동기는 대개 세 가지로 분류된다. 첫째, 자원추구형이다. 해외의 자원을 개발하고 확보하기 위하여 진출하는 경우이다. 포항제철이 브라질과 호주에 자회사를 설립하는 경우가 이에 해당된다. 둘째, 시장추구형이다. 판매시장을 확보하기 위한 전략으로, 현대자동차가 미국에 생산공장이나 판매회사를 설립하는 경우가 이에 해당된다. 셋째, 효율성(efficiency) 추구형이다. 생산비용을 절감하거나 기술개발에 유리한 입지를 찾아 투자하는 경우가 여기에 해당된다. 한국의 신발산업체들이 동남아시아로 진출하거나 전자산업체들이 실리콘밸리에 연구소를 설립하는 경우가 이에 해당된다.

이러한 초국적화가 가능하고 일반적인 기업현상으로 자리잡게 된 데는 무엇보다도 정보통신기술의 발전이 크게 기여했다. 멀리 떨어져 있는 자회사들에 대한 관리와 통제가 손쉬워지면서 기업들은 이제 생산 및 유통의 지리적 위치를 수익성을 중심으로 결정할 수 있게 되었다. 더욱이 해외에 자회사를 설립하는 것은 다른 장점도 있다. 우선 기업이 가진 고유한 기술을 외부로 유출시키지 않고 계속해서 기술적 우위를 유지하는 데 유리하다. 그리고 비교우위의 관점에서 가장 유리한 곳에 자회사를 보유함으로써 그 나라가 가진 비교우위의 혜택을 향유할 수도 있다. 초국적기업의 입장에서 이것은 분명히 위탁생산(licensing)이나 교역보다 유리한 가치창출 방법이다. 기업들은 이제 국제적인 생산이나 유통망을 기업내부의 활동으로 전환시킴으로써 이익을 극대화시킬 수 있는 가능성을 발견한 것이다. 기업의 초국적화 현상을 설명하는 이른바 내부화(internalization)이론의 핵심이다.

1980년대 이후 거대기업들의 초국적화가 급속히 진행된 데는 또 다른 중요한 이유가 있었다. 그것은 초국적기업들을 유치하는 현지국(host country)들의 태도가 크게 바뀐 것이었다. 1970년대까지만 해도 현지국들, 특히 개도국들은 초국적기업의 유입을 경계했다. 거대한 초국적기업들의 유입이 국내에 미칠 경제적 · 정치적 파급효과를 두려워했기 때문이다. 초국적기업들의 매출규모에도 못 미치는 GNP를 가진 대다수 개도국들은 초국적기업들의 유입이 그들의 정치와 경제를 지배하게 되지 않을까 우려했다. 그러나 1980년대에 이르러 이러한 우려는 기대로 바뀌었다. 우선 초국적기업들의 모국(home country)인 선진국들 사이의 경쟁이 강화되고, 현지국은 좀더 유리한 입장에서 초국적기업과 협상할 수 있게 되었다. 또한 기업의 초국적화 현상 자체가 현지국의 두려움을 완화시켜 주기도 했다. 외채위기, 경기침체 등 경제상황도 개도국들의 초국적기업 유치를 적극적으로 추구하게 만들었다.

자유주의 국제정치경제학은 맑스주의나 현실주의 이론가들이 초국적
기업을 신제국주의의 도구나 모국의 정치적 영향력 행사를 위한 수단으로
파악하는 것에 반대한다. 자유주의시각에서 볼 때, 기업의 초국적화 현상
은 기본적으로 기술과 시장환경의 변화에 대한 기업의 대응이다. 물론 초
국적기업의 독과점적 지위나 모국의 국제적 영향력이 기업의 해외진출에
유리한 요인으로 작용한 것은 사실이다. 그러나 현지국의 입장에서는 초국
적기업의 유입이 폐해를 끼치는 면도 있겠지만 그에 못지 않게 상당한 혜
택도 가져오기 때문에 초국적기업을 유치하려고 경쟁한다. 고용증대, 세입
증대, 국제경쟁력 증대와 같은 것들이 그러한 혜택에 속한다. 초국적기업
의 입장에서는, 자신들이 갖고 있는 기술, 자본, 브랜드, 판매망 등의 비교
우위를 이용하여 이익을 보기 위하여 진출한다. 물론 초국적기업도 현지국
에 진출함으로써 정치적, 정책적 변화와 같은 위험에 노출된다. 이와 같이
초국적기업과 현지국은 변화하는 협상의 조건에서 서로의 이익을 극대화
하기 위한 행동을 하는 것으로 보아야 한다.[58]

그러면 이러한 초국적기업들을 어떻게 관리할 것인가? 우선 시장에 맡
겨두는 방안을 생각해 볼 수 있다. 오늘날 통합된 세계시장에서의 경쟁은
초국적기업의 활동을 규율할 수 있는 주요한 도구임에 틀림없다. 초국적기
업들도 시장경쟁의 지배를 벗어날 수 없다. 그러나 세계시장에서는 국내시
장과 같은 경쟁의 규칙을 설정하고 집행할 정치적 권위가 존재하지 않는
다. 따라서 개별 국가들은 자국에게 유리한 규제방안들을 마련할 것이고,
그 결과 해외직접투자와 초국적기업에 대한 국제적 관리체제는 매우 혼란
스러워질 가능성이 높다. 초국적기업에 대한 국제적 관리체제가 필요한 이
유가 여기에 있다.

그런데 지금까지 초국적기업에 대한 관리는 주로 쌍무적 차원에서 투
자(보장)협정을 체결하는 방식으로 이루어져 왔다. 소위 쌍무적 투자협정

(BIT)이나 투자보장협정을 맺어 양국간의 투자를 원활하게 하는 방안이다. 이 방안은 이해 당사국들이 협상을 통하여 각국에게 미칠 수 있는 피해를 최소화할 수 있기 때문에 매우 안전한 방법임에 틀림없다. 그러나 이 방안은 각 나라가 많은 나라들과 개별적으로 협상을 해야 하고, 양국간에 특수한 투자관련 협정을 체결해야 하기 때문에 일관된 국제투자질서를 구축할 수 없고 협상에 따른 거래비용이 많이 든다는 단점이 있다. 그럼에도 불구하고 해외직접투자와 관련해서는 이 방안이 여전히 지배적인 국제적 관리방식이다.

해외직접투자와 초국적기업에 대한 다자적 차원의 관리방식은 주로 OECD를 중심으로 시도돼 왔다. '초국적기업을 위한 OECD 가이드라인(OECD Guidelines for Multinational Enterprises)'은 OECD 회원국들과 소수의 비회원 가입국들이 참여하고 있는 초국적기업의 행동지침으로, 각 나라는 자국의 초국적기업들과 자국에서 활동하고 있는 초국적기업들이 이 지침을 준수하도록 노력하기로 합의했다.[59] 그러나 이 지침은 어디까지나 지침이므로 개별 국가들의 준수를 강요할 수 없다. 더욱이 초국적기업의 행동에 관한 지침이기 때문에 국제적인 투자질서를 수립하기 위한 도구가 될 수 없다. OECD는 이러한 문제점을 극복하기 위하여 다자간 투자협정(MAI)을 체결하려는 노력을 다년간 시도해 왔다. 그러나 선진국 내부의 이견대립으로 이 역시 실패했다. 따라서 다자적 차원에서는 투자관련 국제적 규범이 아직 존재하지 않는다. 즉, 해외직접투자와 초국적기업에 대한 다자적 국제규범체계는 아직 설립되지 않은 상태이다. 이는 국제무역이나 금융질서에 비해서 국제투자질서의 미발전을 의미하는 것으로, 해외직접투자와 초국적기업에 대한 개별 국가들의 민감성(sensitivity)이 반영된 결과이다. 이 점에서 자유주의 국제정치경제학은 초국적기업 현상을 설명하는 데 한계가 있다고 말할 수 있다. 그러나 앞서 언급한 것처럼, 세계시장의 주요한 행위자로서 초국적기업은 시장경쟁의 통제를 받고 있고, 국가들 사이의 쌍무적 투자관련 협정이 초국적기업의 활동을 위해 필요한 국제적 환경을 상당한 정도로 만들어 주고 있는 것도 사실이다.

V. 결론

1980년대 이후 신자유주의 경제사조, 세계화 추세가 강력해지면서 국제질서도 새로운 재편기를 맞고 있다. 탈규제, 시장개방, 자유화가 신자유주의의 구호이다. 그런데 이러한 신자유주의 사조가 국내적으로나 국제적으로 미칠 정치적 영향은 무엇인가? 국제질서는 어떠한 모습으로 바뀔 것인가? 이 문제는 자유주의 국제정치경제학이 직면하고 있는 새롭고 중대한 과제이다. 오늘날 신자유주의는 새롭게 부활한 고전적 자유주의 경제사상을 지칭할 뿐이지, 국제정치(경제)학의 어떤 이론이나 이념을 가리키지는 않는다. 세계화 시대에 부응하는 자유주의 국제정치(경제)이론이 정립되지 않았기 때문이라고 할 수 있다. 이것은 단순히 이론적 결핍만을 의미하는 것이 아니다. 신자유주의적 세계화에 대한 정치적 제동장치가 마련되지 않고 있음을 의미하기도 한다. 경제이념이 현실 세계에서 실현되기 위해서는 그것이 정치적으로 가능한 것이어야 한다. 정치와 경제 사이의 상호작용을 통한 타협의 과정을 거친다는 이야기이다.

오늘날 세계화는 다양한 반세계화 움직임에 직면하고 있다. 세계화와 반세계화의 상호작용이 어떠한 국제정치경제질서를 낳을지는 아직 예측하기 어렵다. 그러나 시장근본주의(market fundamentalism) 옹호론자들이 주장하는 것처럼, 아무런 매듭이 없는 자유시장질서가 나타나지는 않을 것이다. 세계시장의 출현에 걸맞는 세계적 수준의 관리체제(global governance)가 등장할 것으로 보아야 하며, 이것의 구체적 내용은 각 이슈마다 세계화와 반세계화의 힘이 어떻게 상호작용하는지에 따라 결정될 것이다.[60]

국제정치경제학은 국제정치 측면에서는 경제적 요인들의 중요성을 부각시키고 국제경제 측면에서는 정치적 요인들의 중요성을 제기하는 데 기여함으로써, 국제정치학과 국제경제학 모두의 지평을 넓히고 국제적 현실에 대한 좀더 정확한 이해를 돕는 데 기여하고 있다. 그리고 국제정치경제학 연구는 그 출발부터 맑스주의나 현실주의보다 자유주의 전통의 영향을 강하게 받았다. 자유주의 국제정치경제학이 갖는 이러한 이점은 세계화의 진전과 더불어 더욱 강화될 것으로 전망된다. 그러나 자유주의 국제정치경제학은 새로운 시대의 도전들을 극복하고 일관성 있는 이론체계를 확립해야 하는 과제를 안고 있다. 세계화 시대에서 권력과 부의 추구가 어떠한 관계에 놓여 있는지, 세계화가 국가 및 개인의 안보와 복지에 어떤 영향을 미칠 것인지, 글로벌 거버넌스체제는 어떠한 방향으로 진화할 것인지에 대한 체계적인 대답이 시급히 요청되고 있는 것이다.

한국에서의 국제정치경제학 연구는 이러한 일반적인 연구주제 이외에 한국과 관련이 있는 구체적 이슈들에 대한 연구를 요청받고 있다. 이는 한국적 국제정치경제학이 새로운 이론적 틀을 필요로 한다는 주장이 결코 아니다. 다만 한국이 직면하고 국제정치경제적 이슈들에 대해 민감한 연구주제의 선정과 체계적인 연구의 수행을 필요로 한다는 사실이다. 예컨대, 국제무역의 경우 WTO에서의 무역협상이나 미국의 통상정책이 한국에 미치는 영향이나 대응방안이 주요한 연구주제가 될 수 있다. 세계금융의 경우, 한국 외환위기의 발생이나 해외자본의 대규모 유입이 한국의 정치경제에 미치는 영향에 대한 연구가 꼭 필요하다. 해외직접투자의 경우, 외환위기 이후 대규모로 유입된 초국적기업들이 한국에서 어떠한 역할을 하고 있는지, 한국을 모국으로 하는 초국적기업들이 해외에서 어떠한 활동을 하고 있는지가 중요한 연구주제가 될 수 있다.

이념적·이론적 시각의 선택과 관련해서도 한국이라는 요인이 특별히 영향을 미칠 것이라고 생각되지 않는다. 자유주의, 현실주의, 맑스주의의 국제정치경제학은 한국적 현실에서도 가능하다. 자유무역, 금융시장개방, 해외자본유치를 적극 지지하는 자유주의 입장이 가능할 수 있는 반면에, 중상주의적 대외경제정책을 주장하거나 소위 민중적 시각에서 국제무역, 세계금융, 초국적기업 현상을 분석할 수도 있을 것이다. 한국에서의 국제정치경제학 연구가 이러한 다양한 시각을 통하여 활발하게 수행된다면, 한국적 국제정치경제학의 발전에 기여할 뿐만 아니라, 현실적으로 한국이 직면한 국제적·정치경제적 과제에 대한 이해도 증진시킬 수 있을 것이다.

| 미주 |

1)   R. Gilpin, *The Political Economy of International Relations* (Princeton: Princeton University Press, 1987); J. Frieden, and D. Lake, *International Political Economy: Perspectives on Global Power and Wealth* (New York: St. Martin's, 1995); D. Balaam, and M. Veseth, *Introduction to International Political Economy*, 2nd ed. (Upper Saddle River: Prentice Hall, 2001).

2)   어떠한 이론적 전통에서 (국제)정치경제학에 접근하느냐에 따라서 정치와 경제의 관계를 다르게 인식하고, 이 관계를 어떻게 인식하느냐에 따라서 (국제)정치경제학의 연구대상도 다르게 설정될 수밖에 없다. 미국에서 출간되는 국제정치경제학 분야의 대표적인 저널인 *International Organization*의 경우 자유주의적 전통에서 정치와 경제의 상호작용을 중시한다. 그러나 영국국제정치학의 거두인 스트레인지(Susan Strange)의 경우 정치와 경제의 분리와 둘 사이의 상호작용을 연구하는 미국식 접근법에 반대한다. 맑스주의자들의 경우에도 정치와 경제의 분리에 반대한다.

3)   R. Gilpin, *U.S. Power and Multilateral Corporation: The Political Economy of Foreign Direct Investment* (New York: Basic Books.Gilpin 1975); J. Spero, *The Politics of International Economic Relations* (New York: St. Martin's, 1981).

4)   D. Blake, and R. Walters, *The Politics of Global Economic Relations* (Englewood Cliffs: Prentice Hall, 1976).

5)   R. Gilpin, 앞의 책 (1987).

6)   H. Milner, "International Political Economy: Beyond Hegemonic Stability," *Foreign Policy*, no. 110 (1998).

7)   불(Hedley Bull)은 국제관계연구의 전통을 세 갈래로 구분하고 있다. 첫째, 무정부 상태에서의 권력정치에 초점을 맞추는 홉스주의(Hobbesian) 전통이다. 둘째, 영구평화론을 주장하는 칸트주의(Kantian) 전통이다. 셋째, 국제법을 중시하는 그로티우스주의(Grotian) 전통이다. 여기서 홉스주의는 현실주의 전통의 기초이며, 칸트주의와 그로티우스주의는 모두 자유주의 전통의 이론이라 볼 수 있다. 국제관계 연구의 양대 이론적 전통에 맑스주의 (Marxism)를 비롯한 다양한 이론적 갈래를 추가해서 분류할 수도 있다. H. Bull, *The Anarchical Society* (New York: Columbia University Press, 1977).

8) K. Waltz, *Theory of International Relations* (Reading, Mass.: Addison-Wesley, 1979).

9) 도일(M. Doyle)은 현실주의와 자유주의 사이의 이러한 차이를 특히 강조하고 있다: "현실주의자들은, 완화될 수는 있지만 세계정부가 없이는 극복이 불가능한, 전쟁상태를 서술하고 있다. 자유주의자들은 독립국가들 사이에 평화상태의 가능성을 알리고 있다." 그에 따르면, 자유주의 이론가들은 국제정치를 "동질적인 전쟁상태(homogeneous state of war)"에 놓여 있는 것이 아니라 "이질적인 전쟁과 평화의 상태(heterogeneous state of war and peace)"에 처해 있는 것으로 간주하고, "세계적 평화상태(state of global peace)"에 도달할 수 있는 것으로 주장한다. M. Doyle, *New Thinking in International Relations Theory* (Boulder: Westview Press, 1997), pp. 206, 210-211. 현실주의와 자유주의의 차이에 대한 커해인의 설명도 이와 유사하다. 그는 다음과 같은 세 가지 차이점을 부각시키고 있다. 첫째, 자유주의는 국가뿐만 아니라 사적으로 조직된 집단이나 기업들의 대내외적 활동을 중시한다. 둘째, 군사력의 중요성을 강조하지 않고, 상이한 이해관계를 가진 독립적인 행위자들이 파괴적인 물리적 충돌을 피하고 부를 증진하기 위해 노력을 하는 방법들을 발견하려고 한다. 셋째, 역사가 진보하지 않는다고 믿는 현실주의와는 달리 자유주의는 누적적 진보의 가능성을 믿는다. R. Keohane, "International Liberalism Reconsidered," in J. Dunn (ed.), *The Economic Limits to Modern Politics* (Cambridge: Cambridge University Press, 1990), p. 174.

10) David Mitrany, *A Working Peace System* (Chicago: Quadrangle Books, 1966).

11) M. Doyle, 앞의 책, p. 211. 모라브칙은 약간 다르게 자유주의 국제정치이론의 세 가지 핵심적 가정을 제시하고 있다. 첫째, 국제정치의 근본적 행위자들은 개인들과 사적 집단들이다(사회적 행위자 우선). 둘째, 국가는 국내 사회의 하부 집단을 대변하고, 그들의 이익에 따라서 국가관리들이 국가의 선호를 정의하고 그것을 달성하기 위해서 노력한다(대표와 국가선호). 셋째, 상호의존적인 국가선호들의 배열구도가 국가의 행위를 결정한다(상호의존과 국제체계). A. Moravscik, "Taking Preferences Seriously: A Liberal Theory of International Politics," *International Organization*, vol. 51, no. 4 (1997), pp.516-521. 월츠는 그의 초기 저작에서 자유주의 국제정치이론의 기초를 4가지로 제시한 바 있다. 첫째, 국내사회에서나 국제사회에서나 이익의 조화가 존재한다. 둘째, 전쟁은 이익이 없다(war-does-not-pay argument). 셋째, 민주국가들은 본질적으로 평화를 지향한다. 넷째, 세계여론이 평화를 위한 중요한 수단이다. K. Waltz, *Man, the State and War: A Theoretical Analysis* (New York: Columbia University Press. 1959), pp.97-103. 자유주의 이론의 기본적인 가정들에 대한 간략한 소개는 B. Schmidt, "Lessons from the Past: Reassessing the Interwar Disciplinary History of International Relations," *International Studies Quarterly*, vol. 42, no. 3 (1998), pp. 435-437 참조.

12) 이른바 '절대수익(absolute gain)'과 상대수익(relative gain)의 차이에 관한 주장이다. 국제관계를 설명하는 데 있어서 현실주의 이론가들은 상대수익을 중시하고, 자유주의 이론가들은 절대수익을 중시한다고 흔히 말해진다.

13) M. Doyle, 앞의 책, p.301.

14) 위의 책, p.19.

15) 이러한 지적은 구성주의자인 웬트(Wendt)가 말하는 구조와 행위자 사이의 관계를 연상케 한다. 웬트는 구조와 행위자 사이의 상호결정성을 강조한다. 어느 것도 존재론적으로 우선하지 않고, 상호작용의 과정을 통하여 동시에 결정된다는 주장이다. 그러나 자유주의 이론가들은 행위자들을 중시한다. 행위자들의 행동을 통하여 국제관계의 내용이 결정된다. 구조가 행위자에게 미치는 영향을 인정하기는 하지만, 국제기구의 영향과 같은 좀더 구체적인 요인에 초점을 맞추고 있다. A. Wendt, "The Agent-Structure Problem in International Relations Theory," *International Organization*, vol. 41, no. 3 (1987).

16) 월츠(Waltz, 1959)는 자유주의의 이러한 점을 강조하여 자유주의 국제정치이론을 "제2 이미지" 이론으로 분류했다.

17) A. Moravcsik, "Taking Preferences Seriously: A Liberal Theory of International Politics," *International Organization*, vol. 51, no. 4. (1997), p. 516.

18) R. Keohane, 앞의 글, p.175.

19) 예컨대, 김병국, "자유주의," 이상우 · 하영선 (편), 『현대국제정치학』(서울: 나남, 1992), p.41.

20) R. Keohane, 앞의 글. 모라브칙(Moravscik, 1997)은 자유주의 이론을 관념적(ideational), 상업적(commercial), 공화주의적(republican) 자유주의로 분류하고 있다. 뒤의 두 가지는 커해인의 것과 동일하다. 첫 번째 것은 국가의 정당한 행위에 대한 관념이 국제적 행동을 설명하는 데 중요하다는 것으로, 국제적 규칙과 합의를 중시하는 측면에서 커해인의 규제적 자유주의와 유사하다고 볼 수 있다. 도일은 자유주의를 인권의 보호에 초점을 맞춘 "제1 이미지" 자유주의, 국내 사회, 경제, 국가구조의 효과에 초점을 맞춘 "제2이미지" 자유주의 또는 "상업적 평화주의", 그리고 국가들 사이의 관계에 초점을 맞춘 "제3이미지" 자유주의 또는 "국제주의"로 분류하고 있다. 이러한 분류 또한 공화주의적 자유주의, 상업적 자유주의, 규제적 자유주의에 차례로 대응한다고 볼 수 있다. M. Doyle, 앞의 책.

21) R. Keohane, 앞의 글, p. 177에서 재인용. 도일은 애덤 스미스와 조셉 슘페터를 상업적 평화주의의 원천으로 들고 있다. 그러나 이러한 주장에는 상당한 반론이 있을 수 있다. M. Doyle, 앞의 책. 예컨대, 와이어트-월터는 스미스를 국제적 자유주의자로 분류하는 것에 반대하고 있다. A. Wyatt-Walter, "Adam Smith and the Liberal Tradition in International Relations," *Review of International Studies*, vol. 22, no. 1 (1996).

22) 불의 국제사회론은 흔히 현실주의 이론에 기초하고 있다고 주장된다. 그러나 그가 무정부적 국제관계에서 국제규범과 제도의 역할을 강조한 점은 자유주의 국제정치이론과 맥을 같이 한다. 커해인으로 대표되는 신자유주의적 제도주의 이론도 상호의존론의 연장선상에서 이해될 수 있다. 최근 관심을 끌고 있는 국제관계의 법제화와 국제법의 준수와 관련된 연구주제들도 자유주의 국제정치이론의 전통에 기초하고 있다. *International Organization*, 특집호 (2000년)

23) M. Zacher, and R. Matthew, "Liberal International Theory: Common Threads, Divergent Strands," C. Kegley, Jr. (ed.), *Controversies in International Relations Theory* (New York: St. Martin' s, 1995), p.114. 19세기의 J. S. Mill, R. Cobden, B. Constant, H. Spencer와 20세기 초의 J. A. Hobson, N. Angell 등이 이 시기의 대표적인 자유주의 이론가들로 꼽힌다.

24) 전간기 동안은 흔히 자유주의/이상주의 국제정치이론이 지배적인 패러다임의 지위를 누렸던 시기로 규정된다. 그런데 이러한 규정에 대해 최근 들어 많은 비판이 일어나고 있다. 특히 전간기 동안의 이상주의에 대한 이해는 카에 의해서 상당한 왜곡이 이루어졌음이 밝혀지고 있다. E.H. Carr, *The Twenty Years' Crisis: An Introduction to the Study of International Relations* (New York: Harper & Row, 1939). 실제로 전간기 동안에는 다양한 국제정치이론들이 존재하고 있었으며, 이상주의 또한 카가 지적하는 것처럼 그렇게 순진한 이론으로 매도될 수 없다고 지적되고 있다. 따라서 카의 이상주의 비판은 국제정치이론의 발전에 많은 손실을 끼쳤다고 주장되고 있다. 카에 대한 이러한 비판은 윌슨, 슈미터 등 참조. P. Wilson, "The Myth of 'the First Great Debate'," *Review of International Studies*, 24, special issue (1998); B. Schmidt, "Lessons from the Past: Reassessing the Interwar Disciplinary History of International Relations," *International Studies Quarterly*, vol. 42, no. 3 (1998).

25) 김병국, 앞의 글; 마상윤, "자유주의 국제정치이론," 하영선 (편), 『현대국제정치이론』 (서울: 사회비평, 1995).

26) 이것은 국제정치경제학 분야의 최고의 저널로 꼽히는 *International Organization*이 취하고 있는 접근법이다. 수잔 스트레인지는 국제정치경제학을 이런 식으로 이해하는 것 자체가 미국적 인식방법의 영향을 받은 것이라고 비판한다.

27) 사실 국가와 시장의 구성원리와 작동방법은 매우 다르다. 국가는 일정한 영토를 기반으로 하고 있고, 국경 내부에서는 배타적인 지배가 이루어지고 있으며, 주민들의 충성심을 요구한다. 이러한 국가는 권위적 결정을 통해서 작동한다. 이에 비해 시장은 노동분화에 따라 상이한 기능을 수행하는 단위들 사이의 기능적 통합과 상호의존관계, 자유로운 계약으로 구성되고, 교환을 통해 작동한다.

28) 전후에 수립된 브레튼 우즈 체제의 특성을 설명하기 위해 러기가 고안한 개념으로서, 자유로운 국제경제질서와 개입주의적 국내경제질서 사이의 타협을 통한 연계를 강조하고 있다. J. Ruggie, "International Regimes, Tranasactions, and Change: Embedded Liberalism in the Postwar Economic Order," S. Krasner (ed.), *International Regimes* (Ithaca: Cornell University Press, 1983). 길핀은 브레튼 우즈 체제의 이러한 특성을 "국내적으로는 케인스, 국제적으로는 스미스(Keynes at home, Smith abroad)"라고 표현하고 있다. R. Gilpin, *The Political Economy of International Relations* (1987).

29) 정진영, "신자유주의의 확산과 국제경제질서의 미래," 국제정치경제연구회 (편), 『20세기 로부터의 유산: 세계경제와 국제정치』(서울: 사회평론, 2000).

30) 시장이 자연발생적이라고 주장되는 이유는 누구든 이익이 되면 거래를 하려고 할 것이기 때문이다. 따라서 거래의 억제가 부자연스런 현상이다. 그런데 거래는 이기적 행위자가 서로의 이익을 추구하는 과정에 발생한다. 이런 점에서 시장은 이익이 다른 행위자들을 서로 통합시키는 역할을 한다. 시장기구가 작동할 때, 노동분화와 사회통합이 촉진되는 원리가 바로 이것이다. 시장의 이러한 기능은 국제간에도 확대되어 적용될 수 있으며, 시장거래가 국제적 평화와 통합을 가져올 수 있다는 기능주의 이론의 핵심적 주장이 도출된다.

31) 이런 점에서 자유주의자들도 시장의 작동에 필요한 국가의 역할을 완전히 부정하는 것은 아니다. 시장이 작동하기 위해서는 재산권이 보호돼야 하고, 자유로운 계약과 계약의 이행이 보장돼야 하기 때문이다. 시장에 의한 자율적 질서를 신봉한 스미스나 하이에크도 이러한 측면에 있어서의 국가의 역할은 강조하고 있다.

32) 길핀의 다음과 같은 요약이 자유주의자들의 이러한 신념을 잘 보여준다: "요컨대, 자유주의자들은 국민경제들 사이의 무역과 상호의존의 확대가 협력적 관계를 부양시키는 경향이 있기 때문에 무역과 경제적 교류가 국가들 사이의 평화적 관계의 원천이라고 믿는다. 정치가 서로 다른 국민들을 분열시킨다면 경제는 통합시키는 경향이 있다." R. Gilpin, 앞의 책 (1987), p. 31.

33) 현실주의자들과 맑스주의자들은 질서의 수립 및 유지와 관련하여 국가의 강압적인 힘과 사회의 구조적인 힘을 중시한다. 질서는 강압적으로, 구조적으로 만들어지고 유지된다고 보는 것이다. 따라서 그러한 강압적인 힘이 없으면 무정부 상태, 무질서 상태가 초래된다고 그들은 주장한다. 그러나 자유주의자들은 이기적 주체들의 합리적 선택의 결과로, 공공재 공급을 위한 협력의 산물로 질서가 수립되고 유지될 수 있다고 주장한다.

34) R. Axelrod, and R. Keohane, "Achieving Cooperation under Anarchy: Strategies and Institutions," K. Oye (ed.), *Cooperation under Anarchy* (Princeton: Princeton University Press, 1986); 김태현 · 정진영, "신세계질서의 국제정치경제학: '패권이후' 국제협력논쟁과 세계경제질서의 재편," 하영선 (편), 『탈근대 지구정치학』 (서울: 나남,

1993).

35) D. Snidal, "Relative Gains and the Pattern of International Cooperation," *American Political Science Review*, vol. 85, no. 3 (1991).

36) R. Keohane, *International Institutions and State Power* (Boulder: Westview Press, 1989); R. Keohane, "International Institutions: Can Interdependence Work?" *Foreign Policy*, no. 110 (1998).

37) R. Keohane, *After Hegemony: Cooperation and Discord in the World Political Economy* (Princeton: Princeton University Press, 1984).

38) 1970년대 이후, 특히 탈냉전 이후 국제제도의 역할이 부각되면서 현실주의 이론가들도 국제제도를 주요한 연구대상으로 삼기 시작했다. 예컨대, 국제레짐이나 국제기구의 설립과 작동을 강대국 중심으로 해석하는 연구들이 이러한 추세를 대변한다. 물론 국제기구들은 약소국보다 강대국의 이익을 대변하는 경향이 있고, 강대국의 태도에 따라 국제기구의 역할이 크게 바뀔 수 있다. 그러나 국제제도가 국제관계의 중요한 변수라고 인정한다면, 현실주의 이론의 순수성은 크게 훼손될 수밖에 없다. 국제정치를 보는 시각이 무정부 상태에서의 권력정치로부터 준정부 상태의 영향력 경쟁으로 전환되기 때문이다.

39) 보호무역의 비용에 대한 추정을 따르면, 보호무역은 특정 산업에 대한 수익보다 훨씬 많은 비용을 국민경제 전체에 부담시킨다. R. Feenstra, "How Costly is Protectionism," *Journal of Economic Perspectives*, vol. 6 no. 3 (1992). 거의 대부분의 자유주의 이론가들도 유치산업보호론을 인정한다. 그리고 시장개방의 단계적 추진 필요성에 대해서도 대개 공감한다. GATT/WTO의 개도국 우대조항이나 세이프가드(긴급수입제한) 조치는 이러한 현실을 반영한 것이다.

40) 비교우위는 절대우위(absolute advantage)와 구별되는 개념이다. 절대우위란 생산비의 절대적 크기에 대한 비교를 기초로 판단하지만, 비교우위는 상대적 우위 또는 상대적 열위(comparative disadvantage)를 기초로 평가한다. 따라서 특정 국가에 모든 상품의 생산에서 절대적 우위에 있을 수 있지만, 상대적으로는 어느 상품의 생산에 더 큰 우위를 가진다. 거꾸로, 어떤 나라가 모든 상품의 생산에 있어서 열위에 있을 수도 있지만, 열위의 정도를 상대적으로 비교해보면 그래도 비교우위에 있는 상품생산이 존재한다. 따라서 절대우위론에 따르면 무역이 일어나지 않을 수도 있지만, 비교우위론에 따르면 반드시 무역이 일어나고, 이를 통하여 서로가 이익을 얻게 된다.

41) 국제적으로 각 국가들은 무역정책의 선택에서 수인게임의 구조에 봉착하게 된다. 즉, 상대방이 자유무역을 하든 보호무역을 하든 자국은 보호무역을 하는 것이 유리하다는 전략적 판단을 하게 된다. 따라서 쌍방 모두 보호무역을 택하게 되고, 결과적으로 국제무역질서는 보호주의로 흐르게 된다.

42) 무역정책의 정치경제학이 가르치는 바에 따르면, 개방에 따른 수익은 분산되는 반면에 피해는 집중된다. 이에 비해 보호에 따른 수익은 집중되고 피해는 분산된다. 이러한 손익의 분배구조를 갖는 경우 보호주의 세력은 쉽게 동원되는 반면에 자유무역 지지세력은 동원이 어렵다. 이는 올슨(Olson, 1965)이 설명하는 집단행동의 딜레마와 일치한다.

43) 소위 패권안정이론에는 두 가지의 갈래가 존재한다. 한 쪽은 패권국을 약탈자로 보고, 다른 한 쪽은 자비로운 지도자로 간주한다. 전자가 현실주의, 맑스주의의 논리라면, 후자는 자유주의의 논리에 가깝다. 패권국의 등장과 쇠퇴를 하나의 장기적인 주기로 본다면, 패권국이 등장할 때에는 후자의 시각에 가깝다면, 쇠퇴할 때에는 전자의 시각에 가깝다고 할 수 있다.

44) 정진영, "상호주의와 국제협력: 국제무역의 경우,"『국가전략』제3권 2호 (1997).

45) N. Richardson, "International Trade as a Force for Peace," C. Kegley (ed.), *Controversies in International Relations Theory* (New York: St. Martin's, 1995).

46) B. Cohen, *The Geography of Money*, 박영철 역,『화폐와 권력』(서울: 시유시, 1998).

47) E. Helleiner, *States and the Resurgence of Global Finance* (Ithaca: Cornell University Press, 1994).

48) 국제통화질서가 수립되기 위해서는 세 가지의 기술적 문제들이 해결돼야 한다(Cohen, 1977). 첫째, 국제상거래가 원활히 이루어지도록 하기 위해서 필요한 유동성(liquidity)이 충분히 공급돼야 한다. 둘째, 통화에 대한 신뢰(confidence)가 있어야 한다. 통화가치가 불안정하고 사용이 불편한 통화가 널리 사용될 수 없다. 셋째, 국제수지의 불균형을 조정(adjustment)할 수 있는 장치가 마련돼야 한다.

49) J. Kirschner, "Keynes, Capital Mobility and the Crisis of Embedded Liberalism," *Review of International Political Economy*, vol. 6 no. 3 (1999).

50) B. Cohen, "The Triad and the Unholy Trinity: Lessons for the Pacific Region," R. Higgot, et al. (ed.), *Pacific Economic Relations in the 1990s: Cooperation or Conflict?* (Boulder: Lynne Rienner, 1993); J. Goodman, and L. Pauly, "The Obsolescence of Capital Controls?: Economic Management in an Age of Global Markets," *World Politics*, vol. 46, no. 1 (1993); D. Andrews, "Capital Mobility and State Autonomy: Toward a Structural Theory of International Monetary Relations," *International Studies Quarterly*, vol. 38, no. 2 (June 1994). 국제통화금융체제의 설계자들은 개별국가들이 추구하는 정책목표들을 모두 만족시킬 수 없다. 특히 정책자율성, 환율안정, 자본이동의 자유라는 세 가지 목표들 중에서 오직 두 가지만 달성할 수 있는데, 이를 두고 먼델-플레밍 모델(Mundell-Fleming Model) 또는 삼위불일체(Unholy Trinity)라고 부른다.

51) J. Ruggie, 앞의 글; 정진영, "국제경제질서의 재편: 국가주권과 국제질서 사이의 새로운

타협," 김경원 · 임현진 (편), 『세계화의 도전과 한국의 대응』(서울: 나남, 1995).

52) J. Frieden, "Invested Interests: The Politics of National Economic Policies in a World of Global Finance," *International Organization*, vol. 45, no. 4 (1991).

53) C. Kindleberger, *The World in Depression, 1929-1939* (Berkeley: University of California Press, 1986).

54) G. Soros, *The Crisis of Global Capitalism*, 형선호 역, 『세계자본주의의 위기』(서울: 김영사, 1998); J. Stiglitz, *Globalization and Its Discontents*, 송철복 역, 『세계화와 그 그늘』(서울: 세종연구원, 2002).

55) E. Kapstein, *Governing the Global Economy: International Finance and the State* (Cambridge: Harvard University Press, 1994); 정진영, "자본의 국제적 이동성, 국가의 정책 자율성, 국제협력: 세계금융의 정치경제에 관한 한 시론," 『국제정치논총』 제36집 3호 (1997).

56) 해외직접투자는 자회사를 직접 설립하거나 기존의 기업을 인수합병(M&A)하는 방법으로 이루어진다. 이러한 해외직접투자가 증권시장에서 외국기업의 주식을 매입하는 해외간접 투자와 다른 점은 기업의 경영권 확보를 추구한다는 사실이다. 간접투자는 주식시장에서의 차익을 통하여 이익을 실현하려는 데 비해, 직접투자는 기업경영을 통하여 다국적기업 전체의 수익을 극대화하려 한다.

57) UNCTAD, *World Investment Report* (2002).

58) J. Dunning, "Governments and Multinational Enterprises: From Confrontation to Co-operation?" *Millennium: journal of international relations*, vol. 20, no. 2 (1991).

59) 이 가이드라인의 핵심적 내용은 기업활동에 관한 9개의 항목으로 구성돼 있다. 기업의 활동 및 재무구조에 관한 정보공개, 노동의 권리를 보장하는 고용 및 노사관계, 환경보호, 뇌물방지, 소비자 이익 존중, 과학기술발전, 경쟁질서 존중, 조세법규 준수 등이 그러한 항목들이다.

60) V. Cable, *Globalization and Global Governance* (London: The Royal Institute of International Affairs, 1999).

| 참고문헌 |

- 김병국. "자유주의." 이상우 · 하영선 (편). 『현대국제정치학』. (서울: 나남, 1992).
- 김태현 · 정진영. "신세계질서의 국제정치경제학: '패권이후' 국제협력논쟁과 세계경제질서의 재편." 하영선 (편). 『탈근대 지구정치학』. (서울: 나남, 1993).
- 마상윤. "자유주의 국제정치이론." 하영선 (편). 『현대국제정치이론』. (서울: 사회비평, 1995).
- 정진영. "신자유주의의 확산과 국제경제질서의 미래." 국제정치경제연구회 (편). 『20세기로부터의 유산: 세계경제와 국제정치』. (서울: 사회평론, 2000).
- 정진영. "자본의 국제적 이동성, 국가의 정책자율성, 국제협력: 세계금융의 정치경제에 관한 한 시론." 『국제정치논총』 제36집 3호, 1997.
- 정진영. "상호주의와 국제협력: 국제무역의 경우." 『국가전략』 제3권 2호, 1997.
- 정진영. "무역과 국내정치: 무역정책결정의 사회적 기반." 김태현 외. 『외교와 정치』. (서울: 오름, 1995).
- Axelrod, R., and R. Keohane. "Achieving Cooperation under Anarchy: Strategies and Institutions." K. Oye (ed.). *Cooperation under Anarchy*. (Princeton: Princeton University Press, 1986).
- Andrews, D. "Capital Mobility and State Autonomy: Toward a Structural Theory of International Monetary Relations." *International Studies Quarterly*, vol. 38, no. 2 (June 1994).
- Balaam, D., and M. Veseth. *Introduction to International Political Economy*. (2001).
- Blake, D., and R. Walters. *The Politics of Global Economic Relations*. (Englewood Cliffs: Prentice Hall, 1976).
- Bull, H. *The Anarchical Society*. (New York: Columbia University Press, 1977).
- Cable, V. *Globalization and Global Governance*. (London : The Royal Institute of International Affairs, 1999).
- Carr, E. H. *The Twenty Years' Crisis: An Introduction to the Study of International Relations*. (New York: Harper & Row, 1939).
- Cohen, B. *The Geography of Money*. 박영철 역. 『화폐와 권력』. (서울: 시유시, 1999).
- Cohen, B. "The Triad and the Unholy Trinity: Lessons for the Pacific Region." R. Higgot, et al. (ed.). *Pacific Economic Relations in the 1990s: Cooperation or Conflict?* (Boulder: Lynne

Rienner, 1993).

- Cohen, B. *Organizing the World's Money: The Political Economy of International Monetary Relations.* (London: Macmillan, 1977).

- Doyle, M. *Ways of War and Peace: Realism, Liberalism, and Socialism.* (New York: Norton, 1997).

- Dunning, J. "Governments and Multinational Enterprises: From Confrontation to Co-operation." *Millennium: journal of international relations,* vol. 20, no. 2, 1991.

- Feenstra, R. "How Costly is Protectionism." *Journal of Economic Perspectives,* vol. 6, no. 3 , 1992.

- Frieden, J., and D. Lake. *International Political Economy: Perspectives on Global Power and Wealth.* (New York: St. Martin's, 1995).

- Frieden, J., and "Invested Interests: The Politics of National Economic Policies in a World of Global Finance." *International Organization,* vol. 45, no.4, 1991.

- Gilpin, R. *Global Political Economy: Understanding the International Economic Order.* (Princeton: Princeton University Press, 2001).

- Gilpin, R. *The Political Economy of International Relations.* (Princeton: Princeton University Press, 1987).

- Gilpin, R. *U.S. Power and Multilateral Corporation.* (New York: Basic Books, 1975).

- Goodman, J., and L. Pauly. "The obsolescence of Capital Controls?: Economic Management in an Age of Global Markets." *World Politics,* vol. 46, no.1, 1993.

- Helleiner, E. *States and the Resurgence of Global Finance.* (Ithaca: Cornell University Press, 1994.

- Kapstein, E. *Governing the Global Economy: International Finance and the State.* (Cambridge: Harvard University Press, 1994).

- Keohane, R. "International Institutions: Can Interdependence Work?" *Foreign Policy,* no. 110, 1998.

- Keohane, R. "International Liberalism Reconsidered." in J. Dunn (ed.). *The Economic Limits to Modern Politics.* (Cambridge: Cambridge University Press, 1990.

- Keohane, R. *International Institutions and State Power.* (Boulder: Westview Press, 1989).

- Keohane, R. *After Hegemony: Cooperation and Discord in the World Political Economy.* (Princeton: Princeton University Press, 1984).

- Kindleberger, C. *The World in Depression, 1929-1939.* (Berkeley: University of California Press, 1986).

- Kirschner, J. "Keynes, Capital Mobility and the Crisis of Embedded Liberalism." *Review of International Political Economy*, vol. 6, no. 3, 1999.
- Milner, H. "International Political Economy: Beyond Hegemonic Stability." *Foreign Policy*, no. 110, 1998.
- Mitrany, David. *A Working Peace System*. (Chicago: Quadrangle Books, 1966).
- Moravcsik, A. "Taking Preferences Seriously: A Liberal Theory of International Politics." *International Organization*, vol. 51, no. 4, 1997.
- Olson, Mancur. *The Logic of Collective Action*. (Cambridge: Harvard University Press, 1965).
- Richardson, N. "International Trade as a Force for Peace." C. Kegley (ed.). *Controversies in International Relations Theory*. (New York: St. Martin's, 1995).
- Ruggie, J. "International Regimes, Tranasactions, and Change: Embedded Liberalism in the Postwar Economic Order." S. Krasner (ed.). *International Regimes*. (Ithaca: Cornell University Press, 1983).
- B. Schmidt. "Lessons from the Past: Reassessing the Interwar Disciplinary History of International Relations." *International Studies Quarterly*, vol. 42, no. 3, 1998.
- D. Snidal. "Relative Gains and the Pattern of International Cooperation." *American Political Science Review*, vol. 85, no. 3, 1991.
- Soros, G. *The Crisis of Global Capitalism*. 형선호 역. 『세계자본주의의 위기』. (서울: 김영사, 1998).
- Spero, J. *The Politics of International Economic Relations*. (New York: St. Martin's Press, 1981).
- Stiglitz, J. *Globalization and Its Discontents*. 송철복 역. 『세계화와 그 그늘』. (서울: 세종연구원, 2002).
- UNCTC. *World Investment Report 1993*. (New York: UN, 1993).
- Vernon, R. "Sovereignty at Bay: Twenty Years After." *Millennium: journal of international relations*, vol. 20, no. 2, 1991.
- Waltz, K. *Theory of International Relations*. (Reading, Mass.: Addison-Wesley, 1979).
- Waltz, K. *Man, the State and War: A Theoretical Analysis*. (New York: Columbia University Press, 1959).
- Wendt, A. *Social Theory of International Relations*. (Cambridge: Cambridge University Press, 1999).
- Wilson, P. "The Myth of 'the First Great Debate'." *Review of International Studies*, 24, special issue, 1998.

- Wyatt-Walter, A. "Adam Smith and the Liberal Tradition in International Relations." *Review of International Studies*, vol. 22, no.1, 1996.

- Zacher, M., and R. Matthew. "Liberal International Theory: Common Threads, Divergent Strands." C. Kegley, Jr. (ed.). *Controversies in International Relations Theory*. (New York: St. Martin's, 1995).

| 문헌해제 |

- Robert Keohane, *After Hegemony: Cooperation and Discord in the World Political Economy* (Princeton: Princeton University Press, 1984): 커해인은 자유주의 국제정치이론과 국제정치 경제학의 대표적인 이론가로 꼽힌다. 그의 레짐이론 및 국제제도에 관한 연구는 신자유주의 제도이론(neoliberal institutionalism)으로 분류되고 있고, 현실주의와 자유주의, 자유주의와 구성주의의 중간에 위치하는 것으로 볼 수 있다. 커해인의 이 책은 미국패권의 쇠퇴를 둘러싼 논쟁이 활발한 시점에 출간되었으며, 패권질서의 쇠퇴가 국제적 무질서를 가져오지 않을 수 있다는 주장을 제시하고 있다.

- Michael Doyle, *New Thinking in International Relations Theory* (Boulder, Co: Westview Press, 1997): 자유주의 국제정치이론가의 입장에서 최근의 국제정치이론들을 정리해서 소개하고 있다. 국제정치학 및 국제정치경제학의 자유주의 이론에 대한 심층적인 이해를 위한 좋은 안내자가 될 것이다.

- Susan Strange, *The Retreat of the State: The Diffusion of Power in the World Economy* (Cambridge: Cambridge University Press): 스트레인지는 세계화가 국가의 약화를 가져온다고 주장한다. 국가의 권위가 시장으로 전이되고 있다는 것이다. 그녀는 세계경제의 각 측면에서 나타나고 있는 국가약화 현상을 경험적 자료를 통하여 제시하면서 자신의 주장을 뒷받침하고 있다. 그러나 국가의 약화가 국제적 위계질서를 무너뜨리는 것은 아니다. 시장지배력에 기초한 새로운 형태의 위계구조가 대신 출현하고 있다.

- V. Cable, *Globalization and Global Governance* (London: The Royal Institute of International Affairs, 1999): 세계화의 의미와 세계적 관리체제(global governance)의 미래를 간략하지만 핵심쟁점을 중심으로 소개하고 있는 책자이다. 세계화의 정치적 성격을 이해하고, 세계적 관리체제의 필요성을 이해하는 데 도움을 준다. 세계화가 단순히 경제적 문제가 아니라 본질적으로 정치적 성격의 문제임을 인식하는 데도 도움을 준다.

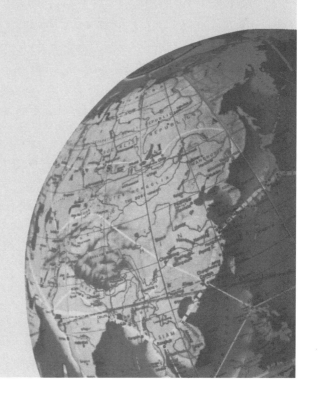

영국의 국제사회학파 이론

전 재 성

I. 서론

유럽에서 국제정치에 대한 연구는 근대적 민족국가가 출현한 16세기 경부터 시작되었고, 국제정치학이 출현하기 전인 그 시대에는 주로 역사학자, 국제법학자, 정치철학자들에 의해 국제정치연구가 행해졌다. 19세기에 이르러서는 유럽의 국제정치가 제국주의의 물결을 타고 전세계로 전파되었고, 1914년에는 제1차 세계대전을 치르면서, 지구 전체를 분석의 대상으로 삼게 되는 본격적인 국제정치학이 출현하게 되었다. 당시 전세계의 패권적 위치를 차지하고 있던 국가는 영국이었는데, 국제정치학은 영국에서 성립되어 영국의 국제정치적 경험을 상당부분 반영하게 된다. 그러나 이후 미국의 국력이 영국을 압도하고, 영국의 패권적 지위를 미국이 점차 계승함에 따라, 국제정치학은 미국의 세계관과 정치철학, 이익을 상당부분 반영하게 되는 변화를 겪게 된다.

제2차 세계대전은 미국이 세계의 중심이라는 사실을 확인시켜 주었고, 이어 벌어진 미국과 소련간의 냉전적 대립으로 세계는 양분되었다. 영국은 미국에게 패권적 지위를 완전히 물려준 이후, 국제정치학의 주도권 또한 상실하게 되었다고 볼 수 있다. 이미 제1차 세계대전의 전후 처리과정에서 미국은 많은 영향력을 발휘했는데, 당시 미국의 대통령이었던 우드로우 윌슨(Woodrow Wilson)의 소위 이상주의적 국제정치관이 등장하여 기존의 유럽 국제정치관에 상당한 변화를 야기하였다. 냉전을 주도하던 미국은 자국의 이익과 철학이 반영된 국제정치이론을 계발할 필요성을 느끼게 되었고, 그 과정에서 우리에게도 익숙해진 신현실주의, 신자유주의, 구성주의 등의 국제정치학 이론이 자리잡게 된다. 1970년대부터 벌어진 신현실주의와 신자유주의의 논쟁, 1980년대 후반부터 등장한 합리주의와 구성주의, 혹은 탈근대이론간의 논쟁 등은 모두 국제정치학계의 미국중심적 경향을 반영한 것이었다. 한편, 이러한 발전 속에서도 대서양 건너편에 있는 영국의 학자들은 자신들의 경험과 유럽의 지적 전통을 반영한 국제정치학을 고수하였는데, 일단의 영국의 국제정치학자들은 소위 국제사회학파라고 불리게 되는 학파를 형성하여, 미국 국제정치학과는 다른 전통을 수립하게 되었다.

영국의 현대 국제정치학은 카(E. H. Carr)를 필두로 하여, 찰스 매닝(Charles Manning), 허버트 버터필드(Herbert Butterfield), 마틴 와이트(Martin Wight) 등의 국제정치학자들이 주축을 이루었고, 이어 헤들리 불(Hedley Bull), 애덤 왓슨(Adam Watson) 등의 학자들이 뒤를 이었으며, 현재 다수의 소장학자들이 국제사회학파의 뒤를 이어가고 있다. 미국의 국제정치학이 세계를 주도하고 있는 현재, 영국의 학자들이 자국의 경험과 학문적 전통 속에서 독자적인 이론체계와 주제를 설정하고 연구해 가는 풍토는 한국으로서는 부러운 일이 아닐 수 없으나, 이것이 패권국이었던 영국의 힘이 반영되고 있는 상황이고 보면, 약소국이었던 한국이 현재 자신의 독자적 학파를 이루지 못하고 있는 현실에 낙담할 필요는 없을 것이다. 영국의 국제사회학파는 다른 국제정치이론과는 구별되는 분명한 특징을 가지고 있다. 요약하여 말하자면, 유럽중심주의, 역사적 접근법, 이해(understanding) 방법의 사용, 국제체제/국제사회/세계사회의 삼분법적 개념구조, 국제사회를 이루는 구성요소로서의 규범, 법, 문명기준, 상호이해 등의 세부 개념틀, 국제사회간 충돌로서 세계정치를 보는 시각,[1] 세계사회의 존재로 국제정치의 변화를 설명·예측하는 방법 등이 그것이다.

제2차 세계대전 이후 미국의 국제정치학은 주로 실증주의(positivism)라고 불리는 방법론과 현실주의 이론을 중심으로 발전했는데, 이제는 국제정치학계 전반에서도 이러한 경향에 대한 비판이 지속되어 역사적·해석학적(hermaneutics)·구성주의적·탈실증주의적 전환의 바람이 분 지 오래되었다. 이와 같은 맥락 속에서 영국의 국제사회학파가 해왔던 작업내용과 방법론이 다시 부각되었고, 미국 중심의 국제정치학 이론에 대한 하나의 대안으로 비추어지기도 했다. 반면, 국제사회학파 역시 변화된 이론적·현실적 상황에서 자신의 학파의 연구내용과 방법론을 좀더 정교히 해야만 살아남을 수 있는 환경을 맞이하고 있다. 이 글에서는 국제사회학파가 걸어온 역사, 학파의 연구 내용의 특징과 향후의 전망, 그리고 한국의 입장에서 국제사회학파의 연구내용 수용이라는 과제 등의 내용을 살펴보도록 한다.

II. 국제사회학파의 역사

국제사회학파는 1950년대 후반 영국의 학자들과 외교관련 관료들이 영국국제정치이론연구회(British Committee on the Theory of International Politics)를 결성하여 주기적인 독회를 실시하면서 서서히 형성되었다. 이 모임은 매닝과 카, 와이트 등의 지적 영향력 하에서 발전했으며, 변화하는 외교적 현실을 관료와 학자들이 상호간 연구하고, 토론하는 가운데 자연스럽게 하나의 학파가 형성되게 된 것이다. 초기단계에서의 주된 학자는 버터필드, 와이트, 불 등이었는데, 버터필드와 와이트는 1970년대에 사망하고, 불은 1985년에 사망한 이후 빈센트(R. J. Vincent, 1990년 사망)와 왓슨이 다음 단계에서 영국 국제사회학파를 주도했다.

오울 위버(Ole Waever)는 국제사회학파를 네 단계의 발전단계로 구분하여 설명하고 있는데 이를 살펴보면 다음과 같다.

제1단계는 영국국제정치이론연구회가 생겨난 1959년부터 1966년까지의 기간으로 버터필드와 와이트의 『외교연구(*Diplomatic Investigations*)』의 출간이 중요한 기점을 이루었다. 이 기간 중에 '국제사회(international society)'의 개념을 집중적으로 발굴하고 연구했다.

제2단계는 1966년에서 1977년에 해당하는데, 국제사회의 개념과 세계사회의 개념을 집중적으로 연구한 시기로 전자의 경우는 불이 유럽의 국제사회를 연구하여 『무정부적 사회(*The Anarchical Society*)』라는 역저를 출간했으며, 후자는 와이트의 연구 성과인 『국제체제(*Systems of States*)』에 의해 구체화되었다. 또한 다음 세대 학자인 빈센트는 1974년 『불간섭과 국제질서(*Nonintervention and International Order*)』를 출간했다.

제3단계는 1977년에서 1992년에 이르는 기간으로 한편으로는 기존의 연구 성과를 공고히 하는 한편, 새로운 연구주제를 발굴하는 시기였다. 영국 국제정치이론연구회의 연구는 1984년 출간된 불과 왓슨의 『국제사회의 팽창(*The Expansion of International Society*)』과 왓슨의 1992년 책, 『국제사회의 진화(*The Evolution of International Society*)』로 사실상 종결되었다. 이와 더불어 다른 연구 성과들도 출현했는데, 빈센트의 주저서인 『외교정책과 인권(*Foreign Policy and Human Rights*, 1986)』과 『인권과 국제관계(*Human Rights and International Relations*, 1986)』, 그리고 빈센트와 밀러(J. D. B. Miller)가 편집한 『질서와 폭력: 헤들리 불과 국제관계(*Order and Violence: Hedley Bull and International Rela-*

tions, 1990)』를 들 수 있다.[2]

제4단계는 1992년 이후 현재에 이르는 기간으로, 영국국제정치이론연구회와 직접적 연결이 없는 상태에서 다양한 학자들이 활동하는 기간이다. 1992년 저명한 영국의 국제정치관련 잡지 *Millennium: journal of international relations*의 특집호에서 "Beyond International Society"라는 주제로 국제사회학파를 다루고 1992년 유럽정치연구협회(European Consortium for Political Research: ECPR)에서 역시 특집으로 국제사회학파를 다루어 1998년 로버슨(B.A. Robersons) 편집의 *International Society and the Development of International Relations Theory*이 출간되는 등 기존의 연구에 대한 재평가와 방향모색이 이루어졌다. 던(Dunne), 엡(Epp), 잭슨(Jackson), 렝거(Rengger), 위버(Waever) 등의 학자들이 활동하기 시작했고, 부잔(Buzan), 잭슨(Jackson), 링클레이터(Linklater) 등도 국제사회학파와 관심을 공유했다.

이상과 같은 경로를 거쳐 발전되어 온 국제사회학파의 특징은 무엇인가? 우선 전체적이고 방법론적인 측면에서 국제사회학파는 공통적으로 1)연구주제의 전통을 고수한다는 점, 2)해석과 이해의 방법론을 채택하고 있다는 점, 3)국제정치 이론의 규범적 차원에 대한 명백한 관심 등을 공유한다는 점을 들 수 있다.[3] 1970년대 후반부터 미국에서는 신현실주의와 신자유주의의 대립을 기점으로 국제정치학 이론의 눈부신 발전을 보여왔는데, 이러한 발전은 자연과학, 경제학의 이론적 발전에 자극을 받고 힘입은 바가 크다고 할 수 있다. 자연스럽게 국제정치학의 연구경향도 실증주의적 · 경험적 · 탈역사적 경향을 띨 수밖에 없었고, 이와는 달리 역사적 · 해석학적 · 규범적 접근을 강조하는 국제사회학파는 미국의 주류와 구별됨과 동시에 주변으로 밀려나는 상황을 맞이하게 되었다. 따라서 국제사회학파는 미국의 국제정치학과는 명확히 구별되는 특징을 가지게 되었으며, 이는 우선 연구방법론과 접근방법에서 명확히 보이게 된다.

미국 국제정치학의 방법론적 기반이 된 실증주의는 19세기 말 20세기 초 소위 논리실증주의(logical positivism) 혹은 논리경험주의(logical empiricism) 철학에서 출발한 것으로, 자연과학자들이 행하는 것처럼 엄밀한 논리와 광범위한 경험적 사실에 기반하여 학문의 체계를 세우려 하는 사회과학의 방법론이다. 실증주의 방법론을 채택하는 국제정치학자들은 사실과 가치에 대한 명확한 구별, 연구자의 가치중립적 태도를 강조하게 되고, 객관적인 관찰과 경험적 자료들의 수집에 근거하여 가설을 증명하고, 이론을 수립하고자 한다. 이 과정에서 철학적 사유와 역사적 접근과 같은 전통적 방법보다는 통계학, 합리적 선택이론과 같은 형식이론 등이 사용되고, 그 과정에서 엄밀한 결론을 도출하려는 노력이 경주된다. 제2차 세계대전 이후 미국의 사회과학계를 풍미했던 소위 행태주의(behavioralism)도 이와 연관되어 있다. 반면 해석학, 혹은 이해의 방법론은 자연과학의 연구대상인 물질과 사회과학의 연구대상인 인간이 근본적으로 다르며, 물질계와 인간사회 역시 다른 본질을 가지고 있다고 가정한다. 인간을 이해하려면 인간 내부의 의식과 행동의 동기를 이해해야 하는데, 이는 외부에서의 객관적 관찰을 통해 얻기가 어렵고, 또한 반복적 실험도 불가능하다는 현실 때문에 자연과학적 방법을 채택하기가 근본적으로 어렵다는 것이다. 따라서 역사에 대한 연구와, 그 안에서 행동하는 인간을 소위 감정이입의 방법으로 이해하는 해석학적 연구방법이 좀더 적절하다고 본다. 미국의 국제정치학은 전통적인 철학적·역사적 방법론이 비과학적일 수 있다는 실증주의적 견해를 받아들여, 좀더 과학적인 접근방법을 개발하고자 노력해 온 반면, 영국의 국제사회학파에 속한 학자들은 인간 역사의 특수성과 인간 행위의 독특성에 기반하여 인간들의 가치, 동기에 대한 이해를 중시하고, 이를 이해하기 위해 역사적·해석학적 방법을 사용하기를 강조한다.

좀더 구체적으로 국제사회학파의 주된 연구내용과 개념들을 살펴보면, 우선 국제사회학파의 연구는 국제체제(international system), 국제사회

(international society), 세계사회(world society)의 삼분법에 기초하여 국제정치를 개념화하고 있다. 국제체제는 둘 혹은 그 이상의 국가들이 충분한 접촉을 유지하고 타국의 결정에 충분한 영향을 가하며, 타국들로 하여금 전체에 속한 한 부분으로 행동하게 만들 때 형성된다. 국가들간의 관계가 체제(international system)로서 존속한다고 말할 수 있기 위해서는 필요조건들이 있다고 분석하는 바, 다음의 네 가지를 지적할 수 있다. 첫째, 체제를 일관되고 상호연관된 전체로 구성하기 위해서 부분들 간에는 명확한 상호관계가 설정되어 있어야 한다. 둘째, 구성부분들은 규칙적인 의사소통의 관계에 있어야 한다. 셋째, 체제의 구성단위들이 공통의 기대를 할 수 있도록 예측가능한 상호행동의 역사가 존재해야 한다. 넷째, 관계의 형태가 규칙성(regularity)을 보여야 한다.

반면, 국제사회는 일군의 국가들이 공동의 이익과 공동의 가치를 의식한 상태에서 사회를 형성할 때 존재하는데, 이 때 이들은 타국과의 관계에서 공동의 규칙이 존재한다고 생각하고, 각 국가의 활동을 관장하는 공동의 제도적 틀 안에서 서로 협동한다. 국제사회 속의 국가들은 역사적으로 공동의 문화 혹은 문명에 기초하고 있고, 공동의 언어, 세계와 우주에 대한 공동의 인식과 이해, 공동의 종교, 공동의 도덕규범, 공동의 미적·예술적 전통을 가지고 있다. 또한 타국의 독립에 대한 요구를 존중하고, 타국과의 합의를 존중하고, 타국에 대해 폭력을 행사하는 데 일정한 제약을 받아들인다. 서구 유럽의 경우 좀더 구체적으로는 국제법, 외교, 국제기구, 관습, 전쟁 관례 등을 존중한다. 이러한 유럽의 국제사회는 중세부터 존재했던 기독교 단일 지역이라는 역사적 공감대, 이슬람 세계와 대항하면서 더욱 공고화된 단결 의식, 또한 유럽 국가들끼리 상호작용하면서 발전시켜 온 갖가지 약속과 조약, 관습에 근거한 것이라고 볼 수 있다. 동북아시아의 경우 중국을 중화로 부르면서 유교적 사상을 배경으로 국제사회를 발전시켜 왔다. 이러한 국제사회에서는 한자를 의사소통 수단으로 삼고, 유교사상을 국제정치의 규범적 기초로 삼으며, 조공과 책봉을 국가간 관계를 관장하는 구체적 제도로 삼았다. 결국, 국제체제와 국제사회의 구별점은 단순히 구성원간의 빈번한 상호작용을 넘어서는 공동의 이익, 공동의 가치, 공동의 제도의 유무라고 할 수 있다.

세계사회는 비단 국가들간의 상호이해와 가치의 공유 등에 의해 이루어지는 것이 아니라, 국가 이하의 행위자들, 즉, 개인이나 사회집단이 국경을 넘어서는 초국가적 상호이해와 가치공유를 이룰 때 나타나는 초국경적 공동체이다. 현대에 들어와 지구촌, 세계인류와 같은 슬로건이 등장하고, 보편적인 인권에 기초한 인식이 확산되어 정착되면서 초주권적 인권개입에 대한 논의가 활발해지고 있는데, 이는 민주적 세계사회에 기반한 초주권적 정치현상의 출현이라 볼 수 있다.

이러한 구분법은 국제정치 이론에 대한 전반적 개괄에 기초하고 있는데, 그 틀을 잡아준 학자가 와이트(Martin Wight)이다. 와이트는 국제정치 이론을 현실주의(realism), 합리주의(rationalism), 급진주의(revolutionism)로 구분하고, 그 이론적 시조를 각각 홉스(현실주의), 그로티우스(합리주의) 및 칸트와 맑스(급진주의) 등에서 찾고 있다. 홉스가 시조가되는 현실주의는 주로 국제체제에서의 국제관계를 연구대상으로 하는 반면, 그로티우스의 학풍을 물려받은 합리주의는 국제사회적 측면을 연구하며, 칸트나 맑스 등 초국가적 시민사회의 형성에 주목하는 급진주의는 근대국가질서를 초월하는 급진적 성향을 가지고 있다고 보았다.

그러나 국제사회학파의 학자들은 현실주의나 급진주의와의 단절성보다는 연결성을 강조했다. 이들은 현실주의가 국가간에 존재하는 공유된 규범과 가치를 상대적으로 경시하는 것을 비판하는 한편, 세계사회에 대한 자유주의적 급진주의를 수용하여 국제사회의 주권적 성격이 세계사회의 급격한 운동에 의해 변화될 수 있음을 인정하기도 했다.

국제사회학파에 따르면, 국제정치는 현실주의가 단순화하여 파악하고 있는 것처럼, 이익과 권력의 요소만으로는 분석되지 않는다. 현실주의는 근대의 국제관계가 배타적·독립적 권위를 가진 주권국가로 구성되어 있다는 점에 착안하여, 이들 간의 이익, 권력관계로만 국제정치를 파악하고, 더구나 몰역사적인 시각으로 근대를 일반화하는 오류를 범하고 있다고 국제사회학파는 본다. 현실주의, 특히 월츠(Kenneth Waltz)가 주장하는 구조주의적 신현실주의가 근대 국제정치의 조직원리로 파악하고 있는, 소위 무정부상태(anarchy)는 국제체제를 주관하는 초국가적 정부가 결여된 무정부상태를 의미하는 것으로, 실제적인 무질서상태(anomie)를 의미하는 것은 아니다. 무정부상태에서도 질서상태가 존재할 수 있으며, 국가간 문화와 종교, 가치와 이해를 공유하게 되면 규범에 기반한 사회적 현상이 나타난다는 것이다. 즉, 국제사회학파의 학자들은 국가간 공유된 규범의 존재를 인식하고, 정부는 없을지언정 규범이 존재하는 상황에서 형성된 국제사회의 존재 가능성을 탐구한다. 국제사회학파는 이러한 국제사회의 지리적·지역적 경계를 명확히 함으로써 세상에 존재하는 다수의 국제사회를 밝혀내고, 더 나아가 국제사회간의 관계를 규명할 수 있는 단초를 마련한다. 탈냉전기에 많이 논의되고 있는 소위 구미의 기독교 문명권, 중동의 이슬람 문명권, 아시아의 유교 문명권 등의 개념도 국제사회의 지리적 경계와 일맥상통하는 개념이라 볼 수 있다. 이러한 논의는 지금의 국가간 제도화의 수준이 높아지고 규범의 공유정도가 긴밀해지는 상황에서 특히 유용하다고 보이며, 또한 문명의 충돌론의 단위가 되는 문명권과 같은 국가 이상의 유의미한 분석단위가 주목받고 있는 시점에서 국제사회간 관계라는 논의는 현대적 유용성을 가진다고 보인다.

국제사회학파는 이와 동시에 세계사회라는 개념을 제시하는데, 국제사회의 규범, 규칙, 제도가 각 문명권내, 혹은 문화권내 국가들의 국내적 가치와 질서에 뿌리박고 있는 이상, 국경을 초월한 초국경적 가치관, 문화, 종교, 규범이 존재한다는 사실에 주의를 기울이고 있다. 만약 국가간의 사회적 · 규범적 연대가 실상은 각 국가 내부의 행위자들 간에 초국경적으로 존재하는 가치관에 뿌리박고 있다면, 초국경적 사회가 직접적으로 이루어질 수도 있다는 논리적 결과가 도출된다. 이러한 상황에서 칸트의 지적 전통을 계승하는 자유주의적 급진주의자들은 국가를 추월하여 바로 세계정부 혹은 세계사회의 출현의 가능성을 논하며, 이러한 세계사회적 성격이 실제로 존재하고 있음을, 그리고 맹아적으로 존재하는 세계사회가 있어야 사실은 국제사회도 존재할 수 있음을 가설적으로 논하고 있다.

III. 국제사회학파의 연구주제 및 주요 성과

앞에서 논한 것처럼 국제사회학파는 현실주의에 대한 비판과 국제사회 · 세계사회의 개념화, 다수적 국제사회의 역사적 진화와 상호충돌의 과정에 대한 연구 등의 성과를 보여왔는데, 국제사회학파의 좀더 세부적인 연구주제를 살펴보면 다음과 같다. 국제사회학파는 우선 국제사회의 역사에 대한 많은 연구 성과를 낳고 있다. 국제사회학파는 연구의 시조로 17세기 말에 출현했던 네덜란드의 국제법 학자인 그로티우스(Hugo Grotius)를 들고 있는데, 그로티우스는 국제정치를 단순히 권력을 추구하는 집단들 간의 투쟁이 아니라, 가치와 규범을 공유하는 주체들간의 사회적 관계로 파악했다. 16세기 스페인의 패권전쟁과 17세기 격렬해지는 종교전쟁 및 대륙에서의 전쟁을 목도하면서, 그로티우스는 인간과 국가가 가지는 사회성(sociability)을 강조했고, 인간이 필연적으로 사회적 본능을 기초로 규범과 상호이해를 만들어낸다는 사실에 집중했다. 이러한 규범은 국가간에도 적용되어 자연법에 기초한 정전론(正戰論)의 사상, 상호규범에 기초한 국제법의 존재 등의 출현을 가져오며, 근대국제정치는 일면 무정부상태에서의 만인에 대한 만인의 투쟁으로 보이나, 실제로는 이전의 기독교 문명에서 공유된 철학과 규범, 법에 의해 하나로 묶여 있는 규범공동체의 모습을 가지고 있다는 것이 그로티우스의 생각이었다. 유럽은 고대 그리스의 폴리스체제, 로마제국, 중세 기독교 세계를 거치면서 무엇이 올바른 전쟁이고 무엇이 올바르지 않은 전쟁인가, 전쟁 중에 행해도 되는 행위와 행해서는 안 되는 행위는 무엇인가, 인간이 천부적으로 가지고 있다고 공감할 수 있는 권리의 내용과 한계는 무엇인가,[4] 국가간 반드시 지켜야 할 관습은 무엇인가[5] 등의 관념과 철학체계를 발전시켜 왔고, 이러한 전통은 근대 초기 그로티우스 사상의 배경이 된 것이다.

이와 같은 생각은 일정한 정치지리적 권역을 하나의 국제사회로 묶는 틀을 형성하며, 근대국제정치의 태반이 되는 유럽의 국제정치는 실은 중세로부터 역사적으로 진화된 문명공동체의 연속선상에 있다는 것이다. 따라서 국제사회학파는 유럽의 근대국제정치가 일정한 정치지리적 권역을 가지고 있는 독특한 정치공동체이며, 이 공동체는 비록 주권국가들에 의해 구성되어 있으나, 이를 지탱시키는 보이지 않는, 좀더 근원적이고 초국가적인 공동체적 규범구조에 의해 지탱되고 있다고 생각한다. 이러한 구조는 정전론과 같은 전쟁법, 자연법 사상, 외교, 세력균형과 같은 제도에 의해 유지되고 있다는 것이다.

유럽이 단순한 국제체제가 아닌 국제사회를 형성해 왔다는 생각은 유럽의 국제정치를 타지역의 국제정치의 모습과 구별하게 하는 중요한 기준이 되는데, 이러한 기준은 소위 '문명의 기준'으로 타지역과 유럽이 접촉을 하게 될 때 국제사회간 국제정치의 표준으로 작동한다. 유럽인들은 자신들이 발전시켜 온 규범 및 법구조를 타지역에 적용시킴으로써, 자신의 지역의 기준에 못 미치는 타지역의 국제정치를 제국주의적으로 억압했는데, 19세기에 보편적으로 추구된 제국주의는 결국 상이한 국제사회간 표준의 충돌과정이었다고 볼 수 있다. 각 지역으로 분할되어 있던 지역적 국제정치가 세계정치로 변화하는 19세기 말, 20세기 초의 상황을 개별국가간 제국주의적 침탈의 과정이나, 자본의 논리에 기초한 경제적 침탈의 과정으로 보지 않고, 각 지역의 국제정치 근저에 녹아 있는 문명적 표준의 충돌과 전파의 과정으로 본다는 점에서 국제사회학파의 독특한 분석방법을 엿볼 수 있다.

둘째, 국제사회학파는 국가간 전쟁과 세력균형을 부정부상태에서 벌어지는 무질서한 사태, 혹은 그 사태 속에서의 평형점이라 보지 않는다. 전쟁과 동맹, 세력균형의 추구는 실상은 이러한 국제정치의 문법에 대한 개별국가들의 철저한 준수에 기반하고 있으므로, 무정부상태가 질서상태를 유지한다는 사실은 각 개별국가들이 근저의 규범을 준수하고 있는 것으로 본다. 전쟁에서의 패권의 방지를 상호간에 도모하는 보이지 않는 약속으로 의식하고 있다거나, 세력균형에 대한 가치를 서로 인식하고 적당한 선에서 자국의 세력팽창을 제어한다거나, 패권 국가의 등장이라는 사태를 방지하기 위해 개별국가들이 동맹을 형성하여 서로 협력한다거나 하는 것은, 유럽이 역사적으로 깨닫고 발전시켜 온 규범이 있기에 가능하다고 보는 것이다. 경험적으로 행위자들에게 체득된 규범구조는 일면 무정부상태로 보이는 유럽의 근대국제정치를 무질서상태로부터 질서상태로 변화시킨 중요한 원동력이라고 볼 수 있는 것이다.

셋째, 국가간 사회적 측면의 형성은 개별국가의 성격규정에도 영향을 미치는데, 그 중 가장 중요한 것이 주권이다. 유럽의 국제정치는 중세에서 근대로 이행하면서 국가주권이라는 관념을 형성시키는데, 이는 무수한 전쟁과 정복을 매개로 한 피로 얼룩진 과정이었다. 이러한 과정을 통해 각 국가들은 영토의 보존, 내정불간섭, 영토내 국민의 개념 등을 형성시키고, 타국에 의해 주권 국가로 승인받은 국가는 주권국가가 누릴 수 있는 국제법적 권리를 누린다고 본다. 이는 유럽의 국제사회를 유지시키기 위해 형성된 국가주권이라는 원칙에 근거한 것으로 이 구성적 원리는 쉽게 파괴될 수 없는 국제사회의 근간이 되는 것이다. 주권을 단지 이익과 권력요소에 의해 파악하지 않고, 상호인정과 사회성에 의해 파악했다는 점에서 국제사회학파의 특징을 찾을 수 있다.

넷째, 윤리, 국제법, 개입의 문제를 들 수 있다. 와이트와 같은 학자는 국제사회의 성립이 세계사회의 성립에 의해 가능했다고 논하고 있다. 즉, 국가 이하의 행위자 차원, 개인이나 집단의 차원에서 공유된 종교, 규범, 가치관이 존재했기에 국가가 행위할 때 이러한 규범에 얽매인다는 것이다. 이러한 초국가적·국내적·사회적 규범은 국가간 사회의 형성과 유지를 도와줄 수도 있지만, 때로는 국가주권 자체를 위협하는 힘으로 작동할 수도 있다. 예를 들어 인권에 대한 의식이 확산되고, 국가가 인권에 부정적인 영향력을 발휘할 경우 민주주의와 인권의 관념에 의해 하나로 묶인 세계사회는 국가의 권한을 제약하려 할 것이고, 이는 인권적 개입의 정당성으로 나타날 것이다. 인권적 개입은 국가주권을 침해하게 될 것인데, 이러한 침해가 공고한 세계사회에 기반하고 있다면 결국 국제사회 자체가 변화하는 혁명적 변화를 겪게 될 것이다. 국제사회학파의 생각이 자유주의적 급진주의와 통하는 부분이다.

이러한 국제사회학파의 성과는 새로운 국제정치의 이론적·현실적 상황변화에 부딪혀 새로운 과제를 맞이하고 있다. 즉, 국제정치이론계가 한층 복잡해져서 다른 국제정치이론들이 국제사회학파가 가지는 이론적 가설들과 상호교차, 경쟁, 중첩되는 부분이 발생했다는 점, 또한 국제정치의 현실 자체가 현실주의적 경쟁의 모습보다는 국제사회적 협조와 제도화의 모습을 보이게 되면서 좀더 상세한 국제사회학파의 분석틀이 필요하게 되었다는 점, 신현실주의에 대한 꾸준한 비판으로 구성주의와 같은 새로운 학파들이 발생했고 국제사회학파는 구성주의적 접근법의 연구경향 및 주요 주제들에서 상당부분 중첩되게 되었다는 점, 국제관계사의 연구가 진행되어 사회학, 역사학의 연구 성과를 받아들일 필요가 생겨났다는 점,[6] 탈냉전기에 접어들면서 인권적 개입과 같은 규범적 요소를 둘러싼 국제정치 이슈들이 등장하여 국제사회학파가 분석해 온 문제들의 중요성이 가중되

었다는 점 등이 그러한 변화의 주된 내용이다. 이러한 변화에 맞추어 국제
사회학파는 좀더 세분화된 연구주제를 설정하고 이에 따른 문제들을 정리
할 필요성이 대두되고 있는데, 이를 정리해 보면 다음과 같다.

국제사회와 세계사회와의 관계

i) 국제사회는 세계사회의 존재를 전제로 해야 하는 개념인가, 즉 국가간
사회적 제도틀이 존재하기 위해서는 국가를 초월하는 각 단위들간의 공
감대와 공통요소들이 먼저 존재해야 하는가,

ii) 세계사회의 발전이 국제사회의 발전을 위협할 수 있는가, 즉 초국경적
공감대가 강해지면 질수록 국가의 힘은 약화되고, 결국 국가의 소멸로
이르게 될 것인가,

iii) 세계사회의 발전은 국가주권에 도전하는 개념인가 등의 논제들이 존재
한다.

국제사회에 관한 보수적·다원주의적 관점과 진보적·공동체적 (solidarist) 관점의 갈등

i) 공동체적 관점에서의 국제사회의 공고화는 과연 주권국가 단계를 넘어
서는 힘을 제공할 것인가, 즉 국제사회의 규범이 국가의 주권적 자율성을
훼손하여 국가의 자율적 결정을 제약하게 될 것인가,

ii) 그렇다면 그 단계는 언제 도래하며 현재의 유럽연합은 어떠한 단계에 처
해 있는가 하는 물음들이 제기될 수 있다.

국제사회의 지구적, 지역적 차원의 갈등 – 유럽중심주의의 문제

i) 지역단위의 국제사회가 세계적 단위의 국제사회로 확장되는 메커니즘
은 무엇인가, 즉 역사적으로 서구의 근대국제체제 혹은 국제사회가 19
세기부터의 제국주의적 팽창을 기점으로 전세계로 확장되었는데, 이는
물리적 힘에 의한 침탈의 과정인가 아니면 문명간의 전파의 과정인가,

ii) 유럽의 국제사회의 주권국가 질서가 전세계로 확장하게 된 계기는 무엇

인가, 즉 국가주권이라는 관점이 현대 세계에서 당연시되게 된 계기는 무엇인가, 유럽중심주의를 어떻게 볼 것인가,

iii) 미래의 탈근대 국제사회는 유럽 국제사회의 영향을 어느 정도 받을 것인가, 혹은 다른 지역의 국제사회의 문명적 기준이 미래의 세계사회에 영향을 어느 정도 줄 수 있을 것인가 하는 문제들이 존재한다.

국제사회의 유형분류론

현재 국제사회학파가 분류하고 있는 국제사회는 정치적 불평등의 원칙에 기반하고 있는 국제사회(제국질서), 정치적 평등의 원칙에 기반하고 있는 국제사회(웨스트팔리안 주권질서), 기능적 분화의 원칙에 기반하고 있는 국제사회(중세적, 신중세적 질서)로 나누어 볼 수 있다.

i) 이러한 국제사회는 현재 어느 지역들에서 어떠한 형태로 존재하며, 다양한 국제사회들간의 공존은 앞으로 어떠한 변화를 일으킬 것인가,

ii) 서로 다른 형태의 국제사회간의 경쟁을 마무리하게 될 가장 궁극적인 원동력은 무엇인가,

iii) 결국 어떠한 형태의 국제사회가 자리잡게 될 것인가 등의 물음이 제기될 수 있다.

국제사회학파와 국제정치학 이론과의 연결문제

현재 존재하는 국제관계이론들 중에 구성주의 국제정치학 이론이 국제사회의 기본 전제와 많은 부분을 공유하는데,

i) 구성주의와 국제사회학파의 상호보완성과 상이성은 어느 정도인가,

ii) 국제정치학의 방법론으로서 지속적으로 대립하여 온 해석학적 방법론과 실증적 방법론, 인문학적 접근법과 자연과학적 접근법 간의 문제를 국제사회학파가 어떻게 해결할 것인가 하는 질문들이 존재한다.

전쟁과 세력균형이론

18세기를 모델로 하는, 고전적 의미의 유럽 국제사회는 소위 세력균

형이라는 제도에 의해 움직여 나갔고, 각 국가들은 이러한 원리와 규범을 공유하고 있었다. 그렇다면

i) 과연 현재의 국제정치의 중심제도가 존재하는가, 존재한다면 무엇인가, 시장 혹은 강대국간 안보공동체인가,

ii) 국제정치의 중심제도가 형성되고 변화하는 상황이 국제사회의 본질과 작동에 어떠한 영향을 미치는가 등의 논제를 제기할 수 있다.

국제사회의 역사 – 유럽연합론과 탈근대 국제정치론과의 연결점

i) 과거와 현재의 국제사회의 연속성을 어떻게 볼 것인가,

ii) 유럽의 경우 국가주권에 심대한 제약을 가하는 유럽연합의 출현과 변화 과정을 어떻게 보아야 할 것인가, 유럽의 국제사회와 세계사회의 갈등 은 유럽의 확대와 어떠한 관련을 가지는가,

iii) 국제사회의 경계를 규정하는 명확한 기준을 어떻게 설정할 것인가,

iv) 경제적 세계화와 국제사회의 변화는 어떠한 관계를 가지는가 등의 문제 가 제기된다.

윤리, 국제법, 개입과 국제사회

국제법은 단지 실증법의 요소들로만 분석될 수 없는 상호이해와 규범 의 측면을 가지는데, 그렇다면

i) 국제법이 국제사회의 존속에 미치는 영향을 어떻게 파악할 것인가,

ii) 개입에 있어 모든 국제사회를 관통하는 최소한의 공통분모가 되는 인식 및 규범, 제도는 무엇인가,

iii) 지역내 개입과 지역간 개입의 규범적 기초는 어떻게 다른가 등의 문제가 존재한다.

IV. 한국 국제정치학에 주는 함의

국적없는 국제정치학 이론은 없다는 말이 있다. 그만큼 국제정치학은 국제정치학자들이 속해 있는 집단의 사고를 대변한다는 지식사회학적 언명이라 할 수 있다. 영국의 국제사회학파는 유럽 대륙의 국제정치에서 수세기간 주도권을 잡고 국제정치를 해온 국가의 위상과 사고방식을 반영한다고 볼 수 있다. 비록 현재 미국이 국제정치를 좌우하고 있지만, 현대 국제정치의 근원이 유럽의 근대 국제정치에 있고, 유럽 국제사회의 확장으로서 세계정치를 파악할 수밖에 없는 이상, 이러한 영국 국제사회학파의 이론은 무시할 수 없는 것이 사실이다. 한국의 역사와 상황을 반영하는 한국적 국제정치학이 부재한 가운데, 미국의 국제정치학에 대해 자신의 목소리를 낼 수 있는 대안적 이론화를 실시하고 있는 타국의 국제정치학을 보면서 몇 가지 함의를 이끌어낼 수 있다.

우선, 국제정치설명이론의 측면에서 역사적 방법의 중요성이다. 국제사회학파는 적어도 중세유럽의 국제정치적 현실을 현재의 이론화의 대상에 넣고 있다. 이는 근대의 유럽국제정치가 중세 유럽의 소위 "국가로 이루어진 하나의 가족(family of nations)" 혹은 "유럽의 기독교 공동체(European Christendom)"의 의식에 기반하고 있다는 인식을 보여주는 것으로서, 역사적 연속성을 강조하는 설명이론이 현재를 설명하는 데 많은 설명력을 가지고 있다는 점을 보여주는 사례이다. 제2차 세계대전 이후 미국의 국제정치학은 경제학과 자연과학의 영향으로 추상과 연역의 체계를 중시한 나머지, 역사적 연구를 경시하는 문제를 보였다. 신현실주의, 신자유주의, 심지어 구성주의까지 연역적 일반화에 치중하여 역사로부터 국제정치설명이론을 만들어 가려는 노력을 등한시해 온 것이 사실이다.

둘째, 한국의 국제정치학의 입장에서 볼 때, 한국의 국제정치 역사와 현실에서 도출된 국제정치학의 필요성이 절실하다. 1876년 조선의 개항과 함께 서구의 만국공법질서가 들어오고 이미 동북아시아에는 국가간 공법

질서가 자리잡고 있었는데, 조선의 개항조약은 마치 서구의 1648년 웨스트팔리아 조약의 체결과 같이 하나의 명백한 전환점을 이루었다고 흔히 논의되고 있다. 사실, 개항과 제국주의의 침탈이 전통국제관계에서의 명백한 단절을 가져왔고, 이는 우리에게 있어 서구의 근대의 시발점이 되는 웨스트팔리아 조약만큼이나 중요성을 가지는 사건임에 틀림없다. 그러나 그 이전의 국제정치의 역사가 완전히 무효가 되고 새로운 국제정치, 국제사회의 역사가 쓰인 것인가에 대해서는 이론의 여지가 있다. 오히려 전통적 사대자소(事大字小: 작은 나라는 큰 나라를 섬기고, 큰 나라는 작은 나라를 돌본다)질서와 만국공법(萬國公法: 유럽의 근대적 국제법)질서의 공존 및 충돌, 두 국제사회의 충돌과 문명표준의 전파로 19세기 후반부를 파악하고, 현재도 이러한 충돌의 연속선의 모습이 잔재해 있음을 인식하는 노력이 필요하다. 한국의 국제정치 역사에서 국제정치학을 도출하고, 이로부터 좀더 주체적인 이론화를 시도해야 한다는 관점에서, 영국의 국제사회학파가 논하는 국제사회간 국제정치의 이론적 시각이 하나의 모델로서 도움이 될 수 있을 것이다.

셋째, 영국의 국제사회학파는 국내적 규범구조가 국제적 규범구조로 투사되고, 이러한 가운데 국제사회가 성립되어 가는 기제를 소개하고 있다. 이는 한국의 역사에서 유교적 국내정치와 사대자소적 국제사회의 연결성을 논하는 데에도 유용한 시각일 수 있다. 즉, 동북아시아의 전통적 국제관계를 지배해 온 사대주의라는 관념은 고대 중국의 중앙-지방관계의 맥락에서 발전해 온 것으로, 우리가 익숙하게 생각했던 소위 사대질서라는 것도 중국이 점차 동북아 지역을 관장하게 됨에 따라 국내적 사대주의의 모델이 국제관계에 투사된 것이라 할 수 있다. 뿐만 아니라, 현대의 민주주의의 확산과 인권규범의 국내적 가치가 인권적 개입으로 이어지는 맥락을 찾는 데에도 유용한 시각이다. 미국은 제2차 세계대전 이후 자국의 민주주의 정치철학과 정치모델을 국제정치에 반영시켜 왔는데, 그 시발점이 국제연맹이었고, 이후에도 민주주의와 인권 개념을 앞세워 미국 외교정책의 주된 기초로 삼고 있다. 이러한 상황에서 미국은 인도적 개입이 타국의 주권을 침해할 수 있다는 논리를 내세우기도 하는데, 이는 다른 국가들의 주권 우선 논리와 첨예한 대립을 일으키고 있는 실정이다. 국내정치와 국제정치 사이의 긴밀한 연결성이 과거와 현재에 모두 존재해 왔음을 볼 때, 국내와 국제의 연결성의 확립이라는 점에서 설명이론으로서 국제사회학파의 공헌을 찾을 수 있다.

넷째, 규범이론의 측면에서, 영국의 국제사회학파는 미국의 주류국제정치학과 미묘한 대항관계를 형성하고 있다. 즉, 미국의 국제정치학은 자국의 가치관과 연성권력의 확산으로 국제정치학을 보고, 이를 표준으로 타지역의 국제사회를 바라보는 데 반해서, 영국의 국제사회학파는 좀더 다원적 시각에서 다양한 국제사회 혹은 문명권을 바라보고 있다. 이는 유럽의 국제사회의 확산으로 세계외교사가 정립되긴 했지만, 여전히 다른 문명권의 상대적 위치도 중요할 수 있다는 역사적 관찰에서 비롯된 것이다. 반면, 미국은 자국의 문명권이 가지는 상대적 위치에 대한 진지한 성찰이 충분하지 못하다고 간주할 수 있다. 국제사회학파는 탈근대 국제정치 혹은 세계정치를 전망하면서, 모든 문명권, 지역적 국제사회의 공헌가능성을 열어놓고 있는 반면 현재의 주류국제정치학은 그렇지 못하다. 장래 서양, 특히 미국의 국제사회의 문명적 표준이 횡행할 것이 예상되는 가운데, 동북아시아, 더 정확히는 한국이 어떠한 탈근대적 공헌을 할 수 있는지, 그러한 공헌이 한국의 자주적 목소리를 어떻게 높여줄 수 있는지 고민해 보아야 할 때이다.

| 미주 |

1) 동서양의 충돌의 접점에 있었던 1840년의 아편전쟁과 같은 역사적 사실이 한 사례이다.

2) 그외 Hedley Bull, Benedict Kingsbury, and Adam Roberts (eds.), *Hugo Grotius and International Relations* (Oxford:Oxford University Press, 1990) 등이 이 시기의 연구에 속한다. 영국국제정치이론연구회의 영향을 받은 런던정경대학(London School of Economics)의 그룹들도 연구 성과로 Michael Donelan (ed.), *The Reason of States* (1978)와 James Mayall, *The Community of States* (1982), Navari, *The Condition of States*(1991), James Mayall, *Nationalism and International Society* (1990), Michael Donelan, *Elements of International Political Theory* (1990) 등이 출간되었다.

3) Tim Dunne, *Inventing International Society: A History of the English School* (London, Macmillan, 1998) 참조.

4) 소위 자연법과 자연법 사상이 그 내용이라 할 수 있다.

5) 전쟁 중 적국에서 온 사신은 죽이지 않는 관습 등이 한 사례라 할 수 있다.

6) 앤더슨(Anderson), 만(Mann), 월러슈타인(Wallerstein) 등이 이와 같은 연구경향을 보여주고 있다.

| 참고문헌 |

- Buzan, Barry, and Richard Little. "The Idea of International System: Theory Meets History." *International Political Science Review*, vol. 15, no. 3, 1994.
- Bull, Hedley. "Martin Wight and the Theory of IR." *British Journal of International Studies*, vol. 2. 1976.
- Bull, Hedley. "The Twenty Year's Crisis Thirty Years On." *International Journal*, vol. 24, 1969.
- Bull, Hedley. *The Anarchical Society A Study of Order in World Politics.* (London, MacMillan, 1977).
- Bull, Hedley (ed.). *Intervention in World Politic.* (Oxford, Clarendon Press, 1984).
- Bull, Hedley, and Adam Watson (eds.). *The Expansion of International Society.* (Oxford: Oxford University Press, 1984).
- Bull, Hedley, Benedict Kingsbury, and Adam Roberts (eds.). *Hugo Grotius and International Relations.* (Oxford, Clarendon, 1990).
- Butterfield, Herbert. *The Englishman and His History.* (Cambridge, Cambridge University Press, 1944).
- Butterfield, Herbert. *The Whig Interpretation of History.* (London, George Bell, 1949).
- Butterfield, Herbert, and Martin Wight (eds.). *Diplomatic Investigations: Essays in the Theory of International Politics.* (London: Allen and Unwin, 1966).
- Buzan, Barry. *People, States and Fear: An Agenda for International Security Studies in the Post-Cold War Era.* (Hemel Hempstead, Harvester-Wheatsheaf, 1991).
- Buzan, Barry. "From International System to International Society: Structural Realism and Regime Theory Meet the English School." *International Organization*, vol. 47. no. 3, 1993.
- Carr, E. H. *The Twenty Year's Crisis 1919-1939: An Introduction to the Study of International Relations.* (London, Macmillan, 1946).
- Donelan, Michael (ed.). *The Reason of States London.* (Allan and Unwin, 1978).
- Donelan, Michael. *Elements of International Political Theory.* (Oxford, Clarendon Press, 1990).

- Donnelly, Jack. *Universal Human Rights in Theory and Practice*. (Ithaca, Cornell University Press, 1996).

- Donnelly, Jack. "Human rights: a new standard of civilization?" *International Affairs*, vol. 74, no. 1, 1998.

- Dunne, Tim. "International Society - Theoretical Promises Fulfilled?" *Cooperation and Conflict*, vol. 30, no. 2, 1995.

- Dunne, Tim. "A British School of International Relations." in B.Barry, A.Brown, and J.Hayward (eds.). *The British Study of Politics in the Twentieth Century*. (Oxford, OUP/British Academy in press, 1999).

- Dunne, Tim. "The Social Construction of International Society." *European Journal of International Relations*, vol. 1, no. 3, 1995.

- Dunne, Tim. *Inventing International Society: A History of the English School*. (London, Macmillan, 1998).

- Gong, Gerritt W. *The Standard of 'Civilization' in International Society*. (Oxford, Clarendon Press, 1984).

- Jackson, Robert. "Martin Wight, International Theory and the Good Life." *Millenium: Journal of International Studies*, vol. 19, no. 2, 1990.

- Knudsen, Tonny Brems. "Theory of Society or Society of Theorists? With Tim Dunne in the English School." *Cooperation and Conflict*, vol. 35, no. 2, 2000.

- Linklater, Andrew. *Beyond Realism and Marxism: Critical Theory and International Relations*. (London, MacMillan, 1990).

- Little, Richard. "International System, International Society and World Society: A Re-evaluation of the English School." in B.A.Roberson (ed.). *International Society and the Development of International Relations Theory*. (London, Pinter, 1998).

- Little, Richard. *Intervention: External Involvement in Civil Wars*. (London, Martin Robertson, 1975).

- Little, Richard. "Neorealism and the English School: A Methodological, Ontological and Theoretical Reassessment." *European Journal of International Relations*, vol. 1, no. 1, 1995.

- Little, Richard. "The English School's Contribution to the Study of International Relations." *European Journal of International Relations*, vol. 6, no. 3, 2000.

- Manning, C.A.W. *The Nature of International Society*. (London: LSE; Macmillan, 1962).

- Manning, C.A.W. "The Legal Framework in a World of Change." in Brian Porter (ed.). *The Aberystwyth Papers: International Politics 1919-1969*. (London, Oxford University Press,

1972).

- Mapel, David R., and Terry Nardin (eds.). *International Society: Diverse Ethical Perspectives.* (Princeton, N.J.: Princeton University Press, 1998).

- Mayall, James. *World Politics: Progress and its Limits.* (Cambridge, Polity, 2000).

- Mayall, James. "Democracy and International Society." *International Affairs,* vol. 76, no. 1, 2000.

- Mayall, James (ed.). *The Community of States: A Study in International Political Theory.* (London, George Allen and Unwin, 1982).

- Mayall, James. *Nationalism and International Society.* (Cambridge: Cambridge University Press, 1990).

- Miller, J.D.B., and Vincent, R.J. (eds.). *Order and Violence: Hedley Bull and International Relations.* (Oxford, Clarendon, 1990).

- Suganami, Hidemi. "The Structure of Institutionalism: An Anatomy of British Mainstream International Relations." *International Relations,* vol. 7, 1983.

- Suganami, Hidemi. *The domestic analogy and world order proposals.* (Cambridge: Cambridge University Press, 1989).

- Vincent, John R. *Nonintervention and International Order.* (Princeton: Princeton University Press, 1974).

- Vincent, John R. *Foreign Policy and Human Rights.* (Cambridge: Cambridge University Press, 1986).

- Vincent, John R. *Human Rights and International Relations.* (Cambridge: Cambridge University Press, 1987).

- Watson, Adam. *Diplomacy: The Dialogue Between States.* (London, Methuen, 1982).

- Watson, Adam. *The Evolution of International Society.* (London, Routledge, 1992).

- Wight, Martin. *Power Politics.* (London, Royal Institute of International Affairs, 1946).

- Wight, Martin. "Why is there no International Theory?" in H. Butterfield, and M. Wight (eds.). *Diplomatic Investigations.* (London, Allen and Unwin, 1966).

- Wight, Martin. *Systems of States.* (Leicester, Leicester University Press, 1977).

- Wight, Martin. *Power Politics.* (London, Penguin, 1979).

- Waever, Ole. "Does the English School' s Via Media equal the Contemporary Constructivist Middle Ground?" *Manchester, BISA Conference Paper 17,* 1999.

| 문헌해제 |

- Hedley Bull, *The Anarchical Society A Study of Order in World Politics* (London, MacMillan, 1977): 국제사회학파 이론을 가장 대표적으로 보여주는 저작으로서 1977년 불이 출간한 저서이다. 제목이 보여주듯이 저자는 국제정치가 무정부상태적 조직원리를 보이고 있으나 하나의 사회로 존재할 수 있음을 논하고 있다.

- Hedley Bull, Benedict Kingsbury, and Adam Roberts (eds.), *Hugo Grotius and International Relations* (Oxford, Clarendon, 1990): 1990년 불 등이 편집하여 출간한 저서로서 그로티우스 로부터 시작하는 국제사회학파의 지적 전통을 다각도로 보여주는 훌륭한 저서이다.

- Hedley Bull, and Adam Watson, (eds.), *The Expansion of International Society* (Oxford: Oxford University Press, 1984): 불과 왓슨이 1984년에 출간한 저서로서 유럽의 국제사회가 19세기에 이르러 본격적으로 타지역의 국제사회와 충돌하면서 확산되는 과정을 밝힌 저작이다. 유럽의 국제정치가 세계를 무대로 확산되어 가는 과정을 다수의 국제사회간의 충돌로 파악하며, 각 지역에서의 예를 들어 논하고 있다.

- Herbert Butterfield, and Martin Wight (eds.), *Diplomatic Investigations: Essays in the Theory of International Politics* (London, Allen and Unwin, 1966): 버터필드와 와이트가 1966년에 편집하여 출간한 저서로서 일찍이 국제사회학파의 중심 개념이 되는 많은 내용들을 소개한 바 있다.

- Gerritt W. Gong, *The Standard of 'Civilization' in International Society* (Oxford, Clarendon Press, 1984): 1984년 공이 저술한 저서로서 역시 유럽 국제사회의 확산과정을 다룬 저서로, 유럽 국제사회의 중추를 이루었던 국제법, 문명론 등이 타 지역을 인식하는 데 어떠한 영향을 주었는지 세밀히 밝히고 있는 저서이다.

- 인터넷 사이트 소개: English School: http://www.ukc.ac.uk/politics/englishschool/

구성주의 이론

신 욱 희

I. 서론

미국 국제정치학의 추세를 파악할 수 있는 주요 학술지 중 하나인 *International Organization*은 1998년의 50주년 특집호에서 국제정치 (혹은 국제정치경제)의 패러다임을 합리주의(rationalism)와 구성주의 (constructivism)로 양분했다.[1] 이는 이전까지 비판이론의 여러 부류 중의 하나, 혹은 주류 이론의 빈틈을 메우는 틈새 이론으로 간주되었던 구성주의로서는 커다란 이론적 비중의 증대라고 여겨질 만하다. 또 같은 해 구성주의의 잠재력을 지적하는 다양한 리뷰 논문이 발표되어 이론가들의 관심을 자극했고, 몇 년에 걸쳐 초고 상태로 인용되던 알렉산더 웬트 (Alexander Wendt)의 저서가 1999년 드디어 발간되자 그 내용의 추상 수준(level of abstraction)에 대한 비판에도 불구하고 구성주의에 대한 개념적 정리를 일단락 짓는 계기가 마련되었다.[2]

1990년대 후반부터 현재까지 국제관계의 구성주의적 탐구 작업은 이론적인 면과 실증적인 면에서 모두 상당한 정도로 축적되어 왔다. 이전에 주류 이론가로 분류되던 존 제라르 러기(John Gerard Ruggie)나 피터 카 첸스타인(Peter J. Katzenstein) 등 미 학계의 주도적 인물들이 구성주의 자로서 자신의 정체성을 분명히 했고, 미국과 더불어 서구 국제정치이론의 양대 갈래를 이루어 왔던 영국의 국제정치학계는 구성주의의 등장과 발전 에 대해 미국보다 더욱 큰 반향을 보여주었다. 이 장은 이제 더 이상 하나의 일시적 유행이나 언어적 유희로 치부되기에는 그 영향력이 너무 커져 버린 구성주의 국제정치이론의 여러 측면을 다루려고 한다. 글의 서술은 구성주 의의 등장 배경과 핵심 내용에 대한 소개, 이론이 적용되는 주요 사례에 대 한 검토, 구성주의가 갖는 동아시아적 · 한국적 의미에 대한 고려, 그리고 향후 논의에 대한 전망과 그에 대한 제언의 순서로 이루어질 것이다.

II. 등장 배경

구성주의가 관심을 끌게 된 배경에는 국제체제의 변화와 그에 따라서 새롭게 나타난 이론적 수요가 존재한다. 냉전의 종언과 세계화라는 커다란 전환의 양상은 이전의 국제정치이론, 특히 냉전기를 풍미했던 현실주의가 중시해 온 분석 대상의 연속성에 대한 전제와 그를 설명하는 일반이론 추 구의 목표에 많은 혼란을 던져주게 되었다. 소련의 해체에 이은 사회주의 체제의 변화, 양극체제의 붕괴, 그리고 새로운 국제제도의 등장은 탈냉전 의 현실을 이해하기 위한 다양한 이론적 동기를 부여했고, 이에 더하여 세 계화와 정보화의 진전은 이전의 국제정치학이 다루고 있던 행위자, 즉 주 체(agent), 그리고 구조(structure)와 과정(process)의 모든 면에서의 질 적인 변화를 수용할 수 있는 새로운 이론적 틀을 요구하게 되었던 것이다.

다시 말해서 1980년대 말 이후의 전환의 모습은 세력균형(balance of power)이론이나 세력전이(power transition)이론이 다루는 국제체제내 의 행위자의 권력 분포의 단순한 재배열이 아니라 행위자 자체의 변화, 행위를 지배하는 요인의 변화, 그리고 행위가 이루어지는 유형의 변화를 포괄하는 복합적인 양상을 띠고 있다고 할 수 있다. 따라서 이러한 근본적인 변화의 양상을 이해하고 설명하는 데 신현실주의만이 아니라 신현실주의와 신자유주의 사이의 논쟁으로 대표되는 미국 국제정치학계 주류의 논의 자체가 갖는 한계가 드러났던 것이다. 이와 같은 경향은 그 이전부터 진행되어 오던 인접 학문의 탈근대론과 결합되어 국제정치학에서도 이론이 갖는 인식론적 · 존재론적 기반을 다루는 메타이론적 논의의 진행으로 이어져서 여러 가지 대안적 이론의 유형이 등장하게 되었다. 그 결과 패러다임 간 논쟁(inter-paradigm debate)에 이어 소위 제3논쟁(the third debate)이 벌어졌고[3] 이는 이전 세대의 현실주의와 이상주의 사이의 이론적 논쟁(제1논쟁)과 전통적 접근과 과학적 접근 사이의 방법론적 논쟁(제2논쟁)의 성격을 합쳐 놓은 듯한 양상으로 전개되었다.

이 논쟁은 문제해결이론(problem-solving theory)과 (넓은 의미의) 비판이론(critical theory), 그리고 실증주의(positivism)와 탈실증주의(post-positivism) 사이의 대립으로 특징지어진다. 비판이론가들은 주류 이론가들과는 달리 현존하는 질서와 일정한 거리를 두고 그것이 어떻게 창출되었고 어떻게 변화할 가능성이 있는가를 고찰하며, 실천의 면에서 행위자의 역할을 모색하려 했다. 또한 탈실증주의의 입장은 주류의 방법론이 강조하던 과학적 탐구가 제공하는 보편성이나 객관성의 존재에 대해 다양한 의문을 제기했다. 이러한 맥락에서 구성주의가 갖는 특징은 자신이 논쟁의 한 부분인 동시에 양자간의 대립적인 양상을 완화시키고 매개할 수 있는 가능성을 제시하고 있다는 점이다. 즉 구성주의는 비판이론을 통해 기존 이론의 경직된 근본주의(essentialism)를 타파하면서 문제해결이론이 좀더 많은 실질적인 질문을 던질 수 있도록 하고, 과학적 지식의 사회적 속성을 지적하면서도 이를 포괄하는 새로운 합리적 추론의 토대를 모색함으로써 상대주의(relativism)를 극복하고자 하는 것이다.

이와 같은 구성주의의 속성은 이른바 후기근대론자(late-modernist)로 분류되는 위르겐 하버마스(Jürgen Habermas)나 앤서니 기든스(Anthony Giddens)가 갖는 탈근대론자(post-modernist)들과의 차이점에서 그 기초를 찾을 수 있다. 하버마스는 근대(modernity)와 근대의 기획(project) 자체가 좌절되었다고 보는 대신에 근대가 지향했던 정치적 기획이 동반한 오류와 근대를 지양하려 했던 극단적인 기획의 잘못으로부터 모두 배워야 한다고 주장하며, 이론의 기본적인 목표 중의 하나는 과학적 관점을 유지하되 사회비판적 관점을 확보해 내는 것이라고 말한다.[4] 기든스는 근대의 기획이 그 시작부터 문제점을 갖고 있었다는 점을 인정하면서도 근대성이 이러한 부정적인 면을 통제할 수 있는 성찰적인 잠재력을 동시에 갖는다고 지적하고 있다. 특히 그의 구조화 이론(structuration theory)은 이후 구성주의자들의 핵심적인 이론적 기반을 제공하게 된다. 구조화 이론에서 강조되는 것은 주체와 객체, 개인과 사회, 미시적 수준과 거시적 수준이 '이원적으로' 존재하는 것이 아니라 '상호적으로' 서로를 구성(construct)한다는 점이다. 여기서 구조란 주체가 상호작용의 과정에서 사용하는 규칙과 자원으로 개념화되며, 주체는 규칙을 이해하고 제도적 규범을 준수함으로써 구조를 재생산하지만 동시에 상호작용에 내재되어 있는 권력관계를 매개로 하여 그것들을 변형시키는 능력을 갖는 것으로 간주되고 있다.[5]

III. 핵심 내용

위에서 언급한 사회이론의 내용은 기본적으로 국가 중심적이면서도 성찰적인 측면을 강조하고, 이해(understanding)와 설명(explanation)의 방식을 결합시키려 하는 구성주의 국제정치이론의 이론적 · 방법론적 특성을 잘 보여준다. 사실상 하나의 사고의 유형으로서의 구성주의적 접근법은 국제정치학에서 새로 나타난 것은 아니며 이미 인지심리학이나 사회학에서 논의되던 것을 1980년대 후반 이후 국제정치이론의 논쟁에서 차용하게 된 것이다. 여러 문헌을 통해 소개된 바 있는 구성주의 국제정치이론의 주요 내용을 살펴보면 다음과 같다.

그 첫 번째는 국제정치적 현실의 사회적 구성의 측면이다. 즉 이론화의 대상인 국제정치의 현실이 이미 일방적으로 주어진 것, 영속적인 것이 아니라 "역사적, 그리고 간주관적으로(inter-subjectively) 구성되었고 재구성될" 것이라는 점이다. 이에 따르면 국제정치의 주체의 특성인 주권(sovereignty)이나 구조의 특성인 무정부성(anarchy)은 모두 고정된 것이 아니라 유동적인 대상인 셈이다. 구성주의자들은 주권이란 기본적으로 근대 국제관계의 사회적 구성물(social construct)로 간주하며 그 형성의 과정을 추적하거나 공유나 해체의 가능성을 언급하고 있으며, 국가의 행위를 제약하고 있는 무정부적 구조는 하나의 일관된 환경이 아니라 상대방을 적의 이미지로 보는 홉스적인(Hobbesian) 상태, 경쟁자의 이미지로 보는 로크적인(Lockean) 상태, 그리고 친구로 보는 칸트적인(Kantian) 상태 등으로 구분될 수 있다고 생각한다.

니콜라스 오누프(Nicholas G. Onuf)는 우리가 주권에 부여하는 대외적인 독립성, 대내적 지배, 그리고 행위자로서의 주체성(agency)의 절대적인 속성은 사실상 하나의 허구(fiction)이거나 이상(ideal)에 해당하며, 세계정치에서의 사회적 협의란 주권국가의 공식적 측면이나 중앙집권적인 강제력을 반드시 필요로 하는 것은 아니라고 말한다.[6] 대표적인 구성주의자로 간주되고 있는 웬트에 의하면 신현실주의가 단순하게 전제하고 있는 자구체제(self-help system)로서의 국제정치란 사실상 행위자들이 일련의 과정을 통해 만들어낸 것이며, 그 자체가 무정부성의 의미를 결정하고 있는 하나의 '제도'라는 것이다.[7] 따라서 구성주의자들은 또 다른 상호작용을 통해 국가 행위자에 의한 배타적인 권위나 이익의 정의가 바뀌게 되고 궁극적으로 권력정치(power politics)의 구조적 전환이 일어날 수 있는 가능성을 상정하고 있다.

두 번째의 내용은 관념(idea) 변수와 주체의 역할에 대한 부분이다. 물질적인 요인과 체제의 구조적 영향을 강조해 온 다른 이론들과는 달리 구성주의는 문화나 정체성과 같은 관념적인 요소와 개별 행위자가 행사하는 주체성에 상대적인 비중을 두고 있다. 비단 국제정치학뿐 아니라 20세기 말의 사회이론 전반에 있어 문화와 정체성 변수의 부활은 이전의 영역 구분을 넘어서서 주류이론과 비판적 입장 모두에서 나타나고 있다. 관념적 요인은 물질적인 구조와 제도적 기제의 영향 하에서 분명한 자신의 변수적 영향력을 가지며 다만 어느 정도(how much)의 여부가 문제라고 지적되고 있으며, 어떠한 특정한 조건들 아래서 관념 변수는 좀더 중심적이고 구체적인 역할을 수행하게 되는 것으로 보인다.[8] 하지만 그 경험적 검증의 어려움이 아직도 해결되지 못한 숙제로 남아 있다는 점 또한 부인할 수 없다.

한 사회 내에서의 인간의 상호작용과 그에 따른 사회적 현상을 이해하는 데 행위자와 구조의 두 요소가 핵심적인 것과 같이 구성주의자들은 국제정치도 개별 국가와 체제의 구조가 서로에게 영향을 미치고 있는 상호구성적인(co-constituted) 장으로 해석한다. 즉 국가도 인간과 마찬가지로 일정한 행위를 통해 그들이 존재하는 체제를 생산하고 변화시키는 의도적인 주체이며 국제체제는 이러한 단위 차원의 상호작용에 구조적인 영향을 미치는 사회적 관계로 이루어져 있다는 것이다. 그러나 신현실주의가 상정하는 구조가 구성단위 사이의 권력의 분포라는 물질적인 요인을 의미하는 것에 반해서 구성주의는 이와 함께 체제나 단위 수준에서 존재하는 관념적 구조(ideational structure)의 영향을 중시하고 있다.

구성주의자들에게 주체란 합리주의 이론이 전제하는 것과 같이 외부의 자극에 의해 단순하게 기계적으로 반응하는 존재가 아니라 '사회적 상황에서 자신에게 가능한 선택에 의해 행동하는 (인간, 또는 인간에 의존하는) 기제'이다. 능력의 요소에서 정체성의 요소로의 구성주의적인 초점 이동은 국가가 구조내의 자신의 위치에서 "무엇을 할 수 있는가"의 문제와 더불어 다른 국가와의 관계 내에서의 자국의 인식에 따라 자신이 "무엇을 하기를 원하는가"의 문제로의 관심의 전환을 의미한다.[9] 이는 비록 그것이 객관적으로 파악되기 힘들더라도 결국 개별 국가의 능력과 함께 '의도'의 변수가 국제정치의 분석대상이 될 수밖에 없다는 것을 말해주는 것이다.[10]

구성주의가 관념과 주체의 차원을 중요시한다고 해서 그에 의한 결정론적 입장을 표명하는 것은 아니다. 결국 국제관계의 바람직한 연구 방법은 "체제의 복잡성(complexity)을 고려하면서 사회적 변화의 물질적, 제도적, 그리고 문화적인 측면을 통합해 보는 것"이라고 할 수 있다.[11] 이러한 통합적 속성이 구성주의의 세 번째 특징에 해당하며 이는 아래의 말에서 잘 드러난다.

> 구성주의는 물질적이고 주관적인, 그리고 간주관적인 세계가 현실의 사회적 구성에서 어떻게 상호작용하고 있는가를 이해하는 데 관심을 보이고 있고, 어떻게 구조가 주체의 정체성과 이익을 구성하는가에 대해서만 배타적으로 초점을 맞추는 것이 아니라 어떻게 개별적 주체들이 이러한 구조를 먼저 사회적으로 구성하는가 또한 설명하려 한다는 점에서 중간적 위치(middle ground)를 점하고 있다.[12]

구성주의를 통한 이론적 통합의 모색에서 핵심적인 쟁점 중의 하나는 구성주의가 강조하는 관념적 요인과 합리주의가 강조해 온 이익의 요인이 어떻게 연결되어 있는가 하는 점이다. 이는 동양철학의 도기론(道器論)의 논쟁에서처럼 쉽게 해답이 찾아질 수 있는 것은 아니나, 두 변수가 별개의 독립적인 변수가 아니라 관념이 이익을 구성하고 있는 요소라는 선에서 의견의 수렴이 이루어지는 것으로 보인다. 우리가 보석이나 특정한 상표에 가치를 부여하는 것은 그것이 갖는 희소성이나 품질 때문이기도 하나 (아래의 시에서 보여지는 것처럼) 그에 대해서 공유하는 '간주관적인 인식'에도 그 이유가 있는 것이다.

> 내가 그의 이름을 불러주기 전에는 그는 다만 하나의 몸짓에 지나지 않았다.
> 내가 그의 이름을 불러주었을 때 그는 나에게로 와서 꽃이 되었다.[13]

　국가이익(national interest)에 대한 구성주의적 해석은 이러한 측면의 대표적인 예라 하겠다. 즉 이익의 내용이 무엇인가, 이익을 누구와 공유할 것인가, 이익의 추구를 위해 어떤 수단을 사용할 것인가를 결정하는 것은 상당 부분 관념적 고려에 의한다는 것이다. 예를 들어 인도적 개입이 중요한 국가이익의 문제로 간주된다거나, 미국의 대 유럽 인식과 제3세계 인식의 차이가 존재한다거나, 소위 '문명국가'들이 핵이나 화학무기의 사용을 금기시한다거나 하는 문제들은 물질적인 차원만으로는 설명하기 힘들다고 할 수 있다. 사실상 국제관계에서 문화, 정체성, 가치, 이념과 같은 관념적 요인에 대한 분석이 권력이나 경제를 중시하는 접근법들과 연관성을 유지해야 한다는 주장은 새로운 것이 아니라 역사학자들에 의해 지속적으로 강조되었음은 주지의 사실이다. 따라서 냉전 이후의 국제정치학에서의 관념주의와 물질주의의 연결이란 역사학자들이 보기에는 정상(normalcy)으로의 복귀에 지나지 않을지도 모른다.
　영국학자인 스티브 스미스(Steve Smith)는 웬트의 주장을 원용하면서 (사회적) 구성주의(social constructivism)가 (신현실주의나 신자유주의와 같은) 합리주의와 (아래에서 지적되는 것과 같은) 성찰주의(reflectivism) 사이를 매개할 수 있는 가능성에 대해 다음과 같이 언급하고 있다.

> 만약 웬트가 옳다면 사회적 구성주의자들은 무정부성의 영향과 절대적/상

대적 이득의 문제에 대해 합리주의자들과 토론할 수 있을 것이고, 동시에 탈근대론자, 페미니스트 이론가, 역사사회학자, 비판이론가, 그리고 규범이론가와는 (국가의) 행위에 부과되는 의미와, 좀더 중요하게는, 행위자들의 정체성이 형성되는 과정에 대해 논의할 수 있을 것이다.[14]

하지만 스미스는 웬트의 이론이 기본적으로 국가 중심적이며, 그의 구조 개념이 물질적 요인을 포괄하는 데 한계가 있고, (주체가 갖는) 선험적 정체성을 고려하지 않고 있다는 점에서 그러한 가능성의 실현에 대해 회의를 나타낸다. 하지만 그가 가장 우려하는 것은 상대적으로 실증주의적인 웬트의 접근 방식에 성찰주의자들이 동의하지 않을 것이라는 점이다.

웬트의 방법론은 과학적 실재론(scientific realism)과 구조적 - 역사적 분석(structural-historical analysis)으로 요약될 수 있다.[15] 과학적 실재론은 관념적 변수와 같은 비가시적인 대상에 존재론적 의미를 부여하고 그에 대한 과학적 추론의 가능성을 인정한다. 예를 들어 우리가 어떤 가정을 '보수적'이라고 지칭할 때 우리는 귀가 시간이나 가사의 분업 방식과 같은 그를 증명할 수 있는 관찰 가능한 지표를 상정하고 있는 것이다. 구조적 - 역사적 분석이란 인과적 힘이나 관습, 그리고 국가들이 이익을 정의하는 방식에 대한 '추상적인' 분석과 특정한 사건에 이르게 되는 인과적으로 중요한 국가들의 선택과 상호작용의 진행 과정을 추적하는 '구체적인' 분석의 결합으로 설명되는데, 뒤에서 서술되는 냉전의 형성에 대한 연구가 그 실례를 보여준다고 하겠다. 이러한 방법론을 택하는 구성주의자들은 자신의 이론을 단순한 기술(description)이 아닌 설명 형태의 하나로서, 국제정치에 대한 성찰적인 동시에 실증적인 과학으로 간주하고 있는 것이다.

그러나 초기의 구성주의 논의를 주도했던 프리드리히 크라토크빌(Friedrich Kratochwil)과 오누프는 이론과 방법론적인 면에서 사실상 웬트와 많은 차이를 보여주고 있었다. 웬트가 주체로서의 국가를 지속적으로 중시하는 것에 비해서 크라토크빌은 규칙(rules), 오누프는 행위자 수준 (levels)의 논의를 통해서 다양한 주체성(agency)의 존재를 상정했고, 과학적 방법론을 고수하려는 웬트와는 달리 크라토크빌과 오누프는 그러한 강박 관념을 비판하고 해석학(hermeneutics)적 입장을 지지했다.[16] 따라서 이 두 학자에게 구성주의는 애당초 비판이론과 탈실증주의에 해당하는 이론이었던 것이다. 사회이론이나 과학철학의 분야에서와 같이 정치적 실천(practice)의 문제나 이해와 설명의 방식 사이의 상호보완성의 문제에 대한 토론은 국제정치학에서도 계속되어 왔으며, 이제는 구성주의가 그 논쟁의 장이 되고 있는 것으로 보인다.

정리하자면 이론적으로 볼 때 (웬트 식의) 구성주의는 현실주의적 전제와 자유주의적 과정을 비판이론적 관점에서 수용할 수 있다는 점에서, 그리고 방법론적으로는 관념주의적 존재론과 실증주의적 인식론을 결합시킴으로써 이해와 설명의 영역간의 연결을 모색한다는 점에서 통합의 방법을 제시하려 한다. 하지만 방법을 제시하고 있다는 사실이 반드시 학문적인 논의나 구체적인 실천에서 그러한 목표의 달성을 보장하는 것이 아님은 분명하며, 이와 같은 이유에서 구성주의 자체가 아직도 '만들어지고 있는' 이론이라고 할 수 있을 것이다.

구성주의 이론이 보여주는 문제해결이론과 비판이론, 실증주의와 탈실증주의적인 특성의 혼재는 이를 통상적 구성주의(conventional constructivism)와 비판적 구성주의(critical constructivism)로 나누거나,[17] 또는 신고전적 구성주의(neo-classical constructivism), 탈근대적 구성주의(postmodernist constructivism), 그리고 그 사이에 위치하는 자연주의적 구성주의(naturalistic constructivism)로 분류하는 근거를 제공한다.[18] 이는 또한 협력적인 집합 정체성(collective identity)의 고려를 통해 자유주의적 전환의 가능성을 강조하는 쪽과 갈등적인 집합 정체성의 부각을 통해 현실주의적 · 비판이론적 한계를 지적하는 쪽으로 나눌 수 있으며, 마찬가지로 정책적 목적을 위해서도 사용자가 현재의 문제에 대한 중단기적인 처방을 원하는가, 아니면 구조적인 진단이나 장기적인 전망을 원하는가에 따라서 어느 한 입장의 선택이나 양자의 절충 가능성이 존재하기도 한다.

　이러한 이론적인 탄력성은 구성주의의 장점이기도 하나 다른 한편으로는 구성주의를 여러 입장의 혼합된 형태로 보이게 하고 그 자신의 이론적 정체성을 모호하게 하는 측면이 있는 것도 사실이다. 구성주의의 논의에 대해서는 이미 다양한 비판이 행해진 바 있었다. 개념의 난해함이나 모호함, 구체적인 연구 계획의 부족, 방법론에 치중하면서 경험적 사례를 보여주지 못하는 점, 국가 중심성에 머무르면서 국내정치적 요소를 경시하는 점, 행위자 사이의 인지적 사회성을 중시하면서 그에 선행하는 공유된 의미, 즉 좀더 근본적인 문화나 문명의 변수를 적절하게 다루지 않는 점, 관념에 치우치면서 물질적 변수를 간과하는 점, 과거의 설명에는 적합하나 미래의 예측에는 취약한 점 등의 여러 한계점이 지적되었다. 하지만 거론된 문제점 중 일부는 위에서 언급된 구성주의의 갈래에 따라 달라지는 것이라 할 수 있으며, 다른 요인들은 내적인 엄밀성을 가진 이론체계가 등장하고 분석 수준과 의제가 다양화됨에 따라서 부분적으로 개선되어 온 것으로 생각된다. 그리고 구성주의의 틀을 이용한 연구는 아래에서 보는 바와 같이 다양한 형태로 이루어져 왔다.

IV. 주요 사례

　구성주의가 적용될 수 있는 분야로는 인지적 진화(cognitive evolution) 과정으로서의 국제관계, 인식공동체(epistemic community), 안보공동체(security community), 전략문화(strategic culture) 등이 거론되었다.[19] 다른 한편으로 구성주의 이론은 무정부성과 세력균형의 의미, 국가 정체성과 이익의 관계, 권력 개념의 확장, 세계정치의 전환에 대한 전망 등의 국제정치이론의 주요 주제에 이미 대안적인 이해를 제공하고 있으며, 앞으로도 연구 계획의 개발을 통해 위협의 균형과 안보딜레마, 신자유주의적 협력이론이나 민주적 평화론과 같은 현실주의와 자유주의의 핵심 주제들을 좀더 새로운 시각으로 분석해 낼 수 있는 잠재력을 갖고 있다고 평가된다. 특히 이와 같은 테마(theme) 중에서 안보론에 관련된 안보딜레마, 세력균형이론, 안보제도론 등의 분야에서는 구성주의가 비록 대안은 아니라도 위협인식이나 공유된 규범, 그리고 집합 정체성의 변수에 대한 고찰을 통해 명확한 보완적인 역할을 수행한다는 점이 인정되고 있다.[20]

구성주의의 기본적인 특징 하나가 '역사가 있는 국제정치학'이라는 점에서 볼 때 학제간 연구에서 구성주의의 이론적 입장과 밀접한 친화력을 갖는 분야는 역사학이 다루는 국제정치사의 여러 사례들이며, 냉전연구는 그 대표적인 예를 제공한다고 할 것이다. 역사학자인 오드 웨스테드(Odd A. Westad)는 냉전의 재고찰에 대한 학문적 작업에서 좀더 '포괄적이고 다면적인', '변화'를 설명할 수 있는, 그리고 '관념과 신념'의 역할을 나타낼 수 있는 접근방식이 부각되고 있다고 말하면서 다음과 같이 구성주의의 논의와 냉전연구의 연결 가능성을 언급한다.

현실주의에 대해 새롭게 제기되는 의문으로부터 상당한 이득을 보고 있는 국제관계의 새로운 연구 방향은 구성주의라고 지칭되는데 이 접근법은 한 국가가 행동하는 사회적이고 문화적인 맥락을 강조하고 있다. 대부분의 구성주의자들은 이러한 맥락이 국내적이고 국제적인 차원 모두에 존재한다고 본다. 국내적인 수준에서는 문화와 신념체계에 대한 연구가 한 국가의 목표와 그 국가가 어떻게 행동하는가에 대해 아마 합리적 선택의 접근법에서 얻는 것보다 더 많은 것을 우리에게 말해줄 수 있을 것이다. 냉전의 경우에 기원뿐만이 아니라 갈등의 심도를 이해하기 위해 이 점이 핵심적인 것이라고 주장될 수 있을 것으로 보인다. 국제적인 수준에서는 규범의 확산과 관념의 전파에 대한 연구가 게임이론의 접근보다 변화에 대한 우리의 이해를 더 크게 할 수 있을 것이다. 이것은 어떻게, 그리고 왜 냉전이 끝났는가를 설명하는 데 필수적이라고 강조될 수 있을 것으로 생각한다.[21]

위에서 언급된 관념 변수와 주체의 역할에 대한 구성주의의 이론적 고려나 구조적-역사적 분석 방법의 적용은 동아시아의 냉전 형성에 대한 좀 더 체계적인 역사적 검토를 가능하게 한다. 즉 냉전 초기 미국과 중국이 관념적 요인에 기반한 충돌로 서로를 공격적인 국가로 인식하고 상호억제(mutual deterrence)의 대립적 방식을 택하게 되는 방식이나, 1950년대 말과 1960년대 초 동아시아 냉전의 안보적, 경제적 구조가 제도화되는 과정에서 일본의 기시 노부스케(岸信介)나 이케다 하야토(池田勇人) 수상이 행사한 상대적인 주체성(혹은 정책적 자율성)의 모습을 그려낼 수 있는 것이다.[22]

지역적인 사례 중에서 (자유주의적) 구성주의의 논의가 가장 적절하게 적용될 수 있는 것은 유럽통합의 예라 할 수 있다. 이에 대한 연구는 지역 수준의 정체성의 존재가 개별 국가의 순응을 유도하는 방식에 대한 분석이나, 구체적인 과정 추적을 통해 어떻게 구조적이고 제도적인 변수보다 관념적인 변수의 역할이 유럽 통합의 초기에 핵심적으로 작용하게 되었는가를 탐구하는 것에 이르기까지 다양하게 나타난다. 유럽의 사례에 대한 고찰은 그 일반화 과정을 통해 민주적 평화론과 안보공동체의 논의로 발전하고 있다. 즉 국가들의 협력에서 민주주의라는 공유된 규범과 제도의 역할이 강조되고, 사회적 학습을 통한 상호 신뢰와 집합 정체성의 형성이 궁극적으로는 무정부성으로부터 공동체로의 평화적 전환을 가져올 수 있다고 여겨지는 것이다.

중요한 것은 이와 같은 주장이 19세기의 주권 논의와 마찬가지로 이론과 정책의 면에서 마치 새로운 문명 기준(standard of civilization)인 것으로 받아들여지게 되면서 불가피하게 현실과 이상의 괴리를 드러내고 있다는 점이다. 냉전의 종언 이후 미국은 일극적인 권력의 분포와 자신의 규범 및 제도를 토대로 하고 민주주의의 보편화와 신자유주의적 세계화의 확산, 그리고 국제제도의 법제화(legalization)를 수단으로 하는 신칸트주의적 평화(neo-Kantian peace)를 추구하고 있다고 지적된다.[23] 근대국제관계의 근간으로 여겨져 온 웨스트팔리안 체제(Westphalian system)를 미국의 연방주의적 속성을 지닌 필라델피안 체제(Philadelphian system)로 전환시키려는 시도로까지 비쳐지고 있는 이 양상은 기존의 국제정치이론이 상정하는 관념, 이익, 제도 사이의 상관관계와 국내/국제 구분의 재구성을 필요로 하고 있다.[24] 그런데 문제는 이러한 변화의 모색이 과연 보편적인 동의를 획득할 수 있는가 하는 것이다.

학문적인 논의에서도 서구의 연구가 '그들만의 사례'가 되지 않고 다른 지역에 적실성을 갖거나 일반화될 수 있기 위해서는 다른 지역의 집합정체성의 현실에 대한 이해와 문명 사이의 인지적 사회성의 검토가 함께 요구된다. 이러한 점에서 구성주의의 논의는 탈식민주의론이나 비교문명론에 의해 보완되어야 한다고 할 수 있다.[25] 구성주의가 제시하는 (하나의 보편성과는 다른) 행위자 사이의 간주관성의 개념은 사실상 그 안에서 "계몽에 의해 동화될 수 없는 차이"가 인정될 수 있는 가능성을 갖는다. 따라서 동질성이나 합의에 대한 강조에 앞서 차별성과 양립 가능성의 고려라는 부분에서 구성주의의 역할을 기대해 보고자 하는 것이다. 이는 아래에서 서술되는 지역적이고 국지적인 이론 구축에서의 구성주의의 공헌이라는 면으로 이해될 수 있다.

V. 동아시아적 · 한국적 의미

구성주의적 틀을 동아시아와 한반도의 국제정치에 적용해 보려는 노력은 많은 학자들에 의해 시도되어 왔다.[26] 하지만 안보공동체론에 근접한다고 지적되는 동남아의 사례연구에 비해, 동북아와 한반도의 사례는 구성주의의 가능성보다는 한계를 더욱 많이 보여주고 있는 것이 사실이다. 그러므로 우리는 미래에 대한 구성주의의 자유주의적 적용에 선행하여 비판이론적·현실주의적 관점에서 과거와 현재에 대한 구성주의적 탐구를 진행시킬 필요가 있는 것이다. 이와 같은 작업은 동아시아와 한국의 국제정치가 기반하고 있는 규칙이나 규범에 대한 메타이론적인 성찰 부분과, 지역적·국지적 정체성을 형성하고 있는 인식의 문제에 대한 실질적인 분석 부분으로 나눌 수 있다.

구성주의적 접근이 내포하고 있는 비교적이고 역사적인 관점은 하나의 '권역'으로서의 동아시아에 근대 국제정치의 관념들이 전파, 수용, 변용되는 과정에 대한 이해를 모색할 수 있는 방법을 제공해 준다.[27] 하나의 예로 우리는 19세기 조선의 다양한 정치 세력들이 주권이라는 근대적 개념을 어떻게 받아들이고 있었으며, 또한 그러한 인식이 식민주의와 냉전이라는 역사적 경험을 통해 어떠한 형태로 변해 왔는가를 관찰해 볼 수 있다. 그리고 이와 같은 분석 위에서 비로소 동아시아의 국가들이 일부 지역에서는 철 지난 유행으로 간주되고 있는 주권의 절대성에 대해 왜 그렇게 집착하고 있는가에 대한 이해가 가능해지는 것이다. 동아시아의 민족주의적 정체성의 원형과 그 변화에 대한 논의도 마찬가지로 구체적인 역사적 검토를 통해서만 이 원초주의(primordialism), 구성주의, 도구주의(instrumentalism)의 측면이 어떻게 결합되어 왔는가를 고찰해 낼 수 있을 것이다.[28]

두 번째의 동아시아 국가들 사이의 공동체 인식이나 위협인식과 같은 다양한 정체성의 의제 역시 역사의 문제와 밀접하게 연관되어 있으며, 이는 현재 중요한 안보적 변수로 기능하는 것으로 지적된다. 게릿 공(Gerrit W. Gong)은 동아시아를 문명의 충돌이 아닌 '역사의 충돌'의 장으로 묘사하면서 기억과 망각(remembering and forgetting)의 문제가 갖는 전략적 의미를 논하고 있다. 그는 역사는 협상의 도구로서 전략적 제휴(strategic alignments)에 영향을 미치며, 기술(technology)의 발전은 역사 인식에 따른 갈등을 오히려 증폭시킬 수 있으며, 민주화에 따라 역사에 대한 일반 대중의 감정은 더욱 중요해지며, 기억과 망각의 문제는 동아시아 국가들이 '정상화' 되는 데 커다란 국내적 논쟁을 유발할 것이라고 전망한다.[29] 그 결과 역사의 해석과 인식에서의 괴리가 사실상 동아시아에서의 기능주의나 자유주의적 구성주의의 시도에서 커다란 장애물로 작용하게 된다고 할 수 있다.

국제정치학의 이론적 논의에서 중요한 것은 논쟁 그 자체가 아니라 논쟁의 결과물로서 현실의 이해와 설명에 좀더 적합한 분석틀을 만들어내는 것이라고 생각된다. 우리에게 동아시아와 한반도의 국제정치적 현실은 전통, 근대, 그리고 새롭게 다가오는 탈근대의 동인들이 혼재되어 있는 모습을 보여주고 있다. 이러한 측면에서 장소(topos)와 시간의 문제를 고려하는 구성주의적 접근의 모색을 통해 보편적인 기준의 수용과 차별적인 대안의 제시를 포괄하는 동아시아·한국적 국제정치이론의 가능성에 대한 검토를 시작할 수 있지 않을까 하는 기대를 갖는 것이다.

VI. 전망과 제언

신현실주의와 신자유주의와의 비교에서 구성주의는 국제체제의 구조가 갖는 관념적이고 사회적인 측면을 부각시킴으로써 물질적 차원에 국한되었던 기존 논의의 이론적 지평을 확대시켰고, 행위자에 의해 정체성이 형성되고 그 영향 아래서 이익이 고려되는 역동적인 과정을 강조함으로써 "행위자의 선호를 외생적으로 파악하여 이를 행위자에게 일방적으로 귀속시켰던" 합리주의의 오류를 극복했다는 평가를 받고 있다.[30] 하지만 다른 한편으로는 자유주의가 다루는 단기적이고 행태적인 협력의 문제와 구성주의가 강조하는 장기적이고 소통적인 협력의 문제는 사실상 패러다임적인 차이를 갖는 것은 아니라는 점에서 양자의 동질성에 대한 주장이 제기되거나, 협력적인 정체성의 역할과 함께 갈등적인 정체성의 제약의 요인도 중요하며 관계의 제도화가 때로는 권력정치의 제도화가 될 수도 있다는 점에서 현실주의에 의한 구성주의의 보완의 필요성이 지적되기도 한다.

앞으로의 국제정치이론의 논의에서 구성주의가 자신의 증대된 비중을 바탕으로 더욱 다양한 영향력을 행사할 것은 분명해 보이는데 그 중 가장 많이 거론되는 점은 자유주의와의 제휴 가능성이다. 즉 신자유주의적 제도주의와 같은 신공리주의(neo-utilitarianism)가 분석적 토대를 확대하고, 구성주의가 분석적 엄밀성과 구체화를 모색함으로써 양자가 타협할 수 있을 것으로 여겨지는 것이다. 하지만 이와 같은 자유주의적 방향으로의 균형 이동은 기존의 주류 이론이 갖는 담론(discourse)적 성격을 더욱 강화시킬 우려를 낳을 수 있으며, 그러한 의미에서 한국의 학자들이 구성주의의 적용에 있어 고전적 현실주의와 비판이론이 제기하는 이론적·실천적 문제의식을 강조하고 있다는 점은 중요한 의미를 갖는다.[31]

경험적 부분의 축적에 있어서도 관념과 이익의 상호작용을 중심으로 해서 국가간 협상이나 다자주의적 협력, 그리고 새로운 거버넌스(governance)의 유형과 변화하는 정치적 권위 등의 주제에 관하여 구성주의가 적실성을 가질 수 있는 여러 사례들이 연구될 것이다. 하지만 구성주의가 좀더 광범위한 설득력을 가지려면 적용 범위의 확대 모색과 더불어 차이에 대한 이해의 노력이 병행되어야 하는 것이다. 이는 국내정치적 요인과 문화적·역사적 맥락에 대한 본격적인 검토를 통해 왜 정책결정자들의 정체성, 이익, 행태가 국제적인 집합적 이익이나 관행보다는 국내정치와 선거의 논리에 의해 영향을 받는가 하는 점과 왜 어떤 지역이나 국가에는 구성주의적 해법이 적용되기가 쉽지 않은가 하는 점을 설명해 냄으로써 가능해질 것이다.

따라서 구성주의는 현실주의나 자유주의와는 달리 일반이론의 구축을 목표로 하기보다는 중범위이론(medium-range theory)의 모색을 통해 다원적인 설명의 폭을 넓혀 나가고, 그를 통해 미래의 예측에 대한 불가지론을 극복하려는 노력을 해야 할 것으로 보인다. 즉 "차이의 인식을 통해 부분적 질서에 대한 이해와 예측성을 모색"하고, "중간범위의 분석을 위한 부차적 선호나 전략의 내생적 형성과 변화에 대한 고찰"을 수행하는 것이 필요한 것이다.[32] 간주관성의 이론으로서의 구성주의는 그 속성상 현실주의나 자유주의보다 그와 같은 작업의 수행에서 유리한 위치에 있다고 할 수 있으며, 구성주의의 다양성 자체가 사용자에게 나름대로의 선택권을 부여하고 있는 측면 또한 존재한다.

이와 같은 시도는 앞에서 언급된 것처럼 특정한 이론의 적용에서 동아시아의 차별성을 드러내는 작업으로 나타날 수 있다. 하나의 예로 신칸트주의 이론이 강조하는 민주주의, 경제적 상호의존, 다자주의의 변수가 갖는 평화적 효과를 논의하는 과정에서 왜 동아시아에서는 각각 민족주의적 요소의 증대, 상대적 이득의 고려, 신뢰와 집합 정체성의 부재라는 부정적인 현상이 등장하게 되는가 라는 질문에 대해 동아시아에서의 인식과 제도의 문제를 구성주의적으로 접근해 봄으로써 부분적인 해답을 구할 수 있는 것이다. 이론적으로 볼 때 이는 자유주의적 과정의 논의를 위해서는 현실주의적 환경에 대한 구성주의적 이해의 작업이 먼저 요구된다는 점을 말해 준다고 하겠다.

영국학파의 시조로 불리는 마틴 와이트(Martin Wight)는 "Why Is There No International Theory?"라는 그의 유명한 논문에서 공동체의 논의로서의 정치이론에 비해 국제이론이란 역사적 기술에 머무르고 있다고 지적한 바 있다.[33] 반면 구성주의는 역사적 이해를 바탕으로 하면서도 국제이론이 '사회이론'이 될 수 있다는 믿음을 버리지 않는다. 하지만 국제관계에 대한 구성주의적 탐구가 이론적이고 실천적인 면에서 모두 긴 시기(longue duree)를 그 대상으로 한다는 점에서 그 단기적인 효용성이 희박해 보일 수도 있으며, 그 사용 방식에 따라 서구 중심성 혹은 부과된 동질성(imposed homogeneity)의 문제가 제기될 수도 있다. 구성주의는 구체적인 결과에 대한 이론이라기보다는 과정(process)의 이론이며, 지름 길이라기보다는 긴 호흡을 필요로 하는 이론이다. 결국 그에 대한 무비판적인 수용이나 무조건적인 비판을 모두 넘어설 때 구성주의는 동아시아나 한국의 국제정치적 현실을 담을 수 있는 유용한 그릇으로 사용될 수 있을 것이며, 그 책임은 우리 자신에게 남는 것이다.

| 미주 |

1) Peter J. Katzenstein, et. al., "International Organization at Fifty: Exploration and Contestation in the Study of World Politics," *International Organization*, vol. 52, no. 4 (1998). 카첸스타인은 합리주의를 국제정치에 대한 '경제학적 접근'으로, 구성주의를 '사회학적 접근'으로 구분하고 있다.

2) Alexander Wendt, *Social Theory of International Politics* (Cambridge: Cambridge University Press, 1999). 웬트는 케네스 월츠(Kenneth N. Waltz)의 책 제목 앞에 '사회적' 이라는 말만을 덧붙임으로써 신현실주의에 대한 대안이론으로서 구성주의의 차별성을 표시하려 했다.

3) 구체적인 내용을 위해서는 Mark Hoffman, "Critical Theory and the Inter-Paradigm Debate," *Millennium: journal of international relations*, vol. 16, no. 2 (1987)와 Yosef Lapid, "The Third Debate: On the Prospects of International Theory in a Post-Positivist Era," *International Studies Quarterly*, vol. 33 (1989)을 볼 것.

4) 김재현 외, 『하버마스의 사상: 주요 주제와 쟁점들』(서울: 나남출판, 1996)을 참조할 것.

5) Anthony Giddens, *The Constitution of Society: Outline of the Theory of Structuration* (London: Polity Press, 1984), ch. 1.

6) Nicholas G. Onuf, "Sovereignty: Outline of a Conceptual History," *Alternatives*, vol. 16, no. 4 (1991). 최근에 논의되고 있는 인도주의적 개입이나 NGO의 활동, 그리고 사이버 공간의 세계정치는 이러한 초주권적인 예들을 잘 보여주고 있다.

7) Alexander Wendt, "Anarchy Is What States Make of It: The Social Construction of Power Politics," *International Organization*, vol. 46, no. 2 (1992).

8) 관념이 정책결정에 영향을 미치는 전형적인 예를 위해서는 Peter Hall (ed.), *The Political Power of Economic Ideas: Keynesianism across Nations* (Princeton: Princeton University Press, 1989)를 볼 것.

9) Vendulka Kubalkova, "Foreign policy, International Politics, and Constructivism," in Vendulka Kubalkova (ed.), *Foreign Policy in a Constructed World* (New York: M. E. Sharpe, 2001). 이와 같은 관념적 요인에 의한 '비합리적 선택' 의 사례를 위해서는 양준희, 『티모스와 국제정치: 현실주의를 넘어서』(서울: 아세아문화사, 1999)를 참조할 것.

10) 이 점에 관해 흔히 언급되는 예는 미국이 영국의 핵탄두 열 개보다 북한이 가진 핵탄두 하나를 더 위협적으로 생각한다는 것인데, 그 이유는 기본적으로 영국은 미국을 공격할 의도가 없다고 생각하기 때문이라는 것이다. 하지만 만약 영국이 미국만큼의 핵탄두 수를 보유하게 된다면 다시 능력의 문제가 의도의 문제와 연결될 것이다.

11) Jack Snyder, "Anarchy and Culture: Insights from the Anthropology of War," *International Organization*, vol. 56, no. 1 (2002).

12) Emanuel Adler, "Seizing the Middle Ground: Constructivism in World Politics," *European Journal of International Relations*, vol. 3, no. 3 (1997).

13) 김춘수, "꽃," 『꽃을 위한 서시』(서울: 미래사, 2002).

14) Steve Smith, "Reflectivist and Constructivist Approaches to Intenational Theory," in John Baylis, and Steve Smith (eds.), *The Globalization of World Politics: An Introduction to International Relations*, 2nd ed. (Oxford: Oxford University Press, 2001), p. 242.

15) Alexander Wendt, "Agent-Structure Problem in International Relations Theory," *International Organization*, vol. 41, no. 3 (1987)을 볼 것.

16) Friedrich Kratochwil, *Rules, Norms and Decisions: On the Conditions of Practical and Legal Reasoning in International Relations and Domestic Affairs* (Cambridge: Cambridge University Press, 1989); Nicholas G. Onuf, *World of Our Making: Rules and Rule in Social Theory and International Relations* (Columbia: University of South Carolina Press, 1989).

17) Ted Hopf, "The Promise of Constructivism in International Relations Theory," *International Security*, vol. 23, no. 1 (1998).

18) John G. Ruggie, "What Makes the World Hang Together? Neo-utilitarianism and the Social Constructivist Challenge," *International Organization*, vol. 52, no. 2, 1998.

19) 각각의 논의를 통해 구성주의자들은 노예제도의 폐지나 여권의 신장을 예로 들면서 국제 관계에서의 규범의 진화론적인 형성을 이야기하고, 정책결정 과정에서 공유된 지식을 소유하고 있는 집단의 역할을 강조하며, 협력적 정체성에 의한 공동안보의 틀의 형성을 설명하고, 개별 국가의 전략적인 사고에 있어서 역사적이고 문화적인 측면에 대한 고려를 주장하고 있는 것이다.

20) 이근 · 전재성, "안보론에 있어 구성주의와 현실주의의 만남," 『한국과 국제정치』 제17권, 1호 (2001)를 참조할 것. 구성주의는 국제정치경제의 분야에서도 대안적 시각으로 논의의 대상이 되고 있다. Ronen Palan, "The Constructivist Underpinnings of the New International Political Economy," in Ronen Palan (ed.), *Global Political Economy: Contemporary Theories* (New York: Routledge, 2000)를 볼 것.

21) Odd A. Westad (ed.), *Reviewing the Cold War* (London: Frank Cass, 2001), p. 8.

22) 신욱희, "미국 동아시아 정책의 역사적 고찰: 식민주의, 냉전, 탈냉전,"『미국학』제22집 (1999)과 신욱희, "냉전기 미일동맹의 정치경제, 1954-1960: 일본의 역할," 문정인 · 오코노기 마사오 (편),『시장, 국가, 국제체제』(서울: 고려대학교 아세아문제연구소 출판부, 2002)를 볼 것.

23) 민주적 평화론의 이론적 확대의 형태로서 신칸트주의적 평화론의 내용을 보려면 Bruce Russett, and John Oneal, *Triangulating Peace: Democracy, Interdependence, and International Organization* (New York: W. W. Norton, 2001)을 참조할 것.

24) 필라델피안 체제의 내용을 위해서는 Daniel Deudney, "Binding Sovereigns: Authorities, Structures, and Geopolitics in Philadelphian Systems," in Thomas J. Biersteker, and Cynthia Weber (eds.), *State Sovereignty as Social Construct* (Cambridge: Cambridge University Press, 1996)를 볼 것.

25) Emin Fuat Keyman, *Globalization, State, Identity/Difference: Toward a Critical Social Theory of International Relations* (Amherst: Prometheus Books, 1997)와 Marc Lynch, "The Dialogue of Civilizations and International Public Spheres," *Millennium: journal of international relations*, vol. 29, no. 2 (2000)를 볼 것.

26) Christopher Hemmer, and Peter J. Katzenstein, "Why Is There No NATO in Asia?: Collective Identity, Regionalism, and the Origins of Multilateralism," *International Organization*, vol. 56, no. 3 (2002)과 이근, "구성주의 시각에서 본 남북정상회담: 양면게임을 통한 정체성 변화 모색,"『국가전략』제7권 4호 (2001)를 참조할 것.

27) 권역이란 일정한 정치행위의 의미가 보편적으로 받아들여지는 의미권(意味圈)을 지칭한다. 의미권에 대한 이해가 중요한 것은 "정치는 그것이 진정으로 연구되려면 특정한 사회현상을 정치로 관념하는 특정한 시기와 특정한 장소의 전체적 구조 속에서 이해되지 않으면 아니 되는 것"이기 때문이다. 이용희,『일반국제정치학 (상)』(서울: 박영사, 1962), pp. 48-49. 19세기의 동아시아 국제관계사를 이러한 의미권 사이의 충돌로 해석한 예로 김용구,『세계관 충돌의 국제정치학: 동양 예와 서양 공법』(서울: 나남출판, 1997)을 볼 것.

28) 민족주의적 관념에 대한 이 세 가지 해석을 위해서는 Adeed Dawisha, "Nation and Nationalism: Historical Antecedents to Contemporary Debates," *International Studies Review*, vol. 4, no. 1 (2002)을 참조할 것.

29) Gerrit W. Gong, "A Clash of Histories: Remembering and Forgetting," in Gerrit W. Gong (ed.), *Memory and History in East and Southeast Asia: Issues of Identity in International Relations* (Washington D. C.: The CSIS Press, 2001). 물론 이러한 인식이 '실재하는' 부분과 국내정치적으로 '동원되는' 부분에 대한 구별이 필요할 것이다.

30) 양준희, "월츠의 신현실주의에 대한 웬트의 구성주의의 도전,"『국제정치논총』제41집 3호

(2001); 김학노, "합리주의적 기능주의 비판과 구성주의적 대안 모색," 『국가전략』 제6권 2호 (2000).

31) 이는 국제제도나 강대국 - 약소국 관계에서의 정체성 문제에 대한 현실주의적 이해, 그리고 정체성의 형성에서의 권력과 자본의 역할에 대한 비판적 검토의 형태로 나타난다. 전재성, "현실주의 국제제도론을 위한 시론," 『한국정치학회보』 제34집 2호 (2000); 홍성민, "정체성과 국제정치: 문명충돌론의 정치사회학적 이해," 『국제정치논총』 제42집 1호 (2002).

32) Ted Hopf, 앞의 글, p. 200; 김학노, 앞의 글, pp. 72-73.

33) Martin Wight, "Why Is There No International Theory?," in Herbert Butterfield, and Martin Wight (eds.), *Diplomatic Investigation* (London: Allen & Unwin, 1966).

| 참고문헌 |

▪ 김용구.『세계관 충돌의 국제정치학: 동양 예와 서양 공법』. (서울: 나남출판, 1997).

▪ 김재현 외.『하버마스의 사상: 주요 주제와 쟁점들』. (서울: 나남출판, 1996).

▪ 김춘수. "꽃."『꽃을 위한 서시』. (서울: 미래사, 2002).

▪ 김학노. "합리주의적 기능주의 비판과 구성주의적 대안 모색."『국가전략』제6권 2호, 2000.

▪ 신욱희. "미국 동아시아 정책의 역사적 고찰: 식민주의, 냉전, 탈냉전."『미국학』22집, 1999.

▪ 신욱희. "냉전기 미일동맹의 정치경제, 1954-1960: 일본의 역할." 문정인 · 오코노기 마사오 (편),『시장, 국가, 국제체제』. (서울: 고려대학교 아세아문제연구소 출판부, 2002).

▪ 양준희.『티모스와 국제정치: 현실주의를 넘어서』. (서울: 아세아문화사, 1999).

▪ 양준희. "월츠의 신현실주의에 대한 웬트의 구성주의의 도전."『국제정치논총』제41집 3호, 2001.

▪ 이근. "구성주의 시각에서 본 남북정상회담: 양면게임을 통한 정체성 변화 모색."『국가전략』제7권 4호, 2001.

▪ 이근 · 전재성. "안보론에 있어 구성주의와 현실주의의 만남."『한국과 국제정치』제17권 1호, 2001.

▪ 이용희.『일반국제정치학 (상)』. (서울: 박영사, 1962).

▪ 전재성. "현실주의 국제제도론을 위한 시론."『한국정치학회보』제34집 2호, 2000.

▪ 홍성민. "정체성과 국제정치: 문명충돌론의 정치사회학적 이해."『국제정치논총』제42집 1호, 2002.

▪ Adler, Emanuel. "Seizing the Middle Ground: Constructivism in World Politics." *European Journal of International Relations*, vol. 3, no. 3, 1997.

▪ Dawisha, Adeed. "Nation and Nationalism: Historical Antecedents to Contemporary Debates." *International Studies Review*, vol. 4, no. 1, 2002.

▪ Deudney, Daniel. "Binding Sovereigns: Authorities, Structures, and Geopolitics in Philadelphian Systems." in Thomas J. Biersteker, and Cynthia Weber (eds.), *State Sovereignty as Social Construct*. (Cambridge: Cambridge University Press, 1996).

▪ Giddens, Anthony. *The Constitution of Society: Outline of the Theory of Structuration*. (London: Polity Press, 1984).

▪ Gong, Gerrit W. "A Clash of Histories: Remembering and Forgetting." in Gerrit W. Gong (ed.). *Memory and History in East and Southeast Asia: Issues of Identity in International Relations.* (Washington D. C.: The CSIS Press, 2001).

■ Hall, Peter (ed.). *The Political Power of Economic Ideas: Keynesianism across Nations.* (Princeton: Princeton University Press, 1989).

■ Hemmer, Christopher, and Peter J. Katzenstein. "Why Is There No NATO in Asia?: Collective Identity, Regionalism, and the Origins of Multilateralism." *International Organization,* vol. 56, no. 3, 2002.

■ Hoffman, Mark. "Critical Theory and the Inter-Paradigm Debate." *Millennium: journal of international relations,* vol. 16, no. 2, 1987.

■ Hopf, Ted. "The Promise of Constructivism in International Relations Theory." *International Security,* vol. 23, no. 1, 1998.

■ Katzenstein, Peter J. (ed.). *The Culture of National Security: Norms and Identity in World Politics.* (New York: Columbia University Press, 1996).

■ Katzenstein, Peter J., et. al. (eds.). "International Organization at Fifty: Exploration and Contestation in the Study of World Politics." *International Organization,* vol. 52, no. 4, 1998.

■ Keyman, Emin Fuat. *Globalization, State, Identity/Difference: Toward a Critical Social Theory of International Relations.* (Amherst: Prometheus Books, 1997).

■ Kratochwil, Friedrich. *Rules, Norms and Decisions: On the Conditions of Practical and Legal Reasoning in International Relations and Domestic Affairs.* (Cambridge: Cambridge University Press, 1989).

■ Kubalkova, Vendulka. "Foreign policy, International Politics, and Constructivism." in Vendulka Kubalkova (ed.). *Foreign Policy in a Constructed World.* (New York: M. E. Sharpe, 2001).

■ Lapid, Yosef. "The Third Debate: On the Prospects of International Theory in a Post-Positivist Era." *International Studies Quarterly,* vol. 33, 1989.

■ Lynch, Marc. "The Dialogue of Civilizations and International Public Spheres." *Millennium: journal of international relations,* vol. 29, no. 2, 2000.

■ Onuf, Nicholas G. *World of Our Making: Rules and Rule in Social Theory and International Relations.* (Columbia: University of South Carolina Press, 1989).

■ Onuf, Nicholas G. "Sovereignty: Outline of a Conceptual History." *Alternatives,* vol. 16, no. 4, 1991.

■ Palan, Ronen. "The Constructivist Underpinnings of the New International Political Economy." in Ronen Palan (ed.), *Global Political Economy: Contemporary Theories.* (New York:

Routledge, 2000).

- Ruggie, John G. "What Makes the World Hang Together? Neo-utilitarianism and the Social Constructivist Challenge." *International Organization*, vol. 52, no. 2, 1998.

- Russett, Bruce, and John Oneal. *Triangulating Peace: Democracy, Interdependence, and International Organization*. (New York: W. W. Norton, 2001).

- Smith, Steve. "Reflectivist and Constructivist Approaches to Intenational Theory." in John Baylis, and Steve Smith (eds.). *The Globalization of World Politics: An Introduction to International Relations*, 2nd ed. (Oxford: Oxford University Press, 2001).

- Snyder, Jack. "Anarchy and Culture: Insights from the Anthropology of War." *International Organization*, vol. 56, no. 1, 2002.

- Wendt, Alexander. "Agent-Structure Problem in International Relations Theory." *International Organization*, vol. 41, no. 3, 1987.

- Wendt, Alexander. "Anarchy Is What States Make of It: The Social Construction of Power Politics." *International Organization*, vol. 46, no. 2, 1992.

- Wendt, Alexander. *Social Theory of International Politics*. (Cambridge: Cambridge University Press, 1999).

- Westad, Odd A. (ed.). *Reviewing the Cold War*. (London: Frank Cass, 2001).

- Wight, Martin. "Why Is There No International Theory?." in Herbert Butterfield, and Martin Wight (eds.). *Diplomatic Investigation*. (London: Allen & Unwin, 1966).

| 문헌해제 |

- Alexander Wendt, *Social Theory of International Politics* (Cambridge: Cambridge University Press, 1999): 관념적 구조주의의 관점에서 구성주의를 개념적으로 정리하고 있다. 다소 추상적이기는 하나 가장 포괄적인 이론서이다.

- Vendulka Kubalkova (ed.), *Foreign Policy in a Constructed World* (New York: M. E. Sharpe, 2001): 구성주의의 입장에서 외교정책론을 다루고 있는 책으로 구성주의에 관한 출판 시리즈 중의 하나이다.

- Peter J. Katzenstein (ed.), *The Culture of National Security: Norms and Identity in World Politics* (New York: Columbia University Press, 1996): 구성주의 시각을 안보론에 적용하려는 시도를 하고 있다. 이론적인 논의와 함께 구성주의를 원용한 초기의 사례 연구를 포함한다.

- Ted Hopf, "The Promise of Constructivism in International Relations Theory," *International Security*, vol. 23, no. 1 (1998): 구성주의에 관한 많은 리뷰 논문 중 가장 체계적으로 쓰여졌다. 구성주의의 내용, 사례, 한계점과 잠재력을 균형 있게 고찰하고 있다.

- *European Journal of International Relations*: 구성주의자인 월터 칼스네스(Walter Carlsnaes)에 이어 크라토크빌이 편집을 맡고 있는 학술지로 주체-구조의 문제를 비롯하여 구성주의에 관한 다양한 논문이 실리고 있다.

비판적 국제관계이론

구 갑 우

I. 문제설정

맑스(K. Marx)의『포이어바흐에 관한 테제』11번의 '철학자'를 '국제관계학자'로 바꾸면, 비판적 국제관계이론의 문제의식을 압축적으로 표현할 수 있다. "이제까지 철학자들(국제관계학자들)은 다양하게 세계를 해석해 왔을 뿐이다. 그러나 문제는 세계를 변화시키는 데 있다." 즉 비판적 국제관계이론은 지금-여기에 "있는 것"에 대한 분석을 통해 "있어야 할 것"과 "없어져야 할 것"을 제시하려 한다. 따라서 비판적 국제관계이론가들에게 '국제적인 것(the international)'을 이론화하는 작업은 세계를 변혁하기 위한 의식적 '실천'과 동의어다. 비판적 국제관계이론과 현실주의를 비롯한 주류 국제관계이론의 근본적 차이가 바로 여기에 있다. 주류 국제관계이론은 실천 그 자체를 고려하지 않거나 또는 현상을 정당화하는 실천으로 스스로를 자리매김한다. 예를 들어 현실주의 이론가들이 9·11의 '결과'—9·11 이후의 국제정치—에 주목한다면, 비판적 국제관계이론가들은 9·11의 결과뿐만 아니라 9·11의 '근본원인'을 천착하려 한다.

따라서 비판적 국제관계이론은 급진적 또는 근본적(radical) 국제관계이론으로 불릴 수 있다. 이 급진적 또는 근본적이라는 수식어는 유토피아적(utopian)이라는 수식어와 구분되어 사용된다. 급진적 또는 근본적 시각이 현존하는 조건에서 '가능한 것(the possible)'을 찾으려는 실천의 의미를 가진다면, 유토피아주의는 '불가능한 것(the impossible)'을 상상하려는 지적 기획이다. 유토피아라는 단어 자체가 "존재하지 않는 장소(no-place)"의 의미를 가지고 있기도 하다. 그러나 급진적 또는 근본적 시각과 유토피아적 시각을 명확히 구분하는 것은 힘들 수도 있다. 가능한 것이 현존하지 않거나 또는 아직은 싹이 트지 않은 씨앗의 형태로 존재할 수 있기 때문이다. 따라서 비판적 국제관계이론에도 불가피하게 유토피아적 요소가 발견될 수 있다. 국제관계의 유토피아적 지향이 현실과 마찰하면서 가능한 것으로 바뀔 수 있는 조건과 가능성을 모색하는 것이 비판적 국제관계이론의 주요한 과제 가운데 하나다.

비판적 국제관계이론은 주로 "바뀌어야 할" 국제현실에 주목한다. 예를 들어 보자. 비판적 국제관계이론가들은 9·11 이후 미국이 전개하고 있는 테러와의 전쟁이 평화로운 국제질서를 가져올 것이라고 생각하지 않는다. 미국이 수행하는 전쟁은 전세계적 차원에서 군비증강을 야기할 뿐이다. 미국은 그들의 논리로 규정한 '깡패국가'인 이라크, 이란, 북한뿐만 아니라 비가시적인 네트워크 형태로 존재하는 테러조직과도 전쟁을 수행해야 한다. 이른바 테러와의 전쟁 이후 '안보딜레마'의 강도가 높아질 수밖에 없다. 미국은 2002년도에 방위비로 50억 달러를 증액했다. 2004 회계연도 미국의 국방비는 3,991억 달러로 발표되었다. 미사일방어에 관련된 예산만 91억 달러다. 이 예산은 최빈국 가운데 하나인 캄보디아 국내총생산의 약 3배나 된다. 미국은 2009년까지 국방예산을 5,027억 달러로 늘릴 계획이다. 2000년도 한국의 국내총생산 4,572억 달러보다 많은 금액이다. 북한의 국내총생산이 200억 달러 정도라고 할 때, 북한과 미국의 군사적 대립이라는 말 자체가 매우 우스울 수도 있다.

또 다른 사례를 보자. 세계인구의 1/5 정도가 극단적 빈곤상태에서 생활하고 있다. 세계 어린이의 1/3은 영양부족에 시달리고 있다. 세계인구의 절반정도가 필수적 의약품에 접근할 수 없는 상태다. 1억 명 정도의 어린이가 거리에서 생활하고 있다. 1999년도 기준으로 세계에서 가장 부유한 200명의 재산이 1조 달러에 달하는 데 반해, 43개 저발전국가의 5억 8천명의 소득이 1천 4백억 달러에 불과하다. 매일 3만 명 이상의 어린이가 쉽게 예방할 수 있는 질병으로 사망하고 있다.[1] 우리의 이웃인 북한은 매년 식량부족에 허덕이고 있다. 더 많은 지표들이 제시될 수도 있을 것이다. 이 절망적 상태를 해당 국가의 잘못으로 돌릴 수 있을까? 미국 국방비의 일부라도 세계의 빈곤을 해결하기 위해 사용될 수는 없을까? 미국이 이라크 침공을 위해 쓰는 돈을 세계의 빈국을 위해 쓸 수는 없는 것일까? 세계적 차원에서 부(富)의 불평등이 야기하는 폐해를 해결할 수 있는 방법은 없는 것일까? 비판적 국제관계이론은 이 가능한 듯하면서도 불가능한 것 또는 불가능한 듯하면서도 가능한 것을 상상하고자 한다.

II. 비판적 국제관계이론의 공통분모

비판적 국제관계이론은 세계적 차원의 정치경제적 불평등의 원인을 규명하고 그 불평등을 근본적으로 해결할 수 있는 방법을 '이론적', '운동적' 차원에서 모색한다. 즉 비판적 국제관계이론가에게 이론작업은 곧 사회운동이다. 그러나 비판적 국제관계이론이 하나만 존재하는 것은 아니다. 비판적 국제관계이론들은, 국제적인 것의 존재론, 인식론, 방법론, 이론화, 그리고 현존하는 국제질서를 넘어서는 대안 및 그 대안에 이르는 경로설정 등에서 차이를 보인다. 그럼에도 비판적 국제관계이론은 이론의 뿌리를, 정도의 차이는 있지만, 맑스에 두고 있다는 점에서 공통점을 가지고 있다. 따라서 자본주의 생산양식의 역사적 분석에 기초한 국내적·국제적 차원의 '비판-계몽-해방'이라는 맑스의 근대사회에 대한 문제설정을 공유하고 있다. 맑스는 자본주의 비판을 통해 자본주의를 넘어서는 새로운 대안을 제시하고자 했다. 비판적 국제관계이론의 차이는 부분적으로는 맑스가 국가 및 국제관계이론을 제공하지 않았기 때문에 나타나는 문제이기도 하다. 우선 여기서는 맑스 이론의 '변형'과 맑스와의 '거리'를 기준으로 각 국제관계이론을 분류한다.

비판적 국제관계이론은 국제적인 것을 정의하면서 자본주의적 논리와 영토주의적 논리의 조합을 제시한다. 즉 자본주의적 생산과 국가간 관계의 연계에 주목한다. 이 측면에서 영토주의적 논리, 즉 국가간 관계만을 강조하는 주류 이론과 구분된다. 이 두 논리의 조합과정에 다양한 비판적 국제관계이론이 등장한다. 비판적 국제관계이론으로 분류할 수 있는 국제관계이론은 다음과 같다: 1)종속이론과 세계체제론, 2)그람시적 국제관계이론 또는 이탈리아 학파의 국제관계이론, 3)프랑크푸르트 학파의 비판이론에 기반한 국제관계이론 또는 사회민주주의적 국제관계이론, 4)맑스주의적 페미니스트(feminist) 국제관계이론, 5)맑스적(Marxian)[2] 국제관계이론, 6)탈근대적, 탈구조주의적 맑스주의 국제관계이론.[3] 먼저 비판적 국제관계이론의 공통분모를 살펴본다. 그리고 다음 장에서 각 이론의 등장배경, 이론적 구성, 사회운동에 주는 함의, 평가 등의 순으로 글을 전개할 것이다. 페미니스트 국제관계이론은 이 책에서 별도의 글로 다루고 있기 때문에 생략한다.

위에서 언급한 비판적 국제관계이론은 다음과 같은 공통분모를 가지고 있다.[4]

첫째, 비판적 국제관계이론은 국제세계의 분석에서 '총체성(totality)'을 고려한다. 즉 근대 사회과학의 분과학문체제를 넘어서고자 한다. 예를 들어, 근대 자본주의사회의 특징 가운데 하나인 정치와 경제의 분리, 좀더 정확히 말하면 정치체(polity)와 경제의 분리를 당연한 것으로 간주하지 않는다. 비판적 국제관계이론은 자본주의 이전의 사회와 달리 경제적 잉여의 수취 기제에서 정치적 개입이 이루어지지 않는 자본주의사회의 역사적 특수성(specificity)에 주목한다. 맑스가 『자본론』의 부제를 '정치경제(학) 비판'이라고 명명한 이유도 자본주의를 초역사적인 생산양식으로 간주하고자 했던 고전파 정치경제학을 비판하기 위해서였다. 자본주의사회에서는 경제적 지배계급인 자본가가 노동자로부터 잉여가치를 가져가는 과정에서는 노예제나 봉건제와 달리 정치적 강제가 행사되지 않는다. 비판적 국제관계이론은 국제적 수준에서 이 정치체와 경제의 분리가 이루어지는 기제를 총체적으로 탐구하고자 한다. 따라서 비판적 국제관계이론이 국제정치경제(학)라는 용어를 사용할 때, 정치경제(학)는 미국적 국제관계학처럼 정치와 경제의 상호작용을 지칭하는 것이 아니다. 비판적 국제관계이론은 국제정치이론이나 국제경제이론과 같은 분과학문적 이론이 아니라 국제적 현상의 총체적 이해와 설명을 위한 국제정치경제(학)의 비판이론이라고 할 수 있다. 맑스의 다음과 같은 언명은 국제관계학에도 적용된다. "우리는 단 한 가지 과학을 한다. 즉 그것은 역사과학이다."

둘째, 비판적 국제관계이론은 "역사에 대한 유물론적 개념화(materialist conception of history)"에 기초하고 있다. 그 핵심 동학은 생산력과 생산관계—자본가와 노동자의 관계—의 모순이다. 맑스는 「정치경제학 비판 서문」에서 다음과 같이 이야기하고 있다.[5]

인간들이 영위하고 있는 사회적 생산에서 그들은 불가피할 뿐만 아니라, 자기들의 의지와는 독립된 특정의 제관계속에 들어간다. 즉 그들의 물질적 생산제력의 일정한 발전단계에 조응하는 생산관계에 들어간다. 이러한 생산관계의 총체가 사회의 경제구조를 형성한다. 이것이 실제적 기초인 바, 이 기초 위에 하나의 법률적 및 정치적 상부구조가 세워지고 또한 이 기초에 대응하여 일정한 제사회의식의 형태가 존재하게 된다. 물질적 생활의 생산양식이 사회적 정치적 및 정신적 생활과정 일반을 제약한다. 인간의 의식이 그들의 존재를 규정하는 것이 아니라 반대로 그들의 사회적 존재가 그들의 의식을 규정하는 것이다.

이 역사에 대한 유물론적 개념화를 둘러싸고 비판적 국제관계이론 내부에서도 다양한 해석이 공존한다. '토대 - 상부구조'라는 건축학적 은유의 해석에서 가장 중요한 쟁점은 상부구조의 자율성 여부다. 맑스가 이미 강조했던 것처럼, 토대, 즉 경제가 정치형태나 이데올로기와 같은 상부구조를 결정한다는 단순 도식은 맑스의 이론이 아닐 수 있다. 맑스는 자신의 이론이 경제결정론으로 해석되자 스스로 맑스주의자가 아니라는 주장을 하기도 했다. 대부분의 비판적 국제관계이론은, 생산, 국가, 세계질서의 연관을 탐구한다는 점에서 역사에 대한 유물론적 개념화를 수용하는 것처럼 보인다. 따라서 비판적 국제관계이론의 분석에서, 생산의 사회적 관계 또는 좀더 좁게는 자본주의사회의 소유관계에 의해 정의되는 '계급'이 중심적 역할을 수행한다. 그러나 뒤에서 살펴보는 것처럼 이 역사에 대한 유물론적 개념화를 수용하면서도 그것의 중심적 역할을 부정하는 비판적 국제관계이론도 존재한다.

셋째, 비판적 국제관계이론은 미국적 국제관계학의 인식론인 실증주의(positivism)를 비판하고 자신의 이론 내부에서 더 좋은 삶을 모색하는 규범적 차원을 설정한다.[6] 실증주의는 자연과학의 방법론이 사회과학에도 도입될 수 있다고 주장하면서 객관적 세계의 분석에서의 주체의 개입을 최소화하고자 한다. 즉 사실과 가치를 분리하려 한다. 그러나 실증주의에 기반한 미국적 국제관계학이 그 탄생부터 미국의 세계권력을 정당화하는 역할을 했음은 주지의 사실이다. 이 책에서 소개되고 있는 패권안정론이 대표적 사례 가운데 하나다. 비판적 국제관계이론도 실증주의처럼 국제적 현상에 대한 과학적 분석을 수행하지만 과학적 분석 그 자체가 목적은 아니다. 과학적 분석은 국제세계를 변혁하는 과정에 필요한 계몽의 단계로 설정된다. 그 계몽을 위해 비판적 국제관계이론은 실증주의자와 달리, 세계를 어떻게 잘 설명할 것인가라는 인식론적 문제설정보다 세계의 실제 상태가 어떤가라는 존재론적 문제설정을 기반으로 이론화를 시도한다. 따라서 비판적 국제관계이론에서 이론은 국제현상을 잘 보기 위한 도구(tool)일 뿐만 아니라 기존질서에 대한 비판이며 실천이다.

넷째, 비판적 국제관계이론은 주류 국제정치경제학에서 나타나는 오리엔탈리즘(orientalism) 또는 서구중심주의를 벗어나고자 한다. 오리엔탈리즘은 서구와 비서구 사이에 "인식론적이자 존재론적인 지리학상의 경계를 설정하고, 전자의 특권적인 장으로부터 후자를 일정한 담론 질서에 가두려고 하는" 시각이다.[7] 오리엔탈리즘적 시각에서 서구는 진보를 의미하고 후진적인 비서구는 서구를 따라 배워야 한다는 생각이 도출된다. 서구적 기준에 부합하는 문명국가가 되지 못하는 한, 비서구의 국가들은 야만으로 취급되곤 한다. 다른 한편, 오리엔탈리즘은 중심이 주변을 보는 시각으로 한정되지 않는다. 주변 스스로가 자신을 야만으로 설정하기도 하고, 주변이 주변을 보는 시각에서도 "차별적인 계서제의 내면화"가 발견되곤 한다. 예를 들어, 19세기 조선(朝鮮)은 서구의 인식을 수용하면서 스스로 야만국가가 되기도 했다. 외국인 이주 노동자를 다루는 우리의 태도에서도 또 다른 주변을 설정하는 오리엔탈리즘이 발견되곤 한다.

다섯째, 비판적 국제관계이론은 맑스의 '비판-계몽-해방'의 기획을 공유한다. 서구적 맥락에서 그리스어에서 비롯한 비판(critique)과 위기(crisis)는 동일한 어원을 가지고 있다. 두 단어에는 "구분, 선택, 판단, 결정" 등의 내용이 담겨 있다. 비판은, 갈등적이고 논쟁적인 과정, 즉 위기에 대한 주관적 판단 또는 결정을 의미한다. 따라서 비판은 주관적 판단과 객관적 과정, 둘 다를 고려하고 있는 용어다. 근대사회에서 칸트(I. Kant)가

사유하는 인간의 주관적 판단과 역사와 사회의 객관적 과정을 분리하고자
했다면, 맑스는 사회적 총체성의 모순적이고 위기반복적인 성격을 드러내
기 위해 비판이라는 용어를 도입한다.[8] 즉 앞서 언급한 것처럼, 맑스의 정
치경제학 비판은 자본주의 생산양식의 역사성을 드러내는 작업이다.

계몽과 계몽한다는 말은, 인간이 신의 계시에 의존한다는 신학적 견해
와 대조되는 것으로, 인간 자신의 자연적 본성에 관한 자각과, 인간 본성과
이성에 적합한 조화롭고 인간적인 사회제도내에서 이루어질 수 있고 또 반
드시 이루어져야 할 인류의 자기실현에 대한 자각을 의미한다. 칸트는 계
몽을 모든 면에서 자신의 이성을 공개적으로 사용하게 될 인간의 자유라고
정의한다. 맑스는 계몽과 계몽주의를 부르주아적 인간해방 이데올로기의
역사적 형태를 지칭하는 표현으로 사용하고 있다. 그러나 맑스가 설정한
프롤레타리아를 주체로 한 인간해방의 기획을 계몽주의의 연속으로 볼 수
도 있다. 맑스는 계급투쟁을 매개로 자본주의에서 사회주의를 거쳐 공산주
의로 이행하는 인간해방의 기획을 설정한다. 그러나 모든 비판적 국제관계
이론이 이 기획에 동의하고 있지는 않다. 비판적 국제관계이론은 각기 다
른 상(像)을 가지는 해방의 기획을 고려하고 있다. 즉 비판적 국제관계이
론은 인간해방이라는 목표를 포기하지는 않지만 그 형태와 내용, 그리고
거기에 이르는 과정에 대해 다른 의견들을 가지고 있다.

III. 비판적 국제관계이론의 내용

1. 종속이론과 세계체제론

맑스의 『자본론』을 계승한 레닌(V.I. Lenin)의 『제국주의론(*Imperi-
alism, the Highest Stage of Capitalism*』에서는 맑스주의적 국제관계이
론의 맹아를 찾을 수 있다.[9] 레닌은 자본의 집중(集中 centralization)과

집적(集積 concentration)이 진행되면서 자본주의는 독점자본주의 단계에 진입했고, 그 단계는 자본주의의 최고의 최후의 단계라고 주장한다. 즉 사회주의로의 이행을 위한 물적 토대를 독점자본주의의 다른 표현인 제국주의에서 찾는다. 그리고 이 제국주의 세계경제에서 국가들은 중심국과 주변국으로 나뉘게 되고, 중심국에서의 계급투쟁은 주변국의 노동자계급에서 착취한 잉여생산물을 통해 평화로운 해결을 얻게 된다고 본다. 따라서 국제정치와 국내정치 모두 자본주의 세계경제의 틀 내에서 발생하는 것이고, 국가보다는 사회계급이 세계정치의 중요한 행위자가 된다. 주류 국제관계이론가들은 레닌의『제국주의론』이 국제경제의 문제를 다룰 뿐, '국제정치'를 이론화하고 있지 않다고 비판하지만,[10] 총체성을 지향하는 맑스주의적 입장에서 볼 때, 국제경제와 분리된 국제정치란 존재하지 않는다. 종속이론과 세계체제론은 제국주의론의 중심과 주변이라는 문제의식을 계승하고 있다.

주류 이론 가운데 근대화(modernization) 이론에 따르면 후진상태에 놓여 있는 주변국가는 서구의 선진자본주의국가가 밟아온 궤적을 따르게 되면 선진상태에 접어들 수 있다. 그러나 불행히도 시간이 지날수록 선진자본주의국가와 후발국가의 격차는 더욱 벌어지고 있다. 아프리카는 이른바 지구화시대에 잊혀진 대륙이 되고 있다. 한국과 같은 예외가 있을 수도 있다. 국제정치경제적 시각에서 본다면, 한국의 급속한 성장은 냉전을 배제하고 설명하기란 힘들다. 즉 냉전의 전초기지로서 미국의 지원 하에 안보·발전국가의 틀을 유지할 수 있었던 한국은 주변부에서 반(半)주변부로 위치이동을 할 수 있었다.[11] 따라서 종속이론과 세계체제론은 근대화이론에 대한 비판으로서 그 의미가 있다. 세계체제론의 주요 내용은 아래와 같이 정리할 수 있다.[12]

세계체제론을 주도하고 있는 월러스타인(I. Wallerstein)은 사회적 조직의 지배적 형태로 세계제국(world-empires)과 세계경제(worldeconomies)라는 두 유형의 세계체제를 설정한다. 전자에서는 중앙집중화된 정치체제를 통해, 후자에서는 다수의 경쟁하는 권력중심이 존재하는 조건에서 시장을 매개로 자원의 배분이 결정된다. 지금 우리가 살아가고 있는 근대사회는 자본주의 세계경제를 토대로 다수의 경쟁하는 권력중심의 집합으로서 국민국가들이 경쟁하는 열국체제(interstate system)가 그 상부구조의 역할을 하고 있다. 월러스타인은 대략 16세기 말에 등장한 이 자본주의 세계경제를 추동하고 있는 힘이 바로 "자본의 끊임없는 축적"욕구라고 주장한다. 이 자본주의 세계경제를 역사적으로 특수한 사회제도로 보고 있다는 점에서 월러스타인은 맑스의 정치경제학 비판의 문제의식을 계승하고 있다. 월러스타인은 정치경제학과 정치경제학 비판을 구분하면서, 전자가 애덤 스미스(A. Smith)처럼 국민국가를 분석단위로 설정하는 방법론을 가지고 있다면, 후자는 자본주의 세계경제를 분석단위로 설정하는 것이라고 주장한다.

이 자본주의 세계경제는 공간적 차원에서 중심 - 반주변 - 주변으로 구성된다. 특히 우리가 주목할 수 있는 공간이 반주변부다. 반주변부는 중심에서 나타나는 임금상승의 압력에 반작용할 수 있는 노동의 원천을 제공할 뿐만 아니라 중심의 사양산업을 위한 새로운 장소를 제공한다. 한국경제를 견인하고 있는 반도체산업은 이 반주변부의 경제적 특성을 잘 보여주고 있다. 또한 반주변부는 중심과 주변의 갈등을 완충하면서 세계체제의 정치적 구조를 안정화하는 역할을 수행하기도 한다. 자본주의 세계경제의 시간적 차원, 즉 역사적 궤적은, 장기지속적 추세(secular trends), 주기적 리듬(cyclical rhythms), 모순과 위기 등으로 나타난다. 프랑스의 역사학자 브로델을 따라 사회적 시간의 다원성을 인정하는 것이다.[13] 예를 들어 인간에게 가해지는 지리적 제약은 장기지속의 대표적 사례라고 할 수 있다. 이 장기지속의 틀 내에서 역사의 변동은 일정한 주기를 가지고 진행되는 것처럼 보인다. 자본주의 세계경제를 장기지속으로 설정한다면, 우리는 자유경쟁 자본주의에서 독점자본주의로, 다시금 자유경쟁 자본주의로의 복귀현상을 볼 수 있다. 이 과정에서 모순과 위기가 등장하게 된다.

자본주의 세계경제의 상부구조인 열국체제는, 헤게모니적 주기라고 부를 수 있는 좀더 장기의 주기적 과정에 의해 통치된다. 세계체제론에서는, 열국체제가 세계제국이 되는 경우 또는 다수의 강대국이 존재하는 상대적 무정부 상태보다는 헤게모니국가가 존재한 상태에서 국가들의 경쟁이 발생할 때, 자본축적의 극대화가 이루어진다고 본다. 예를 들어 국가들의 경쟁은 자본이 낮은 비용을 지불하면서 이윤을 증대할 수 있는 조건을 창출하게 된다. 자본의 선택지가 늘기 때문이다. 그러나 헤게모니국가가 존재하지 않는다면 국가들의 경쟁은 무정부 상태를 초래할 가능성이 있고 따라서 자본축적을 불안정하게 할 수 있다. 인류역사상 유례가 없는 경제성장을 이룩한 제2차 세계대전 이후부터 1970년대 초반까지 이른바 "자본주의의 황금시대"는 미국의 안정적인 헤게모니가 관철되는 열국체제의 모습을 가지고 있었다. 이것이 헤게모니가 안정된 시기의 특징이다.

세계체제론은 역사적 고찰을 통해 헤게모니의 '이행'을 설명하고자 한다.[14] 즉 헤게모니는 영속적으로 관철되는 것이 아니다. 헤게모니의 위기는 군사적 권력과 금융적 권력의 분열로 나타난다. 특히 생산자본의 이윤율 저하에 따라 자본이 금융부문으로 이동하고 금융부문이 과대성장하면서 생산과 금융이 분리되는 현상이 나타날 때, 세계체제론은 헤게모니가 위기에 빠졌다고 주장한다. 즉 폭력수단은 쇠퇴하는 헤게모니국가에 집중되어 있는 반면, 지불수단은 초국가적 비즈니스 기관 또는 정치군사적 중요성을 가지고 있지 않은 통치기관에 집중되어 있는 상황이 발생하는 것이다. 세계체제론은 네덜란드 헤게모니에서 영국 헤게모니로, 영국 헤게모니에서 미국 헤게모니로의 이행을 설정하고 있다. 우리는 지금 미국 헤게모니의 시대에 살고 있다. 미국 헤게모니의 미래에 대해서는 논쟁이 진행되고 있지만 아직 확실한 해답은 없는 것처럼 보인다. 그러나 우리는 역사적으로 헤게모니가 강제와 동의라는 두 요소에 의해 유지되어 왔다는 점을 기억해야 한다. 미국이 유엔과 같은 국제기구를 매개로 다른 국가들의 동의를 구하지 않을 때, 미국 헤게모니는 위기에 직면할 수도 있다. 강제만으로는 헤게모니를 유지하는 것이 불가능하기 때문이다.

세계체제론의 시각에서 본다면, 자본(주의)에는 국경이 없다. 따라서 그 체제를 개혁하거나 변혁하려는 반체제운동(antisystemic movements) 또한 자본주의 세계체제를 그 공격대상으로 설정해야 한다고 주장한다. 국민국가만을 개혁 또는 변혁의 대상으로 설정하는 사회운동을 낡은(old) 사회운동으로 규정한다. 구(舊)사회주의국가의 실험이나 민족해방운동이 낡은 사회운동의 대표적 사례다. 세계체제론은 자본주의 세계체제의 지구화 논리 속에서 형성되는, 지구적 차원의 반체제운동의 가능성을 모색한다.[15] 반체제운동의 미래에 대해서는 낙관과 비관이 교차한다. 자본주의 세계체제를 넘어서는 새로운 대안이 발견될 수도 있지만, 다른 한편 서로 싸우는 계급이 공도동망(共倒同亡)할 가능성도 배제할 수 없다. 세계체제론은 구조편향적 이론이기는 하지만, 새로운 대안에 이르기 위해서는 지혜로운 행위자의 능력에 초점을 맞출 수밖에 없다. 공도동망으로 이어지지 않는 구조의 변화는 결국 행위자의 실천을 통해 발생할 수밖에 없기 때문이다.

2. 그람시적 접근

그람시적 접근의 주창자인 콕스(R. Cox)는,[16] 1970년대에 전개된 '신국제경제질서(New International Economic Order: NIEO)' 운동을 세계경제관계에서 실현가능하고, 바람직한 기본구조를 모색했던 운동으로 평가한다. 1974년 제29차 국제연합 총회에서는, "국가의 경제적 권리, 의무 헌장"이 채택되었다. 그 내용의 핵심은 국제관계에서 나타나는 경제적 불평등의 제거다. 이 헌장의 표결과정에서 미국을 비롯한 16개국이 반대와 기권의 의사를 표시했다. 이 16개국 가운데 15개국이 OECD 국가였다. 이 변화를 설명하고, 또한 이 변화를 정당화할 수 있는 이론을 모색하면서 콕스는 이탈리아 공산주의 그람시(A. Gramsci)의 『옥중수고』의 문제의식, 즉 "왜 혁명은 일어나지 않는가"라는 질문을 국제관계에 적용하고자 한다.

그람시적 국제관계이론은 주류 이론과 달리 국제관계의 질서를 국제체제를 관리하는 수단이 아니라 인간해방을 위한 목적으로 간주한다. 역설적으로 표현하면, 그람시적 국제관계이론은 강대국이나 헤게모니국가가 관리하는 세계질서가 아니라 그 세계질서를 중단시키고 그 질서로부터의 해방을 위한 대안적 질서를 모색한다. 그람시적 이론에 따르면 국제체제 또는 국제질서는 고정불변의 것이 아니라 변화하는 존재다. 현존하는 국제질서를 고정되어 있는 불변의 실체로 간주하는 주류 이론들은 사실 특정한 목적과 특정한 국가 또는 집단의 이해를 위해 그와 같은 가정을 한다고 할 수 있다. 콕스가 국제관계이론을 비판이론과 문제해결이론으로 구분하는 것도 이 때문이다. 콕스는 주류의 국제관계이론을 기존의 지배적 질서를 주어진 것으로 간주하고 특정 문제의 해결에 집중하는 이론으로 평가하고 있다. 반면 비판이론인 그람시적 국제관계이론은 역사 속에서 가능한 것의 한계를 찾으려는 정치이론이다.

그람시적 국제관계이론에서 설정하고 있는 '역사적 구조'는 물질적 능력과 관념과 제도가 상호작용하는 모형으로, 국제체제나 생산양식과 같은 어떤 추상적 모형에서 도출되는 개념이 아니라 구조와 관련을 맺고 있는 역사적 상황을 고려한 제한된 전체를 지칭한다. 이 역사주의는 사회적 현실이 구조와 주체에 의해 결정된다는 구성주의와 결합된다. 그람시적 국제관계이론은, 그람시가 언급했던 것처럼, 국제관계를 자본주의적 사회관계에 선행하는 관계로 보는 것이 아니라 국제관계가 자본주의적 사회관계와 내적으로 연관되어 있다고 주장한다. 그러나 그람시적 국제관계이론은 자본주의적 생산으로부터 자신의 논의를 시작하지만 국가가 자본주의적 축적을 위한 조건을 창출하고 생산의 전체적 구조를 결정한다고 주장하면서, 경제결정론으로부터 한 걸음 비켜나 있다. 세계질서 속에서 국가의 위치 및 상대적 힘에 의해 각 국가가 생산관계를 변화시킬 수 있는 능력이 제약된다고 주장하면서, 생산·국가·세계질서를 통합하는 이론을 만들고자 한다. 여기서 국가는 (신)현실주의가 주장하는 것과 같은 '국민적-영토적 총체'가 아니라 "역사적으로 특수한 국가·사회 복합체"인 국가형태다.

국가의 재개념화를 통해 그람시적 국제관계이론(과 비판적 국제관계이론)은 안보이론에서도 새로운 혁신을 도모한다. 일반적으로 안보연구는 비판적 연구가 가능하지 않은 마지막 보루로 간주되기도 한다. (신)현실주의 국제관계이론에 따르면, 안보의 대상, 즉 "안전하게 보호되어야 하는 대상"은 영토적으로 정의되는 정치공동체이고, 그 목적을 추구하는 행위자는 국가다. 정치군사적 문제와 경제문제와 인권을 결합한 '포괄적(comprehensive)' 안보개념의 도입에도 불구하고 무정부상태에서는 강한(strong) 국가가 인간안보의 실현을 위한 유일한 매개체라는 사실이 강조되기도 한다. 그람시적 국제관계이론의 영향을 받은 안보이론가들은 안보의 궁극적 대상이 "사회 속에 존재하는 개인"이고 "구체적 장소에 존재하는 구체적 사람"이라고 주장한다. 즉, 반(反) 국가주의적 안보개념을 도입하고자 하는 이론가들은 안보와 해방을 동전의 양면으로 본다.[17] 공동안보가 강대국에 의한 약소국의 포섭이 아니라 보편적이면서도 차이를 인정할 수 있는 새로운 공동체의 건설로 나아갈 수 있을 것인가가 이들이 던지는 또 다른 질문이다.

이 그람시적 국제관계이론을 관통하고 있는 개념이 바로 그람시의 헤게모니 개념이다. 그람시는 헤게모니적 지배가 물리력의 독점에 의한 '강제' 뿐만 아니라 시민사회로부터의 '동의'에 의해 이루어진다는 사실에 주목했다. 강제와 동의를 통해 사회의 제 심급(instances)에서 지도력이 행사되도록 국가와 사회를 응집시키는 구조 그리고 그 구조를 재생산하는 사회세력 또는 계급의 연합이 바로 '역사적 블록(historic bloc)'이다. 그람시적 국제관계이론은 이 헤게모니 및 역사적 블록의 개념을 세계적 차원으로 확장한다. 세계적 차원의 헤게모니는 지배국가 지배집단의 축적체제 및 그에 기초한 행동방식이 다른 국가들 지배집단의 동의를 획득하는 한도 내에서 비로소 창출되기 시작한다. 예를 들어, 2차대전 이후 미국의 헤게모니는 국제기구를 매개로 형성된 사회세력의 역사적 블록으로 설명되고, 이 국제적 역사적 블록은 미국 내부에서 이른바 '포드주의적 축적체제'[18]에 대한 정치적 합의를 형성했던 역사적 블록의 수출품으로 설명된다.[19]

그람시적 국제관계이론은 세계질서의 형성 및 재생산을 설명하면서 동시에 그 과정에서 '대항헤게모니(counter-hegemony)'의 형성 가능성을 모색한다. 이 대항헤게모니를 형성하는 과정, 즉 헤게모니의 이행과정에 대한 대안을 제시하지 않는 한 그람시적 국제관계이론은 이상주의에 머무를 수밖에 없다. 콕스는 그람시를 국제관계이론에 적용하던 1980년대 초중반에는 국가적 경계 내부에서 지난한 진지전을 통해 형성되는 역사적 블록을 세계질서의 변화를 위한 동력으로 파악한 듯하다. 그러나 지구화의 심화(深化)와 더불어 자본의 권력이 확장되고 심화되는 과정에서 민주적 집합행동을 위한 정치적 행위자로 등장하고 있는 지구적 사회운동—평화, 인권, 민주주의와 같은 보편적 주제에 기초한 사회운동, 실업, 홈리스, 빈곤과 같은 소비영역에서의 사회운동, 전통적인 노동운동—의 실천을 통한 세계질서의 변혁을 사고하고 있다. 즉, 지구적 시민사회의 등장과 더불어 그람시적 국제관계이론은 기존의 국민국가라는 정치공동체의 구속을 벗어날 수 있는 새로운 탈주권적 정치공동체 및 그 공동체의 민주적 통치를 상상하고 있다.

3. 프랑크푸르트 학파의 비판이론에 기초한 국제관계이론

프랑크푸르트 학파의 비판이론에 기초한 국제관계이론(이하, 비판적 국제관계이론)은 그람시적 국제관계이론과 많은 문제의식을 공유하고 있다. 예를 들어 두 이론은, "누가 왜 얻는가"라는 고전적인 정치의 개념을 복원하고자 한다. 그러나 그람시적 국제관계이론이 국제정치경제적 주제와 관련되어 있다면, 비판적 국제관계이론은 국제사회와 안보문제에 관심을 집중하고 있다. 비판적 국제관계이론은, 아도르노(T. Adorno)와 호르크하이머(M. Horkheimer), 하버마스(J. Habermas) 등의 프랑크푸르트 학파의 비판이론을 국제관계이론에 적용하고자 한다. 프랑크푸르트 학파의 비판이론은, 그람시와 유사하게, 혁명의 실패와 파시즘의 등장에 대한 반성에서 출발한다. 프랑크푸르트 학파는 맑스의 낙관적 해방론을 반성하면서, 자본주의적 생산양식이 야기하는 지배-피지배관계뿐만 아니라 기술적·도구적 문명으로부터 발생하는 문제가 인간해방의 계기를 앗아가고 있다고 생각한다. 프롤레타리아트가 해방의 잠재력을 담지하고 있다는 맑스의 이론에 대해서도 프랑크푸르트 학파는 동의하지 않는다. 대중문화와 모든 사회생활의 상품화와 더불어 노동자계급은 자본주의체제에 흡수되었고 더 이상 자본주의체제에 대한 위협이 아니라는 것이다. 이 사회가 바로 대다수가 대안을 생각하지 못하는 '일차원적 사회'다. 프랑크푸르트 학파의 비판이론은 맑스주의의 경제결정론을 비판하면서 동시에 실증주의를 비판하기 위해 독일의 관념론 전통을 자신의 이론체계 내부에 포함한다.

예를 들어, 아도르노는 현대사회의 문명은 인간해방에 공헌하기보다는 인간을 야만의 상태로 전락시켰다고 생각한다. 이성은 목적보다는 수단을 정당화하는 도구적(instrumental) 이성이 되었고, 대상들의 다양성이 동일성으로 환원되면서, 인간은 자기파괴를 경험하게 되었다는 것이다. 나치즘이 바로 그 사례다. 맑스는 자본주의의 생산력을 만들어내기에 필요한 자연에 대한 지배를 정당화하고 있으며, 이는 결국 인간에 대한 지배를 초래하게 된다는 것이다. 진정한 해방은 인간의 자연에 대한 지배, 즉 타자성(otherness)에 대한 지배를 멈출 때만 가능하다는 것이 아도르노의 주장이다.[20]

　프랑크푸르트 학파 2세대인 하버마스는, 생산과 계급투쟁 중심의 역사유물론에서 '담화윤리(discourse ethics)'로의 이행을 고려한다.[21] 그 이유는 다음과 같다. 첫째, 맑스주의는 자본주의적 착취로부터의 자유에만 관심을 집중할 뿐, 국가권력, 가부장제, 민족주의, 인종주의 등에 의해 야기되는 억압으로부터의 자유를 의제로 상정하지 않는다. 둘째, 맑스주의는 적절한 역사사회학을 결여하고 있다. 즉 국가건설, 전쟁, 도덕과 문화 등에 탐구가 필요하다는 것이다. 셋째, 맑스주의는 생산영역 외부에서 자유를 보장하기 위한 사회질서에 대한 명확한 전망을 제시하지 못하고 있다. 하버마스가 제시하는 담화윤리는 인간이 합의에 도달하려는 노력이 대화를 통해 그 원칙의 유효성이 만들어져야 한다는 내용을 담고 있다. 진정한 대화는 선험적 확실성을 배제하는 것이다. 그럴 때 비로소 열린 대화가 가능하다. 포섭과 배제가 작동하는 인간생활에서 포섭과 배제의 경계에 대한 정당한 합의가 없다면, 포섭과 배제는 갈등과 억압으로 나타날 수 있기 때문이다. 따라서 하버마스가 설정하는 해방의 과정에서 중요한 것이 바로 소통과 대화다. 즉 더 좋은 사회의 약속은 소통의 영역 속에 존재한다. 그는 급진적 민주주의를 통한 해방을 생각한다. 그 해방의 공간은 특정한 주권국가의 경계 내부로 한정되지 않는다. 국제적 차원에서의 민주주의를 제시하는 것이다.

　맑스를 경유하면서 프랑크푸르트 학파의 비판이론에 입각하여 국제관계이론을 전개하고 있는 링클레이터(A. Linklater)는 비판적 국제관계이론의 성과를 다음과 같이 정리한다.[22] 첫째, 실증주의가 주장하는 지식의 중립성에 대한 비판이다. 국제관계학에서는 이 비판이 신현실주의에 대한 비판이 될 수 있다. 그리고 국제관계(학)에서 이 비판은 이상주의의 함정에 빠지지 않으면서 계몽과 해방의 기획을 복원하는 것을 의미한다. 둘째, 사회구조의 불변성에 대한 주장을 비판한다. 또한 불변의 보편적인 윤리적 척도가 있다는 이상주의적 가정에도 반대한다. 셋째, 비판이론은 맑스주의에서 배우면서 동시에 맑스주의의 약점을 극복하려 한다. 하버마스를 따라 계급적 권력이 사회적 배제의 근본적 형태이고 생산이 사회와 역사의 핵심적 결정요소라는 주장을 부정한다. 계급 이외의 다른 사회적 배제의 축을 고려하고 생산을 포함하여 다양한 힘을 분석한다. '사회적 학습'에 강조점을 둔다. 인간이 어떻게 경계지어진 공동체 안에서 누구를 포함하고 누구를 배제하는지를 분석한다. 그리고 인간이 어떻게 열린 보편적 담론 속에서 다른 사람과 연계할 수 있는지를 탐색한다. 넷째, 열린 대화를 통해 부당한 배제와 단절하는 새로운 정치공동체의 형태를 모색한다. 그것이 곧 탈주권적 정치공동체의 가능성이다. 요약하면, 비판적 국제관계이론은, 국제적 수준에서 계몽의 기획을 인정하고 열린 대화의 이상을 유지하는 보편주의를 옹호한다. 이 측면에서 이 모든 것을 거부하는 포스트모던적 비판이론과 구분된다.

가능한 것의 범위를 찾는 내재적 비판의 방법론에 의거하여, 주권국가의 경계가 윤리적 도덕적 중요성을 상실하고 있는 사례로 링클레이터는 유럽연합을 제시한다. 링클레이터는 현실주의 이론에 입각하면 불가능하게 보였던 "국제관계의 민주주의" 또는 "초국가적 민주주의"를 유럽연합에서 찾고자 한다. 프랑크푸르트 학파의 비판이론에 근거하고 있지만 프랑크푸르트 학파의 비관주의를 넘어서서 가능한 것을 탐색하려는 현실주의적 이론의 모습이라고 할 수 있다.

4. 맑스적 국제관계이론

맑스적 국제관계이론을 대표하는 로젠버그(J. Rosenberg)는 현실주의의 몰역사성을 비판하면서, 맑스의 『자본론』의 방법에 기초하여 국제체제와 사회관계의 연관을 해명하고자 한다.[23] 로젠버그는 신현실주의 이론가들이 근대 국제체제와 동일시하는 그리스시대의 국가체제와 이탈리아의 도시국가체제를 분석하면서, 내적인 사회적 관계의 상이함에 주목한다. 즉 사회적 관계의 차이에서 비롯되는 국가형태의 차이를 밝힌다. 맑스의 정치경제학 비판의 문제의식처럼 국제체제의 역사적 특수성을 해명하는 것이 그의 이론적 작업의 목표다.

로젠버그는 맑스의 방법론에 입각하여 근대 국제체제를 특징짓는 두 개념인 주권과 무정부상태를 자본주의시대의 특수한 특징으로 설명한다. 주권은 자본주의 하에서 국가가 생산과정으로부터 분리되는 방식을 반영한다. 자본주의 하에서 국가는 순수하게 '정치적'이다. 즉 자본주의국가는 잉여가치의 수취과정에 직접적으로 개입하지 않는다. 따라서 자본주의국가는 주권국가의 형태로 등장한다. 주권적 영토적 통치와 생산의 분리로, 자본주의적 기업은 국가통제로부터 자율성을 획득하면서 국제적으로 이동할 수 있게 된다. 무정부상태는 맑스에 따르면 자본주의적 생산의 핵심 특징이다. 무정부상태는 자본주의적 관계의 조건이다. 자본주의적 사회관계의 고유한 특징인 무정부상태는, 따라서 국가들 사이의 초역사적 관계를 지칭하는 개념이 될 수 없다. 무정부상태 일반과 특수한 무정부상태를 구분할 수 있다. 전자가 역사적 특수성을 무시한 채 형태의 비교를 통해 도출되는 개념이라면 후자는 역사적 특수성을 반영한 개념이다. 즉 로젠버그는 자본주의적 생산의 무정부성으로부터 국제정치의 무정부성을 도출해 낸다. 요약한다면, 세계정치의 역사적 변화는 지배적인 생산관계에서의 변화를 반영하는 것으로 이해될 수 있다.

5. 탈근대적 맑스주의 국제관계이론

네그리와 하트의『제국(Empire)』은 탈근대적 맑스주의 국제관계이론을 대표한다.[24] 이른바 지구화는, 전지구적 시장 및 전지구적 생산회로와 더불어 전지구적 질서, 새로운 지배 논리와 지배 구조—새로운 주권형태—를 등장시키고 있다. '제국(empire)'은 이러한 전지구적 교환을 효과적으로 규제하는 정치적 주체, 즉 세계를 통치하는 새로운 주권권력이다. 레닌류의 제국주의는 더 이상 전지구적 권력구조를 이해할 수 있는 적합한 개념이 아니다. 국민국가의 주권의 쇠퇴가 주권 그 자체가 쇠퇴해 왔다는 것을 의미하지는 않는다. 네그리와 하트의 기본가설은, 주권이 단일한 지배논리 하에 통합된 일련의 일국적 기관들과 초국적 기관들로 이루어진 새로운 형태를 띠어 왔다는 것이다. 이 새로운 전지구적 주권형태를 제국으로 정의한다. 제국주의와 달리 제국은 결코 영토적인 권력의 중심을 만들지 않고, 고정된 경계나 장벽에 의지하지도 않는 탈근대적 네트워크라고 할 수 있다. 제국은 개방적이고 팽창하는 자신의 경계 안에 지구적 영역 전체를 점차 통합하는, 탈중심화되고 탈영토화하는 지배장치다. 미국은 제국주의적 기획의 중심을 형성하지 않으며, 진정으로 어떤 국민국가도 오늘날에는 제국주의적 기획의 중심을 형성할 수 없다. 제국은 경계가 없다. 제국 안에서 제국에 저항할 수 있는 대안을 네그리와 하트는 '대중(multitude)'에게서 찾는다.

IV. 비판적 국제관계이론과 한국

한국의 국제관계학이 하나의 '학문분과(discipline)'이면서 동시에 '사회적 실천'으로 성장하는 과정에서, 분단으로 표현되는 한반도문제를 염두에 둔 국제관계이론의 수입 및 정체성 모색이 이루어지기도 했다. 1980년대에 접어들면서 비판적 이론도 국제관계학 연구공동체에서 시민권을 획득하기 시작했다. 종속이론과 세계체제론 그리고 레닌의 제국주의론의 제3세계판인 신식민지 국가독점자본주의 이론 등이 그것이다. 그러나 한국자본주의의 발전에 따라 종속 또는 신식민지라는 문제설정이 가지는 한계가 지적되면서 그 이론들의 영향력은 감소했다. 1990년대에 들어서면서 다양한 비판적 이론이 소개되고 있다. 국제관계이론을 위한 토론의 공간, 즉 공공영역의 확대로 해석될 수 있는 측면이 있다. 그러나, 한국적 정체성에 기반한 체계저 연구프로그램과 한국적 맥락을 고려한 비판-계몽-해방의 기획은 제시되고 있지는 않은 것처럼 보인다.

비판적 국제관계이론의 소개는, 국가중심적 현실주의의 시각에서 남북한 관계 및 한반도를 포함한 동북아 국제정치를 설명하려는 경향에 대한 반성으로, 그 의미를 찾을 수 있다. 현실주의 이론에서는 국제관계에서 나타나는 규범적 문제를 제기하지 않거나 권력정치를 국제관계의 윤리로 대체하려는 경향이 있다. 또한 현실주의 이론은 기존의 세계질서를 주어진 것으로 보려는 경향이 있다. 따라서 현실주의 이론에 근거할 때, 한반도의 평화라는 규범적 목표는 문제설정의 밖에 위치할 가능성이 높다. '우리' 가 한반도 및 한반도를 포함한 동북아 지역에서 현상유지적 질서를 수용하지 않고자 한다면, 새로운 시각과 이론에 기초한 반성적 사유가 필요할 것이다. 비판적 이론은 그 사고의 전환을 위한 하나의 실마리를 제공할 수 있다. 평화와 안보에 대한 새로운 개념화, 한반도문제의 역사적 구조에 대한 해명, 한반도문제의 해결을 위한 대항헤게모니 형성의 가능성 등등은 비판적 이론이 우리에게 던지는 중요한 과제들이다.

비판적 국제관계이론은 한국의 국가이익 형성과정에서 사회적 관계를 고려하게 한다. 즉 비판적 국제관계이론은 국가이익이 미리 주어져 있는 어떤 것이 아니라 사회세력들의 갈등과 협력을 통해 형성된다는 시각을 가지게 한다.[25] 또한 비판적 국제관계이론은 국제질서와 한국의 국가와 사회를 종합적으로 분석할 수 있는 도구를 제공한다. 1997년 IMF 위기는 그 변증적 분석을 요구하는 사례 가운데 하나다. 비판적 국제관계이론은, 국제질서가 한국의 국가와 사회에 미치는 영향뿐만 아니라 국제질서의 변화에 개입할 수 있는 실천으로서 한국의 국가와 시민사회의 외교를 재정의하

게 한다. 즉 현실주의에 따르면 국제체제의 개혁과 변혁의 주체가 될 수 없
는 소국(小國)의 국가와 시민사회가 그 체제의 개혁과 변혁에 개입할 수
있는 가능성을 모색할 수 있다는 것이다.

이제 비판적 국제관계이론의 수입 및 응용의 사례를 간략히 살펴보자.
세계체제론에 근거하여, 남북한의 적대적 대립과 상호의존을 규명하고자
하는 '분단체제론'은 비판적 이론의 수입 및 응용의 사례일 수 있다.[26] 문
학평론가인 백낙청 교수에 의해 제안된 분단체제론은, 한반도의 현실이 단
순히 남북한 각각의 체제만을 고려하거나 세계체제와 남북한 체제라는 두
차원의 체제개념만을 동원해서는 제대로 해명할 수 없다는 인식으로부터
출발한다. 그리고 분단현실에는 남북한의 대립뿐만 아니라 일정한 '상호
의존'까지 뒤섞여 있고 거기에 외국의 작용까지 지속적으로 가세하기 때
문에 현실자체의 복잡성을 정리하기 위해 분단체제의 개념을 도입하고자
한다.

분단체제론은 분단체제 하에서 남북한 양측의 지배계급이 내세우는 각
각의 분단이데올로기는 남한의 반공주의와 북한의 김일성주의로 집약될
수 있는 바, 양자는 민족의 통일을 내세우면서도 기실은 남북한 지배계급
의 기득권 유지에 봉사하고 있다고 본다. 따라서 분단체제 하에서 남북한
민중은 모두 공통의 이해관계, 즉 분단의 극복이라는 과제의 측면에서 동
일한 이해관계를 가지고 있고, 결국 분단의 극복을 위한 운동은, 외세축출,
남한의 변혁이라는 비현실적인 과제에 집착할 것이 아니라 이 분단체제를
허물기 위한 남북한 민중의 자기사회 민주화와 개혁의 노력에서 출발해야
한다는 것이다.

분단체제론이 남북한의 기득권세력과 이 체제의 희생자인 남북한 민중
을 그 주요 대립항으로 설정한다고 해서 남북의 정권을 무조건 적대시하는
포퓰리즘(populism, 정서적 민중주의)적 운동을 제창하는 것은 아니다.
민중의 입장이라는 것 자체가 남북 민중의 때로는 상충하는 이해관계를 포

괄하는 복합적인 성격을 띤다는 사실을 고려해야 한다. 분단체제의 이 복잡한 방정식에는 분단체제의 상위체제인 세계체제의 작동이 반영되어야 하고, 특히 미국, 중국, 일본, 러시아 등 주변 강대국들을 중요한 변수로 대입해야 한다. 이들의 역할도 국제정세에 따라 변화한다. 예를 들어, 미국은 분단에 가장 큰 작용을 한 국가이기는 하지만 남북한의 통일이 자본주의적 세계질서를 벗어나지 않는 한 관련당국이 주도하는 합의통일에 대해서는 위협을 제일 덜 느낄 처지에 있을 수 있다는 것이다.[27]

분단체제론의 공헌으로는, 첫째, 남북한이 하나의 분단체제를 구성한다는 가설이 시사하듯 남북한 사회간의 상호 연관성을 강조한 점, 둘째, 남북한 지배세력간의 대립, 즉 체제모순만을 주목해 온 종전의 사고에 비해 이들간의 통일성과 공통성, 특히 분단의 유지에서 얻어지는 이해관계의 공유라는 측면을 부각시킨 점, 셋째, 분단이 강제하는 이데올로기 지형의 협소화, 즉 일반대중의 수준에서 이데올로기적 보수화 등 분단의 부정적 효과에 대한 적절한 지적, 넷째, 정치적 현실주의의 측면에서 세계체제론을 수용함으로써 현 정세 하에서 세계체제 이탈의 현실적 불가능성을 언급했다는 점 등이다.

반면, 분단체제론에 대한 비판도 존재한다. 첫째, 남북한 사회체제의 차이를 과소평가하고 사실상 양 사회를 대칭적으로 보고 있다는 한계를 가지고 있다. 따라서 남북한 사회의 내적인 재생산과정과 특징은 무시되기 쉽다. 즉, 분단체제론은 북한사회에 대한 구체적 규정을 결여하고 있다.[28] 둘째, 분단체제론은 역사적으로 우리가 상이한 분단체제를 가졌을 가능성을 고려하지 않고 있다. 남북한 관계의 변화에 따라 분단체제의 내용과 형태는 달라질 수 있다. 따라서 분단체제의 역사적 구조에 기초한 형태론이 필요하다고 할 수 있다. 셋째, 분단체제론은 자본과 정부 주도로 이루어지고 있는 분단체제 극복사업에 대한 비판적 인식을 결여하는 경향이 있다.

다른 한편 비판적 국제관계이론은 남북한 관계 및 한반도를 포함한 동북아에서 가능한 대안적 질서를 상상할 수 있는 계기를 제공할 수 있다. 예를 들면 다음과 같다. 첫째, 한반도에서 '적극적 평화'를 이끌 수 있는 새로운 대항적 또는 대안적 역사적 블록과 그 블록의 형성을 가능하게 할 수 있는 소통의 공론장(公論場) 건설을 상정할 수 있다. 그리고 이 공론장이 확대되면서 남북한 관계를 동북아 평화과정의 한 부분으로 위치지울 수 있다. 둘째, 남북한 관계 및 동북아 국제정치에서 '복합국가'와 같은 새로운 정치공동체를 상상할 수 있다. 프랑크푸르트 학파의 비판이론에 기초한 국제관계이론이 상정하고 있는 것처럼, 국민국가를 유일의 정치공동체로 간주하지 않을 수 있다는 것이다. 즉, 한반도에서 가능할 수 있는 탈(脫)/비(非) 국가적 통합에 대한 문제제기다. 셋째, 이 두 인식의 전환에 기초하여 동북아지역에서도 소통과 대화를 할 수 있는 시민사회의 연대에 기초한 '비판적 지역주의'를 생각해 볼 수 있다. 대부분의 동아시아 차원의 지역주의 논의는 국가적 수준에서만 논의되었다. 비판적 국제이론은 일국 차원의 개혁과 변혁을 넘어서서 동아시아 시민사회의 연대에 기초한 동아시아 차원의 개혁과 변혁을 모색할 수 있는 이론적 자원을 제공할 수 있다.

V. 결론

비판적 국제관계이론은, 세계를 어떻게 잘 설명할 것인가 라는 인식론적 문제설정을, 세계의 실제 상태가 어떤가 라는 존재론적 문제설정으로 전환하고자 한다. 대부분의 주류 이론은 국제체제 또는 세계질서의 변화를 전제하지 않고, 고정된 실체인 국제체제 또는 세계질서를 설명하는 것에 집중해 왔다. 신현실주의 국제관계이론이 그 대표적 사례다. 비판적 국제관계이론은 세계질서의 존재론적 전환을 추적하고 그 전환이 가져온 역사적 구조의 변화를 탐색하고자 하는 국제관계이론이다.

비판적 국제관계이론은 이론의 형성, 즉 이론적 실천이 사회적 현실을 구성하는 요소라는 생각을 공유하고 있다. 즉 이론의 형성 그 자체가 정치적 실천이라는 생각을 한다. 따라서 비판적 국제관계이론에서는, 국제적인 것의 역사적 특수성을 규명하고, 그 이론적 분석에 기반하여 기존의 체제와 질서를 개혁하거나 변혁할 수 있는 대안세력을 찾고 그들의 운동을 통해 대안적 질서를 만들고자 한다. 세계를 해석하는 것으로 그치는 이론이 아니라 세계를 변혁하는 것, 바로 그것이 비판적 국제관계이론의 목적이다. 비판적 국제관계이론이 철학적 논쟁을 넘어서서 구체적 상황에 대한 구체적 분석을 발전시킬 수 있을 때, 비판적 국제관계이론은 비로소 세계를 변혁하고자 하는 자신의 목적에 기여할 수 있을 것이다.

| 미주 |

1) 맑스주의적 국제관계이론을 소개하고 있는 S. Hobden, and R. Jones, "Marxist Theories of International Relations," in J. Baylis, and S. Smith, *The Globalization of World Politics* (Oxford: Oxford University Press, 2001), p. 202에서 제시하고 있는 세계불평등 지표의 일부다.

2) 이 글에서는 맑스적(Maxian)과 맑스주의적(Marxist)을 구분한다. 전자가 맑스의 저작에 충실한 이론적 경향을 묘사하기 위한 수식어라면 후자는 맑스에 대한 다양한 해석을 포괄하는 수식어다.

3) 초국가적 차원의 계급형성에 주목해 온 네덜란드 암스테르담 대학학파도 비판적 국제관계 이론의 하나로 분류할 수 있다. 이들은 그람시적 국제관계이론과 이론적 구성요소를 공유하고 있다. 대표적 연구 성과로는 K. van der Pijl, *Transnational Classes and International Relations* (London: Routledge, 1998)를 참조.

4) 오리엔탈리즘을 제외한 공통분모는, S. Hobden, and W. Jones, 앞의 글, pp. 203-205에서 제시된 것이다. 본 논문에서는 이 공통분모를 더욱 자세하게 설명하고 있다.

5) 칼 맑스, 김호균 역, 『경제학 노트』(서울: 이론과 실천, 1989), pp. 11-12.

6) 비판적 국제관계이론의 실증주의 철학에 대한 비판으로는 M. Neufeld, *The Restructuring of International Relations Theory* (Cambridge: Cambridge University Press, 1995) 참조.

7) 에드워드 사이드, 박홍규 역, 『오리엔탈리즘』(서울: 교보문고, 2002); 강상중, 이경덕 · 임 성모 역, 『오리엔탈리즘을 넘어서』(서울: 이산, 1997). 오리엔탈리즘이 사이드의 정의와 개념에 국한되는 것이 아니라는 국내학자의 비판적 해석으로는, 정진농, 『오리엔탈리즘의 역사』(서울: 살림, 2003)를 참조.

8) 비판과 비판이론의 개괄적 소개로는 데이비드 헬드, 백승균 역, 『비판이론서설』(대구: 계명대학교출판부, 1988).

9) 블라디미르 레닌, 남상일 역, 『제국주의론』(서울: 백산서당, 1988). 제국주의에 관한 국내 연구 성과로는, 박지향, 『제국주의: 신화와 현실』(서울: 서울대학교출판부, 2000) 참조.

10) 마틴 와이트, "국제정치이론은 왜 존재하지 않는가?" 홍성민 (편), 『포스트 모던의 국제 정치학』(서울: 인간사랑, 1991); 케네스 월츠, 박건영 역, 『국제정치이론』(서울: 사회평론, 2000).

11) 미국의 남한에 대한 경제적 · 군사적 원조는 1997년까지 총 190억 7천만 달러에 이르렀다. 그 중에 110억 5천만 달러는 무상원조였는데 여기엔 64억 4천만 달러 어치의 군사장비가 포함되어 있다. 남한보다 더 많은 원조를 받은 나라는 이스라엘(561억 달러), 이집트(367억 달러), 남베트남(218억 달러) 정도다. 셀리그 해리슨, 이홍동 외 역, 『코리안 엔드게임』(서울: 삼인, 2003), p. 20.

12) 이매뉴얼 월러스타인, 나종일 외 역, 『근대세계체제 I, II, III』(서울: 까치, 1999).

13) 페르낭 브로델, 이정옥 역, 『역사학 논고』(서울: 민음사, 1990). 브로델의 시간개념은 다음과 같이 정리할 수 있다. 첫째, 인간을 에워싸고 있는 환경과의 관계 속에서의 인간의 역사로 모든 변화가 완만하고 지속적으로 반복되는 주기의 역사라고 할 수 있는 장기지속이다. 둘째, 완만하지만 인지할 수 있는 리듬을 가지고 있는 시간, 즉 집단과 집단형성의 역사라고 할 수 있는 일종의 사회사적 시간이다. 셋째, 인간규모의 역사가 아니라 개별인간들의 역사, 즉 사건사로 부를 수 있는 시간이다.

14) G. Arrighi, *The Long Twentieth Century: Money, Power and the Origins of Our Times* (London: Verso, 1994).

15) 이매뉴얼 월러스타인 · 지오반니 아리기 · 테렌스 홉킨스, 송철순 · 천지현 역, 『반체제운동』(서울: 창작과비평사, 1994).

16) R. Cox with, and T. Sinclair, *Approaches to World Order* (Cambridge: Cambridge University Press, 1996); R. Cox, *The Political Economy of a Plural World: Critical Reflections on Power, Morals and Civilization* (London: Routledge, 2002). 그람시적 국제관계이론의 주요 내용은 Cox의 위 두 저작을 요약한 것이다.

17) R. Jones, *Security, Strategy, and Critical Theory* (Boulder: Lynne Rienner Publishers, 1999).

18) 포드주의 축적체제는 생산재 생산부문과 소비재 생산부문의 균형적 발전을 통해 "대량생산과 대량소비"를 가능하게 했던 정치경제체제로 정의할 수 있다.

19) M. Rupert, *Producing Hegemony: The Politics of Mass Production and American Global Power* (Cambridge: Cambridge University Press, 1995). 이 역사적 블록의 수출은 중심부 국가들로 한정되지 않는다. 헤게모니를 장악한 초국가적 역사적 블록은 중심부의 특정 발전모델이 주변부 국가들의 발전에 있어서도 보편적 기준으로 선택되도록 다양한 조절기제 ─ 정치, 문화, 이념 ─ 를 동원한다. 주변부의 포드주의적 축적체제에 대한 조절이론의 분석으로는, 아랑 리피에츠, 김종한 외 역, 『기적과 환상』(서울: 한울, 1991) 참조

20) 이동수, "아도르노에 있어서 신화, 계몽 그리고 미메시스적 화해," 한국정치사상학회 제5회 연례학술대회 발표문 (2001).

21) A. Linklater, "The Achievements of Critical Theory," S. Smith, et al., *International The-*

ory: Positivism and beyond (Cambridge: Cambridge University Press, 1996), pp. 284-295.

22) 위의 글.

23) J. Rosenberg, *The Empire of Civil Society: A Critique of the Realist Theory of International Relations* (London: Verso, 1994).

24) 안토니오 네그리 · 제프리 하트, 윤수종 역, 『제국』 (서울: 이학사, 2002).

25) 함택영, "국가와 국가이익: 국제정치학의 국가중심성 비판," 『국가와 전쟁을 넘어서』 (서울: 법문사, 1994), pp. 230-252. 국가의 사회적 관계를 고려하는 그람시적 국제관계이론에 입각하여 남북한의 군사력 경쟁을 분석한 연구 성과로는, 함택영, 『국가안보의 정치경제학』 (서울: 법문사, 1998)을 참조.

26) 백낙청, 『분단체제 변혁의 공부길』 (서울: 창작과비평사, 1994); 백낙청, 『흔들리는 분단체제』 (서울: 창작과비평사, 1998).

27) 분단체제론은 사실상 비록 분단으로 불구화된 국가지만 두 개의 국가가 한반도에 공존함을 인정하고 그것이 평화적 공존이어야 한다는 명제를 제시한다. 이러한 현실적인 자세를 바탕으로 추구할 다음의 과제는, 분단체제가 전쟁재발이라는 파국적 방식을 통해 무너지는 사태는 피하면서도 고착화과정을 무한정 끌고 가려다 필경 전쟁 또는 전쟁에 버금가는 어떤 재앙으로 끝맺는 결과를 막아 줄 국가체제를 구상하는 것이다. 통일을 향한 획기적 한 걸음을 뜻하면서도 분단체제의 급격한 붕괴를 피하는 국가체제라면 느슨한 형태의 복합국가인 국가연합(confederation)이라는 것이다. 북한의 연방공화국 제안이 영어로는 confederal republic(국가연합공화국)으로 표현되었고, 1991년 남한정부의 한민족공동체 통일안에 국가연합 단계가 포함되었고, 남북한간에는 국가연합을 향한 더욱 실질적인 합의가 이미 이루어진 상태라고도 볼 수 있다. 분단체제론은 국가연합 이후의 단계에 대해서는 미리 못을 박아 분란을 자초할 까닭이 없다고 생각한다. 단일민족국가가 적절한 대안적 통일형태가 되지 않을 수도 있기 때문이다.

28) 손호철, "'분단체제론' 재고," 『창작과비평』 86호 (1994 겨울); 손호철, "'분단체제론'의 비판적 고찰," 『창작과비평』 84호 (1994 여름).

| 참고문헌 |

- 강상중, 이경덕 · 임성모 역. 『오리엔탈리즘을 넘어서』. (서울: 이산, 1997).
- 데이비드 헬드, 백승균 역, 『비판이론서설』. (대구: 계명대학교출판부, 1988).
- 마틴 와이트. "국제정치이론은 왜 존재하지 않는가?" 홍성민 (편). 『포스트 모던의 국제정치학』. (서울: 인간사랑, 1991).
- 박지향. 『제국주의: 신화와 현실』. (서울: 서울대학교출판부, 2000).
- 백낙청. 『분단체제 변혁의 공부길』. (서울: 창작과비평사, 1994).
- 백낙청. 『흔들리는 분단체제』. (서울: 창작과비평사, 1998).
- 벤둘카 쿠발코바 · 알버트 크뢰샹크, 김성주 역. 『맑스주의와 국제관계론』. (서울: 한길사, 1990).
- 블라디미르 레닌, 남상일 역. 『제국주의론』. (서울: 백산서당, 1988).
- 손호철. "'분단체제론'의 비판적 고찰." 『창작과비평』 84호, (1994 여름).
- 셀리그 해리슨, 이홍동 외 역. 『코리안 엔드게임』. (서울: 삼인, 2003).
- 아랑 리피에츠, 김종한 외 역. 『기적과 환상』. (서울: 한울, 1991).
- 안토니오 네그리 · 제프리 하트, 윤수종 역. 『제국』. (서울: 이학사, 2002).
- 에드워드 사이드, 박홍규 역. 『오리엔탈리즘』. (서울: 교보문고, 2002).
- 이동수. "아도르노에 있어서 신화, 계몽 그리고 미메시스적 화해." 한국정치사상학회 제5회 연례학술대회 발표문, 2001.
- 이매뉴얼 월러스타인, 나종일 외 역. 『근대세계체제 I, II, III』. (서울: 까치, 1999).
- 이매뉴얼 월러스타인 · 지오반니 아리기 · 테렌스 홉킨스, 송철순 · 천지현 역. 『반체제운동』. (서울: 창작과비평사, 1994).
- 칼 맑스, 김호균 역. 『경제학 노트』. (서울: 이론과 실천, 1989).
- 페르낭 브로델, 이정옥 역. 『역사학 논고』. (서울: 민음사, 1990).
- 함택영. 『국가안보의 정치경제학』. (서울: 법문사, 1998).
- Arrighi, G. *The Long Twentieth Century: Money, Power, and the Origin of Our Times.* (London: Verso, 1994).
- Cox, R. *Production, Power, and World Order: Social Forces in the Making of History.* (Columbia: Columbia University Press, 1987).
- Cox, R. and T. Sinclair. *Approaches to World Order.* (Cambridge: Cambridge University Press,

1996).

- Cox, R. *The Political Economy of a Plural World: Critical Reflections on Power, Morals and Civilization.* (London: Routledge, 2002).

- Gill, S. *American Hegemony and Trilateral Commission.* (Cambridge: Cambridge University Press, 1990).

- Gill, S. (ed.). *Gramsci, Historical Materialism and International Relations.* (Cambridge: Cambridge University Press, 1993).

- Held, D. *Democracy and the Global Order.* (Cambridge: Polity, 1995).

- Hobden, S., and W. Jones. "Marxist Theories of International Realtions." in J. Baylis, and S. Smith (eds.). *The Globalization of World Politics.* (Oxford: Oxford University Press, 2001).

- Jones, R. *Security, Strategy, and Critical Theory.* (Boulder: Lynne Rienner Publishers, 1999).

- Linklater, A. *Men and Citizens in the Theory of International Relations.* (London: Macmillan 1990).

- Linklater, A. "The Achievements of Critical Theory." S. Smith, et al.. *International Theory: Positivism and beyond.* (Cambridge: Cambridge University Press, 1996).

- Murphy, C. *Industrial Organization and Industrial Change: Global Governance since 1850.* (Cambridge: Polity, 1994).

- Neufeld, M. *The Restructuring of International Relations Theory.* (Cambridge: Cambridge University Press, 1995).

- Rosenberg, J. *The Empire of Civil Society: A Critique of the Realist Theory of International Relations.* (London: Verso, 1994).

- Rupert, M. *Producing Hegemony: The Politics of Mass Production and American Global Power.* (Cambridge: Cambridge University Press, 1995).

- Rupert, M., and H. Smith (eds.). *Historical Materialism and Globalization.* (London: Routledge, 2002).

- Van der Pijl, K. *Transnational Classes and International Relations.* (London: Routledge, 1998).

- Wilkinson, R., and S. Hughes (eds.). *Global Governance: Critical Perspectives.* (London: Routledge, 2002).

| 문헌해제 |

- 에드워드 사이드, 『오리엔탈리즘』 (서울: 교보문고, 2002): 서구사회의 동양에 대한 '인식' 이 근본적 한계를 지니고 있음을 지적하고 있다.

- 블라디미르 레닌, 『제국주의론』 (서울: 백산서당, 1988): 고전적 맑스주의의 국제관계이론이라고 할 수 있다. 영토분할 전쟁으로 귀결되는 제국주의를 자본주의 발전의 집적과 집중의 단계와 연계하여 설명하고 있다.

- 이매뉴얼 월러스타인, 『근대세계체제 I, II, III』 (서울: 까치, 1999): 자본주의 세계경제를 분석단위로 하여 근대세계체제를 설명하고자 하는 세계체제론의 대표적 저서다.

- 로버트 콕스, "사회세력, 국가, 세계질서: 국제관계이론을 넘어서," 김우상 외, 『국제관계론강의 2』 (서울: 한울, 1997): 그람시의 사상을 국제관계이론에 도입한 기념비적 논문이다. 월츠류의 신현실주의와 달리 기존 질서를 변혁할 수 있는 비판이론을 모색하고 있다.

- 안토니오 네그리 · 제프리 하트, 윤수종 역, 『제국』 (서울: 이학사, 2002): 제국주의가 아니라 '제국' 이 전지구적 교환을 효과적으로 규제하는 정치적 주체, 즉 세계를 통치하는 주권권력으로 등장하고 있음을 설명하는 탈근대적 맑스주의 국제관계이론서다.

- 백낙청, 『분단체제 변혁의 공부길』 (서울: 창작과비평사, 1994); 함택영, 『국가안보의 정치경제학』 (서울: 법문사, 1998): 비판적 국제관계이론 —세계체제론과 그람시적 국제관계이론— 을 응용하여 남북한 관계를 분석하고 있는 책들이다.

- J. Rosenberg, *The Empire of Civil Society: A Critique of the Realist Theory of International Relations* (London: Verso, 1994): 맑스의 『자본론』에서 나타나고 있는 '정치경제학 비판' 이라는 문제의식에 의거하여 월츠류의 현실주의 국제관계이론을 비판하고 있다.

여성주의 국제관계론

강 윤 희

I. 서론

국제관계를 이해하는 데 젠더(gender)는 중요한 요소일까? 기존의 국제관계론에서 젠더 문제는 어떻게 다루어졌으며 여성들은 국제정치의 어디에 존재하는가? 그 동안 국제정치에서 젠더 문제가 사장되어 왔다면 그 이유는 무엇인가? 분석의 단위로서 젠더의 효용성을 어떻게 보아야 할 것인가? 기존 이론의 틀 속에서 젠더 문제를 부각시킬 여지는 있는 것일까? 아니면 세계정치에 대한 좀더 깊은 이해를 위하여 기존의 이론을 대신하여 젠더문제를 중심으로 국제정치를 보는 이론을 발전시켜야 하는 것인가?

여성주의 국제관계론자들은 기존의 국제관계론에서 무시되어 왔던 젠더라는 요소를 통해 국제정치를 볼 때 기존의 국제정치이론을 대치할 수 있는 대안적 국제관계론이 성립될 수 있다고 본다. 이번 장에서는 여성주의 국제관계론이 등장하게 된 이론적·현실적 배경을 살펴보고, 지난 15년간 발전하여 온 여성주의 국제관계론의 주된 논의를 알아보고자 한다. 또한 한국의 국제정치적 현실을 파악하는 데 여성주의 국제관계론이 어떠한 공헌을 할 수 있는지 전망해 보고, 마지막으로 여성주의 국제관계론의 이론적 기여도 및 한계를 살펴보고 앞으로의 발전 방향을 전망해 보고자 한다.

II. 여성주의 국제관계론의 등장 배경

전통적으로 가장 남성적인 학문으로 간주되어 왔던 국제정치학은 다른 어떤 학문분야보다도 늦게 여성주의 이론에 영향을 받았다. 18세기로 거슬러 올라갈 만큼 긴 역사를 지닌 여성주의 이론은 문학, 역사학, 인류학, 사회학, 정치학에 이르기까지 다양한 학문분야에 영향을 끼쳤으나, 국제정치학에서는 비교적 최근이라고 할 수 있는 1980년대 후반에 이르러서야 여성주의 시각에 의한 국제정치 논의들이 본격적으로 시작되었다. 1988년과 89년에 영국 런던경제대학(London School of Economics)에서 여성과 국제관계에 관한 세미나를 주관하고 그 결과물을 *Millennium: Journal of International Relations*라는 학술지에 개재한 것을 필두로 하여 지난 15년 간 젠더 문제를 중점적으로 다룬 다수의 연구들이 이루어졌다.

이처럼 다른 어떤 학문영역보다 국제정치학이 여성주의와의 조우가 늦었던 것은 학문이 갖는 특수한 성격에서 비롯되었다. 국제정치학은 주로 국가, 국가권력과 그 부수현상을 다루는 학문으로, 고위정치(high politics)에 많은 관심을 갖기 때문에 일상적·사적인 영역으로 여겨지는 여성과 여성성에 관련되는 문제는 무시되어 왔다. 젠더와 국제관계가 상호무관하다는 가정이 기존 국제정치학 연구에 팽배했으며, 그 결과 젠더 문제가 국제관계론에서 배제되어 왔던 것이다. 또한 국제정치의 주요 행위자가 주로 남성이었고, 대다수의 국제정치학자 또한 남성이었기 때문에 국제정치학에서 여성의 존재와 경험, 여성적 시각이 진지하게 고려되지 못했다.

그렇다면, 주로 남성들의 세계관을 충실하게 대변하는 것으로 판단되는 국제정치학에 여성주의 관점이 수용된 것은 무엇 때문인가? 프레드 할러데이(Fred Halliday)는 국제관계론에 대한 여성주의 이론의 시사점 증대, 국제관계의 젠더편향적 결과에 대한 인식의 증대, 국제정치 행위자로서의 여성의 등장, 젠더와 관련된 정책문제의 대두를 주요 요인으로 지적한다.[1]

첫째, 정치학 및 기타 사회이론 분야에서 여성주의가 기존에 이룬 연구 결과물이 국제정치 분석에 함의를 가지기 때문이다. 예컨대 여성주의에서 젠더라는 용어로 권력이나 권력의 상징을 비판한 것, 혹은 안보, 권리, 권위 등에 대해 젠더화된 정의를 내린 것은 이후 국제관계에서의 인권 논의에서 젠더 요소의 중요성을 부각시켰다. 이것은 여성에게 특정 권리를 인정하거나 부정하는 데 국가 및 기타 행위자의 역할을 연구하는 것을 적절한 것으로 만들었다. 또한 국가이익 개념에 관련된 논의는 국가이익이 실제로 특정 그룹의 이익을 좀더 반영한다는 것을 드러냈고, 이것은 국가이익의 정의(definition)가 젠더특정적인지, 즉 국가이익개념이 여성보다는 남성에게 더 유리한 것인지 질문하게 만들었다.

둘째, 국제적 정책이나 과정이 사회 속에서의 여성의 위치를 결정하는 데, 그리고 성별간의 경제적, 사회적, 정치적 관계를 구조화하는 데 중요한 역할을 한다는 것을 점차 인식하게 되었기 때문이다. 특히 국제경제정책이 여성의 삶에 직접적이고 강한 영향을 미친다는 것이 명백하여졌고, 이는 1980-90년대 일부 제3세계 정부에 의해 추진된 구조조정정책—주로 IMF나 세계은행의 지원을 받는—이 젠더편향적 결과를 낳았다는 점에서도 드러난다. 사적인 영역에서의 결혼관계 또한 국제적인 변화에 영향을 받는다. 이처럼 여성의 사회적·경제적 위치는 이제 국제적이고 초국가적인 요인에 의해 영향을 받는다. 따라서 국제적 과정은 젠더 중립적이지 않으며, 젠더 관계는 국제적 요인과 분리되어 있는 것이 아니라는 인식이 대두되었다.

셋째, 여성의 국제정치 및 국제정치학 분야로의 진출과 그들의 역할 증대는 국제정치의 주요 행위자는 남성이라는 가정에 도전하게 만들었다. 1970년대 이후 여성의 점진적인 정치참여 확대를 통해 정부 및 의회에 더욱 많은 여성들이 진출하게 되었고, 이들은 행정부의 수반으로서, 혹은 외무부 및 기타 국제관계 관련 부서의 일원으로서 국제정치의 행위자로 등장했다. 또한 각종 국제기구 및 국제비정부기구에서 활동하는 여성이 수적으로 증가했다. 특히 1960년대 후반 이후 계속되어 온 여성운동조직의 국경을 넘어선 확산은 여성운동 발전에 초국가적 성격을 부여했고, 여성문제를 전쟁과 평화, 경제 및 사회발전과 같은 좀더 전통적인 국제문제와 연결시키려는 경향을 보여주었다. 이 모든 변화는 여성이 더 이상 국제정치와 무관한 존재가 아니라, 국제정치의 유의미한 행위자로 등장했다는 것을 의미한다.

마지막으로 외교정책문제의 젠더특정적 요소에 대한 인식 증대는 여성과 국제정치 영역이 상호관련을 맺고 있다는 것을 보여주었다. 여성들의 반전운동이나 핵무기 반대시위에서 볼 수 있듯이 여성과 평화를 연결시키는 명백한 경향이 있다. 다른 한편 전쟁에서의 여성의 역할—군사점령에 대한 저항운동에서, 혹은 군사주의적 정책에 대한 지지자로서—에 대한 논의도 존재한다. 또 다른 영역에서는 국제제도들이 사회 속의 여성의 위치에 대해 한층 더 관심을 기울이게 되었다. UN의 세계여성을 위한 10년(1976~1985) 선언은 여성에 대한 국제법 발전 및 민족 정책에 대한 관심을 증대시켰다. 다양한 비정부조직들도 여성문제에 적극적이다. 그 결과 고용, 성별노동분화, 발전과 이주 등의 국제경제정책의 젠더적 측면에 대한 관심도 높아졌다.

결국 여성주의와 국제정치학이 접목되는 현상은 한편으로는 변모하는 현실—여성의 국제정치분야로의 진출과 그들의 역할 증대—에 발맞추어 국제정치학의 연구영역을 확대해야 할 필요성과 급속히 진전되고 있는 정보화, 세계화 흐름 속에서 국제정책이나 외교정책이 가지는 젠더적 요소를 분석해야 할 필요성 때문에 나타났다고 할 수 있다. 다른 한편으로 여성주의 이론도 여성의 문제를 이해하기 위해서 국제정치영역으로까지 연구의 영역을 확대할 필요성을 느끼게 되었다. 즉 정보화, 세계화 시대에 여성의 문제는 국제적 문제와 무관하지 않다는 것을 인식하게 된 것이다. 국가라는 좁은 틀 안에서 여성들이 직면하고 있는 문제들을 분석하고 그 해결책을 찾는 것이 이제 더 이상 가능하지 않기 때문이다. 따라서 여성의 삶에 직접적인 영향을 미치는 국제체제, 제도, 국제정치경제를 여성의 시각으로 바라보려는 시도가 나타나게 된 것이다.

한편 국제정치 이론사적인 맥락에서 볼 때, 국제정치학에서의 여성주의 관점의 수용은 권력과 국가안보를 주요 분석대상으로 하는 국제정치이론의 적실성에 대한 의문, 그리고 무엇보다도 '제3의 논쟁'에서 나타난 바와 같이 기존 국제정치학 패러다임에 대한 대안제시와 관련이 깊다. 현실주의를 위시한 기존 국제정치이론의 인식론적 기반이 되는 실증주의에 대한 후기실증주의적 비판으로 시작된 '제3의 논쟁'은 국제관계론의 잠재적이고 근원적인 존재론적, 인식론적 그리고 가치론적 가정들을 점검하는 것이었다. 따라서 제3의 논쟁은 국제관계, 지구정치, 세계질서에 대한 기본적인 신조(tenets)를 다시 생각하고 재평가하도록 만들었다. 이전에는 당연한 것으로 간주되었던 가정들이 도전받았고, 새로운 종류의 질문과 해답을 찾을 수 있는 공간이 형성되었다. 이에 여성주의자들은 젠더의 관점에서 국제정치 패러다임을 문제 삼고, 국제관계론 속에 젠더 분석이 왜 존재하지 않는지, 젠더에 대한 관심을 수용할 공간이 존재하는지 질문했다. 그 결과 국제관계이론에 내재해 있는 젠더화된 가정들과 국가, 주권, 안보, 자연상태와 같은 개념들의 젠더화된 함의들을 연구하는 것이 가능해진 것이다.

III. 여성주의 국제관계론의 주요 논의

1. 여성주의 국제관계론의 발전

지난 15년간 젠더를 국제관계 분석에 도입한 여성주의 국제관계 연구가 활발히 진행되어 다양한 연구결과들이 나타났다. 기존 국제정치이론의 기본 가정들에 대한 도전에서부터 시작하여 전쟁과 평화에서 인권문제에 이르기까지 다양한 국제관계영역에서 젠더분석이 이루어졌다. 뿐만 아니라 여성주의 국제관계연구는 질적으로도 괄목할 만한 발전을 이루었다. 여성의 배제를 문제시하는 것에서 여성의 경험을 첨가하는 것으로, 더 나아가 국제관계이론을 재구성하려는 시도로 발전한 것이다.[2]

초기의 여성주의 국제관계연구는 국제정치에서의 남성중심적인 편견의 정도와 영향력을 밝히는 것으로서 국제정치에서의 '여성의 배제'를 문제 삼았다. 이들의 주된 연구 질문은 국제관계론 속에서 여성은 어떻게 취급되었고 젠더 문제는 어떻게 다루어지고 있는가 하는 것이었다. 여성주의 국제관계학자들은 현실주의와 같은 전통적인 국제정치이론은 젠더 문제에 무관심할 뿐 아니라 마치 국제정치에서 여성들은 존재하지 않는 듯이 다루고 있다고 비난했다. 전통적으로 남성들의 영역이라고 간주되는 국제정치에서 여성들은 존재하지 않았다. 무엇보다도 국제정치는 여성에게 적합하지 않다는 인식이 여성을 국제정치 영역으로의 진출부터 배제해 왔다. 특히 전쟁이나 냉전과 같은 정치상황은 여성을 더욱 보이지 않게 만들었으며 여성의 경험은 일반적으로 무시되었다.

국제정치에서의 여성의 체계적인 배제를 수정하기 위한 두 번째 여성주의 프로젝트는 국제정치 기존의 틀 속에 여성과 여성의 경험을 '첨가(adding)' 함으로써 기존 체제의 남성중심성을 타파하고자 하는 것이었다. 국제관계론 속에서 여성은 어디에 위치하고 있는가 질문하면서 기존 국제관계 연구주제에 여성을 첨가하고자 했다.[3] 국제정치에서 여성을 경험적으로 보이게 만드는 것(making women empirically visible in world politics)은 유용한 프로젝트였다. 이것은 전통적인 국제정치 논의의 남성 중심적인 가정을 폭로하고 '현실' 세계의 실제적 여성을 첨가함으로써 여성이 가난과 폭력의 희생자임을 보여줄 뿐 아니라 국제정치의 행위자이며 활동가라는 것을 보여주었다.

그러나 여성을 기존의 패러다임 속에 단순히 첨가하는 것은 국제정치학의 개념구조(conceptual structure)가 얼마나 심각하게 남성의 경험과 그 관념을 전제로 하고 있는지를 보여주었다. 이에 남성적인 것으로 정의되는 영역—군대, 공적영역, 객관성, 합리성, 정치적 정체성—에 여성을 단순히 첨가시킬 수는 없다는 것을 인식하게 되었다. 따라서 실증주의에 대한 비판에 여성주의자들이 합류하면서 이론의 재구성을 시도하게 되었다. 이 제3의 과제에서 여성주의자들은 국제관계론의 기본적인 범주와 이분법에 도전하고, 남성성과 여성성의 상호의존성, 젠더의 본질, 젠더의 의의를 탐구한다.[4]

2. 개념, 방법론, 인식론

젠더(성별관계)는 여성주의자들이 국제정치를 분석하는 데 핵심적인 개념이다. 젠더는 남성성과 여성성 사이의 동태적이고 다차원적인 관계를 의미하며, 여성성과 남성성의 상호의존적인 개념이다. 실증주의에서의 성별(sex) 개념은 생물학적으로 자연스러운 남녀의 이분법에 의존하고 있는 것에 반하여 젠더는 체제적인 사회구조로 형성된 개념으로서 생득되는 것이 아니라 습득되는 것이다. 사실 성(sex)과 젠더의 구별은 여성주의 발전에 매우 중요한 부분이다. 성은 생물학적인 것으로 간주되는 반면, 젠더는 사회적 구성으로 간주된다. 즉 우리는 남성, 여성으로 태어날 뿐 아니라 (생물학적 성), 특정 시간과 공간 속에서 여성 혹은 남성을 의미하는 존재(젠더)로 만들어진다. 여성(혹은 남성)의 문제가 생물학적 성별 차이로 생

겨나는 것이 아니라 사회적인 차별에 의해서 만들어지는 것이라고 할 때,
이러한 젠더 차이를 전복, 도전할 수 있는 여지가 생긴다.

그렇다면 "구체적으로 무엇이 남성성/여성성이며, 어떻게 진리를 찾을
수 있을 것인가"라는 문제가 제기된다. 여성주의 진영의 접근방식은 크게
산드라 하딩(Sandra Harding)의 분류를 따라 여성주의적 경험주의
(feminist empiricism), 여성주의적 관점론(feminist standpoint), 여성
주의적 탈근대주의(feminist postmodernism)로 분류할 수 있다.[5] 이들
각 입장은 인식론적인 차이를 보일 뿐 아니라 남성성/여성성을 개념화하
는 방식, 세계를 바라보는 방식에서도 차이를 보인다.

	인식론적 입장	여성성/남성성 개념화 방식	세계를 보는 방식
여성주의적 경험주의	- 실증주의 수용	- 기존의 여성성/남성성 구분 수용	- 남성중심적 편견 제거
여성주의적 관점론	- 실증주의 거부	- 여성성/남성성의 이분법적 구분 수용 - 여성성에 남성성보다 높은 가치 부여	- 여성의 관점에서 세상을 보기 - 일상적인 이해를 뒤집기 - 기존 이론 및 견해에 숨어 있는 성차별적 가정들 밝히기
여성주의적 탈근대주의	- 실증주의 거부	- 여성성/남성성의 이분법적 구분 거부 - 여성성/남성성의 내용은 사회, 문화적 관계 속에서 구성됨	- 거대이론이나 보편적인 담론에 대한 비판, 해체 - 보편적 여성의 관점은 부재함

〈표 1〉

여성주의적 경험주의는 기성 학문의 실증주의를 수용하여 과학 자체의
객관성과 가치중립성을 믿는다. 따라서 실증주의에 입각한 여성주의적 경
험주의는 세계를 이해하기 위해서 기존의 방법론적 수단을 올바르게 사용
해야 한다고 주장한다. 즉 과학적 방법 자체가 문제가 되는 것이 아니라 그
것을 제대로 사용하지 못했다는 데서 젠더 문제가 생기게 된 것이라고 본

다. 여성주의적 실증주의에 따르면 전통적인 실증주의에는 남성중심적인 편견(androcentric bias)이 들어가 있다. 예컨대 연구주제를 선택하는 과정에 이미 사회적 통제, 남성중심적 편견이 작용한다. 따라서 남성중심적 편견을 제거하는 것은 세계에 대한 진실을 이해하는 데, 그리고 객관적인 지식을 얻기 위해서 꼭 필요한 과정이다. 이 때 여성은 남성보다 남성중심성을 더 잘 인식할 수 있고, 따라서 한층 더 편견 없고 객관적인 연구결과를 산출할 수 있다고 본다.

반면에 여성주의적 관점론자들은 실증주의를 거부하고 지식은 사회, 정치, 이념, 역사적 배경에 의해 영향을 받는다고 믿는다. 여성성/남성성도 태어나면서 결정되는 것이 아니라 사회화를 통해서 형성된다고 본다. 이 과정에서 여성은 남성과는 다른 가치와 특성을 부여받게 되는데, 관점론자들은 남성성보다 여성성에 더 높은 가치를 부여한다. 이에 관점론적 여성주의자들은 여성의 경험과 관점으로 세계를 볼 것을 제안한다. 세계 속에서의 여성의 위치, 타인과의 관계, 그리고 이것들이 세계에 대한 지식을 구성하는 함의 등을 강조하면서, 지식의 주체로서의 여성을 주변부에서 중심부로 옮기고자 한다. 여성주의적 관점을 채택하는 것은 사건들에 대한 일상적인 이해(understanding)를 뒤집는 것, 세계에 대한 지배적인 이론이나 상식적인 견해 속에 숨어 있는 성차별적 가정들을 밝히는 것을 의미한다.[6]

여성주의적 탈근대주의는 실증주의를 거부하면서 동시에 보편적인 여성적 경험이나 관점이 존재하지 않는다고 보는 점에서 여성주의적 경험주의나 관점론과는 차이를 보인다. 탈근대주의는 지식은 사회적으로 구성된 것이며 우리가 연구하는 세계는 사회적 구성물로서 그 속에서 인간/주체는 상호주관적인 구성요소(상징, 언어, 정체성, 관습, 사회적 구조 등)를 통해서 의미를 창조한다고 본다. 따라서 주체와 객체는 명확히 분리될 수 없으며, 인간의 사고와 행동에 의해 부과된 의미로부터 독립적인 어떠한 사회적 존재도 없다. 탈근대주의자들에게 진실은 관계적으로 이해될 수 있는 것이며, 지식과 권력간의 관계를 밝히는 것이 연구의 핵심적인 부분이 된다. 또한 이들은 절대적 객관성이란 허구에 불과하다고 보며, 거대이론이나 보편적인 담화를 비판, 해체하려 한다.

여성주의적 탈근대주는 사회적 현실을 왜곡하는 양자택일적 이분법을 거부하며, 특히 남성/여성, 남성성/여성성의 이분법이 가지는 억압적인 효과에 주목한다. 정체성과 문화에 대한 상이한 표현에 강조점과 가치를 두는 탈근대주의는 여성성/남성성이 특정한 사회·문화적 관계에서 구성되며, 무엇이 남성적이며 여성적인지에 대한 개인의 이해는 언어, 상징, 설화 등을 통해 구성된다고 본다. 따라서 탈근대 여성주의자들은 사회적·정치적 세계에 대한 이해를 구성할 만한 진정한 여성들의 경험이나 관점이 존재하지 않는다고 주장한다.

여성주의적 경험주의는 주로 국제정치에서 여성의 배제를 문제시하고 여성을 첨가하려는 프로젝트와 관련이 되는 반면, 실증주의를 거부하고 기존의 남성적 개념을 재구성하고 이론을 재구성하려는 노력은 주로 여성주의적 관점론자와 탈근대주의자들의 연구와 관련된다. 그러나 관점론자들은 여성 특유의 관점으로 이론을 재구성하려고 시도하는 반면, 탈근대주의자들은 이분법 자체를 거부하고 각 사회, 문화의 특성을 강조하는 경향을 보여 이들 간에는 차별성이 존재한다. 여성주의적 국제관계론의 이론적 발전에 대한 관점론자들과 탈근대주의자들의 기여가 크다.

3. 현실주의 비판과 국제관계론 기본 개념의 재구성

국제정치학의 주류 이론이었던 현실주의는 전통적으로 국제정치와 젠더의 영역을 별도의 것으로 보며 국제정치는 젠더중립적(gender-neutral)이라고 가정한다. 현실주의가 젠더 문제에 무관심한 것은 다음과 같은 이론적 특성 때문이다. 첫째, 현실주의는 국가를 국제정치의 주요 행위자로 고려하기 때문에 젠더를 분석의 단위로 고려하지 않는다. 또한 국가를 하나의 응집력 있는 단위체로 생각하기 때문에 국가 내부의 사회적 요소를 분석할 필요성을 느끼지 않는다. 모든 국가가 내부적으로 체제에 상관없이 동일하게 안보 극대화를 추구하므로 국가의 국제적 행위를 이해하는 데 내부체제는 중요하지 않다고 주장한다. 둘째, 현실주의에서는 국제정치학의 기본 현상을 권력 또는 힘이라는 측면에서 분석하며, 고위정치의 중요성을 강조하여 군사, 안보와 같은 문제를 중요시한다. 젠더문제는 이러한 고위 정치적 문제와 관련이 없다고 간주되었고, 여성들은 전쟁과 같은 문제에 무관심하거나 무지한 것으로 간주되었다. 셋째, 사적/공적 영역의 구별, 국내정치/국제정치의 구별은 여성의 위치를 사적 영역에 한정시켰고 젠더 문제를 국제정치적 이슈가 아닌 것으로 만들었다.

하지만 여성주의 국제관계론자들은 현실주의를 포함한 국제관계이론이 젠더중립적이지 않다고 주장한다. 국제관계학은 위계적인 젠더 관계가 드러나지 않고 감추어져 있어 줄곧 남성화(masculinized)되었다는 것이다.[7] 더 나아가 국제관계는 단지 젠더에 의해 편중된 것이 아니라 젠더에 따라 구성된 것이라고 주장한다. 이에 현실주의 주요 개념 속에 내재해 있는 남성편향적 성격을 여성주의 시각에서 분석, 비판했다.

여성주의 국제관계론자들이 현실주의를 비판하는 주된 도구는 실증주의 비판과 성별 이분법의 거부이다. 현실주의는 국제정치 현실의 구조와 작동법칙을 있는 그대로, 즉 가치중립적인 입장에서 객관적으로 묘사·설명하는 것이 가능하다고 주장한다. 이는 현실주의가 주체와 객체, 사실과 가치의 명확한 구분 하에 사실에 대한 객관적이고도 가치중립적인 이론을 구성할 수 있다고 가정하는 실증주의에 기반을 두었기 때문이다. 여성주의 진영에서는 이러한 실증주의적 인식론이 남성중심주의의 반영이라고 비판한다. 예컨대 정치학에서 객관성을 달성할 수 있다는 한스 모겐소(Hans Morgenthau)의 주장은 합리적 인간과 자연과학 모델에 입각한 객관성에 기반을 둔 것인데, 이 두 개념은 모두 남성성과 연결되어 있다는 것이다. 서구의 문화에서는 합리적·과학적인 것을 주로 남성적인 것으로 간주하고 있으며, 객관성도 주체/객체의 구분과 통제에 대한 필요를 가정함으로써 권력이나 지배와 연관되어 있기 때문에 대단히 남성적인 개념이라는 것이다.

한편 여성주의 국제관계론자들은 현실주의 개념 구성에 깊이 내재되어 있는 성별 이분법을 거부한다. 이들은 국제관계의 주요 개념인 권력, 주권, 자율성, 무정부, 안보, 그리고 핵심 행위자인 인간, 국가, 국제체제는 공적/사적인 것에 대한 가부장적인 이분법과 불가분의 관계에 있다고 본다. 위계적 이원적 대립의 구성(the construction of hierarchical binary oppositions)은 국제관계에 대한 현실주의적 이론화에서 중요한 요소이다. 국내/국외, 내부/외부, 질서/무질서, 중심/주변간의 구별은 국제관계 이론구성에서 중요한 가설이었으며 또한 우리가 세상을 보는 시각을 만드는 중요한 원리로 조직되어 왔다.[8] 이러한 이분법은 이 세계를 남성적인 것과 여성적인 것으로 구분하는 것을 바탕으로 하는 젠더화된 이원 대립(the gendered binary opposition)과 관련이 있다. 이원적 대립 구조는 세상을 결국 공적/사적, 객관/주관, 주체/타자, 이성/감성, 자율성/관계성 및 문화/자연으로 이원화시키는 경향을 의미한다. 이것은 여성 억압을 창출하는 젠더 구성방식과 동일하다. 남성으로 상징되는 특성들(공적, 객관, 주체, 이성, 자율성 등)에는 좀더 큰 가치가 주어지고, 여성적인 것으로 간주되는 특성들(사적, 주관, 감성, 관계성)의 가치는 평가절하되었다. 이러한 위계적 구성은 여성에 대한 억압을 존속시키는 고정되고 변화되지 않는 특성으로 만든다. 따라서 지금의 국제정치학이 갖는 국제정치현실에 대한 이원적 인식구조는 결국 여성에 대한 성적 차별과 분리될 수 없다. 여성주의 국제관계론자들은 이러한 이분법에 스며들어 있는 남성편향성을 드러내며 또한 거부함으로써 국제정치학의 기본 개념들을 재구성하는 도구로 사용한다.

다음은 현실주의 주요 개념들에 대한 여성주의 시각에서의 비판 및 재구성 방식을 인간, 국가, 자연상태 개념을 중심으로 살펴본 후, 안 티크너 (Ann Tickner)에 의한 모겐소의 정치 현실주의 6원칙 재구성 내용을 살펴보고자 한다.

1) 인간(Man)

현실주의(혹은 신현실주의)는 국가를 국제정치의 주요 행위자로 간주하며 국가간의 관계를 권력(혹은 구조)으로 설명하고 있지만, 이들 이론은 국가간의 관계를 설명하기 위해 특정 속성을 지닌 인간 및 특정 형태의 인간관계에 대한 가정에 의존한다. 예컨대 무정부상태(anarchy)나 주권과 같은 개념은 이기적으로 행동하는 합리적이고 자율적인 인간존재를 가정하고 있다. 이러한 합리적 인간 개념은 구체적 세계로부터 동떨어져 시간과 공간을 초월하고 특정 편견이나 이해관계, 욕구로부터 벗어나 있는 것으로 추상화된다.

여성주의 국제관계론자들은 현실주의가 가정하는 합리적 인간 개념의 보편성에 대해 질문을 던진다. 현실주의가 가정하는 '합리적' 존재는 가정 내 여성적 '타자' 및 국제적 '무정부상태'에 대립적으로 규정된 것으로 인간본성이나 행위에 대한 포괄적이고 일반적인 개념이 아니라는 것이다. 합리적 인간 모델은 여성의 양육과 보살핌이 자율적인 남성자아(self)의 발전에 기여하는 불평등한 젠더관계에서 유추된 배타적 남성적 행위자 모델이라고 지적한다. 합리적 자아로 해석될 수 없는 인간들(여성 포함)이나 사회적 관계는 국제정치 행위자로서의 위치가 부인되었고, 그 결과 국제관계이론은 "압도적으로 '엘리트' 남성의 눈에 보여진, 그리고 '엘리트' 남성의 감각으로 이해된 인간 행위 모델에 기초하여 행동하는 남성들에 의해 구성되었다."[9]

여성주의 국제관계론자들은 또한 자율적 인간 개념에 대해 비판한다. 여성은 남성과는 다른 방식으로 자아를 인식하고 자아와 타아간의 관계를 인식한다는 점에 기초하여 일부 여성주의자들은 상호의존적이고 서로 연결되고 관계를 맺고 있는 개인(the individual as connected, interdependent and interrelated)이라는 대안적 인간 모델을 제시한다. 예컨대 캐롤 질리건(Carol Gilligan)은 자율적이고 분리된(separate) 남성적 인간 모델과는 달리 자율적이면서도 상호연결된 개인을 상정한 여성적 모델을 제시했다.[10]

그러나 여성의 경험과 여성적 행위자 모델을 남성적인 것과 대립시키는 것은 젠더 양분화를 강화시킬 수 있는 위험성이 있다. 이러한 방식은 국제정치이론의 기존 행위자 모델이 부분적이고 젠더화되어 있다는 것을 폭로하기에는 유용하지만, 남성적 권력정치에 우호적인 남성/여성의 대립적 양분 구조를 해체하지는 못하기 때문이다. 기존의 성별 이분법에 단순히 양육(nurturing)하는 여성의 본성을 첨가하는 것으로써는 남성의 젠더편견적 견해를 수정하지 못한다는 점에 대부분의 여성주의자들은 동의한다.

이에 여성주의적 관점론자들은 주변화된 장소로부터, 즉 여성, 식민지인 그리고 유색인들의 저항으로부터 인간행위자 모델을 찾아야 한다고 제안한다. 티크너는 생산과 재생산을 모두 고려하고, 합리성을 덜 배타적이고 도구적인 것으로 정의하며, 모든 수준의 인간관계 및 인간의 자연과의 상호의존적 성격을 존중하는 좀더 풍부하고 대안적인 모델을 제시해야 한다고 주장했다.[11] 이러한 모델은 개별 인간과 국가를 자율적이면서도 상호연관된 것으로, 동시에 복합적인 정체성, 주권, 관계를 가지는 것으로 개념화할 수 있게 만들어 준다. 즉 여성주의적 대안은 좀더 보편적인 추상물을 제시하는 것이 아니라, 행위자와 구조의 복잡성과 불확정성을 적절하게 보여주기 위해서 콘텍스트(contextualisation)를 강조한다.

2) 국가

여성주의 관점에서 볼 때 현실주의의 국가개념은 자율성과 합리성에 기초한 남성적 정체성을 반영하고 있다. 현실주의는 자국의 이익을 추구하면서 자유롭게 동맹을 만들고 깰 수 있는 (그러나 타국의 문제에는 간섭하지 않는) 분리되고 자율적인 행위자로서 국가라고 하는 개념에 기반을 두고 있다. 이와 같은 자율성의 개념은 남성 심리를 반영한 것으로 남성 정체성의 추상화에서 출발한 것이다. 또한 현실주의에서 적지 않게 나타나고 있는 인간과 국가간의 유추는 인간이 합리적이고 인간에 의해 만들어진 사회적 제도가 합리적이라면 국가 그 자체도 합리적이라고 간주하게 만든다. 이러한 방식을 통해 국가는 합리적 남성적 정체성을 지니게 된다.

국가의 남성적 정체성은 국가의 기반이 되는 주권 개념 속에 반영되어 있다. 현실주의에서의 국가주권은 국가가 갖는 고도의 자율성 및 독립성의 외부적 표현으로 이해되는데, 이는 앞에서 언급되었던 국가의 남성적 특질의 또 다른 표현이다. 주권 개념의 형성은 주체/타자의 구획 짓기와 관련되는데, 이러한 구획 짓기는 정치적 자국/타국의 개념에만 국한되는 것이 아니라 남성적 주체(masculine self)/여성적 객체(feminine other)의 젠더 구별과 유사성을 가진다.[12] 국가주권의 개념형성은 남성성 개념의 확장과 동일선상에 있는 것이다. 더욱이 주권이라는 개념의 확정은 17세기 근대국가체제의 성립과 더불어 이루어졌으며, 객관성이나 합리성과 같은 근대성의 남성적 특징이 국가주권 개념에 반영되었다.[13]

국제정치에서 개별 국가가 권력으로 정의되는 국가이익을 극대화하려 한다는 것이 현실주의의 중요 명제이다. 여성주의 국제관계론에서는 국제정치학 자체를 권력현상으로 설명하려는 이러한 시도 자체가 국제정치학의 남성적 관심을 보여주는 예라고 지적한다. 국제정치학에서 권력현상은 전형적인 남성 정체성의 반영물이다. 흔히 폭력 및 무력의 사용으로 표현되는 남성다움은 국가를 방어한다는 명목으로 그 가치를 인정받거나 지지를 받아 왔다. 국제정치에서 정복이나 강인함과 같은 남성다운 가치는 상위의 가치로 자리매김을 받는 것에 반하여 패배, 약함과 같은 여성적인 가치는 평가절하된다. 따라서 국제정치학의 주요 개념으로 간주되는 권력개념은 주로 남성성만을 반영한 것으로 포괄적 인간의 경험에서 유추한다면 여성성은 무시하거나 고려하지 않게 된다.

특히 모겐소의 권력개념은 통제(control)를 상정한 남성적 개념이다. 여성주의자들은 이에 반하여 권력을 조화롭게 행동하는 인간의 능력이나 비슷한 관심을 갖는 다른 사람들과 연계된 행동이라고 정의한다. 따라서 여성적 권력은 독단적인 것이 아니라 공유되는 것이다. 티크너는 통제로서의 권력개념 대신 한나 아렌트(Hanna Arendt) 등이 이론화한 협업능력으로서의 권력개념에 기초하여 현실주의 권력개념에 대한 대안적 개념을 제시하고자 했다.[14] 즉 남성성을 반영한 통제 · 지배로서의 권력개념 대신, 특정 목표 달성을 위한 집단적 · 협력적 행위로서의 권력개념을 제시했다. 권력개념의 여성주의적 재정의를 통해서 국제관계에서의 협력의 가능성을 고려할 수 있는 공간이 형성된다.

3) 자연상태

현실주의는 국제체제의 무정부적 특성을 설명할 때 만인 대 만인의 투쟁을 상정한 토마스 홉스(Thomas Hobbes)의 자연상태론에 의존한다. 그런데 경쟁적, 이기적, 폭력적이라고 가정되는 홉스적 자연상태론은 성인 남자들에게만 적용 가능한 모델이다. 인간 사회가 한 세대 이상 지속되려면 여성이 출산이나 양육에 참여해야 하는데, 여성들은 홉스적 자연상태론에 존재하지 않는다.[15] 좀더 조화로운 사회를 상정한 장 자크 루소(Jean-Jacques Rousseau)의 경우에도 여성이 배제되기는 마찬가지다.[16] 따라서 여성주의 국제관계론자들은 홉스(루소)적 자연상태론이 여성을 철저히 배제한 모델이며, 이에 기초한 세계관은 부분적인 적실성만을 가진다고 비판한다.

　뿐만 아니라 홉스적 자연상태론은 갈등과 투쟁과 같은 인간 본성의 특정 측면—주로 남성성과 연관되는—만을 강조하고 있다. 이에 여성주의 국제관계론자들은 인간 본성에 대한 부분적인 이해에 기초한 홉스적 세계관을 여성주의적 세계관으로 대체해야 한다고 주장한다. 여성주의적 세계관은 홉스적 세계관보다 좀더 협력적이고 상호의존적이다. 협력은 상호신뢰의 기반 위에서 가능한데, 여성들은 이러한 신뢰구축에 특별히 중요한 역할을 해왔다. 따라서 홉스적 자연상태에 여성의 존재와 경험이 첨가되면 인간사회는 갈등과 투쟁뿐 아니라 협력과 상호의존의 특성을 띨 수 있다. 이러한 세계관의 변화는 국제체제에서의 국가의 행동양식을 묘사하는 데 큰 변화를 가져올 수 있다. 홉스적 자연상태론은 인간간의 협력 및 상호의존 가능성을 간과하고 있기 때문에, 이로부터 유추된 국가간 관계에 대한 설명(현실주의)에서도 상호의존과 성공적 협력의 가능성은 무시되어 왔다. 그러나 여성주의적 자연상태론을 도입하면 국가간의 관계는 좀더 상호의존적이고 협력적인 것으로 유추될 수 있다.

4) 모겐소의 정치 현실주의 6원칙에 관한 여성주의적 재구성

　고전적 현실주의의 주요 명제를 담고 있는 모겐소의 정치 현실주의 6원칙은 ①인간본성에 기초한 객관적 법칙의 존재, ②권력에 의해 정의된 이익 개념의 중요성, ③인간의 인간에 대한 통제로서의 권력 개념의 보편성, ④정치적 행위와 도덕적 명령 간의 분리, ⑤도덕적 과잉 거부, ⑥정치적 영역의 자율성 등을 내용으로 한다.[17] 티크너는 현실주의 6원칙을 남성성이 지배하는 지엽적인 인간 본성에 기초한 것이라고 비판하면서 남성성과 여성성이 조화를 이룬 인간 본성 개념에 입각하여 6원칙을 재구성했다.[18] 아래의 티크너의 재구성은 현실주의 원칙에 여성성을 첨가하면 현실주의에서 그리는 세계와는 전혀 다른 국제정치의 세계가 떠오른다는 것을 보여준다.

---

i) 객관성은 문화적으로 정의되며, 남성성과 관련되어 있다. 인간 본성의
   '객관적인' 법칙은 인간 본성의 일부인 남성적 견해에 기초한다. 인간
   본성은 남성적이기도 하고 여성적이기도 하다. 인간본성은 정치적 지배
   와 더불어 사회적 재생산 및 발전의 요소를 포함한다. 우리는 역동적인
   객관성을 통해 지배와 관련될 가능성이 적은 상태로 객관성에 대한 시각
   을 가질 수 있다.

ii) 국가이익은 다차원적이며 맥락적으로 불확정적이다. 따라서 국가이익
   은 단지 권력에 의해서 정의될 수 없다. 오늘날의 세계에서 국가이익은
   핵전쟁, 경제적 복지, 환경오염을 포함하는 상호의존적 전지구적 문제
   에 대한 제로섬적이기보다는 협력적인 해결책을 요구한다.

iii) 권력은 보편타당한 의미를 지닐 수 없다. 지배와 통제로서의 권력은 남
   성성에 혜택을 주며, 종종 여성성과 관련되는 집단적 세력화의 가능성
   을 무시한다.

vi) 정치적 행위와 도덕적 명령의 분리가능성을 거부한다. 모든 정치적 행위
   는 도덕적 중요성을 지닌다. 권력과 통제를 통해 질서를 극대화하고자 하
   는 현실주의의 의제는 사회적 재생산 확보에 필요한 기본적인 요구의 충
   족 및 정의라는 도덕적 명령보다는 질서라는 도덕적 명령을 우선시한다.

v) 특정 국가의 도덕적 열망을 보편적인 도덕적 원칙과 동일시할 수 없다는
   것을 인식하는 가운데, 여성주의 관점은 국제적 갈등을 감소시키고 국
   제공동체를 건설하는 데 기반이 될 수 있는 인간의 열망 안에 있는 공통
   의 도덕적 요소를 찾고자 한다.

vi) 정치 영역의 자율성의 타당성을 부인한다. 서구 문화에서 자율성은 남
   성성과 연결되기 때문에, 인간 본성에 관한 다원적 개념에 기초하지 않
   는 세계관을 정립하고자 하는 학계의 노력은 편파적이며 남성적이다.
   좁은 의미로 정의된 정치 영역 주변에 경계를 설정하는 것은 정치를 여
   성의 관심과 공헌을 배제하는 방식으로 정의하게 만든다.

티크너는 남성성과 연결된 개념들, 즉 객관성, 인간본성, 권력, 자율성 개념의 재구성을 통해 현실주의의 국가이익 개념, 정치영역의 자율성, 정치와 도덕의 분리 등의 명제에 도전했다. 티크너의 관점론적 입장—여성주의 원칙을 여성적 특징과 동일시하는 것—에 대한 비판이 존재하기는 하지만, 티크너의 시도는 여성주의 관점이 국제정치에 도입되었을 때 어떻게 기존 국제정치이론을 전복, 해체, 재구성할 수 있는지를 보여주었다고 할 수 있다.[19]

4. 여성주의 국제관계론의 주요 연구주제와 성과

국제관계를 보는 여성주의 시각은 다음과 같이 요약될 수 있다. (1)젠더를 분석의 중심적인 범주로 본다. (2)젠더는 특정 형태의 권력 관계이다. (3)사적/공적 영역의 구분이 국제관계를 이해하는 데 중심적이다.[20] 여성주의 국제정치연구는 공히 위의 요소들을 공유하고 있으나, 동시에 여성주의 자체내에 여러 이론적 분파가 있듯이 국제정치를 바라보는 시각 내에서도 차이점이 존재한다.[21] 예컨대, 자유주의 여성주의(liberal feminism),[22] 맑스주의와 사회주의 여성주의(Marxist and socialist feminism),[23] 급진적 여성주의(radical feminism),[24] 탈근대 여성주의(post-modern feminism)[25]는 일반적으로 젠더를 권력관계로 보며 분석의 기본 단위로 삼는다는 점에서는 공통점을 보이나, 그 강조점, 이론적 전통, 성차별 극복 전략 등에서 차이를 보인다. 이러한 입장 차이는 국제정치 현상을 분석하는 데에서도 나타나 각 이론 분파간 차별성을 보인다. 다음은 국제정치의 중요 문제들을 중심으로 여성주의 시각의 논의들을 살펴보고자 한다.

1) 국가

국제관계의 행위자로서 국가의 중요성은 부인할 수 없는 현상이다. 여성주의 관점에서 국가의 속성을 분석함으로써, 젠더중립적으로 보이는 국가가 어떻게 성차별적인 권력관계를 형성, 존속시켜 왔는가를 밝히는 것은 여성주의자 학자들의 주요 관심사였다.

초기 자유주의 여성주의자들은 국제정치의 영역에서 여성이 배제되어 온 것은 국가권력으로부터 여성이 소외되어 왔기 때문이라고 보았다. 국제정치의 영역—안보, 외교정책, 국제정치경제—은 줄곧 남성들의 세계였고, 이는 여성이 전통적으로 정치권력에서 배제되어 왔으며 그 결과 고위 정치의 영역에서 심각하게 과소대표되었다는 사실과 밀접한 관련이 있다. 실제 대외정책, 안보정책을 결정하는 데 참여하는 여성은 극소수였으며, '국가이익'은 주로 남성들의 관점에서 규정되어 왔다. 따라서 이들 자유주의 여성주의자들은 주로 여성의 공적 영역에서의 과소대표 문제와 여성에 대한 차별을 문제시하며, 여성의 참정권 및 시민권의 획득, 교육 및 직업에서의 평등한 기회를 확보하고자 했다. 이들은 여성에게 남성과 동등한 기회가 주어지면 여성이 남성과 동등하다는 것을 증명할 수 있다고 주장하며 공적 영역으로의 여성의 진출을 촉구했다. 제1기 여성주의자들의 여성 참정권 및 시민권 획득 운동이나, 최근 미국에서 논의되고 있는 '여성의 전쟁에서 전투할 권리를 위한 캠페인'은 이러한 맥락에서 이해할 수 있다.[26]

반면 급진적 여성주의는 '가부장제 국가(patriarchal state)' 개념에서 출발한다. 즉 국가가 남성지배적인 사회질서를 반영하고 있는 특정 사회제도—결혼과 특정 형태의 가족단위—를 지지하고 있다는 것이다. 국가는 가족계획, 이성간 결혼(heterosexual marriage) 지지에서 노동 입법 및 과세와 같은 문제에 이르기까지 일상적인 삶의 영역에서 성과 젠더 문제에 깊숙이 관여하고 있다. 예컨대 중국의 1가구 1자녀 정책이나 성에 기초한 임금 차별을 허용하거나 묵인하는 국가의 관행은 이러한 현실을 보여준다.

더욱이 국가는 누구와 결혼할 수 있는가, 혹은 누가 합법적 자녀의 지위를 얻을 수 있는가 등과 관련된 사적인 결정까지도 규율하고 있다.[27] 국가는 과세, 사회보장, 이민법과 국적법 등을 통해 젠더관계를 결정하는데, 대부분의 경우 "남편은 곧 주인이다"는 의미를 내포하고 있다. 여성을 '부양가족(dependant)'으로 규정하는 것은 여성이 남성과 관련될 때에만 (딸, 아내, 어머니로서) 정체성을 가지고 있다는 것을 의미하며 이것은 여성의 시민권을 제한한다. 시민권에 대한 국가의 실정법은 국가마다 다를 수 있겠지만, 모든 국가들은 그들의 시민들이 누구와 결혼하는지에 대해 관심을 가지고 있고 결혼을 통해 시민권이 '외부인'에게로 확대되는 것을 단순히 개인적 선택의 문제로 보지 않는다. 국가가 가족 및 결혼제도를 통해 사적 영역을 규율하고 있다는 것에 대한 인식은 젠더 관계나 사적 영역이 국내(국제)정치와 관련이 없다는 전통적인 견해에 도전하게 만든다.

한편 신시아 엔로(Cynthia Enloe)의 선구자적인 연구는 비전통적 주제인 관광, 해외주둔 군기지, 가사노동자들을 다룸으로써 일상적인 삶 속에 작동하는 '젠더에 따라 위계질서 지워진 세계'를 보여주었다.[28] 그녀의 연구는 젠더에 기반을 둔 권력관계가 국가 정책으로부터 지극히 사적이라고 간주되는 삶의 영역에 이르기까지 얼마나 깊숙이 침투했는지를 보여주었고, 이러한 권력관계가 일개 국가의 틀을 넘어서서 국제적으로 형성되어 있다는 것을 보여주었다. 따라서 사적/공적 구분이나, 국내/국외의 구분을 넘어서면서 엔로는 "개인적인 것은 정치적이다(the personal is political)"라는 유명한 여성주의 명제를 "개인적인 것은 국제적이다(the personal is international)"로 확대했다.[29] 뿐만 아니라 엔로는 위의 두 주장을 뒤집어서 "정치적인 것은 개인적(the political is personal)"이며, 또한 "국제적인 것은 개인적이다(the international is personal)"라는 주장을 폈다.[30]

다른 여성주의 국제관계론자들은 성적 차별성을 유지하는 국가의 속성과 국가형성과정에서의 성별관계에 주목한다. 스파이크 피터슨(Spike V. Peterson)에 따르면 국가는 중앙집권화된 성적 차별성을 가진 권력의 주요 조직체로서, 성적 차별성을 지닌 합법화된 폭력을 행사하며, 성별주의를 가진 사회질서의 정당성을 문화, 교육, 규범, 법 등을 통해 제도화하거나 재창조한다.[31] 한편 코넬(R. Connell)은 성별이 국가라는 틀 내에서 어떻게 구체화되는가를 다음과 같이 설명한다. 국가는 (1)성별관계를 통해서 구성되고, (2)성적인 정치체제로 정의될 수 있으며, (3)성별관계를 조정하는 특별한 능력을 가지고 있으며, (4)기본적인 성적 질서의 구성요소를 만들거나 변형시키고, (5)성적 정치에서 이익단체 형성과 동원의 접점이 되고, (6)위기시 새로운 성별 질서를 만든다.[32] 이러한 연구에 바탕을 두고, 황영주는 국가와 성별관계를 분석하기 위해서는 "한편으로 근대국가의 폭력성 및 군사주의, 자본주의적 생산양식과 민주화(시민권, 공적영역, 민족주의 등)에 집중하면서, 다른 한편으로 이들 특징 속에서 국가가 어떻게 성별관계를 작동시키고 있는지, 어떻게 여성들이 국가에 의해서 억압을 받고 있는지, 어떻게 국가에 의해서 성별관계가 자연화되고 제도화되는지 아울러 왜 (국가가) 성별관계를 만들었는지"에 대하여 분석해야 한다고 주장했다.[33]

근대국가의 폭력성 및 군사주의에 대한 여성주의적 관심은 전쟁국가로서의 근대국가의 형성 및 발전과정에서의 여성의 소외를 드러낸다. 잔 베스케 엘슈타인(Jean Bethke Elshtein)은 근대국가에서 전쟁에의 참전이 시민권을 획득하는 하나의 중요한 기준이며 병역의 의무가 일등시민의 자격을 부여하는데, 여성은 전쟁에 참여할 수 있는 통로를 봉쇄당함으로써 일등 국민·시민이 될 수 있는 가능성을 박탈당했다고 지적한다.[34] 티크너도 '시민-전사(warrior)'라는 고대 그리스적인 관념에 기반하고 있는 서구사회의 시민 개념의 남성편향성을 비판한다. 서구의 시민 개념은 시민-남성성-군대의무를 연결지어 생각하는 전통에 기반하고 있고, 전사가 될 수 없고 남성에 의해 보호받아야 하는 존재로서의 여성은 결코 일등시민이 될 수 없다는 결론으로 이어진다. 이에 티크너는 여성주의 관점에서 시민 개념을 재정의하고자 시도한다. '시민-전사'라는 개념보다는 '시민-수호자(defender)'라는 개념을 채택한다면, 즉 여성도 안보의 측면에서 같은 권리와 의무를 갖게 되어 모든 사람이 수호자로 간주된다면, 전쟁의 남성성은 덜 강조될 것이고, 각 국가들은 수호자 개념에 입각하여 방어적인 전략을 취하게 되어 국제정치에서 덜 호전적인 존재가 될 것이라고 보았다.[35]

여성주의자들은 또한 국가의 가장 중심부에 폭력에 대한 담화와 폭력의 관습이 존재하며, 폭력의 행사는 남성우월성의 이념과 불평등한 권력관계 속에 깊이 새겨져 있다고 주장한다. 이러한 속성의 가장 명확한 표현이 군국주의라 할 수 있다. 군국주의에 대한 여성주의적 이론화의 가장 특이할 만한 점은 젠더를 군국주의의 건설과 영속에서 결정적인 요소로 본다는 점이다. 엔로와 같은 학자는 군국주의에서 남성성이 군사와 산업을 연결시키는 방식을 주목한다.[36] 군수공장의 남성 노동자들은 자신들이 중요한 남자들의 일을 한다고 믿음으로써 그들 자신의 계급적 이익에 상반되게 행동한다는 것이다. 또한 정부관리나 군관료들은 '남성적인 것', '여성성'에 대한 그들 자신의 견해에 의해 영향 받으며 시민(=여성)과 군인(=남성)들이 서로 젠더에 입각한 방식으로 상호 관계를 맺도록 정책을 고안한다. 그 자신이 남성의 일을 한다는 가부장적인 가정은 군국주의화와 군산복합체의 패권을 강화하는 기제로 사용된다.

한편 여성주의 국제관계론에서 가장 흥미로운 업적 중의 하나는 젠더, 성별(sexuality), 정체성의 개념을 통해서 이루어지고 있다.[37] 대표적으로 근대국가의 민족주의적 속성을 성별관계에 입각하여 분석한 연구가 있다. 서구의 근대사가 보여주듯이 민족주의는 근대국가형성의 중요한 메커니즘이었다. '민족정체성', '민족의 이해'라는 것이 공동체의 경계를 규정하는 데 중심적이었고, 민족주의적 이념들은 내부자의 응집, 외부자의 배제를 도모하고 독특한 민족정체성을 형성하도록 이용되었다. 기존의 민족주의 연구가 보여주듯이 민족성은 주어진 것이라기보다는 만들어지는 경우가 더 많은데, 이 과정에서 여성들은 민족문화, 종교, 전통의 수호자로서 그려지는 경향이 있다. 이렇게 형성된 전통과 가치는 여성들의 행위에 제약을 가하는 것을 정당화하는 데 사용되었고, 따라서 남성 엘리트들이 규정한 경계선 안에 여성을 묶어두는 역할을 했다. 여성들이 그들에게 부여된 의무와 역할에 도전할 때 이들은 종종 자신들의 민족, 가치, 문화 그리고 이상을 배반한 자라고 비난을 받게 된다.[38]

한편 잔 진디 페트만(Jan Jindy Pettman)의 식민주의, 민족주의, 탈식민주의 시대의 여성 정체성에 관한 연구는 같은 민족주의라도 정치적 상황에 따라 여성에게 다른 의미로 다가갈 수 있다는 것을 밝혔다. 식민지 시절에는 여성들이 민족주의운동 및 국가형성과제에 적극 참여했다. 주권과 민족독립을 쟁취하기 위한 투쟁에서 여성들은 배제되지 않았고, 일부 여성들은 심지어 무장투쟁에 참여하기까지 했다. 이 때 여성들은 여성적 정체성보다 민족정체성을 앞세우는 경향이 있다. 여권신장 문제보다는 조국의 독립을 우선시하는 것이다. 이와 같은 희생으로 여성들은 조국독립 후 시민권을 획득하기도 했다. 그러나 국가형성과정에서 여성들이 희생을 감수하고 남성들 못지않은 기여를 했음에도 불구하고 독립이 달성된 이후 여성들에게는 형식적인 권한만 부여되었을 뿐, 여성들은 핵심 국가권력에서 효율적으로 배제되었다. 독립투쟁시에는 여성이라기보다는 한 민족의 일원으로 간주되었던 여성들이 독립과 더불어 다시 여성으로 취급되기 시작한 것이다. 그 결과 탈식민주의 시대에는 민족주의가 남성의 우월적 특권을 제도화하고 여성의 시민권을 침해하는 데 이용되었다.[39]

2) 전쟁과 평화, 그리고 안보

여성주의는 특히 국제정치에서 평화연구와 갈등해결 부분에서 중요한 기여를 했다. 전쟁으로 가장 고통받는 존재가 바로 여성이기 때문에 여성주의 시각에서의 전쟁 원인 분석을 통한 평화대안 구축이 가능할 것으로 생각했기 때문이다. 실제 많은 여성주의자들이 평화주의자이기도 하다. 여성과 평화를 연결시키는 것은 역사적으로 오랜 전통을 가지고 있다. 이는 남성은 더 호전적이고 여성은 더 평화지향적이라는 일반적인 인식과도 관련이 된다. 흔히 여성은 생물학적 차이 때문에 남성보다 더 평화지향적이며 덜 호전적이라고 간주되었다. 평화에 대한 여성주의 시각은 주로 급진주의, 혹은 관점론적 여성주의자들이 제안했다. 이들은 성 차이에 대한 생물학적인 설명을 거부하면서도 여성적인 것과 평화 사이에 깊은 관련이 있다고 주장했다. 이들은 대부분의 여성이 가지는 모성의 경험이, 그리고 공적 권력으로부터 여성이 역사적으로 배제되어 온 것이 여성으로 하여금 평화에 대해 특별한 관심을 가지게 만든다고 설명한다. 따라서 이들은 어머니(혹은 잠재적 어머니)로서의 여성의 평화유지 능력과 평화에 대한 기여를 강조했다. 여성들은 어머니로서의 역할 때문에 남성에 비해 전쟁을 반대하고 갈등해결을 위해 폭력적 수단이 아닌 다른 수단들을 찾을 개연성이 크다고 주장했다.

이러한 견해는 1980년대와 90년대를 거쳐서 '도덕적 여성주의자들(moral feminists)'의 주장에 반영되었는데 이들은 여성을 정부 엘리트층에 진출시킴으로써 국가의 외교정책을 변화시킬 수 있을 것이라고 믿었다. 평화에 대한 여성주의 담화는 인간 본성의 선함, 그리고 대화와 협력을 강조하는 것이었다. 정치적으로 가장 권력 있는 위치에 여성을 진출시킴으로써 전쟁과 평화에 대한 공적 담화가 행해지는 조건들을 변화시키고 이를 통해 궁극적으로 좀더 평화로운 세계를 만들 수 있다고 믿었다.[40]

그러나 여성과 평화를 등치시키거나 여성의 평화적 우위성을 주장하는 관점론적 시각에 대한 비판도 존재한다. 크리스틴 실베스터(Christine Sylvester)와 같은 탈근대 여성주의자들은 여성성=평화성이라는 일원론적 해석에 대하여 아마존의 여전사처럼 여성들도 호전적일 수 있다는 사례를 들어 비판하고 있다. 또한 이러한 접근방식은 첫째, 기존의 가부장제 질서를 타파하려는 능동적인 여성, 또는 일상적인 어머니로서의 역할을 하지 않는 여성을 배제하고 있고, 둘째, 여성들을 일원화되고 수동적인 타자로만 인식하고, 셋째, 어머니가 아니거나 양육자가 아닌 여성들의 다양한 정치적 입장이 고려되지 못한 채 오직 '성적 차이의 가부장제적 구성'에 대해 이의를 제기하지 못하는 문제점을 가진다고 비판한다.[41]

여성이 남성보다 더 평화적인가에 대해서는 논란이 있겠지만, 지난 몇 십 년 동안 여성들은 여성평화단체를 조직하여 핵무기실험 및 증강 반대, 베트남전 반대, 이스라엘의 대팔레스타인 군사행동 반대시위를 했다. 1980년대에 영국 여성들이 미국 순항미사일이 배치되어 있던 그린햄 코먼(Greenham Common) 공군기지를 점령했던 사건은 평화주의적 여성들의 대표적인 활동으로 언급된다. 특히 1980년대에 대두했던 여성주의자 반전운동은 국가의 군사 기구, 특히 핵무기를 남성들의 공격성과 파괴성의 표현으로 간주했다.

한편 전쟁과 평화 문제에 관해 여성주의 관점이 중요하게 기여한 바는 전쟁 및 평화개념의 확대에 있다. 여성주의자들은 전쟁을 단순히 국가간의 물리적 충돌로 규정할 때, 국내사회는 평화롭다는 신화가 만들어지고 국가 간의 전쟁 못지않게 일상적이고 구조적인 남성들의 폭력을 간과하게 된다고 비판한다. 따라서 1985년 나이로비 세계여성회의에서 주창된 것처럼 전쟁의 부재라는 의미에서의 소극적인 평화개념을 넘어서서 "국내와 국제 수준의 전쟁, 폭력과 교전 상태가 없음을 뜻할 뿐 아니라 경제와 사회적 정의를 향유하는 것"으로 적극적 평화개념을 채택해야 한다고 주장한다.[42] 이처럼 여성과 평화의 문제를 기존의 소극적 평화 개념에서 벗어나 적극적 평화라는 개념으로 환치시키면 다음과 같은 이점이 있다. 첫째, 기존의 젠더구성 방법에서 여성과 평화를 등치시키는 본질주의적 접근을 극복할 수 있고, 둘째, 여성의 기존 권력 관계에 대한 변화의지를 표출할 수 있다. 셋째, 좀더 적극적인 부분에서 여성에 의한 적극적 평화의 모색은 남성위주의 사회질서에 대한 배반과 전복을 포함함으로써 여성에 대한 세력화로 전

환될 수 있다.[43]

적극적 평화 개념을 옹호하는 자들은 직접적 폭력뿐만 아니라 구조적 폭력을 제거해야만 평화를 달성할 수 있다고 주장하며 구조적 폭력(the structural violence) 문제를 제기했다. 1960년대 후반에 제기된 구조적 폭력에 대한 논의는 안보와 평화연구 분야에서 좀더 젠더친화적이라 할 수 있다. 예컨대 구조적 폭력은 빈곤, 기아, 억압 등을 일종의 폭력으로 보는 개념으로서,[44] 사회적 약자로 많은 종류의 억압에 노출되어 있는 여성은 이러한 구조적 폭력의 피해자일 가능성이 높다. 이에 여성주의 국제관계론자들은 구조적 폭력의 제거, 즉 적극적 평화를 주장한다.

구조적 폭력에 대한 문제제기나 기존의 전쟁과 평화 개념의 확대는 안보를 전통적인 견해와는 매우 다른 방식으로 개념화하게 만든다. 무엇보다도 안보를 위협하는 주된 요소가 국가간의 폭력 행사 및 그 위협이라는 견해에 도전하게 한다. 여성주의자들은 국제정치의 무정부적 상태로부터 폭력이 발생하며 국가들은 항시적으로 적대적인 외국인들에 의해 자국의 안보를 위협받는다는 현실주의 견해에 동의하지 않는다. 일반 국민들이 위협을 당했다고 느끼는 정도는 사실상 각 개인이 처한 정치적, 경제적, 사회적 또는 개인적 상황에 따라 다르게 나타나기 때문이다. 현대에 와서는 인류의 안보와 복지가 다양한 요소에 의해 영향을 받는다. 즉 세계경제의 불안정, 빈곤과 영양실조, 지구 온난화와 기후 변화, 인종갈등, 정치적 억압, 인권침해, 종교·인종·성별에 기초한 박해 등에 의해 안보를 위협받을 수 있다. 따라서 여성주의 국제관계론자들은 안보위협요소를 '국가간의 폭력 행사 및 그 위협'보다 더 폭넓게 정의하고자 한다.

포괄적인 안보 개념을 제시하려는 여성주의자들의 노력은 기존 국제정치학에서의 분석 수준에 대해 의문을 제기한다. 기존의 국제정치학에서는 국가 외부의 위험한 세계를 묘사하기 위해 질서 있는 국내와 무질서한 국제세계를 대비하지만, 실제 국가내부의 폭력을 감안한다면 이러한 구분은 포괄적 안보를 설명하는 데 제한적이다. 법적 통제가 작동하지 않는 사적 영역에서의 폭력, 예컨대 가정 폭력과 같은 경우 개인의 안보를 심각하게 위협할 수 있으나, 기존의 분석틀로는 이를 설명할 수 없다. 따라서 가정 폭력은 더 넓은 권력 관계(불평등한 젠더 관계)라는 큰 맥락에서 보아야 한다. 이에 여성주의자들은 지배(domination)의 중요 원천인 '젠더에 기반한 위계질서', '권력의 불평등성'이 진정한 안보를 달성하는 데 장애요인이 된다는 점에 주목한다. 따라서 안보에 대한 여성주의 시각은 국제 분쟁뿐만 아니라 불평등한 젠더 관계에서 발생하는 모든 폭력을 분석해야 한다고 본다. 예컨대 티크너는 국가(군사)안보뿐 아니라 경제안보, 생태안보를 포괄하는 대안적 개념을 제시하면서 "진정한 안보는 전쟁소멸과 불평등한 젠더관계를 포함하는 불공정한 사회관계의 제거를 함께 필요로 한다"고 주장했다.[45]

3) 세계경제질서와 여성: 개발, 국제노동분화, 세계화

여성주의 국제관계론자들은 젠더가 세계경제질서를 이해하는 데 중요한 출발점이 될 수 있다고 본다. 세계경제질서 속에서 여성을 가시화(make visible)하고, 국제노동분화의 성차별적 성격을 부각하고, 국내 및 국제적 경제정책의 실행결과가 여성의 경제·사회적 지위에 미치는 영향을 드러내는 것이 여성주의 시각에서의 주된 관심사였다. 1970년대의 '여성과 개발(Women in Development)'에 관한 논의로부터 시작해서 최근의 세계화에 대한 논의에 이르기까지 여성주의 진영에서는 세계경제질서 속에서 여성들이 직면하는 성차별적 요소들을 드러내고자 했다.

1970년대부터 각국 여성운동의 주요 논제로 다루어졌던 '여성과 개발' 문제는 주로 제2차 세계대전 이후 대부분의 저개발 국가들이 채택했던 근대화 및 경제개발 정책이 여성에게 차별적이라는 점에 주목한다. 초기의 여성주의 진영의 개발에 대한 반응은 경제개발이 어떻게 그 혜택에서 여성을 배제하는가에 초점을 맞추었다. 경제개발이 남성위주로 이루어지면서 여성들은 남성과 동등한 참여의 기회를 상실한 채 경제개발에 의하여 남성과는 상이한 방식으로 영향을 받았다는 것이다. 따라서 여성을 더욱 평등하게 개발과정에로 통합시키는 전략을 제시하고 여성을 개발 결정과정에 참여시키고자 했다.[46]

이러한 접근방식은 근대화(혹은 경제개발)가 전근대적 요소를 제거하고 물질적 풍요와 정신적 계몽을 가져옴으로써 자유와 진보의 도래를 초래할 것이라는 가정에 입각한 것이었다. 이러한 가정을 거부하는 다른 여성주의자들은 개발이 여성의 진보를 가져오는 것이 아니라 여성의 위치를 더욱 악화시킨다고 보며 서구식 근대화 개념에 입각한 개발 자체를 반대하기도 했다. 급진주의적 여성주의자들은 기존의 개발개념 자체가 남성적이며 이는 여성에 대한 남성의 지배에 기초하고 있으며 이를 더욱 심화시킨다고 비판했다.[47] 즉 남성적 개발은 여성과 자연을 대상화하고 착취함으로써 이루어진다는 것이다.

한편 강한 반보편주의 논지를 펴는 탈근대 여성주의자들은 서구의 경험에서 나온 여성해방 관념을 인류 모든 여성의 해방을 이룰 수 있는 모델이나 처방으로 제시하는 것을 반대하고, '여성의 이익', '해방'과 같이 미리 고안된 견해에 기초하여 이론화 작업을 하는 것을 회피한다. 대신 이들은 특정 사회의 맥락 속에 놓여진, 여성의 지위 향상을 위한 행위와 전략을 강조하면서 나날의 관습에 집중하여 이것이 어떻게 주어진 상황과 사회 속에서 여성의 자원에 대한 접근 가능성을 허용하거나 막는지에 관심을 보인다. 이들은 또한 자유주의적 '여성과 개발' 운동에서 채택하고 있는 전략은 진보에 관한 서구적 관념에 의해 깊이 영향을 받은 것으로서 비서구 사회의 문화를 '퇴보'와 단순히 동일시함으로써 저개발국가의 여성을 문명화되지 못한, 억압된, 그리고 힘이 없는 무기력한 존재로 가정하고 있다고 비판한다. 이들은 여성이 항상 억압적인 관습의 희생자이기만 한 것은 아니며, 여성들은 종종 특정 사회 안에서 그들에게 부여된 전통적인 역할을 통해서 힘과 영향력을 발휘하고 있고 또한 그들 자신의 삶을 스스로 지배하고 타인에 대해서 영향을 미치기 위해 가능한 모든 자원을 이용한다는 점을 강조했다.[48]

젠더가 국제노동분화에서 중요한 요소라는 점을 밝힌 것도 여성주의 국제관계론자들의 업적이라 할 수 있다. 대부분의 국가에서 여성의 노동은 결혼 전에 이루어지는, 혹은 남편의 수입을 보충하는 임시직으로 간주되었기 때문에 여성들은 남성들에 비해 낮은 임금을 받는다. 또한 여성이 주를 이루는 노동의 대부분은 비숙련 노동으로 간주되어서 여성의 노동은 '값싸게 만들어졌다.' 값싼 노동력을 최대한 활용하기 위하여 해외에 공장을 설립하는 다국적 기업의 경우 상당수 저임금 여성 노동력에 의존했고, 그 결과 전세계적으로 여성은 수출자유지역 노동자들의 상당수를 이룬다. 베네통(Benetton)사에서 하청을 받아 저임금으로 가내에서 일하는 여성들, 유나이티드 프루츠(United Fruit)사의 남미 바나나 플랜테이션 농장에서 일하는 여성 노동자들, 한국의 고도 경제성장에 일조를 한 수출자유지역내 섬유, 신발 공장의 한국 여공들은 이러한 거대한 국제노동분화의 중요한 일부분을 이루고 있는 것이다.[49]

이와 같은 노동력의 '여성화' 현상은 무역 경쟁이 심화되고 노동 규제가 완화될수록 현저하게 나타난다. 자본, 노동, 상품의 자유로운 이동을 추구하는 세계화가 진행될수록 주로 여성으로 이루어진 주변부화된 노동력은 더욱 증대되었다. 따라서 여성주의 국제관계론자들은 세계화가 여성의 지위와 노동에 미치는 영향에 관심을 보이며 국제경제질서 및 세계화와 관련된 다양한 연구를 진행하고 있다.[50] 이들은 구조조정과 같은 신자유주의적 발전전략이 젠더관계에 미치는 영향에 주목한다.[51] 일반적으로 신자유주의적 경제질서가 강요하는 열악한 경제 상황 속에서 여성들은 가계를 꾸려 나가기 위하여 추가적인 노동을 감당하고 있는데, 이러한 노동들은 대부분 사적 영역의 노동으로 간주됨으로써 여성들은 정당한 경제적 대가를 받지 못하고 있다. 한편 세계화의 진전과 더불어 어떻게 여성들이 저임금 노동자로 전락하게 되는지, 혹은 빈국의 여성들이 주로 가내노동자나 유모로서 상대적으로 부유한 국가로 수입되는지를 보여주었다.[52] 구공산권 국가의 체제전환과 관련하여 새로운 자본주의 경제질서 속에서의 여성의 위치에 관한 연구도 존재한다.[53]

한편 사회제도, 관습, 이념 등에 의해 특정형태의 불평등이 형성, 지속되고 있다고 보는 비판적 여성주의자들은 "유엔, 세계은행, IMF 등과 같은 국제기구나 제도들은 젠더관계에 어떠한 영향을 미치는가?"라고 질문하면서 세계경제질서, 국제제도, 국제기구의 성격과 목적에 대해 의문을 제기한다.[54] 이들은 주요 국제제도들의 작동에서 젠더에 관한 관념이 중심적이라고 보며 국제제도들이 젠더 불평등성을 반영하고 관철시키고 있다고 본다.[55] 따라서 IMF, GATT, 그리고 GATT의 후신인 WTO를 개혁해야 한다는 필요성을 제기했다.

5. 여성주의 국제관계론의 한국적 의미

페미니즘 시각은 한국적 국제관계론 발전에 어떤 기여를 할 수 있을 것인가? 한국적 경험에 기반한 국제정치 시각을 형성하는 데 여성주의 시각은 어떠한 가능성과 한계를 가지고 있는가? 이러한 질문에 대답하기 위해서는 우리는 누구(정체성)이며 우리는 무엇을 경험하고 있는가에 대한 진지한 고민이 필요하다. 지난 100년간의 한국사를 살펴볼 때, 정치적으로는 식민주의, 탈식민주의, 근대화, 군사주의, 권위주의, 민주화를 경험했고, 군사적으로는 1950년 한국전쟁 이후 남북한이 대치된 분단구조 속에 살고 있다. 1960-70년대 국가주도형 경제개발정책과 수출지향적 산업육성을 통해 한국경제는 세계자본주의 경제에 편입되었고, 세계화의 시대에는 선진국에 의해 주도되는 세계경제질서에서 부침을 경험하는 동시에 국제적 노동분업에서는 저개발국의 저임금 노동력에 직간접적으로 의존하고 있다.

그렇다면 성인지적(gender-sensitive) 시각은 우리의 경험을 재해석하고 더욱 풍부히 설명할 수 있을까? 우리는 먼저 우리의 경험 속에 여성들은 어디에 위치하고 있는가를 질문해야 한다. 한국여성들은 식민지 시절의 독립운동가나 일본군위안부로, 근대화 시기에는 저임금 노동력을 제공하는 산업의 역군으로, 반군사정권 민주화 투쟁에서는 각종 시위 및 노동, 학생운동의 참여자로 존재하여 왔다. 여성들은 한국전쟁의 주된 피해자였으며, 이후 분단구조 속에서는 군인들의 어머니, 군기지 주변의 매춘부, 분단 냉전 이데올로기의 희생자이기도 했다. 세계경제질서 속에서는 저임금 노동자이며, 동시에 저개발국가의 저임금 노동자들이 생산한 상품 및 서비스를 구매하는 소비자이기도 하다. 성인지적 시각의 도입은 이러한 한국여성들의 경험을 부각시키고 이들의 경험으로부터 정치·국제정치를 바라보는 것을 가능하게 한다.

성인지적 시각은 또한 공적·사적 영역을 포괄하여 우리의 일상생활 속에 젠더에 기반한 권력 관계가 깊이 새겨져 있으며, 그리고 우리의 삶에 직접적인 영향을 미치는 국제적 현상들이 젠더 불평등적인 요소를 가지고 있다는 것을 보여줄 수 있다. 몇 가지 예를 들어보자.

첫째, 여성총리서리 인준문제 논의시, 군대에 가본 경험이 없는 여성은 전쟁시 적절히 대처할 수 없기 때문에 총리가 될 수 없다는 반대논의가 개진되었다. 이러한 견해는 한국의 전통적인 남성관·여성관이 국가관 및 여성의 역할 규정에 미친 영향을 그대로 보여주며, 군인이 될 수 있는 남성만이 일등시민이 될 수 있다는 서구적 시민개념이 우리에게도 생소한 것이 아님을 보여준다.

둘째, IMF 구조조정시 직장여성—특히 기혼여성—이 여성이라는 이유만으로 해고 일순위였다는 것은 신자유주의적 경제질서의 젠더편향적 성격을 보여준다. 또한 남편들이 실직했을 때 가계지출을 더욱 줄이고 생계를 담당하기 위해 부업에 종사하는 여성의 추가적 노동은 구조조정의 부담이 사적영역의 여성에게로 전가되었다는 것을 의미한다. 이는 신자유주의적 경제질서가 한국 여성의 삶에 직접적인 영향을 미친다는 것을 보여준다.[56]

셋째, 러시아, 필리핀, 중국을 위시한 주변국가들로부터 많은 여성들이 우편배달신부로서, 유흥업소의 종업원으로, 가사노동자나 식당의 종업원으로 한국으로 수입되고 있다는 사실은 우리도 젠더에 기반을 둔 국제적 노동분화 속에 살고 있음을 보여준다.

그 동안 성인지적 관점이 결여된 기존의 국제관계시각에서는 이러한 문제를 설명하지 못했고, 설명할 필요도 없었다. 분단 상황에 처해진 한국에서는 군사 · 안보와 같은 문제가 가장 중요한 문제이며, 따라서 젠더의 문제는 지극히 부차적인, 간과해도 되는 것으로 생각되었다. 많은 경우 여성주의 관점은 군사, 안보, 전쟁과 같은 무거운 주제들을 다루는 데 한계를 가진다고 간주되었다.[57] 여성주의 국제관계론은 우리로 하여금 그간 주목하지 않았던 문제들에 관심을 가지게 하고, 기존의 문제들을 새로운 시각으로 바라보게 할 뿐 아니라, 국제정치학의 주제선정 방식에 감추어진 성별 권력 관계에 의문을 제기하게 만든다.

여성주의 국제관계론은 한국국제정치학계에서는 비교적 생소한 분야이다. 그럼에도 불구하고 몇몇 선구자적인 연구들은 여성주의 국제관계론의 가능성을 보여주었다. 예컨대, 황영주의 연구가 보여주었듯이, 한국의 고대설화 심청전을 성인지적 관점에서 재해석할 때, 심청전의 주요 주제인 '효'가 바로 국가내의 위계적, 가부장제적 질서를 구축하려는 국가 이데올로기의 정당화 문제와 깊이 관련되어 있다는 점을 인식하게 된다. 이러한 연구는 한국 근대화 과정에서 한국여성이 국가에 의해 어떻게 희생, 봉사하도록 요구받았는지에 대한 안목을 넓혀 준다.[58] 엔로가 보여주었듯이 한

국의 어린 여공들은 수출자유지역내 경공업공장에서 저임금을 감수하며 한국경제발전에 기여했던 것이다.[59]

안보, 군사주의에 대한 여성주의 관점도 분단된 한반도의 안보상황 속에서 살고 있는 한국여성들의 위치를 보여준다. 캐서린 문(Katharine Moon)의 『동맹 속의 섹스』는 한국 기지촌 여성들이 한국의 안보와 미국의 환태평양 군사전략을 위해 어떠한 희생을 감수하고 있는지 보여준다.[60] 황영주의 평화, 안보개념의 여성주의적 재정의(reformulation)는 '윤금이양 살해사건'이나 더 나아가서 '효선이·미선이 여중생 사망사건'이나 '수지 김 살해 은폐조작 사건'을 여성주의 관점에서 재조명하게 만들어 준다.[61] 한편 한국여성평화운동의 발전과 더불어 한반도 평화정착에 여성주의 국제관계시각이 어떤 시사점을 가질 수 있는지에 대한 학문적 연구도 진행되고 있다.[62]

여성주의 국제관계론이 가지고 있는 다양한 접근법과 문제의식, 그리고 분석의 깊이는 새로운 연구주제의 발굴 가능성을 열어주며, 그 동안 간과되었거나 혹은 고의적으로 감추어져 있던 문제들을 새로운 시각으로 바라보게 한다. 따라서 여성주의 시각을 한국에 수용, 적용했을 때, 그 학문적 기여의 가능성은 매우 높다고 보인다.

6. 여성주의 국제관계론에 대한 전망

여성주의 시각은 국제정치 분석에서 젠더를 도입함으로써 그간 국제정치이론의 발전에 기여했다. 여성주의 시각은 무엇보다도 젠더에 의해 위계질서지워진 세계를 보여주었다. 젠더에 의해 계층화된 세계가 어떻게 구성되어 있는지, 그리고 그것을 어떻게 변경할 수 있는지에 대한 단일한 해석은 없다. 그러나 정치, 경제, 사회의 제 영역에서 나타나는 젠더 관계가 어떻게 국제적 동향에 의해 만들어지고 변모되는지를 밝힌 점은 주요한 공헌 중 하나이다. 또한 여성주의 시각을 통해 국가간 상호작용뿐 아니라 국가

와 사회간의 상호작용까지 연구하는 것이 가능해졌다.[63]

피터슨에 따르면 여성주의 국제관계연구는 좀더 폭 넓고 포괄적인 사회관계(가족관계, 가정폭력, 복지경제, 환경문제 등 현실주의에서는 경시되어 온 영역)의 분석을 가능하게 함으로써 기존 국제관계이론의 학문적인 한계를 넘어서는 장점을 가진다. 둘째, 여성주의 국제관계연구는 공적·사적 영역의 구분 및 국제관계 분석 수준을 넘어섬으로써 좀더 체계적이고 전체론적인 분석을 가능하게 한다. 셋째, 여성주의 국제관계연구는 규범적·정치적 관여에 의해 활성화된다. 여성의 지위개선을 위한 여성들의 참여의식은 여성주의자들을 연결하고 강화한다.[64] 여성주의 국제관계론은 젠더에 의해 계층화된 세계를 해석하는 데 다음과 같은 방식으로 기여했다. 경험적인 측면에서는 여성을 국제정치에 참여시킴으로써, 분석적인 측면에서는 객관성·합리성·자율성에 대한 이분법과 단순화된 개념을 거부하고 실증주의에 대한 새로운 비판 시각을 제시함으로써, 비판적·정치적 측면에서는 여성주의적 해석이 독자를 변화시킴으로써, 여성주의 국제관계론은 세계정치 연구 및 실천에 기여했다.[65]

이와 같은 여성주의 시각의 공헌에도 불구하고, 여성주의 국제관계론에 대한 몇 가지 비판이 제기되었다.[66] 첫째, 여성주의 시각은 현실주의나 자유주의처럼 국제관계의 특성에 관한 하나의 응집력 있는 설명을 제공하지 못했다. 여성주의 시각이 응집력 있는 국제관계이론을 제공하지 않는 한 국제정치 일반이론으로 발전할 수 없으며 이론으로서 한계를 가질 수밖에 없다.

둘째, 여성주의 시각이 젠더 관계에 초점을 맞춘다고 하면서도 결국은 여성들의 경험에 초점을 맞추는 경향이 있다. 남성성에 대한 연구가 나타나고 있기는 하지만,[67] 여성주의 국제관계론자들은 압도적으로 여성의 문제를 다루고 있다. 따라서 여성주의 국제관계론이 좀더 일반화된 이론으로 자리잡기 위해서는 여성문제에만 집중하는 경향에서 탈피할 필요가 있다.

또한 여성주의 국제관계론은 남성성과 여성성이 무엇을 의미하는지에 대한 본질적인 합의가 필요할 것으로 보인다.

마지막으로 과연 여성을 보편적인 범주로 간주할 수 있는가 하는 문제가 제기된다. 즉 여성들이 공통의 경험과 이해관계를 가지고 있는가 하는 문제이다. 비판적, 관점론적 여성주의자들은 각 사회와 문화간의 차별성을 인정하면서도 여성들이 늘 차별되고 젠더 불평등을 경험한다는 사실을 강조한다. 반면에 탈식민주의, 탈근대 여성주의자들은 여성의 경험과 그 사회적 의미는 사회마다, 문화마다 다른 양상으로 나타나고 있다고 주장한다. 탈근대 여성주의자들이 주장하듯이 여성이라는 보편적 범주가 존재하지 않는다면 국제정치 분석 단위로서 젠더가 가지는 효용성은 한계를 가질 수밖에 없다.

결론적으로, 여성주의 국제관계론은 기본적인 개념들에 대한 합의가 부재한 상태에서 아직 일반이론으로 발전할 만한 일관적 틀을 형성하지 못하고 있어 이론화의 초기 단계에 있다고 할 수 있다. 그러나 여성주의 시각에서의 연구와 토론이 계속되어 연구업적들이 더욱 축적되고 이론화 작업이 진일보 발전한다면 여성주의 국제관계론은 기존 국제정치이론에 대한 유의미한 대안이 될 수 있을 것으로 전망된다.

| 미주 |

1) Fred Halliday, "Hidden from International Relations: Women and the International Arena," in Rebecca Grant, and Kathleen Newland (eds.), *Gender and International Relations* (Bloomington: Indiana University Press, 1991), pp. 160-163.

2) V. Spike Peterson, "A Gendered Global Hierarchy?," in Greg Fry, and Jacinta O' Hagan, *Contending Images of World Politics* (London: Macmillan, 2000), pp. 203-208.

3) 예컨대 신시아 엔로는 국제정치에 "여성은 어디에 있는가" 질문하면서 여행자, 기지촌의 매춘부, 외교관의 부인, 섬유공장의 여성노동자, 유모일을 하는 가내노동자들에 주목했다. *Cynthia Enloe, Bananas, Beaches and Bases: Making Feminist Sense of International Politics* (London: Pandora, 1989). 여성의 경험을 심각하게 생각하고 이를 국제정치에 첨가하려는 경향의 연구는 Sandra Whitworth, *Feminism and International Relations: Towards a Political Economy of Gender in Interstate and Non-Governmental Institutions* (Basingstoke: Macmillan, 1994); Deborah Stienstra, *Women's Movements and International Organizations* (Basingstoke: Macmillan, 1994) 등 다수의 연구가 있다.

4) 대표적인 연구로는 J. Ann Tickner, *Gender in International Relations: Feminist Perspectives on Achieving Global Security* (New York: Colombia University Press, 1992); Christine Sylvester, *Feminist Theory and International Relations in a Postmodern Era* (Cambridge: Cambridge University Press, 1994); Jan Jindy Pettman, Worlding *Women: A Feminist International Politics* (London: Routledge, 1996); Jill Steans, *Gender and International Relations* (Oxford: Polity Press, 1998) 등이 있다.

5) Sandra Harding, *The Science Question in Feminism* (Ithaca, N.Y.: Cornell University Press, 1986) 참조.

6) 여성주의적 관점론의 접근방식은 대부분의 국제관계이론 속에 숨어 있는 젠더 편견을 폭로함으로써 비판의 양식으로는 유용하다고 할 수 있겠으나, 이론을 재구성하는 데 필요한 본질적인 '여성의 천성', 혹은 '여성다움'의 보편적인 경험이 존재하는가라는 비판을 받을 수 있다.

7) J. Ann Tickner, 앞의 책, p. 8.

8) 위의 책, p. 19.

9)   Rebecca Grant, and Kathleen Newland (eds.), 앞의 책, p. 1.

10) Carol Gilligan, *In a Different Voice: Psychological Theory and Women's Development* (Cambridge, Mass.: Harvard University Press, 1982).

11) J. Ann Tickner, "On the Fringes of the World Economy: A Feminist Perspective," in Craig N. Murphy, and Roger Tooze (eds.), *The New International Political Economy* (Boulder, Co.: Lynne Rienner, 1991), pp. 204-206.

12) 황영주, "여성주의 국제정치학이 보는 안보와 평화의 문제," 한국국제정치학회 하계학술대회 발표논문 (2003), p. 4.

13) J. Ann Tickner, 앞의 책, p. 82.

14) J. Ann Tickner, "Hans Morgenthau's Principles of Political Realism: A Feminist Reformulation," in Rebecca Grant, and Kathleen Newland (eds.), 앞의 책, p. 33.

15) J. Ann Tickner, "A Feminist Critique of Political Realism," in Peter R. Beckman, and Francice D'Amico (eds.), *Women, Gender, and World Politics: Perspectives, Policies, and Prospects* (Westport, Conn.: Bergin and Garvey, 1994), p. 34.

16) Rebecca Grant, "The Sources of Gender Bias in International Relations Theory," in Rebecca Grant, and Kathleen Newland (eds.), 앞의 책, p. 11.

17) Hans Morgenthau, *Politics Among Nations: The Struggle for Power and Peace*, 5th ed. (New York: Alfred Knopf, 1973), pp. 4-15.

18) J. Ann Tickner, "Hans Morgenthau's Principles of Political Realism," 앞의 책, p. 37.

19) 마리시아 잘레프스키는 티크너가 여성주의 원칙을 여성적 특징과 너무 쉽게 혼합해 버림으로써 불평등을 정당화시켜 온 남녀간의 본질적인 차이를 인정하고 있다고 비판했다. Marysia Zalewski, "Feminist Theory and International Relations," in Mike Bowker and Robin Brown (eds.), *From Cold War to Collapse: Theory and World Politics in the 1980s* (Cambridge: Cambridge University Press, 1993), p. 126.

20) Jill Steans, and Lloyd Pettiford, *International Relations: Perspectives and Themes* (London: Longman, 2001), p. 163.

21) 다양한 여성주의 분파의 형성과 특성에 대해서는 Valerie Bryson, *Feminist Political Theory: An Introduction* (Basingstoke: Macmillan, 1992) 참조.

22) 자유주의 여성주의는 여성의 공적 영역에의 참여 확대를 통해 여성의 지위를 향상시키려는 이론으로서 교육, 직업, 정치참여 등에 있어서 여성도 남성과 동등한 평등권을 획득하고자 한다.

23) 맑스주의 여성주의자들은 평등한 권리를 획득하는 것만으로는 여성해방을 이룰 수 없다고 주장하며, 여성억압의 기제로서 자본주의에 주목한다. 자본주의가 지배적인 사회, 경제체제

로 등장하게 됨에 따라 노동의 공적 영역과 가정의 사적 영역이 명확하게 분리되었고, 남성은 가장(임금 노동자)으로서 가계를 책임지는 반면, 여성은 사적 영역인 가정에서 가사노동에 종사하게 되었는데, 이와 같은 이상적인 가정관은 그 속에 담겨 있는 권력관계와 불평등을 감추는 데 이용되었고, 공적 영역과 사적 영역의 분리는 여성과 자녀를 남성의 사적인 소유물로 전락시켰고, 여성의 '사유화'는 여성이 가정에서 행하는 무보수 노동을 착취하는 것을 가능하게 만들었다고 주장한다. 따라서 자본주의의 철폐 및 성에 기반한 노동분화의 종식만이 여성의 해방을 가져올 것으로 맑스주의 여성주의는 상정했다. 그러나 소련을 비롯한 사회주의 국가들에서 여성은 또다시 억압되고 차별되는 현상이 나타나자 사회주의 여성주의자들이 등장하게 되었다. 이들은 자본주의와 가부장제가 공히 여성 억압의 기제라고 보며 이 두 요소가 모두 제거될 때에만 여성의 해방이 달성될 수 있다고 본다.

24) 급진적 여성주의는 가부장제도가 남성의 여성에 대한 지배를 제도화하고 있다고 보며, 특정 사회 속에서 성별관계의 구조는 결혼, 가족, 교육제도와 같은 지배적인 사회적 제도와 관행에 의해 결정되며, 이러한 제도들은 불평등과 복종의 관계를 강화하는 데 이용되고 있다고 본다. 급진주의 여성주의자들은 공적/사적 영역의 분리에 관한 논의를 더욱 발전시켜서 '개인적' 인 것이 실제로는 '정치적'이라는 주장을 편다. 배타주의와 애정에 기반을 둔 삶의 영역이 사실은 복종과 지배의 과정으로 특징지어진다는 것이다. 따라서 여성 해방은 가장 사적이고 친밀한 영역에서의 인간관계의 변화를 통해서만 이루어질 수 있다고 주장한다. 급진적 여성주의자들은 여성적 특성, 가치, 역할이 평가절하되는 현상을 문제시하면서 이들은 여성적인 것이 찬양받아야 하며, 양육하고 돌보는 여성들의 경험이 여성만의 독특한 견해를 만들어내는 데 중심적이라고 주장한다.

25) 탈근대 여성주의는 여성의 삶은 특정 사회, 문화적 관계 속에 놓여 있으며, 무엇이 '남성적', '여성적'인지에 대한 이해는 언어, 상징, 설화 등을 통해 구성된다고 본다. 권력 관계는 특정 문화와 사회 관습 속에 놓여 있고 따라서 특정 문화에서 지배적인 그룹이 의미들을 구성할 수 있으며 그렇게 함으로써 성 불평등을 합리화할 수 있다고 본다.

26) 여성도 남성과 동등하게 군인으로서 전투에 참가할 수 있으며, 이러한 권리를 획득함으로써만 진정한 양성평등을 이룰 수 있다고 주장한다.

27) Jill Steans, and Lloyd Pettiford, 앞의 책, pp. 163-164.

28) Cynthia Enloe, 앞의 책.

29) 전자는 사적 관계, 혹은 단순히 사회적 관계라고 우리가 간주하는 것이 실은 공권력에 의해 뒷받침되는 특정권력과 결부되어 있다는 의미이다. 후자는 개인간의 관계가 실은 국제적인 정책이나 관념과 같은 초국가적인 과정에 영향을 받는다는 의미이다. 위의 책, pp. 195-196.

30) 전자는 남성성과 여성성을 어떻게 규정하는지에 의해 정치가 형태지어진다는 것을 의미한다. 반면에 후자는 각국 정부가 외교정책 목표를 달성하기 위해 특정형태의 사적 관계에

의존한다는 것을 암시한다. 위의 책, pp. 195-196.

31) V. Spike Peterson, "Transgressing Boundaries: Theories of Knowledge, Gender and International Relations," *Millennium: journal of international relations*, vol. 21, no. 2, pp. 183-206.

32) R. W. Connell, "The State, Gender and Sexual Politics: Theory and Appraisal," *Theory and Society*, vol. 19 (1990), pp. 519-532.

33) 황영주, "심청전 읽기로 본 한국에서의 근대국가와 여성,"『한국정치학회보』제34집 4호 (2000), p. 83.

34) 전재성, "한반도 안보에 대한 젠더화된 관점에서의 접근: 남성성의 국제정치학이론의 비판적 고찰과 대안의 모색,"『아시아여성연구』통권 제41호에서 재인용.

35) J. Ann Tickner, "A Feminist Critique of Political Realism," 앞의 책, p. 36.

36) Cynthia Enloe, *The Morning After: Sexual Politics at the End of the Cold War* (Berkeley: University of California Press, 1993) 참조.

37) 대표적인 연구로는 Suki Ali, Kelly Coate, and Wangui wa Goro (eds.), *Global Feminist Politics: Identities in a Changing World* (London: Routledge, 2000)가 있다.

38) 민족주의, 젠더, 정체성간의 상관관계를 다룬 연구는 Sita Ranchod-Nilsson, and Mary Ann Tetreault, *Women, States, and Nationalism: At Home in the Nation?* (London: Routledge, 2000) 참조.

39) Jan Jindy Pettman, 앞의 책, ch. 2-4.

40) Jill Steans, and Lloyd Pettiford, 앞의 책, p. 173.

41) Christine Sylvester, "Riding the Hyphens of Feminism, Peace, and Place in Four-(or More) Part Cacophony," *Alternatives*, vol. 18 (1993), p. 110.

42) J. Ann Tickner, 앞의 책, p. 55에서 재인용.

43) 황영주, "평화, 안보 그리고 여성: '지구는 내가 지킨다'의 여성주의적 재정의(reformulation),"『국제정치논총』제43집 1호, 2003, p. 56.

44) J. S. Goldstein, 김연각 · 김진국 · 백창재 역,『국제관계의 이해』(서울: 인간사랑, 2002), pp. 180-181.

45) J. Ann Tickner, 앞의 책, p. 128.

46) Jan Jindy Pettman, "Gender Issues," in John Baylis, and Steve Smith, *The Globalization of World Politics: An Introduction to International Relations* (Oxford: Oxford University Press, 2001), p. 589.

47) Catherine V. Scott, *Gender and Development: Rethinking Modernization and Dependency Theory* (Boulder, CO.: Lynne Rienner, 1996). 제3세계 여성의 관점에서 발전문제를

다른 연구는 Gita Sen, and Caren Grown, *Development, Crises and Alternative Visions: Third World Women's Perspectives* (London: Earthscan, 1988) 참조.

48) Jill Steans, and Lloyd Pettiford, 앞의 책, p. 160.

49) Cynthia Enloe, 앞의 책, ch. 6-7.

50) Marianne H. Marchand, and Anne Sisson Runyan (eds.), *Gender and Global Restructuring: Sightings, Sites and Resistances* (London: Routledge, 2000); Mary K. Meyer, and Elisabeth Prugel (eds.), *Gender Politics in Global Governance* (Lanhanm, Md.: Rowman and Littlefield, 1999) 등의 연구 참조.

51) Anne Sisson Runyan, "Women in the Neoliberal Frame," in Mary K. Meyer, and Elisabeth Prugel (eds.), 앞의 책 참조.

52) Kimberly A. Chang, and L. H. M. Ling, "Globalization and Its Intimate Other: Filipina Domestic Workers in Hang Kong," in Marianne H. Marchand, and Anne Sisson Runyan (eds.), 앞의 책; Eleonore Kofman, "Beyond a Reductionist Analysis of Female Migrants in Global European Cities: The Unskilled, Deskilled, and Professional," 위의 책; Cynthia Enloe, 앞의 책, ch. 8.

53) Marnia Lazreg, *Making the Transition Work for Women in Europe and Central Asia* (Washington, D. C.: The World Bank, 1999); Jacqui True, "Gendering Post-Socialist Transition," in Marianne H. Marchand, and Anne Sisson Runyan (eds.), 앞의 책 참조.

54) 여성의 지위향상을 위한 유엔의 활동에 관한 연구는 Anne Winslow (ed.), *Women, Politics, and the United Nations* (Westport, Conn.: Greenwood, 1995); Hilkka Pietila, and Jeanne Vickers, *Making Women Matter: The Role of the United Nations*, 3rd ed. (London: Zed Books, 1996) 참조.

55) 예를 들어 산드라 휘워스는 ILO(International Labour Organisation)와 IPPF(International Planned Parenthood Federation)기구를 젠더관점에서 비교연구했다. Sandra Whitworth, 앞의 책 참조.

56) 실베스터는 한국여성과의 인터뷰를 통해 한국의 경제위기가 여성에게 미친 영향을 밝히고 있다. Christine Sylvester, "Masculinity and Feminity in the Construction of a New Order of Peace: With Korean Examples," in Tai-joon Kwon, and Dong-sung Kim (eds.), *World Order and Peace in the New Millennium: journal of international relations* (Seoul: The Korean National Commission for UNESCO, 2000).

57) 전재성, 앞의 글.

58) 황영주, "심청전 읽기로 본 한국에서의 근대국가와 여성," 앞의 책, pp. 77-92.

59) Cynthia Enloe, 앞의 책, ch. 7.

60) 캐서린 문, 『동맹 속의 섹스』(서울: 삼인, 2002).

61) 황영주, "평화, 안보 그리고 여성," 앞의 책, p. 57.

62) 한국여성개발원, 『한국여성평화운동에 대한 의식과 발전 방향』(서울: 한국여성개발원, 2000).

63) Fred Halliday, 앞의 글, p. 166.

64) V. Spike Peterson, "A Gendered Global Hierarchy?" 앞의 책, p. 200.

65) 위의 글, pp. 208-212.

66) Jill Steans, and Lloyd Pettiford, 앞의 책, p. 174.

67) 여성의 관점에서 남성성의 문제를 다룬 연구로는 Marysia Zalewski, and J. Parpart, *The Man Question in IR* (Oxford: Westview, 1998) 참조.

| 참고문헌 |

- J. S. Goldstein, 김연각 · 김진국 · 백창재 공역. 『국제관계의 이해』. (서울: 인간사랑, 2002).

- 전재성. "한반도 안보에 대한 젠더화된 관점에서의 접근: 남성성의 국제정치학이론의 비판적 고찰과 대안의 모색." 『아시아여성연구』 통권 제41호.

- 캐서린 문. 『동맹 속의 섹스』. (서울: 삼인, 2002).

- 황영주. "평화, 안보 그리고 여성: '지구는 내가 지킨다'의 여성주의적 재정의(reformulation)." 『국제정치논총』 제43집 1호, 2003.

- 황영주. "심청전 읽기로 본 한국에서의 근대국가와 여성." 『한국정치학회보』 제34집 4호, 2000.

- 황영주. "여성주의 국제정치학이 보는 안보와 평화의 문제." 한국국제정치학회 하계학술대회 발표논문, 2003.

- 한국여성개발원. 『한국여성평화운동에 대한 의식과 발전 방향』. (서울: 한국여성개발원, 2000).

- Ali, Suki, Kelly Coate, and Wangui wa Goro (eds.). *Global Feminist Politics: Identities in a Changing World.* (London: Routledge, 2000).

- Beckman, Peter R, and D'Amico, Francine (eds.). *Women, Gender, and World Politics: Perspectives, Policies, and Prospects.* (Westport, Conn.: Bergin & Garvey, 1994).

- Bryson, Valerie. *Feminist Political Theory: An Introduction.* (Basingstoke: Macmillan, 1992).

- Connell, R. W. "The State, Gender and Sexual Politics: Theory and Appraisal." *Theory and Society*, vol. 19, 1990.

- Enloe, Cynthia. *Bananas, Beaches and Bases: Making Feminist Sense of International Politics.* (London: Pandora, 1989).

- Enloe, Cynthia. *The Morning After: Sexual Politics at the End of the Cold War.* (Berkeley: University of California Press, 1993).

- Halliday, Fred. "Hidden from International Relations: Women and the International Arena." in Rebecca Grant, and Kathleen Newland (eds.). *Gender and International Relations.* (Bloomington: Indiana University Press, 1991).

- Harding, Sandra. *The Science Question in Feminism.* (Ithaca, N.Y.: Cornell University Press, 1986).

- Gilligan, Carol. *In a Different Voice: Psychological Theory and Women's Development.* (Cambridge, Mass.: Harvard University Press, 1982).

■ Grant, Rebecca, and Kathleen Newland (eds.). *Gender and International Relations*. (Bloomington: Indiana University Press, 1991).

■ Lazreg, Marnia. *Making the Transition Work for Women in Europe and Central Asia*. (Washington, D. C.: The World Bank, 1999).

■ Marchand, Marianne H., and *Anne Sisson Runyan* (eds.). *Gender and Global Restructuring: Sightings, Sites and Resistances*. (London: Routledge, 2000).

■ Meyer, Mary K., and Elisabeth Prugl (eds.). *Gender Politics in Global Governance*. (Lanham, Md.: Rowman and Littlefield, 1999).

■ Morgenthau, Hans. *Politics Among Nations: The Struggle for Power and Peace*, 5th ed. (New York: Alfred Knopf, 1973).

■ Peterson, V. Spike. "Transgressing Boundaries: Theories of Knowledge, Gender and International Relations." *Millennium: journal of international relations*, vol. 21, no. 2, pp. 183-206.

■ Peterson, V. Spike. "A Gendered Global Hierarchy?" in Greg Fry, and O' Hagan, Jacinta. Contending Images of World Politics. (London: Macmillan, 2000).

■ Pettman, Jan Jindy. *Worlding Women: A Feminist International Politics*. (London: Routledge, 1996).

■ Pettman, Jan Jindy. "Gender Issues." in John Baylis, and Steve Smith. *The Globalization of World Politics: An Introduction to International Relations*. (Oxford: Oxford University Press, 2001).

■ Pietila, Hilkka, and Jeanne Vickers. *Making Women Matter: The Role of the United Nations*, 3rd ed. (London: Zed Books, 1996).

■ Ranchod-Nilsson, Sita, and Mary Ann Tetreault. *Women, States, and Nationalism: At Home in the Nation?* (London: Routledge, 2000).

■ Scott, Catherine V. *Gender and Development: Rethinking Modernization and Dependency Theory*. (Boulder, CO.: Lynne Rienner, 1996).

■ Sen, Gita, and Caren Grown. *Development, Crises and Alternative Visions: Third World Women's Perspectives*. (London: Earthscan, 1988).

■ Steans, Jill. *Gender and International Relations*. (Oxford: Polity Press, 1998).

■ Steans, Jill, and Lloyd Pettiford. *International Relations: Perspectives and Themes*. (London: Longman, 2001).

■ Stienstra, Deborah. *Women's Movements and International Organizations*. (Basingstoke:

Macmillan, 1994).

- Sylvester, Christine. "Riding the Hyphens of Feminism, Peace, and Place in Four-(or More) Part Cacophony." *Alternatives*, vol. 18, 1993.

- Sylvester, Christine. *Feminist Theory and International Relations in a Postmodern Era*. (Cambridge: Cambridge University Press, 1994).

- Sylvester, Christine. "Masculinity and Feminity in the Construction of a New Order of Peace: With Korean Examples." in Tai-joon Kwon and Dong-sung Kim (eds.). *World Order and Peace in the New Millennium: journal of international relations*. (Seoul: The Korean National Commission for UNESCO, 2000).

- Tickner, J. Ann. "On the Fringes of the World Economy: A Feminist Perspective." in Craig N. Murphy, and Roger Tooze (eds.). *The New International Political Economy*. (Boulder, Co.: Lynne Rienner, 1991).

- Tickner, J. Ann. *Gender in International Relations: Feminist Perspectives on Achieving Global Security*. (New York: Colombia University Press, 1992).

- True, Jacqui. "Feminism." in Scott Burchill, and Andrew Linklater (eds.). *Theories of International Relations*. (New York: St. Martin' s Press, 1995).

- Turpin, Jennifer, and Lois Ann Lorentzen. *The Gendered New World Order: Militarism, Development and the Environment*. (London: Routledge, 1996).

- Whitworth, Sandra. *Feminism and International Relations: Towards a Political Economy of Gender in Interstate and Non-Governmental Institutions*. (Basingstoke: MacMillan, 1994).

- Winslow, Anne (ed.). *Women, Politics, and the United Nations*. (Westport, Conn.: Greenwood, 1995).

- Zalewski, Marysia. "Feminist Theory and International Relations." in *Mike Bowker*, and Robin Brown (eds.). *From Cold War to Collapse: Theory and World Politics in the 1980s*. (Cambridge: Cambridge University Press, 1993).

- Zalewski, Marysia, and J. Parpart. *The Man Question in IR*. (Oxford: Westview, 1998).

| 문헌해제 |

- Cynthia Enloe, *Bananas, Beaches and Bases: Making Feminist Sense of International Politics* (London: Pandora, 1989): 엔로는 국제정치에서 "여성은 어디에 있는가?"라고 질문하면서 섹스관광, 기지촌 여성, 외교관 부인, 바나나 플랜테이션 농장의 여자 노동자, 베테통사의 하청 여성노동자, 유모와 가정부 등을 통해 어떻게 여성들이 국제정치 · 경제질서가 원활히 운영(to 'make the world go round')되도록 봉사하고 있는지를 보여준다.

- Rebecca Grant, and Kathleen Newland (eds.), *Gender and International Relations* (Bloomington: Indiana University Press, 1991): 1988년 런던정경대학에서 개최된 '여성과 국제관계' 심포지엄 발표문들을 편집하여 단행본으로 출간된 저서이다. 국제관계론의 성편향적 경향을 지적한 레베카 그란트(Rebecca Grant)의 논문과 모겐소의 정치적 현실주의 6원칙을 여성주의 시각에서 재구성한 티크너의 논문 등이 특히 주목할 만하다.

- J. Ann Tickner, *Gender in International Relations: Feminist Perspectives on Achieving Global Security* (New York: Colombia University Press, 1992): 티크너는 전지구적 비젠더화된 안보개념을 제시하고자 국가안보, 정치경제, 자연환경이라는 3개의 영역을 여성주의 시각에서 분석하고 있다. 이 책의 한국어 번역본은 황영주 외 역, 『여성과 국제정치』 (부산: 부산외국어대학교 출판부, 2001)가 있다.

- Jan Jindy Pettman, *Worlding Women: A Feminist International Politics* (London: Routledge, 1996): 오스트레일리아 국립대학교 여성연구소 소장인 페트만은 정체성의 젠더화된 정치에 대해 특별한 관심을 가지며, 이 책에서는 전쟁과 평화, 국제성별 노동분화에 대해서도 다루고 있다.

- Christine Sylvester, *Feminist Theory and International Relations in a Postmodern Era* (Cambridge: Cambridge University Press, 1994) 탈근대 여성주의의 시각에서 국제관계를 논한 대표적인 저서이다.

- 황영주, "평화, 안보 그리고 여성: "지구는 내가 지킨다"의 여성주의적 재정의(reformulation),"

『국제정치논총』 제43집 1호 (2003): 여성주의 국제정치학에서 논의되고 있는 포괄적 안보 개념에 대한 검토로서 기존의 안보 논의를 여성적 관점을 통해 재구성했다.

문명충돌론

강 정 인

Ⅰ. 서론 : 21세기 세계질서의 전망과 문명충돌론

20세기 말부터 불어닥친 지구화·정보화라는 거대한 변환과 함께 냉전의 종언은 21세기 세계정치의 전망에 대한 관심을 고조시키고 있다. 다양한 전망들 중에서도 특히 주목을 끄는 것은 문명을 중심으로 세계정치나 국제관계를 새롭게 조명하려는 이론들이다. 이러한 경향을 대표하는 학자들로 후쿠야마(Francis Fukuyama), 헌팅턴(Samuel P. Huntington), 뮐러(Harald Müller) 등을 들 수 있다. 베를린 장벽이 무너진 1989년에 발표한 『역사의 종언(*The End of History*)』이라는 글에서 후쿠야마는 구사회주의권 국가들은 물론 전세계의 모든 국가들이 자유주의-자본주의로 대표되는 서구중심적인 단일의 보편문명으로 귀결될 것이라는 대담한 주장을 제기했다.[1] 한편 1993년에 미국 하버드 대학의 정치학자 헌팅턴은 "The Clash of Civilizations?"라는 글에서 후쿠야마와 달리 상이한 문명들 간의 충돌에서 비롯되는 문화적 갈등이 세계정치의 중심축으로 부상하고 있다고 주장했고, 이로 인해 '문명충돌론'이 세계 정치학계의 화두로 떠올랐다.[2] 또한 독일의 '헷센 평화 및 갈등 연구소(Hessische Stiftung Friedensforschung und Konfliktforschung)' 소장인 밀러는 헌팅턴의 주장을 정면으로 반박하는『문명의 공존(*Das Zusammenleben der Kulturen*)』이라는 책을 출판하여 주목을 받았다. 이 책에서 밀러는 헌팅턴의 문명 패러다임을 받아들이면서도 지구화를 통한 상호의존의 심화 및 전지구적 커뮤니케이션 체계의 완성에 의해 개별 국가들은 물론 상이한 문명들 역시 공존과 협력의 틀을 형성하지 않을 수 없을 것이라는 주장을 제기했다.[3]

냉전의 종언 이후 국제정치학에서 문명 패러다임이 등장하게 된 시대적 배경으로는 무엇보다도 "냉전체제의 주요한 구성부분이었던 이데올로기적 갈등구조가 와해된 이후 좀더 긴 역사성을 가진 과거의 갈등구조가 새로운 주목"을 받게 된 상황변화가 지적된다.[4] 그리고 냉전시대부터 점진적으로 진행되어 온 유럽통합이 '유럽연합'이라는 초국가적 정치체로 급진전하면서 세계정치의 장기추세가 종래의 국민국가중심에서 문명중심으로 이동하는 것이 아닌가라는 예상과도 맞물려 있다. 또한 헌팅턴의 문명충돌론은 영국의 유명한 역사가인 아놀드 토인비(Arnold J. Toynbee)의 문명사 중심의 역사연구는 물론 이른바 '장기지속(longue durée)'의 역사에 관심을 쏟은 프랑스의 아날학파, 그중에서도 페르낭 브로델(Fernand Braudel)로부터 많은 영향을 받았다.[5]

문명충돌론은 2001년 9·11 뉴욕 테러사건의 발발과 함께 국내외 대중매체에 급속히 회자되었으며, 이와 더불어 "이른바 '문명충돌론'이 기존의 국제관계이론의 새로운 대안(또는 이론틀)으로 받아들여질 수 있는가?"라는 문제의식이 재차 강하게 제기되어 이를 둘러싼 찬반 논의가 분분하다.[6] 이 장의 목적은 이러한 문제를 검토하는 것이다. 이를 위해서는 먼저 헌팅턴이 제시한 '문명충돌론'의 기본내용을 간략히 제시하고 그 이론이 기존의 어떤 이론에 대한 대안인지를 명확히 규정할 필요가 있다.

헌팅턴이 나중에 출판한 동일한 제목의『문명의 충돌』(1997)[7]이라는 책에 나타난 문명충돌론은 대체로 세 가지 내용으로 요약된다. 첫째, 냉전

종언 이후 세계정치에서 문화와 문명적 요소가 갈등의 주된 원천으로 부상하고 있다. 둘째, 이와 함께 서구문명의 상대적 쇠퇴와 이에 따른 문명간의 권력이동 현상이 일어나고 있다. 셋째, 그 결과 서구문명에 대항하여 중국과 이슬람 문명이 강력히 부상하고 있으며, 이에 따라 문명충돌의 가능성이 증대되고 있다. 이를 좀더 자세히 설명해 보기로 하자.

먼저 헌팅턴은 세계정치가 문화와 문명의 패션을 따라 재편되고 있으며, 그 결과 사상 최초로 다극화, 다문명화되고 있다고 진단한다. 헌팅턴은 세계에 있는 주요 문명으로 8개—서구(유럽과 북미대륙의 국가를 포함), 중화, 일본, 힌두, 이슬람, (러시아를 핵심국으로 한) 정교문명, 라틴아메리카, 아프리카—를 거론한다. 이와 함께 가장 중요하고 위험한 갈등은 이제 사회적 계급이나 빈부와 같이 경제적으로 정의되는 집단 사이에 나타나지 않고 상이한 문화적 배경에 속하는 사람들 사이에서 나타나고 있다고 주장한다. 따라서 헌팅턴은 오늘날 이념이나 경제적 이해관계보다 문화적 정체성이 다른 차원의 정체성에 비해 그 중요성이 비약적으로 커지고 있다고 본다. 헌팅턴은 문화의 핵심적 요소로서 종교의 역할을 강조하는 바, 20세기 후반에 들어와 세계 전역에 걸쳐 일어나는 종교적 자각의 확산과 원리주의 운동의 부상에 주목한다. 공산주의의 몰락과 함께 냉전이 인류를 분열시키던 시대는 끝났지만, 민족·종교·문명에 따른 인류의 더욱 근본적인 분열이 이제 새로운 분쟁의 씨앗을 뿌리고 있다는 것이다. 그 이유를 설명하기 위해 헌팅턴은 세속 이념에서 나타나는 차이는 해소되지는 않더라도 적어도 논의는 할 수 있고, 물질적 이해관계를 둘러싼 대립은 절충과 타협이 가능하지만, 문화적 또는 종교적 차이에서 비롯되는 갈등은 절충과 타협은 물론 논의조차도 어렵기 때문에 더욱 심각한 갈등을 빚는다고 주장한다. 나아가 문화적 동질성 여부가 우방과 적국을 규정하는 중요한 기준이 되어 가고 있다고 지적한다.

둘째로 헌팅턴은 서구문명의 상대적 쇠퇴와 문명간의 권력이동을 예견한다. 먼저 헌팅턴은 서구문명이 앞으로도 가장 강력한 문명의 위치를 고수하겠지만 그 상대적 힘이 약화되고 있다는 점을 영토와 인구, 생산력 및 군사력 등과 관련된 자료와 수치를 통해 제시한다. 그리하여 앞으로 몇십년 동안 동아시아는 경제성장을 발판으로, 이슬람은 사회적 동원력과 인구증가를 발판으로 서구문명이 주도해 온 국제질서에 도전할 것이며, 이것이 세계질서에 가장 심각한 불안요소로 작용할 것이라고 예견한다. 헌팅턴이 보기에는 이같은 문명 차원의 권력이동이 비서구사회의 문화적 자긍심과 서구문화에 대한 거부감을 확산시키면서 서구와 비서구 문명 사이에서 문화적·종교적 충돌을 첨예하게 만든다는 것이다.

마지막으로 헌팅턴은 문명충돌의 가능성이 가장 큰 사례로 서구, 중국, 이슬람 문명의 충돌을 상정하고 있다. 그는 이를 세 문명의 문화적 특징과 연관시켜서도 설명하는데, 서구의 오만함, 이슬람의 편협함, 중화의 자존심이 복합적으로 작용하여 가장 위험한 충돌을 발생시킬 것이라고 한다. 이어서 그는 이슬람과 서구문명간의 반목 사안, 중국 및 일본과 서구문명간의 갈등 사안에 대해 정치·경제적 분쟁요인은 물론 문화적 분쟁사례를 중심으로 적절히 서술하면서, 아울러 중국과 이슬람의 군사적 협력가능성에 주목한다. 특히 헌팅턴은 중국의 부상에 주목하고 있는 바, "중국의 경제 발전이 10년만 더 계속되고 …… 후계자 문제를 둘러싼 갈등을 겪으면서도 정치적 통합성이 유지된다면" 중국은 패권국으로 떠오를 것이고 "그것은 1,500년 이후 세계 역사에 등장한 모든 패권국들을 초라하게 만들 것"이라고 주장한다.[8] 헌팅턴은 이러한 중국이 이슬람 문명과 연대하여 기존의 패자(覇者)인 서구문명, 특히 미국의 패권에 도전할 가능성에 강한 우려를 표명하는 바, 이 책의 마지막 부분에서 헌팅턴은 문명 충돌의 절정으로 미국, 유럽, 러시아, 인도가 중국, 일본, 이슬람권 국가들과 전지구적 규모의 문명 전쟁을 벌이는 가상 시나리오를 제시한다.[9] 그리고 나서 그는 서구의 생존이 "미국이 자신의 서구적 정체성을 재인식하고 자기 문명을 보편이 아닌 특수한 것으로 받아들이면서 비서구사회로부터 오는 위협에 맞서 (유럽과) 힘을 합쳐 자신의 문명을 혁신하고 수호할 수 있느냐 없느냐에 달려 있다"[10]는 결론으로 자신의 책을 마무리짓는다.[11]

문명충돌론이 대체하고자 하는 기존의 국제관계이론으로 우리는 현실주의와 다원주의를 들지 않을 수 없다.[12] 따라서 이 장의 서론에서 제기한 문제를 다시 제기한다면, 그것은 '문명충돌론이 기존의 국제관계이론인 현실주의나 다원주의 이론에 대한 대안이 될 수 있는가?'가 될 것이다. 국제정치이론으로서 현실주의는 "권력과 관련되는 제반 현상(특히 권력투쟁)"이 "중심적 위치를 차지한다"는 가정에 서 있다. 이 가정은 두 가지 명제를 수반하는데, 첫째는 국제정치를 설명할 때에 "도덕 중심적 논의가 회피되어야 한다"는 것이고, 둘째는 "국제정치의 분석에서는 효과적 권력의 조직 및 사용의 유일한 주체인 국가가 중심적인 탐구대상이 되어야 한다"는 것이다.[13] 현실주의 이론을 주장한 대표적인 학자로는 흔히 카(E. H. Carr), 한스 모겐소(H. J. Morgenthau), 케네스 월츠(Kenneth Waltz) 등이 거론된다. 현실주의 이론의 대표적 성과로는 세력균형이론, 세력전이이론, 패권안정론, 중상주의 경제이론 등을 들 수 있다.

다른 한편 다원주의(자유주의) 이론은 국제정치를 홉스적인 무정부상태, 곧 '만인에 대한 만인의 투쟁상태'로 보는 것을 거부하는 데서 출발한다. 다원주의 이론은 국제체계의 **구조**—국가들간의 불평등한 힘의 분배—에만 주목하지 않고, 그러한 구조하에서도 일어나는 "국가간의 일상적 대화 · 거래 · 흥정 · 평가의 방식인 **과정**"(강조는 필자) 역시 국제체계의 구성요소로서 강조한다.[14] 따라서 국가간의 분쟁 못지않게 국가간의 협력 그리고 이를 뒷받침하는 "국제기구나 관례의 생성 · 진화 · 확산"에 주목하여 이론화한다. 또한 다원주의 이론은 국가를 국제체제의 가장 중요한 행위자로 인정하지만, 국제협력을 추진하는 초국가적 · 정부간 연합, 다국적 기업, 비정부기구의 역할 역시 중요시한다. 잘 알려진 상호의존이론, 국제제도론, 통합이론, 민주평화론, 자유주의적 국제정치경제학 등은 다원주의 이론의 대표적 성과라 할 수 있다.

이러한 기존의 이론과 달리 헌팅턴의 『문명의 충돌』이나 밀러의 『문명의 공존』은 지구상에 존재하는 복수 문명들의 관계가 세계질서에 어떤 영향을 미칠 것인가를 논하고 있다. 그런데 헌팅턴의 주장이 다분히 현실주의적 시각에 기반하고 있다면, 밀러의 주장은 다원주의적 시각에 바탕을 두고 있다는 점에서 중요한 차이가 있다. 그러나 어느 주장이든 문명을 단위로 국제관계를 설명하려는 시도를 국제관계의 새로운 이론으로 받아들이기는 어렵다는 것이 이 장의 기본 논지인 바, 구체적으로 이 장에서는 헌팅턴이 제시한 문명충돌론이 국제정치학의 새로운 대안적 이론틀이 될 수 있는가를 논리적이고 경험적으로 검토하고자 한다. 이어서 문명충돌론이 국제관계의 새로운 이론이라기보다는 '오리엔탈리즘으로 무장한 새로운 냉전질서의 구상'에 봉사하는 이데올로기에 불과하다는 점을 보여주고자 한다.

II. 문명충돌론 : 새로운 이론적 대안인가?

1. 보편문명과 개별문명의 중층적 구조

헌팅턴은 문명과 문화를 엄격하게 구분하지 않으며 문명을 "문화적 실체," "크게 씌어진 문화"로 파악한다. 따라서 헌팅턴은 문명과 문화를 모두 "사람들의 총체적 생활방식"을 가리키는 개념으로 파악한다.[15] 또한 문명은 가장 광범위한 문화적 실체로서 마을, 지역, 민족집단, 국민, 종교집단 등과 같은 하위의 문화적 실체를 포괄하는 가장 상위 수준에 있는 사람들의 문화적 결집체이며, 인간 정체성의 가장 커다란 외연을 구성한다.[16] 헌팅턴은 지구상에 단일 보편문명의 존재를 부정한다.[17] 따라서 중국, 인도,

서구 문명 등은 각각 독자적인 문명을 구성하며, 상위의 포괄적인 문화적 실체의 일부분이 아니다.[18] 나아가 헌팅턴은 냉전 종언 이후의 세계정치에서 8개 문명들간의 상호 경쟁과 각축 및 충돌에서 비롯되는 문화적 갈등이 중심축으로 부상할 것이라고 전망한다.

그러나 여기서 우리는 '갈등의 기본축을 단순히 평면적으로 여러 개별 문명들간의 차이에서 비롯되는 문명충돌로 파악하는 것이 과연 적절한가?'라는 의문을 제기할 수 있다. 이에 대해서는 궁극적으로 헌팅턴과 달리 현재의 세계를 단일의 자본주의 세계체제로 파악하거나 자본주의(자유민주주의)로 수렴되는 보편문명의 형성 · 출현과정에 있다고 보고,[19] 헌팅턴이 중시하는 개별 문명들간의 충돌을 한편으로는 이러한 보편문명을 형성시키고, 다른 한편으로는 그 보편문명에 참가하는 하위 문명들(문화적 실체들)간의 문화적 갈등으로 파악하는 것이 적절하다. 이 경우 강제적이든 평화적이든, 긍정적이든 부정적이든, '보편문명'의 형성에 결정적인 영향을 미친 문명이 서구 근대 문명이라는 점을 부정할 수는 없다. 그러므로 오늘날의 세계를 (아직 완성 중에 있는) 단일의 보편문명과 전통시대의 고유한 특징을 간직하고 있는 복수의 개별 문명들이 중층적으로 공존하고 있는 상태로 보는 것이 더욱 설득력이 있다.[20] 따라서 좀더 장기적이고 거시적인 시각에서 개별 문명들은 한편으로는 서로 충돌하고 갈등하면서, 다른 한편으로는 상호 교류하고 협력하면서 보편문명의 형성—예를 들어 문명의 수렴 또는 개별 문명간 공유영역의 확대—에 참가하고 있다고 해석하는 것이 온당하다. 이처럼 문명(civilization)은, 그 영어 단어의 형태가 암시하듯이, 견고한 구조적 실체라기보다는 '열린 과정'으로 보아야 할 것이다. 그러나 헌팅턴은 형성 중인 상위의 보편문명을 인정하지 않은 상태에서 개별 문명들간의 충돌 또는 갈등—그것도 충돌과 갈등의 장기적인 긍정적 측면이 아니라 단기적인 부정적 측면—에만 주목하는 근시안적 시각을 견지하고 있다.

헌팅턴이 보편적인 세계제국이 출현하지 않는 한 전지구적 보편문명의 형성은 불가능하다고 보는 데 반해, 문명이론가, 세계체제론자 및 지구화론자들은 보편적인 제국이 존재하지 않더라도 세계 경제의 출현, 여러 핵심국들간의 상호 협력 또는 지구화 과정을 통한 전지구적 보편문명의 존재 (가능성)를 긍정하고 있다.[21] 예를 들어 문명이론가인 데이비드 윌킨슨 (David Wilkinson)은 과거에는 중국, 일본, 서구 문명 등 복수의 문명이 존재했지만, 적어도 16세기 이후 서구의 침공과 함께 아메리카 대륙의 메소아메리칸 문명과 안데스 문명이 멸망하고, 오랫동안 존재해 온 이슬람, 인도, 중국, 일본 문명 역시 붕괴되거나 자율성을 잃게 되었다고 주장한다. 곧 이들 문명들은 외세의 침투에 의해 기본 질서가 근본적으로 와해되거나 또는 다른 문명과의 융합 또는 동화의 과정을 겪고 있다는 것이다. 이런 의미에서 윌킨슨은 토인비가 미래에 존재하게 될 것으로 예상한 전세계적인 '보편문명(oecumenical civilization)'이 이미 현존하고 있다고 주장한다. 그리고 이 보편문명은 이전의 몰락한 문명들로부터 군사적·정치적·경제적·종교적·예술적·인구학적 기여 등을 합성하여 새로운 종합을 연출해 내고 있다는 것이다.[22]

이처럼 문명의 존재를 중층적으로 보는 입장은 헌팅턴의 문명이론이 설명하기 어려운 점을 좀더 잘 설명할 수 있는 적실성을 갖는다. 예를 들어 헌팅턴은 『문명의 충돌』에서 문명이론가들이 제시하는 문명의 중요한 특징 한 가지를 간과하고 있다. 그 특징이란 각 문명의 통합 정도는 문명마다 다르고 동일문명 내에서 시기별로 다를 수 있지만, '문명간의 교섭보다는 문명내의 교섭이 더욱 활발하다'는 것이다. 따라서 문명이 국가들로 구성되어 있다면 동일문명권내의 국가들은 전쟁도 자주하고 외교관계도 더욱 빈번하며, 경제적으로도 훨씬 더 상호 의존적이다.[23] 그러나 헌팅턴의 문명충돌론은 기존의 문명이론이 제시하는 이러한 특징에 대한 설명을 결여하고 있을 뿐만 아니라, 문명간의 교섭이 문명내의 교섭 못지않게 활발한 현대의 현실도 설명하지 못한다. 이는 물론 헌팅턴이 전세계적인 보편문명의 존재가능성을 부정하고 있기 때문이다.

기존의 문명이론이 제시하는 문명의 특징, 곧 문명간의 교섭보다는 문명내의 교섭이 더욱 활발하다는 특징은 오늘날 서구문명에는 적절히 적용되는 듯한데,[20] 전세계의 많은 다른 문명에는 잘 적용되지 않는다. 그 이유는, 종속이론이나 세계체제이론이 밝힌 것처럼, 오늘날 세계체제의 주변부에 있는 국가는 주변부에 있는 동일한 (또는 다른) 문명권내의 국가들보다는 중심부에 있는 다른 문명권의 국가들—대개의 경우 미국을 비롯한 서구 선진국—과 경제적 · 정치적 · 문화적 교류 · 교섭을 훨씬 더 활발하게 진척시키고 있기 때문이다. 예를 들어 아프리카, 동남아시아, 라틴아메리카 및 아랍 지역의 많은 국가들, 그리고 타이완, 한국은 같은 문명권내의 다른 국가들보다는 미국을 비롯한 서구 선진국과 훨씬 더 활발한 교섭 · 교류를 맺고 있다. 오늘날 이러한 사실은, 정치 · 경제 · 문화 등 제반 영역에 따라 차이가 있겠지만, 전지구적 자본주의 보편문명 하에서 정보통신기술 및 교통수단의 혁명적 발전과 함께 문명간 교섭이 문명내 교섭 못지않게 활발해짐으로써 전통적인 문명간의 경계를 무너뜨리고 있다는 점을 강력히 시사한다. 이러한 사실은 또한 미국과 일본의 무역마찰, 인권문제를 둘러싼 미국과 중국의 갈등을 헌팅턴처럼 단순히 문명간의 갈등으로 볼 것이 아니라 (형성 중에 있는) 보편적인 자본주의(자유주의) 세계문명내에서의 갈등으로 파악하는 것이 더욱 적절할 수도 있다는 해석을 지지한다. 물론 이러한 논점은 자본주의 세계체제나 기타 전지구적 보편문명을 전제로 하지 않는 헌팅턴류의 문명이론으로는 잘 설명할 수 없다.

따라서 현재의 세계질서를 한편으로는 보편적인 문명의 형성(과정)으로 파악하고, 다른 한편으로는 이를 구성하는 개별 문명들이 상호 협력과 갈등을 통해 보편문명의 형성에 참가하는 것으로 보는 중층적 구도가 세계정치를 훨씬 더 유연하고 개방적으로 설명할 수 있는 틀이라고 생각된다.

다시 말해 전세계적인 자본주의(자유민주주의) 보편문명의 형성을 일단
전제로 하고, 그 안에서 이제는 자율성과 자족성을 상실한 개별 문명들이
협력과 갈등을 겪으면서 그 형성에 참여하는 것으로 보는 것이 적절하다.
아울러 개별 문명 또는 개별국가들이 이렇게 형성되는 보편문명을 커다란
틀로 삼아 자신들에게 적합한 최선의 정치·경제·문화적 틀을 만들어내
는 작업은, 과거에도 그랬던 것처럼, 그들이 당면한 과제가 될 것이다. 이
과정에서, 각 공동체가 물려받은 역사적 경험, 문화적 전통 및 추구하는 정
치적 목표가 상이함에 따라 서구문명내에서도 스웨덴의 자본주의/민주주
의 체제가 미국과 다르듯이, 중국이나 한국의 자본주의/민주주의 체제가
서구와 다른 모습을 갖게 될 것임은 오히려 당연하다.

2. 문명충돌이론의 적실성

설사 지구상에 평면적으로 8개의 개별 문명이 존재한다는 헌팅턴의 구
도를 일단 받아들인다고 해도, 그 안에서 다양한 문제제기가 가능하다.[25]
과연 문명을 단위로 세계정치를 설명하려는 헌팅턴의 시도가 현실주의보
다 더 적절한 설명력을 확보할 수 있는가?[26] 이에 답변하기 위해서는 문명
과 국가 중 어느 편을 세계정치의 중요한 행위자로 보는 것이 적절한가, 그
리고 문명적 가치 및 이익과 국익 중 어느 것이 국가의 행위를 더욱 강력하
게 지배하는가를 검토하는 작업이 요구된다.

1) 문명 대 국가

현실주의 이론은 국제정치의 가장 중요한, 최종적인 행위자로서 국가
를 상정하며, 국제체계의 무정부상태와 이로 인해 빚어지는 안보딜레마 등
으로 인한 국가간의 경쟁과 투쟁—권력투쟁—을 핵심으로 국제정치를 설
명하고자 한다. 따라서 헌팅턴의 문명충돌론이 현실주의를 대체하는 대안
적 이론이 되기 위해서는, 우선 문명이 국가보다 세계정치의 더 중요한 궁

극적 행위자라는 점이 인정되어야 할 것이다. 하지만 21세기의 벽두에서 볼 때 '과연 문명이 국가를 대신하여 세계정치의 주요 행위자로서 일관된 행동을 취할 수 있는가?'에 대해서는 강한 의문이 제기되지 않을 수 없다. 즉 문명이 국가를 압도하는 행위자가 되려면 개별 문명내에서 핵심국을 중심으로 한 패권적 동맹이 형성되어야 한다. 가령 미국, 중국, 일본, 러시아, 인도를 서구문명, 중화문명, 일본문명, 정교문명, 힌두문명을 대변하는 핵심국으로 설정할 수 있을 것이다.[27] 그렇지만 이슬람, 라틴아메리카 및 아프리카 문명에는 제각기 문명의 입장을 대변할 수 있는 맹주격인 핵심국이 없으며, 당분간은 핵심국이 출현할 전망도 그리 밝지 않다. 그리고 지역내의 오래된 역사적 · 정치적 · 문화적 경쟁 및 갈등 관계로 인해 지역적 패권국이 출현하려고 하면, 그 지역의 다른 국가들은 상호 단결을 통한 세력균형을 형성해 그 패권국 후보를 견제하려는 동력이 형성되는 경향이 있다. 그리고 필요하다면 외부세력—타문명권의 국가—과 동맹을 결성하려는 원심적 경향도 생성될 수 있다. 1991년 이라크의 쿠웨이트 침공에 대해 대부분의 아랍국가들이 이라크에 동조하지 않고 중립을 지키거나 미국을 비롯한 서구 연합국 편에 가담한 사실 역시 모호한 문명적 가치를 압도하는 지역적으로 복잡한 정치적 이해관계를 보여주는 사례라고 할 수 있다. 마찬가지로 중국의 세력이 강성해지면, 동남아 국가들이나 한국 · 일본 등은 중화문명권에 편승하기보다는 세력균형의 원칙에 입각하여 미군의 주둔을 더욱 요청하게 되는 사태가 발생할 수도 있을 것이다.[28] 이처럼 현실의 다양한 사례들은 현대의 많은 국가들이, 헌팅턴의 주장과 달리, 문명적 동질성이나 가치에 따라 결속하지 않고 여전히 개별국가의 정치 · 경제적 이해관계에 따라 움직이고 있다는 점을 역력히 증명한다.

물론 현실주의의 세례를 받고 자란 헌팅턴은 세계정치에서 국민국가의 중요성을 시인하고 있지만, 그 기능의 약화를 좀더 강조하고 있다: "국가는 세계 문제에서 일차적 주역으로 남아 있지만, 국가의 주권, 기능, 힘은 약화되는 추세에 있다."[29] 그리고 국가의 약화 원인으로 국제기구의 역할 증대, 지구화에 따른 중앙정부 기능의 하위 정부기관에로의 권한이양 및 전지구적 상호연계성의 증대—예를 들어 사상, 기술, 상품, 노동력의 활발한 확산과 교류 등—를 들고 있다. 그러나 여기서 헌팅턴이 이러한 관찰을 통해 다원주의적 국제정치이론을 지지하는 방향으로 선회하는 대신 현실주의의 문명적 확대판인 '문명충돌론'을 전개하고 있다는 사실은 실로 당혹스러운 역설이다.[30] 만약 헌팅턴의 문명충돌론의 핵심 가정—곧 문명이 국가보다 상위의 우월한 행위자로서 세계정치의 주역이 된다—이 옳다면 국가의 약화는 일차적으로 그보다 상위의 실체인 문명 또는 핵심국의 권력 강화를 수반하거나 또는 그것에 의해 초래되어야 마땅하다. 그러나 『문명의 충돌』 어디에도—미국과 유럽의 개별국가들이 단합하여 대서양 공동체, 곧 서구문명을 재건·수호해야 한다는 호소 이외에는 —문명이나 핵심국의 강화로 개별 국가의 힘이 약화되고 있다는 주장은 보이지 않는다. 이렇게 볼 때, 헌팅턴에게 국가들의 문명적 결속은 서구문명의 기득권(패권)을 수호할 목적으로 서구문명권의 국가들을 대상으로 호소하는 당위적 명제일 뿐이지, 결코 확고한 사실이 아니다. 헌팅턴의 문명충돌론에 대해 푸아드 아자미(Fouad Ajami)가 지적한 다음과 같은 논점은 이러한 비판을 압축적으로 잘 요약하고 있다: "이 점은 명백히 하자.문명이 국가를 제어하는 것이 아니라 국가가 문명을 제어한다."[31]

2) 문화적 가치·차이 대 국익

세계정치에서 국가가 문명을 압도하는 행위자라는 사실은, 앞의 논의에서도 시사된 것처럼, 국익이 문화적 가치와 차이를 넘어서 국가의 행위를 지배하고 있다는 점에서도 분명하게 확인된다. 실로 '문명의 충돌'이 독자적 의미를 지니기 위해서는 세계정치에서 개별 국가의 국익을 초월하는 문명적 가치 또는 이익이 국가의 행위를 추동해야 한다. 이와 관련하여 헌팅턴은 "국민국가는 지금까지처럼 앞으로도 세계 문제에서 가장 중요한 배역을 맡겠지만, 국민국가의 이해관계, 결속, 갈등은 점차 문화적·문명적 요인에 의해 규정된다"고 주장한다.[32] 하지만 주목할 만한 사실은 먼저 문명적 결속력이 가장 강하다고 볼 수 있는 유럽연합에서 유로화의 발행에도 불구하고 개인의 충성심이 국민국가에서 문명단위(유럽연합)로 이전하는 징후는 전혀 보이지 않고 있다는 점이다.[33] 마찬가지로 1991년에 발발한 서방 연합군과 이라크간의 전쟁—미국중심적 시각에서 이른바 '걸프전'이라고 명명된 전쟁—에서 아랍지역의 국가들은 이른바 문명적 가치를 위해 이라크의 후세인을 지지하는 데 발벗고 나서지 않았다.[34] 나아가 2003년 미·영 연합군의 이라크 침공에 따라 발발한 전쟁에 대해 같은 서구문명에 속하는 프랑스·독일 등이 강력히 반발하고, 대부분의 아랍지역 국가들이 방관하거나 미·영 연합군을 지원한 사실 역시 헌팅턴의 문명 패러다임으로는 설명할 수 없으며, 오히려 자국의 이익을 추구하는 개별국가를 행위자로 상정하는 현실주의 이론에 따라 더 잘 설명된다. 뮐러가 지적하는 것처럼, 현재 세계정치에서 문명적 가치는 기껏해야 국가의 행위를 정당화하는 구호로는 동원되지만, 개별국가는 궁극적으로 자국의 이익, 위신, 권력을 추구하며, 문명적 가치나 이익은 그것이 국익에 반하지 않을 때에만 효력을 발휘할 뿐이다.[35]

이 점은 『문명의 충돌』에서 헌팅턴이 가장 경계하는 서구문명과 중화문명간의 갈등 역시 문명적 가치의 충돌보다는 패권경쟁에서 촉발된다는 점에서 재확인된다. 헌팅턴의 서술에 따르면, 미국은 지난 200년 동안 동일문명권에 속하는 유럽에서 막강한 패권국가가 출현하지 않도록 하는 데 심혈을 기울여 온 것처럼 중국의 부상을 견제해 왔는데, 그 바탕에는 동아시아의 세력판도를 둘러싼 미·중 양국의 근본적인 대립이 깔려 있다.[36] 따라서 비록 헌팅턴은 미국과 중국의 마찰이 상이한 문화에서 기인한다고 말하고 있지만, 그것이 근본적으로 세계정치의 패권을 둘러싼 갈등임을 스스로 시인하고 있다.[37] 이처럼 최대의 문명충돌(?)이라고 할 수 있는 미국과 중국의 갈등이 궁극적으로 세계정치의 패권을 둘러싼 갈등이라면, 헌팅턴의 문명충돌론은 그 핵심에서 이론적 적실성을 확보하고 있지 못한 셈이된다. 설사 문화적 차이를 양국의 갈등 원인에 첨가한다고 하더라도 과연 양국의 갈등을 이해하는 데 얼마나 많은 설명력을 추가할 것인지는 지극히의심스럽다. 이 점에서 헌팅턴의 문명충돌론은, 최선의 경우에도 국제정치이론에서 현실주의이론을 대체하는 것이 아니라, 단지 부분적으로 보완하는 이론틀에 불과할 뿐이다. 과거 현실주의이론이 국제체계의 무정부성, 국가의 안보딜레마, 국가의 권력추구에만 관심을 집중하고 개별국가의 특수성에 속하는 문화적 속성을 간과했기 때문에 초래된 미흡한 설명력을 다소 보충하는 데 그칠 뿐이다.

III. 오리엔탈리즘으로 무장한 새로운 냉전질서의 구상

위에서 밝힌 것처럼 헌팅턴의 문명충돌론이 국제정치의 새로운 이론틀을 제공해 주는 것이 아니라면, 우리는 그것을 어떻게 이해해야 할 것인가? 한국을 포함한 비서구 국가들의 입장에서 볼 때, 우리는 헌팅턴의 문명충돌론을 현재의 세계정치를 설명하는 이론틀이라기보다는 냉전 이후새로운 적을 찾아 미국의 패권적인 대외정책을 정당화하고자 하는 미국내강경보수파들의 입장을 대변하는 이데올로기적 고안물이라고 해석하는 것이 더욱 적절하다는 판단에 도달한다. 앞에서 헌팅턴의 문명충돌론을 간략히 요약할 때에도 이미 드러난 것처럼, 헌팅턴이 최초에 논한 복수 문명들간의 경쟁과 각축은 궁극적으로 두 진영, 곧 서구 문명과 아시아의 중화-이슬람 연합 문명간의 대립으로 귀결된다. 따라서 『문명의 충돌』에 제시된헌팅턴의 동서양 문명충돌론은, 전체적으로 볼 때, 냉전의 종언이라는 새로운 상황의 변화에 적응하면서 서구의 오리엔탈리즘을 정치학적으로, 과

거의 냉전을 문화적으로 재생산하고 있는 셈이다. 이러한 논점을 선명히 드러내기 위해 헌팅턴의 문명충돌론을 '새로운 냉전 질서의 구상' 이라는 일반적 측면 그리고 특히 동아시아와 관련해서는 문명충돌론에 담긴 '오리엔탈리즘적 시각' 을 집중적으로 검토할 필요가 있다.

1. 새로운 냉전질서의 구상

『문명의 충돌』의 전체 구도는 아시아 문명—곧 중화 문명과 이슬람 문명—의 부상에 대한 경고, 서구의 쇠퇴에 대한 우려, 그리고 서구문명—특히 미국과 유럽—의 결속 필요성에 대한 강조로 구성되어 있다. 이 책에서 헌팅턴은 자극적이고 도발적인 구절을 적절히 구사하고 배치함으로써 중화 문명과 이슬람 문명에 대한 서구인들의 적대감을 교묘하게 고취시키고,[38] 두 아시아 문명이 서구에 대항하여 연합할 가능성을 현실보다 과장하여 부각시키고 있다.[39] 동시에 그는 세계의 인구, 생산력, 군사력에서 서구가 차지하는 비중의 상대적 감소, 윤리의식의 약화, 문화적 쇠락, 정치적 분열 등을 이유로 서구문명이 쇠퇴의 징후를 보이고 있다고 경고한다.[40]

헌팅턴의 이러한 예견과 경고는 미소 냉전의 종언 이후에 서구 문명이 새로운 정체성을 찾기 위해 가상의 적(敵)을 설정하고 나아가 그 적과의 대립 및 대결 의식을 고취한다는 점에서 새로운 냉전 질서의 구상에 다름 아니다.[41] 왜냐하면 그의 문명충돌 구도에서 이슬람 및 중화 문명 국가들이 과거 냉전시대 소련을 비롯한 공산진영의 역할을 대신하고 있다는 점은 명백하기 때문이다.[42] 이 점에서 자본주의 진영과 사회주의 진영의 대립—이념적 갈등—을 중심으로 한 과거의 동서 냉전 질서는, 헌팅턴의 구도에 따르면, 이제 서구 문명과 아시아 문명의 대립—문화적 갈등—을 중심으로 하는 또 다른 차원에서의 동서 냉전 질서로 재현되고 있다. 중화이슬람 연합 문명과 서구 문명간의 대결 구도가 미국을 비롯한 서구문명의 패권과 국익을 수호하기 위해 단지 상대를 바꾸어 전개된 신 냉전 질서의 구상에 불과하다는 점은 다음 세 가지의 보충적인 논점을 통해서도 쉽게 이해될 수 있다.

첫째, 헌팅턴은 '문명 충돌'의 시대에 가장 강력한 힘을 가진 미국이 서구 문명의 고유한 특성을 견지하고 수호하고 쇄신하는 데 앞장서야 한다고 역설하면서[43] 다음과 같이 주장한다: "서구의 생존은 미국이 자신의 서구적 정체성을 재인식하고······ 비서구 사회로부터 오는 위협에 맞서 힘을 합쳐 자신의 문명을 혁신하고 수호할 수 있느냐 없느냐에 달려 있다."[44] 따라서 냉전 종언 이후 다문명 체제하에서 서구의 목표가 서구의 이익을 위협할 수 있는 비서구국가들의 군사력 확장을 막는 것으로 바뀌었음에도 불구하고, 미국 정부가 여전히 냉전시대의 요구에 따라 설정된 정책틀을 벗어나지 못하고 있다—러시아를 가상의 적으로 규정하는 미일동맹의 유지, 보스니아 분쟁에서 회교국인 보스니아의 지지, 북미자유무역협정(NAFTA)과 같은 다문명 경제통합안의 추진[45]—고 헌팅턴은 비판한다. 그러나 헌팅턴 역시 중국과 이슬람국가들을 가상의 적으로 설정하여 그 국가들의 팽창을 저지하는 새로운 '봉쇄전략'을 제시하고 있다는 점에서 냉전적 사고방식을 여전히 벗어나지 못하고 있다.

둘째, 앞에서도 지적한 것처럼, 헌팅턴이 전망한 문명 충돌의 근본적 원인은 냉전에서와 마찬가지로 국익과 패권의 추구 때문이지, 이념 또는 문화적 차이 때문은 아니라는 점이다. '문화의 차이'에서 비롯되는 갈등이 '국익과 패권의 추구'에서 비롯되는 갈등에 비해 부차적 지위를 갖는다는 점은 헌팅턴의 거듭되는 진술에서도 어렵지 않게 확인된다. 예컨대 이러한 사실은『문명의 충돌』의 말미에서 그 자신이 제시한 미국과 중국의 전쟁 시나리오가 인권과 민주주의 또는 이민 등의 문제를 둘러싼 문화적 차이가 아니라 남중국해 유전의 영유권을 둘러싼 갈등에서 비롯된 중국과 베트남의 교전에 미국이 베트남을 지원하여 개입하는 형태로 시작한다[46]는 구상에서도 상징적이고 극적으로 확인된다. 사실 이 가상 시나리오는 동일 문명권에 속하는 베트남이 중화문명의 핵심국인 중국에 '편승'하는 대신 남중국해 유전의 영유권—국익추구—을 놓고 갈등을 빚고 있다는 점에서, 이 과정에서 베트남 역시 외부세력과의 동맹을 통해 세력균형을 도모한다는 점에서 헌팅턴이 제시한 문명충돌론의 가장 기본적인 논지와도 정면으로 모순되고 있다.

셋째, 과거의 냉전과 새로운 냉전간에 존재하는 유사성은 둘 다 서구의 기득권을 수호하고 전지구적인 보편 문제를 외면하기 위해 고안된 구도라는 점에서 확인된다. 문화적 차이를 주요한 갈등의 원천으로 하여 서구 문명과 아시아 문명이 충돌한다는 헌팅턴의 구상은 냉전의 종언 이후 전지구적 관심사로 새롭게 주목받고 있고 또 그 해결을 위해 범세계적 노력이 필요한 의제들, 곧 가난한 비서구 국가들에 만연된 기아와 빈곤의 문제를 비롯한 지구적 정의(正義) 문제, 지구 생태계 파괴와 그 책임 및 해결을 둘러싼 서구와 비서구 국가들간의 갈등, 인류의 생존을 위협하는 핵문제, 군비축소를 통한 평화와 복지의 실현 등 인류 보편적 문제를 외면하기 위해 설정된 장치라는 비판을 면키 어렵다.

이 모든 논점을 종합해 볼 때, 『문명의 충돌』에서 강조되는 '문화의 차이'는 기껏해야 (냉전을 가져온) 이념의 차이가 소멸된 세계에서 문화적 변수가 국익이나 패권 다음가는 변수로 상승되었다는 점을 의미하는 데 불과할 뿐이다. 곧 냉전의 종언 이후에도 세계 정치의 주요한 갈등은 과거와 마찬가지로 국익과 패권의 추구에서 비롯될 뿐이며 (이념적 대립이 사라진 상황에서) 문명을 단위로 한 문화적 대립과 갈등은 그 갈등을 이데올로기적으로 은폐하고 선전하기 위해 동원되는 데 그칠 것이다.

2. 오리엔탈리즘의 재부상 : 서구 대 동아시아

미국의 비교문학자 에드워드 사이드(Edward Said)는 『오리엔탈리즘(Orientalism)』이라는 역작에서 서구의 문학 작품 및 문헌의 분석을 통해

서구인들이 보는 동양은 동양 본래의 모습이 아니라 부정확한 정보와 왜곡된 편견을 통해 투사된 허상일 뿐이라고 통박하면서, 지식(서구인의 동양에 대한 지식, 즉 오리엔탈리즘)과 권력(서구인의 동양 지배)의 상호 불가분적인 결탁관계를 지적한 바 있다.[47] 이러한 시각에서 볼 때, 기왕의 오리엔탈리즘이 서구의 제국주의와 식민주의를 정당화하기 위한 것으로 동양, 특히 아시아 지역의 문화를 폄하하는 방식으로 기술된 지식체계였다면, 헌팅턴의 정치학적 오리엔탈리즘 역시, 자신들의 패권을 양보할 수 없는 서구 문명—특히 미국—이 서구의 패권에 도전하는 중화-이슬람 연합 문명을 견제하고 봉쇄하는 것을 정당화하기 위한 '지식'이다. 이하에서는 『문명의 충돌』에 제시된 동아시아에 대한 기술과 주장을 간략히 요약하면서 헌팅턴의 정치학적 오리엔탈리즘을 좀더 구체적으로 살펴보겠다.

『문명의 충돌』의 제2부 「변화하는 문명의 균형」에서 헌팅턴은 서구의 패권과 우위가 쇠퇴함에 따라 비서구 사회에서 자기 문화에 대한 문화적 자긍심과 서구 문화에 대한 거부감이 확산될 것이라고 전망하고, 또 이러한 전망이 이미 현실화되고 있다고 주장한다.[48] 비서구 문명권의 국가들이 종래 서구의 경제적 번영, 고도의 기술력, 군사력, 정치적 응집성을 부러워하면서 그 원인이라고 생각되던 서구의 가치관과 제도를 모방하던 태도를 바꾸어 이제 서구적 가치의 보편성에 저항하거나 거부하고, 나아가 비서구적 가치의 우월성을 주장하는 현상, 곧 토착화 현상이 일어나고 있다는 것이다.[49] 그는 이러한 토착화 현상이 동아시아에서는 특히 눈부신 경제발전을 서구 문화의 도입에 힘입은 것이 아니라 자기 문화를 고수한 결과로 해석하는 태도로 표출되고 있다고 지적한다.[50]

따라서 헌팅턴은 「아시아의 자기주장」이라는 소제목에서 서구에 대한 동아시아 여러 국가들의 문화적 자긍심과 도전을 소개하고 있다.[51] 예를 들어 그는 중국 정부가 새로운 중체서용(中體西用)의 전략으로 자본주의를 받아들이면서도 정치적 권위주의와 전통 문화를 고수하고 있으며, 그 결과

민주주의를 레닌주의와 마찬가지로 수입된 외래 사조로 평가 절하하고 있
다는 점을 지적한다.[52] 그리고 최근 중국의 정치 지도자들은 정권의 정통
성을 중국 문화의 고유한 특징에 기초한 민족주의와 경제 발전에서 찾으
며, 경제 발전의 원인을 유교에서 찾고 있다고 언급한다. 헌팅턴은 "리 콴
유 또한 싱가포르 성공의 주된 원천을 유교에서 찾으면서 유교적 가치관을
전세계에 알리는 전도사가 되었다"고 인용한다.[53] 마찬가지로 "아시아 발
전의 선두 주자인 일본" 역시 1980년대에 들어와 자신들의 경제성장의 원
인이 일본 고유의 문화에 기인한다고 주장하면서 "과거의 전통적인 탈아입
구(脫亞入歐) 정책에서 탈피하여 '재아시아화' 또는…… '아시아의 아시아
화'를 들고" 나온다고 언급한다.[54]

　이처럼 헌팅턴은 '아시아의 자신에 찬 태도'를 기술하면서 아시아인이
동아시아의 경제 성장에 고무되었고, 그들의 경제 성장이 문화적 · 사회적
으로 타락한 서구 문명보다 우월한 아시아 문화에 크게 힘입었다고 믿는다
고 언급한다.[55] 아시아인은 아시아 각국내의 다양한 차이에도 불구하고 아
시아 국가들이 중요한 문화적 동질성을 공유하고 있다고 믿고 있는데, 그
동질성으로는 "역사적으로 존중해 온 유교의 가치체계 특히 근면 · 가족 ·
노동 · 규율을 중시하는 가치관", "개인주의에 대한 공통된 거부감", "부드
러운 권위주의"가 지적된다고 한다.[56] 나아가 헌팅턴은 확신에 찬 동아시
아인들이 아시아의 발전과 아시아의 가치를 모델로 하여 세계를 '아시아
화'하려 한다고 주장한다.[57]

　지금까지 간략히 제시된 아시아에 관한 헌팅턴의 논의 과정에 나타난
오리엔탈리즘에 관해서는 다음과 같이 세 가지 논점에서 비판을 제기할 수
있다.

　첫째, 헌팅턴은 아시아권에서도 특히, 서구에 대해 상대적으로 강경한
입장을 취하는 싱가포르, 중국, 일본 등의 정치 지도자와 지식인들의 다분
히 '정치적'인 발언을 전후 맥락을 무시한 채 선별적으로, 그리고 다소 과

장하여 기술함으로써 아시아에 대한 서구인들의 경계심과 적대감을 부추기고 있다.

둘째, 민주주의이든 경제 발전이든 그것을 아시아의 국가들이 자신들의 고유한 문화 전통에 귀착—또는 접목—시키려 하는 것은 민주주의나 경제 발전의 조건들이 단순히 외래적이거나 이질적인 것이 아니라 자신들의 전통 문화와 공존 가능하다는 점을 나름대로 주장함으로써 근대화 과정에서 민주주의나 경제 발전의 토착화를 도모하는 '전통의 재활용' 또는 '전통의 현대화'라고 해석하는 것이 온당하다. 따라서 그러한 태도를 마치 서구를 전면적으로 배척하려는 태도로 받아들이는 것은 신중하지 못하다.

셋째, '아시아의 자기 주장'을 헌팅턴이 근대화의 (사실상) 유일한 대안으로 지목한 바 있는[58] 개혁주의적 근대화가 거둔 성공의 (파생적) 결과로 이해한다면, 스스로 개혁주의를 추천한 헌팅턴이 그 성공의 결과를 적대시한다는 것은 한편으로 비서구 문명권의 근대화를 지지하고 다른 한편으로 반대한다는 점에서 일종의 자기모순에 빠지는 셈이 된다. 헌팅턴도 인정하는 것처럼 개혁주의 노선을 추구하는 비서구 사회는 전통 문화와 서구 문화의 차이를 부각시키지 않을 수 없고, 그 과정은 일정 정도 서구에 대한 저항과 비판을 불가피하게 수반한다. 게다가 동아시아 여러 국가들이 경제 발전에서 거둔 성공이 부분적으로 그들의 문화적 유산에 힘입은 것으로 판명된다면, 아시아의 자기 주장은 나름대로 일정한 설득력을 확보하게 된다. 그러나 헌팅턴은 그러한 현상을 "우리는 근대화하겠지만 너희들과는 다를 것"이라는 반서구적인 자신만만한 태도로 경계하고 적대시한다.[59]

IV. 결론

20세기 말 냉전—이념적 갈등—의 급작스러운 종언, 혼란스러운 지구화 과정이 가져오는 외래 문화(타자)와의 접촉 증대, 그리고 자국 문화에 대한 자각의 증대로 인해 세계정치에서 종교나 문화적 가치가 이데올로기를 대신하여 정치적 갈등의 중요한 축으로 부상하고 있다는 점에 대해서는 누구도 이의를 제기하지 않을 것이다. 따라서 헌팅턴의 문명충돌론은 21세기의 세계정치에서 문화적 가치의 이질성이 초래하는 충돌을 정치적 갈등의 중요한 원천으로 부각시켰다는 점에서 그 학문적 의미를 인정받을 수 있을 것이다. 그리고 계몽주의시대 이래 20세기 말에 이르기까지 서구와 (부분적으로) 일본을 제외한 여타 문명의 대부분의 국가들은 서구 열강에 의해 '야만'으로 취급되어 서구 제국주의의 식민지로 전락하거나, 제2차 세계대전의 종전과 함께 독립을 획득한 이후에도 '근대화' 또는 '서구화'라는 미명하에 사실상 문명국가로서의 대등한 지위를 누리지 못해 왔다. 이러한 사실을 고려할 때, 헌팅턴이 세계정치를 설명하면서 이 국가들을 '문명'으로 분류하여 세계정치를 복수 문명들의 경쟁 및 대립으로 설명하는 시도는 이 국가들에게 '격상된' 지위를 부여한 것으로 일단 환영받을 법도 하다.

그러나 문명충돌의 이면에 감추어진 논리를 살펴보면, 거기에는 과거와 일관된 서구중심주의적 세계관이 자리잡고 있음을 간파할 수 있다. 제2차 세계대전 이후 미국을 비롯한 서구문명은 비서구문명권의 국가들을 '저개발국' 또는 '개발도상국'으로 분류하면서 그들에게 보편적인 서구문명에 대한 동화—근대화·서구화—를 통해 문명적 지위를 획득할 것을 권유해 왔다. 그러나 헌팅턴은 과거의 '근대화=서구화' 등식을 거부하면서 비서구문명권의 국가들이 '근대화'는 되더라도 '서구화'는 되지 못할 것이라는 전제 위에서 문명충돌의 구도를 전개하고 있다. 헌팅턴이 보기에 서구문명은 보편적이지 않고 독특하며(unique), 따라서 이제 비서구권 국가들에게 더 이상 동화의 목표가 될 수 없다. 이러한 입장은 지구상에 복수의 다양한 문명의 공존을 허용할 가능성을 인정한다는 점에서, 과거의 근대화론에 비해 진일보한 측면이 있다. 그러나 여타문명이 수용·동화 불가능한—감히 범접 불가능한—서구문명의 독특성을 고집하는 자세에는 문명들간의 공통요소의 점진적 확대를 통한 문명의 수렴, 접근 또는 융합을 거부하는 배타적 자세가 내포되어 있음을 부정할 수 없다. 그러나 우리는 오늘날 헌팅턴이 서구문명의 독특한 요소라고 강조하는 종교적 권위와 세속적 권위의 분리, 법치주의, 사회적 다원주의, 대의제, 개인주의가 비서구권 국가들 사이에서도 광범위하게 수용되고 있는 현상을 목도하고 있다. 그럼에도 불구하고 헌팅턴의 배타적 입장은 이러한 현실을 긍정적으로 받아들일 수 있는 여지를 사전에 봉쇄하려 한다는 느낌을 준다. 이 점에서 "서구예외주의와 오리엔탈리즘이 서구중심주의라는 동전의 양면"이라는 앙드레 군더 프랑크(Andre Gunder Frank)의 지적을 다시 한 번 상기하지 않을 수 없다.[60]

| 미주 |

1) Francis Fukuyama, "The End of History?" *The National Interest*, vol. 16 (Summer 1989). 후쿠야마는 나중에 이와 비슷한 제목의 책을 출간했다. Francis Fukuyama, *The End of History and the Last Man* (New York: Avon Books, 1993).

2) Samuel P. Huntington, "The Clash of Civilizations?" *Foreign Affairs*, vol. 72, no. 3 (Summer 1993), pp. 22-49.

3) 하랄트 뮐러, 이영희 역, 『문명의 공존』 (서울: 푸른숲, 1999). 뮐러의 독일어 원본(Das Zusammenleben der Kulturen)은 1998년에 출간되었다.

4) 김명섭, "탈냉전기 국제정치학의 문명패러다임," 『한국정치학회보』 제37집 3호 (2003 가을).

5) 이 점은 헌팅턴이 『문명의 충돌』에서 브로델을 긍정적으로 그리고 매우 자주 인용하고 있는 데서도 확인된다. 새뮤얼 헌팅턴, 이희재 역, 『문명의 충돌』 (서울: 김영사, 1997), pp. 44, 46, 52, 66, 100 참조.

6) 이에 대해 대부분의 국내외 학자들은 부정적이지만, 긍정적으로 평가하는 학자들도 적지 않다. 예를 들어 김명섭은 문명충돌론을 승인하지는 않지만 좀더 넓은 의미에서 문명 패러다임을 다음과 같이 긍정적으로 평가하고 있다. "국제정치학에서 문명 패러다임은 역사가들의 문명 패러다임에 의존하되, 그들과는 달리 강한 이론지향성을 보이면서, 국제정치의 현실과 미래에 대하여 자연과학적이지는 않더라도 충분히 개연적(plausible)인 설명과 예측을 지향하고 있다." 김명섭, 앞의 글.

7) 이 책의 원래 영어 제목은 *The Clash of Civilizations and the Remaking of World Order* (New York: Simon & Schuster, 1996)로서 정확한 한글 제목은 『문명의 충돌 그리고 세계 질서의 재창출』이 되어야 할 것이다. 이 글에서 필자는 한글 번역본인 『문명의 충돌』 (서울: 김영사, 1997)을 주로 인용하면서, 필요에 따라 영어 원문의 뜻에 충실하게 번역문을 다소 수정했음을 밝힌다.

8) 새뮤얼 헌팅턴, 앞의 책, p. 310.

9) 위의 책, pp. 429-434.

10) 위의 책, p. 19.

11) 아울러 헌팅턴은 "문명간의 대규모 전쟁을 피하려면 전세계 지도자들이 세계정치의 다문명적 본질을 받아들이고 그것을 유지하는 데 협조해야 한다" (위의 책, p. 19.)는 조언을 곁들인다.

12) 헌팅턴은 사실상 자신의 '문명충돌론'을 이러한 기존의 이론, 특히 184개 안팎의 국민국가들을 주요 행위자로 상정하고 있는 '현실주의' 이론에 대한 대안으로 제시하고 있다. (위의 책, p. 35.) 헌팅턴의 이론이 최근 유력하게 부각되고 있는 구성주의이론이나 비판이론 등을 상대로 그것들에 대한 대안으로 제시된 것이 아님은 물론이다.

13) 박상섭, "현실주의," 이상우 · 하영선 (공편), 『현대국제정치학』(서울: 나남, 1992), p. 16.

14) 김병국, "자유주의," 위의 책, p. 40.

15) 새뮤얼 헌팅턴, 앞의 책, p. 47.

16) 위의 책, p. 49.

17) 위의 책, pp. 69-87. 그러나 헌팅턴은 『문명의 충돌』 마지막 장에서 문명충돌을 부각시키던, 전반적으로 강경한 논조와 달리 궁극적으로 동질성의 심화와 확대를 통한 인류 보편문명의 출현가능성을 배제하지 않는다. (위의 책, pp. 440-441.)

18) 위의 책, pp. 48-49.

19) 이러한 과정은 20세기 말에 일어난 냉전의 종언 그리고 지구화 · 정보화에 의해 더욱 가속화 되어 가고 있는 것으로 보인다.

20) 이 경우 보편문명과 개별문명의 접합 내지 혼용(hybridization) 현상은 문명권마다, 또 국가마다 다를 것임이 분명하다. 예를 들어, 헌팅턴의 분류에 따르면 한국은 중화문명에 속하는 국가이고 많은 한국인들이 중화문명에 공통된 가치들—가족중심적 사유, 가부장적인 권위주의적 정치관, 위계질서의 중시 등—을 공유하겠지만, 근대화(서구화)의 결과 오늘날 많은 한국인들은 서구문명의 산물인 기독교를 자신의 종교로 신봉하고 있고, 서구 문명의 주요 가치들—종교적 권위와 세속적 권위의 분리, 법치, 대의제, 개인주의, 자본주의적 공리주의—을 자신의 가치로 받아들이고 있다.

21) 문명이론이나 세계체제론 공히 장구한 역사적 변화를 설명하고자 하는데, 대체로 전자는 문화적 차원에, 후자는 경제 · 정치적 차원에 주된 관심을 쏟는다는 점에서 커다란 차이가 있다. 일본의 야마자키 마사카즈 역시 근대 서구의 세계문명이 독특한 민족주의적 문명들 위에 군림하는 이중적 구조를 상정하면서 아시아에서 근대 문명은 아직 형성 도중에 있다는 주장을 제시한 바 있다. Yamazaki Masakazu, "Asia, a Civilization in the Making," *Foreign Affairs*, vol. 75, no. 4 (July/August 1996), pp. 106-118.

22) David Wilkinson, "Central Civilization," in Stephen K. Sanderson (ed.), *Civilizations and World Systems: Studying World-Historical Change* (Walnut Creek, C.A.: AltaMira Press, 1995). 전지구적 보편문명의 존재(가능성)에 대한 세계체제론자 및 지구화론자의 설명으로는 다음을 참조하라: Stephen K. Sanderson, and Thomas D. Hall, "World System Approaches to World-Historical Change: Introduction," in Stephen K. Sanderson (ed.), 위의 책, pp. 95-108; Albert Bergesen, "Let's Be Frank about World History," 위의

책, pp. 195-205; Victor Roudometof, and Roland Robertson, "Globalization, World-System Theory, and the Comparative Study of Civilizations," 위의 책, pp. 273-300.

23) Matthew Melko, "The Nature of Civilizations," 위의 책, p. 29.

24) 이는 서구문명이 다른 문명보다 훨씬 더 긴밀히 통합되어 있다는 점을 보여준다. 그러나 기존의 문명이론으로는 제2차 세계대전 이후 서구 국가들간에 전쟁이 드물어지게 된 사실을 여전히 설명하지 못한다.

25) 다양한 문제제기에 대한 국내의 논의로는 다음을 참고하라. 구대열, "9.11 뉴욕-문명의 충돌?"『21세기형 전쟁, 무엇이 문제인가』(2001학년도 이화여자대학교 인문과학대학 교수 포럼 발표문), pp. 1-15; 양준희, "비판적 시각에서 본 헌팅턴의 문명충돌론,"『국제정치논총』 제42집 1호 (2002); 김명섭, 앞의 글.

26) 주 12)에서 언급한 것처럼 헌팅턴은 자신의 문명충돌론을 현실주의 이론에 대한 대안으로 제기하고 있다.

27) 물론 이 경우에도 중국이 한국 및 동남아시아 국가들을 아우르는 패권국으로 부상할 수 있는 지, 러시아가 서구문명과 별도로 정교권 국가를 아우르는 패권국으로 부상할 수 있는지는 상당히 의심스럽다.

28) 한편 헌팅턴이 강력히 비판하고 있는 것처럼, 미국 정부 역시 문명적 동질성/차이의 축에 따라 행동하지 않고 보스니아 분쟁에서는 회교도인 보스니아를 위해 개입한 바 있고, 다문명 경제통합안인 북미자유무역협정(North American Free Trade Agreement: NAFTA)을 적극 추진한 바 있다 (새뮤얼 헌팅턴, 앞의 책, pp. 397, 424).

29) 위의 책, p. 37.(pp. 20-21도 참조.)

30) 이 점에서 그는 다원주의에 유리하게 전개되는 국제 현실을 현실주의의 확대판인 문명충돌 론에 억지로 뜯어 맞추고 있다는 인상을 준다. 만약 문명충돌론이 타당하다면, 국제기구의 역할증대, 중앙정부 기능의 지방 이양 및 사상·기술·상품·노동력의 교류·확산이 전지구 적 보편문명의 출현이 아니라 핵심국의 주도하에 지역적인 문명의 결속을 강화하는 방향으로 귀결되어야 할 것이다. 그러나 유감스럽게도 헌팅턴의 책 어디에서든 이러한 언급을 발견할 수 없다.

31) Fouad Ajami, "The Summoning," *Foreign Affairs*, vol. 72, no. 4 (Sept/Oct 1993), p. 9.

32) 새뮤얼 헌팅턴, 앞의 책, p. 40. 헌팅턴은 중요한 대목에서 혼란스러운 논리를 전개하고 있는데, 이 구절 역시 문명보다는 국민국가가 더 중요한 행위자라는 점을 시인함으로써 자신의 문명충돌론의 기본 가정과 모순되는 서술을 하고 있다. 그럼에도 불구하고 국민국가가 상위의 문명적 가치와 이익을 위해 활동한다면 그의 주장은 유지될 수 있을 것이다.

33) 구대열, 앞의 글, p. 7; 이 점에서 유럽연합의 출범은 문명충돌론보다는 다원주의 이론에 의해 더욱 잘 설명될 것이다. 사실 뮐러의『문명의 공존』은 이러한 다원주의적 세계정치의 현실을

받아들이는 데서 출발하고 있다.

34) 헌팅턴 역시 '걸프전'이 문명의 충돌이라기보다는 '세계 최대의 유전을 누가 관리하느냐'를 둘러싼 자원전쟁이라는 점을 시인하고 있다. (새뮤얼 헌팅턴, 앞의 책, p. 341.)

35) 하랄트 뮐러, 앞의 책, p. 59; 양준희, 앞의 글, pp. 33-34 참조.

36) 새뮤얼 헌팅턴, 앞의 책, p. 307.

37) 다른 곳에서 헌팅턴은 "중국이 동아시아와 동남아시아의 패권국으로 떠오르는 것은 이제까지 추구하여 온 국익에 정면으로 배치된다"고 말하고 있다.(위의 책, p. 429.)

38) 위의 책, pp. 133-159.

39) 위의 책, pp. 158-159, 245-246, 250, 321-323. 헌팅턴의 많은 비판자들이 지적하는 것처럼, 이란에 대한 중국의 무기수출을 중화 문명과 이슬람 문명의 결탁으로 보는 것은 전적으로 잘못된 것이다. 그러한 논리에 입각한다면 사우디 아라비아에 대량의 무기를 수출하는 미국의 사례를 놓고 서구문명과 이슬람문명간의 공모를 주장할 수 있을 것이다.

40) 위의 책, pp. 417-418, 423.

41) 『문명의 충돌』의 모두에서 헌팅턴은 한 민족주의자의 말을 의미심장하게 인용하고 있다: "진정한 적수가 없으면 진정한 동지도 있을 수 없다. 우리 아닌 것을 미워하지 않는다면 우리 것을 사랑할 수 없다."(위의 책, p. 18.) 그리고 나서 헌팅턴은 "이 해묵은 명제에 담겨 있는 불행한 진실을 정치인과 학자는 묵과해서는 안 된다."(위의 책, p. 18.)라고 언명한다. 물론 위의 인용구와 그에 대한 해석은 민족과 민족주의를 두고 한 말이지만, 헌팅턴은 그러한 사고가 문명적 정체성이 중요시되는 새로운 세계질서 하에서 문명과 '문명충돌'에도 당연히 적용된다고 생각하고 있음이 분명하다.

42) 이와 관련하여 헌팅턴은 다음과 같이 나토(NATO) 사무총장의 말을 간접 인용한다: "1995년 NATO 사무총장은 이슬람 원리주의는 서구에게 최소한 과거의 공산주의만큼이나 위협적이라고 공언했다."(위의 책, p. 289.)

43) 위의 책, p. 428.

44) 위의 책, p. 19. 다른 한편 동일한 서구 문명의 구성국인 미국과 유럽의 결속에 대한 헌팅턴의 빈번한 강조는 바야흐로 미국·중국·러시아·일본을 견제할 수 있는 거대한 국가연합으로 떠오르고 있는 유럽연합이 미국과 다른 독자노선을 모색할 가능성에 대한 미국인들의 경계와 불안심리를 반영하고 있는 듯하다.

45) 위의 책, pp. 397, 423-425.

46) 위의 책, pp. 429-430. 이 시나리오에서 미국의 석유회사들은 베트남 정부와 합작으로 분쟁지역의 유전개발에 참여하는 것으로 가정되어 있다.

47) 에드워드 사이드, 『오리엔탈리즘』(서울: 교보문고, 2000).

48) 새뮤얼 헌팅턴, 앞의 책, p. 105.

49) 위의 책, pp. 118-119.

50) 위의 책, p. 140.

51) 위의 책, pp. 134-142.

52) 위의 책, pp. 137-138.

53) 위의 책, p. 138.

54) 위의 책, p. 141.

55) 위의 책, pp. 140-141.

56) 위의 책, p. 141.

57) 위의 책, p. 142.

58) 위의 책, p. 206. 헌팅턴은 서구의 팽창에 대한 비서구 세계의 반응을 '쇄국(서구화와 근대화 모두 거부하는 것)', '케말주의(터키의 지도자 케말이 그랬던 것처럼 서구화와 근대화 모두 수용하는 것)' 및 '개혁주의(근대화만 수용하고 서구화는 거부하는 것)'로 구분하면서, 개혁주의 노선을 현실적으로 가장 실현가능한 대안이라고 평한다.(위의 책, pp. 92-94, 99-100, 182, 187-206)

59) 위의 책, p. 131.

60) Andre Gunder Frank, "The Modern World System Revisited: Rereading Braudel and Wallerstein," in Stephen K. Sanderson (ed.), 앞의 책, p. 184.

| 참고문헌 |

- 구대열. "9.11 뉴욕- 문명충돌?"『21세기형 전쟁, 무엇이 문제인가』(2001학년도 이화여자대학교 인문과학대학 교수포럼 발표문, 2001).
- 김명섭. "탈냉전기 국제정치학의 문명 패러다임."『한국정치학회보』제37집 3호, 2003.
- 김병국. "자유주의." 이상우 · 하영선 (공편),『현대국제정치학』. (서울: 나남, 1992).
- 하랄트 뮐러, 이영희 역.『문명의 공존』. (서울: 푸른숲, 1999).
- 박상섭. "현실주의." 이상우 · 하영선 (공편)『현대국제정치학』. (서울: 나남, 1992).
- 에드워드 사이드.『오리엔탈리즘』. (서울: 교보문고, 2000).
- 양준희. "비판적 시각에서 본 헌팅턴의 문명충돌론."『국제정치논총』제42집 1호, 2002.
- 이상우 · 하영선 (공편).『현대국제정치학』. (서울: 나남, 1992).
- 새뮤얼 헌팅턴, 이희재 역.『문명의 충돌』. (서울: 김영사, 1997).
- Ajami, Fouad. "The Summoning." *Foreign Affairs*, vol. 72, no. 4, Sept/Oct 1993.
- Bergesen, Albert. "Let' s Be Frank about World History." in Stephen Sanderson (ed.). *Civilizations and World Systems: Studying World-Historical Change*. (Walnut Creek, C.A.: AltaMira Press, 1995).
- Frank, Andre Gunder. "The Modern World System Revisited: Rereading Braudel and Wallerstein." in Stephen Sanderson (ed.). *Civilizations and World Systems: Studying World-Historical Change*. (Walnut Creek, C.A.: AltaMira Press, 1995).
- Fukuyama, Francis. "The End of History?" *The National Interest*, vol. 16, Summer 1989.
- Fukuyama, Francis. *The End of History and the Last Man*. (New York: Avon Books, 1993).
- Huntington, Samuel P. "The Clash of Civilizations?" *Foreign Affairs*, vol. 72, no. 3, Summer 1993.
- Huntington, Samuel P. *The Clash of Civilizations and the Remaking of World Order*. (New York: Simon & Schuster, 1996).
- Masakazu, Yamazaki. "Asia, a Civilization in the Making." *Foreign Affairs*, vol. 75, no. 4, July/August 1996.
- Melko, Matthew. "The Nature of Civilizations." in Stephen Sanderson (ed.). *Civilizations and World Systems: Studying World-Historical Change*. (Walnut Creek, C.A.: AltaMira Press,

1995).

- Roudometof, Victor, and Roland Robertson. "Globalization, World-System Theory, and the Comparative Study of Civilizations." in Stephen Sanderson (ed.). *Civilizations and World Systems: Studying World-Historical Change.* (Walnut Creek, C.A.: AltaMira Press, 1995).

- Sanderson, Stephen K. (ed.). *Civilizations and World Systems: Studying World-Historical Change.* (Walnut Creek, C.A.: AltaMira Press, 1995).

- Sanderson, Stephen K., and Thomas D. Hall. "World System Approaches to World-Historical Change: Introduction." in Stephen Sanderson (ed.). *Civilizations and World Systems: Studying World-Historical Change.* (Walnut Creek, C.A.: AltaMira Press, 1995).

- Wilkinson, David. "Central Civilization." in Stephen Sanderson (ed.). *Civilizations and World Systems: Studying World-Historical Change.* (Walnut Creek, C.A.: AltaMira Press, 1995).

| 문헌해제 |

- 에드워드 사이드, 『오리엔탈리즘』 (서울: 교보문고, 2000): 이 책은 20세기 말엽을 풍미한 탈식민주의 문헌의 대표적인 저작이다. 이 책에서 미국의 비교문학자 에드워드 사이드(Edward Said)는 서구의 문학 작품 및 문헌의 분석을 통해 서구인들이 보는 동양은 동양 본래의 모습이 아니라 부정확한 정보와 왜곡된 편견을 통해 투사된 허상일 뿐이라고 비판하면서, 지식(오리엔탈리즘: 서구인의 동양에 대한 지식)과 권력(서구인의 동양 지배)의 상호 불가분적인 결탁관계를 상세히 논하고 있다.

- 새뮤얼 헌팅턴, 이희재 역, 『문명의 충돌』 (서울: 김영사, 1997): 이 장에서 충분히 논의했지만, 반복을 무릅쓰고 이 책의 개요를 말해 보면 다음과 같다. 『문명의 충돌』에서 헌팅턴은 세계에 있는 주요 문명으로 8개 — 서구(유럽과 북미대륙의 국가를 포함), 중화, 일본, 힌두, 이슬람, 정교문명(러시아를 핵심국으로 한), 라틴아메리카, 아프리카 — 를 거론하고 있다. 그리고 21세기 갈등의 기본단위를 문명으로, 그리고 갈등의 기본축을 종래의 국익이 아니라 문명간의 차이 및 반목에서 찾고 있다. 여러 문명들 중에서도 헌팅턴은 중국의 부상과 이슬람 문명의 성장에 특히 주목하면서 이 두 문명이 반서구적 연합을 결성하는 것을 경계하고 있다. 그렇기 때문에 미국이 유럽과 단합하여 아시아 두 문명의 성장과 연합을 견제할 것을 당부하고 있다.

- 하랄트 뮐러, 이영희 역, 『문명의 공존』 (서울: 푸른숲, 1999): 이 책에서 독일의 '헷센 평화 및 갈등 연구소(Hessische Stiftung Friedensforschung und Konfliktforschung)' 소장인 뮐러는 헌팅턴의 주장을 정면으로 반박하면서 '문명의 충돌' 대신 '문명의 공존'을 주장하고 있다. 그는 문명이란 역동적이며 변화무쌍한 특성을 지니는데, 한 순간에 지나지 않는 문명간의 관계를 경직되고 불변적인 모습으로 파악하면서 문명간의 전쟁을 논하는 것은 근본적으로 오류라고 지적한다. 나아가 그는 근대화와 각 문명의 상호적 적응에 의해 문명간의 공통영역이 넓어지고 있으며, 더욱이 지구화를 통한 상호의존의 심화 및 전지구적 커뮤니케이션 체계의 완성에 의해 개별 국가들은 물론 상이한 문명들 역시 공존과 협력의 틀을 형성하지 않을 수 없을 것이라고 주장한다.

국제관계이론의
한국적 수용과 대안적 접근

전 재 성 · 박 건 영

I. 서론

한국은 한국의 국제관계이론을 가지고 있는가? 국제관계가 어차피 하나의 지구적 관계일진대, 과연 각 개별국가 입장이 반영된 국제관계이론이 필요한가 하는 의문을 제기할 수도 있겠으나, 실제 격동하는 한국의 국제적 상황을 이론적으로 분석해 보고자 할 때, 한국의 입장과 고민을 제대로 반영하는 국제관계이론을 찾기가 그리 쉽지는 않다. 한국의 현실을 설명하고, 한국이 나아갈 바에 대한 지침을 제공하고, 한국적 현실에서 도출된, 그러한 이론이 존재한다면, 그리고 더 나아가 한국의 입장에서 국제관계 전반을 설명할 수 있는, 특수성과 보편성을 겸비한 이론이 있을 수 있다면, 한국뿐 아니라 세계의 미래에 도움이 되는 이론일 수 있을 것이다.

주지하듯, 사회과학이론은 정치적 힘을 가지고 있다. 인간은 인간사회에 대한 직접적인 완전지(完全知)를 가질 수 없으므로, 역사에 대한 지식과 유비(喩比)를 통해 현재에 대한 지식을 도모하거나, 혹은 단순화 · 추상화를 통해 체계적 인식에 도달하고자 한다. 따라서 상당한 사상(捨象)과

재단(裁斷)을 시도하게 되고, 그 과정에서 이론의 유용성이 부각된다. 그러나 이러한 이론화 과정은 이론가에게 현실과 설명 사이의 공간에 자신의 주관을 주입할 기회를 줌으로써 그의 가치관으로 윤색된 '일반화의 틀'을 산출한다. 언어에 앞선 실재를 언어로 개념화하고, 개념에 기초한 변수들 간의 관계를 가설로 설정한다는 것 자체가 이론가의 가치와 의도를 반영하고 있는 것이다. 사회 현상을 이해·설명·예측하고자 하는 사람들은 복잡하고 무질서하게 보이는 현실을 단순화하고 그에 질서를 부여하는 일반화의 틀, 즉 이론에 의존하게 된다. 이러한 이론이 이론가의 주관적 가치와 의도를 반영하는 것이라면, 그것을 사용하는 사람들은 일상생활사를 포함한 모든 판단에서 이론가에 의해 지대한 영향을 받게 될 것임은 자명하다. 이론가는 의도적이든 그렇지 않든 권력을 행사하는 것이다.

이와 같이 사회과학이론은 속성상 자연과학이론과는 달리 설명의 대상을 파악하는 이론가의 관점에 따라, 객관적 현실을 설명하기보다는 주관적 입장을 강하게 반영한다는 비판이 끊임없이 제기되어 왔다. 특히 1950년대 이후 실증주의 이론관이 풍미하며 잠잠했던 사회과학의 가치중립가능성에 관한 논쟁이 탈실증주의자들에 의해 지난 세기 후반부터 재현·확대되었다. 국제관계이론계도 예외가 아니어서, 국제관계이론이 과연 이론가의 가치로부터 자유로운지, 세계의 현실을 반영하는 객관적 이론이 가능한지, 국제관계학자들은 또다시 새로운 논쟁에 휘말리게 되었다.[1] 1980년대 말부터 부상한 소위 탈실증주의 논쟁으로, "제3의 논쟁"으로 불리기도 했던 이러한 문제제기는 한국의 국제관계학자들에게도 많은 고민을 안겨주고 있다.[2]

국제관계에 대한 학문적 파악이 대체로 강대국이 세계를 경영하면서 생겨난 고민의 심화 내지 반영의 결과였다는 점에는 의문의 여지가 없다. 고대 그리스 세계의 패권을 다투었던 아테네의 장군인 투키디데스의 고민의 소산이었던 펠로폰네소스의 전쟁사로부터 춘추전국시대의 손자의 전쟁론, 한비자의 정치철학이 그러했고, 17세기까지 유럽의 패권을 다투었던 네덜란드의 그로티우스의 전쟁과 평화에 관한 법, 19세기에 승승장구했던 영국의 패권이 스러져 가는 시기에 저술된 카의 현실주의 국제정치론, 그리고 제2차 세계대전 이후 세계를 경영하게 된 미국이 유럽의 지혜를 물려받아 서둘러 정립한 지난 세기의 국제관계이론에 이르기까지, 국제관계이론은 다양한 영역에서 이론가들의 현실적 입장과 문제의식, 가치관을 반영하고 있다. 지식사회학을 주창한 칼 만하임(Karl Mannheim)은 "인간의 의식은 자신이 속한 사회의 사고의 소산"이라 했는데,[3] 국제관계이론가들 또한 예외가 아니라고 볼 때, 국제관계이론은 상당부분 자신이 속한 집단, 특히 국가의 가치관과 문제의식을 반영한다는 점에서 모든 국제관계이론은 이론가의 국적을 강하게 반영하는 것이 아니냐는 질문이 제기될 수 있겠다.

현재 국제관계학계에서 맹위를 떨치고 있는 많은 이론들은 그 대표주자들, 그들이 주시했던 국제관계의 현실들을 살펴보면 국적을 추적할 수 있다. 실제로 그러한 한계가 이론에 반영되어 그들 이론이 보편성을 결여하고 있는지는 또 다른 문제이나, 이론의 계보를 살펴보면 특정 부분에 치중되어 있는 것은 사실이다. 호프만(Stanley Hoffmann)은 현대의 국제정치학이 "미국의 사회과학"이라 단언했는데, 특히 국제관계이론계는 미국이 주도하고 부분적으로 유럽의 학자들이 보완하는 형태를 띠고 있다고 볼 수 있다.[4] 실증주의 이론관에 대한 탈실증주의자들의 비판이 지속되면서, 소위 주변화되었던 가치들에 기반한 국제관계이론들이 등장했고, 이러한 이론들은 미국적 세계관과 현상유지적 문제의식을 비판하기에 이르렀다. 탈근대이론, 비판이론, 여성주의이론, 맑스주의에 기반한 다양한 구조주의 이론 등은 기존의 학문적 담론에서 배제된, 약소국, 주변부 국가, 3세계 국가, 비유럽 문명권, 여성, 노동의 입장에서 국제관계이론을 재구성하려는 노력을 보여주고 있다. 국제관계이론의 국적을 생각해 보는 지금, 한국이론가들이 생산해 낸 국제관계이론은 무엇인가, 혹은 현재 세계에서 주도적인 이론들을 한국의 입장에서 어떻게 수용할 것인가, 그리고 토착과 수입의 이론들 속에서 장차 어떠한 이론들을 가지고 세상을 설명하고, 예측하고, 후학을 가르칠 것인가 하는 문제는 적어도 '이론의 권력'과 관련하여 대단히 중요한 문제라 아니할 수 없다.

실제로 많은 국제관계이론들이 수입된 바 있고, 그 중 상당수의 이론은 "한국적 현실"에 적용될 수 있는지 논란의 대상이 되기도 하고, 이론의 이데올로기적 성격이 문제시되기도 했으며, 이미 국제관계의 현실이 급속도로 변한 이후여서 토착화에 한계를 드러내기도 했다. 논란의 여지는 있으나 종속이론이 하나의 사례였고, 최근 구성주의나 글로벌 거버넌스(global governance)이론을 둘러싼 비슷한 문제제기가 있기도 하다. 앞으로는 더욱 많은 이론들이 수입될 것이며, 이들의 토착화문제는 간과할 수 없는 문제이다.

이 글에서 필자들은 이상의 문제의식에서 한국적 국제관계이론이란 존재할 수 있는가, 존재해야 한다면 어떠한 모습이어야 하는가 하는 큰 물음 속에서, 국제관계이론의 구성을 우선 검토해 보고, 이어 국제관계규범이론과 한국의 입장, 그리고 국제관계설명이론과 한국의 입장 등에 관해 차례로 살펴보고자 한다.

II. 국제관계이론의 기능과 가치편향성

국제관계이론은 크게 두 가지 효용성을 가지는 것으로 보인다. 첫째, 국제관계현실에 대한 귀납적 연구를 바탕으로 추상과 비교에 의해 일반적으로 적용될 수 있는 가설들을 발견해 내거나, 혹은 타 분야에서 공리의 위치에 오른 가설들에서 연역하여 국제현실에 적용할 수 있는 가설들을 만들어내는 실증적·설명적 이론으로서의 효용이다. 현재 국제관계학계에서 많은 논의의 대상이 되는 민주평화론이 전자의 예라면, 합리적 선택이론을 이용한 형식이론이 후자의 예라 하겠다. 모두가 보편적으로 적용될 수 있는 국제관계에서의 가설을 발견하여 이를 다른 현실에 적용하고자 하는 실증주의적 이론관에 기반하고 있다. 만약 국가나 지역, 시대를 초월한 보편적인 국제관계의 가설과 이론이 발견될 수 있다면, 실로 세계는 명확히 설명되고 예측될 수 있을 것이다. 둘째, 국제관계이론은 규범이론의 측면에서 국제관계와 관계된 당위, 규범, 가치를 논한다. 앞으로의 세계에서 가장 중요한 가치들은 무엇인가, 이러한 가치들은 어떠한 입장에 기반하여 차별성을 드러내는가, 상반되거나 상이한 가치들간의 관계를 조정할 수 있는 좀더 근본적인 가치, 즉 '메타가치'는 존재하는가 하는 물음에 답하고자 하는 이론적 모색이다. 국제관계의 제 관점들 또는 국제관계이론의 '거대이론'이라 불릴 수 있는 현실주의, 자유주의, 구조주의 등은 모두 세계에 대한 규범적 판단의 기준을 가지고 있으며, 앞으로의 세계에 대한 나름대로의 청사진을 제시하고 있다. 현실주의가 인간의 본성과 정치의 본질에 기반하여 생존과 확장, 번영의 가치를 최우선으로 삼고 있는가 하면, 자유주의는 개인의 자유, 혹은 인권을 최대의 가치로 삼고 있으며, 구조주의는 억압과 착취로부터의 해방, 평등을 내세우고 있다. 이러한 나름의 규범적 기반과 설명이론이 함께 갖추어져 있을 때, 비로소 거대이론의 위치를 차지할 수 있는 것이다.

　문제는 국제관계이론의 실증적 측면과 규범이론적 측면이 어떻게 연결되어 있는가 하는 점이다. 실증주의가 이론의 가장 중요한 기준이라고 생각했던 때에는 이론가의 가치는 이론가의 작업에 어떠한 영향도 미치지 않아야 하며, 또한 그러한 가치중립이 가능하다는 신념을 중시했다. 소위 자연과학주의(naturalism)로서 어떠한 이론가가 보더라도 보편적으로 타당한 이론적 가설을 발견하는 데 주력하는 것이 이론가의 책무라고 생각했다.[5] 그러나 실증주의적 사회이론 혹은 메타이론에 대한 비판이 거세어지면서 이론가의 가치중립, 사회적 구속성을 강조하는 시각이 등장하기 시작했는 바, 국제관계학에서도 예외는 아니어서 탈실증주의, 탈근대론의 형태를 띠고 논란을 불러일으켰다. 현실주의, 자유주의, 구조주의 등 국제관계이론들은 이론가의 관심과 가치로부터 자유로울 수 없으며, 이들 관심과 가치는 자신이 속한 사회로부터 일정한 정도의 영향을 받고 있어, 실제 모든 이론은 이론가의 사회적 환경과 관심을 반영한다는 것이다. 특히 자유주의는 신자유주의 국제정치경제론, 민주적 평화론, 국제제도론 등 다양한 형태를 띠면서 실제로는 강대국의 세계지배에 봉사하는 가치관을 내재하고 있는 것으로 비판받기도 한다.

이론가들의 가치편향은 이론화작업 과정 자체에서는 발견해 내기가 지극히 어려운데, 이는 모든 이론들이 보편적·추상적 언어의 형태를 띠고 있기 때문이다. 그러나 어떠한 특정한 이론을 차용하여 주어진 현실을 설명하려고 할 때에는 실제로 부정합성이 발견되어 이론의 정직성 또는 가치중립성이 의심되는 경우가 발생한다. 이는 이론에 내재해 있는 편향성이 작용하고 있는 것으로, 이러한 느낌을 정확히 설명할 수 있는 이론에 대한 이론, 즉, 메타이론이 필요한 것이 사실이다. 우선, 국제관계의 거대이론들의 경우, 각 이론들이 주변화하거나 상대적으로 경시하고 있는 연구주제들이 있다는 사실이 지적되어야 한다. 현실주의의 경우 국가간 협력이나, 국가 이외의 행위자의 힘, 경제관계에서 가능한 수많은 협력사례들을 상대적으로 경시하고 있으며, 자유주의의 경우 강대국과 약소국간의 힘의 격차, 이에서 비롯되는 불평등한 관계와 갈등을 주변화하고 있고, 구조주의의 경우 중심부와 주변부의 갈등을 강조하느라 세계적 차원에서의 협력가능성에 주의를 덜 기울이거나, 경제환원주의의 영향으로 정치적 요소를 경시하여 정치적 활동의 영역을 경시하기도 한다. 이러한 경향은 우연적인 것이라 보기에는 상당히 지속적이며, 각 이론가들이 가지고 있는 관심과 가치를 체계적으로 반영하고 있는 것이라 하겠다.

모든 이론가들이 같은 정도로 자신의 가치와 관심을 이론에 투입하는 것은 아닐 것이다. 어떠한 이론가들은 더욱 넓은 안목과 식견으로 적용가능성이 더 넓은 이론을 만들 것이고, 또한 자신이 속한 사회에 대한 반성의 정도가 깊어 다른 국가, 사회, 문명권, 역사에 대한 이해를 바탕으로 '보다 가치중립적인' 이론을 만들기도 할 것이다. 반면 어떤 이론가들은 자신이 속한 사회와 시기의 현실만을 바탕으로 비교와 추상의 정도가 낮은 상태에서 이론을 생산하기도 할 것이다. 결국 이론의 보편성은 이론가들의 안목과 가치의 보편성의 정도와 일정정도의 비례관계를 가지며, 문제의 핵심은 이론간의 다툼 뒤에 놓여 있는 이론가들의 가치의 다툼이라 생각해 볼 수 있다. 정리해 보면 국제관계이론의 실증적 측면 뒤에 규범적 측면이 놓여 있고, 그 뒤에는 또다시 이론가들의 가치관의 갈등이 놓여 있으며, 실증이론들간의 갈등은 이론가들의 다양한 가치들간의 관계를 판정해 줄 메타가치이론, 혹은 메타윤리학이론이 필요하다는 것이다.[6] 국제관계이론계에서

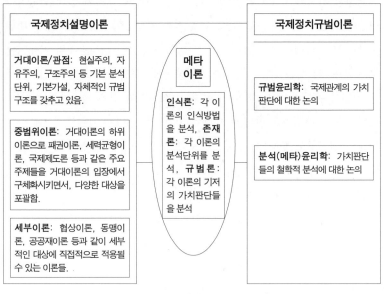

〈표 1〉 국제관계이론의 구조

논의되고 있는 거대이론, 혹은 관점들간의 갈등은 상당부분 국제관계 메타규범이론이라 불리울 수 있는 또 다른 영역에 의해 조정되어야 한다는 결론이다. 이상의 논의를 바탕으로 국제관계이론의 구조를 표로 정리해 보면 다음과 같다.

한국의 경우를 생각해 보자. 우선 한국의 현실을 실증적으로 일목요연하게 설명하고 미래를 예측하여 실천의 지침으로 삼을 수 있는 실증적 설명이론이 있는가 하는 문제와, 한국의 앞날에 가장 중요한 가치를 국제관계 전반의 입장을 고려해서 제시해 줄 규범이론이 있는가 하는 두 가지 문제를 생각해 볼 수 있다. 탈냉전기 한국은 급변하는 세계적 차원의 세력배분구조와 동북아의 지역구조, 그리고 남북관계 속에서 많은 도전과 과제에 직면해 있다. 또한 정보화와 세계화, 제도화라는 다양한 국제정치의 변화의 동력 속에서 발전의 기회와 제한을 동시에 경험하고 있다. 이러한 상황 속에서 미래 한국의 국가전략과 관련하여 유용한 국제관계이론이 존재하는가[7] 혹은 도움이 될 수 있는 국제관계이론을 외국의 학계가 제공해 줄 수 있는가에 대해서는 의심의 여지가 없지 않다. 이는 한국 국제관계이론계의 문제라기보다는 국제관계이론 전반의 발전 수준이 미흡해서 그러한 면도 있다. 냉전적 양극체제의 연구에 몰두하던 수많은 이론가들이 소련의 몰락과 이에 따른 양극체제의 해체를 예측하지 못했던 사건은 실로 국제관계이론의 무력성을 대변해 주고 있다. 그러나 위의 문제는 단순히 이론의 전반적 수준이 낮은 것뿐만 아니라, 한국적 국제관계이론의 부재에 기인하는 측면도 있다. 여기에는 대부분의 국제관계이론이 강대국의 관점에서 생산되어, 약소국 혹은 중진국의 입장에서 중요한 연구주제들이 미처 이론화되지 못했다는 이유도 있고, 또는 약소국의 입장에서 생산된 이론이라 할지라도 국지성(局地性 locality)이 너무나 강하여 보편성을 결여하고 있다는 이유도 있을 것이다. 한국의 많은 국제관계학자들이 현재의 한국의 외교상황으로 보아 구미의 경우보다는 현실주의의 기본 논의에 공감을 표시하기는 하나 월츠의 미국식 현실주의에 거부감을 가지고 있는 것이 사실이고, 같은 약소국 혹은 중진국에 속해 있으나 남미에 경험적 기반을 두고 있는 종속이론의 적실성에 또한 회의를 품게 된 사실 등이 이러한 상황을 대변해 준다. 한편, 민주주의와 시장, 다자주의적 제도의 효력에 기반하고 있는 자유주의 국제관계이론 역시 주로 강대국간 협조관계를 중심으로 이론화를 시도하여, 국력의 차이가 명백한 강대국과 약소국간의 강요된 협력, 협력의 틀을 주관하는 강대국의 이해관계, 대변되지 않는 약소국 이익 등의 문제가 주변화되는 문제를 낳고 있다. 구성주의의 경우, 자체적인 규범적 편향을 가질 필요는 없으나, 미국의 국제관계학계에서 점차 협력과 집합적 정체성의 형성을 상대적으로 강조하는 자유주의적 편향을 보이고 있고, 오히려 강대국과 약소국간의 갈등적 집합정체성의 측면을 점차 간과하는 경향을 보이고 있다.

결국 세계적 차원에서 국제관계이론이 점점 더 많이 생산되고 정교화된다 해도, 그것이 한국의 국제관계 현실을 설명해 주는 데 그 정도에 비례하여 도움을 줄 것이라 말하기는 어렵다. 한국의 상황과는 판이하게 다른 경험적 현실에서 추상된 이론을 단순히 보편적 언어의 형태를 띠고 있다고 해서 이를 한국의 현실에 무조건적으로 적용할 수도 없는 것이고, 또한 몰역사적 보편적 가치를 담고 있는 국제관계 규범이론을 '구체적 실재로서의 한국'의 국제현실을 개선하고 미래를 설계하는 데 지침으로 삼을 수도 없는 것이다. 이러한 이론들은 일정부분 변화되거나 혹은 근본적으로 수정되어야만 받아들일 수 있는 것이다. 더 나아가 어떠한 이론가의 관심이 한국적 현실과 정면으로 배치된다면, 그러한 가치와 관심에서 만들어진 이론은 한국의 상황에 적용될 때 대단히 철저한 절차를 밟아야 할 것이다. 일례로 콕스가 신현실주의를 현상유지적 이론이라 비판했는 바, 만약 한국이 분단극복과 같은 중대한 국제정치적 함의가 있는 현상변경을 시도하고자 할 경우, 신현실주의를 차용하여 설명과 실천의 지표로 삼는다면 중대한 불이익을 자초하게 될 것이다. 구조가 행위자의 활동영역을 제한할 수밖에 없다는 구조주의적 현실주의는 한국의 독자적인 현상변경능력에 대한 회의를 부추길 것이며, 대단히 소극적인 외교정책만을 추천할 수 있기 때문이다. 다른 한편, 우리가 한반도 문제에 대한 미국의 입장을 파악하고 그의 득실구조를 이해하기 위한 수단으로서 전형적 미국 이론인 신현실주의를 활용한다면, 즉 비판적 절차를 거쳐 이론을 수용한다면, 한국의 이익(경우에 따라서는 한국과 미국의 공동이익)을 효과적으로 제고할 수 있다는 점도 지적되어야 한다.

이상에서 논한 바와 같이 이론은 복잡다단한 현상을 일관되게 실증적으로 설명하고, 다양한 가치들간의 우선순위를 설득력 있는 메타윤리이론으로 제시함으로써, 이론 그 자체가 막강한 현실적 힘을 가질 수밖에 없다. 주어진 현실을 어떠한 이론으로 설명하고 어떠한 이론을 바탕으로 미래를 설계하는가가 곧 정치적 행위이며, 따라서 가용한 이론의 선택은 엄청난 정치적 선택의 파장을 가진다고 할 것이다. 만약 한국의 국제관계현실을 실증적으로 올바르게 설명할 수 있는 이론과 한국의 미래에 도움을 줄 수 있는 규범이론이 현재 발명되어 있지 않은 상태라면, 과연 기존의 이론들 간의 적당한 조합으로 이를 해결할 것인가 혹은 새롭게 한국의 현실에 맞는 이론을 창조할 것인가? 우선은 기존의 이론들이 한국적 현실에 어느 정도의 정합성을 지니는지 냉철히 판단해 보고, 그 정합성을 결정하는 요소들을 살펴본 연후에, 새로운 이론의 창조의 요건들을 정리해 보고, 이를 위한 구체적 작업계획을 세워야 할 것이다. 그렇다면 이러한 판단과 결정, 창조와 계획의 일관된 기준이 필요할진대, 그러한 기준은 과연 어떠한 것인가?

III. 한국적 국제관계이론의 규범적 측면

국제관계는 힘의 관계이기도 하지만 규범의 관계이기도 하다. 국가간 관계는 때로는 적나라한 힘의 배분구조에 따라 이루어지기도 하지만, 규범에 기반한 명분에 의해 진행되기도 하는 것이다. 또한 규범의 국제관계가 힘에 기반한 국제관계에 밀려 무력해질 때가 있다 해도, 규범에 근거한 국제관계 자체가 무의미한 것은 아니다. 세계화가 진행된다는 것은 단순히 국가간 초국경적 · 물리적 교류의 양적 증가만을 의미하는 것은 아니다. 정당한 정치와 경제에 대한 관념의 공감대가 커지면서 세계적으로 보편적인 규범적 토대가 단단해지는 과정도 포함되어 있다. 세계의 각 지역은 그 지역에 고유한 국가들간의 규범을 가지고 있었고, 그에 따른 상호작용을 해왔다. 영국의 국제사회학파가 강조하는 국제관계의 사회적 · 규범적 측면은 현실주의에 의해 경시되기 쉬운 문화적 · 이념적 측면의 이면으로, 예를 들어 유럽의 근대국제체제는 주권적 평등이라는 근본규범을 공유하고 있었는 바, 무정부상태이지만 사회성을 공유한 역설적 상황이었다. 불이 저술한『무정부적 사회(*The Anarchical Society*)』의 규범이라 할 것이다.[8] 이와는 달리 전근대의 동북아는 사대자소(事大字小)라는 유교의 상호적 규범에 근거한 국제관계규범을 가지고 있었고, 이에 따라 조공, 책봉, 봉삭 등에 기초한 강대국과 약소국간의 관계가 규정되었다.[9]

현대의 국제관계는 하나의 지구사회를 만들어 가면서 점차 규범 정치, 규범 경제의 모습을 보이고 있는데, 인권적 국제주의나 신자유주의 모두 전세계를 아우르는 보편적 규범의 후보들이라 할 것이다. 여전히 대외적 주권의 독립성과 주권국가간 평등성이라는 근대적 규범이 막강한 자리를 차지하고 있으나, 점차 대안적인 규범들이 활발히 논의되고 있으며 이를 지탱하는 정치세력들도 등장하고 있다. 국제관계이론계의 탈실증주의 논쟁과 맞물린, 이러한 실제적 세계화의 진전과 국제관계의 사회적 성격의 부각은 국제관계규범이론의 중요성을 더욱 강조하게 만들고 있다.[10]

국제관계이론가들은 세계에 존재하는 다양한 규범들을 자신의 입장에서 수용한다. 국가생존, 권력확장, 정복, 지속가능한 평화, 협력, 협력의 제도화, 인도주의, 착취로부터의 해방, 실질적 평등, 자유, 근대국가의 완성, 환경보존을 통한 지속가능한 발전, 다양한 인간안보의 실현, 남녀 성차별의 극복 등은 국제관계에서 추구되는 가치들의 몇몇 예에 불과하다. 이러한 가치들은 각각 이론가들이 속해 있는 사회의 성격과 이론가 자신의 가치관에 의해 차별적으로 선택되고, 그 우선순위가 결정된다. 또한 이들 이론가들이 생산하는 설명이론들은 이러한 차별적 가치관에 근거하여 수립되고, 실재의 특별한 측면만을 다루거나 혹은 실재를 특별한 방법으로 다루게 된다.

현재 국제관계학계에서 거대이론 및 관점으로 자리잡고 있는 현실주의, 자유주의, 구조주의 모두가 자체적인 규범구조를 가지고 있고, 결코 가치중립적 이론들이라 보기 어렵다. 현실주의의 경우, 제2차 세계대전 이전의 고전적 현실주의는 국제정치의 무도덕적(amoral)—비도덕적(immoral)과 구별되는—성격에 기반하여 도덕적 회의주의를 표방하고, 인간들의 이기적 본성을 극복하여 온건한 평화, 협력을 강조하는 규범구조를 내세운 바 있다. 이는 유럽의 오랜 전통 속에서 각 국가들간의 치열한 권력정치가 생산한 지혜의 산물이자, 인간 본성에 대한 반성의 소산이었다. 따라서 고전적 현실주의는 자제심, 신중함, 온건함 등의 실천지, 혹은 프루던스를 강조하는 규범적 입장을 표방하고 있다.[11] 고전적 현실주의는 제2차 세계대전 이후 미국으로 건너가면서 미국의 패권경영을 위한 현상유지적 국제관계이론으로 변화한다. 월츠는 국가주권의 개념에 기반한 단위의 동질성과, 단위간 세력의 차이에 기반한 세력배분구조의 제약적 효과를 동시에 강조함으로써, 국제정치란 형식적 평등을 가진 국가들이 실제적인 세력의 불평등에 제약을 받으며 이루어지는 장이라는 이미지를 그려내고 있다. 여기서 약소국들은 형식적 평등 혹은 근대적 주권을 가진 것에 만족하고, 세력배분구조의 거대한 힘에 종속되어 강대국이 만들어내는 정태적 구조에 제약받는 수동적 입장에 처할 수밖에 없다. 반면, 강대국은 약소국에게 주권을 부여함으로써 자유주의적 패권질서의 규범적 구조를 완성하고, 이를 바탕으로 실제적 힘을 행사하여 현상유지적, 혹은 문제해결적 과제만을 해결하면 되는 지배적 입장에 오르게 된다.[12]

자유주의 국제관계이론은 시장과 민주주의, 다자주의제도에 의한 상호협력과 평화의 증진을 주된 가치관으로 가지고 있으나, 이 역시 현상유지적 패권의 국제관계이론으로 채택되면서 변질된 바 있다. 자유주의 이론의 주창자인 애덤 스미스와 임마누엘 칸트 등은 시민사회 속의 개인의 도덕성과 공공성에의 헌신을 강조하고, 이를 위한 소위 공동체주의적 가치관을 주장하여, 이에 기반한 평화와 협조를 논하는 복잡한 도덕철학을 바탕에 깔고 있다.[13] 그러나 현재의 신자유주의 국제관계이론은 미국의 현상유지적 패권의 규범을 추구하고 있는데, 예를 들어 시장에 의한 평화는 미국의 패권을 유지하기 위한 경제적 기반으로서의 경제적 세계화의 논리를 대변하고 있고, 민주적 평화는 미국의 세력기반 공고화를 위한 개입정책을 인도주의적 입장에서 합리화하고 있으며, 다자주의적 제도에 의한 평화는 미국의 권력과 이익을 매개로 한 다자적 접근 혹은 일방주의적 접근에 본의를 상실하고 있다. 시장의 논리는 구조주의 혹은 종속이론 등에서 부분적으로 비판되고 있는 바와 같이, 국가간 혹은 국제적 계급간 심화되는 경제적 불평등에 대한 논의를 주변화하고 있고, 민주평화론은 민주주의 국가간 평화에 대한 궁극적 인과관계의 논의를 진행시키는 과정에서 국제체제, 국가간 국력편차 등의 여타 요소를 상대적으로 경시하는 한편, 실증적 연구의 과정에 놓여 있다고 볼 수 있다. 제도적 협력 역시, 약소국 입장에서의 강요된 협력, 제도적 규범 생산에서의 권력관계 측면보다는 자발적 협력의 경우를 상대적으로 중시하고 있다. 이렇게 볼 때, 구미 국제관계학계에서 논하는 바, 신현실주의 대 신자유주의 논쟁이라는 것도 실은 미국적 문제의식 속에서 규범적으로 제한된 논쟁이라는 사실을 알 수 있다. 기존의 국제관계이론이 미국 중심의 현 국제관계구조의 현실을 반영하여 윤색되고 있다는 사실, 그리고 이는 국제관계학의 역사에서 새로운 것이 아니라 사회과학 이론 전체의 역사를 반영할 뿐이라는 사실을 유념할 필요가 있다.

	현실주의		신자유주의	구조주의
	고전적 현실주의	신현실주의		
인식론	실증주의, 해석학	실증주의	실증주의	사적 유물론, 변증법
존재론	구조-개체의 상호작용	개체주의	개체주의	구조주의적 전체주의 (holism)
규범론	비판이론적 성격	문제해결 이론적 성격	문제해결 이론적 성격	비판이론적 성격

〈표 2〉 구미 국제관계이론의 메타이론적 기초

해방 이후 한국의 국제관계이론이 구미 국제관계이론의 압도적 영향 아래 놓여 있고, 특히 이론적 분석에서 구미의 국제관계이론을 수용 및 적용하기에도 급급했던 작금의 현실을 돌아다 볼 때, 한국은 이러한 다양한 이론들과 다양한 세력들이 주장하는 규범들 속에서, 그리고 그러한 규범들이 그려내는 미래의 세계들 속에서 어떠한 독자적인 전망을 가지고 있는가? 냉전의 시작 이후 한국은 강대국이 주도하는 세계질서 속에서 정태적이고 현상유지적인 규범에 안주하여 현상을 적극적으로 변경할 수 있다는 희망과 의도를 도외시하게 된 것은 아닌가? 우리 스스로의 목표에 따른 문제의식을 가지지 못하고 주어진 문제 속에서만 움직인 것은 아닌가? 더 나아가 한국은 한국의 생존과 번영을 보장하면서, 동시에 동북아와 세계 전체에 희망을 줄 수 있는 어떠한 보편적 가치관을 가지고 있는가? 즉, 한국에 특수한 가치와 세계에 보편적인 가치의 합을 만들어낼 수 있는 이론적 기반을 가지고 있는가? 소위 열린 민족주의라는 상반된 경향을 조합시킬 규범이론이 있는가?

국제관계이론의 규범적 측면을 한국적 입장에서 재고하는 한 가지 방법은 시간적 범위를 넓혀, 한국이 전통적으로 가져왔던 국제관계에 대한 규범적 입장을 장기적으로 분석해 보는 방법이다. 동북아의 약소국이었던 한국은 역사적으로 항상 생존을 최고의 국제관계의 규범으로 삼아 왔으며, 이는 자국의 처지에 갇힌 최소한의 규범이었다고 할 수 있다. 그러나 때로는 보편적 규범을 적극적으로 주장하기도 했는데, 예를 들어 고구려 시대에는 독자적 천하관을 가지고 동북아를 주체적으로 재편하려고 했고, 고려 시대에는 송 및 거란과 공존하는 다원적 천하관을 가지고 불교와 유교에 기반한 나름의 국제질서를 운용하고자 했으며, 조선시대에는 성리학을 적극적으로 받아들여 중국과의 관계를 사대자소의 원리로 규정하고 이에 합당한 조공·책봉 관계를 독자적으로 만들고 이용해 가기도 했다. 조선 중후기에 들어서는 성리학적 대소관계(大小關係)가 타성화되고, 국내적 봉건 지배질서의 합리화 경향으로 독자적 세계관이 약화되었으나, 곧 실학의 등장과 개항 이후 자체적인 근대화의 노력 속에서 중립화, 동맹, 균세정책(均勢政策), 양절체제(兩節體制)의 시도 등, 전통적 규범과 만국공법적(萬國公法的) 근대 규범을 접목시키고자 하는 노력을 기울인 바 있다.[14]

한편, 현재의 한국은 여전히 자국의 생존과 번영에 최대의 가치를 두고 있으나, 다른 나라들이 귀기울여 들을 만한 보편적 규범을 얼마나 제시하고 있는지는 의문이다. 만약 한국의 국제관계학자들이 서구의 설명이론을 수입하면서, 그 근저에 깔려 있는 서구 혹은 미국 중심적 가치관을 암암리에 무비판적으로 수용하거나 이를 바탕으로 한국적 현실을 설명한다면, 한국의 입장에서 특수하고도 보편적인 규범구조를 창출하지 못한 채, 비주체적인 입장에서 연구주제와 문제를 설정하고 분석하는 일이 될 것이다.

현재 한국은 다양한 외교정책의 목표를 놓고 고민하고 있다. 한반도의 통일, 평화공존, 강대국으로부터의 자율성 획득, 경제적 번영의 지속 등이 그것이다. 모두가 소극적인 외교정책의 목표로 동북아의 평화와 번영, 더 나아가 세계의 평화에 기여할 수 있는 적극적인 힘과 비전이 결여되어 있다. 부분적으로 동아시아의 경제적 지역주의와 다자주의 안보제도를 주창하기는 하나, 기존의 흐름을 주도할 만한 힘을 가지고 있지는 못하다. 반면 세계는 안보와 자본주의의 논리에서 숨가쁘게 변화하고 있으며, 이에 따른 새로운 규범구조를 생산해 내고 있다. 이론적 규범은 정치에서의 명분이 되어 실제적인 정치적 권력으로 작용하고 있는데, 한국은 새롭게 형성되는 규범적 권력을 추수(追隨)하는 데 그쳐서는 안 될 것이다. 한국의 소극적 목표와 적극적인 목표를 아우르는 국제관계규범이론을 만들어낼 필요성이 매우 크다고 할 것이다.

또한 좀더 거시적으로 보면, 현재 세계는 근대국제체제의 가치와 아직은 뚜렷하지 않은 탈근대적 가치 사이의 이행기에서 진통을 겪고 있는데, 현재로는 미국의 자유주의 패권에 대한 여타 국가의 비판의 형태로 나타나고 있다. 한국은 이러한 이행의 과정에서 과연 어떠한 목소리를 낼 수 있는지, 한국의 국제관계이념의 역사에 기반한 한국의 규범을 세계의 규범구조에 삽입할 수 있는지, 문제를 제기할 시점이다. 한국은 현재 진행되고 있는 신자유주의 운동 속에서 현실적으로는 편입되면서, 규범적으로는 비판적 자세를 보이기도 하는데, 과연 신자유주의에 대한 체계적 대안을 제시할 수 있는지는 의문의 여지가 있다. 구조주의적 반세계화의 대안인지, 혹은 문명의 공존과 같은 공동체주의적 대안인지, 그러한 대안의 한국사상에서의 근거가 있는지 좀더 고민할 필요가 있다. 더욱이 비서구 국가들은 현재 유력한 규범들, 예를 들어, 인권, 자유, 평등의 규범을 받아들이면서 자국의 역사적 배경 속에서 상이한 함의를 가지고 이들을 받아들였는데, 그러한 특수한 편차를 극복할 수 있는지 문제이다. 일례로 중국은 제국주의 세력을 통해 자유주의를 도입하여 개인의 자유에 대한 부정적 견해를 같이 가지게 되었다.

한국의 특수한 목적을 달성하면서 보편적인 국제규범 형성에 공헌할 수 있는 한국적 국제관계규범이론을 만드는 접근법으로 두 가지를 생각해 볼 수 있다. 첫째, 정확하고 폭넓은 국제관계설명이론을 만들어내는 것이다. 근대적 문법의 비중이 점차 적어지고 새로운 논리에 의해 움직이고 있는 현대의 국제관계를 어떠한 이론이 선점하여 설명해 내는가는 대단히 중요한 문제이다. 소위 글로벌 거버넌스, 신중세론, 문명권의 충돌, 신자유주의 확산에 따른 20대 80의 세계, 인권적 국제주의에 기반한 지구촌 등 탈근대에 대한 대단히 다양한, 거대이론적 대안들이 제시되고 있다. 이러한 변화에 영향을 미치는 변수들도 다각도로 논의되고 있다.[15] 이러한 논의는 비단 탈근대 국제관계를 설명하는 데 그칠 뿐 아니라 이를 지탱하는 규범을 생산해 내고, 이에 따라 국가들 혹은 여타 정치집단들의 정책을 재단함으로써 실제로 정치적 힘을 발휘하게 될 것이다. 한국의 국제관계이론이 이러한 세계적, 보편적 변화를 예측하여 보편타당한 설명이론을 생산해 내고 한국의 입장에서의 규범구조를 제시할 수 있다면, 이는 한국의 특수한 국가이익과 보편적 공헌을 모두 만족시키는 방법이 될 수 있을 것이다. 이론의 생산과정이 일정 부분 각 세력의 입장을 반영하고 있다고 볼 때, 한국의 입장이 적극적으로 고려되면서 추세의 변화에 영향을 미칠 수 있다면, 비단 외교정책의 측면에서뿐 아니라, 새로운 세계질서를 논하는 단계에서도 보편적인 대안모색에 기여할 수 있을 것이다.

두 번째 접근방법으로는 한국외교사를 살펴보는 것으로서, 위의 방법이 타국과 타지역에 대한 관심을 반영하고 있다면, 이 방법은 한국의 역사에서 나타난, 현재에 적용가능한 규범들을 살펴보는 방법이 될 것이다. 한국의 역사는 상당부분 동북아 국제관계사의 일부분이었고, 때로는 국내사역시 국제정치적으로 규정되는 부분이 많이 있었다. 삼국시대의 통일, 고려의 성립, 송·원과의 관계, 조선의 성립, 임진왜란, 병자호란, 개항에 이르기까지 한국사는 국제정치의 파란만장한 변화를 담고 있었으며, 이에 대한 과거의 외교정책결정자 혹은 당시의 국제관계이론가들의 사상을 살펴봄으로써, 현재에 적용 가능한 보편적 교훈을 이끌어낼 수도 있을 것이다. 일례로 조선 중기 광해군의 대금 기미책, 소현세자의 대청 화해정책, 효종의 북벌정책은 새로 등장한 중국의 패권에 대한 제각기 다른 정책과 세계관의 변화를 보여주는데, 그 속에서 한반도의 소극적 생존전략과 적극적 동북아 전략을 읽을 수 있으며, 정책결정자들의 내외적 제약을 찾을 수 있다.[16]

현재 한국은 국제정치적으로 생존, 자주, 긴장완화, 통일, 발전 등의 기본 가치와 역내 평화, 협력, 인간안보와 같은 좀더 광범위하고 적극적인 가치들 사이에서 나름의 외교정책의 목표를 수립해가고 있다. 반면 선진국들이 추구하는 주도권 강화를 통한 질서유지, 경제구조의 주도를 통한 발전, 현상유지를 통한 이익극대화, 탈근대적 도전에의 대처와 같은 규범에는 동조할 수 없는 위치에 있다. 그러나 현재 우리가 사용하는 국제관계이론은 이러한 선진국들의 가치관을 내재하고 이를 실현하기 위한 관심에서 비롯된 이론들이라 할 때, 독자적이 가치판단을 담은 규범이론과 설명이론의 창출이 시급하다. 더구나 한국이 추구할 수 있는 가치들간에도 상충되는 면이 있는 것이 사실이다. 일례로 한미동맹이라는 제도가 추구하는 안전이라는 가치와, 미국의 영향력으로부터 자율을 극대화하려는 자주라는 가치는 반미감정과 같은 어려운 문제를 야기시키고 있는 바, 한국이 국제관계에서 추구해야 할 가치들의 내용과 우선순위, 그리고 이질적인 가치들을 통합하는 대안적 개념 창출 등에 관한 본격적인 논의가 있어야 할 것이다.[17]

IV. 한국적 국제관계이론의 설명적 측면

국제관계이론에 국적이 있다고 해서 200개에 달하는 국가들이 제각기 다른 이론을 가져야 하는 것은 아니다. 세계는 어차피 하나이고 같은 대상에 관한 이론이기 때문에, 200개의 나라가 제각기 인식하는 모습이 완전히 다를 수는 없을 것이다. 오히려 각각의 나라들이 인식하는 공통된 세계의 모습이 있어서 각 이론들은 공통점과 보편성을 가지게 될 것이다. 한국의 국제관계학자들 역시 세계에 대한 나름의 이론적 인식을 가지는데, 이는 다른 나라의 이론가들과 상당부분 공통된 내용을 담고 있을 것이다. 예를 들어 한국은 1876년 개항과 더불어 전세계로 확산일로에 있던 유럽식 근대국제체제에 편입되었고, 근대국가라는 주체로서 재정립되었으며, 이후 국가가 가지는 보편적 문법에 따라 행동했다. 따라서 오늘날 국제관계이론이 말하는 바, 행위자로서의 국가의 모습을 나누어 가지게 되었다.

그렇다면 한국적 국제관계 설명이란 어떠한 조건을 갖추어야 할 것인가? 우선은 앞서 논한 한국의 입장에서의 규범적·가치적 문제의식을 담고 있는 설명이론이어야 할 것이다. 신현실주의와 신자유주의가 제2차 세계대전 이후 미국의 패권 유지 과정에서 제기된 문제들에 대한 문제해결이론이라는 시간성과 공간성을 가지고 있듯이, 한국의 국제관계이론 역시 현재 한국의 문제를 이론적 시각에서 조망할 수 있도록 적절한 개념, 가설, 이론으로 정립해야 할 것이다. 둘째, 한국을 설명하는 이론이어야 할 것이다. 구미의 이론들은 강대국의 현실에 적용할 수 있는 이론들로 발전되어 있다. 세력균형이론을 예로 들어보자면, 국가들은 세력균형을 유지하기 위해 분할·지배(divide and rule)의 방법을 사용하거나, 보상(compensation)의 방법을 사용할 수 있는데, 19세기 개항 이후의 한국, 혹은 제2차 세계대전 이후의 한국은 분할되고 지배되는 입장, 그리고 강대국에 보상으로 제공되는 입장이어서 주체와 객체의 입장에서 전혀 다른 이론적 입장에 서게 된다. 외교사가 강대국간 관계의 역사, 혹은 약소국에 대한 강대국의 관리의 역사로 기록될진대, 한국의 입장에서, 한국을 설명할 수 있는 이론적 바탕이 마련되어야 할 것이다. 셋째, 한국의 역사에서 도출된 이론이어야 할 것이다. 이론이란 보통 하나, 혹은 그 이상의 사례에서 도출된 추상어의 집합으로서, 추상적·이론적 언어로 번역된 현실은 다른 사례에 적용될 수 있는 본질적 비교성을 가진다. 그러나 그 비교가 공통점보다 상이점이 많은 사례들간에 적용될 경우 적용의 적실성에 관한 문제를 야기시키는데, 보통 한국의 사례에 적용되는 이론들은 한국의 상황과는 매우 동떨어진 경우가 많다. 아래에서 논하겠지만, 주권국가라는 단위로 한국을 설명할 경우, 형식적 주권이 아닌 실질적 주권에서의 주권성의 정도를 경시하는 문제를 낳게 된다. 국제관계를 주권국가간 관계로 개념화할 때, 주권성의 상이한 정도를 무시한 형식논리에 빠지게 되는 것이다. 한국적 현실의 특수성을 감안하여 개념적 편차를 두면서 이론화 작업을 하고, 이를 염두에 두고 다른 이론을 적용할 수 있는 주의가 요망된다 하겠다. 넷째, 이러한 상황에서의 설명이론은 한국의 미래에 대한 예측을 가능하게 할 것이다. 이론이 설명과 예측을 목표로 할진대, 정확한 설명에 기반하여 미래를 가능한 한 정확하게 예측할 수 있고, 예측을 토대로 정책환경을 설정한 후, 정책을 시행하는 실천으로 연결될 수 있을 것이다.

한국의 국제관계학자들은 한국의 국제 현실을 설명하면서 누적된 학문적 성과를 바탕으로 기존의 국제관계이론의 도움을 받아 왔다. 예를 들어 구조주의적 현실주의의 힘을 빌어 양극체제니, 다극체제니, 패권체제니 하는 체제적 변수가 한국의 외교정책 혹은 한반도, 혹은 동북아 국제정치에 미치는 영향을 설명·예측했으며, 세력균형이론 또는 동맹이론에 근거하여 한국 및 주변국 외교정책을 조망했고, 자유주의 이론에 근거하여 시장의 확산에 따른 동북아 안정가능성, 혹은 민주주의의 확산에 따른 동북아의 민주적 평화의 가능성을 논했고, 구조주의의 예를 들자면 중심-주변부 관계에 빗대어 한미간 종속관계를 논하기도 했다. 기존에 축적된 이론적 지식은 한국적 현실을 조망하는 데 실로 많은 도움을 주었으며 이에 따라 현실을 새로운 시각에서 바라보고 많은 새로운 실천적 대안들이 나오기도 했다. 국가 생존이 부각되기도 하고, 세계화로의 적절한 편입이 강조되기도 하고, 종속의 극복이 논의되기도 했다. 다른 이론을 적용함으로써 다른 현실이 상대적으로 부각된 결과이다.

국제관계학에서의 실증적인 설명이론들은 이와 같이 다양한 분석단위, 기본 가설, 세부 가정 등을 가지고 같은 현실을 다르게 설명한다. 이들 이론은 기존의 서구의 거대이론인 현실주의, 자유주의, 구조주의처럼 모든 이론의 부분들을 내포하고 있는 이론인 경우도 있고, 좀더 직접적인 적용 가능성을 위해 한정된 연구주제에만 집중한 세부이론들인 경우도 있다. 동맹이론, 협상이론 등은 여러 거대이론들이 각각 자신의 입장에서 논의하는 좀더 세부적인 이론이라 할 것이다. 서구의 이론을 한국의 국제정치에 적용할 때 문제가 되는 것은 이들 이론의 경험적 토대인 서구의 외교사적 현실을 사상한 채, 한국적 현실에 그대로 대입할 수 있는가 하는 것이다. 기왕에 존재하는 이러한 이론들은 모두가 17세기 이후, 좀더 정확하게는 1648년 웨스트팔리아 조약을 상징적 기점으로 유럽에서 발전되어 온 근대 국제체제의 경험 위에 서 있는 것이고, 유럽의 특수한 근대체제는 제국주의와 제2차 세계대전의 전후처리과정을 거치면서, 세계가 하나의 문법에 따라 움직이게 되면서 바야흐로 보편적인 국제관계이론으로 자리매김하게 된 것이다. 한국도 우선적으로는 1876년의 개항과 더불어, 그리고 본격적으로는 1948년에 근대국가로 승인됨에 따라 국가라는 행위자가 될 수 있었다. 그렇다면 한국의 1876년, 혹은 1948년을 서양의 1648년과 형식적으로 대비해 놓고, 이후의 역사에서의 국제관계에 구미의 국제관계이론을 적용하는 것이 타당한 것일까? 17세기부터 이미 근대국가의 모습을 갖추기 시작한 영국이나 프랑스라는 국가와 50여 년의 근대국가 역사만을 가진 한국이라는 국가가 같은 논리에 따라 움직인다는 가설이 타당한 것일까? 예를 들어 현실주의에서 국가를 합리적 이기주의자(rational egoist)라고 가정하여 국제관계의 가설을 발전시키는 데 영국과 한국이 같은 국가로 평면적으로 이론적 가설들에 대입될 수 있을 것인가?

여기서 문제는 각 국가들의 국제 현실 및 역사와 그 국가들을 설명하는 이론간의 관계로 축약된다. 한국은 한국의 국제 현실을 엄연히 가지고 있는데, 1848년 이전까지의 역사를 사상한 채, 서구에서 발전되어 온 국제관계이론의 틀에 맞추어 국가라는 행위자로 가정되어 가설들에 대입될 수 있을 것인가? 서구 국제관계이론에서 등장하는 국가에 한국을 대입해도 이후의 가설들이 타당하게 현실에 전개될 수 있을 것인가? 기존의 국제관계이론들은 대부분 미국과 유럽의 학자들에 의해 만들어졌으며, 남미학자들에 의해 만들어진 종속이론 정도가 예외라고 보여진다. 따라서 각 이론들의 귀납적 대상이었던 현실은 상당부분 구미의 국제 현실이었고, 여타 지역은 구미의 타자로서 등장하여 연구의 주제와 문제의식에서 주변화되었다. 이는 단순히 국제관계학에만 국한된 것은 아닌 상황으로 일찍이 사이드가 비판한 오리엔탈리즘이나,[18] 문명연구에서 논의되는 구미중심주의 등의 논의와도 관계가 있다. 다만 시간이 지나면서 비교적 관점에서 구미이외의 지역에 대한 구미이론의 적용가능성을 좀더 심도 있게 연구하게 되었고, 이론의 국지적 성격이 비판 · 보완되기에 이르고 있다. 한국도 그 와중에서 각 거대이론들, 그리고 좀더 세부적인 이론들이 한국의 현실에 맞는지 살펴보고 이를 검증하여 적용가능성을 따져보고 있는 중이라 할 수 있다.

이렇게 볼 때, 국제관계이론가들은 한국적 국제관계이론을 만들거나 혹은 서구이론을 한국에 맞게 변형시키기 위해 한국의 국제관계의 실재 혹은 역사를 알아야 한다는 결론이 나오는데, 과연 그 실재가 어느 정도의 역사와 범위를 가지는 것인가 하는 질문이 따라오게 된다. 한국의 대학에서 진행되는 국제관계사 강의는 대체로 서구의 17세기에서 시작하여 유럽의 근대로 이어지고, 아시아의 국제관계사는 1840년 전후 청의 개항과 더불어 등장하는 경우가 많다. 이는 현재 아시아 국가들이 속해 있는 국제체제의 근원이 유럽의 근대이며, 따라서 이 체제의 근원과 작동논리를 알아야 한다는 생각에서 보면 일면 정당한 접근법이다. 또한 아시아는 중국 중심의 상이한 국제사회 속에 있다가 19세기 중반에 가서야 근대유럽국가체제에 편입된다는 점에서 19세기 중반부터가 비로소 연구의 대상이 되는 것도 이해할 만하다. 그러나 이러한 생각은 19세기 중반 이전의 한국과 동아시아의 국제관계 현실은 현재를 이론적으로 이해하는 데 그리 유익하지 못할 것이라는 전제를 담고 있다. 개항 이전의 현실은 완전히 다른 문명권에서의 국제관계였고 이는 현재와 상통할 수 있는 보편성을 결여하고 있다는 인식이다. 따라서 한국의 국제관계학자들은 거슬러 올라가 개항 당시까지 소급하여 한국의 국제관계 현실을 정의하고 이로부터 현재에 이르는 기간에 대한 연구에 기반하여 한국적 국제관계이론을 성립하고자 하는 것이다.

여기서 제기할 수 있는 문제들은 다음과 같다. 우선, 한국의 국제관계사와 국제관계이론의 영향관계 측면에서 볼 때, 개항 이전 전통적 동북아시아가 근대적 국제관계에 편입되기 이전의 국제관계 현실은 현재를 이론적으로 이해하는 데 어느 정도의 도움을 줄 수 있는가? 서구의 국제관계이론의 경우 서구의 고대, 혹은 중세의 연구를 통해 이론적 도움을 받고 있는 현실을 생각해 볼 때(예를 들어 고대 그리스의 양극체제와 냉전을 비교한 성과, 중세연구를 통해 주권의 개념변화를 추적하여 탈근대를 신중세로 파악하는 성과 등), 한국의 경우 전근대의 연구는 그러한 성과를 가지기 어려운가? 전통국제관계사는 첫째, 동북아시아의 전통적 세력배분구조의 변화 속에서 한반도 왕조들이 추구해 온 외교정책의 다양한 선택을 보여줌으로써 한국의 생존전략을 이론적으로 설명하게 하고, 여기에서 실제적 교훈을 얻게 해줄 수 있다. 외교정책은 세력배분구조, 국제정치경제구조, 국제규범구조 등 다양한 차원에서 전개되지만, 전통외교사의 세력배분구조의 변화와 한반도의 외교정책간의 상응성이라는 측면에서, 전통과 근대를 관통하는 외교정책상의 교훈을 얻을 수 있을 것이다. 둘째, 동아시아의 사대자소, 혹은 조공 책봉 질서의 본질을 연구함으로써 현재 미국의 자유주의적 패권질서에 비교·대조되는 사례를 제공하여, 비교국제사회론적 시각을 제시할 수 있다. 사대자소 질서는 형식적 위계질서 하의 실제적 무정부 상태(anarchy under hierarchy)라고 명명할 수 있는 부분이 있는데, 형식적으로는 중국이 상위의 정치적 지위를 가지지만 실제로는 약소국이 내정과 외교에 있어서 자율의 위치를 보장받기 때문이다.[19] 반면 현대의 자유주의적 패권질서는 형식적 무정부상태 하에서의 실제적 위계질서 (hierarchy under anarchy)라고 볼 수 있다. 이러한 점에서 현대의 질서를 상대화하고 비교의 대상으로 삼기 위해 전통국제관계사는 비교의 준거를 마련해 줄 것이다. 셋째, 이러한 비교의 준거는 위에서 논의한, 앞으로 다가올 탈근대의 질서의 대안을 모색한다는 측면에서 도움을 줄 것이다.

근대적 국제관계가 시작된 이래 한국의 국제관계 역시, 구미의 이론에서 가정하는, 근대주권국가간 질서로 일반화하여 말하기 힘들다. 현대 국제관계의 주도권을 쥐고 있는 신현실주의와 신자유주의는 국가들의 근대적 주권성에 기반하여 형식적 평등성을 논하고, 다만 국력의 편차를 고려하여 구조적 특질을 변수로 고려하는데, 이는 각 지역의 근대국가형성과정의 역사성을 사상한 결과로 국제관계의 정확한 모습을 가리고 있다.[20] 주권개념을 형식적·법적 주권과 실제적·경험적 주권으로 나누어 볼 때, 세계의 모든 국가들은 형식적 주권을 소유하지만 실제적 주권성(sovereignness)의 정도에서는 엄청난 편차를 가지기 때문이다.[21] 한국의 경우도 마찬가지여서, 한미관계를 예로 들어보면, 동등하고 평등한 형식적 주권을 가진 두 나라, 그러나 국력의 측면에서만 차이가 나는 두 나라간 관계로 한미관계를 이론화하는 것과, 한국과 미국이 역사적으로 상호작용해 온 과정을 고려하여, 한국의 주권 자체를 부여한 강대국과 아직까지 실제적, 이념적으로 미국의 강력한 영향을 받고 있는 한국간의 관계로 한미관계를 이론화하는 것은 다를 것이다. 한국의 주권성은 미국이 운용해 온 세력배분구조 속에서 애초부터 조건지워진 것으로, 이익의 형성과정과 이익계산의 구조 자체가 미국의 영향 속에 있는 것이다. 이러한 측면은 구성주의가 부분적으로 밝히고 있으나, 구성주의가 점차 미국적 환경 속에서 자유주의화됨에 따라 세력배분구조에 의한 정체성의 변화의 측면이 사상되는 현상을 띠고 있는 것도 사실이다.

비유럽 지역의 정치단위들이 근대국가로 재탄생하는 과정에 대한 역사적 논의, 혹은 주권국가 개념에 대한 역사적 탐구는 신현실주의나 신자유주의의 형식이론을 비판적으로 극복할 때에만 가능할 것이다. 더구나 이러한 거대이론의 하부이론으로 존재하는 패권이론, 동맹이론, 국제제도론, 세력균형이론, 협상이론, 국제정치경제론, 민주평화론 등 무수한 이론들역시, 기본 개념과 가설에 대한 역사적인 재구성 없이는 토착화되기 어려울 것이다. 그러나 현재의 국제관계이론을 한국의 역사에 비추어 재구성하고 이로부터 유의미한 개념, 가설, 이론을 도출할 수 있는 것은 분명하며, 이러한 노력은 여타 3세계국가들의 경험과의 공통점을 더욱 폭넓게 발견하여, 점차 보편적 기반을 가진 이론으로 발전할 가능성이 충분하다고 보인다. 문제는 서구, 혹은 여타 지역의 이론에 대해 얼마만큼 비판적 안목을 가지면서 이를 한국의 경험과 학문적으로 접목시킬 수 있는가이다.

시간이 흐르면서 기술의 발전과 제도화의 증가로 세계는 점차 통합되어가고 국제(inter-national)관계는 세계정치경제(global political economy)로 변해 가고 있다. 세계가 하나의 통합된 단일체로 변화하게 되면서, 국제관계학은 세계라는 통합단위의 내부 정치경제학으로 바뀔 수도 있다는 것이다. 이러한 상황에서, 각각의 국제관계이론은 보편적인 세계정치경제이론의 위치를 선점하기 위해 많은 발전을 거듭하고 있다. 그리고 이러한 이론들의 영향력은 학자뿐 아니라 많은 사람들의 인식방법을 선점하여 세계에 대한 영향력 있는 담론으로 발전할 가능성이 있다. 이론이곧 권력이 되는 것이다. 세계화가 진전되는 데 각 국가들이 자국의 목소리를 높이고자 하는 것처럼, 세계정치경제이론이 형성되는 데 각 국가의 이론가들은 자국의 현실에 기반한 이론적 가설을 끼워넣고자 의식적으로 노력하거나, 의도하지는 않았다 하더라도 사후적으로 중대한 영향력을 발휘할 수 있다. 이는 자국의 입장에서 바라보는 세계의 모습을 보편화시키려는 정치적 노력이며 정치적 결과이다. 한국의 국제관계의 설명이론 역시 한국적 현실에 기반하여 본 세계의 모습이 보편적일 수 있다는 인식 위에 세계정치경제이론의 일부분이 되어야 할 텐데, 이를 위해서는 한국의 역사와 현실에 대한 심도 있는 연구가 절실하다 하겠다. 결국 한국 외교사와 한국 국제관계이론과의 관계로 특수성과 보편성을 담지한 이론의 발전이 한국적 국제관계설명이론의 가장 중요한 요건이라 하겠다.

V. 결론

한국적 국제관계이론이란 한국이 처한 상황을 가장 잘 설명하고 예측하여 실천의 길잡이가 되는 지식임과 동시에, 국제관계학계에서 한국의 목소리를 반영하여 국제관계의 장에서 한국이론가들의 위상을 정립하는 정치적 도구이기도 하다. 또한 후학들이 세계정치경제를 인식하는 중요한 길잡이이자, 더 나아가 정치적 담론의 역할을 수행할 수도 있다. 그러한 점에서 국제관계이론가들의 역할은 심대하다고 하겠다. 한국적 국제관계이론의 생산을 위해서는 무엇보다 한국의 역사와 현실에 대한 철저한 인식이 필요하며, 이와 더불어 변화하는 세계에 대한 전반적 인식도 가져야 할 것이다.

이론은 또한 설명을 위해 창조적으로 가설을 도출해 내는 창작행위이기도 하다. 이론가는 끊임없이 타 분야의 이론을 탐구하여 국제관계에 줄수 있는 함의를 찾아내는 노력도 기울여야 할 것이다. 더불어 자신이 가진 가치관의 보편타당성을 위해 이론 속에 내재되어 있는 가치관을 끊임없이 반성해야 할 것이다. 이론가가 도덕적으로 개방적이어야, 생산되는 이론 또한 보편타당성을 가지게 될 것이다.

현재 세계 곳곳의 국제관계학자들은 국제관계에 대한 구미중심의 관점과 이론을 극복하고자 많은 노력을 경주하고 있다.[22] 다양한 문명권과 이에 기반한 서로 다른 가치관, 그리고 다양한 가치관에 기반한 설명적 이론들을 모색하고 있으며, 이러한 담론의 다양화는 기존의 지배담론에 대한 건강한 비판이 될 수 있을 것이다. 한국은 이러한 와중에서 구미와 은연중에 문제의식과 목적이 일치하여 다른 지역들이 중시하는 문제를 도외시하고 있는지도 모른다. 예를 들어 동남아나 아프리카에서는 중대한 문제로 제기되는 논점들을 의식하지 못하고 있을 수도 있다. 따라서 끊임없이 다양한 특수성에 대한 관심을 가지고 우리의 문제와 연결시킬 때 좀더 유익한 시각이 제공될 것이다. 나아가 이론은 반드시 검증되고 토론되어야 하므로 적절한 경험적 연구를 수반해야 할 것이다. 무엇보다 한국적 국제관계이론이 한국인만을 위한 이론이 되어서는 안 되며, 보편적 설명력과 설득력 있는 규범을 가진 열린 이론이 되어야 할 것이다.

| 미주 |

1) Jim George, *Discourses of Global politics: A Critical (Re)Introduction to International Relations* (Boulder, Co.: Lynne Rienner, 1994); David Campbell, *Recent Changes in Social Theory: Questions for International Relations*, in Richard A. Higgott (ed.), *New directions in International Relations?: Australian Perspectives* (Canberra: 1988) 등 참조.

2) 제3의 논쟁에 관해서는 Yosef Lapid, "The Third Debate: On the Prospect of International-al Theory in a Post-positivist Era.," *International Studies Quarterly*, vol. 33 (1989), pp. 235-254 참조.

3) Karl Mannheim, *Ideology and Utopia: An Introduction to the Sociology of Knowledge*, Louis Wirth, and Edward Shils (trans.), (New York: Harvest Books, 1936).

4) Stanley Hoffmann, "An American Social Science: International Relations," *Daedalus*, vol. 106, no. 3 (1997), pp. 41-60 참조. 현재 국제관계이론에서 미국의 여러 국제정치이론 패러다임 이외의 학파로는 영국의 국제사회학파(English School) 정도가 가장 활발한 활동을 하고 있다고 볼 수 있다. 현재 구미의 지배적인 국제정치이론 패러다임으로는 현실주의, 자유주의, 구성주의, 구조주의, 여러 형태의 탈근대이론을 지적할 수 있다. 현실주의의 경우 19세기까지 유럽의 국제정치현실을 반영한 고전적 현실주의와 제2차 세계대전 이후의 신현실주의로 나누어 생각해 볼 수 있고, 자유주의의 경우 1970년대부터 복합적 상호의존을 선두로 신제도주의적 자유주의이론의 맥을 찾아볼 수 있다. 구성주의는 1980년대 후반 미국의 국제정치학자들이 제반 사회과학이론의 영향을 받아 형성시킨 이론이다. 이들 이론 들은 부분적인 차이가 있으나, 전반적으로 제2차 세계대전 이후 미국의 국제정치학자들을 중심으로 선진국, 특히 미국의 국제정치적 현실을 반영한 측면이 강하다고 보여진다.

5) Anthony Giddens, *Central Problems in Social Theory: Action, Structure, and Contra-diction in Social Analysis* (California: University of California Press, 1979) 참조.

6) 역사학의 관점에서, 다양한 가치들간의 조정, 즉 메타윤리학적 입장에서의 역사철학의 조정문제를 다룬 대표적 학자는 카다. 국제정치학자로서의 카의 메타윤리적 입장에 관해서는, 전재성, "E . H . 카의 비판적 현실주의 국제관계이론,"『한국정치학회보』 제33집 3호 (1999), pp. 391-408 참조.

7) 이를 시도한 초기 저작으로서는 구영록,『한국과 햇볕정책: 기능주의와 남북한 관계』(서울:

법문사, 2000); 권만학,『분단과 통일의 변증법: 모란인가 국화인가』(서울: 양지, 2000); 박건영,『한반도의 국제정치: 평화와 통일을 위한 새로운 접근』(서울:오름, 1999) 등을 꼽을 수 있다.

8) Hedley Bull, *The Anarchical Society* (New York: Columbia University Press, 1977); Hedley Bull, "The Grotian Conception of International Society," in Herbert Butterfield, and Martin Wight (ed.), *Diplomatic Investigations* (London: Allen & Unwin, 1972).

9) 국제정치학의 측면에서 한국의 전통외교사에 관해 축적된 연구 성과는 그리 많다고 볼 수는 없다. 그러나 국사학계의 외교사 연구를 중심으로 본 논문의 문제의식과 상통하는 연구 성과들을 참조할 수 있을 것이다. 전해종,『한중관계사연구』(서울: 일조각, 1992); 김한규,『고대중국적 세계질서연구』(서울: 일조각, 1982); 박원호,『明初朝鮮關係史研究』, (서울: 일조각, 2002); 김한규,『한중관계사 I, II』(서울: 마르케, 1999); 최소자,『명청시대 중한관계사 연구』(서울: 이화여대 출판부, 1997); 배우성,『조선후기 국토관과 천하관의 변화』(서울: 일지사, 1998); 高句麗硏究會 (편),『徐熙와 高麗의 高句麗 繼承意識 (서울: 학연문화사, 1999); J. K. Fairbank (ed.), *The Chinese World Order* (Cambridge: Harvard University Press, 1968).

10) Mervin Frost, *Towards a Normative Theory of International Relations* (Cambridge: Cambridge University Press, 1986); Frances V. Harbour, *Thinking about International Ethics: Moral Theory and Cases from American Foreign Policy* (Boulder, Colorado: Westview Press, 1999); Terry Nardin, and David R. Maple, *Traditions of International Ethics* (Cambridge: Cambridge University Press, 1992).

11) 고전적 현실주의의 규범구조에 관해서는 전재성, "한스 모겐소(Hans Morgenthau)의 고전적 현실주의의 국제관계이론: 메타이론적 검토와 실천지(prudence)의 의미,"『국제지역연구』 제8권 2호 (1999), pp. 57-79 참조.

12) 신현실주의의 문제해결적, 정태적 입장에 대한 비판으로는, Robert Keohane (ed.), *Neorealism and Its Critics* (New York: Columbia University Press, 1996)에 실린 Richard K. Ashley의 "The Poverty of Neorealism"과 Robert W. Cox의 "Social Forces, States and World Orders: Beyond International Relations Theory" 참조.

13) 애덤 스미스의 자유방임론은 실제로는 강고한 도덕철학 위에 기반하고 있다는 논의에 관해서 장의관, "또 하나의 보이지 않는 손: 애덤 스미스의 도덕의 손,"『한국정치학회보』 제30권 4호, pp. 457-478 참조.

14) 노태돈,『고구려사 연구』(서울: 사계절, 1999); 노명호, "고려시대의 다원적 천하관과 해동천자,"『한국사연구』105 (1999), pp3-40; 이정신, "고려의 대외관계와 묘청의 난,"『사총』45 (1996), pp. 67-98; 정옥자,『조선후기 조선중화사상연구』(서울: 일지사, 1998);

김세민, 『한국 근대사와 만국공법』(서울: 경인문화사, 2002); 김용구, 『세계관 충돌과 한말외교사: 1866-1882』(서울: 문학과 지성사, 2001); 정용화, "유길준의 '양절' 체제론: 이중적 국제질서에서의 「邦國의 權利」," 『국제정치논총』 제 37권 4호 (1998) pp. 297-318; 현광호, 『대한제국의 대외정책』(서울: 신서원, 2002) 등 참조.

15) 최근 9.11 테러 사건 이후 강조되고 있는 안보이슈의 재등장을 탈근대적 속성의 출현이라는 관점에서 어떻게 조망해야 하는지 많은 논의가 필요하다고 보인다. 폭력을 둘러싼 근대체제의 속성이 세금에 기반한 국가의 독점적 생산, 소유, 사용이라 할 때, 국가 이외의 집단이 폭력을 생산, 소유하게 되고, 사용주체가 초국적, 비국가적 집단으로 변화되고 있으며, 이에 대한 대처 또한 초국적이라는 점에서 많은 논란거리를 제공한다고 하겠다. 더구나 테러집단의 폭력사용 동기가 세계화로 인한 빈부격차의 확산, 문명권 차원의 이념투쟁과 연관되어 있다고 할 때, 근대적 논리로 설명되기 어려운 부분이 확대되고 있다고 할 수 있다.

16) 전통외교사에서 한반도의 왕조들이 행하여 왔던 외교정책 대안은 크게 갈등회피의 고립전략(hiding), 세력균형전략(balancing), 편승전략(bandwagoning), 다자주의 전략(multilateral approach)이었다고 요약할 수 있다. 한반도의 왕조가 주변 민족들에 비해 현저히 세력이 약화되었을 경우는 고립전략과 편승전략을 추구하는 경향이 강했으며, 의미 있는 동맹세력이 되거나 자주국방의 힘을 갖추었을 때에는 세력균형전략을 추진한 경향이 있다. 유교의 이념에 의해 예(禮)의 관념에 의해 국제관계가 사대교린(事大交隣)으로 개념화되었을 때에는 국제관계의 기본규범을 공유한 다자주의적 성향을 보인 바도 있다. 이와 더불어 각 시대의 주요 외교정책을 결정하는 과정에서 드러난 국내정치의 변수들을 함께 고찰하여 이론화할 수 있다면 더욱 유용하다 하겠다. 예를 들어 인조는 광해군의 등거리정책을 주된 공격거리로 삼았는데, 인조 등장 이후 대외정책의 기조가 과연 변했는 지는 논란의 여지가 있다. 결국, 국내정치 논리에 외교정책의 이슈가 종속된 경우일 수 있는데, 이러한 상황이 현재에 주는 함의도 크다 하겠다. 한명기, 『임진왜란과 한중관계』 (서울: 역사비평사, 1999); 한명기, 『광해군』(서울: 역사비평사, 2000) 참조.

17) 약소국이 비대칭동맹에서 당면해야 하는 가치상의 어려움에 관해서는 Chaesung Chun, "Theoretical Approaches to Alliance: Implications on the R.O.K.-U.S. Alliance," Journal of International and Area Studies, vol. 7, no. 2 (2000), pp. 71-88 참조.

18) 정진농, "오리엔탈리즘의 두 얼굴: 세속적 오리엔탈리즘과 구도적 오리엔탈리즘," 『동서비교문학저널』 창간호, pp. 233-251.

19) 구선희는 『韓國近代 對淸政策史 硏究』(서울: 혜안, 1999)에서 전통 조청관계에서 조선은 내정과 외교의 자율을 누려 왔고, 1880년대 청의 조선 속방화는 오히려 근대 제국-식민지 관계를 청이 새롭게 적용한 결과라고 주장하고 있다.

20) 외교사와 국제정치이론간의 상호보완의 필요성을 논한 책으로, Colin Elman, and Miriam

Fendius Elman (eds.), *Bridges and Boundaries: Historians, Political Scientists, and the Study of International Relations* (Cambridge: The MIT Press, 2001) 참조.

21) 크래스너는 주권이란 역사적으로 발전된 개념으로 "모든 근대국가는 주권국가로 법적 평등성을 지닌다"는 국제법적 언명과, 이에 기반한 이론적 가설이 실제로는 대단히 기만적이라는 사실을 지적하고 있다. Stephen Krasner, *Sovereignty: Organized Hypocrisy* (Princeton: Princeton University Press, 1999) 참조.

22) Robert W. Cox, *The New Realism: Perspectives on Multilateralism and World Order* (New York: United Nations University, 1997)는 구미 이외의 지역에서 추구되고 있는 다양한 국제관계의 관점들을 소개하고자 하는 시도이다.

| 참고문헌 |

- 高句麗研究會 (편),『徐熙와 高麗의 高句麗 繼承意識』. (서울: 학연문화사, 1999).
- 구선희.『韓國近代 對淸政策史 硏究』. (서울: 혜안, 1999).
- 구영록.『한국과 햇볕정책: 기능주의와 남북한 관계』. (서울: 법문사, 2000).
- 권만학.『분단과 통일의 변증법: 모란인가 국화인가』. (서울: 양지, 2000).
- 김세민.『한국 근대사와 만국공법』. (서울: 경인문화사, 2002).
- 김용구.『세계관 충돌과 한말외교사:1866-1882』. (서울: 문학과 지성사, 2001).
- 김한규.『한중관계사 I, II』. (서울: 마르케, 1999).
- 김한규.『고대중국적 세계질서연구』. (서울: 일조각, 1982).
- 노명호. "고려시대의 다원적 천하관과 해동천자."『한국사연구』105. (1999).
- 노태돈.『고구려사 연구』. (서울: 사계절, 1999).
- 박건영.『한반도의 국제정치: 평화와 통일을 위한 새로운 접근』. (서울: 오름, 1999).
- 박원호.『明初朝鮮關係史硏究』. (서울: 일조각, 2002).
- 배우성.『조선후기 국토관과 천하관의 변화』. (서울: 일지사, 1998).
- 이정신. "고려의 대외관계와 묘청의 난."『사총』45. (1996).
- 전재성. "한스 모겐소(Hans Morgenthau)의 고전적 현실주의의 국제관계이론: 메타이론적 검토와 실천지(prudence)의 의미."『국제지역연구』제8권 2호. (1999).
- 전해종.『한중관계사연구』. (서울: 일조각, 1992).
- 정옥자.『조선후기 조선중화사상연구』. (서울: 일지사, 1998)
- 정용화. "유길준의 '양절' 체제론 : 이중적 국제질서에서의「邦國의 權利」."『국제정치논총』제37권 제4호 (1998).
- 정진농. "오리엔탈리즘의 두얼굴: 세속적 오리엔탈리즘과 구도적 오리엔탈리즘."『동서비교문학저널』창간호.
- 최소자.『명청시대 중한관계사 연구』. (서울: 이화여대 출판부, 1997).
- 한명기.『광해군』. (서울: 역사비평사, 2000).
- 한명기.『임진왜란과 한중관계』. (서울: 역사비평사, 1999).
- 현광호.『대한제국의 대외정책』. (서울: 신서원, 2002).
- Ashley, Richard K. "The Poverty of Neorealism" in Robert Keohane (ed.). *Neorealism and*

Its Critics. (New York: Columbia University Press, 1996).

- Bull, Hedley. *The anarchical society*. (New York: Columbia University Press, 1977).

- Bull, Hedley. "The Grotian conception of international society." in Herbert Butterfield, and Martin Wight (ed.). *Diplomatic investigations*. (London: Allen & Unwin, 1972).

- Campbell, David. "Recent Changes In Social Theory: Questions for International Relations," in Richard A. Higgott (ed.). *New directions in international relations?: Australian Perspectives*. (Canberra: 1988).

- Chun, Chaesung. "Theoretical Approaches to Alliance: Implications on the R.O.K.-U.S. Alliance." *Journal of International and Area Studies*, vol. 7, no. 2, 2000.

- Cox, Robert W. *The New Realism : Perspectives on Multilateralism and World Order*. (New York: United Nations University, 1997).

- Cox, Robert W. "Social Forces, States and World orders: Beyond International Relations Theory." in Robert Keohane (ed.). *Neorealism and Its Critics*. (New York: Columbia University Press, 1996).

- Elman, Colin, and Miriam Fendius Elman (eds.). *Bridges and Boundaries: Historians, Political Scientists, and the Study of International Relations*. (Cambridge: The MIT Press, 2001).

- Fairbank, J. K. (ed.). *The Chinese World Order*. (Cambridge: Harvard University Press, 1968).

- Frost, Mervin. *Towards a Normative Theory of International Relations*. (Cambridge: Cambridge University Press, 1986).

- George, Jim. *Discourses of Global politics: A Critical (Re)Introduction To International Relations*. (Boulder, Co.: Lynne Rienner, 1994).

- Giddens, Anthony. *Central Problems in Social Theory: Action, Structure, and Contradiction in Social Analysis*. (California: University of California Press, 1979).

- Harbour, Frances V. *Thinking about International Ethics: Moral Theory and Cases from American Foreign Policy*. (Boulder, Colorado: Westview Press, 1999).

- Hoffmann, Stanley. "An American Social Science: International Relations." *Daedalus*, vol. 106, no. 3, 1997.

- Krasner, Stephen. *Sovereignty: Organized Hypocrisy*. (Princeton: Princeton University Press, 1999).

- Lapid, Yosef. "The Third Debate: On the Prospect of International Theory in a Post-positivist Era." *International Studies Quarterly*, vol. 33, 1989.

- Mannheim, Karl. *Ideology and Utopia: An Introduction to the Sociology of Knowledge*, Louis Wirth, and Edward Shils (trans.). (New York: Harvest Books, 1936).

- Nardin, Terry, and David R. Maple. *Traditions of International Ethics*. (Cambridge: Cambridge University Press, 1992).

우철구 영남대학교 정치외교학과 교수
- 학 력 : 고려대학교 정치외교학과 졸업
  Paris 제1대학교 정치학 박사
- 경 력 : 한국프랑스정치학회장(1999-2001)
  한국국제정치학회장(2002)
- 전공분야 : 국제관계사
- 연구업적 : 『19세기 열강과 한반도』(법문사, 1999).
  『정치적 현실주의의 역사와 이론』(공저, 화평사, 2003) 외.
- e-mail : ckwoo@yu.ac.kr

박건영 가톨릭대학교 국제학부 교수
- 학 력 : 서강대학교 영문과 졸업
  미국 University of Colorado 정치학 박사
- 경 력 : 한국국제정치학회 편집이사 (2000)
  한국정치학회 섭외이사(2001)
  한국국제정치학회 국제정치이론사상분과 위원장 (2002)
- 전공분야 : 국제관계이론, 동북아 외교안보
- 연구업적 : "국제관계이론의 한국적 수용과 대안적 접근," 『국제정치논총』 제42집 4호 (2002).
  "부시 정부의 동아시아 안보전략과 제약 요인들," 『국가전략』 제7권 4호 (2001).
  『한반도의 국제정치』(서울:오름, 1999).
- e-mail : think@catholic.ac.kr

김태현 중앙대학교 국제대학원 부교수
- 학 력 : 서울대학교 외교학과 졸업
  미국 Ohio State University 정치학 박사
- 경 력 : 세종연구소 연구위원 (1992-1998)

Ohio State University Mershon Center객원교수 (2000-2002)
- 전공분야 : 국제관계이론, 외교정책론, 동아시아 안보론
- 연구업적 : 『외교와 정치』(서울: 오름, 1995).
    "Engaging the Estranged," *Journal of East Asian Studies* (July 2003).
    "이라크전 이후의 미국과 세계질서," 『국가전략』 (2003년 7월).
- e-mail : thkim@cau.ac.kr

김우상 연세대학교 정치외교학과 교수

- 학   력 : 한국외국어대학교 독일어과 졸업
    미국 University of Rochester 정치학 박사
- 경   력 : 미국 Stanford University, Hoover Institution 연구원 (1987~1988)
    미국 Texas A&M University 정치학과 조교수 및 부교수 (1988~1995)
    숙명여자대학교 정치외교학과 부교수 및 교수 (1995~2000)
    중국 북경대 정치행정계 교환교수 (1992)
- 전공분야 : 국제관계이론, 외교 안보정책, 동아시아 국제관계
- 연구업적 : "Power Transitions and Great Power War from Westphalia to Waterloo," *World Politics*, vol. 45, no. 1 (October 1992).
    『新한국책략』 (서울: 나남, 1998).
    "Power Parity, Alliances, Dissatisfaction, and Wars in East Asia, 1860-1993," *Journal of Conflict Resolution*, vol. 46, no. 5 (October 2002).
- e-mail : kws@yonsei.ac.kr

백창재 서울대학교 정치학과 부교수

- 학   력 : 서울대학교 정치학과 졸업
    미국 University of California at Berkeley 정치학 박사
- 경   력 : 세종연구소 연구위원(1994~1996)
    가톨릭대학교 국제학부 조 · 부교수(1996~2000)
- 전공분야 : 국제정치경제, 미국정치
- 연구업적 : *Politics of Super 301: The Domestic Political Basis of U.S. Foreign Economic Policy* (Seoul: American Studies Institute, Seoul National University, 1996).
    "미국 외교정책의 일방주의의 기반," 『국가전략』(2003 봄).

"쇠퇴기 패권국 대외경제정책의 국내정치적 기반," 『한국과 국제정치』(2003 봄).

- e-mail : cjbaik@snu.ac.kr

류석진 서강대학교 정치외교학과 교수

- 학   력 : 서울대학교 정치학과 졸업

  미국 Yale University 정치학 박사
- 경   력 : 세종연구소 연구위원 (1993~1998.2)

  서강대학교 정치외교학과 교수 (1998.3~현재)
- 전공분야 : 국제정치경제, 정보화와 정치
- 연구업적 : "정보통신혁명과 국가주권," 『국가전략』 제7권 4호 (2001 겨울).

  "민주주의와 시장경제: 제도주의적 관점," 한국정치학회 편 『한국정치경제의 위기와 대응』 (서울: 오름, 2001).

  "세계화와 국가주권," 국제정치경제연구회 편 『20세기로부터의 유산: 세계경제와 국제정치』 (서울: 사회평론, 2000).
- e-mail : sjlew@sogang.ac.kr

최진우 한양대학교 정치외교학과 조교수

- 학   력 : 연세대학교 정치외교학과 졸업

  미국 University of Washington 정치학 박사
- 경   력 : 독일 베를린 대학교 방문교수(visiting professor) (2001)

  한국국제정치학회 연구이사 (2002)
- 전공분야 : 국제정치, 비교정치, 유럽정치
- 연구업적 : "EC의 사회정책과 회원국의 국내정치: 영국과 독일의 사례," 『한국정치학회보』 제29집 4호 (1995).

  "European Union's Foreign and Security Policy Integration: Half Full or Half Empty?" *Korean Journal of Defense Analysis*, vol. 11, no. 2 (1999).

  "유럽통합과 민주성의 결손: 초국가적 해법의 한계와 보조성의 원칙," 『의정연구』 제7권 2호(2001).
- e-mail : jinwooc@hanyang.ac.kr

628

남궁곤 경희대학교 정치외교학과 조교수
- 학   력 : 서울대학교 외교학과 졸업
           미국 University of Connecticut 정치학 박사
- 경   력 : 동아일보 21세기평화연구소 연구위원 (현)
           가톨릭대학교 아태연구원 연구원 (2000)
- 전공분야 : 국제정치이론, 미국외교정책, 동아시아 국제관계
- 연구업적 : "한중일의 동아시아 공동체 참여 의의와 과제," *Asia Network Report* (2002).
           "라카토스 식 '국가안보 프로그램' 발전을 통해 본 안보 개념의 심화와 확대,"
           『국제정치논총』 제42집 4호 (2002).
           "미국 부시행정부 외교안보 관료의 안보관과 한반도 정책," 『통일문제연구』 제14집
           2호 (2002).
- e-mail : gon2000@khu.ac.kr

최영종 가톨릭대학교 국제학부 조교수
- 학   력 : 고려대학교 법과대학 졸업
           미국 University of Washington 정치학 박사
- 경   력 : 고려대학교 BK21 동아시아교육연구단 책임연구원
           고려대학교 아세아문제연구소 연구조교수 역임
- 전공분야 : 국제정치
- 연구분야 : 『탈냉전기 동북아의 국제관계와 정치변화』 (공편, 서울: 오름, 2003).
           『동아시아 지역통합과 한국의 선택』 (서울: 아연출판부, 2003).
- e-mail : oldchoi@catholic.ac.kr

이호철 인천대학교 정치외교학과 부교수
- 학   력 : 서울대학교 불어불문학과 졸업
           미국 Rutgers University 정치학 박사
- 경   력 : 럿거스대학교 평화연구소 연구원 (1987~1993)
           경남대 극동문제연구소 객원연구위원 (1993~1998)
- 전공분야 : 중국 및 동북아 연구, 국제정치경제
- 연구업적 : "Realpolitik Swinging Between Interdependence and Nationalism: China's For-
           eign Policy in the Post-Cold War Northeast Asia" (근간).

"비대칭 권력구조 하에서의 양면게임: 한국·미국·EC간 농산물협상 비교,"『한국과
국제정치』제19권 3호 (2003년 가을).
"Global Liberalization and Domestic Accommodation: The Case of the Chinese
Socialist Market Economy," *Issue & Studies*, vol. 34, no. 6 (June 1998).
- e-mail : hochul@incheon.ac.kr

정진영 경희대학교 국제지역학부 부교수
- 학   력 : 서울대학교 정치학과 졸업
           미국 University of Illinois at Urbana-Champaign 정치학 박사
- 경   력 : 국민경제제도연구원 (1991)
           세종연구소 (1992-99)
- 전공분야 : 국제정치경제, 비교정치경제
- 연구업적 : "국제정치이론논쟁의 현황과 전망,"『국제정치논총』.
           "최혜국대우와 상호주의: 상충적인가 보완적인가,"『국제·지역연구』.
           『우루과이라운드와 세계무역체제의 변화』(서울: 세종연구소).
- e-mail : jychung@khu.ac.kr

전재성 서울대학교 외교학과 조교수
- 학   력 : 서울대학교 외교학과 졸업
           미국 Northwestern University 정치학 박사
- 경   력 : 숙명여자대학교 정치외교학과 조교수 (2002~2003)
- 전공분야 : 국제관계사, 국제정치이론, 외교정책
- 연구업적 : "E. H. 카아의 비판적 현실주의 국제정치이론,"『한국정치학회보』제33집 3호 (1999).
           "한스 모겐소(Hans Morgenthau)의 고전적 현실주의 국제정치이론: 메타이론적
           검토와 실천지(prudence)의 의미,"『국제·지역연구』제8권 2호 (1999년 여름).
           "현실주의 국제제도론을 위한 시론,"『한국정치학회보』제34집 2호 (2000).
- e-mail : cschun@snu.ac.kr

신욱희 서울대학교 외교학과 부교수
- 학   력 : 서울대학교 외교학과 졸업

630

미국 Yale University 정치학 박사
- 경   력 : 일본 히토츠바시대학 법학연구과 객원교수 (2001)
미국 메릴랜드대학교 역사학과 객원교수 (2002)
- 전공분야 : 국제정치이론, 외교정책, 동아시아 국제관계
- 연구업적 : *Dynamics of Patron-Client State Relations: The United States and Korean Political Economy in the Cold War* (Seoul: American Studies Institute, Seoul National University, 1993).
"다자주의의 동아시아 적용의 문제,"『한국과 국제정치』제13집 1호 (1997).
"한미동맹의 내부적 역동성: 분석틀의 모색,"『국가전략』제7집 2호 (2001).
- e-mail : shinir@plaza.snu.ac.kr

구갑우 경남대학교 북한대학원 조교수
- 학   력 : 서울대학교 경제학과 졸업
서울대학교 정치학 박사
- 전공분야 : 국제정치경제, 남북한 관계
- 연구업적 : "초국가적 정책 네트워크 형성의 정치,"『국제정치논총』제39권 1호 (1999).
"지구적 통치와 국가형태: 시민국가의 전망,"『경제와 사회』제45호 (2001).
"북한 연구의 국제정치: 오리엔탈리즘 비판,"『현대북한연구』제5권 1호 (2002).
- e-mail : kwkoo@kyungnam.ac.kr

강윤희 국민대학교 국제학부 조교수
- 학   력 : 서울대학교 외교학과 졸업
영국 Glasgow University 정치학 박사
- 경   력 : 고려대학교 세계지역연구소 연구위원
- 전공분야 : 러시아정치, 비교정치, 국제정치
- 연구업적 : "스탈린의 산업화 전략과 소련 공산당 기능의 변화, 1928-1932: 레닌그라드의 사례연구,"『국제정치논총』제42집 4호 (2002 겨울).
"제1차 경제개발 5개년계획 기간의 소련 공산당 세포조직의 발달-레닌그라드 공장 당세포조직을 중심으로,"『슬라브학보』제17권 2호 (2002).
- e-mail : yoonykang@yahoo.co.kr

강정인　서강대학교 정치외교학과 교수

- 학　　력 : 서울대학교 법학과 졸업

　　　　　미국 University of California at Berkeley 정치학 박사

- 경　　력 : 서강대학교 사회과학연구원 원장 (2001~2003)

　　　　　University of California at Davis 객원교수 (2003~2004)

- 전공분야 : 비교정치사상, 서양정치사상, 기술철학

- 연구업적 : 『세계화, 정보화 그리고 민주주의』(서울: 문학과지성사, 1998).

　　　　　『민주주의의 한국적 수용』(공저, 서울: 책세상, 2002).

　　　　　『로마사 논고』(공역, 서울: 한길사, 2003).

　　　　　『서구중심주의를 넘어서』(서울: 아카넷, 2004, 근간).

- e-mail : jkang@sogang.ac.kr

20세기로부터의 유산

국제정치경제연구회 엮음

학부생 수준에 맞춘 국제정치경제 입문서로 기획된 책이다. 20세기를 자본주의의 조직 원리에 따라 정리하고, 자본주의 질서와 국내적 요인의 조응, 세계경제질서와 국제정치의 연관, 그리고 21세기의 전망을 다루었다.

20세기의 유산, 21세기의 진로

백창재 엮음

19세기 이래 세계경제질서의 변화와 이에 조응한 국제정치와 국내정치경제의 진화를 검토하고, 세계화 시대가 나아가고 있는 방향을 가늠한다. 『20세기로부터의 유산』 출간 이후 세계경제정치질서의 변동을 반영한 후속작업의 결과물.

정치경제학의 대답

김수행, 장시복 외 지음

한국 마르크스주의 경제학의 거두 김수행 교수와 16명의 후학들이 21세기 세계대공황에 대한 '우리'의 관점을 세우려는 시도. 위기의 원인과 해법, 미래에 대한 전망을 외국의 시선이 아닌 우리 정치경제학의 시선으로 분석해 해답과 전망을 제시한다.

유럽의 민주주의 ― 새로운 도전과 과제

조홍식, 이옥연, 김면회, 황영주, 홍태영, 윤 비, 김준석, 문용일 지음

유럽이 직면한 민주주의의 문제를 살핀다. 민주주의의 역사적 발전 과정과 함께 최근 제기되고 있는 다양한 관점의 문제들을 국가별 구체적 사례로 알아보고, 유럽연합의 문제들로 초국적 민주주의의 가능성을 검토한다.

중견국의 공공외교

김상배, 이승주, 배영자 엮음

한국을 포함한 중견국의 입장에서 '공공외교'를 중심으로 한 국제정치 전략을 재구성한다. 미국과 중국의 공공외교 사례, 무역·과학기술 분야의 공공외교, 유럽연합의 규범외교, 서울 컨센서스 등을 살펴보며 중견국의 공공외교가 나아가야 할 방향을 제시한다.

네트워크와 국가전략 — 세계정치의 변환과 연속성

김상배, 김치욱, 조동준, 배영자, 이승주, 이민정, 장혜영, 마상윤, 장훈 지음

세계정치의 변환과 전통적 국제정치의 연속성을 함께 고려해야 하는 현대 국
제정치학의 이론적 과제와 변환의 시대에 새로운 국가전략을 모색해야 하는
21세기 대한민국의 실천적 과제를 풀기 위한 고민을 담았다.

국제정치이론

케네스 월츠(Kenneth neal Waltz) 지음, 박건영 옮김

국제정치학의 신현실주의 이론을 정초했다고 평가받는 국제정치학계의 고전.
케네스 월츠는 이 책에서 행동의 신중성, 확정성, 명료성, 평등성, 단순성, 지도
력, 동맹관계 등 다양한 차원의 이유로 인해 양극체계가 다극체계보다 더 안정
적이라고 제시한다.

현대 북한학 강의

장달중 엮음

보통 사람들을 위한 북한학 교과서. 사회주의권 붕괴 이후 오랜 시간이 지난
점을 감안, 사회주의를 직간접적으로 경험하지 못했을 독자들을 위해 최신의
연구 성과를 반영하고 풍부한 보조 자료를 활용해 현대 북한의 모습을 체계적
이고 생생하게 묘사하였다.

미국 무역정책 연구

백창재 지음

미국의 건국 이후부터 무역정책의 역사적 변화과정을 추적하고 무역정책상의
행위자와 이들의 목적, 그리고 이익을 면밀히 분석한다. 이를 통해 세계무역질
서와 미국 무역정책과의 관계를 밝히고 미래를 전망한다.

한국 외교정책: 역사와 쟁점

함택영, 남궁곤 엮음

우리 외교정책을 학술적인 차원에서, 우리 시각으로, 체계적으로 정리한 한국
외교정책 교과서. 이승만 정부부터 노무현 정부까지의 외교정책을 안보, 통일,
경제, 문화, 스포츠 등 여러 영역의 구체적인 사례를 통해 분석하고 우리 외교
정책의 미래를 모색한다.